老北京趣闻传说

探寻古都历史　览胜皇城风光

老北京的趣闻传说

张卉妍————编著

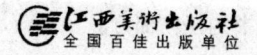

图书在版编目（CIP）数据

老北京的趣闻传说 / 张卉妍编著. -- 南昌：江西美术出版社，2019.1

ISBN 978-7-5480-6843-3

Ⅰ.①老… Ⅱ.①张… Ⅲ.①北京－地方史－通俗读物 Ⅳ.①K291-49

中国版本图书馆CIP数据核字（2019）第024033号

出 品 人：周建森
企　　划：北京江美长风文化传播有限公司
责任编辑：楚天顺　朱鲁巍　　策划编辑：朱鲁巍
责任印刷：谭　勋　　　　　　封面设计：施凌云

老北京的趣闻传说
张卉妍　编著
LAOBEIJING DE QUWEN CHUANSHUO

出　　版：江西美术出版社
社　　址：南昌市子安路66号　邮编：330025
网　　址：http://www.jxfinearts.com
电子信箱：jxms@jxfinearts.com
电　　话：010-82093785　0791-86566124
发　　行：010-58815874
经　　销：全国新华书店
印　　刷：北京德富泰印务有限公司
版　　次：2019年7月第1版
印　　次：2019年7月第1次印刷
开　　本：889mm×1194mm　1/32
印　　张：22
ＩＳＢＮ：978-7-5480-6843-3
定　　价：39.80元

本书由江西美术出版社出版。未经出版者书面许可，不得以任何方式抄袭、复制或节录本书的任何部分。
版权所有，侵权必究
本书法律顾问：江西豫章律师事务所　晏辉律师

前言

北京是一座有着三千多年历史的文化古城，是六大古都之一。在浩瀚的历史长卷中，北京这座古城发生了太多的趣闻，流传着太多的传说。城门牌楼、王府民居、胡同坊巷、宗教寺院……北京的每一寸土地、每一个角落几乎都承载着很多关于衣食住行、拼搏奋斗、喜怒哀乐、亲爱友情的传奇故事。

很多人之所以喜欢北京，尽自己最大的能力在北京扎根，不仅仅因为北京有繁华的街道、豪华的商场、时尚的品牌，更主要的是因为，在他们的心里，北京是一座有故事的城，是一本让人品不够的书，是一座承载传奇的文化宝库——燕、前燕、大燕、辽、金、元、明、清八个朝代的相继定都成就了她历史的厚重；什刹海、大栅栏、王府井、八王坟等地的繁华热闹成就了她的宜居宜玩；颐和园的传说、雍和宫的趣闻、十三陵的神秘、八大处的善缘成就了她的多姿多彩……北京，有太多灿烂的文明、太多辉煌的历史、太多复杂的往事、太多丰富的内涵，等着人们去发现、欣赏、回味。

正是因了北京集厚重与时尚、繁华与落寞于一身，才让我们寻访北京、探索北京的旅程变得有趣而又收获颇丰。因为喜欢，所以靠近；因为靠近，所以更爱。对于北京，很多人都存在这样的心理。

置身于北京这个文明的历史古都，很多人都想知道在她的身上曾经发生了什么样的故事传说，留存着什么样的趣闻传奇：北京城真的是"漂"来的吗？北京城为何被称为"八臂哪吒城"？

真有"推出午门斩首"这回事儿吗？北京的中轴线为何是偏的呢？什刹海、回龙观、王府井这些老北京地名是怎么来的？北京共有多少个王府？东交民巷为什么曾被称为"国中之国"？"先有潭柘寺，后有北京城"这个说法是真的吗？……这些有趣问题的答案，都可以在我们这本《老北京的趣闻传说》里找到。

在《老北京的趣闻传说》里，我们从老北京的历史典故、地名由来、名胜古迹、皇城内史、城门牌楼、王府民居、胡同坊巷、会馆故居、宗教寺院、陵墓祠堂、风味饮食、娱乐世界、民间风俗、婚丧嫁娶、商业传奇、交通出行、民间工艺等方面对老北京的前尘往事进行了详细而有趣的介绍，寓教于乐，力争用朴实、轻松的语言将各种趣闻传说向读者娓娓道来，让读者在一种轻松阅读的氛围中，既能对老北京的风土人情有个清晰了解，又能愉悦身心、达到放松的效果。

我们不得不承认，如今，老北京的很多东西都随着岁月的更迭已经消逝或者正在消逝，这是无法更改的事实，也是时代的必然：许多胡同正随着高楼大厦的耸立而成片成片地倒下，许多昔日走街串巷吆喝叫卖的"磨剪子咧"正悄然没了声响，许多老北京人独特的方言俚语正被新潮的网络语言所代替，许多朴实温暖的婚丧嫁娶习俗正在默默地被简化——这一切一切满含京味的事物的逐渐消亡，让我们在扼腕叹息的同时，也希望能够通过某种方式来回味一下曾经的北京味道。希望《老北京的趣闻传说》能成为您回味的方式之一。

目 录

第一章　老北京的历史典故

为什么说"北京城是漂来的" …………………… 1
北京在历史上都有哪些称谓 …………………… 3
中国历史上有几个"北京" …………………… 6
历代建都北京都有哪些风水依据 …………………… 7
"北京人"是怎么被发现的 …………………… 8
北京人头盖骨化石如今在哪里 …………………… 10
北京城为何被称为"八臂哪吒城" …………………… 13
"高亮赶水"的传说 …………………… 16
老北京城五大"镇物"都是什么 …………………… 19
明朝永乐帝朱棣为何要迁都北京 …………………… 21
钟、鼓楼是如何上演"暮鼓晨钟"报时的 …………………… 22
历史上的八旗制度是怎样的 …………………… 24
真有"推出午门斩首"这回事儿吗 …………………… 26
北京的中轴线为何是偏的呢 …………………… 28
中南海为什么叫"海" …………………… 32
关于北京城门的俗语有哪些 …………………… 33
您了解关于地名的北京方言俗语吗 …………………… 34
老北京与宛平城有关的方言俚语有哪些 …………………… 35

第二章　老北京的地名由来

- 什刹海的由来 …………………………… 37
- 蜈蚣井的由来 …………………………… 39
- 北新桥的由来 …………………………… 42
- 白云观的由来 …………………………… 44
- 公主坟的由来 …………………………… 48
- 大栅栏的由来 …………………………… 51
- 瓮山的由来 ……………………………… 53
- 王府井的由来 …………………………… 56
- 八宝山的由来 …………………………… 58
- 回龙观的由来 …………………………… 61
- 酒仙桥的由来 …………………………… 62
- 牤牛桥的由来 …………………………… 64
- 神路街的由来 …………………………… 65
- 悼陵监村的由来 ………………………… 67
- 燕落村的由来 …………………………… 69
- 模式口的由来 …………………………… 70
- 刘娘府的由来 …………………………… 72
- 黑龙潭的由来 …………………………… 73
- 簋街的由来 ……………………………… 75
- 六郎庄的由来 …………………………… 77
- 八王坟的由来 …………………………… 78
- 鲜鱼口的由来 …………………………… 79
- 卢沟桥的由来 …………………………… 80

第三章　老北京的名胜古迹

- 响水湖与观音菩萨的故事 ……………… 83

明十三陵"无字碑"的由来 …………………… 84
十三陵水库与柴王爷、柴王奶奶的故事 ………… 87
北海九龙壁的美丽传说 …………………………… 89
朝宗桥的前尘往事 ………………………………… 92
卢沟桥的狮子真的数不清吗 ……………………… 94
著名的"燕京八景"到底是指哪八景 …………… 99
颐和园铜牛的传说 ………………………………… 104
颐和园十七孔桥的美丽传说 ……………………… 105
颐和园如意门的由来 ……………………………… 108
颐和园佛香阁的来源传说 ………………………… 110
佛香阁发生过怎样的怪异事件 …………………… 112
颐和园乐寿堂真的闹过鬼吗 ……………………… 114
颐和园"败家石"的传说 ………………………… 116
天坛九龙柏的传说 ………………………………… 118
大青不动,二青摇,三青走到卢沟桥 …………… 119
八大处的金鱼池 …………………………………… 123
八大处的黄金炕 …………………………………… 125
万善桥与飞霞女的因缘 …………………………… 127
景山脚下的"罪槐"是怎么回事儿 ……………… 129
您知道"西便群羊"的传说吗 …………………… 131
大名鼎鼎的中关村 ………………………………… 133

第四章 老北京的皇城内史

北京城里的"双龙"布局 ………………………… 135
故宫为何又叫"紫禁城" ………………………… 136
故宫房间数是"九千九百九十九间半"吗 ……… 138
揭秘故宫三大殿 …………………………………… 139

故宫三大殿院内为何不种树 …………………… 141
故宫建筑的主色调为何是黄、红两色 ………… 142
故宫角楼是根据什么设计的 …………………… 144
故宫外朝宫殿、宫门为何没有满文 …………… 146
故宫的设计者是谁 ……………………………… 147
故宫东华门的门钉为何是偶数 ………………… 149
清宫藏书如今散落何方 ………………………… 151
你对著名藏书楼文渊阁了解多少 ……………… 153
乾隆帝为何要把玉玺定为25方 ………………… 155
乾清宫"正大光明"匾额知多少 ……………… 157
御花园"连理柏"的传说 ……………………… 159
慈禧为何常住储秀宫 …………………………… 160
清朝阿哥们都住在哪儿 ………………………… 162
紫禁城过去为何不设厕所 ……………………… 165
清朝殿试知多少 ………………………………… 167
清代皇帝大婚的洞房在哪里 …………………… 169
冷宫究竟在哪里 ………………………………… 171
住在养性斋的外国人 …………………………… 173

第五章 老北京的城门牌楼

老北京的城门有哪些 …………………………… 175
天安门华表的来历 ……………………………… 179
正阳门门匾上的"门"字为什么没有钩儿 …… 181
故宫门槛为何被锯掉了 ………………………… 182
天安门石狮子的传说 …………………………… 184
西便门真的进过老虎吗 ………………………… 186
您知道老北京城门的"称道"吗 ……………… 187

哪个门是北京城的"后门" …………………… 189
为什么说"保卫和平"坊是国耻的见证 ………… 191
你所不知的牌楼历史 …………………………… 192
正阳门千斤闸到底是什么样的 ………………… 195
您了解老北京城墙的历史吗 …………………… 196
"内九外七皇城四,九门八典一口钟"是什么意思 … 197
前门楼子真有九丈九高吗 ……………………… 198
为什么说大高玄殿的牌坊"无依无靠" ………… 201
哪座城楼被称为北京的"样楼" ………………… 202
为什么在明十三陵前建大型的石牌坊 ………… 205
清朝时为什么大家都要到西直门"折柳" ……… 207

第六章 老北京的王府民居

豫王府门前一对石狮为什么是"卧狮" ………… 209
豫王府的院墙高三尺 …………………………… 210
北京王府的前世今生 …………………………… 213
北京共有多少个王府 …………………………… 217
中国现存最完整的清代王府——恭王府 ……… 218
北京恭王府的福字为什么被称为"天下第一福" … 220
恭王府花园是"大观园"原型吗 ………………… 222
恭王府的"三绝"和"一宝"是什么 …………… 224
铁帽子王和他们的王府 ………………………… 226
京城规模最大的王府——礼王府 ……………… 228
有"北京王府花园之最"之说的王府是哪一座 … 229
清朝最后两位皇帝为何都出自醇王府 ………… 231
曹雪芹经常走动的王府是哪一座 ……………… 233
怡亲王府为什么被改建为贤良寺 ……………… 235

哪一座王府是属于蒙古亲王的 ·············· 237
为什么会有两座睿亲王府 ·············· 238
老北京民居的典型代表——四合院 ·············· 239
四合院里的风水讲究 ·············· 241
四合院必不可少哪两个物件 ·············· 243
四合院里的动物吉祥物 ·············· 244
"大门不出，二门不迈"的"二门"指的是四合院的
　哪道门 ·············· 246
北京民宅大门上的"门钹" ·············· 248
老北京的四大凶宅是哪四处 ·············· 249

第七章　老北京的胡同坊巷

您知道北京"胡同"名称的由来吗 ·············· 251
北京共有多少个胡同 ·············· 252
北京胡同的名称趣闻 ·············· 253
东交民巷为什么曾被称为"国中之国" ·············· 255
钱市胡同：北京最狭窄的胡同 ·············· 257
老北京胡同名称都有哪些变化 ·············· 258
灵境胡同名称的由来 ·············· 260
北京胡同中的"最" ·············· 261
您了解北京东四的十四"条"吗 ·············· 263
您听说过住在南锣鼓巷59号的洪承畴的传奇
　故事吗 ·············· 266
雨儿胡同曾经住过哪些名人 ·············· 268
老北京文化味儿最浓的是哪一条胡同 ·············· 270
为何说秦老胡同35号院是"皇后的姥姥家" ·············· 271
翠花街5号与张学良"秘宅" ·············· 272

被称为老北京烟花柳巷代名词的到底是哪八大胡同 …… 273
丰富胡同：老舍先生的"丹柿小院" …………………… 275
国子监街：一条精彩的文化街 ………………………… 277
帽儿胡同："末代皇后"婉容的娘家 …………………… 278
青云胡同：梅兰芳的"城南旧事" ……………………… 280
烟袋斜街：自发形成的古玩交易市场 ………………… 281
金鱼胡同：显赫一时的"那家花园" …………………… 283
门框胡同：有名的风味小吃一条街 …………………… 285
后圆恩寺胡同：茅盾故居与蒋介石行辕 ……………… 286
菊儿胡同：震动国际建筑界的文化路标 ……………… 287
帘子库胡同："垂帘听政"的帘子制造地 ……………… 289
老北京胡同里都有哪些摆设 …………………………… 291

第八章 老北京的会馆故居

你了解北京会馆的具体情况吗 ………………………… 293
您了解北京会馆的现状吗 ……………………………… 295
湖广会馆的"前世今生"大揭秘 ……………………… 296
北京最早的会馆有哪些前尘往事 ……………………… 298
北京独一无二的福建风格的建筑是哪一座 …………… 299
北京会馆中唯一以"祠"命名的会馆是哪一座 ……… 301
您知道中山会馆为何会改名字吗 ……………………… 302
北京龚自珍故居为何会成为后来的番禺会馆 ………… 304
"京城第一大会馆"在哪里 …………………………… 305
文学巨匠鲁迅先生曾在哪家会馆住过 ………………… 306
什刹海沿岸名人故居知多少 …………………………… 309
末代皇帝溥仪是在哪里度过余生的 …………………… 311
你知道纪晓岚故居发生过哪些故事吗 ………………… 312

曹雪芹在哪里写出了他的《红楼梦》	314
大太监李莲英在北京究竟有多少处故居	317
您知道东四八条胡同71号院是叶圣陶故居吗	319
豆腐池胡同中"杨昌济故居"的那些往事	320
宋庆龄故居知多少	322
郭沫若故居知多少	324
冰心故居知多少	325
鲁迅故居知多少	326

第九章 老北京的宗教寺院

椒园寺和它的守护者龙虎二柏	329
铁锚寺铁锚的传说	331
慈善寺"桑树挂金匾"的故事	333
慈善寺老婆婆和龙儿的故事	335
法海寺"四柏一孔"桥的来历	337
乾隆帝和香妃"相会"香界寺	340
太庙曾经被李自成烧毁过吗	343
"先有潭柘寺，后有北京城"这个说法是真的吗	344
红螺寺及红螺仙女的美丽传说	346
康熙帝为什么会二访云居寺	347
大钟寺里真的有口"大钟"吗	348
明代遗留至今的宗教建筑是哪几处	350
旧京"五大庙会"指的是哪五个	351
云居寺里为什么会有一座"娃娃库房"	353
云居寺"断石不断佛"是一个什么样的故事	355
北京西山八大处指的是哪八座古刹	356
中国的"天下第一坛"在哪里	359

戒台寺的"五松"是哪五棵松树 …………… 360
北京的"塔乡"在哪里 …………………… 363
北京最矮的塔是哪一座 …………………… 364
北京教堂知多少 …………………………… 366
北京的天主教堂都有哪些 ………………… 367
北京东堂有过怎样坎坷的"命运" ……… 369

第十章　老北京的陵墓祠堂

明朝有十六帝，为何叫"十三陵" ……… 371
明十三陵分别是哪13座墓 ………………… 372
明十三陵选址之谜 ………………………… 375
在当时的条件下是用什么方法将巨大的石碑立到
　龟背上的呢 ……………………………… 378
您听说过关于"定陵月亮碑"的故事吗 … 379
献陵"遮羞山"的由来 …………………… 381
景陵北面的黑山为何叫囤山 ……………… 382
裕陵墓主朱祁镇的生母原来是宫女吗 …… 384
茂陵墓主明宪宗与宠妃万贵妃年龄果真相差
　17岁吗 …………………………………… 386
您了解泰陵墓主明孝宗的坎坷童年吗 …… 388
您知道"正德无儿访嘉靖"的传说吗 …… 391
昭陵为何两次兴建 ………………………… 393
民间传闻"乾隆盗木"到底是怎么回事儿 … 395
离经叛道的一代宗师李贽的墓地在哪里 … 398
大葆台西汉墓有何特别之处 ……………… 401
李莲英墓地的特别之处和李莲英死亡之谜 … 403
文天祥在哪里度过了人生最后的时光 …… 406

耶律楚材的祠堂为何是乾隆皇帝下令修建的 …… 409

第十一章　老北京的风味饮食

京菜为何没有进八大菜系 ………………… 413
北京菜都有什么特点 ……………………… 415
老北京的宫廷菜知多少 …………………… 416
谭家菜的历史 ……………………………… 417
老北京人夏天都吃什么 …………………… 419
老北京口中的"吃秋"是怎么回事儿 …… 421
"寒食十三绝"都有什么 ………………… 423
老北京的年夜饭都有什么 ………………… 425
满汉全席都有哪些菜式 …………………… 427
刘记和炒红果的那些事儿 ………………… 430
玉米粥是怎么进入御膳房的食谱的 ……… 433
豌豆黄知多少 ……………………………… 435
你了解老北京"杂拌儿"都有什么吗 …… 436
你知道蜜供是用来祭祀的吗 ……………… 438
焦圈儿的故事 ……………………………… 440
萨其马的由来 ……………………………… 441
冰糖葫芦的由来 …………………………… 442
豆汁儿的由来 ……………………………… 443
炒肝儿的由来 ……………………………… 445
卤煮火烧的由来 …………………………… 447
小窝头的由来 ……………………………… 448
茶汤的由来 ………………………………… 450
北京烤鸭的由来 …………………………… 451
酸梅汤的由来 ……………………………… 453

灌肠儿的由来 …………………………………… 455
　　涮羊肉的由来 …………………………………… 457

第十二章　老北京的娱乐世界

　　你对国粹京剧了解多少 …………………………… 459
　　京剧里为何会有"前四大须生"和"后四大须生"
　　　之分 ……………………………………………… 461
　　京剧里的"四大花旦"都有谁 …………………… 462
　　京剧里的"四大须生"都有谁 …………………… 465
　　京剧的行当分哪些 ………………………………… 468
　　京剧脸谱知多少 …………………………………… 471
　　传统的京剧服饰都有哪些特点 …………………… 474
　　梅兰芳三改《霸王别姬》………………………… 477
　　慈禧太后看京剧的几个典故 ……………………… 479
　　您知道太平鼓的历史吗 …………………………… 481
　　您知道京韵大鼓是怎么发展起来的吗 …………… 483
　　相声界的开山鼻祖是谁 …………………………… 485
　　北京的茶馆知多少 ………………………………… 488
　　岔曲知识知多少 …………………………………… 490
　　"单弦"表演的历史变迁 ………………………… 493

第十三章　老北京的民间风俗

　　北京人眼中元宵节的由来 ………………………… 497
　　老北京元宵节的习俗 ……………………………… 499
　　正月十五为什么要过城门"走桥""摸钉" …… 501
　　"破五"这天除了吃饺子之外还有哪些习俗 …… 503
　　老北京过春节的传统习俗有什么 ………………… 505

老北京"过小年"都有哪些讲究 …………… 509
关于"大年""小年"的民间传说 ……………… 511
老北京关于"春联"都有哪些讲究 …………… 515
老北京人为什么会贴"倒"福呢 ……………… 517
关于"二十四,扫房子"的说法和门道 ……… 519
老北京人买年货都买什么 …………………… 521
老北京放鞭炮的习俗 ………………………… 523
老北京"拜年"的门道有哪些 ………………… 526
老北京的年画 ………………………………… 529
北京民俗中的"观音"情结 …………………… 532
细说老北京"二月二,龙抬头"习俗和谚语 … 534
老北京立春的习俗 …………………………… 538
老北京中秋节的习俗 ………………………… 541
老北京春分的习俗 …………………………… 543
老北京夏至的习俗 …………………………… 545
老北京立秋的习俗 …………………………… 547
老北京人怎么过端午节 ……………………… 549
老北京重阳节的习俗 ………………………… 553
老北京的民俗玩意儿 ………………………… 556

第十四章　老北京的婚丧嫁娶

古代北京结婚都有哪些习俗 ………………… 559
旧京议婚的内容是什么 ……………………… 561
议婚中都有哪些禁忌 ………………………… 563
老北京"放小定"都有哪些俗礼 ……………… 565
老北京"放大定"都有哪些俗礼 ……………… 566
老北京人嫁女儿要准备哪些嫁妆 …………… 568

迎娶前双方家庭要做哪些准备	570
老北京结婚"回门"需要做哪些	571
老北京婚礼上的轿子有什么特点	572
北京的庙宇为何多承办停灵、治丧	574
杠房是做什么生意的	576
起杠时为什么要摔吉祥盆	578

第十五章 老北京的商业传奇

老北京的百年老字号都有哪些	581
王致和臭豆腐的由来	583
天福号酱肘子的传奇故事	584
"中华第一吃"全聚德知多少	585
老字号"便宜坊"的故事	587
只经营半天的饭庄砂锅居是怎么回事儿	588
您知道同和居都有哪些美味佳肴吗	590
"馄饨侯"的由来趣闻	592
您了解元长厚茶庄吗	593
您知道月盛斋的辉煌历史吗	595
您了解"南宛"烤肉宛吗	596
天源酱园有着怎么样的故事	598
您听说过百年老字号桂馨斋酱园的传奇故事吗	599
您了解中华老字号东来顺饭庄吗	600
"中华老字号"稻香村的名称由来	601
您了解老字号"三居"之一柳泉居吗	603
您了解同仁堂的发展历史吗	604
老字号鹤年堂的故事	605
张一元茶庄是如何发展起来的	608

北京内联升鞋业有哪些经营之道 …………… 609
三联书店的历史故事 …………………………… 611
你了解京城老字号荣宝斋吗 …………………… 612
您了解以生产墨汁闻名的"一得阁"吗 ……… 613
瑞蚨祥绸布店为何能够提供中华人民共和国的
第一面红旗的面料 …………………………… 614
清末京城帽业之首是哪一家 …………………… 616
老北京的"四大恒"指的是什么 ……………… 617

第十六章　老北京的交通出行

老北京的交通出行工具的变迁 ………………… 619
旧时的老北京人怎么样出门 …………………… 620
您知道慈禧太后骑驴跨过玉带桥的故事吗 …… 621
您了解有"京车"美誉的交通工具吗 ………… 622
您了解老北京的羊车是什么样的吗 …………… 623
有"一轮明月"之称的交通用具是什么 ……… 624
您了解老北京的扛肩、背负和挑担吗 ………… 625
老北京的骆驼是用来做什么的 ………………… 625
马在老北京交通中有着怎样的地位 …………… 626
您了解老北京的水上交通工具吗 ……………… 627
您知道轿子有什么讲究吗 ……………………… 628
清末著名的"窝脖儿"范茂贵 ………………… 629
在紫禁城内骑马乘轿是怎么回事 ……………… 629
老北京的洋车知多少 …………………………… 631
老北京人力车夫的生活状况 …………………… 632
乘坐人力车的第一人是谁 ……………………… 633
老北京的"铛铛车"是什么 …………………… 634

您了解中国第一辆进口汽车吗 …………… 635
老北京最早的火车 ………………………… 636
您了解老北京的"爬山虎"是做什么的吗 …… 637

第十七章　老北京的民间工艺

您知道刘墉和捏面人的故事吗 …………… 639
泥人张的传奇往事 ………………………… 643
杂耍：老天桥艺人各有绝活儿 …………… 645
您了解流行于北京的说唱文学"鼓书"吗 …… 648
传统工艺雕漆的兴衰史 …………………… 649
北京传统珐琅手工艺品景泰蓝 …………… 651
小小鼻烟壶，释放大魅力 ………………… 653
您对"玉雕"艺术的发展史了解多少 ……… 655
北京牙雕是从什么时候开始流行的 ……… 657
北京宫毯为什么被称为"东方艺术的代表" …… 658
您听说过"金漆镶嵌"这门工艺吗 ………… 659
"花丝镶嵌"知多少 ………………………… 660
北京绢人是怎么制作出来的 ……………… 661
北京宫灯具体分为哪些种类 ……………… 662
吹糖人的祖师爷是谁 ……………………… 664
传统杂技抖空竹知多少 …………………… 665
皮影戏的皮影到底是怎么制作的 ………… 667
北京的绢花是怎么发展起来的 …………… 668
什么是北京刻瓷 …………………………… 670
老北京街头杂耍艺人的生活状态 ………… 671
老北京剃头匠是什么时候开始出现的 …… 672
您了解剪纸的历史吗 ……………………… 674

您知道老北京流行的工艺品绒鸟吗 ……………… 674
中国街头的"土电影"拉洋片知多少 ……………… 675
您了解老北京的京绣吗 …………………………… 676
老北京服务业之磨刀人 …………………………… 678
老北京服务业之打草鞋 …………………………… 678
老北京服务业之缝穷婆 …………………………… 679
老北京服务业之打鼓儿的 ………………………… 680

第一章

老北京的历史典故

为什么说"北京城是漂来的"

　　老辈人谈及北京来历的时候，总爱说这么一句话："北京城是漂来的。"什么意思呢？这座千年古城、五朝名都竟会是漂来的？且不说内外城中大小胡同，您先到紫禁城，登上太和殿，看看那盘龙柱，每根盘龙柱高14米半，粗1米多，如此重量，怎么可能漂来呢？

　　其实如果您细观察，就不难发现，那盘龙柱顶天立地、堆彩如金，全是整材整料的金丝楠。金丝楠是哪里产的？云贵川湘深山老林哪！那怎么到了北京呢？难道真是漂来的？

　　是的，的确是漂来的。但这个"漂"是给形象化了，其实它们是被"运"来的。意思是说，建筑北京的各种材料都是从河上运来的。元代，北京叫大都，粮食、丝绸、茶叶、水果等生活必需品，大部分都依赖大运河从南方向京城运输。而到了明代，建设北京城的砖石木料，亦是通过大运河运抵京城，于是民间老百姓就形象地说北京城是随水漂来的。

　　那么，修建北京城所需要的原材料是通过什么河运来的呢？主要是通过京杭大运河。无论是元大都还是明清北京城的修建，所需的大量砖石和木料，大多是通过京杭大运河运输的：上好的木料来自南方的深山老林；上好的砖石来自山东、河南、江苏，山东临清泥土质地细腻，烧制技术好又临近运河，那里烧制的砖"不碱、不蚀，击之有声，断之无孔"，遂成为建宫殿与城墙所需砖石的重要产地之一……

明朝永乐时期，皇帝将都城的地址选在了北京。当时的北京还不是今天的样子，连紫禁城都没有盖起来。为了彰显皇家威严，皇帝下令修建"史上最伟大"的皇城——北京城。然而由于工程浩大，修建北京城需要很多的砖石木料。如果只靠北京本地的供给是远远不够的，所以，负责施工的主管大臣提议将所需的砖石木料由南方运往京城。这些砖石木料体量巨大，如果走陆路费时费力，唯有走水路最为快捷省力，因此京杭大运河成了运输首选。

然而另一个问题又出现了，如果将砖石木料运往北京城里，必须要通过通惠河。而通惠河有一个缺点，就是它的河床比较低，不能行船。怎么办呢？有大臣提议说，不如先将这些砖石木料卸到张家湾附近，然后走陆路转运至北京城里。该大臣的提议得到了认可，通过京杭大运河运来的原材料便储存在了张家湾附近。

随着岁月的流逝，在张家湾附近依据储存的不同材料，渐渐地形成了各种厂，如皇木厂、木瓜厂、铜厂、砖厂、花板石厂等。后来，其中的皇木厂、木瓜厂和砖厂形成了居民聚落，最后发展成村庄。如今通州南部的张家湾镇，就有皇木厂村和砖厂村。这两个村子就是当年存放由京杭大运河运来修建皇城用的砖石木料的仓库。皇木厂村在张家湾镇的北侧、土桥村的东侧，是一座有着数百年历史的古村。

关于皇木厂村，还有一个故事。

那是在永乐四年，也就是1406年，当时的工部尚书宋礼受命采集建造北京城的木材。一天，宋礼在四川发现一片金丝楠木林，砍伐后辗转运输，最后沿京杭大运河运至北京，堆放在皇木厂。永乐皇帝见了大喜，将其中最大的高达六丈有余的一棵封为"神木"，没有将它用于建筑，而是作为"镇物"供奉，成为北京五镇之一——"东方之镇"，皇木厂也因此被称为神木厂。后来，清朝的乾隆皇帝亲笔题写了《神木谣》，至今神木谣碑还立在北京星海钢琴厂院内。如今的皇木厂村已经发展成市级民俗旅游村，荣获"2007北京最美的乡村"称号。不仅如此，现在皇木厂村内还留藏着大量的京杭大运河古迹古物，使皇木厂村散发出浓郁的历史文化气息。

其实，北京城不仅营建材料是从大运河来，建城后供应北京城数十万军民的粮食，也是通过大运河运过来的。可以说，没有大运河，就没有北京城。从这个意义上说，北京城的确是从河上"漂"来的。

北京在历史上都有哪些称谓

北京是中华人民共和国的首都，是世界闻名的历史古城、文化名城，荟萃了中国最灿烂的文化艺术，拥有诸多名胜古迹和人文景观，是我国的政治、文化中心。这样一个拥有三千多年历史的古都，一开始就被叫作"北京"的吗？

当然不是。在浩瀚的历史海洋中，这个古老的城市在不同的朝代有着不同的称谓，据大致估计，历史上的北京竟有50多个称谓，可能是世界上名称最多的城市。

有关北京的最早记载要追溯到传说中的"三皇五帝"时期。大约在70万年前，北京地区生活着被史学家称之为"北京人"的猿人。后来发展到了五帝时期，相传，当时的黄帝曾率领本部落和炎帝部落在涿鹿（今北京附近）打败了九黎部落，杀死了他们的酋长蚩尤，并建立了部邑。到了黄帝的第三代，颛顼曾到幽陵祭祖，幽陵或幽州即今北京地区的总称，到帝尧时期正式建立幽都，幽都即为古代的北京。

北京接下来的称谓是"冀州"。被称作冀州的朝代是第一个世袭王朝夏朝。

后来的西周到春秋时代，北京一直都被称作"蓟"。约公元前11世纪，周武王灭掉了商朝。其后，周天子又封帝尧的后代于蓟，封周宗室召公于北燕，这时北京地区已经开始出现城池。及至后来，燕吞并了蓟，并以蓟为中心，建立起自己的国家，此即为燕国，其范围不仅包括今天的北京，还包括现在的河北北部以及辽宁一带，而其都城蓟，恰好就属于今天的北京地域范围。关于"蓟"的名称，传说与当时在北京地区广泛生长的一种叫作"蓟"的草本植物有关。如今这种野草虽早已不多见，但其名称却一直被保留了下来。

"蓟"这个地名延续时间很久，不仅在史书上有记载，在出土文物里也可以得到证实，而且还衍生出一系列地名，如蓟门、蓟丘、蓟苑、蓟城等。蓟是古代燕国的都城，所以在北京的古地名谱中，带"燕"字的也有很多，如燕台、燕城、燕市、燕京等。直到今天，北京的一些学校、工厂、饭店也喜欢用"燕"来命名，如"燕京大学""燕京饭店"等。

在这之后，改朝换代的事情在北京地区的版图上一次又一次地上演着，所以对北京的称谓也随着朝代的变化而变化。也有叫"蓟城"的，也有叫"燕京"的，后来又被称为"幽州"。幽州之名，最早见于《尚书·舜典》："燕曰幽州。"两汉、魏、晋、唐代都曾设置过幽州，均在今天的北京一带。

后晋时期，石敬瑭将幽云十六州割给了契丹，第二年契丹统治者（辽）就将幽州改称为南京，又称燕京。后来，北宋的统治者花费巨资将北京赎回，改名为燕山府。不到两年，金又攻占了燕山府，复名南京；在这之后，金海陵王迁都燕京，将其命名为中都为首都的开始。

金在将燕京改为中都的同时，又设了大兴府，就在今日北京的东南部，包括今东城区、朝阳区及大兴区的东部，所以北京在当时又被称为"大兴"。

后来，忽必烈带领蒙古军攻克了北京，统一了中原，建立了元朝。为了显示万象更新的大开局，将金对北京"中都"的称呼改为大都，俗称元大都，同时将元朝的都城也迁至这里。元朝时期，北京还被称为"汗八里"，是当时的蒙古人对元大都的称呼，蒙语的意思是"汗城"，即可汗所居之处。所以，元朝定都北京后也被称为汗八里，马可·波罗在他著的游记中就称大都（北京）为汗八里。

元朝末年，明太祖朱元璋派兵攻克了元大都，建立了明朝，将北京命名为"北平府"（在今天北京的大兴区和房山区一带）。明永乐年间，明成祖朱棣取得皇位后，将北平府改为顺天府，建北京城，现在我们所看到的北京城基本上为那时所建。这是正式命名为北京的开始，至今已有600余年的历史。后明成祖于永乐十八年，也就是1420年，迁都北京。北京这个称呼，不知什么原因，在大清帝国时期没有做任何的变动，一直沿用了下来，直到公元1912年，清宣统帝宣布退位亦是如此。

1928年，张作霖被日本人阴谋炸死后，阎锡山全权接收北京事务，改北京为北平。1937年，北平被日本侵略者占领，日伪政府将北平又改为北京。1945年日寇投降后，北京又被改为北平。1949年中国人民政治协商会议召开，其中一个主要议项就是决议定都北平，即日起改北平为北京，并确定为中华人民共和国的首都，直至今天都没有再改称谓。

当然，以上称谓只是比较醒目的一部分，北京在历史上还有其他的称谓，如涿郡、永安、圣都、长安、春明、日下、京华、都门、帝州、帝台、王城、皇州、辰垣、天都、玉京、神京、京师、宛平等。北京在历史上竟然有如此多的称谓，足见北京的历史有多久远。

中国历史上有几个"北京"

北京是我国历史悠久的城市和古都之一，但是历史上所称的北京并不是一个地方。

最早的"北京"是太原。唐朝和五代十国时期的后唐、后晋、后汉三代，都是以它的发祥地太原府为北京。今天的太原在古时候被称作"晋阳"，从其开始建立到隋唐时期，曾长期为太原郡、太原府治，以至被兼称"太原"。唐代唐玄宗时期被改称北京。有史为证，《小学绀珠》中有这样的句子："唐四京：京兆（今西安）为中京，河南（今洛阳）为东京，太原为北京，凤翔为西京。"

河北省大名县曾叫"北京"。大名县位于河北省东南部，在河北、山东、河南三省的交界处。大名的历史非常悠久，曾为府、路、州、道、郡治所在地。宋代庆历二年（1042年），宋仁宗赵祯为了抗拒辽国，把从前真宗赵恒亲征时驻跸（bì）过的大名府（今河北省大名县东北）建为北京。

金朝时有两个地方称为北京，都在今天的内蒙古。一个在今内蒙古巴林左旗林东镇南波罗城，原为辽上京，金熙宗天眷元年（1138年）改名北京，金熙宗完颜亶常在此地避暑。另一个在今天的内蒙古赤峰市宁城县西北的大明镇，原为辽中京，金初仍沿用"中京大定府"旧称。海陵王贞元元年（1153年），改名北京。海陵王完颜亮本是金熙宗的宰相，他杀掉完颜亶，自己即位，后模仿辽国的"五京"制度，宣布燕京新都为"中都大兴府"。另外立四个陪都，其中一个陪都就是大定府，完颜亮将大定府改称"北京"。

明朝洪武年间，当时的开封府曾被称作"北京"。洪武元年（1368年），朱元璋建都南京，将开封府定为北京，故址在今河南省开封市。洪武十一年（1378年）又撤销了开封府的"北京"称号。

明朝永乐年间，明成祖朱棣建立北京城，就是今天的北京。明永乐元年（1403年），朱棣将他做燕王时的封地北平府改为顺天府，建北京，并迁都于此。至此，"北京"这一称谓才算正式属于今天的北京。

1927年，国民政府定都南京，将北京改为北平。

1949年，中华人民共和国成立，将北平重新改为北京。

历代建都北京都有哪些风水依据

北京是一座古老的城市，历史悠久，文明源远流长。先后有燕、前燕、大燕、辽、金、元、明、清8个朝代建都在这里，可谓是国家都城的热门之选。为什么那么多王朝都选择定都北京呢？

历代都城的选址，都侧重于选择风水宝地。定都北京的那些统治者之所以把都城定在北京，除了考虑政治、经济等因素外，也自有其风水方面的考量。

古时候在选择都城的时候，大都以"相形取胜"等风水原则为重要依据。形胜指山川河流、地理形势及物产优胜等自然环境。在中国，历朝选址定都，均有风水和易学论证，所谓"自古建都之地，上得天时，下得地势，中得人心，未有过此者也"。

而北京，自古就有人说："幽州之地，左环沧海，右拥太行，北枕居庸，南襟河济，诚天府之国。"意思是指，北京地理优势非常优越，西部是太行山脉，西北是燕山山脉，东北有山海关，这些山脉大都在千米以上。东有渤海，南有黄河，中间是河北平原。形成"背有靠山屏障，前有水系明堂"的最佳地理格局。从战略意义上讲，北京可以凭居庸关、山海关北控漠北，虎视江淮。对此，我国宋代的诗人苏辙也曾经有诗云："燕山如长蛇，千里限夷汉。首衔西山麓，尾挂东海岸。"

如此格局，真是集山脉之险峻、河流之幽静、平原之肥沃于一身，正是绝佳的"藏风聚气"之地，而且军事上有利于防守，交通也比较发达，这些都为建都提供了非常好的条件。

"北京人"是怎么被发现的

"北京人"，又称北京猿人、中国猿人，正式名称为"中国猿人北京种"，现在更多称为"中国直立人"，是中国的直立人化石，生活在距今大约70万～20万年，遗址发现地位于北京市西南房山区周口店龙骨山。

谈及"北京人"的发现，不得不提一个人。他拉开了周口店北京人遗址发掘的大幕，他被称为"仰韶文化之父"，还是他，改变了中国近代考古的面貌……他的名字叫安特生。

对很多人来说，安徒生这个名字耳熟能详，但对安特生，则一点印象都没有。然而，很多人想不到的是，如果没有这位瑞典老人，周口店"北京人"的发现恐怕要推迟很多年。那么，外国人安特生为什么千里迢迢地从瑞典来到中国呢？原来他有重任在身。

1914年，安特生接受中国政府的聘请，以北洋政府农商部矿政司顾问的身份，来到中国。上任的第一年，安特生就凭借出色的工作成绩受到了袁世凯的青睐，因为他发现了一处大型的铁矿。但是，安特生在中国所取得的成就远远不止这个。

1918年2月的一天，安特生偶遇著名化学家麦雷·吉布。从麦雷·吉布那里，安特生看到一些包在红色黏土中的碎骨片，这些碎骨片可不是普通的骨片，而是从周口店附近叫作鸡骨山的地方挖掘到的。安特生对此很感兴趣，赶紧也开始了鸡骨山探险之旅。在那里，安特生进行了小规模的发掘，找到两个种的啮齿类和一个种的食肉类动物化石。

1921年，又一名与"北京人"的发现有很大关系的外国人来到了中国，他就是奥地利古生物学家师丹斯基。当时，师丹斯基打算和安特生合作,在中国从事三趾马动物群化石的发掘和研究。师丹斯基到了北京以后,安特生就安排他先去周口店发掘鸡骨山。这位奥地利古生物学家就这样开始了他的"北京人"发现之旅。

在一次考察中,安特生注意到堆积物中有一些白色带刃的脉石英碎片。他认为,凭借它们那锋利的刃口,用来切兽肉是不成问题的。那么,它们会不会被我们人类的老祖宗用过呢?安特生轻轻地叩着岩墙对师丹斯基说:"我有一种预感,我们祖先的遗骸就躺在这里。现在唯一的问题就是去找到它。"

经过两三年的试掘,安特生和师丹斯基收获并不大,只是在1921年发现了一枚"可疑"的牙齿,然而他们尚不能确定那是否是人类的牙齿。

直到1926年,幸运之神才向他们招手,安特生在乌普萨拉古生物研究所整理标本时,从周口店的化石中认出一颗明确的人牙,之后那枚"可疑"的牙齿也随之得到了确认,那的的确确是一枚人类的牙齿!

这一发现在中国考古史上是多么重大的成就啊!在国际上一经公布后,无异于一枚重磅炸弹震撼了当时的学术界。因为在那个时候,不仅在中国,即便在整个亚洲大陆,都没有发现过这样古老的人类化石。因此,安特生可以说是"北京人"的重要发现者之一,是他拉开了周口店遗址发现、发掘的序幕,为中国考古史掀开了新的篇章。

在安特生和师丹斯基在周口店发现人类牙齿后,"北京人"的发现之旅才刚刚开始,接下来还有一场硬仗要打。这场仗的统帅是中国地质工作者裴文中。

1929年12月2日,裴文中和他的伙伴在周口店龙骨山山洞里,发掘出第一个完整的头盖骨化石,从而证实了安特生"我有一种预感,我们祖先的遗骸就躺在这里。现在唯一的问题就是去找到它"的预言。

那是1929年12月2日下午4时，经过长时间的挖掘，裴文中在堆积物中发现了头盖骨。看着那梦寐以求的猿人头盖骨化石，裴文中激动得不知如何是好。挖出后，他马上将头盖骨化石送到北京地质所。当时参与这项研究工作的加拿大古人类学家步达生抱着这个头盖骨化石，激动地双手颤抖，在头盖骨上亲吻了三次。经研究确认，这是一个少年男性北京人的头盖骨。

此后，考古工作者在周口店又先后发现五个比较完整的北京人头盖骨化石和一些其他部位的骨骼化石，还有大量的石器和石片等物品，共十万件以上。这些出土物证明了北京人遗址是世界上出土古人类遗骨和遗迹最丰富的遗址之一。

对"北京人"的发现过程，著名史学家范文澜在其所著的《中国通史》第一编中有详细记载："北京西南周口店山洞里，一九二九年发现生存在约四五十万年前的猿人头骨、牙齿、下颚骨和躯干骨化石。这种猿人被命名为'中国猿人北京种'（或叫'北京人'）。他们已经知道选取砾石或石英，打击成为有棱角的石片，当作武器或生产工具来使用。他们居住在石灰岩的山洞里，用木柴燃火，烧烤食物。"从范文澜先生的记载中，我们对"北京人"有了更深刻的了解。

北京人头盖骨化石如今在哪里

20世纪20年代，考古学家开始在北京周口店龙骨山上挖掘，最终挖掘出了5块珍贵的古人类头盖骨化石。北京人头盖骨化石的发现，将人类自身历史整整提前了50万年，对中国乃至整个世界考古界都具有重大的意义，也因此，北京人头盖骨化石被誉为"旷世国宝"。

1937年，正当周口店挖掘工作进行得如火如荼时，日本发动了侵华战争，挖掘工作被迫停止。为了防止珍贵的北京猿人头骨化石在战争中遗失，考古工作者将这些化石存放在美属北京协和医院，由中美学者共同创建的"中国地质调查所新生代研究室"负责保管。

然而在1941年，日美关系开始变得紧张起来。为防止北京人头盖骨化石在日军侵入时被毁，当时的国民党政府决定将其移交给即将撤离北京回国的美国海军陆战队，暂时保管于美国某学术机关。

1941年12月5日，装载北京人头盖骨化石的列车抵达秦皇岛，打算在那里换乘预计8日的车去美国。然而令人没想到的是，12月8日太平洋战争爆发，日军偷袭了美军，并且将其所有的人员和物资悉数俘获。至此，北京人头盖骨化石神秘失踪，至今也不知道所在何处。

在此后的岁月里，考古学者一直没有放弃对北京人头盖骨化石的寻找，甚至在1998年，包括"北京人"之父贾兰坡院士在内的14名中国科学院资深院士发起的"世纪末大寻找"活动，也没有发现任何有价值的线索。

北京人头盖骨化石到底在哪里？

针对这个问题，不同的人有不同的猜测和分析。主要有如下几个说法：

1. 也许已被毁坏

针对北京人头盖骨化石的去向问题，有专家推测说其也许已经被毁坏。该专家认为，北京人头盖骨化石当时应该被存放在北京协和医院的地下室。日军发动侵华战争后，化石还没来得及运走，地下室就被日军给毁坏了。当时就连北京协和医院的院长逃命都来不及，谁还有那个精力去管那几个化石呢！

2. 化石可能流失在日本

中国科学院某专家推测说："根据目前的线索，北京人头盖骨化石最有可能流失在日本。"他分两种情况对这一推断进行解释：

第一种情况是，如果化石还没有来得及转移出北京协和医院：在占领北京后，日军曾经对暂存化石的北京协和医院进行严密的搜查，有可能搜查到化石而带回日本。

第二种情况是，化石已经被转移到美国海军陆战队回美国时所乘坐的车：运载北京人头盖骨化石的车是被日军截获的，日本截获后而将其带到了日本。

3. 化石装在沉船"阿波丸"号上

也有人说化石可能在日本沉船"阿波丸"号上。"阿波丸"号是一艘日本远洋游轮，后在日本侵略战争中被征为军用。1945年3月，"阿波丸"号在行至福建牛山岛以东海域时，被正在该海域巡航的美军潜水舰袭击致沉没。后来，在美国相关部门交给中国的一份材料中显示，当年失踪的北京人头盖骨化石很可能就在沉没的"阿波丸"上。在得到这一消息后，相关部门对"阿波丸"号进行了打捞，但并未在船上找到北京人头盖骨化石。

4. 化石被埋在日坛公园

1996年，某日本老兵在临终前曾向中国有关部门传递消息说，北京人头盖骨化石被埋在日坛公园的一棵松树下，这棵松树还做了特殊记号。在得到日本老兵的消息后，有关部门赶紧追踪这一线索，确实发现了该日本老兵口中所说的松树。但经过一系列的科学探测，并没有发现任何埋藏物，最终也一无所获。

5. 在秦皇岛某地的一个停车场下

2012年3月25日，中国和南非的研究人员在最新出版的3月刊《南非科学杂志》发表研究报告说，他们发现了北京人头盖骨化石"下落"的新线索，说北京人头盖骨化石可能埋藏在中国秦皇岛某地的一个停车场下。

这一线索的提供者是一位叫查德·鲍恩的人。查德·鲍恩是美国人，在二战时期曾是美国海军陆战队士兵。据他说，他曾经看到过北京人头盖骨化石。那还是在1947年，查德·鲍恩在美军设在秦皇岛的"霍尔康姆营地"参加一场战斗。在战斗的过程中，美国士兵在挖掩体时挖出了北京人头盖骨化石，当时的化石被装在了一只木板箱里。当时的美国士兵们并没有把化石当成一回事,反而把装载化石的木板箱当成了机枪垫。那是他"第一次也是最后一次看见北京人头盖骨化石",随后查德·鲍恩被日军俘虏。查德·鲍恩推测说,战斗结束后,北京人头盖骨可能又被埋在了原地。

相关人员根据查德·鲍恩的推测,专门前往秦皇岛进行了勘察,并找到了查德·鲍恩所提及的那个"霍尔康姆营地"——如今它已经变成了一个建在闹市区的停车场。具体的挖掘工作由于各方面的原因并没有实施。

除了以上几个说法外,还有其他的推测,有人说化石在"哈里逊总统"号上,有人说化石在"里斯本"号上,也有人说化石在天津美兵营、原美驻北平领事馆,等等。在众多的推测中,查德·鲍恩的推测或许是最可信的,但是还需进一步印证。

目前,关于北京人头盖骨化石的下落还是一个未解之谜。

北京城为何被称为"八臂哪吒城"

北京城作为历史古都,其整个城市规划历来都受到世人推崇,其格局被很多城市效仿、取经。很多人不禁好奇,如此街衢井然、城垣方正的繁华帝都是如何建造起来的呢?而且,后世人为什么称北京城为"八臂哪吒城"呢?

哪吒,是一个在民间流传甚广的神话人物,他功夫非凡,拥有三头六臂两足,可镇孽龙、除妖魔。面对如此厉害的一个神话人物,古代人是怎样把其三头六臂设计到北京城上的呢?这起源于一个传说。

据说在明朝时期,"靖难之役"之后,朱元璋的四儿子朱棣登上了帝位。为了建立功绩,便想在北京地界儿修建一座京城,于是就将这件差事派给了工部。工部的官员接到这件差事后,都十分着急,向皇帝递奏折说:"北京这地方儿,原来是个苦海幽州,那里的孽龙十分厉害,臣子是降服不了的,请皇上另派军师们去吧！"皇帝是个十分开明的人，琢磨着工部大臣的话不无道理，北京作为一片难得的风水宝地，并且由孽龙压着，不派个上知天文下知地理的厉害人物，是修不了这北京城的。

于是，在一次上朝时，皇帝问各位军师们："我想修一座北京城，在座的谁能帮我去完成这件差事呢？"众军师都低头不语，踌躇不前。这时候，大军师刘伯温举步向前，说："微臣愿试一试！"二军师姚广孝看大军师出头了，心里不想落在其后头，便赶紧也站出来说："微臣也愿意一试！"皇帝听了，非常高兴，心知这两位军师都是众军师中数一数二的能人，于是便将修建北京城的任务交给了刘、姚二位军师。

刘、姚二位接了皇帝的圣旨后，都赶紧来到北京这个地方进行地形考察，琢磨着怎么建才能阻止孽龙继续在这儿猖狂。刘、姚二位都想争头功，于是刘伯温说："姚二军师，为了提高办事的效率，你看这样可不可以，就是你住城西，我住城东，咱们各自都想个建城的办法，七天后咱们再各自拿着各自的规划图在这里碰头，看咱俩的想法是不是一样？"姚广孝一听，正符合自己的心意，于是赶紧附和："大军师说得太有道理了，我非常赞同，咱们就这么办吧！"于是二位军师就分别住在城西、城东，每天各自出去察看地形。

刘伯温住在城东，他回去以后寝食难安，满脑子都想着规划图的事儿。可是接连考察、思考了三四天，也没琢磨出个道道儿来。姚广孝住在城西，他和刘伯温没什么区别，回去以后也是吃不下睡不着，老琢磨这北京城规划图该规划成个什么样。就这样过了三四天，两个人都支撑不下去了，就迷迷糊糊地睡着了。在睡梦中，刘伯温好像听见有人在自己耳边说话。他仔细一听，这话音好像是"照着我画！照着我画！"睁眼一看，身边什么也没有。而姚广孝呢？睡着睡着也听见有人说话，话音也是说"照着我画！照着我画"可醒来一看，也是什么都没看着。最终两个人心情都非常低落。

转眼间六天过去了，只剩下最后一天，可两人什么也没有画出来。刘伯温走出家门，准备去和姚广孝会合，这时候的他，边走路还边在心里琢磨着。正郁闷的时候，忽然看到前面走着一个红孩子。他走得快，这孩子也走得快；他走得慢，这孩子也跟着慢下来。这让刘伯温很好奇，这红孩子是怎么回事呢？为了一探究竟，刘伯温加快步伐追了上去。姚广孝这边呢，也是如此，他也看到了一个红孩子，一会儿快走一会儿慢走地跟着自己，于是也追了上去。结果，刘、姚二人追着追着就追到一块去了。再一看，正好是原来约好会合的地方。

姚广孝说："最后的期限到了，现在咱们可以把各自的规划图画出来了吧！"刘伯温点头答应。于是二人便拿出纸张来，蹲在地上画了起来。他们一边画一边思考，正苦于如何落笔时，忽然二人的眼前同时出现了那个红孩子的模样：头上梳着小抓揪，半截腿露着，光着脚丫，穿的还是红袄红裤子。这件红袄很像一件荷叶边的披肩，肩膀两旁有浮镶着的软绸子边，风一吹真像是几条臂膀似的。二人猛一心惊：这不就是八臂哪吒吗？！于是，二人对规划图都心里有了数，谁也不说话，只静静地画起来。

刘伯温先从头画起，然后画胳膊和腿，一笔一笔全画下来了。而姚广孝呢？和刘伯温一样，也是先从头画，可是画到最后时，突然来了一股风把画纸吹起一角，他看到刘伯温那边已经快画完，怕被刘抢了头功，就没怎么在意，随手一笔画了下来，结果少画了一点。画完后，两人交换图纸，同时笑了起来。原来，两张图一模一样，只是姚广孝这边，在西北角上往里少画了一点。刘伯温笑说："原来咱们画的都是八臂哪吒城！"

姚广孝让刘伯温解释下怎么叫八臂哪吒城？

刘伯温说："这正南中间一座门，叫正阳门，是哪吒的脑袋；瓮城东西开门，就是哪吒的耳朵；正阳门里的两眼井，那就是哪吒的眼睛；正阳门东边的崇文门、东便门，东面城的朝阳门、东直门，是哪吒的半边身子的四臂；正阳门西边的宣武门、西便门、西面城的阜成门、西直门,是哪吒那半边身子的四臂;北面城的安定门、德胜门,是哪吒的两只脚。皇城正门——天安门是五脏口,从天安门到正阳门中间那条长长的平道就是哪吒的食道了;而北京的胡同就变成了哪吒的大小肋骨了。"姚广孝听了,不禁点头。二人赶紧拿了各自的画去觐见皇帝。皇帝看了二人的规划图后,非常高兴地说道:"二位真不愧为军师中的军师,竟然画出了如此栩栩如生的规划图!"

旁边的一位大臣说道:"刘、姚二位军师的规划图可谓不分上下,皇上您打算采用哪一位的呢?"

皇帝说道:"既然二位不分上下,那就东边的按大军师的图修,西边的按二军师的图修。"刘、姚二人听了都高兴无比。

于是,以八臂哪吒为蓝本的北京城就这样修建起来了。直到今天,北京城西北面城墙还是斜的,缺着一个角呢!这个角就是昔日风吹画纸,使姚广孝少画的那部分,在今天积水潭的位置。

"高亮赶水"的传说

很多很多年前,那时候的北京城还不是八臂哪吒城,整个城里处于一片苦海之中,所以当时的北京城也被称为"苦海幽州"。由于苦海幽州里的生活特别艰苦,所以老百姓们都陆续撤离,搬往周边的山上居住,把苦海幽州让给了龙王一家。

光阴似箭,也不知过了几十年、几百年,有一个穿着红袄短裤名叫哪吒的小孩来到了苦海幽州。为了争夺地盘,哪吒和龙王一家打了整整九九八十一天,最后擒住了龙王、龙母,龙子、龙孙却逃走了。哪吒擒住龙王、龙母后,苦海的水就平下去了,慢慢地露出了陆地。哪吒为了永远镇住龙王、龙母,就将各处的海眼都紧紧封住,将龙王、龙母关押在一处大的海眼里,并在上面砌了一座白塔,叫龙王、龙母永久地看守这白塔。从此,这个地方就不叫苦海了,只叫幽州。

又不知过了多少年，慢慢地有人在幽州盖起了房子，于是就有了人家，继而发展成一个个村庄、集镇。这时候，和哪吒大战时逃跑了的龙子已成为龙公，他和自己的老婆龙婆带着子女藏在西山脚下的一个海眼里，默默地过着自己的日子。其实，这个时候的龙公并没有消停，他看着幽州的老百姓越来越多、发展得越来愈好，心里很不舒服，总想着使个什么法子让幽州不得安生。

机会终于来了。一天，龙公听说有人准备在幽州盖个八臂哪吒城，这可如何是好！这八臂哪吒城一旦盖起来，那以后我龙公一家可就甭想有好日子过了！龙公将这一传闻说给龙婆听，龙婆劝龙公不要生事才好，可正处于气头上的龙公哪里肯听："老婆子，这哪是生事不生事的问题啊，这叫欺人太甚！本来幽州就是咱龙家的，如今给哪吒抢去了，这还好，如今又建什么八臂哪吒城，这口气我可咽不下……看吧，我得趁着八臂哪吒城没盖起来的时候把城里的水收回来，叫他们的人一个个都活活渴死。"最终龙婆说服不了龙公，只好答应帮助龙公行事。

龙公、龙婆二人仔细谋划了两天两夜，终于想出了一个计策。一天，二人领着龙子、龙女，推着装满蔬菜的独轮小车，乔装打扮成乡下人进城卖菜的模样悄悄潜进了北京城。他们进城哪是真的卖菜？都一股脑儿将蔬菜倒进了路边的沟里。并且按照原来的安排，由龙子负责喝光城里所有的甜水，龙女负责喝光城里所有的苦水，然后二人分别变成两只鱼鳞水篓，一边一个躺在车子上，由龙公推车子，龙婆拉小绊儿，径直出了西直门，扬长而去。

此时，刘伯温、姚广孝负责修建的北京城工程已经接近尾声，正领着一帮杂工装修皇宫呢。这时，忽然有下属来报："大事不好了军师，不知道是什么原因，北京城里大大小小的水井全都干涸了，就连枯水井都不冒水啦！这可如何是好哇！"刘伯温听了十分着急，他心里琢磨：定是这八臂哪吒城惹恼了龙公一家，得赶紧想个法子解决这件事。

于是，刘伯温赶紧派人去各城门查看，看有没有什么可疑人出没。下属们查看了半天,说是其他各门都没见可疑人出城,只是在西直门看见驼背的老头儿,推着一辆独轮车,前边跟着一个白发老婆婆拉着小绊儿,车上放着两只水淋淋的鱼鳞水篓,在一个时辰前出西直门去了。刘伯温听了,在心里嘀咕:好一个诡计多端的孽龙!现在唯一的法子就是赶紧把水给追回来。可怎么一个追法呢?刘伯温思考片刻,对众下属说:"如今尚有一个法子可以阻止龙公运水,只需派人把两个水篓扎破即可,可千万不能被龙公发现,不然性命就不保了。"众下属听了,都心存疑虑,不敢吱声。这可把刘伯温急坏了!

这时,只听一个声音喊道:"大军师,我愿意去追孽龙,扎破他的鱼鳞水篓,把水追回来!"刘伯温一看,见高声回答的是一个二十来岁的年轻人,高大魁梧。刘伯温非常高兴,就问:"你叫什么名字?"这人回答:"我叫高亮,是修皇宫的瓦匠。"刘伯温点了点头,马上从兵器架上拿起一条锃白亮银枪,递给了高亮,说:"你千万要小心行事啊,扎破水篓后就马上往回跑,不管后面有什么响动,都不能回头,到了西直门就平安无事了,我带人在西直门上给你助威。"高亮接了枪,头也不回地追孽龙赶水去了。

高亮铆足了劲,一直追出了西直门。可到了西直门,高亮傻眼了:往北是北关,是通西北的大道,可以到玉泉山;往西是西关,是通西南的大道,可以到西山、八大处;往南是南关,是通正南的大道,可以到西直门南边的阜成门。到底往哪儿追呢?时间紧急可容不得半点失误啊!这时候他忽然想起:刘军师不是说了吗,孽龙打算把水送进海眼里去,海眼只有玉泉山有。对!往西北追!高亮赶紧往西北就追下去了。

到了玉泉山跟前,高亮果然看见一辆装着两个鱼鳞水篓的独轮车,旁边坐着一个驼背的老头儿和一个白发老婆婆在那休息呢。高亮心想,这两位一定就是龙公和龙婆了!于是高亮悄悄地走到龙公、龙婆的背后,一枪扎破了一个水篓子,水哗啦啦地就流出来了。正当高亮举枪欲扎另一个水篓子时——可哪里还有水婆的影子，只见一个腆着肚子的小伙子，滋溜一下就钻进玉泉山海眼里去了。这时老龙婆抱起扎破的水篓，跃过北面的山头，直奔黑龙潭去了。龙公大声一喝："臭小子好大的胆子，竟然敢扎破我的水篓，看我怎么收拾你！"高亮见状，赶紧扭头就跑，后面像涨潮一样的大水就追下来了。眼看就要到西直门了，高亮都能看见城墙上的刘伯温了，心里一高兴，无意间便回头看了一眼，不料就是这一眼间，他整个儿被水给冲走了……

从此，北京城的水井里又有了水，只是大部分都是苦水，甜水到哪里去了呢？原来都让龙子给带到玉泉山海眼里去了。后来的人为了纪念为赶水而牺牲的高亮，就在高亮葬身之地修建了一座桥，取名为高亮桥，也有称作"高粱桥"的。

老北京城五大"镇物"都是什么

镇物，说白了就是镇宅之物，如钟馗像、天师像、七星宝剑等，除此之外，用神像、佛经、神符等供奉于家中，也能抵制邪怪侵犯，以取"以正压邪"之意。

在古老的封建时代，人们十分重视"镇物"的使用，常见的镇物有"泰山石敢当""厌胜塔""八卦牌""石狮子""兽面牌""桃符""镇符"等，主要用来保护城市平安。但在众多的镇物中，最有名的莫过于老北京城的五大"镇物"。

老北京城的五大"镇物"，出现于明清时期。当时，以道家金木水火土五行相克的理论，在北京城的东南西北中五个方位各设立了一个镇物，用以避邪除害，确保京城万寿无疆，皇权千秋永固。

1. 东方的镇物是金丝楠木

东方属木，镇物是广渠门外神木厂的金丝楠木。关于这金丝楠木，有很多比较"邪气"的说法，其中一个说法就是，别看如今那金丝楠木早已经腐烂了，"精气神儿却一点都没散"，北京城别的地儿老着火，但就这个神木厂，从来没有发生过火灾，就是因为神木跟通惠河一块儿，把火给镇住了。

今天的神木厂，如今已经成为大北窑，北京有名的CBD商务区，很多大企业都驻扎在那里，经济态势非常好。难怪有人说："昔日神木厂，今日黄木庄；昔日休闲地，今日商务区。"看来这镇东之地，确实不是个平凡的地方。

2.西方的镇物是大钟寺永乐大钟

西方属金，镇物是大钟寺的大钟。大钟寺原本叫觉生寺，清朝雍正十一年（1733年）建，是皇帝祈雨的佛寺。乾隆八年（1743年），从万寿寺移永乐大钟至觉生寺，至此，觉生寺更名为大钟寺。

永乐大钟，高6.75米，重46.5吨，有"世界钟王"之称。很多人可能会有疑问，如此重的大钟，当时没有吊车，是怎样移动到觉生寺的呢？据说，为了搬动该钟，可是费了一番周折。先是在一路打井若干孔，在冬天的时候泼水结冰，钟下垫圆木滚到觉生寺。然后先将钟滚到一个事先堆好的土堆上，再盖房子，立柱搭架，最后将钟下的土一点点地清除掉。这样，46.5吨重的永乐大钟就悬挂成功了。

3.南方的镇物是永定门的燕墩

南方属火，镇物是燕墩。燕墩，又被叫作烟墩，位于今天永定门外大街的路西。史料记载，燕墩始建于元朝，原本只有土台，明嘉靖三十二年（1553年）以砖包砌。清乾隆十八年（1753年）立石碑，其上有乾隆亲笔，满汉文对照的《御制皇都篇》碑文，是北京最著名的碑文之一。

4.北方的镇物是颐和园的铜牛

北方属水，镇物是铜牛。铜牛位于颐和园内，卧伏在一座雕花石座上，神态生动，形似真牛，原材料为铜，因此得名为铜牛。铜牛建造于清朝乾隆二十年（1755年），据传是为镇压水患而建。如今牛背上还铸有八十字的篆体铭文《金牛铭》，所以铜牛又被称为"金牛"。

5. 中央的镇物是景山

中央属土，镇物是景山，也就是今天北京的著名旅游景点——景山公园。景山原是明成祖修建北京城时堆煤的地方，所以有老北京人管它叫"煤山"。中央属土，需聚土而镇，以压制元朝王气。景山东坡下面有一棵古槐，那是明朝崇祯皇帝自缢的地方。景山算是最大的人工假山了，如今的她巍然矗立于京城中央，位居京城中轴线之上，是皇城故宫北边的一道重要屏障。

明朝永乐帝朱棣为何要迁都北京

明十三陵位于北京北面昌平区境内天寿山南麓，环葬着明代的十三位皇帝，统称十三陵，是中国帝王陵墓中保存得比较完整的一处遗址。明十三陵中的首陵，是成祖永乐皇帝的长陵。永乐皇帝在执政期间，做了几件大事，如派遣太监郑和下西洋、编纂《永乐大典》等，除此之外他还有一个最大的政绩，那就是迁都北京。

关于明朝的都城地址，很多人都知道，朱元璋建立明朝的时候是以南京为都城的。在晚年时，朱元璋曾经想过将都城迁往北方，也曾派人去北方考察，但最终没有实施。朱元璋死后，建文帝即了位，但不久后就发生了"靖难之役"，迁都的问题当然更无从谈起。就这样到了明成祖永乐皇帝统治时期，迁都才又重新列入了议程，并得到了有力实施。

那么，永乐皇帝朱棣为什么那么坚定地将都城迁往北京呢？对此，后世人做过很多分析和研究，有人说：朱棣之所以迁都北京，是因为他做燕王的时候，曾经被封在北平，北平是他的故土，是他的根据地，即位后，在根据地安家是理所当然的啊！不就是为了巩固兴王之地嘛！有人说：朱棣当时面临着北方的威胁，而北京靠近边境地区，如果在北京建都，便于防备北方。所以迁都北京是为了防御北方。有人说：朱棣迁都北京是为了躲避曾经的血雨腥风。我们都知道，朱棣是靠强取豪夺才获得帝位的，在争帝位的过程中，他的双手可谓沾满了别人的鲜血，虽然最后获得帝位，但终究内心不安。因这种不安心理，他便动了迁都的打算，来一个眼不见心不烦，或者叫眼不见心可安。

这三个原因是朱棣的真实原因吗？我们不敢断定，但更权威的原因是下面这一个。

朱棣可是个十分聪明的皇帝，他之所以坚定地迁都北京，必有其深谋远虑之所在。大家想想，北京是个什么样的地方啊！它可是辽、金两朝的都城。不仅如此，北京还是元朝的首都大都的所在，元朝是一个什么样的朝代？元朝是一个以北京大都为中心，一个横跨欧亚的大帝国，国家的版图在中国历史上可是最强盛、最大的，它不仅仅继承辽、金控制了北京和以北的地区，同时以北京为中心控制了江南、西南、东南广大地区。如此强大的一个国家都选择北京作为都城，这一事实不得不让朱棣有所考虑啊。

从历史来看，朱棣是一个有勇有谋的皇帝，他不甘于平凡，而想做一个千古名王，想建立一个庞大的帝国，而迁都北京是他实现这一雄才大略的步骤之一。

无论朱棣在建立丰功伟业的过程中，做了多少错事、犯下了多大的罪行，但迁都北京无疑是他的一个壮举，他的这一行为深深地影响了后世，改变了明朝的命运。

钟、鼓楼是如何上演"暮鼓晨钟"报时的

说起"暮鼓晨钟"这个词语，很多人都明白其字面的含义，其是指佛寺中早晚报时的钟鼓，比喻使人警悟的言语，也形容时光的推移。

然而，你知道"暮鼓晨钟"与北京城的钟楼、鼓楼有着怎

样的关系吗？你了解北京钟楼、鼓楼在古代是如何上演"暮鼓晨钟"报时的吗？

提起"暮鼓晨钟"，不得不提钟楼和鼓楼。钟楼和鼓楼是北京古代的报时中心，位于北京中轴线的北部终点，是一前一后两座高耸的建筑物。

钟楼、鼓楼，于元代创建，在历史上经历了几次反复的修建。

钟楼，楼通高47.9米，楼上悬挂着一口铸有"永乐年、月、吉日制"印记的特大铜钟，该铜钟高5.55米、直径3.4米、厚120～245毫米、重约63吨，乃中国古钟之最。鼓楼，原来的名字叫作齐政楼，位于钟楼的南面，与之相距约百米。鼓楼位于元大都的中心，但元末明初毁于战火。如今我们所见的鼓楼，建于明代永乐十八年（1420年），是在旧址东面重建的。鼓楼的台基高达4米，台上横列5间房屋，楼高达46.7米。在楼顶，原置有象征二十四节气的大鼓24面，现仅存一面。鼓高2.22米、直径1.40米，上有刀痕一处，是八国联军以刺刀刺破的，因为更鼓巨大，无法劫走，所以才保留至今。在元、明、清三朝，钟楼、鼓楼都是作为古都的报时中心，每日始于暮鼓，止于晨钟。文武百官上朝以及老百姓的生息劳作都是以此为度。

具体来说，钟楼和鼓楼是如何报时的呢？

这要从中国古代计时方式说起。按照古时候的习惯，一夜被划分为五更，每更等于一个时辰，即相当于现在的两个小时。19时称为定更，又称起更；21时称为二更；23时称为三更，我们老百姓常说的"三更半夜"指的就是这个时辰；1时称为四更；3时称为五更；5时称为亮更，也就是天亮的意思。

钟楼和鼓楼专门负责定更、报时，每到定更就先击鼓，后撞钟，向老百姓说明该到睡觉的时间了；从二更到五更，只撞钟不击鼓，以免影响了老百姓的休息。到了亮更，则先击鼓后撞钟，告诉老百姓天亮了该起床了。

击鼓和撞钟也是有定式的,那么怎么样击鼓呢?先快击18响,再慢击18响,俗称"紧18、慢18",快慢相间共击6次,总计108响。撞钟的方法和击鼓的方法一样。

也许有人会问,鼓手们是如何知道时间的呢?在清朝以前,鼓手们一般是根据铜刻漏计时,然后击鼓定更,钟楼听到鼓声后撞钟报时。在清朝以后,鼓手们则是根据时辰香定时了。这便是古代报时的一个简单的流程。

鼓楼击鼓定更,钟楼撞钟报时,在没有钟表计时的古代,钟鼓声对老北京人的起居劳作起着相当重要的作用,因此人们常说"暮鼓晨钟"。

如今,随着科技的发展,各种钟表随处可见,人们已经不再需要击鼓撞钟来报时了,但"暮鼓晨钟"已经成为老北京城文化的一部分。2001年岁末的午夜11时57分,北京鼓楼沉寂了近百年的群鼓再度被敲响——25位年轻鼓手表演了《二十四节令鼓之冬》的乐章,鼓声持续3分钟,到2002年元旦0时结束。而且,从2002年元旦开始,鼓楼正式对外开放,每天都会象征性地击鼓四次,每次15分钟,成为京城著名的一景。

历史上的八旗制度是怎样的

八旗制度由清太祖努尔哈赤建立,是清朝的一种兵民合一的社会组织形式,起源于女真族的狩猎组织——牛录。八旗制度最大的特色是"以旗统人,以旗统兵",正是依靠这种强有力的制度支撑,才建立了强大的清王朝。

八旗制度的前身是牛录制。清朝建立前的满洲人以射猎为业,每年到捕猎季节,都会以氏族或村寨为单位,由有名望的人当首领,进行大规模的狩猎活动,这种以血缘和地缘为单位进行集体狩猎的组织形式,被称为牛录制。狩猎组织的首领被称为牛录额真。

牛录制在初期的作用非常大，促进了满洲人部落的发展壮大。然而后来，努尔哈赤在统一女真各部的战争中，接连取得胜利，满洲人的辖区越来越大，牛录也越来越多。然而各个牛录之间，人数却混乱不一，有的多有的少，多的可达一二百余人，少的则不到百人。努尔哈赤为了发挥出满洲人最大的力量，便在牛录制的基础上加以改组、发展、扩大和定型。万历二十九年（1601年），努尔哈赤对军队初次整编，始设四旗，每三百人为一牛录，设牛录额真一员，并画一颜色。以黄、白、红、蓝四色为旗的标志，称为正黄、正白、正红、正蓝，旗皆纯色。万历四十二年（1614年），努尔哈赤为适应满族社会发展的需要，"将此四色镶之为八色，成八固山（八旗）"，即正黄、正白、正红、正蓝、镶黄、镶白、镶红、镶蓝旗，正式确立了延续近三百年的清朝特有的八旗制度。

八旗制度初建立的时候，其最大的特点是"兵民合一，全民皆兵"，意思是只要是满洲人，都要归属于八旗下。而且这种"旗"具有多方面的功能，既有军事职能，也有行政和生产等多方面的职能。当时的八旗兵丁在平时的时候会从事生产劳动，而一旦需要作战时，则会荷戈从征，且自备军械粮草。直到满洲人入关以后，这种特点才被打破，建立了八旗常备兵制和兵饷制度，八旗兵从而成了职业兵。

八旗的种类有很多，大致被分为三种，即满洲八旗、蒙古八旗和汉军八旗。其中汉军八旗也叫乌真超哈，指重装部队，而满洲八旗和蒙古八旗则主要是骑兵，而且他们的普通士兵还被分为三个等级，即马兵、战兵和守兵，这三种兵类的军饷不同，依次降低。

八旗当中，其实并非所有的旗都由皇帝直接控制，皇帝只控制其中的三个旗，即正黄旗、镶黄旗、正白旗，此三旗被称为上三旗；另外五旗被称作下五旗，由某些官员管辖。

清朝将都城定在北京城后，满洲八旗的主力满布北京城内外，几乎北京的每个城门都被八旗兵驻守，老百姓都称八旗兵为"禁旅八旗"。当时的清朝统治者认为北京的最大威胁来自北方，所以将北方城门的防守看得最重、最紧，甚至在京城的北部郊外也部署了许多兵力，这也是今天北京北面多有以"旗""营"为名的地名，而其他三个方向少有类似地名的原因。查看北京地图，在地图的北方位，我们总可以看到像西二旗、西三旗、北营房这样的地名，就是因为过去这些地方曾是八旗兵驻守城门时所住的营房。

对满洲人来说，八旗制度是他们制胜的关键。当年的努尔哈赤仅凭13副铠甲起家，建国称汗，统一女真各部，直至最后取代明朝问鼎中原，后来的清帝能够平定三藩、远征新疆、戍守西藏、抗击沙俄，成就伟大的清王朝，可以说八旗制度是其主要的军事保障，功不可没。然而从八旗制度诞生之初，其自身就掩藏着致命的、几乎无法克服的弊病：它的军事效能仅依赖游猎民族的风俗习性为基础，地方性强，而外部的军事适应能力极差；它自身缺乏长期维持军事财政的功能，经济支出不能有效用于军事建设，军队丧失财政基础……这也注定了它的最终消亡。

从建立伊始到随着清王朝的灭亡而灭亡，八旗制度走过了300年的历史岁月。在这300年中，作为清王朝统治全国的重要军事支柱，它为发展和巩固多民族统一的国家、为保卫边疆防止外来侵略做出了杰出的贡献，中国历史上永远都会有它浓墨重彩的一笔。

真有"推出午门斩首"这回事儿吗

在电视剧或者小说里，我们经常会听到或者看到"午门问斩""把他给我推出午门斩了！"类似的话语。这就给我们造成一种印象，即午门是古时候处决死刑犯的地方。

可是，事实上真是这样的吗？真有"推出午门斩首"这回事儿吗？

午门是紫禁城的正门，位于紫禁城南北轴线。建成于明永乐十八年（1420年），清顺治四年（1647年）重修，嘉庆六年（1801年）又修缮。

午门在皇宫建筑中居于十分重要的地位，东西北三面城台相连，环抱一个方形广场。北面门楼，面阔九间，重檐黄瓦庑殿顶。东西城台上各有庑房十三间，从门楼两侧向南排开，形如雁翅，也称雁翅楼。在东西雁翅楼南北两端各有重檐攒尖顶阙亭一座。相对于其他诸门，午门的规模非常宏伟，建筑非常坚固，彰显出了天朝的威仪，显得非常庄严和神圣。

在历史上，午门的用途非常广泛，一般有如下用途：

第一个用途是，午门是皇帝赐发物品和颁发皇帝诏书的地方。皇帝在立春赐春饼、在端午节赐凉糕、在重阳节赐花糕的诏书都在午门颁发；另外，在每年的腊月初一，还要在午门举行颁布次年历书的"颁朔"典礼；遇有重大战争、大军凯旋，要在午门举行向皇帝敬献战俘的"献俘礼"。

第二个用途是，午门是彰显国威的地方。每逢重大典礼和重要节日，都要在午门陈设体现皇帝威严的仪仗。

第三个用途是，明朝皇帝处罚大臣的"廷杖"仪式也在午门举行。在明朝时期，一旦大臣触犯皇家尊严，便会以"逆鳞"之罪，被绑出午门前御道东侧打屁股，官方名称"廷杖"。

至于电视剧和小说里所提及的"斩死刑犯"的地方，则根本不是午门。一方面，午门的前面是皇宫的禁地，戒备非常森严，一般情况下闲杂人等是不能靠近半步的，所以，不可能在这儿将犯罪的大臣斩首示众；另一方面，自古以来，在人们的心目中，刑场都是一个不吉利的地方，午门作为皇宫的正门，不可能成为不祥之地。至于斩死刑犯的地方在哪儿呢？据相关的史学家考证，死刑犯是在柴市（今天的西四）或者菜市口等地进行处决的。

那么，为什么会有"推出午门斩首"这样的说法呢？这就涉及午门的第三个用途了。在明朝的时候，午门是"廷杖"触犯皇家尊严的大臣的地方。刚开始的时候，还只是象征性地打，发展到后来，竟出现了打死人的情况。例如，正德十四年（1519年），明朝皇帝朱厚照要到江南选美女，群臣上谏劝阻，朱厚照大怒，下旨"廷杖"大臣舒芬、黄巩等130余人，其中的11人被当场打死。想想庙堂之上那些高官重臣，平日里哪个不是锦衣玉食、衣冠楚楚，一朝不慎触犯皇家威严，被捆倒在地，拖出午门，其中不少人棍棒之下一命呜呼，因此"推出午门"便成了人人生畏的名词，传到民间便成了"推出午门斩首"了。

北京的中轴线为何是偏的呢

打开北京地图，我们会从中看到一条贯穿南北的线，它南起永定门，北至钟鼓楼，实际长度长达7.8公里。这条线，就是北京城的中轴线。

北京中轴线始于元朝对大都城的规划设计，至明清两朝形成了现有的规模。它是世界城市史上极为罕见的一条建筑艺术轴线，汇集了北京古代城市建筑的精髓，见证了北京城的沧桑变迁。对这条中轴线，著名的建筑大师梁思成先生曾经这样赞美道："一根长达八公里，全世界最长，也是最伟大的南北中轴线穿过全城。北京独有的壮美秩序就由这条中轴的建立而产生。"足见北京中轴线的宏伟与壮美。

然而，令人想不到的是，就是这样一个宏伟、壮美的中轴线竟和后世人开了一个大大的玩笑。

发现这个玩笑的人是一位叫夔中羽的人。

夔中羽是中国测绘科学研究院研究员，国务院特殊津贴获得者，在"两弹一星"工程中都做出过贡献。2004年，夔中羽为了设计航空拍摄北京中轴线建筑的准确飞行路线，拿了巨幅的《北京卫星影像图》和《北京航空影像图》仔细观察。当他的视线沿着影像图上的北京中轴线一路"北上",脑袋竟不知不觉偏向了左侧,这使他感到吃惊——中轴线应是"正南正北"的朝向呀,"难道是空拍出了问题"?

"拿地理坐标一印,它(中轴线)偏离子午线两度十几分,但不到两度半。"夔中羽后来回忆说——在对全景图做出测量后,他得出这样一个结论。

"两度多的偏离"曾令夔中羽对影像图的精确性产生怀疑。

地图是按照地理坐标严格控制制作的,应该不会有问题。想到这里,夔中羽马上又找来了北京的卫星影像图。在卫星影像图上,他发现中轴线也是偏离子午线的,他又买了多个版本的北京市地图,当中还包括北京交通游览图,发现中轴线都偏了一点儿,并且是向逆时针方向偏了一点点。

这是为什么呢?如果真是这样的话,那元、明、清三个朝代的33位皇帝的宝座不是都歪了吗?为什么中轴线会偏离子午线?是古人有意为之?

我国的很多城市都有中轴线,而且往往是和子午线相一致的。子午线就是我们平时所说的连接南北两极的经线。在多数人的常识中,兴建于封建时代的北京城,其中轴线应该和子午线是重合的,且呈"正南正北"方向。为何到今天却歪了呢?难道是测绘专家、地图制作者犯下了群体性错误?

为了解决这一谜团,夔中羽赶紧寻找那些地图制作者。待好不容易找到地图制作者后,没想到的是,那些地图制作者对他说,当初他们严格根据实地测量绘制地图,绘制出来后,也发现中轴线是歪的。他们也很困惑,其间甚至有人曾提议把地图上的中轴线"正"过来。后来,他们曾将此问题汇报给相关部门,但历史事实无法改动,由于偏差比较小,市民根本感觉不到,所以就尊重了事实,把中轴线画成了歪的。

夔中羽听了地图制作者的话,还是没有放弃对这一问题的求证。于是他做了一个实验，名曰"立竿见影"。在新建的永定门下，夔中羽做了一个日晷，立了根2米高的竿子，在永定门朝北的甬路上，贴了条6米长的黑色胶带。"胶带的方向就是中轴线的方向，竿子的影子则代表了子午线。"在查阅了2004年的天文日历，并将视差改正值、经度改正值计算入内后，实验报告出炉了：黑色胶带与影子赫然呈现一个夹角，测量后的角度大致是——两度十几分！

这个实验结果到底正确不正确呢？夔中羽还是不死心，于是他又在地形图上选择了永定门、钟楼和地安门三个点进行实验，最后算出偏角依然是两度十几分，证明永定门立竿见影粗略测量的结果是正确的。而且，根据这一计算，从永定门开始的中轴线到了钟楼，就已经偏离子午线达300米了！

"中轴线的确是偏离的。"夔中羽说，"北京的中轴线并不是正南正北的走向。"

为什么中轴线是偏的呢？是当初建立的时候故意设计成偏的，还是因测量错误造成的呢？这其中又暗藏着怎样的玄机？夔中羽心中充满了无数的疑问。

针对这个问题，有学者提出，北京中轴线由建成至今已经700多年，是否在这700多年中，地球自然状态变化，比如岁差、极移、磁偏等等，引起了北京中轴线偏离子午线？

在天文学上，有一个现象叫作极移、章动和岁差。因为地球上各处的经、纬度与方位角都会随时间的变化而产生某些变化，例如，地球在运转中会出现很小的周期性摆动、移动、偏转等现象，这种现象就叫作极移和岁差。中轴线的偏离是不是受到这些天文现象的影响呢？夔中羽为此专门拜访了国际知名的天文学家和天文史学家席泽宗。席泽宗解释说，这是不可能的。因为，极移只是地球自转的过程中，在地球内部的一点点挪动，面积非常小。而岁差和章动虽然会影响到恒星位置经纬度的变化，但不会影响地面经纬度的变化，所以中轴线的偏离和极移、章动、岁差这些天文现象关系不大。

不是这些天文现象引起的，那么究竟是什么原因造成了中轴线的偏斜呢？

1. 有人说 700 多年前测量技术不高，有误差

对此，夔中羽断然说不可能。中国古代很早就有精确的测量，早在中国唐代，就有著名学者一行大师，为测量纬线长度而在河南很准确地测量了四个点的子午线，从河南考古复原的宋代皇城模型就可以明显地看到城中那条笔直的中轴线。而由刘秉忠主持修建的元上都，完全符合正南正北走向。上都建成后，大都晚了好几年才开始修建，还是由那个刘秉忠监筑，却将大都的中轴线测算偏离了子午线两度多，这是绝对不可能的。所以中轴线偏离不应是测量上的错误。

2. 有人说是建造者有意为之

到底是怎么回事呢？为了揭开这个中轴线之谜，夔中羽把目光投向了人文因素。

在中国古代的建筑中，其方向大都会和远方的一些地物有关系，那么北京的中轴线是不是也会这样呢？北京城是在元大都基础上建立的，而元大都又是元朝忽必烈建立的，那忽必烈在建立北京城的时候，会不会也会设置一些与北京城有特殊关系的地物呢？夔中羽赶紧搜集一些北京至内蒙古的地形来看，他惊奇地发现：北京中轴线往北延伸，它的延长线直指古开平，而那古开平不是一般的地方，它正是元世祖忽必烈的发祥地——元上都的所在地！

循着这条线索，夔中羽和其他相关学者开始了元上都遗址探索之旅。元上都遗址位于今天内蒙古自治区锡林郭勒盟正蓝旗上都镇东北面。从北京到元上都遗址的直线距离为270公里，当时负责设计的人会不会是按照当时统治者的意愿，为体现两都统一，而采用上都——大都连线作为大都中轴线的基准线呢？

夔中羽开始了对这一问题的求证，他开始了两地之间的测量。最终的结果是：北京永定门纬度线至古开平中心纬度线距离约 270 多公里。古开平往西偏离北京子午线约 17 公里。北京至古开平连线与北京子午线的夹角为 2 至 3 度。这与北京中轴线偏离北京子午线的方向一致，偏离角度几乎吻合！当然，如果完全重合就更好了。但现在看来还是有几公里的误差。但元代的测量技术不可能有现在这么精确，在这么远的距离内，这点误差完全可以由当时的技术局限来解释了。

"发现这一点时，我甭提多高兴了！"夔中羽如今回忆起来依然激动不已。他认为，他终于揭开了北京中轴线偏离之谜。

北京中轴线偏离的原因是不是真的是夔中羽所寻得的答案，我们不得而知，还有待于进一步考证。但不管最终的谜底是什么，中轴线上那些经历了几百年风霜雨雪的诸多文化历史遗迹，将注定帮助人们揭开这一极富传奇色彩的谜团，告诉人们真正的答案。

中南海为什么叫"海"

沿着西单往天安门城楼方向走，在长安街的路北，你会发现有堵数百米长、六米多高的红墙，掩映在一排绿树和红灯笼下，显得厚重而沧桑。红墙外，不断有路人以红墙为背景进行拍照留念。红墙内，就是名扬中外的中南海。

说起中南海的名称由来，还挺有意思。大家都知道，北京是个内陆城市，这样一个非沿海城市中为什么会叫"海"呢？是老北京人故弄玄虚，还是另有他因？原来这与蒙古人有很大的关系。中南海的这个"海"字，就出自蒙古人之口。在蒙古语中，"海"是"海子"的简称，是湖泊的意思。中南海这个地方处于北京的中南方位，有中海和南海，风景秀丽、安静怡人，所以人们把这一带区域合称为中南海。

据有关史料记载，中南海这片宫廷建筑群始建于辽宋时代，经历了几百年的历史春秋。

辽以前,这里曾是一处天然湖泊,风景非常美。辽国建立后,便在这处湖泊上兴建了瑶屿行宫。

后来,金国将辽国取而代之。1153年,金王朝正式迁都燕京,也就是今天的北京城。这里开始成为皇帝的离宫,金王朝在此修建了不少宫殿、园苑,所以被称为"西苑太液池"。

元朝建立后,修建了元大都,将此处纳入了皇城之中,并在它的周围修建了三组宫殿,即大内、隆福宫和兴圣宫。

中南海的建筑群最终定型于明朝。明朝定都北京后,便开始修建新的皇宫——紫禁城。原来环水而筑的金元皇宫,则改称为"西苑""西海子",作为皇帝的避暑行宫。明世宗时,又在"西海子"上建造起南北两座汉白玉桥,南面蜈蚣桥之南为"南海",北面的金鳌玉桥之北为"北海",两桥之间的狭长水面为"中海"。

清朝时期,对中海、南海、北海进行了拓建,如今的大多建筑物属于清代遗物,中南海被列为皇家专用的禁苑。康熙皇帝时,中南海逐渐成为清王朝的政治中心,并且每年都要在这里举行许多盛大的活动。

就这样,经过辽、金、元、明、清五个王朝七百多年的精心营建,西苑三海集山、海、岛、桥、亭、阁、廊、榭、宫阙于一园,成为真正的人间仙境了。

关于北京城门的俗语有哪些

北京城门非常多,分为内城九门,外城七门,皇城四门,皇城其他三门,宫城四门等,有"内九外七皇城四"之说。

内城的九座城门,按照东南西北四个方向,分别是东面的东直门和朝阳门,南面的崇文门、正阳门、宣武门,西面的西直门和阜成门,北面的德胜门和安定门。外城有七门:东便门、西便门、广渠门、左安门、永定门、右安门、广安门。皇城四门分别是天安门、地安门、东安门、西安门。在旧时他们有各自的用途和特征，也有很多关于城门的俗语，非常生动。

内城九门，除了崇文门昼夜开启，其余八座城门开启和关闭都是有时间限制的，所以在当时就有一句俗语"城门响点不等人，出城进城要紧跟"。

安定门，皇帝去地坛祈祷丰年时，经过此门。另外安定门外的粪场比较多，所以粪车多从安定门出入。每当刮风的时候，臭气都会刮向城内。夏季的时候，更是臭气熏天，而且苍蝇特别多，人们对此印象非常深刻，便有了这样一句俗语："安定门外的苍蝇——多。"

阜成门外的门头沟出产的煤是当时北京城里必不可少的燃料，此门离产煤的地方最近，所以煤车都从此门进城。由于"梅"与"煤"同音，所以有"阜成梅花报春暖"的说法，形容平安祥和。还有一句歇后语，与当时阜成门外一个非常有名的煤市"下关"有关系，叫作"平则门下关——没事"，其中的"平则门"为元朝时期此处的称呼。

西直门，多走水车。北京城内的水质不好，玉泉山的水甘甜味美，皇宫用水都取自玉泉山，所以每天都有很多水车从西直门进出城。于是便有了"西直门——走水"这一俗语。

现在这些城门在老城改造过程中大都拆除，但是，给我们留下了一些非常有意思的俗语，还能让我们想象一下当时的情景。

您了解关于地名的北京方言俗语吗

老北京的方言非常丰富，而且有些话都有地方特色，其中有很多与北京地名有关系的方言俗语。下面给你列举几个，您听说过吗？

西直门到海淀——拉啦！这是旧时老北京人力车夫经常说的

一句谚语。现在是一句非常诙谐的俗语,形容小孩排便时没有事先告诉家长。原来指的是从西直门到海淀距离不远,而且是市内去颐和园的必经之路,人力车夫做这一路的生意非常好。

天桥的把式——净说不练。这句俗语好多人都比较熟悉。旧时的北京天桥是杂技艺人的聚集地,他们表演的武艺,五花八门,有吞活蛇者,有吞宝剑、铁球者,有以头开砖者,有摔跤、耍中幡者等。其实,这些都是天桥的把式,并不是真功夫,性质多为表演,所以就有了这么一句俗语在民间传开。

二龙坑的鬼——跟上啦!二龙坑在前清郑王府附近,民国时期是一片荒地,被称为"烂葬岗子"。旧时贫穷的人家死了人多将死者尸体用芦苇席卷裹埋葬在这里。于是,民间就有了"二龙坑闹鬼"的传闻,凡是夜间经过此地的人,不仅三五结伴,而且又唱又喊以壮胆。其实这是自欺欺人之举,这句俗语就是相容这样的行为的。

打磨厂的大夫(医生)——懂得帽(董德懋)。北京正阳门外有一条名叫"打磨厂"的街,旧时有一位中医姓董名德懋,医术一般,在这条街路南挂牌应诊,后来便开始流传着一歇后语。意思是说某个人什么都不懂,带有轻蔑的口气。

门头沟的财主——摇头。我们都知道门头沟是当时北京产煤的地方,当时许多商人在这里开煤窑,被百姓和矿工称为"窑头儿"。这句歇后语就是"摇"借"窑"的谐音产生的。

北京人口头上的歇后语,非常多,有的数百年而不衰,内容丰富多彩而趣味盎然,始终为人们津津乐道。

老北京与宛平城有关的方言俚语有哪些

宛平城位于北京西南方向,是捍卫京城的重镇,属咽喉要道,在明清时是管辖京师城区一部分,而且在其管辖范围内有一个地方,叫先农坛,有一块专为皇帝春耕而设置的地方。这样一个有着特殊位置的地方，有着两个俗语。

第一个：宛平城的知县——一年一换

您一定会纳闷儿，为什么如此频繁地更换呢？其实这都是因为宛平城管界内的先农坛的皇帝的一亩三分地。每年春季，皇帝亲自做出表率，来到这里耕耘，以告诫臣民不要误了农时。等到秋收之后，当任知县照例要向皇帝征税，以示皇帝带头遵纪守法。但是一个七品知县向皇上征税，那是犯上，按律当斩。但是皇帝念其为国家收税，免了死罪，但是活罪难逃，所以每年秋季皇帝交税后，宛平知县就被罢免了，久而久之遂成定例，便有了宛平城的知县——一年一换。

第二个：宛平城里做知县——跪着的差使

本来任期就不长，而且还冒着被杀头的风险，这又来了个跪着的差使，这知县当的也够窝囊的，又是怎么回事呢？明清两代时，上自皇帝下至朝廷重臣，凡是到西南各省办事者，都要经过宛平城。每逢京官出城时，朝廷都在此为其饯行，这七品知县必须要跪迎跪送；而且外埠封疆大吏进京的第一站就是宛平城，知县也是毕恭毕敬，也是跪迎跪送，所以有"宛平的知县——跪着的差使"一说。

看来这宛平城的知县真的不好当啊，任期虽有限，还不得不为这有期限的乌纱帽卑躬屈膝。

第二章

老北京的地名由来

什刹海的由来

烈日炎炎的酷夏,很多老北京人都喜欢去一个地方乘凉避暑,那里湖面开阔,风光秀丽,可乘船可散步,待到晚上则灯火通明,湖光与霓虹相映,乐曲随轻舟荡漾……说到这里,肯定很多人已经知道是哪里了,没错,就是什刹海!

什刹海,也写作"十刹海",由前海、后海、西海水域以及沿岸名胜古迹和民居组成。元朝曾依托这一片水域在东岸确定了都城建设的中轴线,什刹海开始成为元、明、清三代城市规划和水系的核心。历经数百年的发展,什刹海积淀了上至皇亲国戚、士大夫,下至普通百姓深厚的各阶层文化。这里的胡同和四合院组成了老北京的风俗文化,组成了老北京的历史。

什刹海的"刹"字,在北京人嘴里念快了,就跟"季""价""窖"差不多了,因为这个,就有了活财神沈万三在这里挖十窖银子的传说,什刹海也便因此得名。

说起沈万三这个名字,在大家的心目中,他就是那著名的"活财神"。

按理说,活财神一般都很有钱,纵然不挥金如土,也得有家有院有轿坐。可是沈万三这个"活财神"却例外,甭提他有多少间房、多少套院、多少轿子可坐,他可谓手里一个子儿都没有,有时候甚至连衣服都没得穿。那他为什么被叫作"活财神"呢?原来之所以叫他"活财神",是因为他知道地下哪个地方埋着金子,哪个地方埋着银子。据当地的老百姓讲,平常时候,沈万三也不知道哪里埋着金子银子什么的,但一旦挨人狠打的时候,通常他胡乱指的地方准有金银,并且挨打得越厉害,他所指的地方埋得金银越多。他的"活财神"之名也因此而来。

然而,老百姓谁又会随便打人呢?而且大家看他穷成这样,谁也不信他知道哪儿有钱。因此,跟沈万三一起过的人都穷得叮当响,缺衣少食。

明朝时期,"靖难之役"之后,朱元璋的四儿子朱棣登上了帝位。这位皇帝想修一座北京城。可修城并非一件容易的事儿啊,首先得有充足的物质基础,没有钱去哪弄材料、请人工呢!可是皇帝又不舍得花费自己的钱,于是便跟大臣们商讨如何筹集一些修城的经费来。众大臣也很焦虑:苦海幽州本就是个贫瘠之地,去哪里弄这么多钱呢?

就在这个时候,一个大臣站出来对皇帝说:"微臣倒想起一个人来,只要找到他,保准有数不完的金银财宝。这个人叫作沈万三。"皇帝听了,又惊又喜,马上着人去抓沈万三。

皇帝见了沈万三那穷酸样,心里就犯了嘀咕:就这么个穷酸的糟老头儿,还能称为"活财神"?

可疑惑归疑惑,皇帝还是好奇地问道:"据说你知道金银存放的地方?"

沈万三回答:"我不知道。"

"那为什么大家都叫你'活财神'?"皇上一听,开始急了。

沈万三说:"我不是什么'活财神'啊皇上,那都是别人叫着玩儿的。"

皇帝一听就发了火,说:"哼!一定是你妖言惑众,蒙蔽了众人,活该挨打!"于是吩咐将士将沈万三推出去打他一百大板。

刚开始挨打时，沈万三还大声地叫嚷："我没有骗人啊，放了我吧，放了我吧！"

将士说："只要你供出金银的所在，就饶了你！"

沈万三喊着说："可我真的不知道啊！"

沈万三喊得越厉害，将士打得他越厉害，直打得他皮开肉绽，鬼哭狼嚎。

实在撑不过去了，沈万三大喊了一句："大人别打了，我想起来哪里有银子了。"将士这才住了手。

皇帝便吩咐将士们跟着沈万三去挖金银财宝。可是沈万三哪知道哪里有什么宝藏呀，就东走走西转转，后面的将士们不断催促，就这样他们一行来到今天什刹海的位置。沈万三实在走不动了，就随便指着下面的地说："这里有金银，你们在这挖吧！"将士们就开始挖起来，果然从中挖出了十窖银子来。一窖是四十八万两，这十窖银子共计四百八十万两。据说北京城就是用这笔银子修建起来的。

后来，将士们挖银子的地方成了一个大坑，经年累月后，那个大坑盛满了水，后世人都叫它为"十窖海"，慢慢地又称其为"什刹海"。直到现在，还会有人强调说："这原叫十窖海，不是什么什刹海！"

可是，无论后世人怎么叫，这什刹海的美名就这么流传下来了。

蜈蚣井的由来

蜈蚣井这个名字，相信很多人都听说过，但其来历恐怕知道的没有多少人。相传明朝时期，开国军师刘伯温和姚广孝共同修建北京八臂哪吒城。在修建的过程中，遇到一条孽龙出来横行霸道，这条孽龙将北京城中的水全部带走了。后来虽有高亮赶水之举，然而他所赶回来的水大部分都是苦水，整个北京城内，屈指算下来仅有为数不多的几口甜水井。所以，老北京人都对很不容易才能品上一口的甜水情有独钟。"蛤蟆井"的传说，就是打这儿传开的。

自高亮赶水以后，北京城的井水，都成了苦水。此后，除了皇亲国戚每天派人专门到玉泉山运甜水以外，上到达官小到老百姓就都只有喝苦水的份儿。这苦水喝个个儿把月的还行，这要天天喝，那就愁煞人了！尤其对卖茶的茶馆儿来说，更是"灾难"，都没有什么人光临茶馆了。

话说有一天，有一家王姓的茶馆儿自清晨开门后，都没有一个茶客光顾。只见王掌柜坐在桌子那儿呼呼大睡。就在这时，有一个人走进来了，朝着王掌柜大喊："哎！掌柜的，沏一壶上好的茶来！"掌柜听到喊声，猛然惊醒了，只见进来了一个穿着极不考究的老头儿。甭管来者何人了，只要是客就万幸了。王掌柜赶紧上前，边答应着边拿过茶壶、茶碗、茶叶来，涮了涮壶碗，就给老头儿沏上了茶。老头儿一喝，立马给喷出来，啧啧叫苦："掌柜的，您家的茶怎么这么苦啊！"掌柜的忙把孽龙带水、高亮赶水的故事向老头儿详详细细地说了个遍。

老头儿听了乐了乐，说："如果您家有甜水的话，您还会用这苦水沏茶吗？"

"嗨！若有甜水谁还用苦水沏茶呀！"掌柜的着急起来。

老头儿听了，点了点头，从袖子里倒出一金头蜈蚣来。只见那蜈蚣足有三寸之长，有十八条腿，金须金眼，活蹦乱跳。只见老头儿对着这条金蜈蚣，低声地说着话，仿佛像和那金蜈蚣商量什么事似的，就瞧那金蜈蚣先是摇头，后是点头，最后只听那个老头儿大声说："那就这样吧，你就赶紧去吧！"

那金蜈蚣便转了转腰身，腾的一下，就飞了起来，转眼就不见了踪影。只看得那王掌柜一愣一愣的，眼睛都直了！也不懂那老头儿玩得什么把戏，只见老头儿把茶钱放在桌子上，然后一声不响地走人了。

就这样过了几天。一天，王掌柜店里的小伙计跑来向王掌柜高兴地说："掌柜的，告诉您一件稀罕事儿，靠那皇城的东边，从地上钻出一股甜水来，现在由官府修成了一口井（这说的就是王府井大街大甜水井胡同的那一眼井），您说这事儿稀罕不稀罕？"王掌柜听了也非常高兴，但也没想出来所以然来。

几天后，王掌柜又听人说不止皇城东边钻出了一股甜水，离安定门外不到一里地的地方，也钻出了两股甜水了，现在已然治了两眼井（这说的就是上龙大院的上龙、下龙那两眼井）。王掌柜听了除了高兴，也没往别的事情上想。

这样又过了半个月，王掌柜又听说，丰台十八村，每个村庙的左边，都打地底下钻出一股甜水来，现在已然治了十八眼井。这下王掌柜心里开始犯嘀咕了：自从刘、姚二位军师修建了八臂哪吒城，整个城里就没有几处甜水井，如今这是怎么啦，无端地钻出这么多股甜水来。其实，不止王掌柜的心里犯嘀咕，其他的老百姓也都个个心存疑惑。

因为有了甜水井，王掌柜的生意开始好了起来。一天，众茶客聚在王掌柜的茶馆儿里喝茶。大家都对突然冒出了甜水井啧啧称奇，各抒己见。这时，王掌柜便把那天那个老头儿玩蜈蚣的经过给讲了出来。众茶客听了无不称奇，但都说不出个所以然来。这时候，一位新进来的茶客，一拍大腿说："嗨！这不明摆着是蜈蚣井嘛！"

众茶客忙问缘由。这位茶客说："大甜水井是蜈蚣的头，上龙、下龙那两眼井是蜈蚣的须，丰台十八村的井是蜈蚣的十八只脚，这不是蜈蚣井是什么呀！"

众茶客听了无不点头称是。继而一传十，十传百，蜈蚣井的故事就这么流传下来了。

北新桥的由来

北新桥是今天北京的一个重要的交通枢纽地。众多上班族中，在北新桥地铁站转车的人有很多，但知道"北新桥"这一地名来历的人则少之又少。

北新桥，名称里含有一个"桥"字，然而实际上却没有桥，更没有桥翅儿。那么，为什么大家都称其为北新桥呢？

相传在很久很久以前，高亮遵刘伯温的命令去找龙公、龙婆赶水时，一枪扎破了龙女所变的水篓子，慌忙之中，龙婆就带着受伤的女儿逃到了山北的黑龙潭，在那里安顿了下来。

如今的黑龙潭里还有一种能撞石头的小鱼儿，相传就是龙婆的后代。高亮将龙女所变的水篓扎破后，龙公气愤至极，他带着滔滔洪水追杀高亮。高亮死后，水也还了原。然而，龙公却气愤难平。可是迫于能力所限，又不敢得罪刘伯温，只得领着龙子以及龙子那一肚子甜水，顺着玉泉山泉眼，逃到地底下去了。这也便是如今玉泉山泉水又多又甜的原因了。

龙公虽然人逃到了地底下，可始终忘不了侵袭北京城，他在心里嘀咕道："怎么着也得把地盘给抢回来。"现在刘伯温修城，但总有完工的那一天，等刘伯温走了，我再出来出气也不迟。于是，龙公和龙子便在地底下老老实实地住了下来。

过了几年，北京城终于给修建好了。就在向皇帝交差的前一天晚上，刘伯温突然想道："如今我修城，所以那孽龙不敢来闹，可等我走了，保不准那孽龙回来捣乱啊，我得想个法子制服那孽龙。"这时，他想到了和他一起做建城规划图的姚广孝。

于是，刘伯温便去找姚广孝，说："八臂哪吒城图是咱二人画的，明日我去向皇上交差时，就说北京城也是咱二人修建的。只是明日我要回去交差，我怕在我走后，那孽龙又回来捣乱，所以由你在这里坐镇怎样？"姚广孝听后非常高兴，欣然答应了。

待刘伯温走后,那龙公便和龙子带着水一起顺着地下水道,往北京城来。父子二人在北京城的地底下看见了一处海眼,就往上撞,不曾想,二人非但没撞出去,龙头上还撞了一个大包,原来上面有"镇物"。接着,他二人又撞了好几处海眼,直把脑袋都撞肿了,也没有撞出去,他们心里恨死了刘伯温。

就这样走啊走、撞啊撞的,龙公、龙子二人又看见了一处海眼,于是又试着撞了一次,没想到,这一回他们一撞就撞出了地面。龙公、龙子二人撞地而出的地方,就是今天的北新桥。

龙公、龙子撞出地面后,就把带来的水一股脑儿倾向了北新桥附近。很快地,北新桥的四周溢满了水,附近的老百姓哭天喊地,死伤无数。龙公、龙子看到这场面别提多得意了。

很快地,姚广孝就得知了这一消息,他赶紧手执宝剑奔向北新桥。到北新桥后,他拿剑一指,三划两划便把水给止住了,接着翻身一跃,跳到水面上大喊:"孽龙,你竟胆敢水淹北京城,今天就让你瞧瞧本军师的能耐!"

听到姚广孝的话,龙公大吃一惊,心想:怎么大军师刘伯温前脚刚走,后脚就跑来一个二军师?看这二军师,也不是好对付的,一定要小心防范!想着,便对龙子使了个眼色,父子二人各自亮出一把青龙剑,朝着姚广孝猛刺。

姚广孝急架相迎,然而对方二人的合力终究厉害,姚广孝很快就要支持不住了。在这紧要关头,只见空中霞光一闪,龙公哎哟一声就躺在水面上了,大腿上鲜血直流。姚广孝还没有明白怎么回事儿,就听见有人大喊了一声:"姚军师,我是大宋的岳飞,你快去擒拿小龙!"

姚广孝听了,高兴万分。一边向龙子挺剑刺去,一边高声让岳元帅留步,但岳元帅很快便走了。就在龙子一愣神的工夫,姚广孝一剑刺倒了他。就这样,龙公、龙子被姚广孝给捉住了。北新桥四周的水也就跟着落了下去,并且永远也不会再涨起来了。

可是捉住龙公、龙子二人后,姚广孝犯了老大难。难就难在该把龙公、龙子二人安置在哪里合适呢?他想来想去,决定把龙公锁在北新桥的海眼里,再在海眼上修一个深井筒子,拴上长长的大锁链,井上再修一座三间大殿的庙宇。庙里供什么神像呢?姚广孝想起帮他拿住龙公的不是岳元帅吗,就供岳飞吧!

龙公在被关押之前问姚广孝:"姚军师,您什么时候把我给放出来呢?"

姚广孝说:"那就等到这座桥旧了,修起桥翅儿来,你再出来吧!"

从此,这个地方就叫了北新桥,而且北新桥也从来没有过什么桥翅儿。

锁住龙公后,姚广孝又要去处理龙子,他把龙子锁在了崇文门镶桥下的海眼里。龙子也问:"姚军师,您什么时候把我给放出来呢?"

姚广孝说:"什么时候你听见开城门的时候打点,就是你的出头之日了!"

从此,崇文门开城、关城都不再打点,一律改为打钟。因此,北京城的老年人们都常说这么一句话:"北京城九门八点一口钟啊。"

这就是关于北新桥的传说。后世人看到北新桥北边还有一座镇海寺,就更信这个传说了。

白云观的由来

位于北京西便门外的白云观地处幽静,被誉为"洞天胜境",是老北京最大的道观,也是京城的一大旅游、祈福之处,凭借其独特的魅力吸引着众多游人的眼球,一年到头都香火不断。逢年过节更是十分热闹,参观的、祈福的、叫卖的,人来人往。白云观俨然已经成为老百姓了解中国传统风俗与道教文化的重要渠道。中华人民共和国成立后,中国道教协会、中国道教学院和中国道教文化研究所等全国性道教组织、院校和研究机构先后设在这里。2001年,白云观作为清代古建筑,被国务院批准列入第五批全国重点文物保护单位名单。

白云观初建于唐代开元年间,那时候还只是一座寺庙,不叫白云观,而叫白云寺。那从什么时候起,"白云寺"成了"白云观"了呢?这里不得不提一个人,那就是丘处机。

说起丘处机,很多爱看金庸武侠剧的人肯定知道,那是金庸名著《射雕英雄传》中杨康的师傅啊!虽然金庸先生创作的《射雕英雄传》是一部虚构小说,但在历史上却真有丘处机其人。丘处机真名为丘左,道号长春,所以也被叫作丘长春。

相传丘处机是山东人,小时候起就开始跟着师傅学琢玉,后来为了养家糊口,他就干起了琢玉这一行。丘处机心地善良,乐善好施,经常帮助别人,他的善良打动了一位仙长,这位仙长就点化他皈依了道教,并将自己的仙术传授给了他。从此以后,丘处机四处云游,普化众生。

在那时候的皇朝有一个规矩,就是每一个新上任的皇帝在执政后都要出一次家当一段时间的和尚,跟着娘娘也要出次家当当尼姑。可是那皇上和娘娘可是吃住在蜜窝里的人儿,哪能受得了当和尚尼姑的苦?所以那时候都是走走形式,找人替他们出家,替他们出家的人就叫作"替僧"。凡是当了替僧的人,无不身价大涨。

有一年旱灾严重,老百姓困苦不堪。皇帝在宫内设坛祀天也不管用,就想召集天下能人来求雨。这时娘娘举荐她的替僧白云寺王长老来求雨。王长老带着自己的几个小和尚在宫里净身、斋戒、诵经、拜佛,足足折腾了几天几夜,可还是没有下雨。皇帝一气之下罚了娘娘半年的俸禄,并且下令打了王长老一百大板,把他赶出了宫。接着,皇帝颁发圣旨,下了一道皇榜,上面写明,谁能求下甘露,普救众生,重重有赏。可皇榜贴了七天,也没有人敢揭。皇帝苦恼万分,寝食难安。正在第八天头上,皇帝忽听大臣来报,说有一个老道士揭了皇榜,声称能够祈福降雨。皇帝听了赶紧派人将这位老道士迎进了宫。这位老道士是谁呢?不是别人,正是那丘处机。

丘处机运用法术,手托金瓶,口念真经,挥洒琼浆玉露,不一会儿只见风云变幻,天空顿时阴沉下来,接着几声响雷,甘露飞洒,大雨淋淋,连着下了两天两夜。皇帝大为高兴,封了丘处机"仙师"的美名,加以重用,并赏了他许多金银财宝。

这王长老听说丘老道施法给求下雨来,心里别提多难受了:哼,这牛鼻子老道不知施了什么妖道竟求下雨来,反看我倒被赶出了宫,不行,我得出出这口恶气!于是他买通了太监,以给娘娘斋戒为名又进了宫,见到娘娘把他的想法说了,那娘娘也因求雨的事儿被罚了半年的俸禄,并且近来皇帝也不怎么踏进自己宫门了。俸禄事小,恩宠事大呀!都怪这丘处机求下雨来,让我没有面子,不行,我非得治治他不可。于是,娘娘便和那王长老一拍即合。

"那你说我们该如何整治他呢?"娘娘问那王长老。

王长老来觐见娘娘之前,心里早有了打算,便对娘娘说:"等皇帝召见那丘老道时,您不妨向皇上提个醒儿,让那丘老道掐金断玉,当年张果老不就有掐金断玉的本事嘛!皇上既然称丘处机为仙师,他一定也能掐金断玉,如做不到,就借此事将他赶出宫去!"娘娘听了,心想这王长老的主意还不错。于是几天后,娘娘在觐见皇帝时对皇帝说:"都说前几天那能祈福降雨的丘处机神通广大,臣妾想见识一下他的本事,看看他有没有掐金断玉的本事。"皇上听了娘娘的话,也想看看丘处机的本事。于是便命人将丘处机叫了来。

娘娘对丘处机说:"丘法师,都说你能呼风唤雨,今儿个皇上想瞧瞧你还有其他的本事不,不知你能不能掐金断玉?"说着递给丘处机一块金子和一块玉。

丘处机接过金和玉说:"贫道不知娘娘想要我掐成个什么

样子？"

那娘娘本就为了使坏，心里也没个谱，就胡乱说道："你想掐成什么形状都可以，随你的便吧！"

丘处机看了看那块玉，随手一掐，那块玉就变了形状，接着丘处机又一下掐成一个方帽翅儿，顺手按在自己的道冠上。随后，丘处机又拿起那块金子，向金子吹了一口气，那金子就软成个面团子一般。丘处机用手指轻轻捏着像抽丝一样往外抽，每抽一条就往道冠上缠一条，也不知抽了多少条，都像头发丝那么细，不一会儿就织成了一个金道冠。

皇帝见了丘处机的本事，又惊又喜，大声叫好，又大大赏了丘处机一番。娘娘见非但没有惩治了丘处机，还让他借此又表现了一番，还赢得了皇帝的奖赏，心里那个气啊！

这次没有让丘处机出丑，娘娘和王长老并不甘心，就又想了一计。一天，娘娘对皇帝说："皇上，都说那丘法师神通广大，他的本事臣妾也见识到了。可臣妾得知白云寺王长老的法力也很高强。上次王长老祈雨没有成功，这段时间他潜心修炼，功力大涨，不妨让他二人比试一番，看谁的本事更高强。"皇帝听了，心想也未尝不可。于是问："怎么个比试法啊？"

娘娘赶紧进言："如今臣妾有孕在身，马上就要生产了，皇上何不把王长老和丘法师一起召进宫，让他二人算算臣妾腹中胎儿究竟是龙还是凤？谁算得准就说明谁的本事大。"

皇帝听了，觉着十分有趣，于是点头应允了。进宫后，王长老有意显摆本事，遂抢在丘处机前面，说："皇上，照贫僧看，娘娘怀的是个公主。"

丘长春笑了笑，说道："按贫道掐算，娘娘将为皇上养一龙子。"

这王长老虽然祈雨失败，但到底也有一点法力，已算出娘娘怀的就是个公主。于是说道："皇上，虽然贫僧的法力有限，但这件事敢保证没有算错，娘娘的的确确怀的是位公主。如果是贫僧算错了，贫僧愿将小庙白云寺送给丘法师。"丘处机听了笑而不语。

娘娘临产的日子很快就到了，皇帝差人将王长老和丘处机请进宫来。等了一段时间后，宫人来向皇帝禀报，说是产了一位公主。王长老听了，得意万分，心想丘处机这次可栽大发了！只听丘处机哈哈大笑，不慌不忙地说："常言道：'耳听为虚，眼见为实。'请皇上命人将龙子抱出检验，如若贫道所言不实，贫道愿以死谢罪。"皇帝命太监将婴儿抱来，轻轻将襁褓一揭，见果然是个龙子。

原来，丘处机已经算出娘娘所怀的是个公主，只是为了和王长老斗法，才故意说成是个龙子。

可娘娘明明生得是个公主啊，怎么皇帝一看又成了龙子呢？原来，待娘娘产后，丘处机又施法用公主换来个太子。这王长老当然知道是丘处机施了法术，可自己的法力又比不过丘处机，只能干着急干生气，只得将自己的白云寺送给了丘处机。丘处机得了白云寺后稍加修缮就改名为白云观。

后来，娘娘和王长老又想了个法子与丘处机斗法，便在白云观旁建了座叫作西风寺的庙宇，意在用"西风"吹化"白云"。谁知丘处机又在观门内修了一座"窝风桥"，将那座西风寺给镇压了下去。

最终，王长老气不过，归隐山林。而丘处机则凭借自己的法力得到了皇帝的第三次奖赏，皇帝还派人做了个他亲笔题写的"万古长春"字样的匾额。从此，老百姓都叫丘处机为"长春真人"。白云观的香火也随着丘处机越来越大的名气而愈加旺盛起来。

公主坟的由来

在北京生活过的人，几乎都听说过公主坟这个地名。公主坟位于北京长安街延长线复兴路西三环交会处，是北京重要的交通枢纽之一。

很多人听了公主坟这个地名后，都心存疑问，这里为什么取名为公主坟呢，是因为这里曾经埋葬过什么公主吗？尤其是在电视剧《还珠格格》开播后，更多的人对京西公主坟内埋葬的公主是谁充满了好奇，可以说各种说法都有。有的说是这里埋藏着乾隆皇帝微服私巡时认的一位义女，也有的说埋葬的是清朝的一位公主——一位同清皇室并无血缘关系的汉族公主，此人就是孝庄皇太后的义女孔四贞。

第一个版本：乾隆义女

大家都知道，清朝的乾隆皇帝最喜欢微服私访，而且每次私访几乎都会带着两个死对头刘墉和和珅。

话说有一天，乾隆一行人在路上走得久了，水又喝光了，于是便投宿在一户人家里。这家的老人是个十分热心的人，还让女儿小凤为他们一行人做了饭吃。小凤虽然只有八九岁，但不仅长得漂亮，还勤快灵巧，十分讨人喜欢。乾隆非常喜欢她，便收她为义女。临行前，乾隆对义女小凤说："日后有了什么难处，可以随时来京城的'皇家大院'找干爹啊！"

几年过去了，小凤出落成了一个大姑娘。由于家乡发生了连年的灾荒，小凤父女俩的生活实在过不下去了。这时候小凤突然想起了几年前干爹临走时对自己说的话，于是她和父亲商议，想去京城投奔干爹去。父亲觉着生活实在无望，于是便答应和女儿一起去京城。

父女二人历尽千辛万苦，终于来到了京城，可是他们几乎寻遍了京城里所有的"黄家大院"，也没找到干爹的家。最终父女俩只得靠乞讨过生活。后来父亲因为年纪大，又吃不好，大病了一场。看着父亲那可怜的病容，小凤伤心极了，愁得只是哭。

在一次沿着护城河边乞讨时，小凤没要着多少钱，再想起父亲的病因没钱医治更严重了，遂痛哭起来。这时，刘墉正好出来办事儿，见护城河边有一个姑娘在哭，就看了几眼，寻思着："这姑娘好面熟啊！"走进一看，遂认出这是皇上前几年微服私访时认的干女儿。于是向小风问明原因，将她父女二人接回自己府中。到了刘墉府院，父女二人才知道，那干爹竟然是乾隆皇帝，接他们的先生就是丞相刘墉，"皇家大院"指的是皇宫。父女二人又惊又喜又怕。

第二天，刘墉便将小风父女的事情禀告给乾隆。乾隆遂召见了小风父女，把二人安排在宫中做事。又过了一段日子，小风父亲因病去世，只剩下小风一人待在宫中过活。可在皇宫里过活，虽然不愁吃穿，但繁文缛节太多了，再加上宫里的人大部分都是势利眼：娘娘、格格因她长得好看，很嫉妒她，常对她冷言冷语；阿哥皇孙见她长得端庄秀丽，都对她不怀好意，总想欺侮她；太监、宫女也因她出身贫贱，又给不起赏钱，时不时地也指桑骂槐地数落她一通。俗话说："宁喝舒心的粥，不吃皱眉的饭。"小风在宫里虽不缺吃穿，但受了不少委屈，整日以泪洗面。在父亲死后不久，就大病了一场，几天油盐不进，昏昏沉沉，最终一命呜呼！小风死后，乾隆本想着随便把她埋了了事，但刘墉建议说："她虽不是皇上您的亲女儿，但到底也是您的义女，如果草草埋葬，您脸上可不光彩呀！"

乾隆听了，觉得刘墉的话不无道理。于是传旨，按公主的品级给小风办了葬礼，把小风葬在了如今的复兴路西三环交会处，后世的人都管这个地方叫作公主坟。

第二个版本：清汉族公主孔四贞

孔四贞是清朝仅有的一位汉族公主。汉族人在清朝怎么会被封为公主呢？是这样的：孔四贞之父孔有德，原是一名明末降清的参将，后来成为清政府镇压各地起义军的得力大将。顺治九年（1652年）五月，孔有德的军队被抗清起义军围困起来。孔有德被杀，孔家被洗劫一空，全家人几乎都遭杀害，只余幼女孔四贞被部将救出，留下了一条命。

当时的清朝皇帝顺治帝得知这一消息后，又惊又痛，遂命大臣将孔四贞接回皇宫，送交孝庄太后抚养。鉴于孔有德建功颇多，便特赐其女孔四贞食禄，封为和硕格格。从此，孔四贞便成为清朝仅有的一位汉族公主。

康熙十二年（1673年），吴三桂等三藩打着"反清复明"的旗号发动叛乱。孔四贞的丈夫孙延龄也参加了叛乱。对丈夫的反清行为，孔四贞一直强烈反对。在孔四贞的影响下，孙延龄很快表示要投降清朝。吴三桂得知孙延龄降清的消息后，将其杀死，并幽禁了孔四贞。直到清军扫平三藩后，孔四贞才回到京城，死后便被清帝下令葬在京西，也就是今天被称为公主坟的地方。

除了这两个版本之外，还有其他的版本，可谓众说纷纭。那么，在众多版本中，到底哪一个是真的呢？

其实，关于埋葬在公主坟内的公主到底是谁，早在1965年修地铁时，谜底就已经揭开。当时文物部门对公主坟进行了考古挖掘，并参考历史资料考证，得出的答案是，以上两个版本都是传说，并非真正的历史。公主坟内真正埋葬的公主有两位，是清仁宗嘉庆皇帝的女儿。两位公主分别葬在东西两侧：东侧葬的是庄敬和硕公主，她是嘉庆皇帝的第三个女儿，母亲是和裕皇贵妃，已婚，死时年三十一岁；西侧葬的是庄静固伦公主，是嘉庆皇帝的第四个女儿，母亲是孝淑睿皇后，已婚，死时年二十八岁。

看到这里，很多人不禁疑惑：两位公主为什么给埋在了一起呢？原来，按照清朝的规矩，公主下嫁后，死后不得入皇陵，也不能进公婆墓地，必须另建坟冢。庄敬和硕公主和庄静固伦公主是同年而亡，仅隔二个月，于是就埋在了一起。因这里埋葬着两位清朝公主，于是后世人将此地称为公主坟。这才是符合历史真相的版本。

大栅栏的由来

来北京购物、游玩，一个不得不去的地方就是前门的大栅栏，这个景点在国内几乎无人不知无人不晓，即使在国际上也很有名气，可谓是闻名遐迩。

回顾历史,尽管大栅栏这条古老的商业街经历了五六百年的风风雨雨,但依然光耀如昨,不得不让人称奇。都说大栅栏繁华、热闹,那么她到底繁华在哪儿呢?也许可以从老百姓流传的顺口溜窥探一二:

"看玩意上天桥,买东西到大栅栏。"

"头顶马聚源,脚踩内联升,身穿八大祥,腰缠四大恒。"

以上顺口溜说的就是早年间大栅栏的地位和繁华景象。

其实不仅在早年间,即便在近代,大栅栏也是很多老北京人、外地游客最爱去的"购物天堂"。现如今在"老北京"中还流传着这样一个购物口诀:买鞋内联升,买帽马聚源,买布瑞蚨祥,买表亨得利,买茶张一元,买咸菜要去六必居,买点心还得正明斋,立体电影只有大观楼,针头线脑最好长和厚。这些老字号,无一例外地都汇集在大栅栏这块"风水宝地"。

大栅栏,北京话读作"大石烂儿",兴起于元代,建立于明朝,从清代开始繁盛至今。1900年义和团曾一把火将整条街付之一炬,重建后依旧繁华。

说起大栅栏的名称由来,存有不少记载,因为当年前门外的大栅栏地区是北京城最繁华的商业区。其中最权威的说法应追溯到明代孝宗弘治元年(1488年)。当时的大栅栏地区还叫作廊房四条,因为附近还有廊房头条、二条、三条,直到清代才改名为"大栅栏"。

据明朝历史记载,明代孝宗弘治元年,京城廊房四条地区入户偷盗现象非常多,搞得民心不稳。城里负责治安管理的百户(军官)王敏就上奏孝宗,说:"如今的京城,大街小巷众多,尤其是廊房四条地区人口众多,而巡逻的官兵却非常少,这难免会防范不周,影响京城的稳定。因此,为了保障老百姓的安全,请皇上下令在大街小巷的各个路口设置栅栏,并于每日的夜间关闭。"皇帝接受了王敏的建议,遂在廊房地区大街小巷的各个路口设置了一些栅栏。

后来该地区又经历了两次栅栏建造期。第一个时期是在雍正七年(1729年),皇帝批准建了400余座外城栅栏。第二个时期是在乾隆十八年(1753年),皇帝批准建了1919座内城栅栏,196座皇城内栏。因这些栅栏比周围其他胡同的建筑都高大牢固,久而久之,廊房四条这个名字就被"大栅栏"给取代了。清朝末年的时候,德国人拍的关于大栅栏的照片,街口一个铁门上面写的三个字就是"大栅栏"。由此可知,在清朝的时候,大栅栏的名字已然形成。

说起大栅栏,还有一个令人不解的事儿,那就是它的读音。许多外地游客来北京乘坐公交车时,都对售票员报前门"大栅栏"站名时,把认为该念为"dà zhà lán"的地名,报作"dà shí lànr"而感到好奇。其实这个问题曾经不知困扰过多少初到京城的人们,甚至还引发了许多笑话和尴尬。那么"大栅栏"三个字究竟应该怎么读呢?现如今老北京人都将大栅栏说成大厦(音 shà)栏或大市(音 shì)栏,而根本不念原词本音大栅(音 zhà)栏,民间流行的这个京味儿的叫法特殊音词始终无从查考到其渊源,成了一个未解之谜。相关学者认为大栅栏的读音属于地名的特殊读音,这种读法属于保留古音。而部分播音教材专门谈到"大栅栏"作为北京的一个地名应读为"dà shí lànr"。

瓮山的由来

提起瓮山,很多人可能不太熟悉,但提起万寿山,估计大家都猛点头了。万寿山地处京城著名景点颐和园内,为燕山余脉,高58.59米,海拔108.94米。前临昆明湖,其山前曾建有一座圆静寺,该圆静寺由明孝宗的乳母助圣夫人罗氏于明弘治七年(1494年)建立。在清朝初期,该山曾被当作宫廷养马的草料场。乾隆十五年(1750年),为庆祝皇太后六十寿辰,皇帝命人于圆静寺旧址修建大报恩延寿寺,并于次年将山改名为万寿山。

那么在乾隆十五年以前,这座万寿山叫作什么名字呢?叫作瓮山，说到瓮山，不得不提起一个古老而有趣的传说。

相传在很多年以前，瓮山这一带还不都是陆地，而是一片沼泽水洼，当地的老百姓除了几家大财主之外都靠打捞鱼虾、做点小买卖为生，生活十分困苦。在瓮山的半山腰里，建有一座财神庙，里面供奉的是财神爷赵公元帅。当地的老人们常说："别看这个财神庙又小又破，里面可供着一位大善人呢！这位赵公元帅心地善良，在每年的四月十五这天都会显灵，向一户穷人家施舍钱财。"

其实老人们说的事儿还真不假。因为连着几年，每年都会有一户穷人家在四月十五日这天意外获得一笔钱财，先是卖烧饼的李瞎子捡了一瓮珍珠，后是做扛活儿的赵老黑挖出了一瓮元宝，再接着是卖醋的老王头捡了一瓮银子……周围的老乡们见了这些稀罕事儿又惊讶又欣羡，都期盼着自家也会成为那被施恩的下一个。

可是那些大财主们知道这些事后可不仅仅是羡慕了，他们可都急红了眼！待到再一年的四月十五那天，他们也都假装穷人，穿得破破烂烂，去财神庙里转悠，妄想赵公元帅也能施给他们一笔钱财。

王有财就是这几个大财主中的一个。王有财家有良田数十亩，在京城还有几家铺子，雇着十来个伙计，可谓家财万贯。可是他依然不满足，妄想得到更多的钱财。于是在四月十五这天，王有财向一个穷邻居借了一套破破烂烂的衣服，从柴火堆里随便捡了根木棒当拐杖，就去财神庙那赶庙会去了。王有财在那庙会上，嘴里不停地嘟囔，说自己上有八十老母，下有几岁幼儿，穷得叮当响，望财神爷能施舍些钱财……就这样嘟囔了一上午，累得腰酸腿痛，口干舌燥，没精打采地回家了。

由于累了一上午，王有财到家后就睡了，还做了一个梦，他梦见从财神庙里蹦蹦跳跳地走出来两个一高一矮的小娃娃，只听高娃娃说："今儿晚上，元帅让我俩拿那一瓮金豆施舍给本村一个最穷苦的人家，咱们赶紧去挖金豆吧！"

矮娃娃问:"元帅让咱们施舍给哪一户人家啊?"

高娃娃说:"这个人就是住在山西边的大老李,他有个小孩,眉尖上长着一颗痦子。元帅寻访了他一年才确定了这个人选。今晚元帅让咱们把金豆埋在他家西屋旮旯儿里。"

只见这两个娃娃走到山后一棵松树底下,忙活了一阵,挖出来一个小瓮,里面盛满了闪闪发光的金豆子。高娃娃抱起小瓮就走,可一不小心让树根给绊倒了,跌在了地上,把小瓮的一个瓦片给磕掉了。高娃娃也没有捡那瓦片,站起来拍拍身上的土,和矮娃娃一起走了。见两个娃娃抱着盛满金豆子的小瓮走了,把王有财给急得啊,他一阵狂奔,结果碰在了路边的石头上,一下子疼醒了。醒了才发现,原来是自己做了一个梦。

醒后,王有财赶紧往那棵松树那跑,还真的在树底下高娃娃摔倒的地方看到了那个瓦片,王有财忙把瓦片捡起来放在兜里,一路盘算着怎样才能找到那大老李,把那瓮金豆子给弄过来。

第二天,王有财一大早就起来前往山西一带转悠,见人就问人家认不认识大老李或者一位眉尖有痦子的孩子。可是问了大半天也没有问到,就唉声叹气地往家走。刚出山西一带,他就听到一个声音喊道:"哎大老李,给我切一块糕点!"听见这声音,王有财的心里猛一咯噔,别提多高兴了。他循着那喊声望去,只见一个卖切糕的中年人把车停在路边在那招呼买东西的人呢。王有财赶紧过去搭话,问大老李有没有小孩。谁知大老李一听就垂头丧气,说:"哎,我打了半辈子光棍,四十才刚娶上亲,如今都快六十了,还没尝过当爹的味儿呢!"

王有财听了细琢磨:"这是不是那俩娃娃提及的那个大老李呀?那个大老李明明有个眉尖有痦子的孩子啊!"正琢磨间,忽见远处跑来一个年轻人,朝着大老李喊:"李大爷您赶紧回家吧,我大娘刚刚给您生了个大胖儿子!"大老李一听,拔腿就往家跑,连切糕车和王有财都忘掉了。

等他再赶回来找切糕车,天都快黑了。见那王有财还在那帮他看车呢！大老李非常感激，一个劲儿夸赞王有财是个大好人。王有财忙恭喜他，说："恭喜贺喜老大哥呀，孩子一切都好吧？"大老李笑不拢嘴了都："是个又胖又壮实的大小子啊，甭提多有福相啦，喜眉笑眼，眉尖上还长了一颗痦子。"王有财一听乐了，心想：我这一下午没白帮他看车，果然他就是财神爷要找的那个大老李！遂赶紧奉承说："这就是喜鹊（雀）登梅（眉）嘛！"

此后几天，王有财总来山西一带晃悠，有事没事地找大老李聊聊天，很快就和大老李混熟了。

一天，天下起了大雨，大老李家的房子又破又老，到处漏雨。王有财赶紧借机说："老大哥，咱俩关系这么好，理应互帮互助，你家的房子漏雨漏得实在住不下去了，你就搬到我家祖坟附近的几间平房，你的房子就归我了，你看这样好不好？"大老李听了，感激不尽，第二天就搬走了。

这大老李前脚搬走，王有财后脚就迈进家门，到西屋墙旮旯儿去挖金豆。挖来挖去，果然挖出来一个缺沿的小瓮。他从兜里掏出那块瓦片一对，正好对上了。这下可高兴坏了，赶紧把小瓮打开，谁知没有看到满满的金豆子，反而从瓮里钻出几条毒蛇来，把他紧紧地缠住，活活给缠死了。

不久后，大老李重新搬回了山西一带。他在重建新房时，也挖出来一个缺沿的小瓮，打开一看只见瓮里盛满了闪闪发光的金豆子。

因为这一瓮金豆，是从山坡上松树底下挖出来的，所以后世人就管这座山叫作"瓮山"了。

王府井的由来

在北京的市中心有这样一个地方，它有着悠久的历史，纯朴的风格，虽饱经沧桑却因居于闹市而充盈着时尚、前卫之感；它吸引了世界各地多方的文化，聚集了国际众多知名品牌；它经常赢得国内外国家领导人的惠顾，更吸引了众多平民百姓的眼球；它既可以让你买到世界上最新潮、最昂贵的奢侈品，也能让你惬意逗留，买到居家过日子的普通物品；它是古老的，历经岁月的磨砺；它是新潮的，迸发着新时代的光彩……它就是王府井，全称是王府井大街。

在北京，要是问起王府井大街，那可以说是无人不知无人不晓。可您要是真追起它的根儿来，能说出个来龙去脉、子丑寅卯的人恐怕就没几个了。

传说这王府井大街原是一个王爷的宅子，这个王爷的府中有一口水井。北京城里的水大部分都是苦水，甜水很少。而且一旦遇上天旱，就连苦水都缺乏。

有一年，京城遭遇了几十年不遇的旱灾，几乎所有的井都干涸了。有钱有势的富裕人家都派人用车子去几十里外的玉泉山拉水，而穷人家只能靠肩挑手提，有的甚至靠从井底淘点泥浆水活命。

其实，在京城里，并不是所有的井都干涸了，还有那么两三口井还冒着水，那王爷府里的井就是其中之一。而且幸运的是，这口井里冒出的还是甜水。这下王爷不知多高兴了，说这是因为祖宗福气大、造化大，房子和水井都在龙脉上。

不幸的是，这个王爷是个十分恶毒的人，他没有将自家井里的水用来救济周围的老百姓，而是命令王府的一个看门老头儿把水井看守起来，禁止周围的百姓从中取水。这个看门的老头儿是个非常善良的人，他对王爷的这一做法非常不满，于是经常偷偷地让老百姓从井中打水。一天，王爷得知了这件事，就找看门的老头儿质问，老头儿心平气和地对王爷说："王爷，违反您的吩咐这是我的错，可我这全是为了您好哇！"

王爷听了很不解，说老头儿是在狡辩。

老头儿接着说："王爷您一向那么聪明，怎么这时候就糊涂了呢！您想，您是富贵人家，将来免不了要雇人做事，运粮挑米啥的，如果周围的乡亲们都渴死了，到时候您上哪儿去找给您干活儿的人呢？您请三思啊王爷，若是您还是不同意，今后我决不让任何人再取走一滴水。"

王爷听了老头儿的话，觉得他说得有道理，也就睁一只眼闭一只眼，不再追究了。此后再有人来井里打水，王爷也不管不问了。因此，周围的老百姓都非常感激和尊敬这位老头儿。从此以后，来打水的老百姓越来越多，就连住在府外几十里的人也都闻讯而来。王爷府的这口井在这次旱灾中发挥了巨大的作用，救活了不少老百姓，从此，周围的人开始把这座井叫作王府井，王府一带叫王府井大街，就这样王府井的名字被传开了。

八宝山的由来

在北京，很多人去世后都会被安葬在八宝山公墓，八宝山也因此成为一个非常神秘的地方。

其实，八宝山原来并非公墓，它在明代时期拥有很多处名胜，例如延寿寺、灵福寺、朝阳庵，在西峰上还建有娘娘庙，其中最著名的是褒忠护国寺。褒忠护国寺又被称为黑山护国寺，建于明朝，是为了纪念当时的名将刚炳而建。黑山护国寺内建有刚炳墓，但经过岁月的侵蚀，如今只剩下墓碑和墓前的石龟了。日本侵华时期，当时的日本侵略者为了纪念其死难的日军，在山上建了一座名叫忠灵塔的塔。1946年，为了纪念抗日战争中牺牲的国民党官兵张自忠等38位将领，忠灵塔被改建为忠烈祠。中华人民共和国成立后，陆续于山上建了八宝山革命公墓、八宝山第二公墓和北京西郊殡仪馆。

如今，八宝山因有两大公墓而为众人所知，却很少有人知道其为何被叫作八宝山，难道是因为山上真有八宝吗？

相传，在八宝山脚下的山洞里的确藏有八宝，到底是哪八宝呢？所谓八宝，指的是马牙石、白垩、青灰、红土、坩土、黄浆、板岩、砂岩等八种黏土矿物。马牙石，又称方解石，主要成分为石英,也是人类最早认识和利用的矿物;白垩,俗称白土子或大白,白色,质软,是石灰岩的一种,分布很广;青灰,是一种含有杂质的石墨,青黑色,常用来粉刷外墙面或搪炉子,也可用作颜料;红土,是较好的天然地基和筑坝材料;坩土,也称耐火土,是火炉内膛的主要原材料,还可以制成耐火砖;黄浆,是木器的涂料;板岩,常用作制造房瓦及石砚的原料;砂岩,是研磨、玻璃、建筑等工业的原材料。八宝山便因此八宝而得名。

其实,关于八宝山的"八宝",还有一个非常有意思的传说:相传在很久很久以前,八宝山脚下的山洞里藏有金牛、金马、金鸡、金碾子、金磨、金豆子、金簸箕和金笸箩等八件宝贝,无人知晓。

当时山脚下有一个村庄,村庄里住着一户人家,这家有两口人,是一对无儿无女的李姓老年夫妻。老李和老伴儿无依无靠,只能靠种些丝瓜维持生计。

一年,老李老两口儿在自家屋后种下丝瓜籽后,按照往年的经验,浇水、施肥、松土,可一段时间过去了,只见瓜秧越长越长,却怎么着都不结瓜。这要搁往年,可早就结了几十个丝瓜了呀!老两口儿很是着急。终于有一天,瓜秧的深处开出了一朵花,后来结了个丝瓜,可老两口儿又发愁了。为什么呢?因为好不容易长出的那个丝瓜却没有个丝瓜样,长得上粗下细,反倒像一个倒挂的葫芦。

一天,老两口儿正在家门口闲聊,看见从村南头走来一位老头儿,这位老头儿路过老两口儿屋后看到那个丝瓜突然停下了。只见他一会儿朝山的方向看看一会儿又朝丝瓜看看,用手指掐算了半天,就冲老两口儿走了过来。老头儿走近向老两口儿作了一个揖,说:"烦请二位将这个丝瓜卖给我,我宁愿出高价。"

老两口儿摇了摇头,说:"实在对不住老先生,今年我家就结了这么一个丝瓜,打算留着当种子用,不能卖。"

老头儿却坚持要买,声称是为了给孙子看病用的。老两口儿是个热心人,一听是为了人家孙子看病,就一口应承了下来,还不要人家的钱。老两口儿正要为老头儿把丝瓜摘下来,老头儿赶紧制止了,说:"请慢!现在这丝瓜还不熟,还不能做药,等到熟透了我自会来取的。"说着又向老两口儿作了一揖,转身走了。从此,老两口儿更加仔细地照料这个丝瓜。

其实,老两口儿被这个老头儿给骗了!原来,这个老头儿是个风水先生,他此行不是找丝瓜来给孙子治病的,而是来寻宝物的。什么宝物呢?原来他最近几天掐算到山下埋藏着宝贝,但取出这些宝贝需要开山的钥匙,于是他便找啊找。当他在老两口儿屋后看到这个丝瓜时,突然眼睛一亮,这个丝瓜正是那把开山的钥匙呀!于是他便向老两口儿撒了个谎。

老头儿走后,在老两口儿的精心照料下,丝瓜长得越来越旺,慢慢就成熟了,可还是不见老头儿的影子。立秋很快就来临了,开始下起了霜,老两口儿怕丝瓜被冻坏了,就先把丝瓜给摘了下来,放在一个木箱子里,等老头儿来了就给他。

一个夜晚,老头儿终于来了。他兴奋地跑向丝瓜,可那里哪里有丝瓜的影子,只剩下一堆瓜秧。老两口儿看见老头儿来了,赶紧将丝瓜从木箱子里拿出来给老头儿。老头儿一看急眼了,跺脚说:"哎呀,这可坏了,二位摘得太早了,这下不管用了。"说着垂头丧气地把丝瓜拿走了。

老两口儿看老头儿的样子,觉着有点不对劲,于是悄悄地追随着他,看看他到底要干什么。走了好长时间,只见老头儿在一座山坡前停了下来,用丝瓜在地上画了一个圆圈。只见山坡上立即出现了一扇门,露出了一个洞,但洞口只开了一道小小的缝。老两口儿凑上去一看,眼珠子都快瞪出来了!原来里面堆的全是宝贝,什么金牛、金马、金鸡呀,还有金磨、金笸箩、金簸箕,靠门还有一个金碾子在转,从碾子上掉下来的全是金豆子。

只听老头儿在那自言自语:"唉,都怪那老两口儿摘早了,要不缝隙大点我就可以进去拿宝贝了。"说着,老头儿就把手伸进了洞缝里,先拿了一个金簸箕,可是那缝隙太小了,老头儿怎么拿也拿不出来。就在这时,里面的那只金鸡"咯咯"叫了起来,老头儿说了声:"坏啦!"就赶紧把金簸箕给扔了,又抓了一把金豆子。正要往外拿的时候,老李过去打了他胳膊一下,老头儿手一哆嗦,金豆子全掉在洞里了,门也关上了。

老头儿气得正要骂人,扭头一看是老李老两口儿,知道自己理亏,先前骗了人家,于是一声不吱地走了。

从此以后,村里人都知道这座山里埋着八件宝贝,就把它叫作八宝山了。

回龙观的由来

回龙观位于北京城北,南距德胜门约16公里,北距昌平城约18公里,东边是天通苑,位于八达岭高速路东侧,离沙河镇不远。

最近十来年,回龙观的名气越来越大,北京人几乎无人不知,尤其是那些工作在上地、五道口、中关村等地的上班族更是熟悉,因为他们中的很多人都居住在回龙观。当然,他们所知道的回龙观只是北京一个比较大的生活区,而非一座道观。

那么历史上,回龙观是一个什么样的地方?真的是一座道观吗?

关于回龙观的由来,要追溯到六百多年前的明朝初期。当时的回龙观地区还没有房屋建筑,只是一片牧马草场,如今回龙观附近的西二旗、西三旗就是由牧马军卒的居住地而形成的村庄。到了明朝中期,当时的皇帝弘治帝非常痴迷道教,还经常在宫殿里举办各种道教的仪式活动,因此引发了众位大臣的不满。于是他便想找个清静的地方专门修道。

一天,弘治帝去天寿山拜谒皇陵,途中经过回龙观地区这片牧马场,觉得这里风水极好,很适合建立一座道观。于是就下旨在此处修建道观,赐名"玄福观"。道观由弘治十七年(1504年)开始修建,于正德十年(1515年)才建成,并最终改名为"玄福宫"。工程前后持续了十二年之久。

玄福宫的外观非常豪华,史料称这座道观:"琳宫贝宇,杰出霄汉,轮奂完美,丹碧辉映,遂为都城之北一伟观云。"由此可见其的富丽堂皇。玄福宫不仅外表美轮美奂,其规模也非常宏大,足见弘治帝对它的重视。据史料记载,玄福宫的山门即有内、外两重,钟楼、鼓楼、龙殿、虎殿、左右殿、正殿、南北方丈等均具备。正殿供奉玄武之神,即真武大帝。

玄福宫作为明朝中后期的一座皇家道观,同时也具有明帝谒陵时往来途中一处行宫的功能。建成后,明朝皇帝到天寿山拜谒皇陵时,在回銮的途中大多居住在这里。或许正是这个原因,后世人又称玄福宫为"回龙观",并将这个名称一直流传到现在。

如今,皇帝的行宫已经非常残破,甚至不见踪影,但对于北京城的上班族而言,这里确是他们幸福的家园,成为他们梦想开始的地方。

酒仙桥的由来

打开北京公共汽车路线图,你会发现东北角上有一条郊区路线,它就是"东酒线"。东酒线共长十八里,起点是东直门,终点就是酒仙桥。酒仙桥的桥在哪儿呢?它就在酒仙桥路中端横跨东坝河的河面上。当然,我们现在看到的路和桥都是现代修的,而古时候,这里有一座大石桥:石砌的桥墩,石板铺的桥面,两边还有雕花石板镶嵌的桥翅儿,是座名副其实的石头桥。可是它为什么叫"酒仙桥"呢?其实这里隐含着一个美丽的故事:

在古时候,酒仙桥的所在地是一个小山村。小山村被一条河流分成了南北两个部分,分别叫作河北和河南。河北的人通往河南必须过这条河,然而这条河水流非常急,过时非常危险,甚至有小孩儿在过河时掉进河里给淹死了。

为了方便河南、河北两地人的来往，两侧的村民集资修建了一座石头桥。这座石头桥落成的那天，桥两边挤满了看热闹的村民，但谁都不敢先从桥上穿过。倒不是怕桥不结实，那可是石头垒成的啊，再敦实不过了，别说上去一个人，就是上满了人，桥也不会颤一颤的。主要是谁都觉得自己不够分量，怕冲了大桥落成大典的喜气。

村民们就在那等着，看谁第一个穿过，就跟着过去。可是大半天过去了，还是没有人过。正当大家你看我我看你焦急万分的时候，忽然看见大老远地走来一个老头儿，这老头儿约莫六十几岁，发须花白但精神矍铄，推着一辆独轮车，车两边一边装着个大酒篓，就直奔这桥来了。

村民们见老头儿那精神抖擞的样子，都赞叹不止。只听一个村民说："看着老人家劲儿不小哇，那么大年纪了推车子还健步如飞，你看这四篓酒少说也有四百斤。"

"就是就是，兴许这老头儿有那个福气过桥。"另一个村民点头道。

村民们正在那儿议论着，只见那老头儿已经推着车上了桥，不一会儿就走到桥中间。村民不禁齐声叫好，但话音还未落，就见那辆独轮车突然向右一歪，两篓酒就咚咚两声，滚过了桥翅儿，掉进了河中。村民都着急起来，喊着："老人家您别急，我们帮您捞！"可是老头儿好像没听见似的，看也不看掉在河里的两篓子酒，继续飞快地推着独轮车往前走了，一会儿就不见了踪影。

看着这情景，村民们开始议论起来了："这老头儿真是个怪人，两篓酒掉进河里，他连瞧都不瞧。"

有细心的村民分析道："一边二百多斤的酒篓空了，也不挪过一篓来，那边还是二百多斤，这得多大的气力才能接着走？"

"可他推着还和原来似的。神啦！不会是神仙吧？"另一个村民应和道。

忽然,一个小伙子大声喊起来:"大伙儿闻闻,河里竟然有酒香!"大伙一闻,可不是嘛!一股浓浓的酒香正从河里飘出来,真是上等的好酒!

这时有村民说:"我猜这老头儿一定是个酒仙,正好咱们这桥还没有起名,不如就叫'酒仙桥'如何?"

大伙儿听了,齐声叫好,从此这座石头桥就被叫作酒仙桥了。

牤牛桥的由来

翻看北京海淀区的地图,你会发现有这么一个地方,它位于北土城西路附近,离新建的地铁10号线牡丹园站比较近,叫作"牤牛桥"。所谓牤牛,即公牛的意思。

这座桥为何叫作牤牛桥呢,它的来历是和一头牛有关吗?

相传在明朝时期,四川一带有一位法名为遍融的高僧,他喜欢云游四海,身边也没有什么人伺候,只有一头牤牛跟着。遍融高僧就是整日地骑在牛背上,靠向过路的老百姓化缘为生。奇怪的是,这位高僧有一个习惯,就是凡是进入某一村庄,他就不亲自化缘了,而是让身边的那头牤牛独自驮钵外出募化,或者是靠为附近的老百姓驮水、驮粮赚些钱财。对这样的稀罕事儿,周围的老百姓都觉着十分新奇。

就这样走了几年,遍融来到了北京城。来到北京城后的他,不再四海为家了,而是当了千佛寺(即德胜门内大石桥胡同的拈花寺)的首任方丈,在当地的名气一天天大起来。据史料记载,当时许多名僧都曾慕名前来向他"参学"。

通常时候,遍融都是自己在千佛寺内处理寺内杂务,只让身边的那头牤牛独自驮上一个黄布稍马子,到京北一带募化供养,近至城关,远至清河,朝出暮归,从不间断。

时候长了,周围的老百姓都知道千佛寺的方丈养了一头神奇的"募缘牛"。老百姓对这头牤牛都十分喜爱,都亲切地叫它

"大牤子"。只要一听见牤牛的吼声,就都赶紧出来施舍给它一些东西,有的给钱,有的给吃食,即便是贼盗都不忍偷盗牤牛身上的东西,就这样,牤牛每天都能驮好些东西回寺。

一天,牤牛又出去募化了。在回来的路上,牤牛路过土城的护城河畔时,感觉有点累,便卧在地上休息了会儿。正在这个时候,突然远处跑来一个老百姓,这个老百姓形态十分着急,他远远地朝着牤牛大喊:"大牤子,你赶紧回去吧,听说遍融高僧圆寂了!"牤牛听了,马上泪如雨下,朝天大吼了三声,滚地身亡。

路过的老百姓见了这一场景,都非常感动,说:"这头牤牛肯定不是头一般的牛,它通人性,有佛缘,是个神牛哪!"

后来,千佛寺的众僧侣为了纪念遍融高僧和他的牤牛,便在北郊土城外修建了一座塔院,将遍融高僧葬在那里。而在牤牛滚地而亡的护城河畔修建了一座桥,并将它埋葬在桥的附近,修建了牤牛庙和牤牛坟来纪念它。

后世人知道这座桥是为那个牤牛而建的,所以都称其为"牤牛桥"。

相传,牤牛桥还是明清时期,人们出城走阎家豁子过护城河的必经之桥;在民国时期,牤牛桥一带还有古庙和土坟的遗迹;1970年花园路开通后,此桥才闲置不用,后于1983年整治小月河时被拆除,但地名仍以"牤牛桥"而称,以后在此成立了牤牛桥社区,属花园路街道管辖。

神路街的由来

在北京市朝阳区委区政府的门前有一条小路,它北起朝外大街,从东岳庙琉璃牌坊算起,到日坛北门,弯弯曲曲不到一公里。而且路两边的建筑都很平凡,大部分是一些低矮的民间屋舍。可是就是如此平凡的一条路,却被命名为"神路街"。

它有什么神奇的来历吗?

据说它的名称来历与清朝的顺治帝有很大的关系。

相传,在清朝八旗之一的正黄旗中,有一个身材健壮、英勇过人的都统领。这位都统领耍得一手好剑法,在与敌军作战中,斩杀敌人无数,立下了很多大功。顺治帝为表彰其功劳,钦赐其黄马褂,并封其为一等伯,命他率亲军镇守朝阳门。

可是这个都统领在战场上虽然英勇无比,立下了赫赫战功,在私下里,却是个十分歹毒的恶人,他无恶不作,经常仗着权势欺压周围的老百姓。老百姓个个对他痛恨无比,却又敢怒不敢言。

都统领的恶行,惹怒了一些武林豪杰。这些武林豪杰相继潜入他家去刺杀他,可是这个都统领的武艺实在高强,前去行刺的武林豪杰无不败下阵来,死在他的剑下。此后,这个都统领的气焰愈加嚣张,附近的老百姓毫无安宁可讲,整个朝阳门内外都笼罩在一种恐怖的气氛之下。

一天夜里,都统领正在家里寻欢作乐时,一名黑衣人突然闯了进去。二话没说,便朝都统领的头上招呼。都统领对于别人的刺杀早有防备,便赶紧拿剑回击黑衣人。但这名黑衣人的武艺实在高强,没打几招,都统领就被黑衣人一剑刺死。

黑衣人将都统领杀死后,也不滥杀无辜,抽身越墙便走。但为时已晚,都统领的手下已经团团将他围住。黑衣人在紧急之中,向一条死胡同跑去。手下们见黑衣人跑向了死胡同,也不再紧追,但又不敢近身,只是排成了一排堵住胡同口,拿出弓箭就射。

黑暗中,也不知发射了多少箭,但都确定黑衣人肯定难逃一死。于是慢慢地移向了胡同口,准备看黑衣人的死状。可是大家大吃一惊,只见地上只有无数断头箭,哪有黑衣人的半点影子!他们朝墙上看,只见上面写了一行血字:"行恶者自绝于人。"这些手下们吓得个个逃窜开来。

这件事儿很快传到了老百姓的耳中。老百姓个个拍手称快,都说是东岳庙的神仙显灵。就这样一传十、十传百,传来传去被顺治帝听说了。顺治帝是个明白人,心想哪是什么神仙显灵,肯定是一位民间高手将都统领杀害。

顺治帝心想,既然黑衣人已经不知去向,都统领的名声极坏,不如就趁机好好查查,还黑衣人一个"名正言顺"。于是,他下令对都统领的罪行进行仔细核查,很快便查明了都统领的歹行,下旨将其弃尸行市,满门抄斩。

顺治帝的英明受到了老百姓的一致拥护,大家都齐赞顺治帝明察秋毫,是一代明君。顺治帝听了十分高兴,便借到东岳庙进香的机会,来到朝阳门一带巡查,并问随从黑衣人消失的所在。随从也不知道具体的位置,只随手一指,正指向琉璃牌坊后面的这条街。顺治帝听了,便随口说:"以后就叫这条街为神路街吧!"

从此,"神路街"之名便流传了下来。

悼陵监村的由来

悼陵监村位于北京市昌平区十三陵镇,邻村有小宫门村、西山口村、万娘坟村、大宫门村。要说起悼陵监村的名称由来,则不得不提明十三陵中的思陵。

明朝十三陵是中国最有名的帝王墓葬群。在十三陵中,几乎每个陵的周围都会有一个与该陵名字相同的村庄,这些村庄大都是由看守各帝陵的陵户长期发展、繁衍而形成的,例如长陵的周围就有长陵村,献陵的周围就有献陵村,景陵的周围就有景陵村……

可是令人觉得奇怪的是,明朝最后一代皇帝崇祯帝的思陵却是个例外。按理说,思陵的周围也应该有个思陵村,可事实是,别说思陵的周围,就是整个十三陵的周围都没有一个叫作思陵村的村庄。这是为什么呢?

其实,原来是有个思陵村的,只是后来……

熟悉明朝末年历史的人都知道这样一个事实,那就是崇祯帝自缢于景山。据说,崇祯帝死的时候,明朝政局十分混乱,崇祯帝和周皇后的尸首迟迟没有下葬。几经周折之后,崇祯帝的尸首终于被运向昌平的陵墓群。然而,在运送的过程中人们才发现,崇祯帝的脑袋不知什么时候被砍掉了!

这可怎么办呢?大家赶紧寻找,可是最终没有找着。实在没有办法,只好现找材料和工匠,铸了个金头,把它安在崇祯帝的脖子上。崇祯帝的尸首这才被"完整"地保存了下来。就这样,崇祯帝被安葬在了思陵。

尽管崇祯帝的命本就不好,可是上天还是没有放过他。虽然他"亡国之君"的名声不好听,可是他的"金头"却是个金贵的物什啊,很多盗墓人都把目光盯在了思陵。

最初,思陵在思陵村陵户们的精心照看下,丝毫无损。可是,随着岁月的流逝,陵户的变迁,思陵的看管没有当初那么严了,这就给了盗墓人一些可乘之机。

一天,思陵村一个老人路过思陵,突然发现思陵的墓有被挖开的痕迹。他惊慌不已,赶紧找到看护思陵的陵户,把这事儿说了。思陵的陵首带领众陵户来到思陵一看,都惊呆了:崇祯帝的棺材已经腐烂,里面凌乱地放着一些骷髅架子,那颗"金头"不见了!

陵户们着急了,赶紧四处寻找,可哪里有盗墓人的影子,那些人早就携着"金头"跑远了。没办法,陵户们赶紧到州里报了案。可是,没有半点线索,报了案又有什么用呢?就这样,"金头"被盗的事儿就这样因无线索可查而被搁置了下来。

"金头"被盗的事儿给了陵户们一个重击,他们商量着说,在崇祯帝的墓里还有皇后、贵妃及其他附葬品呢,如果以后还有人来盗墓那可怎么办呢?得立下一些看护的规矩才是呀!于是在众陵户的商议下,一些新的护陵规矩产生了。并且,他们还决定把思陵村改名为"盗陵监",意思就是时刻提醒村民严守思陵,谨防盗墓人再盗思陵。久而久之,"盗陵监"这几个字被渐渐地叫白了，成了如今我们称的"悼陵监"。"悼陵监村"的名称由此而来。

燕落村的由来

在北京密云区的西部约三十里处，有一个村子，不仅历史悠久，而且还有一个非常诗意的名字，它就是燕落村。

说起燕落村的历史，需要追溯到北魏太平真君初年（440年），那时候的燕落村还不叫燕落，而叫燕乐，原是一个县城。

隋开皇十八年（598年），隋帝在密云地区设置檀州，州治所就位于燕乐城内，管辖密云、燕乐两县；唐长寿二年（693年），檀州治所开始搬迁，后搬迁到今天的密云。那个时候，燕乐县建制仍然存在，直到后梁乾化三年（913年），才废燕乐改为燕落庄。

说起燕落村的名字，还真丰富。因为它除了燕乐外，还有一个名字，叫作"烟络"。说起"烟络"这个名字，还有一个美丽的传说呢！

相传在古代的某个朝代，当朝的皇帝生有两个女儿，其中姐姐在今天的金沟安营，妹妹在今天的燕落扎寨。

自父皇去世后，姐妹俩互相依靠。她二人商定，今后其中的一方遭遇敌情，就燃狼烟为号，另一方见到这警号，就马上过来支援。

住在燕落的妹妹非常调皮，一次她想逗逗姐姐，便在没有遭遇敌情的情况下燃起了狼烟。住在金沟的姐姐见了妹妹燃放的狼烟，赶紧派兵援助。但最后发现只是妹妹的一场闹剧。姐姐虽然略有生气，但对自己的妹妹也无可奈何，只是告诉她切忌开这种玩笑。妹妹见姐姐这么紧张自己，非常感动，二人的感情更加好了。

后世人听闻了这段佳话，便将妹妹扎寨的地方称为"烟络"。

说起燕落村，还有一个事儿令人津津乐道。那就是燕落村不仅历史悠久，还是个长寿村。据统计，在整个燕落村，80岁以上的老人就有60余人，而且该村的李敬书老人，还曾被北京电视台《京郊大地》栏目评为"北京十大寿星"之一，享年108岁。人们不禁诧异，燕落村为何是长寿之村呢？其实最主要的原因是其生活环境的优质。燕落村地处密云水库上游水源保护区，植被丰富，空气中的负氧离子含量非常高；除了空气好外，其水质更是好，地下遍布麦饭石，而长期饮用麦饭石水则可以调节人体新陈代谢，有助于排除因环境污染而蓄积于人体内的有害物质，使人延年益寿。

由此看来，燕落村令人称奇的不仅是其悠久的古城遗址，还有令人流连忘返、延年益寿的美丽山水。

模式口的由来

在北京的石景山区，有一个叫"模式口"的村子。它位于石景山的北面、法海寺的南面，交通发达，历史悠久。在古时候，模式口曾是从塞上进入京城的门户，是商贾进出京城的必经之地，在当时十分热闹和繁华。"现在打城里来模式口，是得费点事。不过想当初这里可辉煌着呢，知道驼铃古道吗？就是打我们门口过的。"如今谈起模式口，这里的老住户还十分骄傲和自豪。

如今的模式口虽然不复往日的繁华，但依然有很多的游人专门来这里游玩，感受一下驼铃古道厚重的历史痕迹。

说起模式口这个名字，很多人都会觉得很奇怪，为什么叫这个名字呢？其实，它以前并不叫模式口，而叫作磨石口。说起来，这里还有一个非常有意思的故事呢！

在早先的时候，模式口村这个地方还是一片荒芜之地，老百姓的生活非常困苦，经常缺衣少食。大家的日子虽然苦，但对这里的感情很深，都不愿搬迁到别的地方去。就这样过了一天又一天，一年又一年。

一天，村子里来了一个五六十岁的老头儿，一进村就大声吆喝："墨墨好使，墨墨好使。"

一开始，大家都没有听清楚老头儿嘴里吆喝的是什么，都好奇地围了过去，问他是干什么的。只见那老头儿从身上取下一个包袱，然后将它打开，只见包袱里露出一块专门用来写字的墨石。大家这才明白，老头儿刚才吆喝的原来是："墨，墨好使。"这几个字。

可是村子里的人都太穷了，有时候连饭都吃不起，哪还有那个能力供孩子读书识字呢！所以，老头儿的墨石一块也没有卖出去。

然而第二天老头儿又来村里推销他的墨石，也是一块都没有卖出去。接连一段时间都是如此。最后搞得只要看见老头儿进村，村里的小孩儿还没等老头儿张口，就自己先学着老头儿的样子吆喝上了。

就在大家伙儿都感到诧异的时候，也不知道为什么，那老头儿突然不来了。可是村里的小孩子们虽然见不到卖墨的人，但那"墨墨好使！墨墨好使！"的话却没有忘记，每天都还在吆喝着。

麦收的时间到了。一天，村里的一位姓刘的大嫂准备去自家地里割麦子，可是她发现家里的镰刀都太钝了，根本没法割麦子。这可怎么办呢？怎么才能让镰刀又光又快又锋利呢？刘大嫂想了半天也没有想出个办法来。就在她着急的时候，突然听到家门外有一群孩子在那吆喝："墨（磨）墨（磨）好使！墨（磨）墨（磨）好使！……"刘大嫂一听，可不是嘛！镰刀钝了，找什么东西磨磨兴许会锋利很多。

于是，刘大嫂赶紧出去找了一块石头，把镰刀磨了磨。果不其然，镰刀比以前锋利多了。村里的人听到刘大嫂的这个事儿，都仿照她的法子，去山上找来石头，用来磨镰刀、斧子、菜刀等。都无不称赞这法子好！

刘大嫂用石头磨东西的法子很快便在整个石景山传开了，大家都去山上找那种能磨刀用的石头。后来，村里一个非常聪明的年轻人心想："如今大家都去找石头来磨东西，我何不采集一些石头，把它们弄漂亮点来卖呢！这样不仅不用大家都去山上找石头，我还可以从中赚一些钱。"

说做就做，年轻人开始实施了这一行动，他一连几天上山，采集了很多可用来磨东西的石头，然后把它们稍加装饰，并根据样式和功能分为不同的等级进行售卖，天长日久，竟从中赚取了很多钱。村里人见这位年轻人的法子很管用，便纷纷效仿起来。不久后，这个村便由穷村变成了远近闻名的富村。

后来，为了推销村里的磨石生意，村里人开始叫这个村子为"磨石口"。再后来，不知什么原因，"磨石口"被写成了"模式口"三个字。

刘娘府的由来

在北京市石景山区的中部，距离区政府有四五公里远的地方，有一个村子，它东邻八大处高科技园区，南邻琅山村，西与礼王坟相望，北至永定河引水渠，它叫刘娘府。

刘娘府这一地名非常奇怪，它有什么特别的来历吗？

其实，刘娘府因埋葬明朝末代皇帝崇祯帝的生母孝纯太后刘氏而得名。对此事实，有史为证，据《明史》记载："时庄烈帝（崇祯）居勖勤宫，问近侍曰：西山有申懿王乎？曰：有。旁有刘娘娘坟乎？曰：有。每密付金钱往祭。"

在北京的西部地区，有一个民谚特别有名，它就是："一溜边山府，七十二座坟。"说的就是京西带"府"的地名，均为明代皇家坟地。其实这里的"七十二座坟"并非说确切地有七十二座坟，而是指这里坟墓众多。在这众多带"府"字儿的地名中，"刘娘府"便为其中之一。据说，目前该村里的村民多为看坟守墓人的后裔。

据《明史》记载:"孝纯刘太后,庄烈帝生母也,海州人,后籍宛平。初入宫为淑女。万历三十八年十二月生庄烈帝。已,失光宗意,被谴,薨。光宗中悔,恐神宗知之,戒掖庭勿言,葬于西山。"从这段记载我们知道,刘娘娘是海州(今江苏省连云港市)人。她初入宫时,只是一名淑女。万历三十八年(1610年),她生下一个男孩,取名朱由检,就是后来的崇祯皇帝。刘娘娘本该因生下龙子而"母以子贵",得到光宗的宠爱。可是不知道为什么,光宗对她反而十分冷淡。刘娘娘为此十分郁闷,最终积郁成疾,在崇祯五岁时去世。光宗心里非常惭愧,就秘密地将刘娘娘草草地葬于京西。

光宗死后,其子朱由校继承帝位,为熹宗。天启二年(1622年),熹宗追封刘娘娘为贤妃。同年九月,封皇弟朱由检为信王,居勖勤宫。

一天,信王朱由检问身边的太监:"西山有申懿王坟乎?"

太监回答:"有。"

信王又问:"其旁有刘娘娘坟乎?"

太监回答:"有。"

于是信王秘密命太监,在每年的春秋时节前往西山刘娘娘坟处进行拜祭。

后来朱由检登上皇位,是为崇祯帝。崇祯帝继位后,就马上追封自己的生母刘氏为"孝纯恭懿淑穆庄静毗天毓圣皇太后",简称"孝纯刘太后",迁葬十三陵的庆陵,与光宗合葬。

黑龙潭的由来

黑龙潭是北京市密云区比较有名的风景名胜之一,它坐落在密云区石城乡鹿皮关北面的一条全长4公里、水位落差达220米的峡谷里,距离北京市城区约100公里。

去过黑龙潭的人都知道黑龙潭有三个特点，即新、奇、险。每到旅游时节，黑龙潭就成了游客们观花赏景的地方。看看景色，住进密云农家院尝尝当地的农家菜，这些都成了游客们的习惯。

关于黑龙潭名称的来历，还有一段美妙的传说呢！

相传在很久很久以前，黑龙潭所在的地方是一座山，山上荆棘丛生，有一个山洞，有一位老奶奶和她的儿子全成在洞里面住着。

一天，全成正在山上打柴的时候，听到不远处有人呼救的声音。他抬头一看，见前面不远处有一位姑娘在往自己的方向跑，她身后有两位骑马的猎人正持枪追赶。

全成是个乐于助人的热心肠，他没有多想，便顺手往山洞的方向一指，那位姑娘便匆忙躲进了山洞。两位猎人来到了全成的面前，问他有没有看见一只狐狸从这里跑过。全成心里非常疑惑，狐狸？他很快明白了过来，但并没有将实情告诉两位猎人，只是信手往东一指，两位猎人便匆忙向东方追去。

姑娘见猎人走远后，便走出洞来，拜谢了全成，准备离去，但又不知去哪里才好。全成见她无处可去，便和母亲商议好，留姑娘在山洞住了下来。

全成和姑娘日久生情，后来结为夫妻。

一年后，全成全家商议，将家搬到了山南平地（今天的凤泉区何屯村）。从此，他们一家和和美美，生儿育女，日子过得非常快乐。

几年的时光很快过去了。一天，妻子突然告诉全成说，自己并非人类，而是一只得道的狐狸精，为了报答全成的救命之恩而嫁与他。如今时日已到，很快她的父亲便来接她回宫。

全成听后，伤心大哭，其母和儿女也大哭不止，但又无计可施。

离别的时刻很快就到了。一天早上，一个白发老头儿前来敲他家的门，并大喊："小女你快出来吧，天命难违，你赶紧跟父亲回天宫去吧!"说时,天空电闪雷鸣,狂风不止。

妻子怕殃及全成及全家,便打开了家门。只见滚滚乌云落地,随乌云降下了一条黑龙。白发老头儿便携女儿跨上了黑龙背,黑龙立即驮父女俩腾空而去。

这条黑龙腾飞的地方留下了一条龙样的深沟,后世的人称之为"全成黑龙潭",又称"黑龙潭"。这深沟便是如今黑龙潭的所在。

簋街的由来

说起簋街,很多喜欢过夜生活的人肯定不陌生。

簋街位于东直门内大街,东起二环路东直门立交桥西段,西到交道口东大街东端,长约1.5公里。在这条大街上,150多家商业店铺中,餐饮服务业就占90%,餐厅密度之大在京城恐怕难以找出第二处。因此簋街也被称为是北京的餐饮一条街。

簋街以餐馆多、风味全、特色强、价格廉、夜里"火"而著称,又以24小时服务而受到人们的青睐,是老北京城甚至全国都非常有名的小吃一条街,受到众多食客的喜爱。

关于簋街名称的由来,历来有很多个版本,其中一个比较权威的版本是:

据说在清朝的时候,北京的各个城门都有它专门的用途,不得随意使用。例如德胜门就是朝廷出兵所走的门;宣武门是处决犯人所走的门;东直门是专门为了往北京城内运送木材并往城外运送死人用的门……而从东直门城门楼上往外看,就能看到城内有一条笔直的路,对面就是鼓楼,而在对面城外则是一望无尽的坟场。

当时的东直门没有如今这么繁华,还是个城乡接合部,每天一大早就有各种商贩集结到这里赶早市。这些商贩来得非常早,往往在后半夜就开始蹲点叫卖,到天亮时才散开。由于来得非常早，天还很黑，商贩们便靠煤油灯取光。这样从远处看上去，灯光朦胧，再加上周围随处都是棺材铺和杠房，让人觉得非常阴森，令人毛骨悚然，所以，这个早市也被人戏称为"鬼市"，慢慢地这个地方就被人称为"鬼街"。

许多年后，有很多商贩在东直门大街两侧开了商铺，然而几乎都有亏无赢，最终关了门。这件事在北京城被称为一件奇事。后来，人们发现，在这条街上，只有做开饭馆的生意才能成功，而且还有一个现象是，这里的饭馆白天几乎无人光顾，到了晚上却门庭若市、人来人往。也因此，当地的老一辈人都说，是因为到了夜里，鬼魂们都要进城吃饭，所以非常热闹。

由于夜里热闹而白天无人问津的反差，鬼街在北京的名气越来越大。后来很多商人从中发现商机，就连当地政府也从开始的排斥强管到后来的扶持，东城区商委更是把这里命名为"东内餐饮一条街"。

后来挂牌的时候，东城区委的工作人员开始发愁了。改名吧，怕影响了好不容易扩大的名气；不改吧，这个"鬼"字又太阴森，怎么办呢？就在这时，一名工作人员发现了字典里有这个音同字不同的"簋"字，而且这个字还能和吃沾上边。于是开始大肆宣传并且还在东直门立交桥鬼街一侧的桥头做了一个"簋"的大铜塑像，于是就有了现在这个文明的"簋街"。

如今的簋街发展势头非常好，顾客非常多，已经成为北京饮食文化的代表和时尚餐饮的标志，很多人的夜生活都是从簋街开始的。在和北京共同成长的、很多个值得祝贺的日子，例如申奥成功等重大的纪念日里，很多人都会选择在簋街度过，彼时，大家一起唱歌、喝酒、拥抱、哭泣、庆贺，创造了很多美好的回忆。因此，簋街也被称为"夜食者的天堂""灯火璀璨不夜街"。

六郎庄的由来

在北京市海淀区的中部，东至芙蓉里小区，西接颐和园东墙，北至二龙闸操场，南至巴沟村，有一个小村子，名叫六郎庄。

在古时候，六郎庄是个绿柳婆娑、河渠纵横、泉水奔涌、风景如画的自然村落，几百年来享誉京城的京西稻就产自这里。因为地理位置特殊，六郎庄受到了皇帝们的多次特殊礼遇，自乾隆皇帝的三山五园建成以后，清代历代皇帝在炎热的夏天都要来这里消夏避暑，军机处就建在了海淀区的老虎洞内。当年的那些军机大臣和王公贵族为了攀龙附凤、接近皇帝、讨皇帝的喜欢，也纷纷在这一带建造自己的私人住宅，至今六郎庄村内还留有清末都察院遗址及湖广总督张之洞和军机首辅荣禄的私宅遗迹。

可以说，历史上的六郎庄非常风光，储藏了很多美好的回忆。

可是这些美好的回忆中，有哪些是和它的名字有关呢？为什么取了六郎庄这个名字呢？

其实，六郎庄原本不叫这个名字。明朝时期，这里南有八条沟渠，西有十里西湖，地势平坦，水草丰盈，是天然的放牧之地。明代形成村落叫"牛栏庄"。《明实灵》《京师五城坊巷胡同集》《宛署杂记》等书中对此均有记载。后来，这里种上了许多柳树，风光更加秀丽，借用杭州西湖柳浪闻莺的雅致，后被改名为柳浪庄。

到了清朝，民间附会杨家将故事，改称今名。原来，相传在北宋年间，杨六郎与辽兵交战受伤，曾在此村养伤，还除掉了村里的一个恶霸，为了纪念他，便改村名为"六郎庄"。关于六郎庄的记载，最早见于康熙五十一年（1712年）内务府总管的奏折："六郎庄真武庙配殿六间，和尚住房八间，用银一千四百三十五两二钱，在六郎庄修造园户住房三十间，用银一千两。"

关于六郎庄这个名字，还有一段有意思的插曲呢！清代光绪年间，慈禧太后垂帘听政以后，颐和园便成了夏季的寝宫，每年她住在颐和园的时间多于城里的大内皇宫。因经常来颐和园，时间久了，慈禧便听说园外的村庄叫六郎庄，对此非常不满。慈禧这人非常迷信，她属相是羊，而狼是羊的天敌，郎与狼同音，她认为六郎庄谐音"六狼庄"，对自己不吉利，因此她下旨改六郎庄为吉祥庄。但当地的老百姓不买她的账，依然偷着叫六郎庄，一直叫到了现在。

八王坟的由来

说起八王坟的来历，很多人会想到可能与一位八王爷有关。可是历史上的八王爷太多了，到底与哪一位八王爷有关系呢？

据有关史料记载，这里的八王爷指的是努尔哈赤的第十二子，英亲王阿济格。八王坟指的就是阿济格的坟地。

可是，阿济格明明是努尔哈赤的第十二个儿子，为何他的坟墓被称作八王坟呢？

阿济格，生于万历三十三年（1605年），和努尔哈赤的第十四子多尔衮、第十五子多铎是一个母亲所生，他们的母亲就是大妃阿巴亥。

阿济格英勇善战，屡获战功，曾征战察哈尔、喀尔喀、朝鲜等地，他于崇德元年（1636年）晋爵武英郡王；顺治元年（1644年），摄政王多尔衮带领阿济格和多铎夺取了北京城，阿济格被封为英亲王，在众王爷中排位第八，因此又称八王爷。

1650年12月31日，摄政王多尔衮去世，阿济格密谋承袭摄政王位，后事情败露，被赐死。他的骨灰被葬于通惠河畔的一个非常荒凉的地方，这个地方就被称为八王坟，也就是今天八王坟的所在。

康熙即位后，开始重新审视阿济格这一开国功勋的贡献。乾隆十一年（1746年），八王坟得到重修，建立了宫门、享殿、宝顶、墙圈、驮龙碑等建筑，正坟、土坟主次分明，更有"东衙门""西衙门"之别，占地一顷数十亩，规模非常大，足见乾隆帝对其地位的重视。

然而，八王坟却在辛亥革命中遭到了严重的摧毁，其宫门、享殿被拆除，被当作砖瓦木料给卖了；日伪时期，八王坟多次被盗，其中的陪葬品被洗劫一空；到了解放初期，八王坟已经非常破败了，其"东衙门"的地皮被征用，其正坟和"西衙门"则被占用。随着岁月的流逝，八王坟这一带渐渐发展成了居民区，并开通了八王坟到公主坟的1路汽车，八王坟成为北京人家喻户晓的车站名。

如今的八王坟不仅是京东地区极其重要的交通枢纽，还是令房地产界垂青的黄金地界，SOHO现代城、蓝堡国际中心等一系列高楼大厦拔地而起。八王坟已经不再是昨日那个荒凉的坟墓所在之地，已经成为一个繁华、热闹的人口密集区，为北京经济的繁荣贡献着自己的力量。

鲜鱼口的由来

在老北京城，提起鲜鱼口这个名字，很多人都不陌生。有一副将北京地名串在一起的对联：花市草桥鲜鱼口，牛街马甸大羊坊。其中的"鲜鱼口"说的就是它。

鲜鱼口，是北京城一条非常有名的胡同，位于北京市前门大街的东侧，东起长巷头条与西兴隆街相接处，西至前门大街，与大栅栏儿隔街相望。那里有很多老字号，如天成斋鞋店、联友照相馆、长春堂药店、便宜坊、马聚源帽店等，每天人来人往、车水马龙，好不热闹！

据说，鲜鱼口的历史非常久远，于元明时期就已经存在。因此民间有"先有鲜鱼口,后有大栅栏儿"的说法。

关于鲜鱼口的名称由来,还有一个传说呢!

据说,鲜鱼口原来的名字叫作线市口,因为当时的街上买卖针头线脑的人特别多,因此有了这个名字。后来到了清朝末期,买卖针头线脑的人少了,而买卖鲜鱼的人反而多了起来,每天从清晨起,各种叫卖鲜鱼的声音传遍大街小巷,可谓人山人海。

有一天,住在街附近的一个老头儿从这儿买了一条活鲤鱼回家。刚到家,老头儿就把这条鲤鱼放进了水缸里。在水缸里游泳的那条鲤鱼非常漂亮,全身发出一种金色的光,老头儿见了,非常喜欢它,竟然舍不得杀掉吃了,于是就让鲤鱼在缸里待一夜。

第二天,老头儿的女儿来看他,他便领女儿走到水缸那里,一起看那条漂亮的鲤鱼。可是,到水缸那一看,老头儿就愣了:哪里有鲤鱼的影子啊,只见水缸里堆着大半缸的金子。

老头儿见了,又惊讶又惊喜,心想:我这算碰着鱼仙了。为了感谢鱼仙的馈赠,老头儿每天都会抽出一些时间到线市口买条鱼。他买了鱼也不吃,只是将它们放生到正阳门箭楼前的护城河里面。

就这样过了一段日子,周围的老百姓都听说了老头儿的这件奇事儿,也都纷纷效仿老头儿,买来鱼进行放生。从此以后,这里买卖鱼的人越来越多,人们便改线市口为鲜鱼口。

如今,老北京人中间流行着这样一首诗:"线市衰弱鲜鱼兴,老者救鱼回龙宫。水族何有团圆日?金银到手鱼放生。"讲得就是发生在老头儿身上的这件奇事儿。

卢沟桥的由来

卢沟桥,也被称作芦沟桥,在北京市西南约15公里处丰台区永定河上。它全长266.5米,宽7.5米,最宽处可达9.3米。有桥墩十座,共11个桥孔,整个桥身都是石体结构,关键部位均有银锭铁榫连接,是华北最长的古代石桥。

1937年7月7日,日本帝国主义在此发动了全面侵华战争。宛平城(今天的北京城)的中国驻军奋起抵抗,史称"卢沟桥事变"(亦称"七七事变")。中国抗日军队在此打响了全面抗战的第一枪。可以说,卢沟桥是日寇全面侵华的开始,也是吹响全民抗战号角的地方。

如今的卢沟桥因"卢沟桥事变"而驰名中外,但是这个抗战圣地的名字却长期被错写为"芦沟桥"。

卢沟桥原来并不叫这个名字,而叫作广利桥。桥下有一条河叫作无定河,因这条河当时经常泛滥、河道不定而得名。后来到了清朝时期,这条河的下游修建了防洪堤,又改"无定河"为"永定河"。该河上、下游交接部分,因是卢姓族人繁衍生息聚居的地区,而被当地人称为"卢沟河"。随着岁月的流逝,"广利桥"也渐被人们以河名而替代,称之为"卢沟桥"。

由这段历史可以看出,卢沟桥中的"卢沟"的意思是"卢家沟",而并非很多人想象的长满芦苇的沟。相信,在了解了这段历史后,不会再有人将其错写成"芦沟桥"了吧!

其实,关于卢沟桥的名字,还有一个传说也相当有意思。

据说很久以前,在今天卢沟桥这个地方,并没有什么桥,而只有一个渡口。当时有一个姓卢的商人在这个渡口的附近经商,生意做得非常红火。

一天,卢姓商人带着多年来经商所得的钱财,准备搭乘一个姓田的摆渡者的船回家乡探亲。想不到的是,这个姓田的摆渡者不是个正人君子,他看到卢姓商人携带很多钱财,便起了歹心,将卢姓商人推入永定河中淹死,霸占了他的钱财。

姓田的摆渡者自得了卢姓商人的钱财后,便不再摆渡了,也经起商来。

后来,姓田人的妻子给他生了一个儿子,他对儿子十分疼爱。但到这男孩十岁的时候,每天都要打父亲三个嘴巴,不让打就又哭又闹,姓田的十分懊恼又非常无奈,于是便向一位老僧求教。

那个老僧对姓田的说:"你之前是不是害死一个姓卢的人哪!你这儿子就是他转世而来的,他今世向你报复呢!"

姓田的听了,非常害怕,便求老僧开恩救命。那老僧说:"让我救你也不难,只要你把劫走的钱财都拿出来修座桥,让过路人不再受你们这些人的坑害就行了。"

姓田的听了老僧的话,赶紧请来了一些工匠建桥。

半年后,桥建好了。姓田的便向老僧讨教桥名,那老僧微笑着说:"这座桥是你向卢氏还账而修建的,取'一笔勾销'的意思,再加上你们这笔账是在水中而起的,用'沟'代'勾',所以我看就叫作卢沟桥吧!"

从此,这里便有了一座叫作卢沟桥的桥,这个传说也传到了现在,警示着后人一定要弃恶扬善。

第三章

老北京的名胜古迹

响水湖与观音菩萨的故事

响水湖位于怀柔慕田峪长城西,距县城28公里,总面积18平方公里,是集长城、古洞、山川、泉潭、飞瀑于一体的天然锦绣谷,属于得天独厚、秀丽多姿的旅游胜地。景区内山峰陡峭,泉水淙淙,果林成荫,花草弥坡,空气清新。阳春,山花烂漫,花香溢人;盛夏,林荫欲滴,满目青翠;金秋,硕果累累,红叶满山;寒冬,冰川万丈,银装素裹。

响水湖名闻天下源于一个美丽的传说。

相传在明朝万历年间,为了抵御外敌入侵,保家卫国,皇帝派得力大将戚继光将军督军构筑长城,由于该段长城海拔较高,严重缺氧,再加上任务繁重,尤其是水源不足,很多民夫不是被累死就是被渴死,严重影响了施工进度。戚继光看在眼里,急在心里,他既担心工程的进度,又心疼民夫的死伤,于是筑坛祭天,祈祷上天降雨,救军民于水火之中。

祭祀活动整整进行了七天七夜,终于打动了正在南海普陀做道场的大慈大悲观世音菩萨。观世音菩萨来到此地,化身为一位年轻的妇人,提着一罐水来到施工场地,考验众军民的品行。大家见有人来送水,高兴万分,但看到她只带来一罐水,根本满足不了大家的需要，又都深感失望。虽然都渴得难受，但没有一人前去抢水喝，而是相互礼让，将让卒，卒让民，民让幼，幼尊让老者，老者让病弱者，场面非常感人，谁也不肯先喝这仅有的一罐救命水。

看到这一场景，观音菩萨十分感动，赞叹道："华夏之民教化有方。"说完就将瓦罐投向乱石堆中，顿时，乱石中泉涌如注，军民见了，无不欢欣异常，相互扶持着喝了个够，只觉那泉水甘甜爽口，让人精神焕发。待喝足后才想起感谢恩人，却不见了妇人的身影，往天上一看，只见观世音菩萨正踏莲花祥云缓缓腾空，大家这才意识到是观世音菩萨显灵来普度众生，忙跪谢菩萨救命之恩。

从此以后，乱石堆里的清泉长涌不止。一是由于此地山势落差较大，泉水流入川谷，发出哗哗的巨响，甚至几百米之外的人都能听得一清二楚。二是感谢菩萨赐甘泉，再加上山谷口有座小山呈现南海普陀山状，因此有个人提议将此泉命名为普陀响水湖。后世人为了叫起来方便，纷纷省略了"普陀"二字，直接称之为响水湖，并流传至今。

明十三陵"无字碑"的由来

说起"无字碑"，很多人都会想起一代女皇武则天的墓碑。可是，天下的"无字碑"可不止武则天这一座，明十三陵中也有"无字碑"，而且不止一座。

明十三陵位于北京市昌平区北的天寿山，这里山林优美，绿水长流，地下躺着明朝的十三位皇帝，所以被合称为明十三陵。

作为怀古之地，明十三陵的美景和遗迹非常多，但让人称奇的却是，除了长陵和思陵外，其他十一陵虽然都是明朝时建造的，但是每座陵都有一座当时没有镌刻文字的石碑。按照常理来讲，历代皇帝归天之后，不管他生前的政绩是好是坏，负责撰写碑文的文官们都要昧着本心写出洋洋洒洒的溢美之词，要不然，嗣皇帝可能会砍下文官们的脑袋做祭品。

可是，明十三陵中的十一陵前的石碑为什么当时不刻文字呢？

对于这个问题，后世的人有很多解释，比如，有人说因为皇帝的功劳太大，无法用文字来表达。这种说法毫无根据，因为明代的开国皇帝朱元璋和立业皇帝朱棣的神功圣德碑均刻有文字，这两位皇帝的功劳都能用文字来表达，那么后代皇帝大多碌碌无为，怎么倒无法书写了呢？可见行不通。

针对这个问题，历史文献没有详细记载其原因。清朝的乾隆皇帝也觉得这件事比较奇怪，在他御制的《哀明陵三十韵》中就提出了疑问："明诸陵，唯长陵有圣德神功碑文，余俱有碑无字。检查诸书，唯徐乾学《读礼通考》载，唐乾陵有大碑，无一字，不知何谓？而明诸陵效之，竟以为例，实不可解也。"

针对这个谜团，当年乾隆皇帝没有解出来。时间延展到现在，如今这个问题已并非不解之谜了。

相关研究明十三陵的专家学者解释，这事儿还要从明朝开国皇帝朱元璋说起。

作为大明朝的开国皇帝，朱元璋可谓是有勇有谋、战功赫赫、顶天立地的英雄。可是，这位英雄的成功同样沾满了无辜冤魂的鲜血，因为朱元璋，不知有多少人死于非命。所以说，朱元璋同样也是一个嗜杀的皇帝，尤其是明朝建立后，很多忠臣良将都死于他手。

在生命的垂危之际，朱元璋似对自己曾经的行为有所悔悟，希望给子孙后代留下一个经验教训，便对身边的大臣们说："皇陵碑记一向都是大臣们的粉饰之文，根本不能表明历史，教育后世子孙。"其言外之意就是希望自己在盖棺定论的时候，大臣们能给他一个较公正、真实的定论。

可是，如果真的写出来历史实情，那朱元璋的形象可就会一落千丈,他的手上可是沾满了无数人的鲜血啊!所以,翰林院的学士们个个都不敢写皇帝的碑文了,他们心知肚明,这是个两头不讨好的差事。如果不往皇帝脸上贴金,项上人头都有搬家的危险;如果不按照朱元璋的吩咐,又难免有欺君之罪。最终,学者们以太祖的"名训"作挡箭牌,将写碑文的任务,推给了嗣皇帝。所以,孝陵(朱元璋的陵墓)的碑文是明成祖朱棣撰写的,而长陵(明成祖朱棣的陵墓)的碑文则是明仁宗朱高炽为父亲朱棣写的。因那朱元璋的陵墓孝陵远在南京紫金山,所以,明十三陵里只有长陵有碑文。

那么,自从明仁宗朱高炽以后,为何嗣皇帝都不再撰写碑文了呢?

原来,献、景、裕、茂、泰、康六陵陵前原来就没有神功圣德碑及碑亭。嘉靖十六年(1537年)七月,大学士夏言等面谕:"前在陵工曾谕卿,独长陵有功德碑而六陵未有,无以彰显功德,今宜增立,示所司行。"竖碑的目的就是为了歌功颂德,自然要通过对功德的陈述文字来表达。所以嘉靖二十一年(1542年)五月,六陵碑亭刚刚落成,礼部尚书严嵩就上奏说:"查得成祖文皇帝圣德神功碑文乃仁宗昭皇帝御撰,今六陵等陵碑文,伏请皇上亲御宸翰制文,镌石以记述列圣功德,垂示于万万世。"

严嵩的请求是符合明代帝陵碑文撰写原则的。因为,早在开国之时,朱元璋就定下了一个规矩,那就是"帝陵功德碑文需出自嗣帝之笔"。此后诸帝以此为定制,成祖朱棣撰写了孝陵神功圣德碑文,仁宗朱高炽撰写了长陵神功圣德碑文。基于这个规则,世宗应亲自为安眠在天寿山的几位先皇帝撰写碑文。可惜这位皇帝,一心迷恋仙术,整天想着如何升仙得道,沉溺于酒色之中,哪有工夫来撰写那么多的碑文呢?

既然献、景、裕、茂、泰、康六陵石碑都是无字的,后来的永、昭、定、庆、德五陵遂沿用以为制,均在陵前建造了无字的神功圣德碑和碑亭。到崇祯帝时,明朝灭亡,是清朝皇帝为他立了碑，并刻有文字。所以十三陵中只有第一座陵墓长陵和最后一座陵墓思陵的神功圣德碑上撰有碑文，其他十一帝均为无字碑。

明十三陵中的陵碑虽然绝大多数都是无字的，却无论如何都掩饰不了明朝中后期政治的腐败、堕落的现状以及势必灭亡的趋势。

十三陵水库与柴王爷、柴王奶奶的故事

十三陵水库，景色幽静怡人，是北京城一座著名的国家水利风景区。它位于昌平区，在十三陵盆地的东南，距北京城区40公里，建于1958年。经过多年的发展，如今的十三陵水库已经成为集防洪、水力发电、旅游观光、休闲度假及教育于一体的旅游胜地。

关于十三陵水库，有很多美丽的传说，其中最著名的就是关于柴王爷和柴王奶奶的故事。

很多人可能听说过这个传说——在很久以前，木匠祖师鲁班曾经修了一座名叫赵州桥的石桥，不知什么原因惹来很多人的忌恨。八仙过海的主角之一张果老就曾想骑着毛驴在桥上走一走，打算把桥给踩塌了。可是，鲁班在桥底下托着呢，桥没踩塌。后来，柴王爷把四座大山和一个太阳、一个月亮，装在小车两边的竹篓里，推着小车，走过赵州桥，也打算把桥给压塌了。可是，鲁班爷在桥底下托着呢，桥也没压塌……这个传说可能很多人都听说过，听完了总忍不住想问：那张果老过了桥到哪里去了？他呀，没脸见他的其他七个神仙伙伴，就独自云游天下去了。那推小车的柴王爷过了桥到哪里去了？您先别着急，本文故事的重点就在这里，讲的就是柴王爷过桥后引发的一些事儿。

柴王爷推着小车过了赵州桥后，就把车子停在路边发起愁来。本来准备用这四座大山外加一日一月把鲁班的桥给压垮，谁承想鲁班的法力那么大，结果自己却不知如何安置这四座大山和一日一月了。就这样几个时辰过去了，柴王奶奶见柴王爷还没

有回家,就急忙赶来探问。只见柴王爷愁容满面地坐在路边直叹气,便靠上前问:"今儿个不是和鲁班斗法去了吗,怎么着,输了啊?"柴王爷垂头丧气地点了点头。

"输了就输了呗,愁也没用,还是赶紧回家吧!"

"我也想回家啊,现在我愁的不是输不输的事,我愁的是怎么安置这四座大山和一日一月!反正是不能把小车再推过赵州桥去了。"

"哦,那怎么办呢?"柴王奶奶想了想,到底是她心细,想出办法来了。她对柴王爷说:"这四座大山是不能随便乱放的,这么着,你推着小车一直往北走,我给你拉小绊儿,哪儿合适咱们就把它们放到哪儿。"

"那一日一月怎么办呢?"柴王爷问。

"你真糊涂,你的法术那么大,何不把它们变成两座小山?"柴王爷听了有点不好意思,说:"唉,你别再说这话啊,一个小小的鲁班我都没斗过,反倒给自己带来这么大累赘,还敢谈什么法术啊!"柴王奶奶也笑了。

两人聊着聊着,柴王爷推起小车来,柴王奶奶在前边拉着小绊儿,就往北走了。谁知找了几天几夜也没找着合适的地方。两个人继续往北走,过了苦海幽州,再接着往北走,前面是山连山、山套山,后面是一眼望不到边的大田。柴王爷停下小车,指着前面一片山对柴王奶奶说:"老伴儿你看那片山生得多好,唯一不好的是山南侧总像少点什么似的,要是再多配几座山头就好了。"

柴王奶奶说:"正好啊,你何不把你那几座山给安放在山南侧啊。快点啊,咱们还赶着回家呢!"

柴王爷说:"你别催我,我先比画比画,看放在哪里好,等我好好布置一番,准能气死那鲁班。"说着,他往东南一比画,说:"把四座山放在这儿。"往西北一指,说:"把日山放在这儿。"又掏出月山来,说:"你给日山当个影屏吧。"说着一扔,就扔在日山的南边,后来人管它叫影山,又叫屏山。柴王爷和柴王奶奶安置好了这六座山,就赶紧回家了。

再后来呢?柴王爷和柴王奶奶怎样了?那就不知道了。那六座山现在还有吗?有的,那里正是景色秀丽、风光明媚的十三陵水库,如今已经成为人潮如织的旅游景点了。

北海九龙壁的美丽传说

龙壁是我国特有的建筑形式,有一龙壁、三龙壁、五龙壁、七龙壁、九龙壁等多种形式,其中以九龙壁最为尊贵。九龙壁通常建在帝后、王公居住或经常出入的宫殿、王府、寺院等建筑正门的对面,是我国照壁建筑的进一步发展。

我国的九龙壁众多,以大同、北海和故宫的最为著名。规模最大、历史最久的一座,在山西省大同市内,为辽代所建,即大同九龙壁;建筑最精、构图最美的一座,建在北京城的古典园林北海中,即北海九龙壁;第三座,我国唯一与原建筑一起完好保存下来的九龙壁,在故宫的宁寿门前,即故宫九龙壁。

北海九龙壁在北京北海公园的北岸澄观堂东北,面对太液池,遥望琼华岛,翠柏掩映,石径相通。优雅的环境和独有的建筑艺术,好似珠联璧合,使北海九龙壁极负盛名。朝阳初升,九龙壁犹如在表面涂上了一层耀眼的光辉,巨龙仿佛冲破雾霭,腾身游动起来。随着晨雾的消散,九条龙更加绚丽,万缕金光在龙身上闪耀,龙身抖动,昂首摆尾,盘绕弯曲,在海波上翻腾,在流云中穿行,犹如真龙再现,宛然如生。

关于九龙壁,流传最广的一个传说是,九龙壁上的龙曾经动过。唐鲁孙在专著《南北看》中曾经提到过这么一件事:乾隆二十一年(1756年)的一天,西藏密宗高僧给九龙壁开光,当时九龙壁前佛光普照,这位高僧坐在前面摆放着香案、香炉的黄蒲团之上,周围围着数百人,显得十分庄严。在开光的过程中,天空布满了祥云和晚霞,有个好动的小孩子无意中把手绢扔向第九条龙的头部，这时候不可思议的事情发生了。大家看到第九条龙忽然有了灵性，龙眼、龙须都动了起来，把手绢吸着不放，仿佛要从壁上飞下来……当然，这只是一个传说，却反映了老百姓一个淳朴的希望，就是希望龙具有灵性，能够保佑世人平安。

见识过北海九龙壁的人或许会有这样一个疑问：九龙壁上是否真的只有九条龙呢？我明明从上面看到了很多条龙，为什么却起名为九龙壁呢？细心的人会发现，除了壁前壁后各有九条醒目的戏珠蟠龙外，壁的正脊、垂脊和其他一些建筑构件等地方都有龙的踪迹。九龙壁顶呈庑殿式，有一条正脊，四条垂脊，正脊前后各有九条龙，垂脊左右各有一条龙，正脊两侧有两只吞脊兽，它的身上前后也各有一条龙，这样五条脊上就有三十条龙。往下每块瓦当下面镶嵌的琉璃砖上，也各有一条龙，壁四周共有筒瓦二百五十二块，陇垂二百五十一块，龙砖八十二块，加上跃于云雾之中的十八条蛟龙，就有六百三十三条龙了。再仔细看，在正脊两侧"吞兽脊"下，东、西还各有一块椭圆形的瓦当，上面也各有一条龙。这样算来，北海九龙壁上总共有六百三十五条龙，而并非许多人所想象的九条。

关于北海九龙壁，还有一个传说，那就是九龙壁曾经被修补过。九龙壁曾经遭遇过一场大火，这场大火使九龙壁失去了往日的光彩。乾隆年间，皇帝下令修补九龙壁。可偌大的一个龙壁，修补起来又谈何容易，必须请技术最高明的工匠才能完成。最后，一个名叫马德春的工匠被选中了。马德春拥有几十年的烧制琉璃瓦的经验，可谓技术高超、经验丰富。

修补工程很快就开工了。在进行修补之前，马德春一而再再而三地向工人师傅们叮嘱烧制彩色琉璃瓦时一定要掌握好火候，在马德春的辛苦指导下，足足烧制了七七四十九天，才把需要的琉璃瓦给烧制成了。

安装的日子到了。正当大家都忙着的时候，突然传来一声脆响，把众人吓了一跳，马德春更是被吓坏了。他赶紧循声赶来，只见地上零零散散地堆着一些琉璃瓦碎片，原来是一个小工匠在搬琉璃瓦的时候一不小心摔倒了，把几片琉璃瓦给弄碎了。马德春忙先安抚了众人，低声对他们说："这事儿对任何人都不能讲，谁要是吐露一个字，可有杀身之祸啊！"众工匠忙点头称是。马德春回到家里，心里紧张得直冒冷汗，这可怎么办呢？重新烧制琉璃瓦已经来不及了，但又承担不起延误工期的罪名，可是另打主意来补救又要冒着欺君之罪的大险呀！眼看没几天就要交工了，他把心一横，就这样等死还不如闯一闯碰碰运气。连着几天，他茶不思饭不想，谁也不见，只是把自己关在一个小屋里，悄无声息地偷偷制作"琉璃瓦"……

很快九龙壁的修补工程完毕了。乾隆便领着众大臣来看新修的九龙壁。走近看，只见那些龙栩栩如生、熠熠生辉，简直和真的一模一样。他走到壁前，仔细欣赏每一片琉璃瓦上的巨龙，从东到西，一条龙一条龙地看。乾隆止不住地赞叹修补工艺的卓绝。跟在人群后面的马德春心都快提到嗓子眼儿了，头上冒着汗，腿有些发软。乾隆来回看了几遍，真是打从心眼儿里喜欢，赏了马德春许多金银财宝。

待乾隆走后，马德春一下子坐在了地上，心想这真是太惊险了，差点连身家性命都赔了进去，还好皇帝没有发现什么纰漏。要问马德春为什么担心呀，他到底有什么可隐瞒的呢？

原来他为了补上那被摔碎的琉璃瓦，可谓费尽了心机。他用了两天两夜的工夫，硬是用一块上好的楠木雕成了一条龙，并在乾隆前往观看的前一天才匆匆忙忙地安装上。这要是让皇上知道了，可就是灭九族的欺君之罪呀！

如今您如果有机会去北海公园玩，见到那个九龙壁，从东边数第三条白龙的身上有一块琉璃瓦据说就是当年马德春用楠木雕成的，您不妨好好地观赏观赏。

朝宗桥的前尘往事

朝宗桥，又被称为沙河北大桥，为七孔石桥。全长130米，宽13.3米，中间高7.5米，七孔联拱结构，桥两旁有石栏柱53对。位于昌平城区南10公里、沙河镇北0.5公里处，旁边就是巩华城。在此桥北端的东侧有明万历四年（1576年）所立的螭首方座汉白玉石碑一座。该座石碑通高4.08米，宽1.1米，厚0.39米，碑额正背俱篆书"大明"二字，碑身镌刻大字"朝宗桥"。是明朝帝后、大臣谒陵北巡的必经之路，又是通往塞北的交通咽喉，与卢沟桥、永通桥并称为"拱卫京师三大桥梁"。

如今的朝宗桥，经历了几百年历史风雨的洗礼，依旧坚固如初。用它的坚强和大气书写着一段段老北京城的历史。

关于这座"朝宗桥"，方圆几十里流传着这样一个传说。

相传在很久以前，大约是明朝初期，那时候这沙河上并没有石桥。后来，明朝的皇帝在昌平修建了皇陵后，经常去皇陵，而去皇陵每次都需要跨过沙河，这样行走起来特别不方便。于是派两个人去修建一座石桥，这两个人中一个是赵朝宗，另一个是赵阿四。其中赵朝宗主修北大桥，赵阿四主修南大桥。

赵朝宗对工作非常认真负责，他花费了一段时间进行摸底、选材，对每一个环节都严格把关，所以工程进展得相对慢些。而赵阿四却非常狡猾，他在工料上搞了许多鬼，买那些便宜的低级材料，桥墩外面用石头垒，里面填的全是沙子，而剩下的钱便进了自己的腰包。而且为了省工钱，他经常催工，很快，南大桥就完工了。

皇帝得知赵阿四完工的消息后，非常高兴，大大犒赏了他。并向他问起北大桥的修建情况。赵阿四便陷害赵朝宗说："那赵朝宗整日地吃喝玩乐，无心做工，离完工之日还早着呢！"

皇帝听了赵阿四的话，非常愤怒，便着太监去北大桥那里查看。那太监走到北大桥那里发现北大桥也快完工了。可是当时的赵朝宗听说南大桥已经完工心里很着急,只顾着赶工而没有好好地款待那太监,这可气坏了平日里就耀武扬威惯了的太监。太监二话没说就气哄哄地走了。

待太监走到了德胜门,看到赵阿四正等在那里。赵阿四见太监的脸色非常不好,心知肯定是赵朝宗把他给得罪了,这下可太好了!赵阿四乐呵呵地迎向那太监,专门找了一个酒楼热情款待了他,还悄悄地给了他很多银子,把他哄得开心极了,这才放下心来。

那个太监见到皇帝后,便把赵朝宗从头到脚批了个遍,说他如何偷懒,如何傲慢,工程如何糟糕,然后又把南大桥大大吹嘘了一番,皇帝听了又喜又气,喜的是南大桥的好,气的是赵朝宗的不是。

二人正交谈着,这时候赵朝宗也上朝来了,报告北大桥已经完工。皇帝正在气头上,见他来了,就沉着脸说:"真是说曹操曹操到哇!朕正想找你呢!南大桥早就完工了,你这北大桥怎么这么晚!"

赵朝宗说:"微臣只知道整日抓紧修桥,不知道南大桥为什么这么快就完工了!"

皇帝又问他:"你修得这北大桥花了多少钱啊?"

赵朝宗便把银簿呈上。皇帝一看急眼了,这北大桥用的钱可比南大桥用的整整多出了一倍哪!怒问:"怎么相差这么多,你说这到底是怎么一回事!"

赵朝宗赶紧解释说:"微臣所用的料都是最实惠的,在施工中也不敢浪费一分钱。也想不通南大桥为何花费这么少。"

这时候,那太监站出来说话了:"据我调查,南大桥无论是用料、还是施工上都非常节约,而你们北大桥原本也根本用不了那么多银子,那多出的钱都被你装进自己腰包了!"

这不是血口喷人嘛!赵朝宗听了太监的话,气得一句话也说不出来了。他越说不出来,皇帝越觉得是他贪污了。一气之下,便下旨斩了赵朝宗,反而对赵阿四犒赏加爵。

可是最终真相还是露了出来。几年以后,北京城遭遇暴雨,沙河水位暴涨。北大桥屹立在洪峰之中岿然不动,而南大桥则不同了,顷刻之间就坍塌了,桥墩里埋藏的沙子全都露了出来,被冲得干干净净。这时候皇帝才明白是自己被蒙骗了。为了挽回自己的面子,也为了给赵朝宗沉冤昭雪,他下旨斩杀了那个太监和赵阿四,又命人在北大桥的桥头竖起一座刻有"朝宗桥"三字的石碑。

如今几百年过去了,朝宗桥依然坚固地屹立在那里,而南大桥早已不知去向。那里的老人们经常向孩子们讲述赵朝宗的这段往事,都赞他的兢兢业业、为国为民。

卢沟桥的狮子真的数不清吗

提起卢沟桥上的石狮,老北京民间有这样一个说法,那就是:"卢沟桥的石狮子——数不清!"关于这一说法,明代的《帝京景物略》也有卢沟桥的石狮子"数之辄不尽"的记载。

如今,许多游客在参观卢沟桥时,听到这个说法,偏不信邪,通常会不由自主地数一下,试图弄清楚石狮子最终的数目,但数来数去,搞得眼花缭乱,最后只能作罢。

其实不仅现在的人对这个说法不服气,古时候也有个人对这个说法不服气。

这个人是一个来自山东的枣贩子。一天,这个枣贩子经过卢沟桥看到了石狮子,便开始数起来。只见他从西数到东、从东数到西,数了一遍又一遍,最后还是没有数清楚。

与他同行的其他的枣贩子便劝他别数了,说卢沟桥的狮子数不清是由来已久了的事儿了,你只是个普通人,数不过来的。可是,这个枣贩子却是个倔强的人,他心想:"卢沟桥整个桥的栏杆也不过几百米长,能有多少石狮子啊,只要认真数总能数过来,我偏要数清楚，赌赌这口气！"

　　说来这枣贩子还挺聪明的，他汲取上次的教训，不那么硬数了，而是采取了一定的技巧。只见他从枣框里数出一大堆枣来，然后开始数狮子，见一个石狮子就往其嘴里塞一个枣。这样从桥西数到桥东，又从桥东数到桥西，数来数去，总能看到有的狮子嘴里没塞着枣。接着他又数出一堆枣来，继续数狮子，可数了整整一天，自己枣筐都见了底儿，还是有许多嘴里没塞着枣的石狮子。他没有办法，只能放弃了，心情低落地离开了卢沟桥。

　　看了这个故事，很多人不禁要问：卢沟桥上的石狮子真有那么多吗，怎么数也数不清？要回答这个问题，还得再看一个故事。

　　想当年修建卢沟桥的时候，当时的皇帝下旨三年之内必须完成，否则对施工者处以刑罚。皇帝的话就是圣旨，谁要是违背了，那可就是掉脑袋的大事啊！所以皇帝的话一出口，众多相关的大小官们便赶紧行动，到处"征兵买马"，抓捕各地的工匠、民夫，搜刮各地的钱财银两，整得老百姓们东躲西藏、苦不堪言。

　　工程很快就开始了。那些被抓来的工匠和民夫历尽了千辛万苦、没日没夜地拼命干，终于开采出了所需的石料，并把这些石料运到永定河边，准备修桥。两年多的时间过去了，桥总算有了个模样，众工匠和民夫都大大地松了口气，盼望着完成剩下的工程，早日回家团聚。

　　可是，令他们想不到的是，就在即将完工的时候，又出了新的难题。

　　事情是这样的：当时恰逢皇帝过生日，为了给皇帝庆生，各地的官吏可谓使出了各种讨好的方法，其中有一个外国使节进贡了大象和狮子各一对，并说它们是百兽之王。皇帝第一次见到真正的大象和狮子，别提多开心了。知道它们是百兽之王后，心想："今日可是百兽之王来朝贡人中之王哪！这让朕太有面子啦！"可转念又一想，"大象和狮子只有这几只，日后总会死去，如果它们死了可怎么办？"突然，他想到了正在修建中的卢沟桥,何不把卢沟桥修建成狮象桥,要以后的历代子孙将狮子、大象这些兽中之王踩在脚下,以示人中之王的厉害和威严呢!好,就这么做!

谁承想,皇帝这个形成于一念之间的想法可害苦了正在修桥的工匠和民夫们。他们原以为工期马上结束了,正苦思冥想着与家人团圆。这下可好,不知道又要耽搁到什么时候才能回家了。

监督工匠和民夫干活的官吏把他们召集到了一起,并对他们说:"把卢沟桥修建成狮象桥是咱们当今圣上的旨意,谁也不可以违背。至于如何修建,还需各位尽快想出办法来。若到了三年的期限还完不了工,到时候可要全部被杀头,各位的家产也要被充公。你们好自为之吧!"

其实,这官吏之所以这么说,并不是真的是这样,而是他另有所图。他早就打好了坏主意,眼看卢沟桥马上就要完工了,三年的期限就要到了。到时候只要托个受皇帝恩宠的大臣向皇帝说大桥已经完工,没办法改建,再另外选个地点另修一座狮象桥也就能交差了。这样说不定最后还能再捞一笔外财呢!现在催逼工匠、民夫们,为的是赖掉他们三年的工钱,再将他们的家产都搜刮殆尽。

众工匠、民夫们听了官吏的话,都非常担忧。如果三天之内想不出好的改建方法,还要挨皮鞭。不仅如此,如果不能在三年的期限内将桥修好,不光钱拿不到手,恐怕连命都得搭上。可皇帝的圣旨谁敢违背,官吏如狼似虎,平民百姓又怎么对付得了呢!他们一个个在那儿唉声叹气。

正在大伙儿无计可施之际,有一个老工匠从人群中走了出来,对大伙儿说:"各位伙计可别着急,咱们一身好手艺在身,难道就想不出好法子来吗?只要我们劲儿往一处使,肯定能想出改建桥的方法,还能在三年工期内完工,这样我们的命、家产和工钱就都能够保住了。"说完还朝那官吏神秘地一笑。

那官吏见老头儿胸有成竹的样子,心想:"我的那点儿心思全让这糟老头子看透了,我得好好想个法子对付他们!"

不一会儿,那官吏就又想到了一个点子。只见他对众工匠和民夫说:"好!只要你们如期将狮象桥修建完工,不但工钱一分钱都不少,我还额外赏你们每人十两银子。可是,我有一个要求,那就是,石桥上的狮子数不能少于四百头,大象数不能少于两头。到时候如果你们完不成我的要求,别怪我不客气了!"

大伙儿听了官吏的话,都心说,这不是明显在给大家找碴儿嘛!一座桥上要有四百只石狮子不说,还得不少于两头大象。这地方,别说俩大象了,就是一头大象也搁不下啊!想到这里,他们都愁眉不展,一个劲儿朝之前说话的那个老工匠看。

只见那老工匠又站了出来。他一点儿也不着急,说:"好,就这么着!大人您就且等着到时候验收大桥好了!不过我们也有一个要求,那就是大人说的话一定要算数,不然我们到时候宁可拼了命,也要把这座桥拆掉,到时候您可就没办法交差啦!为了保证起见,请大人和大伙儿立个字据。"

那官吏听了心想,这么短的时间内,谅你们也想不出什么好法子,于是就命人拿来笔墨,说:"好!咱们立字为据。到时候谁也不能反悔!"当下立了字据。

立完字据后,大伙儿赶紧开始干活,他们在老工匠的指导下,在每个桥栏柱上都刻了石狮子。可是一段时间过去了,每个柱上都刻了也总共不过两三百个,离四百的数目还远着呢!这可怎么办呢?大伙儿都非常着急。这时老工匠说:"大伙儿只管听我的指示干活,在桥头两端各刻两头大象。石狮子的事到时候我自有应对的计策。"

大伙儿听了又有新的难题了,刻大象倒不难,可大象究竟刻多大才合适呢?小了吧不好看,大了吧没地儿,到时候桥头高出桥身了又不像个桥样儿了。

这时候,老工匠在地上画了一个图,把大伙儿都逗乐了。原来画的是头跪在地上的大象,鼻子正好顶着桥头一端,这下子不但大象变矮了，桥头和大象连在一起，好看不说，桥又结实了不少。大伙儿都连连称赞老工匠聪明，并依着他的图开始刻起来。

三年的期限很快到了。最后一天上，那官吏便领着几百个随从来验收大桥。其实他带这么多人来是有目的的。目的就是找大桥的茬儿。

可是，他一见着大桥的样儿，惊呆了，心里不禁暗暗称奇叫好。可一想到这么多人的工钱还要按期发放，心里就非常不舍。于是他马上吩咐众随从仔细查看，四处找毛病。众随从们转过来转过去，也没有挑出一个毛病来。那官吏不死心，就说："给我查查石狮子的数目够不够四百。"

听了官吏的话，众工匠和民夫们都吓呆了，他们施工的时候就只刻了两三百只狮子，本就不够数啊，这可怎么办啊！只有那老工匠一点不着急，他对那官吏说："每根柱子上都有一只狮子，请大人您派人查点吧。"

那官吏见众工匠和民夫变了脸色，便知道石狮子的数目肯定是不够数了，心里别提多高兴了，马上让众随从查数。随从们一听老工匠说每根柱子上都有一只狮子，心想这就好数了，便头也不抬地数着柱子。那老工匠呢？只见他手持个铁锤跟在随从们的后面，随从数一根，他就用锤子在狮子身上敲打两下。当官的看着也不理睬他，心说，你这一两锤也打不坏桥，等数完数我就头一个先斩杀了你。

不一会儿，随从们便数完了。他们兴高采烈地向官吏报告说："石狮子不够数，才有两百八十个。"官吏听了，非常开心，他大手一挥，吩咐随从们将众工匠和民夫就地斩首。只见随从们呼啦啦一下子把大伙儿都围了起来。

这时候，老工匠又站出来说话了："大人您请慢，你们还没有数完狮子，怎么就要杀人？"

众人都愣了。老工匠接着说："我刚才说的是每根柱子上都有一只狮子，可狮子身上还有狮子呢，你们光数桥柱怎么知道一共有多少狮子啊?"

官吏听了一下子火了,呵斥道:"赶紧给我再去数一遍,看我待会儿不和你们好好算账!"随从们赶紧又去数了,可是难题出来了!只见他们忙得团团转,数到日头偏西,也没数清到底有多少只狮子。

原来,老工匠刚才那么敲打几下,大狮子身上就又出来许多小狮子,爬的滚的、躺的卧的、撒欢的吃奶的,根本就没法数,太多啦。

随从们实在无计可施,只得向官吏报告说狮子太多了,根本数不清,但绝对不少于四百个。那官吏听了,又气又急,只得留下工钱、赏银,灰溜溜地走了。

那位老工匠呢?当大家待官吏走后,一起欢呼时,却怎么都找不着他的影子了。大伙儿都说他是工匠们的祖师爷鲁班,特意显灵来搭救后代徒孙来的,从此卢沟桥上就有了一个"石狮子数也数不清"的说法。

可是,卢沟桥上的石狮子真的数不清吗?

1962年,北京文物工作队在一次调查研究中,专门对卢沟桥的石狮子做了一次清点工作,并将它们逐个编号登记,清点出大小石狮子485个。本以为就此算彻底数清楚了,谁知,在1979年的复查中,又发现另外还有17只,这样,大小石狮子的总数应为502个。可是对这个答案,相关的专家学者还是不敢断言它就是最终的数目。今后还会不会另外发现一些石狮子,有待再一次的清点。

著名的"燕京八景"到底是指哪八景

提起老北京的自然景观,很多人都会说:"燕京八景啊!"足见燕京八景在老北京人中的名气。什么是燕京八景?燕京八景都有什么?

燕京八景又被称为"燕山八景""燕台八景",是老北京著名的八处景点,产生于金代。北京的景观胜地那么多,为何偏偏择其八景,有待进一步考证。但关于八景到底是哪八景,则史书多有记载。

关于北京地区"八景"的最早记载,是在金朝的《明昌遗事》中。明昌是金章宗的年号,当时所起的名目叫作"燕山八景"。

元代时期的《一统志》也曾对八景有所记载,但其所记的"燕山八景"有两处与金代的名称不一样。

金代的"八景"分别是:

太液秋风、琼岛春阴、道陵夕照、蓟门飞雨、西山积雪、玉泉垂虹、卢沟晓月、居庸叠翠。

元代的"八景"则是:

太液秋波、琼岛春阴、道陵夕照、蓟门飞雨、西山霁雪、玉泉垂虹、卢沟晓月、居庸叠翠。

由此可见,这两处不同分别是第一处和第五处,即太液秋风叫太液秋波,西山积雪叫西山霁雪。

明代的《宛署杂记》对八景也有所记载,但其称八景为"燕台八景"。

明代的"八景"是:

太液晴波、琼岛春云、道陵夕照、蓟门烟树、西山霁雪、玉泉垂虹、卢沟晓月、居庸叠翠。

由此可见,明代的八景中,其中有三处与金代的名称不同,即太液秋风叫太液晴波,琼岛春阴叫琼岛春云,西山积雪叫西山霁雪。

至于今天我们所称的"燕京八景"这个称号,则在清代康熙年间的《宛平县志》中出现。当时八景中的各景名称中,与明代的只有一字不同,即玉泉"垂"虹叫玉泉"流"虹。

今天我们所说的燕京八景的"八景"分别是:

太液秋风(中南海);

琼岛春阴（北海公园）；

金台夕照（金台路）；

蓟门烟树（西土城）；

西山晴雪（香山、八大处）；

玉泉趵突（玉泉山）；

卢沟晓月（卢沟桥）；

居庸叠翠（八达岭）。

此八景是在乾隆十六年，即1751年，乾隆皇帝亲自主持更订的，在每一景点所在地，还竖御碑一通，正面是钦定的八景名称，背面是七律诗一首。

燕京八景的出现，对于后来的风景点建设产生了巨大影响。从此之后，无论"十室之邑，三里之城，五亩之园，以及琳宫梵宇，靡不有八景诗矣"。现代园林、庭院绿化亦借鉴燕京八景建造景点，推动了北京园林建设的发展。

1. 太液秋风

太液秋风指的是太液池的景色。太液池位于中南海，是中南海的重要组成部分。在金朝时期，金章宗定八景中"太液秋风"为金中都西苑内太液池，也被称为西华潭；在元朝时期，元朝的皇帝以万宁宫为中心建立了大都城，并把万宁宫区的湖泊定为太液池和西苑，在西苑内重设琼华岛，太液池一直延续到明、清两代。到了明朝时期，北京城基本上沿用了元大都的旧制，把西苑列为禁苑，在太液池的南端开凿了南海、中海与北海，将"太液秋风"景观，附会在皇城以内的太液池上，并将其改名为"太液晴波"；到了清朝时期，乾隆皇帝把"太液晴波"又改为"太液秋风"。

2. 琼岛春阴

乾隆钦定该景石碑原在今北海白塔山西坡悦心门前。乾隆五十一年（1786年）迁到白塔山东侧现址。琼华岛位于中都城东北郊，金帝在太宁宫避暑时主要驻跸在这里。琼华岛由开凿湖泊的泥土堆积而成，岛上遍植松柏，到处点缀太湖石；元代，以北海为中心，建起大都城，将琼华岛改名万寿山（亦称万岁山）；明代，改琼岛春阴为琼岛春云；清代，顺治八年（1651年），在广寒殿旧址上，建白塔，万岁山改名白塔山。乾隆初年写的燕山八景诗中又把"琼岛春云"改为"琼岛春阴"。

3. 金台夕照

该景中的"金台"，指的是黄金台，原指公元前3世纪，燕昭王为礼贤下士所置的土台，上面放着千金，以此聘请天下的名士。至于该黄金台到底在什么地方，则难以考证，目前有黄金台七八处。

古书中多有对黄金台地址的记载，例如《上谷郡图经》就曾说："黄金台在易水东南十八里，燕昭王置千金于其上，延天下士。"《水经注》中曾说："固安东有黄金台遗址"。明代的《长安客话》中记载："黄金台有二，故燕昭王为乐、郭而礼之者。胜迹在定兴。今都城亦有二"。《帝京景物略》中记载："易州，易水边二处，都城朝外一处，有三处黄金台"。清代的《宸垣识略》也有记载："永定门外三里有黄金台"……但"金台夕照"一景中所指的黄金台，则不知到底是哪一处，又或者上面所指的哪处都不是。

如今在朝外小庄往北有一个叫"金台路"的地名，当地的老百姓说，这里就是"金台夕照"中黄金台的遗址，乾隆皇帝时，还把石碑立在朝外，1935年出版的《旧都文物略》中还能见到这座石碑倒卧的照片。但如今已经难觅踪影，也没有十分确凿的证据证明，这就是"金台夕照"中的黄金台所在。

2006年，在修建北京地铁十号线的过程中，重新出土了那座金台夕照的石碑。如今这座石碑就树立在地铁十号线"金台夕照站"C出口西侧不远的一个广场中，供后世人参观、考证。

4. 蓟门烟树

如今，"蓟门烟树"的碑就树立在德胜门外五里地的土城边上，历史上的此处曾有"烟树"的景观。但这里所提及的"蓟门"二字并非指的是古籍中所提及的蓟门。汉代以后的蓟城在今天的广安门一带已经毫无争议。

那么,"蓟门烟树"的来历是什么呢?对此,《八景图》中有详细的说明:"门之外,旧有楼馆,雕栏画栋,凌空漂渺,游人行旅,往来其中,而门犹存二土阜,树木蓊然,苍苍蔚蔚,晴烟浮空,四时不改。"故曰"蓟门烟树"。

5. 西山晴雪

所谓西山,是指北京西郊连绵山脉的总称,是太行山的一支余脉。所谓雪景,也是泛指此一带。香山是这一带典型的山峰,所以乾隆皇帝把"西山晴雪"的碑就放在了香山的山腰上。

6. 玉泉趵突

"玉泉趵突"一景指的就是玉泉山的景。玉泉山在万寿山的西面,山上有三个石洞,其中的一个石洞在山根下,有泉涌出,其味甘洌,门刻"玉泉"二字,因其山泉逶迤曲折,宛然其流若虹,故被称为"玉泉垂虹"。后来乾隆皇帝改名为"玉泉趵突"。

7. 卢沟晓月

"卢沟晓月"之景在永定河上的卢沟桥之处。这里的卢沟指的就是永定河。在桥的东西两头各立御碑一通,东头为清代乾隆帝御书"卢沟晓月"碑,西头则是清康熙帝于1698年为记述重修卢沟桥而竖的御制碑。在古代的时候,这里涧水如练,西山似黛,每当黎明斜月西沉之时,月色倒影水中,更显明媚皎洁,遂有"卢沟晓月"之名。

8. 居庸叠翠

居庸叠翠,是以关沟中的居庸关为中心的八达岭风景区。关沟是著名的溢道,为太行八陉中的第八陉,即军都陉,是古代"九塞"之一。居庸关位于关沟中部,始于秦代,是历来兵家必争之地。早在金代便以"居庸叠翠"名列"燕京八景"之首;清代,乾隆皇帝曾亲笔手书"居庸叠翠",并立碑于居庸关东南的大道旁。如今,这座碑身已经不知身在何处,只遗下碑座,如今还卧在大道的西侧。

其实,清朝时北京地区除了以上传统的"燕京八景"之外,还有很多美丽的景观,只是由于没有被"钦定"而只好在民间流传。那些文人雅士分别给它们起了名称,即南囿秋风、东郊时雨、银锭观山、西便群羊、西安双塔、石幢燕墩、白塔晴云、西涯晚晴等,但这些景色绝大多数已经消失。

颐和园铜牛的传说

凡是去颐和园旅游的人,都不想错过这样一个景点,它坐落在颐和园昆明湖的东堤,十七孔桥的东侧,蜷卧在雕有波浪的青石座上,是一只栩栩如生、体态优美的镀金铜牛。在无数个日日夜夜里,它一直都静卧在那里,恬静、优雅,守护着颐和园的山山水水。

铜牛是颐和园昆明湖东岸边一道独特的人文景观和艺术珍品,它神态自若、造型逼真,反映了我国当时的铸造艺术水平,是我国现存最大的古代镀金铜牛。据史料记载,这只铜牛铸造于清朝乾隆二十年(1755年),铸造精良,形象逼真,为了阐述建造铜牛的意义,乾隆皇帝特意撰写了一首四言的铭文《金牛铭》,用篆字书体镌刻在铜牛的腹背上。《金牛铭》上写道:"金写神牛,用镇悠永。……敬兹降祥,乾隆乙亥。"

乾隆皇帝之所以把它安置在昆明湖的东堤,目的就是希望它能长久地降服洪水,给颐和园及附近百姓带来幸福和安康。除了人们所赋予它的含义之外,它还能起到考查昆明湖水水位的作用。据专家考证,昆明湖的东堤比故宫的地基高约十米。以前,每当北京遭遇多雨季节,昆明湖一带便会发生水灾,殃及故宫和附近的老百姓。为了防止这种情况发生,乾隆下令在此设置铜牛,观察湖水水位线,随时知道水位比皇宫的城墙高多少,以便加强防护,免遭洪灾。

以上事实都是有史料记载的，可以帮助我们了解真实的颐和园铜牛。其实，除了史料记载，民间还有很多关于颐和园铜牛的传说，表达了老百姓美丽的愿望。其中最著名的一个传说是铜牛是天上牛郎的象征。

相传，乾隆帝在日常生活中经常自喻为天上的玉皇大帝，把昆明湖喻为天河。有一天，乾隆望着昆明湖心想，在天河两侧必有牛郎和织女，如今昆明湖东堤岸边已经设置了"牛郎"（铜牛），那么是不是应该有个织女与其相呼应呢？于是乾隆又命人在昆明湖的西侧安置了一块刻有"织耕图"三字和乾隆御笔方印的汉白玉石碑，作为"织女"与"牛郎"遥遥相望。后来在1860和1900年，因晚清政府腐败无能，颐和园遭受帝国主义列强两次侵袭，很多珍贵文物因此被毁，其中就有这个"织耕图"石碑。很多年后，人们在昆明湖西墙外一个菜园里发现了"织耕图"石碑的踪迹。

其实，不仅乾隆帝喜欢把自己比作玉皇大帝，晚清慈禧太后也有类似的爱好，她喜欢把自己比作天上国母王母娘娘。因此，在扩建颐和园时，她曾经传下一道密旨，要将颐和园修成"天上人间"：佛香阁象征天宫，昆明湖象征天河，八方亭和龙王庙一带便是人间了。既然有天宫天河，那当然要有牛郎织女了。她见昆明湖东堤已经安置了铜牛（牛郎），所以又在石舫的一侧建起了织女亭。铜牛的身子朝东，头扭向西北，正好冲着织女亭，以昆明湖（天河）为界，便暗合了牛郎和织女美丽动人的传说故事。

颐和园十七孔桥的美丽传说

去颐和园游览，有一个景点是不得不去的，那就是十七孔桥。十七孔桥始建于清朝乾隆年间，是颐和园内最大的桥，由17个桥孔组成，长150米，飞跨于东堤和南湖岛，由于桥孔大小不一，所以桥面有一定的坡度，像一张弓。十七孔桥像天空中七彩的长虹飞架在碧波万顷的昆明湖上,又像神话中的鼍龙状如半月浮游在平滑似镜的水中。

走在十七孔桥上,很多人不禁会问,它为什么是十七个桥孔呢,它为什么叫作十七孔桥呢?有什么说法吗?难道以桥孔的数目命名,就只是为了告诉人们此桥有十七孔这么简单吗?

当然并非如此。十七以"九"中分,即从桥东西两端算起,第九孔是中央的大桥孔。而按照古时候的礼制文化,"九"被称为极阳数,是过去封建帝王最喜欢的吉利数字,象征天、天子或帝王,常常被应用于礼制及皇家建筑之中。例如在故宫内就有九级台阶、九环石砖、九只角兽等;而中央则是最尊贵的方位,属于帝王的位置,《荀子》中的话就印证了这一点:"故王者必居天下之中,礼也。"颐和园作为封建帝王自家的园林,是供皇帝与后宫佳丽游玩的地方,将桥的中央桥孔设计为第九孔,将桥建成十七个孔,意思很明显,就是想表明桥的尊贵和皇家的威严。

其实,不仅十七孔桥的名称来历有说头,在修建这座桥的时候,还发生过一个有意思的故事呢!

据说,当年乾隆皇帝为了修建十七孔桥,请来了全国各地的能工巧匠,这些能工巧匠用他们的勤劳和智慧,从房山的大石窝里一斧一凿地开采出了一块块洁白的汉白玉,并历尽千辛万苦将这些汉白玉运到修桥工地。

一天,工匠们正在工地上干活,突然来了一个满头银发、衣衫褴褛的老者,只听他一声声叫卖:"谁买龙门石!谁买龙门石啊……"工匠们看他那肮脏劲儿,认为他是个疯子,都没有搭理他。老者就这样在工地上吆喝了三天,还是没人理他。

无奈老者只得离开了工地,往东走到六郎庄一棵大槐树底下就停下了。从此他夜里就睡在树底下,每天起早贪黑地用铁锤凿那块龙门石。日子就这样一天天过去了。

突然有一天,天上下起了大暴雨。老者的眼睛被暴雨打得根本睁不开,于是他停下手中的铁锤,双手抱头,蹲在树底下避雨。就在这个时候，村西住的老王从这里经过，看见老者那副可怜的样子，非常不忍，便邀请老者来自己家住。

谁知老者这一住下就不走了，在老王家有吃有喝的好不舒服，他一下子住了一年，当然这一年中他也没闲着，那就是整日地继续埋头凿那块龙门石。老王是个比较善良的人，对老者的长住也没有说什么。

一天，老者突然对老王说："从今以后我就不在您这住了，这一年里，我的吃喝你一点都没有短我，你的恩情我实在无以回报，我也没什么可报答的，就把刚凿好的这块龙门石送给你吧！"

老王看了看老者手中的那块龙门石，对他说："你也别说什么报答不报答的话了，大家都不容易，这块石头倾注了你很多的心血，我无论如何也不能收。况且我留着这块石头也没用，你还是拿走吧！"

老者："你别看我这块石头很普通，真要到节骨眼上，花一百两银子还买不到呢！"说完，把石头往老王家门口一放，就离开了。

一年的时间过去了，十七孔桥的修建工程也快完工了。乾隆帝为了表示自己对该桥的重视，准备来这里参加"贺龙门"仪式。

眼看"贺龙门"的日子马上就要到了，可桥顶正中间最后那块石头却怎么都凿不好、砌不上。这可急坏了负责该项工程的官吏。这时，有工匠想起了那个卖龙门石的疯癫老者，就对这官吏说："大人您何不去找找那疯癫的老头儿，说不定能有什么帮助呢！"

官吏也没有别的办法，只好派人四处打听老者的下落。后来总算打听到那个老者曾经在六郎庄老王家住过，官吏就亲自来到老王家。刚进家他一眼就看到窗底下那块龙门石，于是就蹲下来量了量尺寸，结果是长短薄厚一分不差，就好像专为修桥而凿的一样。

官吏别提多高兴了，对老王说："你这龙门石真是天上的仙人专为修桥凿的，可大大地帮了我的忙哪！你说个数吧，多少银子我都给！"

老王这人非常实诚，就说："我也不要那么多银子，这样吧，那老者在我家吃住了一年，你就给我他一年的吃住费用吧！"

官吏听了，给了老王一百两银子，派人把龙门石搬走砌在了十七孔桥上，那可是一点也不偏一点也不斜，刚刚好，龙门终于合上了！

完工后，众工匠都大大地松了一口气，这桥修得可不容易哪！如果没有那块龙门石，皇帝一旦发怒，我们的小命可都没了哇！就在这时候，有一个工匠突然醒悟过来，对大家说："工匠师傅们你们都明白了吗？帮我们凿这块龙门石的那个老者肯定是鲁班爷爷下凡，来帮咱们修桥来啦！"从这以后，鲁班爷爷帮助修建十七孔桥的故事，就流传开了。

颐和园如意门的由来

在去颐和园游玩的时候，不知您有没有注意到这样一扇门，它在颐和园的西面，也就是京密引水渠的边上，旁边是石舫和西堤六桥。这个门与其他的门相比，规模相对小一些，也不如其他门漂亮、大气，却是颐和园游客流量最大的门之一，它就是如意门。

门？很多人听了肯定感觉很奇怪，因为在大家能叫得上来的颐和园几个门的名字里面，几乎都带着一个"宫"字，例如东宫门、北宫门、新建宫门等，为何独独这个门不叫什么什么宫，而叫如意门呢？

说起来里面还有一个故事，这个故事与清朝的慈禧太后有很大的关系。

众所周知，颐和园是当年慈禧太后挪用北洋水师的军费修建的，据说慈禧太后非常喜欢这个园子，在它还没有最终完工的时候，就迫不及待地去园子里查看了。

那是在一年的夏天，当时的园子已经修建了百分之九十多，就剩下一些边边角角没有完善了。慈禧太后在皇宫里待着没什么事儿，就忍不住去园子里溜达了一圈。

这慈禧太后到了颐和园一看，别提心里多高兴了，只见园内要山有山，要水有水，要花有花，要草有草，还有多彩的长廊、高伟的建筑，非常漂亮。最重要的是，园子里非常阴凉，正好可以从中避暑。慈禧太后越看兴致越高，就忍不住多走了一会儿。

古时候的女子都是裹小脚的，这慈禧太后当年堪称皇宫里数一数二的后妃，把咸丰帝迷得昏天黑地，一双小脚肯定缠得非常标准。她在园子里这么一走，刚开始的时候或许感觉不到累，可是时间久了，累劲就上来了。

可是，由于工程还没有最后完工，园子里可供休息的地儿特别少，而且用来休息的房子里什么家具也没有，所以没法子在里面休息。而且，这里离石坊非常近，慈禧心想与其回宫里，不如去香山避暑、休息。可是颐和园和香山之间的距离不算远，但若从石坊回到颐和园东宫门，然后再从东宫门绕到香山，那可就是一段不近的距离了。怎么办呢？这可急坏了旁边跟着的太监们。

正在大伙儿手足无措的时候，一个小太监灵机一动，叫来了几个工人，三下五除二，拆开了一段院墙，现出了一个通到园外的门洞，然后对慈禧太后说："老佛爷您看，这里有个门还没有修好，咱们索性从这里绕过去，这样很快就会到香山的。"

慈禧太后见状，心里非常高兴，便准备从这道"门"里穿过。可是旁边负责修建工程的大臣可着急了。因为当时修建园子是要走审批流程的，为的就是避免项目运作中的贪污腐败等违法乱纪现象。原本在账本里面就没有关于这个"门"的支出预算，现如今这里要修建一道门，这所需要的材料可什么都没买呢。这个大臣想了一会儿，突然灵机一动，心想，如果这个门成为慈禧太后钦赐的门，那要花多少钱来修都没有问题了。想到这里，他连忙上前问慈禧太后道："老佛爷，现如今这个门还没有起名字，不如您现在就赐一个名儿吧！"

慈禧太后本来想脱口而出说西宫门，又一想又觉得较俗气，体现不出自己母仪天下的水平。可一时又想不出来别的，正在那犹豫的时候，刚才说话的那个小太监又进言了："老佛爷，奴才斗胆说一句，您说这里叫作'如意门'如何？"

慈禧太后听了沉吟片刻，心想，刚才自己就是想快点出去，正苦于没有近路的时候，这个门恰巧出现了，不是如意门又是什么！于是她点头赞道："你个猴儿崽子还挺机灵的，如意门这个名儿不错，好！就叫如意门。来，快给这猴儿崽子打赏！"

慈禧太后毕竟是个阴险狡诈的人，她看身边的这个小太监竟然如此会揣摩自己的心思、看透了自己，这样的人搁在身边太危险了，于是她隔了一段时间，想了一个借口，就把这个小太监杀了。

可是，纵然慈禧太后如此精明，她也想不出来这个门原本不存在，而是现拆出来的吧？

从此以后，这个现拆出来的门，就被叫作如意门，一直被叫到现在。

颐和园佛香阁的来源传说

在颐和园的众多建筑中，佛香阁是其中比较重要的一个，是颐和园的主体建筑，为全颐和园建筑布局的中心，位于万寿山前山高21米的方形台基上。佛香阁高40米，8面3层4重檐，阁内有8根巨大铁梨木擎天柱，结构相当复杂，是一座十分宏伟的塔式宗教建筑。

佛香阁的历史十分久远，据史载，其始建于清朝乾隆年间。当时，乾隆帝想修建一座九层高的宝塔，他把地址选在了如今佛香阁所在的位置。可是，当建筑施工到第八层的时候，乾隆帝突然改变主意，下旨停止修建，而改建一座阁楼，由此诞生了佛香阁。

后来的佛香阁经历了被摧毁和被重建的过程。鸦片战争期间，佛香阁被英法联军摧毁。后来到了光绪年间，光绪帝下旨重建佛香阁，并在里面供奉一些佛像，这才有了我们今天所看见的这座宏伟建筑。每年的特别的日子，慈禧太后都会专门出宫来这座阁楼烧香拜佛。

当年乾隆帝原本下旨修建九层宝塔，并且已经建到了第八层，却为何会突然下旨停止施工，改建阁楼呢？难道其中有什么难言之隐？

关于其中的缘由，各种说法都有。

有的说为了避免塔影的重叠。因为在京西一带，本来就建有很多宝塔，如果再建一个那么高的宝塔的话，难免会出现塔影重叠的现象，所以为了避免这种现象的发生，乾隆帝才又下旨拆塔建阁的。对于这个说法，很多人质疑，说乾隆帝之前决定在那里修建九层宝塔，事前必然做好了充分的调查和研究，不会在即将完工的时候，突然改变主意，所以这种说法有待商榷。

有的说是打着为母亲做寿的名义而完善皇家建筑。具体是指当年乾隆帝之所以修建宝塔，名义上是为了为母亲做寿，而实际上是打着为母亲做寿的名义，想把三山五园连成一体，使宝塔成为联系东西皇家园林的主体建筑。可是在建到第八层的时候，他突然发现，这个塔和他原来的想象有点落差，并不十分相符，所以将宝塔拆除，改建成了佛香阁。针对这一说法，很多人也持有异议，觉得无据可依，纯属猜测。

其中比较权威、可信的是第三种说法：

据说，当年乾隆帝觉得这里的风水比较好，便想在这里建个九层高的宝塔。可是在施工之前，有个大臣觐见说，这里的风水虽然不错，但是在万寿山的下面，却有一座古墓，是明朝某个王妃的，还是不要动这个地方比较好。

可是乾隆帝却不这么认为。他觉着自己乃是大清朝的一国之君，岂能怕小小一个明朝的王妃？况且，明朝的事儿早已经是多少年前的事啦，怕了只是自己吓自己。于是宝塔的修建照原计划进行。

接到乾隆帝的旨意后，负责修建宝塔的大臣便慌忙着手安排修建事宜了。时间过得很快，很快修建了八层。可是就在修建第九层的时候，却出了意想不到的事儿。

原来，工人们正准备修建第九层时，突然感觉到地基不稳，楼层晃动。工人们赶紧查看，突然在地基周围发现了一座墓的石门，只见石门上赫然刻着八个字：你不动我，我不动你。

乾隆帝听了大臣的报告后，非常惊讶，他赶紧亲自去看，果然看到了古墓和那八个大字。难道真的冥冥之中这个王妃知道自己要来挖她的墓吗？

如此看来，这个前朝王妃在生前也不是一盏省油的灯，还是少招惹她为妙，省得给自己惹来什么麻烦。于是乾隆帝赶紧下令停止修建九层宝塔，而让人把土重新填到原来那个地方，在万寿山上盖了一个阁楼，希望利用这个阁楼将那个明朝王妃的魂魄镇压住。这个阁楼，就是我们这里所说的佛香阁。

佛香阁发生过怎样的怪异事件

众所周知，整个颐和园中最有名的建筑，便是佛香阁。很多人走进颐和园时，首先想到的便是到佛香阁走走看看，不仅因为这是颐和园的主体建筑，更是因为这座阁楼是颐和园中最具神秘色彩的建筑。

想当年乾隆帝本意是在此修建一座九层的塔楼，可是却在即将完工的时候，将塔楼拆除，改建成了如今的佛香阁，个中原因引发各种猜测，人人都为其称奇不已。可是，您或许不知道，佛香阁神秘的事情不止这一件呢，还有一件更离奇、更玄乎的，被称为颐和园中的怪异事件。

大家都知道，如今的佛香阁里供着一尊佛像，供游人朝拜。

其实，佛香阁里在1966年到1989年原本是没有佛像的，那如今的这尊是从哪里来的呢？

1966年到1989年，佛香阁一直没有开放。可是到了1989年，因为当年是建国四十周年大庆，就希望把佛香阁对公众开放。可是一个问题难倒了相关的工作人员，那就是佛香阁里如果没有佛像，岂不是让人看着别扭，有点说不过去呢！

可是十一国庆马上就到了，根本来不及去铸造一尊佛像供起来，怎么办呢？这是一个原因，还有一个原因是，重新铸的佛像到底是恢复慈禧太后时期泥塑的呢，还是恢复乾隆皇帝时期铜铸的呢？对此，不同的人有不同的看法。而且就算是恢复铜铸的，重新铸也来不及了。

针对这种种情况，当时有人提议说，何不去找一尊佛像放到佛香阁里面呢。这样不但减少了成本，时间上也有可能，而且又恢复了佛香阁作为佛教建筑的一个功能。这个提议得到了当时大部分工作人员的赞同。当时就有另一个工作人员说，在北京城里头鼓楼西边那边一座庙里，好像有尊佛像，而且该佛像无论从体积、体量还是规格上，都与历史上佛香阁里面的那尊非常相似。于是工作人员赶紧去找这座庙，果真在这座庙里找到了一尊佛像。他们历尽千辛万苦，甚至还启动了直升机，把这尊佛像从庙里运到了颐和园。

但是事情的神奇之处在哪里呢？

原来当时的这尊佛像并非完好无缺，佛像的脑袋顶上少了一个盖子。这让人看上去非常别扭。工作人员们都非常着急，这可怎么办呢？佛香阁刚一对外开放，就因佛像的缺憾而招人笑话，那可是万万不成的。

就在大家急得火烧火燎的时候，突然有工作人员提议说："十几年前，有游泳爱好者在颐和园昆明湖中游泳时，从水中捞出了一个铜制的佛头。经鉴定并非颐和园的东西，但由于是在昆明湖中发现的，所以就暂时放在了颐和园的仓库中，这一放就放到了现在。如今反正也没其他更合适的佛头，不如拿那个佛头试试，看能不能放到佛像头上，先暂时用一下。"

这位工作人员的话让大家欣喜万分。他们便赶紧找来了这个佛头，这一试不要紧，不大不小、严丝合缝，如果不清楚有换佛像头这档子事的人看起来，还以为这两个东西原本就是一体的呢！

怎么回事儿呢？一个是从鼓楼那边庙里找来的佛像，一个是从昆明湖中捞起的佛头，为何如此相契合，犹如原本就是一体似的？这种巧合引起了很多人的推测，但谁也没有给出一个明确的答案来，至今这个谜底依然为很多探秘爱好者所苦苦思索、追寻。

颐和园乐寿堂真的闹过鬼吗

在颐和园内，有一座专为慈禧太后而设的寝宫，也是颐和园居住生活区中的主建筑，它就是乐寿堂。乐寿堂面临昆明湖，背倚万寿山，东达仁寿殿，西接长廊，是园内位置最好的居住和游乐的地方。堂前有慈禧太后乘船的码头，"乐寿堂"黑底金字横匾为光绪皇帝手书。

乐寿堂并不全建于慈禧太后时期，而是在乾隆十五年（1750年）时期的清漪园建筑的基础上建立起来的。当时的清漪园是乾隆皇帝为了庆祝母亲孝圣宪皇太后的六十岁寿诞而建立的，由原来的瓮山和西湖加以改造。所谓的瓮山就是现在的万寿山，而西湖则是现在的昆明湖。嘉庆七年（1802年）修葺，咸丰十年（1860年）被毁，光绪十七年（1891年）重修。

乐寿堂虽然是慈禧太后在颐和园的寝宫，但并非一片安乐祥和之地。当时的很多年轻太监和宫女，每逢来到乐寿堂都汗毛直立、心惊肉跳，这到底是因为什么呢？原来那乐寿堂里面经常闹鬼。

据说，在一年的秋天，颐和园内新来了一位小太监小六儿。这位小太监祖籍河间府，因当年家乡发大水，引发了灾情，导致当地民不聊生，遂来到京城投奔堂叔也是颐和园内的老太监张权。

来到京城后，张权就为那小六儿净了身，并向总管太监李莲英求情，好不容易才得到李莲英的允许，住进了园子里。

这小六儿长得非常漂亮，人又聪明伶俐，很多老太监都很喜欢他，但因为进宫仓促，没来得及正经八百地演习宫中的礼节规矩，也没来得及起名字，所以大家都还叫他小六儿。

李莲英之所以答应让小六儿进园子当太监，原本想着张权在事成后会孝敬他一大笔银子，可是张权老家太穷了，又赶上闹水灾，这些年的积蓄全部都寄到老家救命去了，哪里还有其他的银两来孝敬李莲英哪！李莲英给他办成了事却没得到好处，于是心里就恨上了张权和小六儿爷儿俩。

小六儿进园子时间短，年龄又小，没一个月便生病了，染上了痢疾，整日上吐下泻不止。张权非常着急，赶紧到乐寿堂找李莲英想办法。李莲英本就恨他们爷儿俩，怎么会真心帮助他们呢！他只是假装着急地跟着张权到小六儿房中一瞧，看这太监病得的确很重，表面上虽然心疼，但心里面却乐开了花："哼，不知好歹的东西，谁让你们爷儿俩不懂得孝敬本大爷，本大爷可不是什么省油的灯，你们就且等着尝尝我的厉害吧！"

小六儿一连病了好几天。这几天里他几乎什么都没吃下去，到第四天的夜里，李莲英才慢悠悠地派来一名小太监送来了几颗藿香正气丸。

小六儿接过药丸一看，见药丸的表面已经发了霉，想必早已经过了存放期限了，便随口嘟囔了一句："这药丸早发霉了，这烂东西我可不吃。"不想，当时李莲英正从小六儿的屋前经过，把他的话听了个清清楚楚。

李莲英非常生气，他马上派人将病中的小六儿押到乐寿堂前。可怜这小六儿，小小年纪，又刚进园子还不懂得里面的规矩，跪不会跪，站不会站，再加上李莲英在旁边一个劲儿地说他的不是，惹得慈禧太后大怒，令人将小六儿"杖刑八十"。

这些掌刑太监平时都看李莲英的眼色行事，巴不得能有一个机会向他讨好呢,看李莲英对小六儿非常愤恨,便使出了吃奶的力气,将小六儿按倒暴打。小六儿小小年纪,再加上正在生病,身子非常虚弱,怎能经得住这般严刑拷打!刚开始的时候,小六儿还拼命地求饶,后来看求饶无望,便不管三七二十一破口大骂,诅咒李莲英和慈禧太后不得好死。这还了得,慈禧太后勃然大怒,下令对小六儿一顿猛打,不一会儿小六儿就魂归西天了。

慈禧太后那几天本就身体不好,再加上亲眼看到太监们对小六儿用刑将他打死,这孩子被打的时候连哭带骂,骂她不得好死,这让慈禧太后非常后怕,竟出了一身冷汗,赶紧回到暖阁里躺下休息。

正闭目养神间,慈禧太后仿佛看见满身鲜血、面目狰狞的小六儿向她扑来,跟她索命,吓得她大叫一声,昏了过去,从此一病不起。

可是慈禧太后得的毕竟是心病,任凭什么药都调理不好。每天晚上只要一闭上眼睛,她就看到满身是血的小六儿向她扑来。为此,李莲英加紧防卫,伺候得格外仔细,但慈禧太后的病却一点没见好,反而更重了。

这期间,胆小的宫女们也开始害怕了。她们整日提心吊胆,一听见周围有什么声响,看见什么朦胧的黑影,就说是小六儿的魂魄来了……乐寿堂闹鬼的事儿很快便传遍了宫里宫外,搞得整个颐和园乌烟瘴气,谁也不敢在里面待着了,最后慈禧太后一行只得搬回了皇宫。

从此以后,再没有人敢住进乐寿堂了,乐寿堂闹鬼的事儿也就越传越邪乎了。

颐和园"败家石"的传说

在颐和园乐寿堂内,有一块横卧在汉白玉石座上的太湖石,长8米,宽2米,高4米,重20多吨。此石"有孔不透也不漏,有形不皱也不瘦",意思是说其有孔、成形、似灵芝、颜色青,清朝乾隆皇帝为其题名为"青芝岫"。其实,它还有一个不吉利的名字,叫作"败家石"。

这样一个漂亮的石头为何被人们称作败家石呢?

原来,这个石头产自京郊房山群峰之中。那还是在明朝时期,当时有一位叫米万钟的太仆(官名),这个太仆非常喜欢收集各式各样的石头。为了寻找奇石,他可谓走遍了千山万水。

一天,米万钟出去游玩,顺便寻找有特色的石头。还真凑巧,在房山群山中还真让他发现了一块奇石。这块奇石非常大,突兀凌空,昂首俯卧。米万钟乍见这种有气势的石头,非常惊讶,对其赞叹有加,当即爬上石头顶礼膜拜。后来,他费尽了千辛万苦,使尽了人力物力,不惜为其开山铺路、分段引水,终于将此石运送到了家中。

不久后,米万钟千辛万苦搬奇石回家的事儿在北京城传得风风雨雨,很多大臣、官员、文人等都纷纷来他家中欣赏奇石。大家都称赞该石大、奇、灵、秀,非寻常石头,一时轰动京城。后来,这事传到了奸臣魏忠贤及其私党的耳中,魏忠贤等人非常妒忌,便想获得此石。为此,他们编造了各种罪状来诬陷米万钟,使其丢掉了乌纱帽。

米万钟既委屈又愤慨,可魏忠贤等人有权有势,米万钟也不敢为自己申辩。但又怕自己辛辛苦苦寻得的奇石被魏忠贤等人抢走,一边散布消息说,自己为了将奇石从房山运到京城,花光了家产;一边又托人将奇石运送到房山的良乡。米万钟实在太喜爱这个奇石了,他怕风吹雨淋日晒会加快奇石的风化,更怕丢失和人为的损坏,就专门为奇石修建了一间草棚,还专门雇人严加看守,想着有一天自己东山再起后,可以再将奇石接回家中。

可令人遗憾的是,米万钟至死都没有实现自己的这一愿望。在他去世后,这块奇石便无人看管,兀自躺在良乡。

正是因了米家的这一变故,老百姓都称这块石头为"败家石"。

再后来，清朝乾隆皇帝去河北易县西陵为父亲雍正扫墓。路过良乡的时候，旁边的太监便将米万钟觅石获罪这件事儿告诉了乾隆，乾隆觉得很有意思，便想看看这块石头。他看到这石头后，一眼就喜欢上了它，马上下旨将其移进清漪园内。

当时乐寿堂的正门还没有现在这么宽，奇石根本进不去。乾隆便命人拆墙破门，硬是把奇石安置在如今的这个地方。据说，因为这事皇太后还非常不高兴，认为该石"即败米家，又破我门，其名不祥"，为此，还和乾隆有了隔阂。

乾隆为了安抚皇太后的情绪，又看这石头状如灵芝、颜色发青，便为其改名为"青芝岫"，取意石岩突兀如青芝出岫，并将该名刻在石头上。皇太后见乾隆帝对自己的想法非常在意，可见他非常尊重自己，心里的气也消了几分。后来，乾隆帝还想方设法说服皇太后，向她介绍"青芝岫"的美丽寓意，并专门请皇太后亲察奇石，最终将皇太后感化，得到了她的认同。至此，乾隆和皇太后和好如初。

天坛九龙柏的传说

曾有一篇报道说，美国前国务卿基辛格在参观北京天坛时曾经说过这样的话："天坛的建筑很美，我们可以学你们照样修一个。但这里美丽的古柏，我们就毫无办法得到了。"天坛，不仅因世界上现存最大的祭天建筑群而闻名中外，它也是北京地区面积最大的"古柏林海"，拥有形态各异、历史悠久的古柏群。

说起天坛内古柏的数目，令人咋舌，有3600多棵，其中大多种植于明代，距今有五百多年的历史。这里为何种植那么多的柏树呢？

原来，在古时候，人们都视古柏为"神柏"，柏树也因其常青长寿，木质芳香，经久不朽，故为吉祥昌瑞之树。而历代帝王更是喜欢在皇家坛庙或者陵墓地带种植各种柏树，以示"江山永固，万代千秋"之意。天坛就是这样一个皇家坛庙。在天坛，不仅柏树的数量非常多，名柏也有很多，如槐柏合抱、迎客柏、问天柏、莲花柏、卧龙柏等，其中比较有名的是九龙柏。

九龙柏，又被称为"九龙迎圣"，生长在天坛皇穹宇西北侧，种植于明代永乐十八年（1420年），至今已度过了五百八十年的历史春秋。它的树干挺拔粗壮，形象奇特，树干表面遍布纵向沟壑，并随着主干的升高扭曲上升，状如九条蟠龙盘旋腾飞。

据说像九龙柏这样干纹奇特的古柏，世界上只有此处一棵，真可谓"世界奇柏"。很多人可能会好奇，这棵树为何会长成这种独特的形状呢？据林学家考证，可能是因表皮细胞分裂不均造成的。

以上原因是从科学分析的角度得出的，其实关于九龙柏及其名称来历，还有一个有意思的传说故事呢？读了这个故事，相信您对九龙柏会有个更加深刻的了解。

相传在清朝时期，乾隆皇帝有一次来天坛祭祀，仪式结束后，他感到很累，便在皇穹宇围墙下稍做休息。就在这个时候，乾隆皇帝的耳边突然传来一种非常奇怪的声音。乾隆帝循声找去，发现在围墙下有九条蛇，一下子钻入了泥土中。乾隆皇帝赶紧命令随从挖开那里的泥土找蛇，但怎么都找不着。就在这个时候，乾隆皇帝发现围墙外突然冒出了一棵大树，只见这棵树表面布满沟纹，犹如九条龙腾飞，感到非常惊讶，便联系刚才发现九条蛇的事，将这棵树命名为九龙柏。

大青不动，二青摇，三青走到卢沟桥

说起老北京城的建造，很多人都会说上这么一句顺口溜，那就是："大青不动，二青摇，三青走到卢沟桥。"这是怎么一回事儿呢？

要解释这句顺口溜的来源，不得不说说刘伯温建造北京城的事儿。

相传当年，刘伯温和姚广孝二人打赌画完北京城图以后，姚广孝这个人心窄气量小，一赌气就出家去当和尚了。

刘伯温向来心思细腻，足智多谋，他心想：皇帝既然将修城的重任交给了自己，自己务必要好好地完成，一定要将这个"八臂哪吒城"修建好。

可是有这么一个问题不得不面对，那就是：八臂哪吒城肯定是要修的了，可是这苦海幽州的孽龙，究竟能不能降服呢？又该拿什么来降服呢？

刘伯温为此焦虑了几天几夜。后来他从一位同仁的口中听说房山区有座上方山，在这座山上生有三块分别得道一万年、五千年、一千年的大青石，这些大青石专能降龙伏虎。刘伯温心想：哪怕把三块"神石"中的一块弄来，也定能将那孽龙给降服，压得它永世不得翻身。可问题是，神石那么重，道行又很深，怎么从房山区弄到北京城里来呢？这得好好地想想。

不说刘伯温想出了什么法子，单说那房山区上方山上的大青、二青和三青三块神石。它们弟兄三个早在刘伯温在想法子的时候就已经利用法力知道刘伯温的计谋了。

对此，大青说："我是无论如何也不会去的，在山里待着多自在，傻子才会去那个什么城里面降妖除魔呢！"二青说："大哥说得对！我也不去，想那刘伯温也动不了我！"三青说："嗨！我也不想去呀，就怕那刘伯温想出什么歪主意把咱们弄走哇！"大青听了三弟的话，愤愤地说："哼！等那刘伯温来了咱们再从长计议！"

刘伯温可是个神算子，聪明无比，他很快就想好了两个法子，那就是"先礼后兵"。第一个法子是预备香花神礼，带上随从，以"礼聘"的方式请神石下山；第二个法子是袖子里的计谋，他早搬来了许多天兵天将，把他们藏在了自己的袖子缝里，为的就是吓吓三位神石，让他们乖乖就范。

刘伯温想好法子后，便急急部署实施。一天，他带上随从们上路了，一路浩浩荡荡直奔上方山而去。刘伯温虽然是大军师，平时在部下的面前威风无比，可是为了请这三位神石，他把平常的大军师威风收起来了，恭恭敬敬地来到了三块神石的面前，摆好了香花神礼，恭恭敬敬地说："晚生刘伯温特奉当今皇帝的旨意，来请三位神石驾临北京城，一旦大事成功，皇帝势必会封三位为镇国大将军。"

大青听了，默然不语，只是继续稳稳地躺在那里，纹丝不动。其他两位神石看大哥一动没动，便心想："大哥都没动弹，我们做小弟的也就不用动弹了，且看大哥的眼色行事。"

刘伯温等了一会儿，见三位神石丝毫不为所动，心想："我卑躬屈膝恭请三位，还送上了香花神礼，你们竟也不动，太瞧不起我了，以后我如何在部下面前树立威信！哼！且让你们尝尝我大军师的厉害！"

于是，刘伯温低下头，对袖子里的天兵天将说："他们三个敬酒不吃吃罚酒，竟无视我的恭请，现在烦劳各位将这三块混账石头赶到北京城去！到时候一定重重答谢各位！"

天兵天将应了一声，就飞出了刘伯温的袖子缝，摆刀、枪、剑、戟，上前围住了三块神石，喝令三块神石速速滚向北京城。

可是大青依然岿然不动；二青被这些天兵天将的阵势吓得不得不动了一下，它摇了一摇；三青年纪最小，它害怕极了，便与二位哥哥道别，准备跟随刘伯温下山去北京城。刘伯温心想，虽然没有请动大青、二青，将三青请走也足以制服那个孽龙了，就这么着吧！于是领着众随从，赶着三青，下了上方山，直奔北京城而来。

可就在刘伯温带着三青过卢沟渡口的时候，遇到了责难。

原来，在刘伯温准备去请神石来北京城的时候，卢沟渡口的龙王就接到了苦海幽州龙王之子龙公的信，他们在信中商议如何阻止神石入京。结果他二人合计出了这样一个计策，那就是：在卢沟渡口上修建一座"蝎子城",待刘伯温赶着三青过来时,就让蝎子把三青螯在这里,阻止它入京。

商议好后,他们便赶紧着手修建"蝎子城"。他们先修好了蝎子的尾巴——卢沟桥,又接着修了蝎子的身子——卢沟桥东面的"肥城"和蝎子的眼睛、两只大前爪,它们分别是肥城东门外的两口井和两座小土山。

蝎子城刚修好,刘伯温赶着三青就走到了这里。

这时候,刘伯温的随从上前禀告他说:"报告大军师,之前咱们路过这里的时候,还没有什么桥,现在这里不但修建了一座长长的石头桥,在桥东边还建了一座城,请军师爷查看查看。"

刘伯温听了随从的报告,心里也咯噔了一下,赶紧上前查看,一眼看出来这是座蝎子城,是专门为阻止三青入京而建立的。

刘伯温的心里非常紧张,但他也没有办法,便想着走一步算一步。可是又怕随从们担心,就做出一副镇定的样子对众随从说:"没什么大不了的,咱们过咱们的桥。"他又赶着三青往前走,可是三青刚走到桥西边,就一步也不敢走了。刘伯温一方面暗地里叫天兵天将威胁三青继续前行,一方面温言劝三青说:"神石您还是往前走吧,有老夫在没人敢动您,过了这河就是北京城了,到时候一旦事成,享不尽的荣华富贵在等着您哪!"三青无奈,只得继续往前走。

待一行人好不容易过了卢沟桥,前面就是蝎子城了。刘伯温心想:我们可千万不能穿城而过,那是蝎子的脊背,非常危险。于是他赶着三青,绕走城南。

刘伯温以为躲过蝎子的身子,三青就不至于被螯死了,可他没想到蝎子的尾巴竟然斜着甩了过来,一钩子就将三青螯得永远不能动弹了。

刘伯温看了,又急又气,半晌只悠悠地叹了一口气,说:"唉,白费了一番力气!只好另找其他制服孽龙的方法了。可惜的是,如今北京城虽然不见得会闹什么水灾,可这卢沟渡口的两岸恐怕就保不住了！"

刘伯温最后只得领着众随从，无奈地走了。

肥城的南面，自从有了三青这块神石以后，当地的老百姓就有了这么一句顺口溜："大青不动，二青摇，三青走到卢沟桥"。

八大处的金鱼池

在北京市石景山区的众多游览胜地中，位于区北部的西山八大处是其中最有名的。八大处历史悠久，风景优美，文物众多，是一座佛教寺庙园林，因隋唐以来修建的八座古刹而得名。

在八大处的八座古刹中，其中第二处有一个灵光寺，在这座灵光寺内供奉着一颗佛祖释迦牟尼的灵牙舍利，灵光寺因此名扬中外。但这里谈的不是这颗名扬中外的佛祖释迦牟尼的灵牙舍利，而是一个看起来非常普通的小小金鱼池。

金鱼池位于灵光寺的南侧，池水清澈，里面放养着数以百计的名贵金鱼，这些金鱼非常罕见，也非常大，其中最大的足有二尺余长，全身呈现金红色，在水中不停地摇动着尾巴，显得十分灵巧、可爱。

说起这些金鱼的历史，可谓十分久远了，据说从清朝的咸丰年间开始，这个池子里就有这种名贵的金鱼了，挑剔的慈禧太后也曾来这金鱼池赏鱼观景呢！

据说那是在秋天的某一天，当时的灵光寺非常美丽，处处金桂飘香。慈禧太后来这里游玩，看到漂亮的景致，心情也异常好。

走着走着，慈禧太后便走到了西院的峭壁下，只见清澈的泉水自上而下，犹如一道水帘注入了下面的金鱼池内，惹得泉水叮叮咚咚地响，就像在弹奏一首美妙的曲子。

慈禧太后本就十分喜欢听人唱曲儿，不知不觉间听得出了神。这时她低头往下看，一下就看见了在金鱼池中游泳的名贵金鱼,只见这些金鱼各个色彩斑斓、灵巧可爱,像彩锦一般在水中嬉戏玩闹,再加上金鱼池边有一些怪石和睡莲映衬,整个场景显得如梦似幻、美丽无比。

慈禧太后一下子喜欢上了这里,便对身边的太监说:"想不到八大处还有这么一个所在,今儿我哪里也不去了,就在这儿看这些个鱼儿玩。"说罢命太监拿来许多鱼饵。

慈禧对池中的金鱼先是轻轻击掌然后投下饵食,只见这些鱼儿争先恐后地来抢食,把慈禧太后逗得哈哈大笑,跟随的太监宫女见太后高兴,也不觉笑起来。

就这样玩了一会儿。慈禧喂着喂着,突然发现池中有一条二尺多长的金红鲤鱼,只见它在池子里上下跳跃、摇头摆尾,像是在欢迎自己前来观赏似的。这真是条有灵性的鱼儿啊!慈禧太后心里非常喜欢,便命太监取出笔墨,为灵光寺题词,并封那条二尺长的金鲤为神鱼。

谁承想,那条金鲤倒真的通些人性,它听了慈禧太后的话,竟然游到了慈禧太后的身边,围着她转了一圈又一圈,把慈禧太后引得别说多开心了。

这时候有个伶俐的小太监赶紧上前对慈禧太后说:"老佛爷您乃一国之主,如今不仅全国的老百姓听从您的话,连世间的万物都愿意追随您呢!"慈禧太后听了小太监的话,心花怒放,当即摘下戴在自己耳朵上的一副赤金耳环,赐给了这条金鲤。她命太监把金耳环戴在那鱼鳃上,再将鱼儿放回池中。只见这条金鲤腮上挂着那只金耳环,边摇头晃脑便慢慢地游向了池中。

刹那间,金鲤游过的地方金光闪闪、五彩生辉,数百条鱼儿在池中上下跳跃,把在场的太监宫女们看得眼花缭乱。大家都被这生平难见的奇观惊得目瞪口呆。

待缓过神儿后,众太监宫女们当即跪在慈禧太后的面前,盛赞太后德育众生。灵光寺的和尚们听说这件奇事后,更加欣喜若狂,都视这条金鲤为神物,供为佛门之宝,千方百计加以保护。

为了防止那条金鲤被盗,他们在金鱼池中供养了数十条二尺多长的金鲤,从此以后,除了灵光寺的得道高僧,谁也没办法从数十条金鲤中辨出哪条是真正的佛门之宝。

今天,金鱼池已经成为八大处的著名景点之一。很多游客来八大处游玩时,都会特意来到灵光寺观赏这个放养着神物的金鱼池。据说,曾有智者从金鱼池中看到那条戴有金耳环的神金鲤呢!

八大处的黄金炕

说起八大处黄金炕的故事,不得不提四处的大悲寺。因为这个黄金炕的故事就发生在这座寺里。

大悲寺,原名叫作隐寂寺,是八大处的第四处寺院。它于宋辽时代创建,距今已经有九百多年的历史。明朝嘉靖二十九年(1550年),在原有的两层大殿后面又增建了大悲阁。清朝康熙五十一年(1712年),重修,康熙皇帝赐名大悲寺。如今山门上的"敕建大悲寺"的匾额,就是康熙皇帝的御笔。该寺独处丛林深处,层层殿宇依山势递升,错落有致,山门南向。

山门殿后为大雄宝殿,大雄宝殿后面是大悲殿。大悲殿于明朝嘉靖二十九年建立,面阔五间,檐下悬"悲源海"匾额。殿中供奉一尊观音大士的彩雕坐像。表情悲天悯人,如同慈母。大雄宝殿的后面是圆通宝殿,该殿前左右并列种植两棵古树,这两棵树干粗数围,已有八百余年的历史,如今还非常茂盛。

黄金炕的故事,就因白果树而起。白果树,学名叫作银杏树,因结白色硬壳果实而被人俗称为白果树。其白果可以当作药材使用,但因为有微微的臭味,所以老百姓又给它起了个名字,叫作"臭白果"。

除了银杏树、臭白果之外,白果树还有一个名字,这个名字非常特别,叫作公孙树,据说这种树长成后还能同根长出幼树,就如同公公和孙孙一样，所以就有了这个名字。然而，这种树还有一个特点，就是雌雄不同株，雌树结果而雄树则无果。如今圆通宝殿前面种植的两棵树都是雄性的，永远也无法结出果实来。

可是传说在大悲寺的前面，曾经也种有两棵白果树，而且还是雌性的，如今怎么没有了呢？原来是被一场大火给烧毁了。具体是怎么一回事儿呢？

原来，在如今大悲寺前方的那块空地上，曾经不仅种有两棵白果树，还建了一橦殿堂呢！

当时，每逢深秋的时候，两棵白果树就会结出密密麻麻的白色果实。而那些果实成熟后，那些像巴掌大的叶子便由绿变黄，随着阵阵秋风一片片飘落在地上，很快就积了厚厚的一层，非常好看。有些游客走到这里，看到这美丽的景色，会停下来细细观赏。有淘气的孩子还会在落叶上打滚、玩耍。于是人们就把这块树叶铺成的空地叫黄金炕。别说这名字还真形象，金黄的叶子，厚厚地铺了一层又一层，真的像炕一样温暖、舒服呢！

可是突然有一天发生了一件怪事儿。同往常一样，黄金炕上依然聚集了很多小孩子在上面玩耍。玩着玩着，就有一个小孩子从树叶里摸出一个铜钱来，他见了高兴得大声喊道："哈哈，我捡着钱了！我捡着钱了……"孩子的母亲知道了，既意外又高兴，便对这孩子说："一定是菩萨保佑你将来能发大财呢，你快去给菩萨磕个头烧炷香！"孩子赶紧听母亲的话，连着向菩萨磕了三个头。

其实，每天路过黄金炕的人不知有多少，保不准有人在路过时掉了铜钱，所以从一堆树叶里捡到个小钱并不是什么稀奇的事，用不着大惊小怪的，可是有些老百姓就不这么想了，他们宁愿相信是菩萨保佑。

于是，小孩子从黄金炕上捡到铜钱的事很快便传开了，最后传得越来越邪乎，大家都说那个捡到铜钱的小孩是善财童子的化身，他母亲就是观音菩萨的化身，母子二人为了解决民间疾苦，下凡给老百姓送钱来了。这样一来,来八大处游览的人越来越多了,甚至连一些成年人也都在黄金炕上坐一坐,以求菩萨保佑自己发财。

大悲寺内的和尚们看到这种情形,觉得这是个赚钱的好机会,便借题发挥,每当晚间游人们散去后就故意往黄金炕上撒些小铜钱来招揽游客。从此以后,大悲寺的香火越来越旺。

可是,令人想不到的是,一场灾难突然来临。一天,一个老头儿也想菩萨保佑自己,便坐在黄金炕上休憩。不想他当时手里正拿着燃着的烟管在抽,一不小心,烟火落在松软的树叶上,引起了一场大火。在这场大火中,两棵白果树都被烧毁了,就连殿堂也化为一片灰烬。从此以后,原来是四进院落的大悲寺,只剩下如今的三进院落了。

可是,大悲寺的香火并没有因黄金炕的被毁而减少。如今的大悲寺依然人来人往,每年不知有多少文人雅士来到这里边赏景边创作,留下了许多脍炙人口的诗篇。著名的作家老舍先生是其中的一位,他曾在大悲寺住过一段时间,在这里创作了著名小说《大悲寺外》。让更多的人对大悲寺有了更深的了解。

万善桥与飞霞女的因缘

万善桥原名双泉桥,位于北京市石景山区黑石头村的双泉寺东南百余米处。原桥始建于金代,为木桥,称双泉桥,专供金章宗来双泉寺避暑而修建的,木桥规模不大,而且低矮,沟中水大时会涨过桥面,成为漫水桥。清朝光绪年间重修,并将之改名为万善桥。

万善桥是一座单孔石拱桥,砖石结构,宽3.1米,长18米,高10余米,与一条古香道相连,将青龙山的福惠寺与天泰山的慈善寺连成一线,成为旧时京西进香的必经之路。如今,虽历经沧桑,却仍保持着古桥的风貌,桥体完整,拱券不塌陷,桥栏板外侧青石上的"万善桥"三字仍清晰可辨。1983年,万善桥被列为石景山区重点文物保护单位。

在早先的时候，石景山被视为京西的风水宝地，经常组织一些香会活动，吸引了众多善男信女前来天泰山进香。尤其是在每年的三月十五到十七，因是进香和赶庙会的日子，所以来自四面八方的人聚集到这里，举行各种活动，非常热闹。

其实来天泰山进香的路有好几条，但大家都只喜欢走其中的一条，那就是慈善寺东路。经门头村到陈沟，再翻越南大山坡过万善桥，拜桥头接引佛，经双泉寺，便到天泰山了。万善桥可以说为善男信女们来天泰山进香提供了很多便利。

相传在一个深秋时节，一位名叫飞霞的女子准备翻越南大山坡前的深谷去天泰山进香朝拜。飞霞当时千里迢迢从遥远的南方来到此处，走了大半年，已经衣衫褴褛、又累又饿、伤痕累累。可是当她走到南大山坡下时，她惊呆了！眼前是一条深十多米、宽三十多米的深谷，谷中洪水滔滔，她一个弱女子如何过呢？

飞霞跪拜在地，朝天膜拜说："我的名字叫飞霞，如今历尽千辛万苦走了大半年的路才走到这里，如今深谷挡住了我，我实在无法前行。可是，我又必须要赶在明天天亮之前到慈善寺进香，这样才可以救我丈夫的命。救苦救难的观世音菩萨，您发发慈悲，给我指一条到天泰山的近路吧！如果能在明天天亮前进了香、救了我丈夫，我宁愿从此出家，生生世世敬拜您老人家！"

飞霞说完就闭目朝天跪拜。在她第一拜时，远处传来了隆隆的滚石声，她没有睁眼，因为她之前听人说过，在祈求菩萨时一定要闭目静心。在她第二拜时，她觉得有一股冲力将自己推后几米，她一下子倒在了地上，后背袭来钻心的疼痛，脸上淌着热乎乎的鲜血，但她依然没有睁眼。在她第三拜时，她感觉自己磕头的地方已经由土地变成了石地。磕完三个头后，飞霞站了起来，慢慢地将眼睛睁开，她一下子被眼前的景象惊呆了：深谷上面竟然架起了一座彩虹般的长石桥。

只见这座桥全部由石头砌成，坚固无比。在月光的照耀下，桥身的石头发出了夺目的光环,将整个深谷照得异常灿烂。

飞霞慢慢地走在桥上,看到在桥的南面外侧桥栏正中镶嵌着一块长方形的汉白玉石额,上面刻有三个金光闪闪的大字:万善桥。飞霞赶紧过了桥,沿着山路继续前行,没多久便走到了天泰山。终于赶在了第二天天亮前烧了香、拜了佛。然后,她又从原路回到了万善桥。

刚走到离桥几米处的北大山坡下,天上便下起了大雨,飞霞停了下来,坐在一块石头上,一动不动。天上的雨更大了,可飞霞还是纹丝不动,只见她盘腿而坐,神情宁静、安详、坦然。

几天后,路过此处的人们都为这里建了一座桥而高兴,可过了桥,他们发现了一个更奇妙的场景,那就是在桥北头的石台上竟然坐着一个形态端庄的女子,只见她身体如玉,挺坐安然。

石台上坐有一女子的消息很快便传开了,有好心人在飞霞坐的石台上方修建了一个石拱,从此以后,就把桥头的飞霞叫成了接引佛,并在佛旁边种了两棵松树。

如今的人们经过那里,会看到有两棵合抱粗的古柏,对称着生长,据说是飞霞的丈夫在知道妻子的事情后来这里陪伴她、照顾她。

景山脚下的"罪槐"是怎么回事儿

说起景山,很多人都非常熟悉,它位于北京故宫博物院的正北方向,是一座风景优美的皇家园林。

在元朝的时候,景山被叫作青山,当时它只是大都城内的一座土丘。在明朝的永乐十四年(1416年),为了建造宫殿,将拆除元代宫城和挖掘紫禁城护城河的渣土加堆其上,取名为万岁山。后来据说当年皇宫曾经在山下堆积存放煤炭,所以老百姓又称其为煤山。

明朝崇祯十七年(1644年),李自成率农民起义军攻进北京城，崇祯帝仓皇出逃，最后自缢于煤山东麓的一棵槐树上。清朝顺治十二年（1655年），才有了今天这个"景山"的名字。如今这里的景山公园已经成为北京城重要的旅游景点之一。

很多人知道景山公园，并非因这个公园有多美，而更多地是想来看看景山上昔日崇祯皇帝自缢之地的那棵"罪槐"。这里怎么会有一棵"罪槐"呢？

在明朝的末期，百姓生灵涂炭、民不聊生，阶级矛盾十分尖锐。明朝天启年间，宦官得宠，他们为非作歹、卖官受贿，导致国库空虚、经济凋敝。为了解决财政困难，当时的统治者就肆意地增加税负，最终老百姓忍无可忍，终于在崇祯元年爆发了农民起义。

到崇祯末年，农民起义军在李自成的带领下，势如破竹，终在1644年3月将北京城团团围住，以摧枯拉朽之势，直捣京城。明朝崇祯皇帝听到风声后，十分害怕，可也没有什么应对之策，见大势已去，便逼迫皇后自杀，将太子送到亲戚家以延后嗣，之后又砍杀年仅十六岁的长平公主，终出于无奈和不忍，将公主砍伤后没有再下手。当时宫里大部分太监已经逃走了，崇祯的身边只剩下一个比较忠诚的老太监，最后崇祯只好带着司礼太监王承恩逃出了神武门。就在他俩刚走到景山脚下的时候，紫禁城的城门就被攻破了。

彼时的崇祯帝万念俱灰，得知自己终无地可去，遂啮指血书衣襟曰："朕凉德藐躬，上干天咎，致逼京师，皆诸臣误朕。朕无面目见祖宗，自去冠冕，以发覆面，任其分裂，无伤百姓一人。"写完，他便解开束带，自缢于山坡上的一棵槐树上。跟随他的太监王承恩也追随崇祯帝而去，在另一棵树上自缢。至此，明朝灭亡。

推翻明朝的统治后，李自成的"大顺"政权在北京仅仅存活了四十一天便失败了。清王朝入关后，定都北京，安葬了明末代皇帝崇祯帝，并对那棵曾吊死过崇祯的古槐加以罪名，称之为"罪槐"。

您知道"西便群羊"的传说吗

说起燕京八景,大家都非常熟悉。自金代以来,燕京八景就已经成为北京城的重要景观,只是八景的内容在后来的发展过程中,不断变化、更新,及至清朝才得以最终确定,分别是金台夕照、太液秋风、琼岛春阴、蓟门烟树、玉泉趵突、居庸叠翠、西山晴雪、卢沟晓月等八个名胜。

可是,北京城的好景观实在是太多了,八景哪里可以囊括得了呢!所以,民间又有了"燕京十景"的说法。都具体包括哪十景呢?原来的八景当然包括在其中,另外的两景就是"银锭观山"和"西便群羊"。

关于"银锭观山",很多人都很熟悉,它指的是北京后海酒吧一条街一带的银锭桥,在古时候,人们可以从这座桥上看到西山,再加上周围景色非常美,湖水清澈、微风徐徐,所以成为一大景观,吸引了众多人参观游览。

那"西便群羊"又是什么呢?难道是西便门一带有一群比较有特色的羊?当然不是。这一景观主要指的是,在西便门城门外挨着护城河的那几十块白石头,人们从城门看过去都说:"嗬,真像一群白羊啊!"打这儿起,"西便群羊"这一景就被传开了。那么,这群"白羊"般的白石头是打哪儿来的呢?说起来还和鲁班爷有很大的关系。

鲁班爷作为木匠的鼻祖,有很多徒弟,其中有一个徒弟叫作赵喜。一天,鲁班爷带着自己的儿子和赵喜出门办事,正巧路过西便门这里,看到工匠们在忙着修建城楼。当时城墙已经修得差不多了,只是城门下脚的白玉石和城门里墁"海墁"用的豆渣石还没有找到合适的石头。

眼看着完工的期限就要到了,工匠们都十分着急,鲁班爷也很替他们担心,也帮着他们找合适的石头。找着找着,鲁班爷仁儿便来到了京城西南的琉璃河。往河边一站，鲁班爷就看到岸上有很多豆渣石，有豆渣石的地方一定就有白玉石啊！这下可把鲁班爷给高兴坏了，他忙对儿子和赵喜说："这河底下就有我们要找的白玉石！"

儿子和赵喜听了，都不相信。鲁班爷说："你们不信，等我给你们叫叫看。"说完就对着河面大喊："河底有没有白家哥们儿？有就回我句话！"

刚说完，就听到河底有声音传来："有！有！鲁班爷，我们在哪！"这下可把鲁班爷的儿子和赵喜给吓呆了。

鲁班爷向河底的白玉石说明了自己的来意，白玉石很爽快地答应了。可问题是：这么多的石材可怎么搬走哇！

爷仨儿商量了半天，都没有结果。那赵喜鬼点子比较多，这时他突然说："师傅，要不这样吧，运白玉石的功劳大，让师哥得这件大功劳吧，我运豆渣石。"鲁班爷这人非常实诚，哪知道赵喜心里打着什么如意算盘！就连连夸赵喜识大体。

三人又再合计了一番，在赵喜的提议下，商议的最终结果是：鲁班爷在琉璃河边轰石头，由鲁班爷的儿子和赵喜二人负责运送石材进城。豆渣石黄黄的，像牛皮，赵喜就把它们变成牛，往北京赶；白玉石白白的，像羊群，鲁班爷的儿子就把它们变成了羊，往北京赶。

商议好后，三人当下赶紧着手开始搬。临走时鲁班爷千叮咛万叮嘱儿子和赵喜说："必须在一夜运到北京，因为鸡一叫，石头就要原形毕露，再也不能动了，你们千万要记住这一点！"赵喜和鲁班爷的儿子连连答应。就这样他二人上路了。

没走多远，赵喜就开始在心里盘算："他的羊哪能赶得上我的牛啊，我一定要走在他的前面，早他一步进城！"想着就对鲁班爷的儿子说："师兄，咱俩比比赛吧，看谁先走到？"

还没等鲁班爷的儿子回答，赵喜就"叭""叭"两鞭子打了下去，牛被打惊了，顺着大道飞奔下去，不到三更就到了工地，牛也变回了豆渣石，静等明天石匠老师傅们整治以后，就可以墁城门前面的"海墁"了。

而鲁班爷的儿子呢，他连夜赶着羊，可羊是比较温顺的动物，不像牛跑得那么快，所以有点慢，但也不到四更天就望见了北京城。他非常高兴，赶紧抓紧时间赶路，心想："这回没误了修北京城的大事，没违背了父亲吩咐的限期！"可就在快要走到护城河边的时候，突然就听到了一声鸡叫，跟着附近的鸡也都叫了起来。这下可坏了！一瞬间，他赶的羊全部都变成了白玉石，远看就像一群羊似的。

问题是，不是才刚四更天嘛，怎么鸡就叫了？原来都是赵喜搞的鬼，他怕师兄抢了头功，就偷偷地学了一声鸡叫，结果引着附近的鸡都叫了起来，他师兄赶的那群羊又变回白玉石了。

从此以后，西便门护城河边那一带就出现了一群白羊状的石头。老百姓为了感谢鲁班爷的帮助和鲁班爷儿子的付出，就把这些白石头奉为一大景观，美其名曰"西便群羊"。

大名鼎鼎的中关村

提起中关村，那些对高科技产品感兴趣尤其是从事IT相关工作的人别提有多熟悉了，那可是著名的科学城、中国的"硅谷"啊！

中关村是我国体制机制创新的试验田，被誉为"中国的硅谷"，在国际上都享有一定的声誉。如今的它，经过多年的发展，已经聚集了以联想、百度为代表的高新技术企业近两万家，形成了以电子信息、生物医药、能源环保、新材料、先进制造、航空航天为代表，以研发和服务为主要形态的高新技术产业集群，成为首都跨行政区的高端产业功能区。

今天的中关村取得了如此大的成就，成为繁华、热闹、尖端产品云集的高科技产业区，谁能想到在从前，这里还是一片荒凉的坟场哪!

彼时的中关村并不叫这个名字,而叫作中官坟、中官村,荒凉、阴森,是一片坟场,埋葬的多是皇宫里的太监。

明清时期,那些太监们就开始在如今的中关村一带购买"义地",形成了太监自己的墓葬地。平时,这个墓葬地主要靠年老出宫的孤苦太监管理,他们出宫后,大都老无所依、无家可归,就聚集在此地,靠在宫里积攒的体己钱和富裕太监的接济过生活。平时他们没什么事情可做,就给埋葬在这里的太监们扫墓上坟、烧香祈福。因明清时期的太监又被称为"中官",所以此地也被称为"中官坟",后形成村落,被叫作"中官村"。

至于"中官村"是如何演化为"中关村"的,有很多种说法。有一种说法是,清朝末年编制地图时,有人认为"中官"寓意太监不太好听,所以就建议将其中的"官"改为同音字"关","中官村"也就成了"中关村"。

其实,真正地讲,"中关村"这一名称的确定是在中华人民共和国成立后。但是具体是怎样由"中官村"改称为"中关村"的,也有两种说法。

第一种说法是,新搬进"中官村"的某杂志社在印发其第一批信封和信笺时,工作人员在口头的语言传递中误把"中官村"听作了"中关村"。而当时正值"三反五反"时期,为免于担"浪费"这个罪名,只好将错就错,久而久之,就有了"中关村"这一名称。

第二种说法是:当时国家决定在此地建立中国科学院,认为"中官"这两个字不太好,就在当时的北京师范大学校长陈垣先生的提议下,将名称改成了"中关村"。

孰是孰非,众说纷纭,但都阻挡不了中关村的发展和壮大。曾经的太监坟场如今已经成为中国最重要的科技新地。

第四章

老北京的皇城内史

北京城里的"双龙"布局

如今的北京城是在老北京城的基础上扩建和发展而来的,而老北京城则最早修建于明代的永乐年间,素以布局严谨、建筑壮丽闻名海内外。

最近几年,有专家从运用遥感技术拍摄的北京城全图中惊奇地发现,这里的古代建筑群布局严整、相互关联,竟然犹如横卧着两条"巨龙"。这一场面异常宏伟,成为北京城的一大奇观,一时令人惊叹不已。

为了做进一步的研究,这些专家们又翻阅了大量的文史资料,再结合北京城全图进行调研,最终确定,明代始建的北京城确实是"双龙"格局:一条水龙和一条"古建筑龙"(陆龙)。

水龙和陆龙的各个身体部位都非常明显。

其中,水龙的龙头部分是南海,龙眼部分是湖心岛,龙身部分是中海和北海,龙尾部分是什刹海。

而陆龙呢?则俯卧在北京城的中轴线上,以天安门为其龙吻,以金水桥为龙的颔虬,东西长安街则就像是龙的两条长须,从天安门到午门一带则是龙鼻骨部,太庙和社稷坛如同龙眼,故宫就像龙的龙骨龙身,四座角楼仿佛是龙的四爪,伸向八个方向,景山、地安门大街和钟鼓楼构成龙尾,而正阳门好像一宝珠。纵览北京中轴线上的古建筑,呈现出巨龙锁珠之势,体现出了皇家的高贵、典雅、气势。

很多人对这种格局叹为观止,又深感诧异:明代永乐大帝在建造北京城时,为何要设计这种"双龙"格局呢?它有何深刻的含义吗?抑或只是一种天然的巧合?

有人推测说,其实这种"双龙"格局,恰是封建社会鼓吹的君权神授思想的一个体现。因为在古代人看来,帝王乃天降龙种,而北京城是真龙天子所在的地方,理所应当把真龙天子所在的地方构造成以龙为主题的格局。

在今天的人看来,老北京城的这种"双龙"格局,不仅体现出了中国古人高超的艺术造诣,还体现出了古代人对"君权神授"这一思想的膜拜和深信。至于老北京城的设计者是故意设计出"双龙"格局的,还是只是一种天然的巧合,我们无从得知。只是静静地享受着"双龙"格局带给我们视觉和心灵上的震撼,以及对老祖宗默默的崇拜和尊重。

故宫为何又叫"紫禁城"

作为现存最重要的皇家宫殿之一的故宫,在古时候是明清两朝国家权力的中心,是两朝皇帝及其家眷的家园,如今更成为举世闻名的游览胜地。正是因为承载了如此厚重的历史,今天我们在故宫游玩参观时,依稀也能从中感受到一种荣耀和权力背后的沉重。

殊不知,今天我们所称的"故宫",并非它原来的名字。在明清时期,它被叫作"紫禁城"。人们不禁好奇,红墙黄瓦、金碧辉煌的故宫明明是以红黄为主色调,为何被称作"紫禁城"呢?而后来为何又被改成"故宫"了呢?

总的来说,关于其名称的来历,历来有两种比较权威的说法。

第一种说法认为紫禁城的来历与天上的星星有关。中国古代的天文学研究比较透彻，天文学家曾把天上的恒星分为三垣、二十八宿和其他星座。其中三垣包括太微垣、紫微垣和天市垣。而紫微垣位于三垣的中央，位置永恒不变，非常突出，太微垣和天市垣陪设在紫微垣的两侧，愈加显得紫微垣耀眼夺目，因此也有"紫微正中"的说法。而在当时人们的心目中，天上权力最大的统治者是玉皇大帝，他主宰着整个天界，法力无限。而紫微垣又处于天界的中央地带，位置又一直没有变化，于是便成了古人心目中天宫的所在。因此，玉皇大帝居住的天宫也被称作"紫宫"。

而古代的皇帝都喜欢把自己称为"上天之子"，即"天子"，也就是玉皇大帝的儿子。既然"天父"在天上住的是"紫宫"，那么，儿子在人间的住所也应该可以称为"紫宫"。除此之外，皇帝居住的地方，四周一般警戒森严，有严格的宫禁，非寻常百姓可以随便的出入，否则就是"犯禁"。于是，"紫宫"也就成了一座"禁城"。将"紫宫"和"禁城"合起来称呼，就是今天我们所说的"紫禁城"。

第二种说法认为紫禁城的来历与古时候"紫气东来"的典故有关。相传古代伟大的思想家老子，在一次外出路过函谷关的时候，有一股紫气从东方飘来。这个情形被一个守关人看到，他觉得能够吸引来紫气的人必定是个大圣人。于是，守关人便请老子撰写了著名的《道德经》，影响了后世。从此，紫气被后世人看作是吉祥的象征，预示着圣贤和宝物的出现。对此，唐代诗人杜甫曾有一首诗为证，他在代表作《秋兴》中曾写道："西望瑶池降王母，东来紫气满函关。"从此以后，后世人把祥瑞之气称为紫云，把传说中仙人的居住地称为紫海，把神仙称为紫泉，把城郊外的小路称为紫陌。由此可知，紫禁城中的"紫"取祥和、吉祥之意。而皇帝作为真龙天子、一国之君，其居住的地方定会戒备森严，寻常百姓难以接近，所以明清两朝取"禁"字，将皇宫称为紫禁城。

1924年，冯玉祥发动了"北京政变"，将清朝末代皇帝溥仪赶出了紫禁城。次年,在原来紫禁城的基础上建立了故宫博物院。故宫,也就是"旧时皇宫"的意思。自此,紫禁城作为"天子"住所的作用结束了。

故宫房间数是"九千九百九十九间半"吗

来北京旅游,没有人会错过故宫,参观故宫已经成为京城旅游最重要的内容。故宫是明清两代的皇宫,迄今已历经数百年的沧桑岁月。这里曾居住过二十四位皇帝,既是皇帝举行大典、召见群臣、行使权力的场所,也是皇帝与后妃、皇子们居住、游玩的地方。长约三公里、在十米高宫墙包围下的故宫,俨然是一座森严壁垒的城堡,给后世人留下了许多未解之谜。其中,比较重要的一个谜是:故宫房间数是九千九百九十九间半吗?

相传在明朝时期,明成祖朱棣准备修建北京城,于是他派大臣刘伯温考察地形并着手修建。朱棣原打算把宫殿修得富丽堂皇,能盖多少间就盖多少间,能盖多大的房间就盖多大的房间,以显示皇家独一无二的威严。

可就在刘伯温修建北京城皇宫的时候,朱棣做了一个非常奇怪的梦,于是便请精通解梦之术的刘伯温来给自己解梦。正要派人去请,只见刘伯温慌慌张张地要面圣。刘伯温一见着朱棣就说:"启奏万岁爷,微臣昨儿夜里做了一个梦,梦见天上的玉皇大帝把微臣召到凌霄殿上对臣说:'听说你朝皇帝要修建凡间皇宫,你告诉他,天宫里的宝殿房间共是一万间,凡间的宫殿数目千万不可超过天宫。而且你还要告诉他,要请三十六金刚、七十二地煞去保护凡间皇城,才能够保证风调雨顺,国泰民安。这些话你一定要告诉他并让他牢牢记住。'玉皇大帝说完后,只见一团白雾扑来把微臣给吓醒啦!"

朱棣听完刘伯温的话,非常震惊,因为他昨儿做的梦和刘伯温的梦一模一样,玉皇大帝也是这么嘱咐他的!

朱棣思虑再三,就下旨命刘伯温所建的皇宫宫殿房间不得超过一万间,并去请金刚、地煞来保护皇宫。但务必保证皇宫的金碧辉煌,因为他私心里还是不想太弱于天宫。

玉皇大帝托梦的事儿很快便在民间传开了,老百姓都等着要看刘伯温怎样修建皇宫,如何去请三十六金刚、七十二地煞来保护皇宫。

几个月后,皇宫终于落成了。朱棣亲自去参观皇宫,一看那宫殿盖得甭提有多华贵了,房间量还真是不到一万间,但也差不多,再看看宫院里金光闪闪,好像真有神仙镇守。朱棣非常满意,当场就大大赏赐了刘伯温。

那么,所谓的"差不多一万间"是什么意思呢?故宫的宫殿房间到底是多少间呢?刘伯温请来的三十六金刚、七十二地煞又在哪里呢?

直到很久后,人们才知道,故宫宫殿房间的数目原来是八千七百余间。而所谓的三十六金刚就是宫殿门口摆着的三十六口包金大缸,七十二地煞就是故宫里的七十二条地沟。

揭秘故宫三大殿

在历史上,无论是哪朝皇帝,在都城和宫殿的选址上,都比较注重风水之说。总是希望自己所选的都城、宫殿,能够给自己的国家带来吉祥、如意、福祉,使自己的统治绵延万年。

那么,什么样的风水适合建造都城、宫殿呢?风水先生会告诉你,国都的西北方最好要有龙脉。什么是龙脉呢,龙脉就是那连绵起伏的青山。龙脉的中心为祖山,是王气郁积之处。以此起始,引入京城,到达宫殿背后的靠山即"主山"。主山两翼,左以河流为青龙,右引道路为白虎。主山之前、青龙白虎之间的最佳选点,是万物精华的"气"的凝结点,是为龙穴,明堂就应建于此处。

按照风水学所说的,紫禁城就是处在北京城的最佳位置上,而三大殿太和、中和、保和所处之处就是明堂所在地。俯瞰故宫你便会发现，三大殿就是整个故宫的重点，是整个紫禁城内建筑的核心。可谓是居天下之中心，正与天空中央玉皇大帝所居的紫微宫遥遥对应——这是三大殿的选址缘由。

从规模和装潢上来说，三大殿在整个故宫内也具有独一无二的地位。它占据了紫禁城最主要的空间，面积达85000平方米。它们依次布置在高达8米的台基上，台基分上、中、下三层，每层都为须弥座形式，四周围着汉白玉栏杆。每根望柱上部雕有精美纹饰，下部雕有华美螭首——口内凿孔以便排水。大雨滂沱时，千龙吐水，层层迭落，胜似泉涌，蔚为壮观；阳光普照时，千龙之影，排排迭退，黑白相间，宛如图案。在建筑设计和艺术构思上，它们凭借着自身所具有的气势威严、规模雄伟、装修华丽、色彩神秘而成为紫禁城中最辉煌的建筑群。

三大殿中，太和殿最高、最大，横阔十一间，进深五间，外有廊柱一列，全殿内外立着八十四根大柱，是由四个倾斜的屋面、一条正脊和四条斜脊组成的。它建于康熙三十六年（1697年），距今已有300多年的历史，但依然保留着原有的富丽堂皇。太和殿是皇权的象征，皇帝登基、大婚、册立皇后、命将出师和每年的正旦、冬至、万寿（皇帝生日）三大节等重大典礼，皇帝都要在这里举行仪典，接受群臣的朝贺。

中和殿在太和殿的后面，是一座四角攒尖、有鎏金宝顶的方形殿堂，朱红廊柱，金扉琐窗，造型凝重，建筑奇特。殿内设宝座，雕刻金龙，金色璀璨，四列宝器。皇帝在举行重大典礼前，先在这里接受内阁大臣等重要官员的朝拜，然后再去太和殿。

保和殿在中和殿之后，是皇帝举行盛宴和科举殿试的地方，也是三殿中年寿最古老的，到现在已经有300多年的历史。

气势恢宏、富丽堂皇的三大殿既承载了厚重的历史，又散发着它独特的现代光辉。如今的它们不仅仅是一处旅游景点，更是我们了解历史的重要窗口。

故宫三大殿院内为何不种树

去故宫游玩时，心细的人会发现宫内有这么一个细节非常有意思，那就是故宫三大殿即太和殿、中和殿、保和殿院内并没有种植任何的树木。这是为什么呢？

有人说这是为了维护宫殿至高无上的尊严，有了树会给人小家小院的感觉，与故宫三大殿的气质不相符合。其实，这个理由并不充分，顶多算是个人猜测。而关于三大殿院内不种树的原因，传得比较多的说法有两个。

第一个说法是为了保护皇帝的安全，以免有贼人藏于树间而不利于皇帝。这个说法与清朝时期一次农民起义有很大的关系。据史料记载，1813年，北京宛平宋家庄也就是今天的大兴区宋家庄人林清率领起义军冲向东、西华门。其中东路的起义军受阻失利，西路的起义军攻入西华门，杀到隆宗门。这个时候，隆宗门的门已经关闭，起义军赶紧想别的办法。这时他们看到宫墙两侧的树非常高大，利于攀爬和遮蔽，于是爬上大树，翻过宫墙，火攻隆宗门……有鉴于此，为了保护皇帝的安全，三大殿院内不植树木。这一说法貌似很合情合理，其实也不一定正确，因为故宫养心殿、御花园中就有非常高大的树木，如古柏等。

第二个说法比较文艺，说是之所以不种树，是为了烘托皇室威严的需要。太和殿、中和殿、保和殿三殿在整个宫殿群中的地位至高无上，是皇帝举行盛典的地方，从位置上说居于整个故宫建筑的中心，也是整个北京城的中心。为了使这三大宫殿更显威严和皇家气派，在修建时便采取了很多独特的建筑工艺和手法，其中一个手法就是不种树木。不仅三大殿不种树木，从皇城正门天安门起，经端门、午门、太和门，这之间的一系列庭院内也都不种树木（现今端门前后的树是在辛亥革命以后才种下的），所要达到的目的就是让众大臣在去朝拜皇帝时，自进入天安门，走在冰冷、威严、空旷的御道上,感受到高伟建筑带给自己的巨大压力,待走进太和门看到宽阔、空旷的广场与高耸在三重台基上的巍峨大殿,众大臣的这种精神压力便会达到顶点,继而更加臣服于皇帝。如果宫殿庭院内绿树成荫,则会给人带来一种轻松、舒畅的感觉,这会让众大臣对皇家的仰视有所降低,在很大程度上破坏皇家所塑造的这种威严感。这一说法不无道理,空旷的殿院、冰冷的御道,的确会给人带来森严之感,让人徒生压力。但并不能说明这就是真正的原因。

关于故宫三大殿院内为何不种植树木,或许会有更加合理的答案,这需要我们去继续研究、思考。

故宫建筑的主色调为何是黄、红两色

走在故宫里,给人印象最深的是,故宫建筑群整体的颜色搭配。因为在故宫的每一个角落,都随时可以看到大片大片黄色的琉璃瓦"海洋",以及绝大多数殿宇的门窗、立柱和高大宫墙上刷出来的那种大红的色调,呈现出一种喜庆、祥和的状貌。难怪人都说,黄、红两色就是故宫的主色调。

那么,这么做的原因是什么呢?了解现代美术的人都知道,黄、红两色的组合是非常经典的搭配,难道修建故宫的人早在几百年前就已经认同这样的色彩搭配了?

其实,并不仅是所谓的颜色搭配那么简单。稍微了解点故宫建筑底蕴的人都非常清楚,故宫建筑的一砖一瓦、一草一木,都有其深刻的内涵。其整个建造布局、造型、用料都是极为讲究的,当然,颜色的采用和搭配也很有讲究,隐含着深刻的意义。

建筑可采用的颜色有很多种,赤、橙、黄、绿、青、蓝、紫等等。故宫之所以采用了黄、红二色为主色调,内涵非常丰富。最主要的原因是这样的:

按照阴阳五行学说,世界万物都是由金、木、水、火、土五种元素组成的，其中"土"元素被认为是最重要的，因为它位居中央，可以控制四方，而土的代表颜色就是黄色。《易经》也说："君子黄中通理，正位居体，美在其中，而畅于四支，发于事业，美之至也。"所以黄色自古以来就被当作为居中位的正统颜色，为中和之色，居于诸色之上，被认为是最美的颜色。所以，在古人的思想中，黄色即是尊贵、吉祥的象征，这么尊贵的颜色，当然只能由天下第一的真龙天子皇帝所用。所以，明清时期黄色袍服便成了皇帝的专用服装，其他人如果擅自用了这种颜色，就会被认为图谋不轨，会招来杀身之祸。

而红色呢？根据五行相生相克的理论，土赖火生，火多土焦；火能生土，土多火晦。火为赤色，所以宫殿门、窗、宫墙多用红色，寓有滋生、助长之意，以示兴旺发达。另一方面，在中国人的传统思想里，红色一直象征着喜庆、发达。据考古学家发现和文献资料记载，距今3万年左右的山顶洞人就已经开始用红色的事物来装饰洞穴了，周代以后的宫殿也已经开始普遍用红色颜料了。故宫的营建正是承袭了以往宫殿的色彩美学，大量地使用了红色。

正是在这种传统文化和思想的影响下，明清两代在修建、完善皇宫时，殿阁楼宇大都采用红墙黄瓦，以耀眼的颜色对比方式达到金碧辉煌、和谐悦目的视觉效果，既彰显了建筑群的大气、高贵，又展现了皇家至高无上的威严和气势。

然而，也有细心的人发现，故宫里的房顶并非全部都是黄色的，有极少的一些建筑用的是绿瓦或黑瓦，例如南三所、文华殿、文渊阁等。其实，要么是因为这些建筑并非皇帝居住的地方，在规格上要比其他建筑低个级别，例如，文华殿原是皇子们读书的地方，根据五行之说，青色即绿色，为木叶萌芽之色，象征温和的春天，方位为东，故用绿色琉璃瓦；要么是因为其本身的定位要求，例如，文渊阁是藏书楼，根据五行相克的理论，黑色代表水的颜色，意在镇火，故为克水患，墙用青绿冷色，瓦用绿剪边黑琉璃。

故宫有了黄、红两色的映衬,显得雍容华贵、富丽堂皇,这是由其尊贵的地位所决定的。为了衬托皇家的这种威严和气势,故宫周边建筑的色调都相对低调了很多。在讲究尊卑等级的封建社会,建筑物的色调也体现出了级别。照规定,颜色的等级自上到下依次为黄、赤、绿、青、蓝、黑、灰。黄、赤两色是皇家建筑的专属,公卿大员家的屋顶则用绿瓦,而普通老百姓的房屋则只能使用最低等级的黑、灰、白瓦等。所以,当时的人在登上景山向下瞭望时,会看到两种截然不同的景观:向南遥望,是一片金碧辉煌的琉璃瓦"海洋",而向北遥望,则是普通民居建筑的灰色瓦顶。

也许是天意,也许是巧合,在蓝天白云和周边民居灰色调背景的衬托下,故宫这座古老、尊贵的皇家宫殿愈发光彩耀人、气势恢宏。

故宫角楼是根据什么设计的

无论是亲临故宫参观,还是看图片,很多人可能会注意到这样一个细节,就是故宫的四个城角,每一个角上都有一座角楼,非常漂亮。这些角楼拥有九梁十八柱七十二条脊,其设计之精巧、工艺之考究,令人惊叹!有人不禁要问,是谁脑袋这么灵光,竟然设计出了那么好看的角楼来。其实,这里面有一个美丽的传说:

明朝时期,燕王朱棣好不容易当上了皇帝,便想着好好给自己盖一处皇宫,既能显示皇家的范儿,又能住着舒服。经过一番考察,他把皇宫的地址定在了北京城,一则因为北京地形好、风水好,二则因为北京是他做王爷时的老地方。

有了这个想法后,朱棣就赶紧派大臣去北京修建皇宫。大臣临行前,朱棣亲自叮嘱他说:"你一定要在皇宫的外墙也就是犄角上,盖四座样子特别美丽的角楼,这每座角楼要有九梁十八柱七十二条脊。我现在封你为管工大臣,你一定要尽心修建,如果建不好可是要杀头的!"

管工大臣听了皇帝的话,心里别提多紧张了,皇帝亲自开口说角楼要盖成九梁十八柱七十二条脊,这可不是一件简单的活啊!一定要好好地从长计议。

第二天一大早,管工大臣就出发来了北京。刚下轿子,就马不停蹄地叫来了八十一家大包工木厂的工头、木匠们,向他们详细说了皇帝的旨意,限令他们必须在三个月之内把九梁十八柱七十二条脊的角楼给盖出来,否则格杀勿论。

这些工头、木匠们听了都战战兢兢,赶紧凑在一起想办法。

可一个月过去了,他们查了几百本书籍,考察了几百个角楼,做了无数个样本,都没有理出一点头绪。恰好正值酷夏时节,天热得让人喘不过气来,加上心情烦躁,这些工头、木匠无不唉声叹气,真是茶也不思饭也不想。这时候有一个木匠师傅实在待不住了,就上大街溜达散心去了。

走着走着,木匠师傅便听见老远传来一片蝈蝈的叫声,其中夹杂着一声声吆喝:"买蝈蝈,听叫去,睡不着,解闷儿去!"走近一看,是一个老头儿挑着许多大大小小秫秸编的蝈蝈笼子在沿街叫卖。

木匠师傅心想:反正心烦也解决不了事,到最后该死活不了,该活死不了,听天由命吧!先买个好看的笼子,玩会儿蝈蝈。他就朝老头儿那走过去,见到老头儿手上有一个细秫秸棍插的蝈蝈笼子非常讨巧,做工非常精致,就跟画里的一座楼阁似的,里头几只蝈蝈正在那儿呱呱乱叫呢,于是便买下了这一笼蝈蝈。

木匠师傅把这笼蝈蝈拿到施工现场,大伙儿见了,都围过来看。其中一个师傅特别不屑地说:"大家都这么烦了,你竟然还有心思玩这个,这几个蝈蝈吵得人更烦了,真不知你怎么想的!"

木匠师傅笑着说:"我也烦得慌,见大家都没精神头,就想着买个好玩的逗逗大家,你瞧这蝈蝈叫得多欢实,这笼子……"他原想说你们瞧这个笼子多好看呀！可是他还没说出嘴来，就觉得这笼子有点特别。他急忙摆着手说："你们先别看了，让我琢磨琢磨。"他把蝈蝈笼子的梁啊、柱啊、脊呀细细地数了一遍又一遍，大伙被他这一数，也吸引得留了神，静静地直着眼睛看着，一点声音也没有。

木匠师傅数完了蝈蝈笼子，高兴地跳了起来，对大家伙大喊："你们快来看快来看，这笼子不正是九梁十八柱七十二条脊么！"大伙听他这么一喊，都忙过来看，心细的人忙在那儿数，可不是嘛！不多不少，真是九梁十八柱七十二条脊的楼阁。

真是天无绝人之路啊！大家伙儿别提多高兴了，忙参考蝈蝈笼子的样子，创作出了皇宫角楼的样子，烫出纸浆做出样型，最后修成了到现在还存在的角楼。

完工的日子到了，皇帝亲自验工，待他走到一处角楼细细看时，不禁啧啧称赞，说："正是我理想中的角楼啊，真是辛苦了众位工匠。"遂吩咐对各位工头、木匠师傅予以重赏。

故宫外朝宫殿、宫门为何没有满文

到故宫游玩的时候，很多人可能会发现这样一个细节，那就是在内廷宫殿、宫门上的匾额都是用满、汉两种文字书写的，而外朝宫殿、宫门上的匾额则是只用汉文书写的。这到底是为什么呢？

原来，最初并不是这样子的。在明朝时，紫禁城内所有的宫殿、宫门上的匾额上都没有满文，而是用汉文来书写的。到了清朝时，满文取代了汉文的国文位置。顺治年间，皇宫内所有宫殿、宫门上的匾额都增加了满文，由此所有的匾额都是用汉、满两种文字来并列书写的，并且在一些匾额上还出现了蒙文。

辛亥革命爆发后，清王朝的统治生涯结束，宣统帝被迫退位，但并没有离开紫禁城，而是住在了乾清门以北的宫殿中。而外朝的太和殿、中和殿、保和殿等宫殿都交给了民国政府使用。后来，袁世凯篡夺了辛亥革命成果，登上了中华民国大总统的宝座，还企图重新恢复帝位，自己做皇帝。他的这一想法，终于在他的"努力"下，成为现实。他最终篡权成功，并自封年号为"洪宪"。

袁世凯称帝的行为遭到了全国人民的一致反对，袁世凯越来越不得民心。为了巩固自己的统治，袁世凯便找来自己的得力助手王景泰进行商议。王景泰建议把紫禁城内所有宫殿、宫门上匾额的满文都去掉，只留下汉文，以表明袁世凯的反清决心，博得人民的支持。在王景泰的建议下，袁世凯下了一道"圣旨"，说要在十天之内，将紫禁城内所有宫殿、宫门匾额上的满文都去掉。可还没等这道"圣旨"下发下去，狡猾的袁世凯又想到了一个问题，那就是当时紫禁城内还住着宣统帝和清廷的遗老遗少们，如果将所有宫殿、宫门上的满文去掉，恐怕他们会不同意而惹事，所以，袁世凯赶紧将"圣旨"的内容修改为"把外朝宫殿、宫门匾额上的满文都去掉"。

袁世凯的下属接到这道"圣旨"后，赶紧将外朝宫殿、宫门匾额上的满文给去除了。这也就是为何内廷宫殿、宫门上的匾额都是用满、汉两种文字书写，而外朝宫殿、宫门上的匾额则只用汉文书写的原因。

袁世凯虽然为了平复人民的反对情绪，而将外朝宫殿、宫门匾额上的满文去掉，但并没有博得人民的支持，他的皇帝梦只做了八十几天就彻底破灭了。虽然袁世凯的皇帝梦最终破碎，但紫禁城中那些被他下旨修改过的外朝宫殿、宫门匾额却都悉数保留了下来，成为如今游客感兴趣的故宫奇观之一。

故宫的设计者是谁

故宫始建于明永乐四年（1406年），从故宫始建至1911年清朝灭亡，这里曾住过24位皇帝。后历经岁月的洗礼和外力的侵袭，故宫在明代时期，经过多次的维修和增建，直到嘉靖年间，其规模才进入鼎盛时期。与汉唐时代的皇宫相比，故宫的面积小一些，但从其建筑布局的严整紧凑，用料的豪华考究，外观的富丽堂皇来看，却远远超过前面任何一个朝代的皇宫。

"山河千里国，城阙九重门。不睹皇居壮，安知天子尊？"唐代骆宾王寥寥几句诗，就把世人对帝王宫殿的尊崇与好奇表现了出来。作为明、清两代的皇宫，故宫几百年来一直无比威严和神秘，承载了很多未解之谜。其中一个就是其设计者是谁？

故宫，如此宏伟的建筑群，到底是由谁设计的？这的确是个历史谜团，困扰着很多老北京人。因为，与今天所建的一些建筑不同，故宫的建筑上并没有明确地刻上此建筑物建于何年，由何人设计等字样。在老百姓中，关于这个问题的答案，有很多种说法，其中一个答案是，其设计者是一个叫作蒯祥的人。

蒯祥，人称"蒯鲁班"，生于洪武三十一年（1398年），卒于成化十七年（1481年），苏州吴县（今江苏苏州）香山人，是明代杰出的匠师。当时，进京的工匠中有一个香山帮，都是吴县香山人或其门徒。他们往往擅长木工，其中又不乏出色的泥水匠、漆匠、石匠、堆灰匠、雕塑匠、彩绘匠。蒯祥就是该香山帮匠人的领头人。蒯祥是一个非常聪明的人，他的技艺十分高超，据传，在建造宫殿楼阁时，他只需要略加计算，就能将设计图画出来，待施工完毕后，建筑与图样大小尺寸竟然丝毫不差，令人叹为观止。

关于故宫的设计者是谁，有人提出了不同的答案。故宫博物院古建部高级工程师于倬云先生就是提出异议的其中一人。他认为，曾经参加建造南京宫殿的蒯祥是故宫的设计者这个说法不确切，其实，蒯祥只是故宫的施工主持人，故宫真正的设计人应该是名不见经传的蔡信。永乐十五年（1417年），紫禁城宫殿开始进入大规模施工高潮时，蒯祥才随朱棣从南京来到北京，开始主持宫殿的施工，而在此之前，蔡信已主持故宫和北京城的规划、设计和建造了。

除了蒯祥和蔡信外，还有人提出故宫的设计者应该是杨青。

但关于杨青的资料非常少,只知道是一名瓦工,据说连杨青这个名字都是朱棣赐的。

还有人综合了以上几种答案,认为在故宫建造的初期,蔡信和杨青都发挥出了各自的作用,但由于当时的他们年龄已经很大,所以在年富力强、经验丰富、善于计算和绘画的蒯祥进京后,主要的工作便交给蒯祥了。

除此之外,还有一些人提供了另外的答案,可谓众说纷纭,但都没有拿出十分确凿的证据,所以到目前来说,故宫的设计者是谁,还是个历史之谜。

故宫东华门的门钉为何是偶数

在古老的封建社会,衣食住行都讲究等级差别,尤其是在等级森严的皇宫内,连一个小小的门钉都很有讲究。要说门钉本来只是一个不怎么重要的结构件,为何会说它也能体现出等级森严呢?只因它处于一座皇城中比较重要的位置,所以兼具了炫耀权势的功能。

在明清时代,已经制定了门钉数目的相关制度,如按照清代制度,皇家宫苑的宫门必须是"朱扉金钉,纵横各九",因为九为阳数,又是数字之极,九九八十一颗门钉最能体现帝王的尊贵。所以,午门、西华门、神武门等的门钉都为81个,是个奇数。而亲王府第的门钉即减为"纵九横七",亲王以下递减。这种尊卑有序的制度是无论如何都不能打破的。

然而,令人非常不解的是,故宫东华门的门钉居然少了一排,是为每扇门八九七十二颗,是个偶数,而且仅此一处例外。这是为什么呢?为什么单单东华门的钉数不按规定呢?

对此一直众说纷纭,且有很多种说法。

一个说法是,东华门的门钉本就与别处门的门钉不同,尺寸稍大些,由此推断说当年肯定是有一批的门钉给做大了,用在东华门上如果仍然排成九排就会显得非常挤,不好看,所以就去掉了一排。其实这种说法是根本站不住脚的。在等级森严的封建社会,尤其是在皇宫大内,门钉的数目即代表着等级的尊卑,如果说只是因为门钉做大了就瞎凑合着用,是断不可能的。有一个很好的例证可以予以反驳,那就是当年佛香阁的拆塔改阁行为,耗资巨万都不惜,更不用说浪费一些小小的门钉了!如果尺寸大了,大可以重新制作嘛,不可能凑合着用在故宫的门面之一东华门上的。

还有一个说法是,东华门的门钉原本也有81个,只是在明朝末年,李自成带领农民军起义攻陷北京,明崇祯皇帝朱由检仓皇从东华门逃出至煤山自缢。后来,朱由检的灵柩停放在东华门外几天都没人敢埋。清军入北京城后,认为东华门这个门不吉利,决定以后帝后死后,都要出东华门送殡,进东华门迎灵。按人死为鬼的迷信说法,就把东华门称为"鬼门"。再后来,清朝统治者为了笼络汉族各界,将东华门上的门钉减去一排,由81个改为72个,以责东华门未能挡住朱由检圣驾出走之罪。这样,小小的门钉既收买了人心以巩固其统治,又使这个"鬼门"符合"奇数为阳,偶数为阴"的习俗。所以从此以后东华门的门钉就只有72个,为偶数。针对这一说法,也有人予以反对。说史料中也有这样的记载,即也有从西华门抬出灵柩的情况,并且有时皇帝外出巡幸也走东华门,所以不能认为东华门只办丧事。

很多人不禁要问了,这个说法不对,那个说法不行,到底真正的原因是什么呢?难道真是个未解之谜?

其实,整个故宫的建造都是十分讲究风水之说的,从其所选的黄、红亮色调来看,就说明了故宫设计时的用心、讲究。在阴阳五行学说中,东、西、南、北、中为五方,其中东属木,西属金,南属火,北属水,中属土,而它们相互间相生相克。

而在故宫东、西、南、北、中五个方位系统中,处于南北轴线上的是火生土、土克水的关系,即外生内,内克外,这样,生进克出为吉宅,而处于东西轴线上的是木克土、土生金的关系,即外克内、内生外,这样,克进生出则为凶宅,而凶象中尤以木克土为甚。为了逢凶化吉,古代的皇宫设计者便将阴阳五行相生相克的原理运用到工程中,将东华门的门钉数目改变了,由纵九横九改变为纵八横九,其门钉的数目也从81个变为72个,即把木化为阴木(偶数为阴),因为木能克土,然而阴木未必能克阳土。而横行还是九路,又不失皇家的尊贵。古代足智多谋的设计师就这样做到了"逢凶化吉"。

从外在上来看,与故宫的其他门相比,东华门的与众不同似乎很不协调,然而从文化底蕴上来看,又有着其合理的存在理由。其门钉的"纵九横八"之数,正是逢凶化吉之举,体现了我国古人在皇宫设计、建造过程中对美好事物的向往和追求。

清宫藏书如今散落何方

关于藏书,在我国的历史非常悠久,据说从春秋时期开始,民间就已经出现很多的私人藏书,及至清朝,藏书活动更是十分盛行,民间有很多的藏书楼,皇宫内的藏书更是善本云集,珍籍众多。

历史上的很多朝代,每逢大局初定时,总喜欢以"稽古右文"为朝堂大政之一,非常重视对图书的校理、编纂、征集、典藏工作,以此为巩固统治的工具之一。清代宫廷鉴于以往的历史经验,在图书典藏方面尤为上心。其一面销毁对自身统治不利的典籍,一方面又大力收集、编纂有利于本朝统治的典籍,《四库全书》等旷世巨典,就是在这种情况下诞生的,也为后世留下了许多宝贵的藏书遗产。

可是令人遗憾的是,随着岁月的流逝、时代的变迁,很多清宫的藏书都流失了。很多图书爱好者不禁要问:那些清宫藏书因何流失?昔日珍贵的清宫藏书,如今又身在何处呢?

说起清宫藏书流失的原因,有很多:有的是毁于火灾,如武英殿、昭仁殿、方略馆等处的许多藏书都在清代时遭遇过火灾，被烧毁；有的是由于保管不善，藏书被虫蛀毁损；有的是经过了各种颠沛流离，在这种频繁的迁移中被丢失；还有的是因被窃贼盗走而流失……正是在这种种变故中，清宫藏书有的彻底消失，有的散落到四面八方。

而散落的这些清宫藏书，如今又在哪里呢？

据史料记载，当时清宫内的很多藏书，被迁入国家的各大图书馆，安置于环境优越的库房内。故宫博物院图书馆一位明清古籍研究学者曾说，清宫藏书目前主要保存在北京故宫博物院图书馆、台北故宫博物院、国家图书馆和辽宁省图书馆、第一国家档案馆等处。

其中，故宫博物院图书馆的清宫藏书最为丰富，是以清代皇室藏书为基础建立起来的文物博物馆、专业性图书馆。该图书馆的清宫藏书不仅丰富，而且还有许多世人难得一见的珍本秘籍，如《四库全书》原本、"天禄琳琅"所藏部分宋辽金元明善本等。

而在国家图书馆中所存的清宫藏书主要是内阁大库的部分藏书和乾隆至嘉庆年间清宫皇家藏书处"天禄琳琅"的藏书。其中，内阁大库所藏非常丰富，大多是皇宫内廷的一些档案。"天禄琳琅"是清廷收藏善本珍籍的专门书库。所处的昭仁殿位于乾清宫东侧的昭仁殿内，于清朝末期开始流失。目前存放在国家图书馆的藏书是被清朝末代皇帝溥仪运出宫的那一部分。

而位于京城之外的那些大型图书馆，尤其是台北博物院图书馆，又是怎么获得清宫藏书的呢？原来，在"九一八"事变后，为了躲避侵华日军的掠夺，当时的民国政府将故宫所藏的"天禄琳琅"珍籍火速转移到了南京、上海、武汉、重庆等地，其中的一部分经过多次辗转，流进了当地的大型图书馆。而为什么台北博物院图书馆有那么多清宫藏书呢？

原来，就在中华人民共和国成立的前夕，国民党逃往台湾时，捎带着将三千余箱文物运到了台湾，其中仅藏书就达十六万册,其中还包括很多珍贵的宋元刻本。后来,台北"故宫博物院"成立,国民党将这十六万册藏书藏于其中。

对后世人来说,清宫藏书所承载的不仅仅是古代的文化、历史,更承载了一种厚重的文化传承传统。悉心地保存这些清代遗产,不仅为后世的研究提供一手的资料,还将发扬中华民族的伟大精神。将这些珍贵文物保管好,是我们应尽的责任和义务。

你对著名藏书楼文渊阁了解多少

藏书楼,是中国古代供藏书和阅览图书用的建筑,也是藏书主人和其他学者研读、考订图书的场所。说起中国藏书楼的历史,可谓十分久远,最早建于宫廷,如汉朝的天禄阁、石渠阁。自宋朝以后,随着造纸术、印刷术的普及和印本书的推广,民间也开始建造藏书楼。

中国古代的藏书楼有很多,如上海徐家汇藏书楼、宁波天一阁、杭州文澜阁、沈阳文溯阁、海宁衍芬草堂、海盐西涧草堂等,这一座座古老沧桑的藏书楼,曾经串起了中国悠久灿烂的藏书历史。

在清朝时期,无论是民间还是皇宫,藏书楼都非常多,达到了我国古代藏书事业的顶峰。单以皇家宫廷藏书楼而论,就有内阁大库、昭仁殿、国史馆、皇史宬、武英殿、方略馆、实录馆、会典馆、五经萃室等多处。

一般情况下,清宫的藏书楼都设置在相对来说比较安静的环境中,如专贮《四库全书》的文渊阁。

文渊阁是清宫中比较有代表性的藏书楼,其创建于乾隆四十一年(1776年)。乾隆三十八年(1773年),皇帝下诏开设"四库全书馆",编纂《四库全书》。乾隆三十九年(1774年)下诏兴建藏书楼,命于文华殿后规度适宜方位,创建文渊阁,用于专贮《四库全书》。

其实，说起文渊阁的整个历史渊源，还要从明代说起。

文渊阁的名字始于明代，其阁也是始建于明代。对此，有史料记载，即明太祖朱元璋"始创宫殿于南京，即于奉天门之东建文渊阁，尽贮古今载籍"。该史料中所提及的"文渊阁"便是文渊阁建阁之始。后来，明成祖朱棣迁都北京并建造了北京城，文渊阁也随之北迁。就如明宣宗所说的："太宗皇帝（指朱棣）肇建北京，亦开阁于东庑之南，为屋凡若干楹，高亢明爽，清严邃密，仍榜曰文渊。"由以上史料可知，在明朝，曾在营建南京宫殿和北京宫殿的同时，先后于南京皇宫和北京皇宫中建造了文渊阁。

在建立的初期，文渊阁是主要用来藏书、编书的。除此之外，它还是"天子讲读之所"，偶尔皇帝还会在这里看书，并召集翰林儒臣讲论经史。据史料记载，太祖于"万几之暇，辄临阁中，命诸儒进经史，躬自披阅，终日忘倦"。成祖"或时至阁，阅诸学士暨庶吉士应制诗文，诘问评论以为乐"。宣宗也曾利用"听政余闲，数临于此，进诸儒臣，讲论折衷，宣昭大猷，缉熙问学"，并特撰《文渊阁铭》，述其盛况。

在明代，除了具备藏书、编书、皇帝看书的地方这些功能之外，文渊阁还是阁臣入值办事之所，后来更是发展为事实上的秘阁禁地，也因此文渊阁有内阁之称，其地位和作用非同一般。

后来，南京明故宫发生火灾，文渊阁及其所藏书籍在大火中沦为灰烬。而北京皇宫的文渊阁也随着明朝统治的结束而被毁。

清朝入关后，在政治制度和文化思想方面多沿袭明制，于顺治十五年（1658年），创建了四殿二阁制，其中就有"文渊阁大学士"之名。后在乾隆十三年（1748年），以"中和、保和、文华、武英四殿，文渊、东阁二阁未为划一，其中和殿名从未有用者"，因裁中和殿而增体仁阁，自此而后，三殿三阁大学士成为定制。但是，其中的文渊阁却始终有其名而无其实，即清廷虽设有文渊阁大学士之名，却并无文渊阁之实，所谓"本朝定制，以文渊阁为大学士兼衔，第仍其名而未议建设之地"。

后在乾隆三十九年（1774年），乾隆帝下诏兴建藏书楼，创建文渊阁，专门用来贮存《四库全书》。从此，自清初以来一直有名无实的文渊阁，终于得以动工兴建，并因此而成为名副其实的古代藏书胜地。

由此可知，文渊阁的名称虽然沿袭明代，但其深层次的文化意蕴，却得益于乾隆帝的重视和阐发，更渊源于中国古代丰富的典籍与灿烂的文化。

而关于文渊阁，还有一种传说比较流行。

在民间，素有"故宫房间有九千九百九十九间半"的说法，其传闻中的"半间"到底是怎么回事儿呢？原来这半间就在文渊阁。

说起文渊阁，还要从天一阁说起。天一阁是当时浙江宁波的一座比较有名的私人藏书阁，建于明代的嘉靖年间，至乾隆年间，已经经历了200多年的历史，依然无比坚固。乾隆皇帝知道这座藏书阁后，非常喜欢，也想建一座同样的藏书楼，便下旨仿照天一阁的规制修建文渊阁。

说起天一阁来，还真与众不同。仅从其名字来看，就不一样，该名字采用的是古人"天一生水，地六成之"的说法，主要的意思就是"以水克火"。正是因为有着这层寓意，在建筑规制上的设计独具匠心，建成砖木结构六开间的两层楼房，楼下六间，楼上合而为一。这种下六上一的建筑格局，正表达了"天一生水，地六成之"的寓意。而后的文渊阁也仿照这种规制，在外观上设置了上下两层，面阔六间，但其中有一间是半间，也就是西边的楼梯间，这就是"九千九百九十九间半"的由来。

乾隆帝为何要把玉玺定为25方

玉玺，是指皇帝的玉印。"玉玺"一词，最早由秦始皇提出，他规定只有皇帝使用的大印才能称为玉玺。

从秦代以后，皇帝的印章专用名称为"玺"，又专以玉质，称为"玉玺"。玉玺一共有六方,分别是:皇帝之玺、皇帝行玺、皇帝信玺、天子之玺、天子行玺、天子信玺。在皇帝的印玺中,有一方玉玺并不在这六方之内,它就是"传国玉玺"。"传国玉玺"是秦始皇以后的历代帝王相传的印玺,由秦始皇命人创制。从秦始皇以后,历代的帝王纷纷以获得"传国玉玺"为最大的荣耀,并视若珍宝。然而,在后世人的你争我夺中,"传国玉玺"屡易其主,最终销声匿迹,至今杳无踪影,令人扼腕叹息。

除了这最有名的"传国玉玺"外,历代帝王都会创制属于自己的玉玺,以致流传到如今的玉玺有很多。

紫禁城,存有各个历史时期的珍宝近百万件,其中最能代表皇帝至高无上之权威和地位的,非宝玺莫属了。清朝乾隆皇帝就曾说过这样的话:"盖天子所重,以治宇宙,申经纶,莫重于国宝。"由此可见,乾隆皇帝对宝玺的重视。

在乾隆皇帝以前,清代皇帝的宝玺一般没有规定确切的数目。乾隆初年,可称为宝玺的印玺达三四十方之多,并且存在相关文献记载失实、用途不明、管理混乱的情况。针对这种情况,在乾隆十一年(1746年),乾隆皇帝钦定御宝为二十五方,后世人称这25个印章为"二十五宝"。

这二十五宝分别是:大清受命之宝、皇帝奉天之宝、大清嗣天子宝、皇帝之宝二方、天子之宝、皇帝尊亲之宝、皇帝亲亲之宝、皇帝行宝、皇帝信宝、天子行宝、天子信宝、敬天勤民之宝、制诰之宝、敕命之宝、垂训之宝、命德之宝、钦文之玺、表章经史之宝、巡狩天下之宝、讨罪安民之宝、制驭六师之宝、敕正万邦之宝、敕正万民之宝、广运之宝。

乾隆帝钦定的这二十五方御宝宝文中,除了青玉"皇帝之宝"为满文篆书之外,其余全部为满文本字和汉文篆书两种文字。乾隆十三年(1748年),创制满文篆法,为使御宝上的满汉文字书体协调,乾隆皇帝特颁旨,除"大清受命之宝""皇帝奉天之宝""大清嗣天子宝"、青玉"皇帝之宝"外一律改镌,将其中的满文本字全部改为篆书,这就是今天所遗留下来的二十五宝的样式。

很多人都不明白:乾隆帝为何把玉玺的数目定为25方呢?

其实,乾隆帝之所以将玉玺的数目定为25方,与《周易太衍》之"天数二十有五"的说法有很大关系。历代帝王都希望自己的国家能够长治久安,乾隆皇帝也不例外,他希望自己的国家大清王朝也能符合天数,所以将玉玺的数目钦定为二十五方。

这二十五方宝玺平时密藏在紫禁城交泰殿的宝房中,一宝一房。宝房为两重,都是木质材料,制作非常精美,宝玺被放置在木几上,外面罩上一层龙文黄缎罩,分列于御座的左右。平时由内阁掌管,用的时候必须经皇帝批准。

乾清宫"正大光明"匾额知多少

去故宫参观,有一个地方你肯定不会错过,那就是故宫内廷的第一座大宫殿——乾清宫。站在乾清宫前,只要您抬头往里观望,就会看到殿堂正中高悬着一块巨大的匾额,这块匾额上书四个大字"正大光明"。

在求学时,我们经常会碰到"正大光明"这个词,很多人也知道它的出处,即宋代大家朱熹的《朱文公文集·卷三十八·答周益公》中的一句话:"至若范公之心,则其正大光明,固无宿怨,而惓惓之义,实在国家。"其主要的意思是指心怀坦白,言行正派。

这苍劲有力的四个大字出自谁之手呢?是顺治皇帝。后来又经过康熙帝的一番摹勒刻石。而今天悬挂在乾清宫中的是乾隆皇帝的再次临摹。

这块匾额距今已经有三百余年的历史了,可谓历尽沧桑。关于这块匾额,还有一段关于清朝皇帝秘密立储制度的掌故。

清朝入关前后,在皇位的传承上,基本上采用推选制度来决定继位人选，如皇太极及其儿子福临都是通过推选制度继承了王位。而康熙皇帝是孝庄皇太后决策并取得顺治皇帝福临的同意而定下来的继位人员。无论是皇太极的继位，还是福临及康熙帝的继位，都经历了一番血雨腥风，存在着激烈而复杂的权力斗争，虽然最终避免了统治集团内部的分裂，但由皇权传承而引起的强烈政治震荡，在很大程度上影响着清朝统治的稳固和行政效率。

康熙帝深受儒家思想的影响，又从父辈的权力争夺战中发现了推选制度的弊端，便决心对继位制度进行改革，建立一套规范的皇位传承制。这就诞生了嫡长子继承制。然而，嫡长子继承制的施行不仅没有平息皇位的争夺战，反而愈演愈烈，引发了更加动荡的权力争夺战。

在康熙年间的皇位争夺战中，四阿哥也就是后来的雍正皇帝占了上风，成功称帝。为了避免"九龙夺嫡"现象的再次发生，雍正帝改变了立皇太子的方式，建立了"秘密立储"制度，并将诏旨藏于乾清宫的"正大光明"匾后，待皇帝驾崩时才由大臣取出，将继位人公告天下。

据《雍正起居注》中记载：雍正元年（1723年）八月十七日，雍正在乾清宫西暖阁面谕总理事务王大臣、满汉文武大臣、九卿："今朕诸子尚幼，建储一事必须详慎，此时安可举行。然圣祖既将大事托付于朕，朕身为宗社之主，不得不预为之计。今朕特将此事亲写密封藏于匣内，置之乾清宫正中世祖皇帝御书正大光明匾额之后，以备不虞……"这就是历史上所称的"秘密建储"制度。该制度具体规定：由皇帝亲自书写储君谕旨一式两份，并密封收藏于特制的匣内。其一置之乾清宫中"正大光明"匾后；另一份则由皇帝自己随身密藏起来，以便他"归天"之后，该谕旨与"正大光明"匾后的谕旨相互对证，而后生效。

雍正之子弘历也就是后来的乾隆皇帝的皇储地位，是在雍正元年确定的，并首次使用了上述密书缄盒的办法。后来，乾隆皇帝也曾秘密立储，但他立了两次。第一次立于乾隆元年，不幸的是太子永琏只活了九岁就夭折；第二次是于乾隆六十年，将皇位传给了嘉庆帝。此后的嘉庆、道光、咸丰这几代皇帝，都是根据这种秘密立储的方法登上帝位的。咸丰帝以后，清朝统治走向了结束的边缘，另一方面也不知何故，以后的皇帝都少子甚而无子，咸丰帝则仅有一子，还没有来得及秘密立储，咸丰帝就过世了。而同治帝以后又均无嗣。因此，这种秘密立储制度，也就逐渐失去了它的历史意义而自行废止了。

御花园"连理柏"的传说

在看清宫电视剧时，我们经常会看到"御花园"的身影，那里承载了明清后妃佳丽的很多故事。御花园始建于明永乐十八年（1420年），以后曾有增修，现仍保留初建时的基本格局。它位于故宫的中轴线上，在坤宁宫的后面。明朝的时候其被称为"宫后苑"，及至清朝时，改名为御花园。

御花园内的主体建筑钦安殿为重檐盝顶式，坐落于紫禁城的南北中轴线上，以其为中心，向前方及两侧铺展亭台楼阁。园内青翠的松、柏、竹间点缀着山石，形成四季常青的园林景观。在这一优美恬静的花园内，矗立着很多明、清两朝遗留至今的参天古树。这些古树苍劲挺拔，郁郁葱葱，神态各异，蔚为奇观，尤其是那棵连理柏，更为别致雅观，犹如一对连体孪生兄弟，树体通高约三丈，上面权征蟠伸，曲折叠盖，如龙嬉戏；下面天成拱门，人们可在其间穿行，因而深得众游客的喜爱，很多人来御花园参观，都会专门和它留影纪念。

人们历来喜欢将树木的连理视为忠贞爱情的象征，在一些爱情诗歌中也多有借喻，如南朝乐府《子夜歌》里就有"欢愁侬亦惨，郎笑我便喜。不见连理树，异根同条起"的咏唱。唐朝著名诗人白居易的《长恨歌》中也有"在天愿作比翼鸟，在地愿为连理枝"的千古名句。

相传天一门内的那棵"连理柏"为清乾隆年间种植，也是御花园中唯一的连理柏，属于二级保护古树。它由两株古柏组成，其双柏的主干正巧跨在北京的中轴线上，双干相对倾斜生长，上部相交缠绕在一起，而且相交的部位里面的木质已融为一体，成为一棵树。

很多人会非常疑惑：这种连理柏是如何形成的呢？它是天然形成的吗？

连理柏可以天然形成：连理柏由两棵树组成，只是在生长的过程中，由于两棵树非常接近，经过多年的风吹雨打，树皮被磨掉了，渐渐地就会长在一起，或者地下的根交叉长在一起，由此形成天然的连理柏。

其实，人工也可以获得连理柏，我国古代的某园艺大师就曾采用人工靠接的手法制作出了连理柏。其主要的方法是：选择两棵大小相似的树，将它们临近树枝的皮用刀刮掉一部分，再将两个枝条靠在一起，用油布裹严，天长日久，两个枝条就长到一起了。

关于御花园的"连理柏"，还有一个妙景值得一看，就是如果您从树的北边看树上西侧的一个大枝，就会发现其扭曲处很像一只猴头。对此感兴趣的朋友不妨在去故宫参观时，观赏一番。

慈禧为何常住储秀宫

提起慈禧太后，很多人都会想起她的居所——储秀宫。储秀宫建于明朝的永乐年间，本来不叫这个名字，而叫寿昌宫，在嘉靖十四年（1535年）更名为储秀宫。清沿明朝旧称，顺治十二年（1655年）重修。

储秀宫位于故宫咸福宫的东面、翊坤宫的北面，为内廷西六宫之一，是明清后妃居住的地方，清朝的慈禧太后在刚入宫的时候就居住在储秀宫的后殿，并在这里生下了同治皇帝。

紫禁城内后宫的宫殿非常多，慈禧太后独独对储秀宫情有独钟，经常在那里居住，这是为什么呢？

其实，慈禧太后之所以钟情储秀宫，除了储秀宫的居住环境比较舒适之外，一个很大的原因就是储秀宫是她"梦开始的地方"。在慈禧太后的心目中，这是她得幸的地方，是她生下儿子的地方，是她发迹的地方，也是她养生的福地。当然，她也有她的用意，用今天的话说，那就是紧紧抓住自己的政治本钱。

慈禧太后刚进宫时，被封为兰贵人，被安排住进了储秀宫。那时的她地位不高，在生下同治帝之前，只不过是一个嫔。而咸丰帝又是一个博爱之人，宠幸了她不久，就渐渐地遗忘了她。

后来，慈禧太后生下了一个儿子，他就是同治帝，由此她才上升为妃，以后因为儿子又升到贵妃。在储秀宫，她度过了作为兰贵人、懿嫔、懿妃、懿贵妃近十年最美好的岁月，直到咸丰十年（1860年）八月，随从皇帝前往热河。第二年七月，咸丰驾崩；九月，她与清廷成员从热河还京时，身份已经是皇太后了。

辛酉政变后，慈禧太后掌握了政权，被尊称为慈禧端佑康颐皇太后。可是不管自己获得多大的封号，获得多少物质上的奖赏，对她来说，都已经不重要了，因为那等于她自己封自己，自己往自己脸上抹粉罢了。对她来说，最大的本钱就是她生下了同治帝，而且就是在储秀宫生的。这是她的通天金字招牌，是抓权的真正政治资本，所以她长期居住在储秀宫。

在储秀宫度过最好的十年后，慈禧太后搬到了长春宫，可是在她的心里，储秀宫才是她最爱的所在。光绪十年（1884年），慈禧太后在庆贺她五十岁生日时，又重新住进了储秀宫，一住又是十年。如今我们所观赏到的储秀宫陈设状貌，就是当年庆贺慈禧太后五十大寿时的摆设。

储秀宫作为后宫中最华丽的宫殿之一，处处都体现了慈禧太后的爱好、趣味。据一位曾经服侍过慈禧太后的老宫女回忆，储秀宫整个庭院共分为两个部分，南边是体和殿，后边是储秀宫。简单的一句话就是：慈禧太后住在储秀宫，吃在体和殿。

储秀宫共五间，分为三明两暗。三个明间是慈禧太后生活起居的地儿，正中间的一间，设有正座，是为了接受朝拜用的。西一间和卧室连着，类似卧室的外间，用来放些日常用物。东一间的南窗前有一条炕，从里往外看，庭院的景色尽收眼中，据说慈禧太后经常坐在炕头上往外望，喝茶、吸烟。两个暗间是她休养身心的地方，最西一间，是她的卧室。

宫殿的外檐，是她最喜欢的明朗、秀丽的苏式彩画，彩画的内容是令人赏心悦目的神话故事、花鸟虫鱼和山水楼阁，线条生动，着色淡雅，清秀中透着超脱红尘的宁静。走进宫门，迎面是紫檀木雕镂彩绘的屏风、楠木雕福寿纹靠背，屏风前是雕刻着云龙图案的宝座和造型精巧的香几、宫扇。放眼看去，东西两侧深色稳重的碧纱橱上，镶满了大臣们敬绘的字画，几乎都是慈禧太后最喜爱的兰花、香草、玉兰和竹子。从这些细节中，可以看出慈禧太后的爱美、讲究。

对储秀宫，慈禧太后一生都挂念着，因为这里承载了她的青春岁月，她的梦想和希望。储秀宫也正因为有了慈禧太后，而变得更加丰满、有底蕴。

清朝阿哥们都住在哪儿

近几年，穿越剧比较火，尤其是清宫穿越剧，更是掀起了一阵"清穿"狂潮，在众多清穿剧中，比较火的有《宫》《步步惊心》等。这些清宫穿越剧的火热，令很多女孩迷上了清朝康熙帝的几位阿哥，如四阿哥胤禛、八阿哥胤禩、十三阿哥胤祥、十四阿哥胤禵、太子胤礽等。

很多人不禁想知道，这些阿哥们平时都住在哪里？

1. 四阿哥胤禛

在清宫穿越剧中，四阿哥胤禛无疑是最佳男主角了，博得了很多女孩子的青睐。在还是阿哥的时候，胤禛居住在雍王府，即雍和宫。雍和宫位于北京市区东北，清康熙三十三年（1694年），康熙帝在此建造府邸，赐予四子雍亲王，称雍亲王府。雍正三年（1725年），改王府为行宫，称雍和宫。乾隆九年（1744年），雍和宫改为寺庙，特派总理事务王大臣管理本宫事务，无定员。可以说，雍和宫是全国规格最高的一座佛教寺院。

2. 八阿哥胤禩

八阿哥胤禩的住所是廉亲王府，位于北京市东城区台基厂。关于八阿哥胤禩的府邸，《京师坊巷志稿》中记载得非常明确，共两处：第一处为"王府大街"条，转引《啸亭续录》记述："裕亲王、廉亲王府，俱在王府大街。"第二处为"四王栅栏"条，同样引有《啸亭续录》的记述，又加了半句话："今皆为昭忠祠。"而"今昭忠祠在台基厂东北。台基厂本王府街，明中叶后置厂于此，故名。续录所称，从其朔也。"可知胤禩的廉亲王府在台基厂东北，相当于现今的台基厂头条。它的西面是裕亲王府，它的东面是安亲王府。

3. 十三阿哥胤祥

十三阿哥胤祥，康熙六十一年（1722年）清世宗雍正帝即位时，受封怡亲王。怡亲王共九代，王府前后共有三处，并且有新旧两处之分。

怡亲王府旧府位于王府井帅府园，只居住过始封王允祥（即胤祥）一代。雍正八年（1730年）允祥死后，雍正帝命将此府改成贤良寺。据《宸垣识略》卷五记载："贤良寺在东安门外帅府胡同，雍正十二年（1734年）建。本怡贤亲王故邸，舍地为寺，赐名贤良。乾隆二十年（1755年）移建于冰盏胡同。有世宗御制碑暨今上御书心经塔碑。"移建后的寺，面积虽然不大，但很有名气，李鸿章在刚进京的时候就曾经在该寺居住。在20世纪80年代的时候，该寺是校尉小学校，如今已经被拆除。怡亲王府新府位于朝阳门内大街路北。继袭怡亲王爵位的允祥第七子弘晓，自旧府中迁出，居于该处。后清朝末期，慈禧太后发动宫廷政变，袭怡亲王爵位的载垣被革爵处死，府第被收回，慈禧将此处府邸改赐孚郡王为邸。自新府被收回后，一直没有归还，这才有了第三座怡亲王府，该王府位于东单北极阁三条，原是宁郡王府。同治三年（1864年），虽然恢复了怡亲王的爵位，但胤祥的后代仍然居住在宁郡王府。因此宁郡王府成为第三座怡亲王府。

4. 十四阿哥胤禵

胤禵的府邸为恂郡王府，位于西直门内大街后半壁街。道光年间，恂郡王府成为宣宗第九女寿庄公主府；在光绪十四年（1888年），该府又成为成亲王后裔贝子毓橚之府，直到清王朝统治的结束，该府一直被叫作橚贝子府。如今的恂郡王府只在府邸的西南角存有一段府墙及几棵松柏树，其他的建筑已经被毁。

5. 太子胤礽

太子胤礽的居所比较多。他生于坤宁宫，小时候和父皇康熙皇帝一起住在乾清宫，长大后住在毓庆宫，被废黜后又住在咸安宫。康熙皇帝驾崩后，胤礽被继位的雍正皇帝安排在了理亲王府，直到去世。《啸亭杂录》中记载："理亲王府在德胜门外郑家庄，俗名平西府。"德胜门外郑家庄，也就是今天的昌平区郑家庄平西府村，也是清代唯一一座不在京城内的王府，距离城中心约有十余公里。据《清史稿·诸王传》记载，雍正元年下诏在郑家庄修建房屋，驻兵丁，移胤礽居住。雍正二年胤礽病逝，其府为袭王弘晳居住。王府没落后，称平西府。

6. 九阿哥胤禟

九阿哥胤禟的府邸是九贝子府，位于铁狮子胡同，也就是今天的张自忠路路北，东四十条路口。据《京城坊巷志稿》转引自《啸亭杂录》记述："恭亲王府、贝子胤禟府，俱在铁狮子胡同。"九贝子府原来并不是一个独立的府邸，而是恭亲王常宁府邸的其中一部分。当年，在胤禟分府的时候，对恭亲王府有个一分为二的过程，一部分划给胤禟作贝子府，另一部分则留给满都护为贝勒府。再到后来，胤禟的九贝子府就被分给雍正的第五子弘昼，成为和亲王府。

7. 十阿哥胤䄉

胤䄉的府邸是敦郡王府，该府也被称为"十王府"，位于西城区什刹海南官房胡同西口路北。

8. 十七阿哥胤礼

胤礼的府邸是果亲王府，位于平安里西大街东首路北。对该府，《乾隆京师全图》中有记载，表明该府的范围非常大，东起育幼胡同，西与慎郡王府隔一夹道，南墙至今天的平安里西大街，北墙则在今天的大觉胡同及前广平库胡同，也就是今天的中国少年儿童活动中心的东部。

紫禁城过去为何不设厕所

去故宫参观时，游客在欣赏中国古代皇家宫殿的同时，也不免会对皇家的衣食住行产生兴趣，在脑海中产生种种疑问，如皇宫里的人都吃些什么？穿些什么？他们的吃喝拉撒都是怎么解决的？尤其是当人们在遇到内急的时候，因游客众多而排队等候上厕所时，不免会发出这样的牢骚："真不知道古代皇宫的人是怎么上厕所的！"

是呀！紫禁城里的人都是在哪儿上厕所的啊，因为游遍整个故宫也没有见着哪儿写着"厕所""茅房"或者其他什么表明是厕所的招牌啊。

其实，在明清时期，紫禁城里是没有我们今天这种意义上的"厕所"的。原因很简单，第一个就是为了避免环境被污染，尤其是夏天，会弄得整个宫殿内臭气熏天，影响皇家形象；第二个原因就是为了方便主子们，省得他们还得跑到厕所里亲自如厕。

那么，没有厕所，那些皇宫里的人平时都是怎么解决如厕问题的呢？

原来，上至皇帝、皇后，下至最普通的宫女，他们在"方便"的时候,都会使用便盆。而"方便"的地点便是净房,也就是大殿的一角。通常在"方便"时,他们会用布帘与外界隔开,并且便盆上都有盖子,最重要的是,他们还会在便盆里放上炭灰和草木灰,甚至香料。一旦"方便"完,便马上将裹有炭灰的秽物倒入粪车,小便入马桶,随时处理,所以整个皇宫中绝没有一点异味。

一般情况下,皇帝、后妃们使用的便器有一个特别的名字,叫作"官房",由专门的太监保管,平时不放在寝宫中,在需要的时候才传。"官房"材质好、制作精美、造型独特。例如,慈禧太后的官房便是用檀香木雕刻而成的,并且图案非常与众不同,官房的外壁是雕刻得栩栩如生的一条大壁虎,其四爪落地恰成为官房的四条腿,肚子鼓成大葫芦肚,成为装秽物的容器,尾巴卷成"8"字成为官房的把手。壁虎的头在上,往后仰,正好被人的手吻合地握住,壁虎的嘴略微张开一条缝衔住手纸,两只眼睛镶着红宝石,夺人注视。官房有盖,盖中浮雕螭虎(古代神兽,像狮虎)作为提手。大壁虎的肚子里装的是香木粉末,既干又蓬松。

其实,后世人称慈禧太后的生活非常豪华、奢靡,是有其来头的。从她的如厕程序的复杂程度就可以看出她是一个对生活十分讲究的人。慈禧太后说要传官房,几个宫女就得马上分头准备,有的去叫管官房的太监,有的去拿铺垫,有的去拿手纸。太监要用绣云龙黄布套裹着的官房顶在头上送到太后的寝宫门外,请安以后,打开黄布套,取出官房,由宫女捧着送进净房里,宫女把油布铺在净房地上,把官房放在油布上,再把手纸放进壁虎嘴里;太后方便完后,由宫女将官房捧出去,交给太监,太监仍然用布套包好,举到头上顶出去,清除完脏物后,将其清洗干净,而后再重新放入新的干松香木细末,待下一次再用。

当年的慈禧太后非常喜欢吃吃喝喝,到了晚年还患上了大脖子病,需要官房的频率特别高,将许多宫女折腾得劳累不堪。

帝后们在"方便"的时候，不仅工具非常精细、独特，所用的手纸也是宫女们用心制作出来的。这些宫女们会提前在细棉纸上喷上雾状的水，然后熨干再垫上湿布再次熨干，这样制作出来的手纸不脆不湿，不仅没有纸毛且光滑有弹力。

这是皇太后等皇室贵族们的如厕程序，那么那些普通的宫女、太监们是如何解决内急的呢？他们的程序就相对简单多了。他们也有净房，通常设置在个宫院配房后的某个小屋内，里边有恭桶、茅凳、便盆、灰槽等，方便后，要把污物处理好，把便盆擦洗干净，放在茅凳下，以供后来的人使用。

清朝统治结束后，末代皇帝被赶出了皇宫。在清理皇宫的时候，当年宫内人"方便"时所用的那些器具也被一一清理，只剩下了空屋子，而这些空屋子和其他的屋子没什么大的区别，所以人们就不知道它们的真实用处。所以，今天的人在游览故宫的时候，会以为故宫内根本没有厕所。

清朝殿试知多少

清朝建立后，其统治者仿照明朝的法律制度建立了自己的行政体系，其中就包括广设学校与开科取士，并在明朝的基础上得到了很大的发展。

据史料记载，清朝的科举考试一共分为两个部分：第一个部分是科举考试之前一系列预备考试，包括童生考取秀才的县试、府试和院试；第二个部分包括乡试、会试和殿试。其中殿试是清代科举制度中最高级的考试。

所谓殿试，又被称为"御试""廷试""廷对"，是指由皇帝亲自出题而进行的考试，是宋（金）、元、明、清时期科举考试定制之一，创于唐朝武则天时期，但在当时并没有成为定制，自宋代的时候才开始成为常制，清朝因循前代成例。

关于殿试的考试时间，清前期并没有定制，乾隆二十六年

（1761年），始定于每年四月二十一日，后成定制。

关于清朝时期殿试的地点，有很多的变化。清初，并非在宫殿之内，而在殿前的空地举行，即天安门前。顺治十五年（1658年），改在太和殿丹墀前。雍正元年（1723年），由于在殿试十月举行，天气寒冷，特赐在太和殿考试。乾隆五十四年（1789年），殿试改到保和殿内举行，并定为永制。此后，每年四月二十一日，举子们在中和殿阶下领取试题后依次入保和殿答题。

关于殿试的程序，大致如下：

在殿试之前，有个"出题"的步骤。据曾参与命题的清末重臣翁同龢在《翁文恭公日记》里记载：某年四月二十日寅时（寅正4时）三刻，翁同龢赶到西苑听旨，和其他的官员一起，被皇帝任命为殿试读卷官。之后，众读卷官一起草拟"策问"题目八道，呈给皇帝查看。皇帝看后，选出四道来。然后，读卷官们会将这四道考题认真地书写，并用封筒装好，再次呈给皇帝查看。这个时候已经到了中午时分了。大家用过膳后，皇帝将四道题卷派人送还给读卷官们，密封起来，运到内阁大堂交给负责监考的御史。除了主考官和读卷官，其他任何人都不能在场的情况下，由读卷官书写正式的考试试题。到了酉正（18时），将原先找好的刻字匠召集到大堂来，把大堂前后的门都关好，到了戌初（19时许），发刻试卷。到子正一刻（0时15分）刻成，经过校对、印刷、装订，寅正（4时）完毕，共印370份。从出题到印卷，整整一天一夜。之所以将时间安排得如此紧凑，最大的目的就是为了防止考试题目的泄露。

接下来就是正式的殿试考试了。每年的四月二十一日天还没亮，考生们就已经聚集在了太和门两边，由官员领着到保和殿丹陛下。在经过一番三跪九叩之后，考生按之前排好的座位来到考桌前，正式开始答题。殿试时，派王、大臣监试，另有御史4人参与监试。考试时间为一整天，所以很多考生一天下来会很累，为了让考生们更自在一些，考场还专门为每个考生设有考桌，考生们可伏案写卷,以免疲乏。另外,在考试的过程中,考生们还可以进餐或者喝茶。

殿试完毕后,决定考生命运的阅卷立即开始。在清朝初期,读卷官等人在内阁满本堂阅卷。对阅卷天数没有做特别的规定,只是规定在殿试后的三五天内将试卷封呈。乾隆二十五年(1760年)后,规定读卷官等人同处文华殿两廊及传心殿前后房,必须按规定时日完成阅卷。读卷官阅毕,主考官等拟定前十名答卷,进呈皇帝。皇帝钦点一甲前三名,就是状元、榜眼、探花,读卷官将后七卷填写二甲名次,交内阁列金榜。

接下来的仪式是举行传胪(唱名)典礼。该典礼通常由礼部官员在保和殿进行,宣布考中进士的甲第和名次,并将名单写在黄色榜上,所以称作"金榜题名"。

最后的环节是发榜,通常在殿试后的两天后进行,考中者分为三个等级:一甲三名,第一名状元、第二名榜眼、第三名探花,为"进士及第";二甲若干名,为"赐进士出身";三甲若干名,为"赐同进士出身"。进士中一甲三人,殿试后立即授职,第一名状元授翰林院修撰(从六品),第二、三名榜眼、探花授翰林院编修(正七品);其他进士,按殿试、朝考名次,分别授以庶吉士、主事、中书、行人、评事、博士、推官、知州、知县等职。

作为科举考试中的最后一环,参加殿试的考生都是层层选拔出来的精英。同时,殿试又是考生向皇帝展示才华的最好机会,士子无不竭智尽力,希望能够得到皇帝的青睐从而仕途顺利。

清代皇帝大婚的洞房在哪里

北宋著名诗人苏轼有一首诗广为流传,即:"春宵一刻值千金,花有清香月有阴。歌管楼台声细细,秋千院落夜沉沉。"其中最有名的一句便是其第一句。

"春宵一刻值千金"，从句子的内涵意思中就可以理解到，对于广大老百姓来说，那一刻是如此重要。而皇帝也是人，这一刻对他们来说，也是同等重要。

皇帝贵为真龙天子，在举行大婚的时候也要进"洞房"，但其中的风俗习惯和民间有很大的不同。

在进故宫游玩的时候，游客到坤宁宫参观时，导游会指给大家看：这里是坤宁宫东暖阁，就是皇帝皇后大婚的喜房。于是，很多游客都认为，明清北京皇宫二十四位皇帝结婚的洞房都是在这里，其实不然，历届皇帝大婚的洞房所在并非固定在一个房间里，而一般都把举行仪式的地方当作大婚之夜的洞房。在清朝，洞房一般设在坤宁宫的东暖阁，也就是今天我们去故宫所见的那个"洞房"所在。清朝光绪帝的大婚，洞房就在坤宁宫的东暖阁。据一位刘姓老宫女回忆说，光绪帝举行大婚礼时，慈禧太后派她做喜婆在坤宁宫守喜。

要说起皇帝的洞房，那可是无比豪华，比民间老百姓的洞房要高档得多。但也少不了贴红双喜、喜庆对联的习俗。和民间的洞房一样，皇帝的洞房也是以大红色为主颜色，在床前挂着"百子帐"，床上铺有"百子被"，床头悬挂大红缎绣龙凤双喜的床幔，象征着"多子多福"之意。洞房的墙壁都是用红漆及银殊桐油髹饰的，在门前吊有一盏双喜字大宫灯，鎏金色的大红门上有粘金沥粉的双喜字，门的上方为一草书的大"寿"字，门旁墙上一长副对联直落地面。从坤宁宫的正门进入东暖阁的门口，以及洞房外东侧过道里，各竖立着一座大红镶金色木影壁，取帝后合卺和"开门见喜"的意思。

皇帝洞房里面装饰得可谓富丽堂皇、异常亮丽。东暖阁为敞两间，东面靠北墙是皇帝的宝座，右手边有一柄象征着"吉祥如意"的玉如意。前檐连着一座大炕，在大炕的两边分别是紫檀雕龙凤，在炕几上有很多小摆设，如瓷瓶、宝器等，在炕前左边长几上还陈设着一对双喜桌灯。龙凤喜床安置在东暖阁内西北角，在喜床上铺着厚实暖和的红缎龙凤双喜字大炕褥，图案精美、绣工精细、富贵无比……

您如果对清代皇帝大婚的洞房感兴趣的话，不妨亲自到故宫坤宁宫的东暖阁里瞧一瞧，相信您会从中学到更多东西的。

冷宫究竟在哪里

我们经常在古代电视剧里面看到这样的场景，就是某一妃子一旦犯了事儿，往往会面临被关冷宫的命运。而且一旦住进冷宫，不仅要遭受太监、宫女的冷眼和虐待，还可能一辈子都无出头之日，有的甚至衣食都无法保证，最终抱恨而终。

受电视剧的影响，很多人都对冷宫很有兴趣，去故宫参观时，总要找找"冷宫"在哪里，看看那些古时候的皇帝是不是真的过着"三宫六院七十二妃"的生活，看看那些被抛弃、被惩罚的妃子所住的冷宫究竟是什么样的？

很奇怪的是，没有人在故宫大院里看到任何标有"冷宫"字样的房子，哪怕是在犄角旮旯里也没有发现。难道冷宫是人瞎编乱造出来的吗？

在谈是否真有冷宫之前，我们先谈谈皇帝的"三宫六院七十二妃"。所谓的三宫六院，是明、清时期对后宫的称呼，其中三宫是指乾清宫、交泰殿、坤宁宫，六院是指斋宫、景仁宫、承乾宫、钟粹宫、景阳宫及永和宫。而七十二妃呢，则是一个虚数，是用来形容皇帝的妻妾众多，而不是指皇帝实实在在地只能有七十二个妃子。用以形容皇帝妻妾多的词，除了"七十二妃"还有"粉黛三千"，都是形容皇上拥有的女人人数多。

至于皇帝拥有多少女人呢，我们或许可以从《礼记》中的记载中窥视一二，周朝的制度是"天子后六宫，三夫人，九嫔，二十七世妇，八十一御妻"。这说明，早在我国周代，天子的妻妾就有夫人、嫔、世妇、御妻等名号，数量也相当惊人。

封建帝王有着至高无上的权力，可以随心所欲地挑选妃子，而也有很多秀女拼了命地想要进宫、和别的女人争宠，以为当了皇上的女人便可享尽荣华富贵。可是，"宫中多怨女"，那么多后宫佳丽中，又有多少人真得善终了呢？

皇帝的女人那么多，能够获得赏识的其实只是少数。而且，那么多女人抢着献媚一个男人，难免争风吃醋、相互恶斗，有斗就有胜有败，那些败的人又有什么样的结局呢？另一方面，人常说"一入豪门深似海"，皇宫作为当时最大的豪门，每一个人活在里面都如履薄冰、小心翼翼，但有时难免会出错、会疏忽、会生事儿，而皇家一般为了皇室的体面，后妃犯罪赐死的概率不大，就需要地方安置他们，那么把她们安置在哪里呢？就是安置在冷宫。所以，故宫里虽然找不到标有"冷宫"字样的房间，但冷宫的确存在。

那么冷宫究竟在哪里呢？

对此历来有两种说法：一种说法是冷宫其实就是乾清宫、长春宫；另一种说法是冷宫没有固定的地方，凡是囚禁妃子的地方一律称为冷宫。根据明、清史料进行分析，第二种说法比较可靠，故宫并没有明确的"冷宫"匾额，并不是皇宫里某一处宫室的正式命名。凡是妃子犯了事，通常会就近找间宫室安置她们，这个房间就成了冷宫。所以，每一代皇帝的后宫中，都会有很多处冷宫。据史料记载，明清时期被作为冷宫的地方就有很多处，这里只举两例。

明朝末年，当时的乾西宫就是其中的一个冷宫，里面囚禁的妃子是天启皇帝的成妃李氏。当时李氏得罪了在后宫中权力极大的太监魏忠贤，由长春宫被赶到御花园西面的乾西宫，一住就是四年。而且这一处冷宫幽禁的不止李氏一人，曾先后被幽禁在这里的还有定妃、恪嫔等三人。

清朝光绪年间，当时的北三所（现已经坍毁）也是一处冷宫，囚禁的是光绪帝最宠爱的珍妃。史料记载，珍妃被慈禧扔进井里之前，被慈禧软禁在景祺阁北边的北三所，这个地方就在今天珍妃井西边的山门里。

住在养性斋的外国人

养性斋位于御花园西南，始建于明代，最初叫乐志斋，到清代的时候改名为养性斋。养性斋共两层楼，楼上正中悬挂着康熙皇帝御笔匾："飞龙在天"。楼下正中悬挂着匾"居敬存诚"，北楼下东向匾曰"悦心颐神"。这些苍劲有力的匾额，使斋内充满了文化气息。乾隆帝还将养性斋定为书房，专门用来收藏为纂修《四库全书》而征集的书籍。嘉庆帝和道光帝两位皇帝还经常到养性斋来吟诗作赋。从清朝几位皇帝对养性斋的喜爱和斋内众多的丹青墨迹来看，养性斋曾是清帝的书香雅室。然而在1924年的年初，在末代皇帝溥仪的安排下，养性斋竟住进了一个外国人，这个外国人就是溥仪的英文教师庄士敦。

庄士敦，原名雷金纳德·弗莱明·约翰斯顿，是一个与中国尤其是与清朝末期有很深渊源的外国人，也是中国几千年帝王史上第一位也是最后一位具有"帝师"头衔的外国人。他于1874年出生于苏格兰首府爱丁堡，是一个地地道道的"中国通"，讲着一口十分流利的"京语"，平时一概穿大清朝服，行大清礼节，崇尚儒家思想。1898年，庄士敦作为一名东方见习生被派往香港。从此，他以学者兼官员的身份在华工作生活了34年。1919年2月，庄士墩赴京，开始了"帝师"生涯。

庄士敦作为帝师是十分合格的。他对溥仪非常关心，向其介绍西方文明，使溥仪的眼界大开，对溥仪的一生影响非常大。对此，溥仪在回忆录《我的前半生》里承认，庄士敦已经成为他灵魂中的重要部分。同时，庄士敦还是清室的保护人，他赞成复辟大清。溥仪曾赐他头品顶戴，御书房行走等职。

在华期间，庄士敦撰写了大量有关中国问题的论著，如《佛教徒在中国》《威海卫狮龙共存》《儒教与近代中国》《紫禁城的黄昏》等。

庄士敦对中国的传统文化尤其是儒家思想非常崇尚,几乎到了痴迷的程度。来到中国后,他不仅为自己起了个中国名字庄士敦,而且按照中国的传统为自己取了一个字——"志道",该词取《论语》"士志于道",即要做基本价值的维护者的意思。

1931年,庄士敦离开中国,回到英国,就职于伦敦大学,我国伟大的大文豪钱钟书先生在留学英国的时候,就曾经受到过他的悉心指导和教诲。

7年后,庄士敦在对中国往事的无尽思念中走到了生命的终点,享年64岁。

第五章

老北京的城门牌楼

老北京的城门有哪些

北京作为京城,自金代建都,经元、明、清、民国直至现代,有近千年的历史。如今的基本格局形成于明代,江山易主,清承明制,并没有多么大的变动,只是城门的名称有所改动。整个北京城的城门主要由四个部分组成,即宫城城门、皇城城门、内城城门和外城城门等。

1. 宫城城门

宫城又称紫禁城,周长6里多,城墙高7.9米,内外砖砌,外围护城河,四隅角楼,巍然高耸。清依旧制,在四周各开了一门,南为午门,北为神武门,东为东华门,西为西华门。

午门:午门是紫禁城的正门,位于紫禁城南北轴线上。此门居中向阳,位当子午,所以被称为午门。午门始建于明朝永乐十八年(1420年),清朝顺治四年(1647年)重修,清朝嘉庆六年(1801年)再修。

神武门:神武门是紫禁城的北门,建于明永乐十八年(1420年),在明朝的时候被称为玄武门。所谓玄武,是古代四神兽之一,包括左青龙、右白虎、前朱雀、后玄武,玄武主北方,所以帝王宫殿的北宫门多取名"玄武"。清康熙年间重修时,因避康熙帝玄烨名讳改称神武门。

东华门：东华门是紫禁城东门，始建于明永乐十八年（1420年）。

西华门：西华门是紫禁城西门，始建于明永乐十八年（1420年）。清朝末期，八国联军攻打京城，慈禧太后、光绪皇帝一行即由西华门离宫，仓皇西逃。

2.皇城城门

皇城是保护紫禁城（宫城）的外围城墙，始建于明永乐十五年（1417年），包围紫禁城、西苑（三海）、镇山、祖庙、社稷坛。周长约18里，7座城门。南面开大明门（清改大清门、民国改中华门、1976年修建毛主席纪念堂）、承天门（清改天安门）、长安左门（龙门）、长安右门（虎门）；北面开北安门（清改地安门）；东面开东安门；西面开西安门。目前主要为天安门、地安门、东安门、西安门。

天安门：天安门始建于明永乐十五年（1417年），最初名叫"承天门"，寓意"承天启运""受命于天"，是紫禁城的正门。当年的承天门非常普通，只是一座三层楼式的木牌楼。此楼于1451年毁于大火，1465年予以重建，明末时又毁于兵火，直到清顺治八年（1651年）重修，才大体成为今天的样式，并改名为"天安门"。

地安门：地安门是北京中轴线上的重要标志性建筑之一，是皇城的北门。和天安门南北互相对应，寓意天地平安，风调雨顺。

东安门：清朝北京皇城的东门，位于今南、北河沿大街东侧，与东华门大街交汇处。门内（西）为跨玉河之石拱桥，因官员们上朝陛见，皆由东安门进宫，所以俗称此桥为望恩桥或皇恩桥。

西安门：位于西城区中部，建于明永乐十五年（1417年），没有城台，民国时拆除两侧城墙。1950年毁于火灾，有楠木模型尚存。原城门周围有北京水准原点旧址、西什库教堂、礼王府等文物古迹。

3. 内城城门

明嘉靖以前，北京还没有"内城"的说法，嘉靖年间修建了外城，于是出现内城、外城之别。内城是明初在元大都城垣基础上改建和扩建的，城周长40里，开九座城门。分别是东边儿的东直门、朝阳门；西边儿的西直门和阜成门；北边儿的德胜门、安定门；南边儿的崇文门、正阳门（前门）和宣武门。

正阳门：正阳门位于北京内城南垣正中，为北京内城正门。元代、明初被称为"丽正门"，后于正统元年（1436年）改名为"正阳门"。城楼面阔七间，进深三间，一层周匝出廊，二层挑出钩栏平座，三层滴水重檐歇山顶，布灰瓦绿色琉璃剪边。城楼与城台通高40.96米，气势恢宏。

崇文门：原是元大都的十一个城门之一，当时被称为文明门，是南城三个门最东的一个。明朝改建北京城，将十一门改为九门；文明门的位置虽然未动，但改名为崇文门。清朝沿用此名，直到今天。

宣武门：宣武门位于西城区南部。明、清时京师内城九门之一，后演化为地片名，泛指宣武门东、西大街，宣武门内、外大街附近。建于明代，初称顺城门，正统四年改称宣武。

德胜门：始建于明正统二年（1437年），明清北京城内城九门之一，是由城楼、箭楼、闸楼和瓮城等组成的群体军事防御建筑。元为健德门，为出兵征战之门。

安定门：元称安贞门。此门为出兵征战得胜而归收兵之门，京都九门中有八门瓮城内建筑关帝庙，唯安定门内建真武庙，在诸门中独具一格。

朝阳门：元称齐化门，是漕粮出入的城门，京城百姓的口粮基本均来源于此。现在的老人们仍有叫它齐化门的，有时也被讹称"奇货门"。

东直门：是位于北京城内城东垣北侧的一座城门，主要包括东直门城楼、东直门箭楼、东直门闸楼和瓮城。后演化为地名儿。

西直门:是北京内城的九大古城门之一,自元朝开始就是京畿的重要通行关口,还是明清两代自玉泉山向皇宫送水的水车必经之门,因此有"水门"之称。

阜成门:位于西城区中部。元代为大都城平则门所在地,明、清为京师内城九门之一。后来演化为地片名,泛指阜成门附近,即阜成门南、北大街,阜成门内外大街一带。

4.外城城门

北京的外城也叫南城。椐《明世宗实录》记载,北京城南"居民繁伙,无虑数十万户。又四方万国商旅货贿所集。""庚戌之变"之后,为加强北京城防,明朝嘉靖皇帝下令修建。嘉靖三十二年(1553年)十月辛丑,南城修筑完成,皇帝亲自给新修的几座城门正式命名:"上命正阳门外门名永定,崇文门外门名左安,宣武门外门名右安,大通桥门名广渠,彰义街门名广宁。"至清道光年间,为规避道光皇帝的御讳,广宁改"广安"并沿用至今。

永定门:是老北京外城七座城门中最大的一座,也是从南部出入京城的通衢要道,始建于明嘉靖时期,共跨越了明、清两代。于1957年被拆除,现存城楼为2004年重建。

广渠门:是北京外城城墙东侧的唯一一座城门,曾称大通桥门,又称沙窝门,是老北京城门中比较简朴的一个,建于明朝嘉靖三十二年(1553年)。广渠门城楼现在已经不复存在。

广安门:为外城唯一向西开的门,与广渠门相对。明代称广宁门,又名彰仪门,清朝道光年间为避清宣宗旻宁之讳改为现名。因其是各省陆路进京的必经之路,所以广安门内的彰仪门大街(即今天的广安门内大街)在清朝时非常繁华,素有"一进彰仪门,银子碰倒人"的说法。

右安门:又名"南西门",原是北京外城的七门之一,明朝嘉靖四十一年(1562年)建成,现在已经不复存在了。右安门位于西城、丰台两区交界处，现在的右安门立交桥位于南二环中部，是北京城南地区的一个重要交通枢纽。

左安门：是北京外城南侧三个城门之一，位于永定门东面，建于明嘉靖三十二年（1553年），即北京外城建成的时间。清光绪以前，左安门一带非常繁华，店铺也较多，但慢慢萧条下来，到中华人民共和国成立前夕，已变成北京最冷落的城门之一。

东便门：是北京外城东南端的一座小城门，位于北京城墙东南端角楼旁边，是北京保存下来的城门之一，主要由城楼和箭楼组成。

西便门：是北京外城西南角的一处城门，位于北京城墙西南端角楼旁边，主要由城楼、箭楼、瓮城组成。后演化为地片名，泛指西便门外大街交会处及西便门东街与广安门北滨河路附近。

天安门华表的来历

凡是初次到京城的人，无论是出差还是旅游，多会到天安门前去参观。而到天安门前参观，必少不了一睹华表的风采。立于天安门城楼前的那一对汉白玉雕刻的华表，周身雕刻精致，浑圆挺拔，直冲云霄，并与雄伟美丽的天安门城楼一起，构成了一幅绝美的图画。所以不少人还专门与华表合影留念。

但除了见识到华表那雄伟、庄严的外表，你了解华表的历史演变吗？又知不知道天安门前的一对"华表"有着什么样的意义吗？

华表是一种巨大的石柱，主要用来做古代宫殿、陵墓等大型建筑物前面的装饰物。原为木制的高柱，其顶端用横木交叉成十字，似花朵状，起某种标识作用，故称之为华表。相传华表既可以作为道路的标志，又有方便路人"谏言"的作用，出现于原始社会的尧舜时代。当时，人们在交通要道设立一个木柱，作为识别道路的标志，后来的邮亭、传舍也用它做标识，它的名字叫作

"桓木"或"表木",后来统称为"桓木",因为古代的"桓"与"华"音相近,所以后世人慢慢地读成了"华表"。

除了可以做道路的标志外,华表还有一个功能,那就是让人们在上面刻写自己的意见,也因此华表又叫作"诽谤木"。根据史料记载,舜在位的时候就有这种诽谤木了。只是当时"诽谤"一词并非今天所有的含义,今天的诽谤之义是造谣污蔑,而古时候诽谤的意思是指议论是非、提意见。所以"诽谤木"就相当于今天的"意见箱"。为什么用华表来记载人们的意见呢?因为华表作为道路的标志,通常都会安置在路口,那里人来人往,容易滋生各种争议和意见。在这里设置华表,有助于君王广泛地听取老百姓的心声,据以实施各项民政措施。

然而随着时间的流逝,封建君主制取代了原始社会体制,帝王们为树立自己的绝对权威,当然不允许百姓随意对封建王朝提意见了。封建君主将这流传甚广的"诽谤木"形式纳入皇家专用,将大木柱雕刻上龙、云之纹,以表示君王是龙的化身、云海上的天子,安置于皇宫或帝王陵寝之前,成为皇家建筑的一种特殊标志。

其实,关于天安门的华表,有着更富有内涵的传说。天安门共有两对华表,分别立于天安门前后。如果你曾在天安门前仔细观赏过华表,就会发现柱顶上雕刻有一个蹲着的神兽。据说这神兽名叫"犼",是专门用来守家看户的。天安门前华表上的"犼",兽头面向宫外,其用意是希望君王不要沉溺于山水风流而不理朝政,似乎在对外出游览的君王说:"君王您赶紧回来处理朝政、治理国家吧!"因该兽有着这层意义,所以又被叫作"望君归"。而天安门里边的一对华表,其顶端同样也蹲立着一座石兽"犼"。不过这只"犼",面向北方,朝着宫殿的方向,其用意是劝诫君王不要沉溺于后宫玩乐,要经常寻访民情。所以这只"犼"又被叫作"望君出"。这些关于华表的故事,充分地传达了老百姓希望君王勤勉、亲民的朴素感情。

正阳门门匾上的"门"字为什么没有钩儿

在天安门广场的南边,背对着毛主席纪念堂,有一座宏伟壮丽、古色古香的城门,它就是正阳门。正阳门,也被称为前门、前门楼子,是老北京城最高的建筑,楼高 33 米,通高 42 米,比天安门还要高 8.7 米。明、清两朝,每逢皇帝去天坛祭天,去先农坛演耕,正阳门都会启开正门,龙辇从此经过。

作为京城九门之首的正阳门,关于它的传说非常多,但其中最让人感兴趣的莫过于其门匾上的"门"字没有钩儿这回事了。其他处城门门匾上的"门"字儿,最后一笔是一竖一钩儿,只有正阳门的"门"字不带钩儿,而是直直的一竖。这到底是为什么呢?

相传,这正阳门门匾上的"门"字之所以没有钩儿,与明朝弘治年间发生的一件大事有很大的关系。

那是在明朝弘治六年(1493 年)的夏季,当时旱灾蔓延,蝗虫成灾,折磨得老百姓苦不堪言。就连北京城的四周也都在闹蝗灾,闹得人心惶惶。孝宗皇帝看到这种情况,就想着出宫去查看一番。

不想孝宗皇帝一行人刚走出正阳门外,就看到前面飞来乌压压一大片蝗虫,大臣们赶紧护驾,连哄带劝地把孝宗皇帝往城门洞子里拉。就在拉拉扯扯中,孝宗皇帝被一群蝗虫"追"着,跑回了宫里。

别说体察民情的事儿了,就连皇宫的门都没有出去,孝宗感觉自己在大臣面前很没面子,心里非常不高兴。但他没把责任归于自己的胆怯,反而怪罪起城门来。他对大臣们说:"朕本来是一门心思要出城的,但就在要出城门时,突然觉得有东西钩住了朕的龙袍,使朕没有出得城去。"

大臣们听了,都没明白孝宗表达的是个什么意思,便都没敢搭腔。

孝宗皇帝接着说:"朕想了半天,才想出个道道来。就是因为城楼门匾上正阳门这三个字中的'门'字有一钩儿,这一钩儿太不祥了。门嘛!就应该畅通无阻,怎么能有钩子搭衣绊脚呢?"

大臣们听了,这才明白了孝宗皇帝的意思,赶紧点头称是。

见大臣们理解了自己,孝宗皇帝便下道圣旨,命人重写正阳门的门匾,将门匾上的"门"字的钩儿抹掉了。从此以后,正阳门门匾上的"门"字便没有钩儿了,并且一直流传至今。

故宫门槛为何被锯掉了

爱新觉罗·溥仪,是大清国的最后一代皇帝,关于他的传闻有很多,但"溥仪锯故宫门槛"的事儿却鲜为人知。

大家都知道,在我国,很多房屋尤其是老房子,都会在门口做个门槛,除了能够防止沙尘进房屋内之外,最主要的原因是,在老辈人的心目中,房屋的门槛能够趋吉避凶。

故宫作为一座古老的建筑,在其设计、建造过程中,参考了很多风水学说,在趋吉避凶方面做得更完美。然而,很奇怪的是,在去故宫游览时,你会发现内廷里很多宫门的门槛被锯掉了,而且那些被锯下的门槛有的被放置在大门后面的汉白玉石座上,有的还被包上一层铜皮。这是怎么回事呢?其实,这都是溥仪干的"好事"。

原来,清朝统治结束后,溥仪也随之被迫退位。但他虽然退了位,却并没有离开家,仍然住在故宫里。在这个"小天地"里,他犹如还在位的样子,每天都有遗老遗少、大臣、太监、宫女们对他问候请安,以"万岁"相称。

然而,溥仪生活的环境虽然比较传统,可是由于他曾经受过西方文化的影响,见识过很多新鲜的事物,所以骨子里并没有安分下来。一天,他的英文老师送给了他一辆自行车。溥仪对这辆自行车可谓一见钟情，没几天便能骑着它在内廷里转悠了。

有的时候，溥仪也会带上自己的皇后婉容一起玩。婉容也是一个非常灵巧的女人，很快也学会了骑车，可两人合着骑一辆自行车哪能尽兴啊，于是溥仪命人又买来几辆自行车

没想到自行车够骑了，新的问题又来了。那就是宫里的门实在是太多了，每过一道门槛都要下来，搬着车过去，这样实在太麻烦了，溥仪和婉容两个人都为此十分烦恼。

没几天，溥仪就下旨锯门槛。可是这道圣旨刚下去，宫里就闹得翻了天。为什么呢？原来，清廷遗老们不愿意呀！他们说，锯门槛这事情太不吉利了，那样老祖宗留下的好风水就都被破坏了。

可性格执拗的溥仪哪听得进清廷遗老们的话，他还是坚持锯掉了门槛。这事很快被隆裕皇太后知道了。隆裕皇太后也非常气愤，她马上叫来了溥仪，大声地呵斥说："你真是晕了头了，那门槛能是轻易锯掉的吗？那可是咱们老祖宗留下的呀，好几百年了都没人敢动，如今虽然是民国了，但先朝的规矩不能破，大家都还指望着你能重整旗鼓、恢复大清，你却要先自毁宫门，这像什么话！"溥仪听了隆裕皇太后的话，没有说什么，但心里是一百个不乐意，只想着先等等再说。

说来也巧，这事过去没多久，隆裕皇太后就生病了。溥仪看隆裕皇太后病得不轻，想来也无暇管自己的事，便想来个"先斩后奏"，背着她把那些门槛锯了再说。

于是，他传旨将门槛马上给锯掉。管事的太监接旨后，知道这事躲不过去了，可又怕日后隆裕皇太后怪罪，便想着能拖就拖。便跪下向溥仪请示说："万岁爷，奴才不知从何处锯起呀……"

溥仪心想，自己在养心殿住，常在后三宫一带骑车玩耍，把这附近的门槛锯掉就够用了，再用别的地儿时，到时候再锯。便说："就从那御花园入口处顺贞门东侧的门槛锯起，往南经集福门，过琼苑西门、长康右门，然后是西一长街的近光右门和内右

门，全锯了……"

听了溥仪的旨意，管事太监实在没辙，便遵照溥仪的旨意办了。他命人从御花园入口处的顺贞门东侧的门槛锯起，没几天，就把溥仪所说的那些门槛全给锯了。锯完后，他发愁了："那些个被锯掉的门槛都好好的，如果扔了就太可惜了，不如我好好安置安置。"于是他在大门后设置了一个汉白玉的石座，将锯下的门槛放在上面，有的还包上一层铜皮，以防被损坏。然而，不知道为什么，储秀宫东侧的门槛南端只锯了一半就停下来了，如今那锯口还在那呢！

将门槛锯掉后，溥仪和婉容骑车就方便多了，一路畅通无阻，心里别提多开心了。可是，纸包不住火，这事后来还是被隆裕皇太后给知道了。可木已成舟，隆裕皇太后再怎么做都无济于事了，她把溥仪找来大声呵斥了一番，这事也就过去了。

天安门石狮子的传说

在天安门前，金水河两岸的东西两侧，各有一对厚重敦实的守门石狮。这四只石狮雕刻精美、栩栩如生、左右成对、遥相呼应。它们双目圆睁，全神贯注地紧盯着天安门前中间的御道，如真龙天子跟前的忠实卫士。

仔细观察这石狮子，细心的人会发现，位于天安门西边、金水河北岸的那只石狮光滑的前胸上有着一道非常明显的伤痕凹坑。守候在天安门前的石狮本应被保护得很好，却为何会有这么一道伤痕呢？是当年石雕工匠工作上的失误，还是后来有人故意破坏呢？

其实这个伤痕与李自成有关。

明朝末年，李自成带领起义军，浩浩荡荡一路北上，攻破关口连打胜仗杀入北京城。那个时候，明朝末代皇帝崇祯帝被李自成的起义军吓得跑到了景山，在那自缢了。而那些守城的官兵根本抵御不了李自成的起义军，再加上皇帝都死了，他们个个都无心应战，很快，李自成的大兵就打到城下了，把守广安门的太监投了降，打开城门将李自成迎了进来。

李自成进了广安门后，很快来到了正阳门，可当时把守城门的大将李国桢死活不开城门，双方打了起来，最后李国桢战败，赶紧跑了。李自成便率领着起义军闯进了正阳门，进了大明门。大老远便看到一座高大的、上书"承天之门"四个金色大字的城楼。这时，李自成的手下便指着那座城楼说那就是明朝的"承天门"（1651年承天门改名为天安门，牌楼拆除，改建成今天的样子）。李自成非常气愤，他随手举起铜胎铁背硬头弓，搭上一支铅头飞羽长啸箭，"吧嗒！"一声射将出去，但见流星飞鸿，正中"天"字！李自成大吼："我看你还叫承天！"李自成的话音没落，起义军的兵将都齐声高喊，欢呼万岁！

李自成接着带着起义军向承天门走去，看到在承天门牌楼的南北两面各有一对白玉石狮子。这两对石狮子雕刻得真好，大伙儿都啧啧称奇。就在这时候，忽然一个士兵喊了一声："王爷小心，那石狮子后面有人影！"

李自成听了，大声呵斥道："胡说八道！怎么可能有人！"原来，李自成早就看到一个石狮子后面藏着一个人，只是没有声张。说时迟那时快，李自成赶紧托枪催马，就奔东面那个石狮子扎去，只听"当"的一声，石狮子肚子上被扎了一个枪坑，火星乱爆。只见后面跑出来一条人影，跌在了地上。士兵们将那人影捉了来，是那李国桢。原来李国桢从正阳门逃跑后，企图从崇文门逃走，不料被起义军挡回。最后走投无路才躲在一个石狮后面，不想还是没有逃脱。

从这个时候起，那个石狮子的胸部便有了一道枪坑，直到今天，依然如此。

西便门真的进过老虎吗

西便门位于北京城墙西南端角楼旁边,是北京外城西南角的城门,主要由城楼、箭楼、瓮城组成。西便门和东便门是北京修建较晚的两个城门,最初叫"偏门"。后来叫着叫着,就成了"便门"。

说起西便门的稀罕事儿,不得不提雍正年间西便门进老虎的事儿。

其实要说起这事来还真挺玄乎的,那是在雍正三年(1725年)的十月份,一只野虎闯进了北京城里年羹尧家。这件事后来还被收录在乾隆年间萧奭著的《永宪录》里,主要内容是:虎由西便门进正阳门西江米巷,入年羹尧旧宅,咬伤数人。九门提督率侍卫枪毙之。上降谕:"朕将年羹尧解京,本欲仍加宽宥,今伊家忽然出虎,真乃天意当诛。将虎仍还伊家。"相传羹尧生时有白虎之兆。都城人烟稠密,环卫森严,竟无人见虎所由来?亦非偶然矣!

这里所提及的正阳门就是我们今天所说的前门,而西江米巷就是今天的西交民巷。说起年宅进老虎的前因后果,必须讲一下当时的北京历史。

当时是雍正三年(1725年)的十月份,年羹尧已经被革除了大将军职位,待在杭州等待皇帝发落。一个月后,年羹尧被押送回了北京,议政大臣等罗列年羹尧九十二条大罪,并请求对年处以极刑。最终,年羹尧被赐自尽。西便门进老虎的事儿便发生在这种历史背景下。

西便门进老虎的事儿发生后,很多人对这件事非常不解,说:"既然'无人见虎所由来',那又是怎么知道老虎是从西便门进、经正阳门到达西交民巷的呢?又怎么知道这只老虎是一只野虎呢?"

甚至还有人提出这样的疑问:"这只老虎怎么不去别人家,偏偏跑进了罪臣年羹尧家?难道其中有什么隐情?"更让人觉得不可思议的是,既然是只野虎,为何还在打死后"将虎仍还伊家"?既然是野虎,又何来"归还"之说呢?

由此可见,乾隆年间萧奭著的《永宪录》里关于这件事儿有很多矛盾、失实之处。很多人竟大胆地猜测说,这只老虎本来就是年羹尧家里饲养的,当时由于年羹尧出了事,无暇顾及家中宠物,那老虎得空便出来伤人。这种说法其实有着很大的可能性。

首先,当时北京城皇家内苑饲养的动物里,肯定是有虎的。有例子为证,康熙二十二年(1683年),康熙帝为庆祝海宇荡平,特举办庆贺活动,其中就请了一出戏,这场戏叫《目连救母》。在这场戏里,就使用了真马、真象和活老虎!试想一下,如果不是自家驯养的老虎,保证了百分之百的安全,怎么敢让其在皇宫里帝后们面前出现呢?

而年羹尧在职期间,颇受雍正皇帝的恩宠,随着功劳的增多,渐渐变得盛气凌人、恃宠而骄,他为了显示自己的尊贵地位,饲养老虎也是有可能的。所以,传闻里所提及的那只闯进西便门的老虎真可能就是年羹尧家自己养的呢!

您知道老北京城门的"称道"吗

关于老北京的城门有"里九外七皇城四"之说,这些城门各有自己的称道,而且非常有意思。

1. 城北是"安定真武"和"德胜石碣"

安定真武是安定门的标志性景观。安定门瓮城内修建的是"真武庙",内祀真武大帝。真武大帝又称玄天上帝,民间和道教尊奉的北方玄武神。

德胜石碣是德胜门的标志性景观。乾隆四十三年(1778年),天下大旱,老百姓生活凄苦,乾隆皇帝去明陵祈福,待走到德胜门的时候,天降大雪,将旱灾消除,乾隆帝非常高兴,便作御诗立石碑一通,故有"德胜石碣"之称。

2. 城南有"宣武水平""正阳石马"和"崇文铁龟"

宣武水平是宣武门的标志性景观。据说在宣武门的瓮城内原有砖砌的"五火神台"。这个地方是个低洼地，多雨的季节城内的水多从这里经过流出城外。时间长了，看城门的士兵便以此砖台为记，以水淹砖台的位置判断城内积水的状况，然后再决定是否开城门往外流水，这个方法非常管用，因此就有了"宣武水平"的称号。

正阳石马是正阳门的标志性景观。在正阳门的箭楼与五牌楼之间的河道上有一个石马，它长约2米，高1米多。据说，北京城的子午线（中轴线）之中的"午"，说的就是它。午，乃十二属相中属马之谓也。

崇文铁龟是崇文门的标志性景观。铁龟在崇文门外东北，造型古朴独特，据说护城河下有海眼，以龟相镇，以保平安。

3. 城东侧是"朝阳谷穗"和"东直铁塔"

朝阳谷穗是朝阳门的标志性景观。朝阳门为京城重要的运粮进京之门，故在"瓮城"门洞内的左侧墙上，镌刻有谷穗一束，象征此门为进京粮道。

东直铁塔是东直门的标志性景观。因东直门外下关道南有座铁塔而得名，所供之神像传说是明代惠帝朱允炆。

4. 城西是"西直水纹"和"阜成梅花"

西直水纹是西直门的标志性景观。西直门外玉泉山专供皇家用水，又称水门，所以城吏在城门洞置汉白玉水纹一块，可惜1969年拆西直门，这块水纹再也找不着了。

阜成梅花是阜成门的标志性景观。阜成门洞里刻有梅花，北京冬季用煤多用骆驼运自西山，梅与煤同音，可谓用心良苦。

5. 外城有"彰仪金人""西便群羊""右安花畦""永定石幢""左安架松""东便游船"和"沙窝皇木"

彰仪金人是广安门的标志性景观，指在城门的门楼上面有一个石刻，石刻是三个蒙古人的像，这个石刻据说是金代的遗物。

西便群羊是西便门的标志性景观,因西便门外护城河旁有数十块白石,远望如羊群吃草而得名。

右安花畦是右安门的标志性景观。右安花畦赞美的是右安门外的花乡,那里春夏之季百花盛开,万紫千红繁花似锦。

永定石幢是永定门的标志性景观,指的是永定门外有个燕墩,那里有乾隆皇帝御制石碑,刻有满汉文合写的御制皇都篇,赞美北京城的位置,左拥太行右挟大海,为咽喉要道,最适宜在这里建立首都。

左安架松是左安门的标志性景观,指在左安门外曾有几棵遒劲、盘曲的松树。这原是肃武亲王墓,墓的碑楼与东西朝房之间,有六棵松树,这些松树枝干盘曲,用架子支撑着,所以叫作"架松"。

东便游船是东便门的标志性景观。早前人们经常在通惠河上乘篷船消夏、游玩,每年端阳节前后,东便门通惠河上尤为热闹,笙歌夹岸,碧浪如鳞,画舫澜桡,衣香人影,城堞咫尺,乘舟而游,野趣盎然。因此"东便游船"成为东便门之游览胜景。

沙窝皇木是广渠门的标志性景观。沙窝门是广渠门又一称呼,皇木是广渠门外皇木厂,有一大金丝楠木,后在附近建光华木材厂。

随着岁月的流逝、朝代的更迭,如今很多老北京城门已经消失不见了,依附于这些城门身上的美景也随之消失,然而,在人们的心目中,这些景却长青、常在,因为它们承载着关于老北京城的很多美好的记忆。

哪个门是北京城的"后门"

在古时候的许多宅院中,为了方便行走,会设置一个后门,是与正门相对应的门,所以民间有"走后门"之说,意思是不通过正经渠道办成事儿。

其实不仅私人宅院中有前后门之说，北京城也有一个后门，这个后门是指哪一个门呢？它就是地安门。地安门，在明朝的时候被称为北安门，老百姓都称它为厚载门，有时候也被称为后门。始建于明永乐十八年（1420年），在弘治十六年（1503年）和隆庆五年（1571年）重修，清顺治九年（1652年）重建，并改名为地安门。

在历史上，地安门差一点被烧毁，关于此事，有清史记载。《大清高宗皇帝实录》载：乾隆四十七年（1782年）四月十四日，谕"地安门外被火房屋，相距地安门甚近，该步营兵丁尚能保护地安门外，甚属勇往。著施恩所有保护地安门人等，每人给银二两，以示鼓励"。这项记载表明，地安门在历史上曾险些被火焚，幸被救护而未殃及，也表明了乾隆帝非常重视对地安门的保护。

地安门位于皇城北垣正中，南对景山，北对鼓楼，为砖结构之宫门式建筑，面阔七间，中明间及两次间为通道，明间宽7米，两次间各宽5.4米，四梢间各宽4.8米，总面阔38米，通高11.8米，进深12.5米，正中设朱红大门三门，左右各两梢间为值房，是北京城的北门，也是北京中轴线上的重要标志性建筑之一，与它对应的门是南门，也即大名鼎鼎的天安门。如此南北互相对应，寓意天地平安、风调雨顺。

在历史上，地安门发挥的作用非常大，由于是皇城的北门，所以凡是皇帝北上出征巡视时大都要从此门出去，而且皇帝亲祭地坛诸神时也要经此门而出。而且早些年，地安门内还设置了很多为皇宫服务的衙门，如尚衣监、司设监、司礼监、酒醋局、织染局、针工局、巾帽局、火药局、司苑局、钟鼓司、供用库、蜡库、帘子库、兵器库、皮房、纸房、安乐堂，等等。

关于地安门，有两件事非常有名：一是慈禧太后在八国联军攻入北京城时的仓皇出逃。在光绪二十六年（1900年），八国联军攻入北京城，清军虽然在地安门顽强地抵抗八国联军，但最终失败，情急之下，慈禧太后带了光绪帝仓皇出逃西安，走的便是地安门。二是清朝末代皇帝溥仪的出宫。1924年，冯玉祥将军驱逐溥仪出宫，溥仪就是从地安门灰头土脸地回到他的出生地摄政王府的。

后来，为了疏导交通，分别在1913年和1923年将地安门东西两侧城墙予以拆除。并在1954年将整个地安门拆除，开辟为路面。后来，地安门逐渐演化为地片名，泛指地安门东、西大街，地安门内、外大街相交十字路口附近。

为什么说"保卫和平"坊是国耻的见证

去天安门西侧的中山公园游览，可以看到一个高大的、上书"保卫和平"四个大字的牌坊。您可别以为这只是一个普通的牌坊。其实在北京众多的牌坊中，它是唯一一个专门为外国人修建的，承载了一段不可言说的国耻，被称为国耻的见证。

为什么说这个牌坊是国耻的见证呢？

保卫和平坊建于一百多年前的清光绪年间，由清政府历经一年半建成，满载着屈辱。其具体的缘由是这样的：

1900年，西方列强不断地侵扰中国，中国的老百姓组成了义和团顽强地反抗西方列强的凌辱。西方列强计划向中国派军队进行镇压，其中表现最为积极的是德国军队，时任德国公使的克林德多次指挥手下抓捕和杀害义和团士兵，引起义和团的愤怒。后来八国联军攻入北京城。1900年6月20日，克林德走到东单西总布胡同口时，遇到清朝神机营章京恩海率几十名部下巡逻。克林德出言不逊，又首先开枪，犯了众怒，被恩海击毙，史称"克林德事件"。

当时慈禧太后和光绪帝已经仓皇西逃，只留下李鸿章和德军谈判。德国以此为借口向清政府施压，要求高额赔偿并提出许多苛刻的条件。清政府在与洋人有交情的名妓赛金花的从中斡旋下，才了结了此事。最终的解决方案是：清政府派重臣护送克林德灵柩回德国,向德国政府道歉,并在克林德被打死处立一石牌坊。清政府按照谈好的条件,在东单总布胡同西口修筑了这个牌坊,上面用中、英、法、拉丁四种文字向德国政府认错。该牌坊在1901年6月动工,于1903年1月完工,历时一年半,被称为"克林德碑"。

第一次世界大战结束后,德国战败,中国方面才将这座颠倒黑白的牌坊改名为"公理战胜"坊。又在1919年将这座牌坊从东单移至现在的中山公园内。碑上原先用拉丁文、德文、中文镌刻的纪念克林德的文字被铲除,由当时的国务总理钱能训撰写"公理战胜"四个字,刻在碑上。从此,该牌坊被改名为"公理战胜"坊。

中华人民共和国成立后,新政府将"公理战胜"坊改名为"保卫和平"坊,牌坊上"保卫和平"四个大字由郭沫若题写。

你所不知的牌楼历史

我国著名的建筑学家梁思成先生曾经说过一句话:"在众多建筑中,最能体现老北京风格的除了胡同和四合院外,就是街头巷尾无处不在的牌楼了。"可令人遗憾的是,如此众多、如此重要的牌楼正在逐渐地被毁坏、被拆除,损坏结果令人触目惊心。

牌楼,又被称为牌坊,为高悬牌匾而建的纪念性或装饰性建筑物,常立于庙宇、陵墓、衙署、园林前或街道路口。牌楼的历史源远流长,形式千变万化,是中国一种独特的文化现象,在周朝的时候就已经出现,其原型是一种叫作"衡门"的简单建筑,《诗·陈风·衡门》记载:"衡门之下,可以栖迟。"所谓的"衡门"就是牌坊的前身。在组合的建筑群落中,牌楼也相当于"门面",是街道或建筑群的身份证。

有名字的牌楼出现于元朝,具有划分"里坊"的作用。据说元大都的街道都是按坊建造的,全城共分为五十坊,为了方便管理，在每坊建立一座牌坊作为分解的标志，我们今天所说的"街坊邻里"一说便是从这个"坊"演变而来的。

到了明清时期，虽然区域划分由五十坊减少为三十六坊，但牌楼却大规模地兴建，而且形式更加多样化，出现了为了表彰功勋、科第、德政等而建立的牌楼。

牌楼有具体的等级划分，其具体的标准是"楼""间"数量的不同，"楼""间"数量越高，等级也就越高。按规格分，有两柱一间、四柱三间、六柱五间等；按用途分，有贞节牌坊、功德牌坊、山门牌坊和街道牌坊等；牌楼的种类也有很多，主要划分依据是建筑材料的不同，具体分为石牌楼、琉璃牌楼、木牌楼、水泥牌楼等。其中最为昂贵的是琉璃牌楼，数量最多的是木牌楼，最坚固的是石牌楼。

据一位著名的古建专家说，虽然牌楼并非北京独有，但在历史上，北京的牌楼却是中国所有城市里数目最多的。这些耸立在京城各处的牌楼，如今已经成为京城景观的重要组成部分，见证着北京的发展与改变。

据不完全统计，北京曾建各式知名牌坊三百多座。现仍有百余座古牌楼傲然屹立在各景点，几乎每座古牌楼都有一段动人的故事。其中最有名的当属以下几座：

1. 东单、西单、东四、西四牌楼

如今的东单、西单、东四、西四非常繁华，尤其是西单，是北京城有名的闹市，聚集了多家商家，吸引了很多人前去游逛。其实很多人不知道的是，东单、西单、东四、西四在先前分别叫东单牌楼、西单牌楼、东四牌楼、西四牌楼。在明朝的时候，西四牌楼下还是处决死囚用的刑场。据有关史料记载："西四牌楼者，乃历朝行刑之地，所谓戮人于市者也。"著名将军袁崇焕就是在这里被问斩的。在清朝时期，刑场由西四牌楼转移到宣武门外的菜市口。20世纪50年代，由于北京城市道路扩建，这四个牌楼都被拆除了，地名中的"牌楼"二字也就被省略，成了今天的东单、西单、东四、西四。为了恢复古都的风貌，西单牌楼于2008年重建，目前新牌楼的位置比原来的稍微靠北一些。

2. 天安门牌楼

很多人都想不到的是，世界闻名的天安门原本是一座牌楼。它的前身是承天门，上悬"承天之门"匾额，寓意是皇权"承天启运，受命于天"，是北京城历史上规模最大的牌楼。后来承天门被大火烧毁，清顺治八年（1651年）重建，并改名为天安门。中华人民共和国成立后，对该牌楼进行了修缮，修成了现在的城楼模样，但基本保持了清朝时期的形制。

3. 前门箭楼前的"五牌楼"

其实在中华人民共和国成立前，在前门大街的街口曾经矗立着一座牌楼，这座牌楼被称为正阳桥牌楼，位于正阳门箭楼前，由于它的六根冲天柱夹着五间楼门，所以京城的老北京人都称它为前门五牌楼。在早些年，老北京人说的"去五牌楼"便是指的"去前门"。1949年前后，正阳桥牌楼被拆毁，后来又在该处新建了一座牌楼，但已并非原先的工艺和样式了。

4. 著名建筑学家梁思成亲自上书要救的牌楼

我国著名的建筑学家梁思成先生，为我国建筑业的发展贡献了很大的力量，他曾经为了反对拆除旧建筑，还专门上书。那个他专门为之上书的建筑就是景德街牌楼。

20世纪50年代，京城牌楼拆除之风盛行。据《城记》一书中记载，1952年5月，北京市开始酝酿拆除牌楼，因为大街上的牌楼附近交通事故频发，牌楼影响交通是导致交通事故的主要原因。梁思成极力反对拆除牌楼，并专门为此写信，并举了帝王庙前景德街牌楼的例子，详述了牌楼之于京城古典景观的重要意义。梁思成认为，牌楼构成了北京城古老街道的独特景观，类似于西方都市中街道上的雕塑、凯旋门和方尖碑等，可以用建设交通环岛等方式合理规划，加以保留。但可惜的是，这一提议并没有得到政府的采纳，景德街牌楼等众多处牌楼最终还是被拆除，并且被拆除后的牌楼不知去向。这次拆除令梁思成悲痛不已，据罗哲文回忆道："拆历代帝王庙前的牌楼，梁思成先生痛哭了好几天。名为拆迁，但事先并未落实迁建地点，拆了一堆料后来也不知去向。"

目前，北京牌楼衰亡的速度非常快，这种昔日北京十分常见的景观，如今已不多见。应该如何保护这种蕴含着丰富的历史文化内涵的京城旧观，成为许多古建专家的心中大事。

正阳门千斤闸到底是什么样的

在北京城，提起正阳门，很多人可能不熟悉，但提起前门，就没有人不知道了。正阳门又被称为前门，是如今京城有名的商业街。

正阳门在历史上也非常有名，它原来的名字叫作丽正门，古人以南为阳，以南为正，所以在明朝时期，它被改名为今天的这个名字，即正阳门，专门供皇帝出入，所以又被称为"国门"。

在明清时期，正阳门是北京城内城的正门，也是内城九门中规模最高、最为壮丽的城门。从结构上看，主要包括正阳门箭楼和正阳门城楼，据史书记载，其城楼和箭楼的规模非常大，其瓮城更是气势宏伟，是当年全城最高的建筑。

其实说起来，正阳门引以为傲的并非其当年全城最高的建筑瓮城，而是名闻天下的千斤闸。

千斤闸非常宏伟，闸门宽6米，高6.5米，厚度则为9厘米，重量为1990千克，是北京乃至全国古代历史名城中最大的千斤闸。它的外层是一层铁皮，在铁皮的上面布满了加固的铁钉，里面是实木。

千斤闸开关闸的结构设计与运作原理非常科学，开闸时，闸门升至门洞以上城台内闸槽中；关闸时，闸门从闸槽中平稳落下，形成一道"牢不可破"的屏障。千斤闸的主结构是一对绞盘柱,在每根绞盘柱自一层地面向上1米处的地方,都有两个绞杠的插孔,是"十"字绞杠的轴心。两个绞盘正南2.8米处是闸槽的顶部,两个绞盘正南方通向闸槽之间各有一块的"支撑石"。除了这些部件外,当中还有两根保险梁和保险绳。

在这些部件的共同运作下,千斤闸的运作原理非常科学,展现了我国先人高超的智慧和精湛的技艺。

您了解老北京城墙的历史吗

环绕北京的城墙最早建立于元朝,于明朝最终定型,后来在清朝和民国时期继续使用,历经了七百余年的历史风云,见证了北京的发展和演变。

据有关史料记载,北京城墙的修建花费了众多的材料,仅用砖一项就达四千万块,更别说土、石、灰、木的数量了,简直多得难以统计。在明清时期,整个北京城的城墙共有四重,其中紫禁城的城墙位于最里面;由紫禁城城墙往外,是皇城城墙;接着往外数,便是内城城墙及外城城墙。

在元朝时期,城墙主要是土城墙,全部是版筑的夯土墙,周长为60里,墙基宽为24米,墙高为8米。后来到了明朝时期,东、西城墙在元朝土城墙的基础上包了一层砖,结实了一些。1542年,为了防范外敌的侵扰,皇帝决定修建外城,据史料记载,在嘉靖三十二年(1553年),给事中朱伯辰上书说,城外人口激增,应添修外城;北京城郊尚遗存有金、元城故址"周可百二十公里",如能"增卑补薄,培缺续断,可事半而功倍"。嘉靖帝接受了修建外城的建议,自此以后,北京城有了内外城的区分,也出现了内城城墙和外城城墙的区分。

在清朝时期,城墙并没有多大的变化,只是对个别的部分进行了改建和修缮,并没有改变基本结构。

及至民国时期,北京城墙有了很大的变化,这一很大的变化就是城墙被严重毁坏,天安门南段皇城城墙、西皇城根灵清宫一带皇城城墙、除中南海南岸经天安门至太庙以外的其余东西北三面皇城城墙被拆除,这些城墙虽然被拆除,但整个北京城的城墙结构还是完整的。

中华人民共和国成立后,为了疏导北京城的交通,很多古老的建筑都被拆除,我国著名的建筑学家梁思成先生曾大力反对拆除古建筑,尤其是反对城墙和城楼的拆除,但他的意见并没有被采纳。当时,城墙和城楼被大规模地拆除,只剩下正阳门城楼及箭楼、内城东南角楼、德胜门箭楼被保存了下来。在1968年以前,很多城墙都还存在,但随着地铁的修建,很多城墙又被拆毁了,如今只在东南角楼的西侧还有一些断壁残垣。

"内九外七皇城四,九门八典一口钟"是什么意思

老北京人都知道,北京有句俗话非常流行,叫"内九外七皇城四,九门八典一口钟"。这句俗话是什么意思呢?什么叫"内九外七皇城四"?什么又叫"九门八典一口钟"?

"内九外七皇城四"其实讲的就是北京城内外进出的城门,具体指的是内城、外城和皇城的城门。

所谓"内九",指的是内城的九处城门。其中,东为东直门、朝阳门,西为西直门、阜成门,南为正阳门、宣武门、崇文门,北为德胜门、安定门。正阳门与宣武门、崇文门合称前三门。

所谓"外七",指的是外城的七处城门。正南为永定门,其东侧为左安门,西侧为右安门;东城墙有广渠门,西城墙有广宁门(也就是今天的广安门);在东城墙北端向西、西城墙北端向东与内城交接处,分别设东便门和西便门,形成了特有的"凸"字形内外城结构。

所谓"皇城四",指的是皇城内的城门。东边是东安门(也就是如今的东华门),西边是西安门,南边是天安门,北边是地安门。

那么,"九门八典一口钟"这句俗语说的又是什么意思呢?它主要讲的是明清时代北京城报时所用的工具和报时的形式。今天我们很多人把时间称为"钟点",即起源于此。其实,"钟点"是两个事物,即"钟"是"钟","点"是"点"(在某些史料典籍里,"点"被写作"典"),"钟"和"典"都是一种报时的工具。

根据上面的解释,我们知道北京城的内城共有九个城门。九个城门中,有八个城门楼子上挂的是"典",一个城门即崇文门上挂的是"钟",所以就有了"九门八典一口钟"的说法。

具体来说,"九门八典一口钟"中的"钟"和"典"是怎么个用法呢?其具体作用又是什么呢?

第一点是提醒大家开、关城门的时间。在开、关城门的时候,以鸣典撞钟为号,提醒大家要开、关城门了,所以大家应该抓紧时间,否则就无法进(出)城了。

第二点是报时。在我国古代,很早就已经把一天的时间划分为12个时辰了,但不同的是,在明清时期,不是间隔一个时辰报一次,而是一天中总共报五次。原因是什么?原来,钟典齐鸣报时,目的不是为了告诉老百姓时间,而是方便朝廷和朝廷官员上下朝服务。

历史上的"九门八典一口钟"天天循环往复,不知疲倦地演奏了数百年,渐渐地,老北京人便称"报时"为"打点",称"时间"为"钟点"。

前门楼子真有九丈九高吗

老北京城的城门有很多,其内城有九个城门,其中的正阳门是内城的正门,因它处于紫禁城的正前方,所以又被称为"前门"。正阳门是北京最高也是最重要的城门,所以民间的老百姓都亲切地称它为"大前门"。尽管如今正阳门的城墙已经不复存在,但前门宏伟的气势却给北京这座现代化国际都市打上了深深的旧京烙印,成为它的重要象征之一。

关于前门,老北京人有很多说法,如"前门楼子九丈九,四门三桥五牌楼""前门楼子九丈九,九个胡同九棵柳""前门楼子九丈九,王口花炮响上头"……这些说法里面,提的最多的就是这一句"前门楼子九丈九"。这是什么意思呢,是说前门楼子有九丈九高吗?

其实不是。在中国,"九"是个非常崇高、非常吉祥的数字,象征着至尊至大。所以前门楼子并不是九丈九高,"前门楼子九丈九"的说法主要是为了表明前门的高大、气势恢宏。

那么,前门楼子究竟有多高呢?

关于前门城楼的具体高度,之前一直没有一个官方的准确答案,有的说高41米,有的说高42米,还有的说高40.36米……各种答案都有。为了得出最准确的答案,北京市古代建筑研究所在对前门进行修葺的前夕,专门对其进行了实际测量,最终得出的精确数据是:前门通高(也就是从室外地平线到门楼正脊上皮)为43.65米,其箭楼通高为35.37米!均高于九丈九。由此可知,前门是北京最高大的城门建筑。

其实,说前门楼子高九丈九,还有一个有意思的传说。

据说,当初修建前门楼子的时候,皇帝下旨说,正阳门作为北京城的正门,一定要好好地设计、修建,并专门提出了如下要求:高度必须是十丈,而且在下面还要有一个墩台,墩台的上面有两层城楼,所以整个城楼共有三层,这三层的高度要一致。

负责城楼设计工作的雷师傅收到皇帝的旨意后,着急万分,因为他认真计算过,如果按照皇帝的旨意盖成三层共十丈高,那么每层的高度必须是三丈三尺三寸……没法除尽,这是多么困难的一件事啊!

雷师傅为此苦苦思索了几天几夜,都没有想出一个办法来。一天,他正坐在工地边上,边看着工匠们干活边想办法,突然看到一个卖酒的老汉推着一辆木车走了过来,边走还边吆喝:"酒!

酒……酒！酒……"

雷师傅当时正想着事儿，猛地被老头儿打断了，心里非常生气。他心想，这个老头儿真没有眼力见儿，竟然跑到工地上来卖酒，那工匠们喝了酒还怎么干活儿呀！非得出事故不可！正想让人把他轰走，突然他灵机一动，想到酒与"九"谐音，九丈九正好被三除尽，每层三丈三，顶部再加个琉璃兽头，高度也够十丈了，这样就符合皇帝的要求了……雷师傅越想越开心，心想这老头儿真是自己的大恩人，赶紧派人去请，可是找了老半天，都没再看到那老头儿的影子。

虽然没有找到老头儿的影子，但雷师傅心里十分高兴，他觉着这个老头儿一定是祖师爷鲁班的化身，专门为了点化他而来。很快，城楼的样式就画出来了。众工匠们听说了这事儿，也都非常开心，都说是祖师爷显灵了。心里一高兴，干起活儿就更有劲了，整个施工过程十分顺利。

经过一年多的辛苦施工，前门那高大、宏伟、靓丽的城楼就建成了。

在几百年的风吹雨打中，前门楼子虽然曾经遭遇过两次火灾，分别是清朝的乾隆四十五年（1780年）和道光二十九年（1849年），但都得到修缮。后在清光绪二十六年（1900年），八国联军入侵北京城的时候，前门楼子又在战乱中被摧毁，只剩下光秃秃的城墙和城门洞。过了一年，流亡西北的慈禧太后和光绪皇帝"回銮"的时候，只能在城门上临时扎制了五间纸牌坊，用以装点门面。这座拥有五百年历史的老城门可谓阅尽沧桑。

前门在几次修缮的经历中，经历的最大的一次修缮，是在1915年由北洋政府内务总长兼北京市政督办朱启钤主持的改建工程。这次改建工程对前门实施了全面的翻修，成就了今天世人眼中的"前门楼子"。

为什么说大高玄殿的牌坊"无依无靠"

在北京故宫筒子河北岸,景山以西,北海以东,有一组被老百姓称为"三座门"的宏伟建筑,它就是我国现存规模最大的一座皇家御用道观——大高玄殿。

大高玄殿,始建于明嘉靖二十一年(1542年),迄今已有四百多年的历史,是明世宗嘉靖皇帝用来进行斋醮(道教法事)的地方。

历史上的嘉靖皇帝被称为"道士皇帝",他在位期间,一心痴迷于炼丹服药,二十多年都不上朝。为了修道,他下旨在1542年兴建大高玄殿。据《明实录》记载,嘉靖帝听从道士陶仲文的建议,于嘉靖二十一年(1542年)四月初十日"于西苑建大高玄殿,奉事上玄,至是工完,将举安神大典"。然而仅仅过了五年,大高玄殿便罹于火患,后为工部修复。万历二十八年(1600年)又经重修。

在北京的西苑有很多道观,属大高玄殿的地位最高、规模最大,只有它供奉着玉皇大帝和三清像(玉清、上清、太清三位道教天尊),嘉靖帝"有祷必至",足见他对修道的痴迷。"炉香缥缈高玄殿,宫烛荧煌太乙坛。"嘉靖帝的宠臣夏言的这两句诗,清晰地描写了当年嘉靖帝和宠臣们在大高玄殿日夜斋醮的情景。

在如今老百姓的口中,经常有"大高玄殿的牌坊'无依无靠'"的说法。大高玄殿作为当时地位最高、规模最大的道观,为何它的牌坊会"无依无靠"呢?这还要从大高玄殿的建筑规制说起。

原来,在大高玄殿的最前方有三座牌楼。其中,东西牌坊在明嘉靖年间创建,南向临河的那个牌坊,始建于乾隆八年(1743年),南牌坊位于景山前街的南侧、故宫筒子河的北侧,正对着大高玄殿南中轴线的位置。该牌坊的形式是三间四柱九楼,屋面是黄琉璃筒瓦，明楼、次楼为七踩斗，边楼、夹楼为五踩斗，中间的匾额是清朝乾隆年间的原物，在20世纪50年代拆除后，匾额被保存在月坛公园，成为树林中一个石桌的桌面。

通常牌坊两面均撑有"八"字形的斜向戗柱，但大高玄殿的牌坊采用粗大的楠木立柱建成，柱脚埋地很深，因此未用戗柱。所以老北京人中就有了"大高玄殿的牌坊——无依无靠"的说法。这也成为此牌楼最大的特色。

民国时期，牌楼因严重倾斜被拆除，后原貌复建。中华人民共和国成立初期，大高玄殿由总参保障部服务局使用。由于长期用作办公用房，大殿内部建筑损坏严重，景山东街拓宽马路，牌楼被拆除。2008年复建南牌楼，由北京文物设计所张纪平先生根据历史资料设计，复建后的大高玄殿南牌楼高为10.08米，宽16.6米。

如今，大高玄殿的主殿已经100多年没有修缮过了，院内建筑还基本保持着清乾隆时期的模样。1996年，大高玄殿被列为全国重点保护文物单位。原本被保存在月坛公园内的"乾元资始"石匾额又回归了原位，重新镶饰在大高玄殿南牌楼上。1998年和2000年，全国政协两次接到委员提案，呼吁把大高玄殿归还故宫博物院。如今，大高玄殿已经重回故宫，并已完成抢险加固，正在进行测量和绘图，为大修做准备工作。这次大修工程将会使湮没已久的历史景观重现故宫后街筒子河边。

大高玄殿保存至今，对我们研究明清两代皇家文化、宗教信仰及建筑艺术起着非常重要的作用。作为皇城历史文化保护区的重要景观，大高玄殿具有很高的文物价值。

哪座城楼被称为北京的"样楼"

在北京城众多的城门中，哪一座是最先修建的呢？这个史书没有记载，我们也无法考证，但传说中，一直说东直门是北京城的第一座城门，所以又被称为"样楼"。

东直门是位于北京城内城东垣北侧的一座城门，主要包括东直门城楼、东直门箭楼、东直门闸楼和瓮城。东直门在元朝的时候被称为"崇仁门"，因为在古代的时候，东方属"仁"，所以此门位于大都城的正东方。及至明朝的永乐年间，被改名为如今的名字，取自"直东方也，春也"一句。清朝康熙三十六年（1697年），在东直门外建立了水关，管理进京货物。1915年，为了修建环城铁路而将瓮城、闸楼拆除，并在箭楼的后部两侧建了个"之"字形砖蹬道。1927年，箭楼被拆除，只剩下了箭楼的台基，后该台基在1958年被拆除。1950年，为了便利交通，在东直门城门的北侧开豁口。1969年，东直门城楼被拆除。1979年，在城门原址的东侧建立了立交桥，并建立了东直门地铁站和东直门长途汽车站。从此，这一带成为北京市重要的交通枢纽之一。

关于北京城的这座"样楼"，还有一个跟祖师爷鲁班有关的传说故事呢！

相传当年在准备修建北京城的时候，皇帝下旨说："城门楼子要盖十丈高，而且还要楼上有楼，屋檐要像飞起来一样。"

工程监管官员接到圣旨后，便召集了全城81家包工大木厂（也就是如今所说的建筑厂）负责人来商量对策。可是这些负责人之前都没有接过这样的工程，都没有经验，所以也想不出什么办法，就又请了些瓦木作老师傅们一起来商议。在大家的共同努力下，终于想出了方法，做出了设计方案图。

工程监管官员把设计方案图拿给皇帝看，皇帝很满意，下令开始修建。可是工程监管官员又开始发愁了，这么多城门，究竟应该先盖哪一座呢？

工程监管官员、包工大木厂负责人和瓦木作老师傅们又坐在一起商议起来，最终大家决定先盖东面靠北的那座城门楼。他们觉得，与其他城门相比，这座城门的地理位置比较偏僻，皇帝一般不从那儿走，即便样子盖得差一些，也不太要紧，容易交差。

而东面靠北的那座城门指的就是东直门。方案决定后，大家都开始忙起来了。首先从起拱门着手,拱门起来了,紧跟着砌第一层城楼,第一层城楼完工后,工程监管官员过去查看,只见周围二十四根大楠木明柱,中间包着四个城楼门,好看极了,心里非常满意。大家看工程监管官员很满意,心里也都非常高兴。

接下来就该起升斗(斗拱)了。可是升斗起来后,他们发现一个问题:怎么瞧都觉得东北角高了一点,这可怎么办呢?

那些包工大木厂的负责人,一心只想着赚钱,也不管质量了,就对工匠们说:"你们上一些椽子,拿椽子一压就给弄平了。"

工匠们听了负责人的话,心里非常疑惑,觉得这样行不通。可是要撤升斗的尺寸吧,做升斗的时候,又是按照规矩做的,一分一厘也不差,所以,也没法撤升斗的尺寸。想了半天也没有想出更好的办法来,只得下了下狠心,那就上椽子吧!

可是等他们上了椽子,再一看,更郁闷了,因为东北角没有低下去,反而变得更高了。这下把工匠们都给急坏了,东北角这么高,可怎么苫背上瓦呀!

大家急得唉声叹气,就在这时候,他们看到有一个小工围着东北角来回转悠。工匠们本来心里就又急躁又烦恼,看那小工来回转悠,心里更烦躁了,于是就呵斥那小工:"大伙儿都搁这急得跳墙,你还在优哉游哉地瞎转悠,去去去!别让大伙儿看着烦!"

这个小工听了斥责声,也没有说什么,一转身直奔了脚手架,噌噌地就上了脚手架。大家看他那架势,都愣住了。只见这个小工爬到了脚手架顶头上,仿佛忽然一失脚似的,就从脚手架上掉了下来。围在下面看的人,不由得大叫一声:"哎哟,遭了!"再一看,这个小工并没有摔下来,而是一只脚踏在东北角的椽子上,跟着一转身,抓着脚手架就下来了。负责人正要开始骂这个小工胡作非为,还没等他开口,那小工就一溜烟儿跑开,消失不见了。

大伙儿虚惊了一场,都围在那议论这小工:他为什么急着爬那脚手架？怎么掉下来都没有摔着？怎么一句话都不说就走了……议论了半天，都没议论出来什么。就在这时候，一位老工匠突然大喊了起来："大伙儿赶紧过来看看，那东北角怎么不高了？"

大伙儿赶紧都过来瞧，可不是嘛！东北角和其他的角都一样高了！上面还留了一个脚印呢！

这下大伙儿真是又笑又跳，高兴极了。再找那个小工，却怎么都找不着了。一个工匠说："这个小伙子一定是鲁班爷变的，来帮我们修城门楼子来了！"大伙儿听了，干活儿干得更加起劲了。

很快，城楼就盖起来了，可是，低下去的那个脚印，却始终都没有给垫起来。大伙儿都说："甭给垫高了，就权当是鲁班爷给咱们留下的一个纪念吧！"

从此，大伙儿一提起东直门这个"样楼"，都不由自主地提起鲁班爷给予他们的帮助。渐渐地，这个故事便在老百姓中流传了下来。

为什么在明十三陵前建大型的石牌坊

在北京市昌平区，有一个巨大的古代帝王陵墓群，错落有致地分布着明朝十三个皇帝的陵墓，即长陵、献陵、景陵、裕陵、茂陵、泰陵、康陵、永陵、昭陵、定陵、庆陵、德陵、思陵等，被称为明十三陵。

其实，去明十三陵游览，除了参观这著名的十三个陵墓外，有一个景点也非常吸引人，那就是明十三陵前的陵门。

这座陵门是一座六柱五间十一楼的彩绘超大石牌坊，高16米，宽35米，是我国建筑等级最高、雕琢最为精细、营建时间最早、全国现存最大的大型仿木结构雕石牌坊，首开明清帝王陵建立大型牌坊制作的先河，并成为清代帝陵效仿的典范，具有重要的历史和文化价值。

很多人不禁要问：明十三陵前为什么要修建如此巨大的一个石牌坊呢？

明十三陵大型石牌坊建于明朝嘉靖十九年（1540年），当时在位的皇帝是明世宗。据相关领域的专家解释，明世宗之所以要修建如此超大型的石牌坊，除了要彰显朱氏祖先的丰功伟绩、体现皇陵的崇高和威严外，更主要的是出于对风水的考虑。对此，清朝初期的学者梁份在《帝陵图说》一书中曾经对此解释过："天寿山势层叠环抱，其第一重东西龙砂欲连未连，坊建其中，以联络之。"

明十三陵大型石牌坊从外在结构上看，主要的特点是气势宏伟、形体高大、雕琢精湛、各部位比例适度，是我国众多石牌坊中的顶级建筑作品。

与其他石牌坊相比，该石牌坊体型巨大。如此巨大的石门楼，在既没有吊车，又没有起重机，更没有凌空飞架的科技相对落后的明代，它的石柱是怎么给立上去的呢？据说，也是和祖师爷爷鲁班有很大的关系。

相传，鲁班爷来施工现场进行点化的时候，通常都会变成各种各样的人，有时候是年轻的小伙子，有时候是年老的老头儿，有时候还会装成老太太的模样……当初，建造明十三陵石牌坊的时候，鲁班爷变成了一个白胡子老头儿。

当年明世宗下令修建石牌坊的时候，要求石牌坊要高大、宏伟。工匠师傅们接到皇帝的旨意后，都想方设法尽可能将牌坊建高一些。可是，这样的高度，怎么把石柱给立上去呢？工匠们为此烦恼不已。

就在这时候，工地上出现了一位白胡子老头儿，工匠师傅们见这老头儿精神矍铄，可能会有什么好点子，便向他请教。谁知这老头儿却淡淡一笑，只说了一句："我都是个土没脖子的人了，能想出什么好办法来！"说完，老头儿就拍拍屁股走了。

"嗨！这老头儿还真傲！"

可是等老头儿一走，突然有一个工匠师傅大喊了起来："哈哈，土没脖子就是办法呀！那老人家是想告诉我们，用土屯的办法，一边屯土一边往上立。"

大家听了，都点头称是。于是，又都开始干了起来。

几个月过去了，石牌坊终于完工了。在完工的那天，天空中突然飘来了一朵祥云，只见那祥云上面站着一个人，不是那老头儿还是谁！大家这才明白了：原来这老头儿是祖师爷爷鲁班。多亏鲁班爷的点化，这高大石柱才被顺利立了上去。

大家都感恩不已，鲁班爷见大家工程完成得这么好，也非常欣慰。

清朝时为什么大家都要到西直门"折柳"

在清朝的时候，每逢清明节，京城的老百姓都要到郊外去扫墓、踏青。同时，大家还要把新发芽的柳枝折来，编制成环，戴在头上或赠予亲朋好友。因为古代柳枝被称为"鬼怖木"，具有除恶避邪的作用。当时在京城还流传这么几句民谣，即："清明不戴柳，死后变黄狗""清明不戴柳，红颜变皓首"。

而大家都去哪里折柳呢？到西直门。

西直门位于北京内城西垣的北侧，是内城的九大古城门之一，在元朝的时候被称为和义门，是东直门的姐妹门。刘秉忠为西直门总设计师，郭守敬负责水源方面的设计，按照《周礼·考工记》中关于帝王之都的理想布局设计建造，至元二十二年（1285年）完成。从那时候起，就是京畿的重要通行关口。在明清时期，西直门是除正阳门外规模最大的一个城门。明朝的永乐十七年（1419年），该门在经过一番修葺后，被改名为今名。1969年修建环线地铁时将西直门城楼、箭楼等拆除，在箭楼下发现埋在地下的元朝和义门瓮城门，如今原址现已辟建为路。如今的西直门，已经成为地片名，泛指西直门内、外大街与西直门南、北大街相交处的西直门桥附近。

当时的老百姓为什么都会专门去西直门折柳呢？这与当时西直门的地理环境有很大关系。

其实在当时，西直门也被称为"水门"，原因即在于它是明清两代自玉泉山向皇宫送水的水车必经之门。在西直门瓮城门洞中还有一块汉白玉水纹石刻，所以当时又有"西直水纹"的说法。

在当时的西直门一带，水资源非常丰富，每逢春天，长河柳垂，杨柳依依，一望无际，而且这里的杨柳与其他地方的相比，枝叶更加茂盛、浓密，所以，老百姓都三三两两，有的甚至走上个十几里地，专门到西直门折柳，时间久了，便有了"西直折柳"的说法。

第六章

老北京的王府民居

豫王府门前一对石狮为什么是"卧狮"

如今，如果您去北京乃至全国都很有名气的协和医院，在路过它的南门时，就会看到旧协和医院古老的门楼及其大门两侧那一对石头卧狮。您也许觉得它们只是一对再普通不过的石狮子，是旧协和医院初建时买来放在那儿的，其实您猜错了，这对石狮子还真不普通，因为它们曾经属于大清王朝的豫亲王多铎。而旧协和医院所在的地方就是昔日大清王朝时的豫王府，即豫亲王多铎的府邸。

据史料记载，当年的豫王府极其宏伟大方，格局讲究，占地面积大，是清朝最大的王府之一。1916年，家道没落的豫亲王后代，为了维持生存，将豫王府卖给了美国石油大王洛克菲勒。洛克菲勒在豫王府的基础上修建了协和医学院及附属医院。据说当年拆除豫王府的时候，曾经挖出大量历代豫亲王藏于地下应急用的金银财宝，协和医院也正是用这些金银财宝，购置了当时最先进的医疗设备，成为当时中国最好的大型综合医院。当然这都是后话了。如今我们谈谈它门前的那对石狮子。

大家都知道，北京的王府众多，在这些王府中，几乎个个王府前都会有石狮子，可是细心的人会发现，那些王府前的石狮子都是蹲姿,而独独旧协和医院也就是昔日的豫王府大门两侧那对石狮子是卧姿,这是为什么呢?

其实,这与豫亲王多铎英勇善战的经历有关。

爱新觉罗·多铎,清太祖努尔哈赤的第十五个儿子,生母为努尔哈赤大妃阿巴亥,与阿济格、多尔衮为同母兄弟,当时人人都称他为十王。

清朝入关后,天下尚不稳,就在摄政王多尔衮正想南下收复明朝余地的时候,收到了来自多铎和英亲王阿济格的好消息,那就是他二人在追杀李自成的途中一路攻下了灵宝、洛阳、绥德、西安。多尔衮听到这个好消息后,激动万分,马上请顺治皇帝封多铎为江南定国大将军。由此,多铎的英勇善战获得了哥哥多尔衮和顺治皇帝的嘉奖,得到了他们的赏识和信任。

接下来,多铎又屡获战功,带领军队南下攻陷江南残余的明朝之地,多铎在此过程中,将自己的聪明、智慧、勇敢精神发挥得淋漓尽致,在他带领的军队的猛攻下,一路上的城池望风而降。

多铎攻陷南方、屡获战功的消息不断传到京城,顺治帝为此高兴万分,为了嘉奖这位为大清朝浴血奋战、劳苦功高的将领,特下令允许豫王府门前的那对石狮子建为"卧狮",寓意就是多铎为大清朝做出了重大的贡献,如今天下已定,他应该安享清福了。

这就是豫王府门前那对"卧狮"的来历,可以说它们承载了昔日主人多铎劳苦功高的人生经历。

豫王府的院墙高三尺

在北京,很多人都曾听说过这么一个说法,那就是:"礼王府的房,豫王府的墙",什么意思呢?意思就是说,礼王府以房多闻名,豫王府以院墙高闻名。

听了这个说法后,很多人都会觉得不可思议,豫王府的院墙为什么要比别的王府高呢?要知道,清朝的等级尊卑制度是非常严格的，按照清朝的定制，所有王府的具体规格都有详细的规定，如大门面阔多少、有几个正殿几个配殿、花园最多建多大、房顶用什么瓦、瓦是什么颜色等，都有非常明确的规定，在建造的时候，是万万不可超越这个规定的，否则就有可能惹皇帝生气，招致杀身之祸。既然门面、花园、瓦什么的都有规定，院墙的高低当然也要有限制，绝对不允许私自定高度，想砌多高就砌多高。

可是，豫王府的院墙却比别的王府高出三尺，而且当时并没有人敢说他违反了清规，应该被论罪，皇帝竟然允许这种情况存在，这到底是为什么呢？

在介绍原因之前，我们先了解一下豫王府的基本情况。

豫王府，也被称为豫亲王府，位于东城区帅府园东口，也就是今天旧协和医院的位置。该府于顺治年间建造，主人是清太祖努尔哈赤的第十五个儿子豫亲王多铎。多铎去世后，他的第二个儿子多尼承袭了父亲的封号，改王号为信，所以豫亲王府也被改称为信亲王府。摄政王多尔衮犯事死后，多铎虽比多尔衮早一年去世，但也受牵连，在顺治九年（1652年）的时候被追降为郡王，与此同时，已承袭父亲亲王爵位的多尼也因此被降为信郡王。因此在《乾隆京城全图》上只绘有信郡王府，而没有豫亲王府。直到乾隆四十三年（1778年），清高宗追叙多铎的开国之功后，命复豫亲王爵，袭王修龄才由信郡王改号为豫亲王，信郡王府也就被改称为豫亲王府。后来居住在豫亲王府的多铎后人因各种原因家道中落，1915年，美国石油大王洛克菲勒以12.5万美金将豫亲王府全部房产买下，在豫亲王府故址建起了协和医院。豫亲王府的经历可谓复杂、曲折，历尽荣辱。

如今，昔日风光无比的豫王府虽然消失了踪影，但老北京人的口中还会时不时地提及它，一是因为它的府门前的那对独特的卧狮，另一个就是因为它的院墙比其他王府的院墙高三尺。那么，为什么高出三尺来呢？传说是这样的：

豫亲王多铎为大清基业的奠定立下了无数战功，劳苦功高，颇得顺治皇帝的信赖和重视，被封为铁帽子王。而所谓铁帽子王，即其子孙后代辈辈为王，连见了皇帝都不参不拜、不接不送，因此也被人们戏称为懒王。

岁月流逝，豫王府迎来了第四代豫王小小豫王。这个小小豫王平时非常喜欢下棋，而当时的乾隆皇帝也非常喜欢下棋，两个人的棋艺还都很好。因了共同的爱好，乾隆皇帝便非常看重这个小小豫王，得空便到豫王府找他下棋。

一天，乾隆皇帝办完公事，闲来无事，便又来找小小豫王下棋。小小豫王为了两人玩得更有意思，就对乾隆皇帝说："以前和皇上您下棋，都没设过什么赌注，那样下得没劲儿，这次咱们得论个输赢比个高低。如果是我输了，您就将我家门上的一个门钉给拔掉，您看怎么样？"

乾隆皇帝听了，觉得很有趣，便爽快地点头答应了。

没想到机灵多变的小小豫王还斗胆向乾隆皇帝提了一个附加条件，他说："为了公平起见，皇上您若是输了，臣斗胆想请您为我加一份俸禄，您看如何？"

没想到乾隆皇帝竟毫不犹豫地答应了。

这下二人既谈好了条件，接下来便正式开始下棋了。不一会儿，二人就摆开棋式，走马拨炮，攻防进退，拼力厮杀。乾隆皇帝是个胸有大略的人，这种性格特点也表现在了下棋上，只见他着棋自如，攻防有序，长驱直入。而小小豫王也聪明无比，只见他着法高明，后发制人，稳扎稳打。整个下棋过程中，二人可谓全神贯注、费尽心机、你攻我防、你杀我拼，玩得异常激烈。一个钟头下来，二人终于停战，结果是乾隆皇帝将死了小小豫王。

小小豫王见自己输了，便依照先前谈好的条件，请乾隆皇帝拔掉了自家门前的一个门钉。二人接着拼杀。第二局开局拼杀更烈。只见小小豫王改变了战术，由守变攻，不一会儿就战胜了乾隆皇帝。

"皇上您这次输了，可别忘记您答应我的事儿，一定要记得给我加一份俸禄啊。"小小豫王赶紧提醒乾隆皇帝。

乾隆皇帝点头答应后，二人继续拼杀。结果，十盘下来，二人竟相持不下，各有胜负，杀了个五比五平。

乾隆皇帝说道："这十盘下来，咱们打了个平手，谁也没输，谁也没赢呀！"说完，正要起身离开。

小小豫王却急忙留住了乾隆皇帝，对他说："皇上您此言有差呀！刚才十盘下来，明明是我输了五盘，应该让您拔我家门上五个门钉。而您输了五盘，您应该给我加五份俸禄啊！"乾隆皇帝听了一愣，转念一想，也是呀！没辙，只好答应了小小豫王。

后来回到皇宫后，乾隆皇帝心里不是个滋味，他开始嘀咕起来："我们今天明明打了个平手，结果我捞回五个不顶用的门钉，他却被加了五份俸禄，这也太不公平了！摆明了在欺负我这个皇帝！……"

真是越想越生气，乾隆皇帝一气之下，便想下道谕旨，说豫王有欺君之罪。可又仔细一想，小小豫王他终究是个铁帽子王，是不能加罪的。

最后，乾隆皇帝为了出心中的这口气，说："哼！不能加他的罪，我也不能就这么放了他，得想个法子好好地治治他，挫挫他的锐气！"于是他下旨加高豫王府的院墙三尺，这样就会让大家从视觉上感觉豫王府如囚牢一般，意思就是要囚禁小小豫王终身。

虽然这只是乾隆皇帝的一时之气，可豫王府比别家王府高三尺的院墙竟然长久地传了下来。民间也因此有了"豫王府的院墙高三尺"的说法。

北京王府的前世今生

清朝的王府是封建社会等级最高的贵族府邸，是介于四合院与皇宫之间的一种古代建筑形式，分亲王府、郡王府、贝勒府、贝子府共四个等级。北京作为驰名中外的古老都城，王府是其重要的组成部分，不仅是古代历史文化、政治制度、建筑规制的见证,其建筑及其园林特色还体现了中国传统的建筑风格。《道咸以来朝野杂记》就曾经记载:"京师园林,以各府为胜,如太平湖之旧醇亲王府、三转桥之恭王府、甘水桥北岸之新醇王府,尤以二龙坑之郑王府最为有名。"拥有一两百年历史的众王府,是北京城重要的物质文化遗产。

然而令人可惜的是,自清王朝的统治结束后,王的封号没有了,历史悠久、内涵丰富的王府在很短的时间内迅速败落,被毁坏严重。有的被拆除,有的被分割,有的被改建,其用途也随之转变,众多府邸或被机关占用,或沦为大杂院,或改作寺院,或变作了私人宅院,有的仅剩几块老砖,有的残留几个石墩,有的被众楼包围,有的被改建得面目皆非……保存较好的已经寥寥无几,且这仅有的幸存下来的,有些也已经遭受到了严重的破坏。这一现状真令人扼腕叹息!

要探寻王府的历史,还要回溯到明朝时期。

在明朝时期,皇帝的儿子一般都要被封为王,例如当年明成祖朱棣就被朱元璋封为燕王,这些王遍及全国各地,但采取的是"分而不建"的制度,即"分封而不赐土,列爵而不临民,食禄而不治事"。明朝的王并不掌握当地的军政权力,在北京城内也没有多少王府,倒是有一些公、侯、伯府,如今的定阜大街就是当年定国公府的所在地,东直门内北小街的永康胡同就是永康侯府的所在地。

然而令人遗憾的是,如今明朝时期的王府已经全部消失,所能找到的都是清朝时期的。那么,北京明朝时期的王府都在哪里呢?据相关专家介绍,北京的王府井大街号称"中华第一街",这条街之所以名气如此大,就是因为它沾了王府的光。远在元大都时,王府井大街还不叫这个名字,而叫作丁字街。明朝时期,明成祖朱棣迁都北京时,在此地修建了10座王府,才有了王府井大街的名字。这也是北京修建王府之始。而后来这10座王府由于各种各样的原因都消失了,及至清朝时期,只是留下了王府井这个街名。

清朝时期,分王的制度依然存在,但取消了将王分封到各地的制度,各位亲王、郡王接受爵位而无"国"可就。按照清朝的规定,皇子在15岁的时候,就要由皇帝钦定爵位,分旗赐第,离开皇宫去独立生活,这就是史书里常说的"分府"。但在众多皇子中,并不是人人都能分得王府的。他们中有的被封为亲王,有的被封为郡王,也有的被封为贝勒、贝子等。只有亲王、郡王的住宅可以称为"王府",贝勒、贝子、辅国公的住所称为"府",高级官员的住所只能称"宅"称"第"。尊卑有序,不可逾越。

除此之外,王府的建造形制也有严格的规定,任何人不得随意违反。在王府的建造形制上,东、西路可以自由配置,一般每路各有五至七进院落,在住宅后面或侧面附有花园,有的还有马号和家庙。中路的规制则必须相同,《大清会典》明确规定:亲王府制为正门5间,正殿7间,前夕护以石栏,殿内设屏风和宝座。两侧翼楼各9间,神殿7间,后楼7间,凡正门殿秦均覆盖绿琉璃瓦。正殿脊安吻兽、压脊7种;门钉9纵7横63枚。其余楼房旁庑均用筒瓦;郡王府制为正门5间,正殿、翼楼、后楼各5间,正殿内不设平座,门钉45枚,压脊5种。

与王府相比,贝勒府和贝子府的定制略低。王府都建在北京城内,其产权属于朝廷,各位王只有使用权而无所有权和继承权。如果王的某个儿子承袭了封位,自然可以在王府里继续住下去,若王没有子嗣或是被废黜王爵,王府就要被收回,再由皇帝分给其他王居住。王府存在一府多主的变化。

另外,某王府中一旦出了皇帝,该王府就成为潜龙邸,需改建成宫殿,不能再居住,原王府的主人由内务府另赐新府。在西城区的众多王府中就有两座潜龙邸,即光绪帝的出生地醇亲王府和宣统帝的出生地摄政王府。除这两座潜龙邸之外,北京还有一座潜龙邸,那就是位于东城区的雍和宫。

北京王府承载了许多光辉、亮丽的记忆,记载了明清两朝的历史痕迹。然而，随着岁月的流逝，朝代的更迭，自清王朝灭亡后，各个王府也逐渐走向了衰落，全然不复当年的繁花似锦。

21世纪的今天，走过了近两百年历史岁月的北京王府们，都怎么样了呢？

恭亲王府。恭亲王府共有两处：一处位于铁狮子胡同；另一处在前海西街17号，后者是目前王府中规模最大，保护最好的一座王府。我们目前经常提及的是第二处，即位于前海西街的那处，是清道光皇帝第六个儿子奕䜣的府邸。1982年由国务院定为全国重点文物保护单位，其王府花园已经对游人开放，成为第一个对外开放的北京王府。

雍亲王府。雍亲王府也就是现在的著名景点雍和宫，为清雍正皇帝登基前封王后的府邸，于雍正三年（1725年）被降旨改为行宫，于乾隆九年（1744年）改建为寺庙。如今的雍和宫基本上保留了雍亲王府的原貌，成为广受欢迎的旅游、膜拜景点。

礼王府。礼亲王府始王为代善，是清太祖努尔哈赤的第二个儿子。所在地在明朝是崇祯皇帝外戚周奎宅，后为代善所有。位于西城区西安门黄城根南街路西，南起大酱房胡同，北至颁赏胡同，规模雄伟，占地宽广，重门叠户，院落深邃。1927年，礼王的后人将王府前半部租给华北大学院，一直延续到中华人民共和国成立。如今其中路建筑大多被保存了下来，然而其余的建筑经历了几番改建，已经面目全非。但总体上说，它仍然属于保存较好的王府，1984年被定为北京市文物保护单位。

克勤郡王府。克勤郡王是礼亲王代善的长子，克勤郡王是死后追封的，为清初"八大铁帽子王"之一。克勤郡王府位于西城区新文化街西口路北，建于顺治年间。民国后被卖给了一位叫熊希龄的人而成为私人住宅。如今的克勤郡王府在经过一番大修后，基本保持了清代王府建筑的原汁原味。

肃亲王府。肃亲王为豪格，清太宗皇太极的长子，是清初开国"八大铁帽子王"之一。肃亲王府位于东城区正义路东侧，建于清顺治年间，历代袭王俱以此为邸，光绪二十七年（1901年），沦为日本使馆，当时只剩下了断壁残垣，如今被改建为北京市政府。

回望北京王府复杂、多变的前世今生，我们从中读到的，既有历史的跌宕起伏，又有人生的起起落落。

北京共有多少个王府

大家都知道，北京城里王府众多，老北京人都喜欢说："北京城缺什么都不缺王府，你去城中心走走，走到哪儿只要稍微一打听，不多远的地方就有一处王府的遗址。"这么说当然有点夸张的成分，但也足见王府数量的众多。

不禁有人要问，都说北京王府多，那到底有多少啊？有没有一个准数啊？

在清代，王府大都集中在内城。根据史料记载，在清乾隆年间，京城共有30座王府，其中有19座亲王府、11座郡王府。到了清嘉庆年间，京城的王府总数已经增加到了42座。

随着岁月的流逝、时代的变迁，再加上各种各样的原因，如那些"铁帽子王"的王府可以世代相袭，某些王府易主进行重新分封，某些皇子没有被封为亲王、郡王等，各个历史时期，京城王府的数量也会不断变化。及至清朝末期，京城有50余座王府。

清朝的统治结束后，很快，京城里的王府便衰落了。有的甚至随着主人的消失而易主。今天看来，昔日的王府已经从内容到形式上都有了根本的改变。它们可谓几经周折，历尽沧桑和磨难。其中，较好地保存到今天的已经为数不多了。

据调查，截止到目前，北京城尚存得王府数目为22座，如果去掉一座公主府、二座贝勒府，则只剩下了19座王府。其中有15座亲王府，4座郡王府。

目前的王府中，保存的程度也不尽相同，有的保存得相对好一些，有的毁坏严重，更甚者，已经失去了它的本来面目。在这19座王府中，有8座王府相对来说，保存尚好，它们是恭亲王府、醇亲王府、老醇亲王府、孚郡王府、雍亲王府、礼亲王府、庆亲王府、淳亲王府。这8座王府大都有比较完整的府墙及府门、正殿、配殿等主要建筑，基本保持了昔日的整体面貌。保存得差一些的有7座，它们分别是克勤郡王府、宁郡王府、惠亲王府、郑亲王府、和亲王府、敬谨亲王府、循郡王府，这些王府有的只剩下了府门，有的只剩下了正殿，有的只剩下了一些其他建筑，已经不完整了。而保存的最差的有4座，它们是仪亲王府、定亲王府、恒亲王府、老睿亲王府。这些王府如今只剩下来一些断壁残垣，已经面目全非，令人惋惜不已。

中国现存最完整的清代王府——恭王府

在风景秀丽的北京什刹海的西南角，有一条静谧悠长、绿柳荫荫的街巷。在这条街巷之中，坐落着一座王府，它就是中国保存最完整的王府，其前身原为清代乾隆朝权臣和珅的宅第和嘉庆皇帝的弟弟永璘的府邸，是全国重点文物保护单位，代表着中国的王府文化，堪称"什刹海的明珠"。它就是恭王府。

恭王府，又被称为恭亲王府，位于前海西街，始建于清乾隆年间。在恭王府的前半部分，是一片雄伟壮丽的府邸，在其后半部分，是一片幽深秀丽的古典园林，总占地面积将近6万平方米。其府邸建筑布局规整、工艺精良、楼阁交错，仅次于皇家宫殿紫禁城，充分体现了皇室辉煌富贵的风范和民间清致素雅的风韵；府后的萃锦园则衔水环山，古树参天，富丽天然，实为中国园林建筑的典范。这样一个美丽、典雅、富丽堂皇的庭院，其中蕴含着怎样的历史风云呢？

据史料记载，恭王府的原址是一块风水宝地，在元明两朝时，曾建有一座寺院，该寺规模宏大，香火旺盛，就连皇帝也常来此礼佛上香。后该寺院逐渐没落,在明朝时期沦为朝廷的供应厂,在清朝时期,成为私人的院落。

乾隆四十一年(1776年),和珅开始在这东依前海、背靠后海的位置修建他的豪华宅第,时称"和第"。和珅是乾隆帝的宠臣,乾隆晚期的宰辅、大学士,又是历史上赫赫有名的贪官,在清史中十分惹人注目,有关他的传说也因此多不胜数。特别是他的儿子丰绅殷德,后来娶了乾隆帝的小女儿固伦和孝公主为妻,使这座豪宅一时成为实际上的公主府……

嘉庆四年(1799年),乾隆帝死后,嘉庆帝革了和珅的职,抄了他的家,并将他赐死。嘉庆从和珅家抄的财产约值白银两千万两,相当于清政府半年的财政收入,所以有"和珅跌倒,嘉庆吃饱"的说法。和珅被赐死后,嘉庆帝便将这座豪宅的西半部赐给他的弟弟庆郡王永璘。之所以只给他一半,是因为当时乾隆帝的十公主及其额驸丰绅殷德还住在那里。

就这样,和珅的这座豪华宅第被一分为二,西部为庆郡王府,东部为公主府,这种状况一直持续到道光三年(1823年)才结束,当时十公主去世,整座府邸便全部归到庆郡王名下,然而当时的庆郡王已经死去三年了。

提及庆郡王,很多人可能不熟悉,但如果说起他的孙子,也就是那位和李鸿章一起同八国联军签订《辛丑条约》的庆亲王奕劻,恐怕很少人说不知道了。奕劻和恭王府的第一任主人和珅一样,也是一名大贪官,但与清朝末期那些懦庸无能的王公贝勒相比,他还算一个能担责的人。因此从同治朝起,奕劻就颇受慈禧太后的恩宠,也因了这层关系,在慈禧太后将府邸改赐恭亲王奕䜣之前,他一直以辅国将军的身份在这里住着。

同治年间,由于恭亲王奕䜣协同慈禧发动政变有功,慈禧太后便将此宅赠予他,而成为恭亲王府,其名沿用至今。第三代主人恭亲王奕䜣,身兼议政王、军机领班大臣等要职,重权在握,显赫一时,在他占有这里期间,曾大筑邸园,同时也对府邸部分进行了修缮与改建。如今我们所看到的恭王府的建筑规模和格局，就是在那个时候最后形成的。

辛亥革命后，随着清王朝统治的结束，按照民国政府优待清室条例的规定，王府成了府主人的私产，开始逐渐走向没落。后因政局动荡，生计危艰，末世王孙们纷纷卖掉府第，以图生存。恭王府也不例外，它也和其他王府一样，没能逃脱可悲的蜕变与分割。在民国时期的初期，这座承载着繁华、富贵的豪华王府被恭亲王的孙子溥伟以40万块大洋卖给教会，后由辅仁大学用108根金条赎回，改建成女子学堂。中华人民共和国成立后，恭王府又历经沧桑，被几次更改用途，曾经被公安部宿舍、风机厂、音乐学院等多家单位使用过。由于得不到真正的重视，在使用过程中又没有得到合理性使用，再加上地震等地质灾害的破坏，到20世纪70年代中晚期，恭王府花园的部分游廊和府邸东路南部一进院落的正房及东西厢房先后倒塌，其他建筑也都遭到不同程度的毁坏，但庆幸的是，王府的总体格局没有被破坏，尚保存完整。

如今的恭王府，已经成为京城的一个重要的景点，每天都有很多的游客慕名而来，来感受这座昔日豪华的私人庭院所带给人的震撼。

回望恭王府的历史，可谓久远。对这座恭亲王府，我国历史地理学家侯仁之曾经这样评价说："一座恭王府，半部清朝史。"足见恭亲王府所承载的历史是多么厚重。

北京恭王府的福字为什么被称为"天下第一福"

提起恭王府，老北京人总喜欢说一句话，那就是："到故宫要沾沾王气，到长城要沾沾霸气，到恭王府就一定要沾沾福气。"这是什么意思呢？

恭王府与"福气"有什么渊源呢？原来一切源于在恭王府里有一块清康熙帝御笔亲题的"天下第一福"福字碑。

这座福字碑藏在花园的一座用糯米浆砌筑成的假山内,在该假山下有一幽静的"洞天",称秘云洞,洞的正中正是福字碑的所在,碑高1米左右,长80厘米左右,贯穿整座假山。

康熙帝一生酷爱书法,但很少题字,以至于有"康熙一字值千金"的说法。在今天的北京城内,除公文外,经考证的康熙题字只有3个,除了高悬于故宫交泰殿的"无为"二字,再就是恭王府石碑上的福字。所以说,恭王府实乃名副其实的"万福"之地。

其实,这个"天下第一福"福字碑还有一个不凡的来历。

康熙十二年(1673年),康熙帝的祖母孝庄皇太后将要过60大寿,不料却重病缠身,久治不愈。宫内太医用遍了良方名药,也未见起色。这可愁坏了康熙帝,他为此寝食不安,整日苦思良策,可什么法子也没想出来。就在这时有大臣献策,说可以试试史书上记载的请福延寿的方法。康熙帝也没有别的办法,便准备试试这个方法,为祖母请福延寿。在沐浴斋戒三日之后,他凝神运气,秉持一颗最虔诚的心,倾注其智慧和功力于笔端,一气呵成写下一个大大的"福"字,并加盖上"康熙御笔之宝"的印玺。

将这个"福"字精心裱糊后,康熙帝马上将其送给了孝庄皇太后。孝庄见了欣喜万分,也不知这请福延寿的方法真奏效,还是孝庄因心情好而病愈,久病的她竟然百病全消,心情舒畅、健健康康地过了个60大寿。

自此这件事便在宫中传开了,大家都说皇太后病好全仰赖康熙帝"请福延寿"的功劳。奇怪的是,从此以后,康熙帝无论如何都再也写不出那种气势浩荡、气韵流畅的"福"字了。

康熙帝御笔的这个"福"字,蕴含着无穷的奥妙和无限的祝福。从写法上看,暗合了"子、才、田、福、寿"的字形。右半的上部像一"多"字,因此,取意"多子""多才""多田""多福""多寿",是古往今来独一无二的五福合一的福字,另外,其中的"田"字尚未封口,因此有"洪福无边,无边之福"的意思;从形体上看,不同于民间书写的饱满方正,而是瘦长狭窄,这又瘦又长的"福"字，听起来是谐音"又寿又长"的长寿之福了，故民间称之为"长瘦（寿）福"；福字右半部正好是王羲之《兰亭序》中"寿"字的写法，是现存历代墨宝中唯一把福、寿写在一起的福字，被民间称为"福中有寿，福寿双全"。因此，这个"福"字实是汲天地之灵气，纳万物之精华的实至名归的"天下第一福"。

后来，康熙帝命人将这个"福"字刻在石碑上，放在紫禁城中，成为大清国宝。可是，福字碑传到乾隆时期，竟然神秘失踪了。关于这块御福石碑的去向，犹如一个巨大的谜团，困扰数位帝王达百余年之久。

据说，这块福字碑易地的背后之手正是和珅，可至于它是怎么来到恭王府的，至今仍是一桩悬案。

福字碑在和珅家被发现时，就藏身在滴翠岩下的秘云洞，这里是恭王府花园的龙脉所在。据说当年嘉庆帝查抄和珅府时，想把这个福字碑移到皇宫，但是由于和珅设计巧妙，动福就动龙脉，这是皇帝最忌讳的，大怒之下，下令将假山封死，从此，康熙帝墨宝福字在所有的史书中消失了。

直到1962年，工作人员仔细查找并掘开被封堵两百多年的秘云洞，发现了福字碑，使福字碑得以重见天日。后经过文物部门的考证，"康熙御笔之宝"印已成为当今世上所留的唯一一个完整的康熙大印印章。

如今，作为恭王府"镇园之宝"的福字碑已经名扬四海，有无数的海内外游客争相来恭王府一睹其芳容。

恭王府花园是"大观园"原型吗

在我国经典的四大名著之一《红楼梦》里，曾经对大观园进行了形象、着重的描写，大观园是小说里主人公常住的地方之一。后来，根据书中的描写，人们在北京的西南角建起了一座园林,取名为大观园。如今该园林已经成为京城一个著名的景点,每天游人如织。

由于恭王府里有着《红楼梦》中所描绘的某些景物,因此有人据此推断说,恭王府花园正是大观园的原型。到底是不是呢?

针对这个论断,学界一直有着激烈的争论。我国著名的红学家周汝昌在其《恭王府是真正的大观园》一文中说:"雍、乾之时,世人缄口不敢言,但寻访红楼遗址的文化活动并未停止,直到道、咸年间,安徽的诗人进京,还不忘到内城去觅求埋香塚的故址。他的记载,说那有故王公府一二处,左有激湍(响闸),右有清流(御河),后有佛寺——全北京只有今之恭王府所在地完完全全地符合那种地理地貌特点,一丝不差。"周汝昌认为,恭王府花园正是大观园的原型。为此他还特著《芳园筑向帝城西——恭王府与<红楼梦>》一书,其间进行了大量的考证。

支持恭王府花园是大观园这一论断的人认为:恭王府主要分为宅邸和花园两部分,宅邸又分为中、西、东三路,在西路主要的院落是"天香庭院",而"天香庭院"正是曹雪芹笔下大观园中的"怡红院",在该院内还有两层彩绘长楼,并有两棵清代的西府海棠,这两棵海棠是怡红院中"怡红快绿"的一蕉一棠;贾琏在偷偷地娶回尤二姐后,把她安顿在大观园后门不远处的一条花枝巷里面被叫作"9号"的地方,对此专门有人去做了调查,发现恭王府后边有一个死胡同,该死胡同就只有9个门,所以据此推断"9号"即恭王府后边的死胡同⋯⋯

至于恭王府花园是不是大观园的原型呢?也有人持相反的意见。这些反驳者认为,恭王府的历届主人都是在曹雪芹以后出生的人物。尤其是恭王府花园形成今天这样的规模,主要是在成为恭王府时规划兴建的。在第一任主人和珅居住时,只有府邸而没有后边的花园。

如今,恭王府花园到底是不是大观园的原型,还处于争议之中,成为一个谜。

至于曹雪芹在创作大观园的场景时，有没有什么借鉴物呢？很多人都持肯定的观点，只是所提出的借鉴物不同。有的认为借鉴的是乾隆年间江南文人袁枚家的"随园"，这个"随园"到底是什么样子，不得而知；有的认为借鉴的是曹家在南方江宁织造府的花园"楝亭"，关于"楝亭"，其状貌也不得而知，但是，曹雪芹只是少年时期在江宁住过，后来在曹雪芹13岁的时候，他随全家进了京。而《红楼梦》则是在他的晚年创作的，有人据此否认"楝亭"是原型这个观点。

其实，最主流的观点应该是大观园是曹雪芹的原创。如果真要说他在创作的过程中借鉴了什么景物的话，那就是参考了我国造园艺术的几千年精华。因为明清时代，我国的造园艺术已经非常高超了。明代时，京郊就出现了一些名园如清华园、勺园等；清乾隆时期，我国古典园林的造园艺术已达到顶峰时期，皇家有畅春园、圆明园等，王公大臣的名园有礼王府花园、索家花园等，南方的苏杭、南京等地更是名园遍布，如拙政园、寄畅园等。曹雪芹正是在创作的过程中，将皇家和私家园林的优势、将北方和南方的特点结合到一起来创作的。所以说，大观园乃是他的独创。

恭王府的"三绝"和"一宝"是什么

去过恭王府游玩的游客都会说，恭王府漂亮、高贵、好景观众多。在这众多的好景观中，最有名的莫过于"三绝"和"一宝"，它们深受广大游客的欢迎和喜爱。具体是哪三绝、哪一宝呢？

其"三绝"中的第一绝便是西洋门。西洋门处于恭王府花园的中轴线上，是花园的正门，汉白玉雕刻而成，是国内最大的汉白玉整雕门，进入恭王府花园参观，要先经过这道门。这道门并非清时和珅建园子时就有的，而是建造于恭王府改造时期。整道门颇具西洋味道又不失中国特色,拥有中西合璧的风韵,据说,这种门当时在整个北京城仅有三个,如今只有这道门被完好地保存了下来,也因为它的稀有,而成为恭王府的一处"绝妙之笔"。在西洋门的门额上,外刻有"静含太古"四个字,内刻"秀挹恒春"四字,意指享太古之幽静,拥满园之春色,体现了深邃浑厚的意境,蕴含着道家的思想理念,园中有亭台楼阁、雕梁画栋、荷塘水榭、奇花异草,美丽宛若人间仙境。

经过垂花门过牡丹院,就到了恭王府的第二绝所在——大戏楼。大戏楼建于同治年间,是中国现存唯一的全封闭式大戏楼。它位于邀月台的东部,占地面积约700平方米,可以容纳200余人,虽没任何音响设备,却能从各个角度上听清台上的声音。这是为什么呢?据说,该戏楼是清朝南方的某位官员为讨得恭亲王的欢心,特请南方的能工巧匠精心建造的。整个大戏楼是纯木结构,采用的是一种聚音的木料,屋顶是三卷勾连搭式,再加上内部结构独特,使得声音绕梁三日,不绝于耳。戏台的棚顶高悬着二十盏大红宫灯,地面则是二十张井然有序的八仙桌和太师椅。厅内南边是高约一米的戏台,戏台上方高悬着"赏心乐事"的金字黑匾。令人感到非常诧异的是,大堂上方绘满了倒垂的藤萝。原来,当时这种大堂似的戏楼在北方还很少有,连慈禧太后那有名的大戏楼都得坐在院子里看戏。恭亲王担心逾制获罪,便在屋顶画满藤萝,意思表明这是藤萝架而非大堂,足见其对这座大戏楼的上心和重视。据说当年除了外请戏班子来演出外,王府的主人和仆人经常在这里同台演戏,自娱自乐,而且王府中的红白喜事也都是在这里举办,用处颇多。

那么第三绝呢?这个景点的名气非常大,很多人都知道,它就是清康熙帝御笔亲题的"天下第一福"福字碑。关于这个福字碑,前文已经做了专门的介绍。和珅住在恭王府的时候,就对这块碑特别在意,经常藏着掖着,敬若神明。该碑本是紫禁城的镇城之宝,康熙帝为庆祝祖母孝庄皇太后的六十大寿而创作的,上面还印有玉玺。另外"福"字也非常独特,深藏含义。这座碑本来安置在紫禁城中,不知和珅耍了什么手段将它弄到了自己的府中,既然是"偷来"的,他当然不敢放在明面上了,只能将其藏于邀月台下的滴翠岩中,而且放置石碑的地方恰为整座宅院的中心。由此可以看出和珅对这块碑的看重。

以上三个景致便是恭王府中的"三绝",每天慕名前往欣赏的游客众多,既为祈福,也为缅怀。

关于恭王府中的那一宝,说的便是那满园"福"字。老北京人都爱说,整座恭王府那福气就没散过,除了因为那座赫赫有名的"福字碑"外,还是因为府内各处藏着多达一万多个"福"字,可谓处处被"福"笼罩。据说王府第一位主人和珅在设计这园子的时候,共设计了九千九百九十九只蝙蝠,取谐音"福",藏于各个角落如蝠池、蝠厅、长廊雕版,还有以邀月台为身子的整体蝠形建筑造型。为什么取"九千九百九十九"这个数呢?原来,和珅的本意是求一万个"福",而那第一万个"福"便是前面提及的福字碑。看来,和珅对"福"真是情有独钟啊!

铁帽子王和他们的王府

所谓"铁帽子王",是清朝"世袭罔替"的王爵的俗称,表明其身份的高贵和地位的牢固。大清朝近300年的历史中,获此殊荣的只有12位,其中有8位是在清朝开国之初立下战功的皇亲宗室,另外4位则是中后期在政治斗争中得到皇帝重用而受封的。

在清朝,宗室爵位共十二等,即和硕亲王、多罗郡王、多罗贝勒、固山贝子、奉恩镇国公、奉恩辅国公、不入八分镇国公、不入八分辅国公、镇国将军、辅国将军、奉国将军、奉恩将军。其中只有和硕亲王和多罗郡王的府邸可以称为王府,贝勒以下只能称为府。整个北京城内共建有几十座王府,外城没有王府。

另外，清朝的封爵制度主要有两种：一种是"世降一等"，另一种是"世袭罔替"。所谓"世降一等"，是指儿子的爵位要比父亲的低一等，例如，如果父亲是亲王，则儿子就袭封郡王，孙子则袭封贝勒。所谓"世袭罔替"，是指始王无论是亲王还是郡王，其后代总有一人袭封始王最初被封的爵位。如果袭爵人犯了罪，其爵位仍可由家族其他人员袭封。这种"世袭罔替"制度下产生的王就是我们今天所说的"铁帽子王"。

在清朝初期，铁帽子王共有八位，是皇帝按照其功劳分封的。这八位王爷均是大清朝"从马上得天下"的开国元勋，个个能征善战、勇略过人，为清王朝的开创立下了汗马功劳。

这八位中有六位是和硕亲王和两位多罗郡王。

六位和硕亲王分别是：努尔哈赤次子和硕礼亲王代善、努尔哈赤第十四子和硕睿亲王多尔衮、努尔哈赤第十五子和硕豫亲王多铎、努尔哈赤弟舒尔哈齐第六子和硕郑亲王济尔哈朗、皇太极长子和硕肃亲王豪格、皇太极第五子和硕承泽亲王（后改为和硕庄亲王）硕塞。

两位多罗郡王分别是：努尔哈赤次子代善长子多罗克勤郡王岳托、努尔哈赤次子代善第三子萨哈璘次子多罗顺承郡王勒克德浑。

在清朝的中后期，又恩封了四位铁帽子王，它们分别是康熙帝第十三子和硕怡亲王胤祥、道光帝第六子和硕恭亲王奕䜣、道光帝第七子和硕醇亲王奕𫍽、乾隆帝第十七子永璘第六子绵性长子和硕庆亲王奕劻。至此，清朝的"铁帽子王"增至十二位。

虽然清朝对王府的规制有着严格的要求，但"铁帽子王"的地位非常尊贵，其府邸比其他王府都要气派、豪华。铁帽子王府相互间规制差不多，都建有五开间宫门，在宫门外有一院落，该院落非常宽敞，院落两边还各有一个供下人出入的门，被称为阿斯门。在府门外，还有灯柱、拴马桩和红漆辖哈木一对。王府中轴线上的建筑，要严格按照规定建造，正殿是整个王府中规模最大、等级最高的建筑。正殿为绿琉璃瓦，殿前有石栏杆环绕。这里是王府举行各种庆典的场所。正殿后建有一个二层殿，二层殿的后面是神殿。神殿分两部分，西边部分是满族萨满教祭祀的场所，东边部分是王爷结婚的洞房，在举行完婚礼后，王爷必须要在此处居住满一个月才能迁至跨院。

一般情况下，在铁帽子王府的侧院都会建一座花园，花园建得非常美丽、典雅，郑王府的花园甚至还建有瀑布。然后，令人遗憾的是，随着岁月的流逝，朝代的更迭，绝大多数王府中的花园到今天已经消失了，只有恭亲王花园和醇亲王花园（宋庆龄故居）目前保存得还算完好。

京城规模最大的王府——礼王府

在老北京城里，权威显赫的人，除了皇帝就是王爷，最好的建筑，除了皇帝住的紫禁城就属王爷们的府邸了。在偌大的北京城里，王府有很多，最有气势、规制最高的当属享有世袭特权的八个"铁帽子王"的王府。

而在这八个铁帽子王中，为首的当属礼亲王代善，其王府礼王府（也叫礼亲王府）的豪华和气势在铁帽子王府中数一数二。

礼王府的始王是代善，清太祖努尔哈赤次子。代善于清崇德元年（1636年）封和硕礼亲王，为清开国元勋，不仅跟随清太祖征战多有战功，在支持其弟太宗皇太极、侄世祖福临即位及安定政局等大事上发挥了重大的作用。

礼亲王府的位置多有变化，最早的位置在西四南大街缸瓦市。代善死后，他的第七子满达海袭为巽亲王，《啸亭杂录》记载此时的巽亲王府仍在缸瓦市，次年，满达海卒，其长子常阿岱袭爵。清顺治十六年（1659年），追论满达海罪，常阿岱降为贝勒。代善所遗亲王爵由祜塞第三子康郡王杰书继袭，仍沿用原封号康亲王，康亲王杰书新建康亲王府。其后，在康熙年间进行了大规模的扩建，扩建之初，康熙帝下旨命天下资助，甚至府中陈设也为官员献纳，所以该王府非常豪华，规格高于其他王府。乾隆四十三年（1778年），恢复礼亲王的封号，康亲王府也随之改为礼亲王府。嘉庆十二年（1807年），礼亲王府毁于大火，由当时的礼亲王集资于原址重建，也就是我们今天所看到的府邸样貌。

整个礼亲王府呈长方形，规模雄伟，占地宽广，重门叠户，院落深邃。在清代所建的诸多王府中，礼亲王府是京城规模最大的王府，民间素有"礼王府的房，豫王府的墙"的说法，说的就是礼亲王府规模大、房子多。据《乾隆京城全图》记载，礼亲王府共分为中、东、西三路，整个王府共有房屋、廊庑等四百八十余间。其中东路有十二进院落，是王爷及其家人的卧房。西路有十一进院落，其间有花园、阁楼，设计精美。中路是主体建筑，有五重房屋，七进院落，既有府门、宫门、银安殿等，又有两侧翼楼、后殿、两侧配殿，还有启门、神殿前出轩、两侧配殿、遗念殿（后罩楼）、两侧转角配房、后罩房等。

后来，随着清朝统治的结束，礼王府也随之走向没落。1927年，礼亲王的后人为了维持生计，将王府前半部租给了华北文法学院作为校舍，家人仅住王府的后半部。1943年，经一位日本人介绍，礼亲王府被卖给了"满铁"。中华人民共和国成立后，被改为民政部办公场所，现为国务院事务管理局使用。现在礼亲王府的中路建筑大多保存完好，东路北部有几个院落尚存，西路大部分建筑已拆除，但仍属于保存较好的王府，1984年公布其为北京市文物保护单位。

有"北京王府花园之最"之说的王府是哪一座

在北京众王府的花园中，属郑王府的"惠园"规模最大，属京师所有王府花园中最大最壮观的，园中"引池叠石，饶有幽致"，园后为雏凤楼，楼前有水池，其后为几丈高的瀑布，几百米外就可听到瀑布声音,非常壮观,因此,郑王府素有"北京王府花园之最"之说。

据说,郑王府在明朝时期曾经是姚广孝的府宅,在大清开创后,则成为开国元勋济尔哈朗的府邸。济尔哈朗是清太祖努尔哈赤三弟舒尔哈齐的儿子,于顺治九年(1652年)被加封为郑亲王,是清初著名的"八大铁帽子王"之一。

郑王府的历史非常久远,在清朝入关之初就已经建造完成。在清朝,王公大臣的宅第营建,均有定制,如基址过高或多盖房屋皆属违法,所有这些王府的"定制"极为详尽。主轴线上的建筑有几重,主要建筑如正门、殿、堂、寝和楼的规模,建筑物上的装饰,如梁栋彩绘、门钉数目、压脊兽种的数目以及正殿内是否设座和屏风都按不同的等级明确区分。《大清会典事例》曾记载郑王府一例逾制:"顺治四年,郑亲王营造王府,殿基逾制,又擅用铜狮、龟、鹤,罚银两千两。"现实中,多数王府往往在许多地方达不到规定标准,就拿逾制的郑王府来说,其大殿、东西配楼、后殿、后罩楼都不足规定标准,只相当于低一级的郡王府标准。而郑亲王济尔哈朗就因建府殿基逾制,又擅用铜狮、龟、鹤,于顺治四年(1647年)遭弹劾后而罢官罚款。

郑王府建造完成后,此后历代袭王对王府均有修缮或扩建,最大的一次是第八代袭王德沛对花园的扩建,并将花园命名为"惠园"。对此,《啸亭杂录》卷六有记载:"邸库中存贮银数万两。王见,诧谓其长史(名义上管理王府的最大的官)曰:'此祸根也,不可不急消耗之,无贻祸后人也。'因散给其邸中人若干两,余者建造别墅,亭榭轩然。故近日诸王邸中以郑王园亭为最优"。惠园规模巨大、好景众多,成为京城王府中最大最壮观的花园。

发展到后来,郑王府经历了一次易主的过程,后又失而复得于其后嗣。事情是这样的:咸丰十一年(1861年),第十三代郑亲王端华、怡亲王载垣及肃顺等被咸丰皇帝临终前同任命为"顾命八大臣"。后在"辛酉政变"发生后被赐自尽没收家产,王府曾一度成为钟郡王奕诒的府邸。同治三年（1864年），恢复了郑亲王爵位，但没有发还府邸。直至同治七年（1868年）钟郡王奕诒去世后，王府才被发还，复为郑亲王府。

民国后，郑亲王后人先是将王府抵押给西什库教堂，后又租给中国大学为校址，后中国大学使用时改名为"逸仙堂"，如今还在使用着。在中华人民共和国成立后，原有的后罩楼和一些附属建筑被拆除了，改建为教育部的办公大楼，西部的花园另建二龙路中学，现为实验中学（北京师范大学附属实验中学）初中部。

如今的郑王府位于西单大木仓胡同35号，是教育部办公所在地，其正门虽然朱漆剥落，但仍存有深宅大院的气派，但除了正门与后院"逸仙堂"，王府里的建筑已经所剩无几了。如今的办公楼所在地便是有"京城王府花园之最"的郑王府后花园，可是当年的所有美景，包括园中园、厢房、假山已经全部消失了，空留一个美名，表明郑王府花园曾经无比美丽、无比风光过。

清朝最后两位皇帝为何都出自醇王府

在清朝末期，地位最显赫的王府莫过于醇王府，之所以说它地位显赫，主要是因为醇王府先后出过两位皇帝，即清最后两位皇帝光绪帝和宣统帝。醇王府也因此两度成为"潜龙邸"（意思是这里住过一条"潜藏着的龙"，也就是皇帝），不过最初的醇王府位于北京西城区太平湖东里，后来才搬到西城区后海现址。

一个王府能出一位皇帝已经非常了不起了，醇王府为何出了两位皇帝，而且还是清朝最后两位皇帝？回答这个问题，需要了解一下醇王府的前世今生。

醇王府共有两处：一处是南府，一处是北府（清最后两位皇帝光绪帝和宣统帝在此地出生）。

醇王府南府位于西城区太平湖东里，原为荣亲王府。荣亲王是乾隆皇帝的第五个儿子永琪，他在乾隆三十年（1765年）封荣亲王。该府邸在民国时期被改建为民国学院，到20世纪50年代由机关所用，现为中央音乐学院。

醇王府北府位于北京城内西城区后海北沿44号，在康熙年间是清著名词人纳兰性德之父清初大学士纳兰明珠的宅第。后纳兰明珠获罪，该府邸被乾隆皇帝的宠臣和珅所有，后和珅被嘉庆帝赐自尽并没收家产，该处府邸被赐给了成亲王，后又被赐予道光帝的第七子醇亲王奕譞，也就是清光绪帝的生父，该府邸遂被改为醇亲王府，光绪帝便是在此府邸出生。由于奕譞在搬到西城区后海北沿44号这座府邸之前，原居住在西城区太平湖东里，后世人为了好区分，便将奕譞原来居住的府邸即西城区太平湖东里称为南府，而将该处府邸称为北府。北府坐北朝南，西部为王府花园，1949年后，进行了整治，是宋庆龄在京的住所（见宋庆龄故居）。

后在光绪十六年（1890年），奕譞去世，配享太庙，称"皇帝本生考醇贤亲王"，他的另一个儿子也就是光绪帝的亲兄弟载沣袭醇亲王。光绪三十四年（1908年），德宗光绪帝死后，载沣的儿子溥仪继承了皇位，成为大清朝最后一位皇帝。

由此我们说，醇王府出了清朝最后两位皇帝。

在清朝众多的王府中，醇王府北府是其中规模比较大的一座，它坐北朝南，南起后海北沿路北，北抵鼓楼西大街，东起甘水桥胡同，西至后海夹道，布局广阔，建筑宏伟，是北京城保存最完好的王府之一。

醇王府北府风景优美，杨柳依依，湖水清澈，景色似画。纳兰性德就曾在府内南楼前亲手栽植了七株夜合花树，距今已有两三百年的历史。纳兰性德还在自己的作品《渌水亭·宴集》中专门提及这座府邸："予家像近魁三，天临尺五，墙依绣堞，云影周遭；门俯银塘，烟波滉漾。蛟潭雾尽，晴分太液池光，鹤渚秋清，翠写景山峰色。"从他的描述中，足见醇王府北府的美。

几百年过去了，醇王府承载了光荣也背负了屈辱，伴随着清王朝从开始走向结束。如今的醇王府在经过 2003 年的大修后，以崭新的面貌示人，安装了很多先进的新系统，如排水系统、消防系统、卫星接收及有线电视系统等，越来越现代化，越来越华丽、壮观。

曹雪芹经常走动的王府是哪一座

提起《红楼梦》，可谓无人不知无人不晓，该部长篇小说是我国四大名著之一，在我国的文学史上乃至世界文学史上都享有较高的声誉。而提起《红楼梦》则不得不提其作者曹雪芹。

《红楼梦》是曹雪芹倾其一生心血，为中华民族文化宝库奉献的一部罕世之作。然而，令人遗憾的是，直到今天，人们对曹雪芹一生奇特的经历，还是知之甚少。只知道他性格豪放，多才多艺，"诗笔有奇气"；他有气骨，孤傲不屈，疾恶如仇，即便身处最恶劣的环境，也能潜心创作，"披阅十载，增删五次"，坚持完成了旷世名著《红楼梦》。

其实，说起曹雪芹传奇的人生经历，有一个地方不得不提，那就是古都北京。还在曹雪芹 13 岁的时候，他就跟随家人迁到了北京。在北京的很多地方都留下了他的足迹，据史料记载，广渠门内大街 207 号院（原蒜市口 16 号院）、北京植物园内原正白旗村 39 号、通州张家湾、西单石虎胡同、内务部街 11 号等都留过他的足迹。

可能还有很多人不知道，除了以上列举的地方外，曹雪芹还非常喜欢去一个地方，而且那个地方还是座王府，是哪一座王府呢？它就是克勤郡王府。

克勤郡王府位于西城区新文化街（原石驸马大街）西口路北，始王是礼亲王代善的长子岳托。岳托自幼就跟随祖父努尔哈赤行军打仗，以骁勇善战和擅长谋略扬名后金，立下了赫赫战功。他在天聪和崇德时期都非常有作为，曾率军伐明，获多次重大战役胜利，也曾随阿敏、济尔哈朗伐朝鲜，克定州、义州、汉山、克安州、攻平壤。作为代善的长子，岳托不仅继承了父亲的智勇，同时也为本族繁荣做出了贡献，可惜英年早逝（死于崇德四年即1639年）使其不能有更大作为。克勤郡王是死后追封，为清初"八大铁帽子王"之一，所以克勤郡王府也是一座铁帽子王府。

岳托死后，他的第一个儿子罗洛浑在顺治元年（1644年）被封为衍禧郡王。罗洛浑长子罗科铎在顺治三年（1646年）袭爵，在顺治八年（1651年）改封为平郡王。至乾隆四十三年（1778年），为纪念岳托的功绩，才恢复了克勤郡王号。所以，克勤郡王府的历任主人中，第一代是克勤郡王，第二至三代是衍禧郡王，四至八代是平郡王，乾隆期间第九代改回克勤郡王，自此以后至第十七代皆为克勤郡王。

克勤郡王府建于清朝顺治年间，是清廷封给岳托后人的三处府邸之一，东与罗科铎第三子诺尼的贝勒府相邻。在曹雪芹所处的年代，克勤郡王府因主人名号的更改而被改叫平郡王府。克勤郡王的后代习惯把平郡王府称为"西府"，而把其东边诺尼的贝勒府称为"东府"。曹雪芹和当时的平郡王福彭是亲戚关系，因此曹雪芹定居北京时常在东西二府走动，也因此有红学家认为，这里便是《红楼梦》荣宁二府的原型，并且平郡王福彭便是《红楼梦》里北静王的原型。到底属不属实呢？这个我们就不得而知了。

细究起来，《红楼梦》一书里并没有说荣宁二府和大观园究竟在哪里，因此有"北方说"和"南方说"或者叫"北京说"和"南京说"两种说法，但不知道您注意到没有，书里的王熙凤、尤二姐、晴雯等人物，说出话来都是一口京片子味儿，所以我们不能忽视曹雪芹在北京的这段生活经历对他创作《红楼梦》时产生的影响。但到底平郡王福彭是不是北静王的原型，还真说不准。但历史中的福彭本人在历史上并非碌碌无为之辈，史书记载，他袭爵后，"授右宗正，署都统，十一年，命军机处行走，授定边大将军,率师讨噶尔丹策零"。从中可知他是一位足智多谋、英勇善战之人。

民国初年,克勤郡王府被卖给了以兴办慈善事业而著称的熊希龄,辗转到今日,经复建后焕然一新,是北京市第二实验小学所在地。如今王府的前部只剩下了东翼楼,但王府外的影壁和王府后部的内门、寝房、后罩尚保存得十分完好。1984年,被公布为北京市重点文物保护单位。

怡亲王府为什么被改建为贤良寺

"贤良寺由怡亲王府改建而成。"听到或看到这句话,很多人都倍感诧异:赫赫有名的怡亲王府为何被改建为一座寺庙了呢?要想弄清这个问题的答案,还要了解一下清康熙帝第十三子允祥的生平历史。

提起允祥,很多人都非常熟悉,他可是比较流行的清穿剧中的标准男配角。历史上的他是什么样的呢?据史书记载,怡亲王允祥"诗文翰墨,皆工敏清新","精于骑射,发必命中,驰骤如飞",从小就深受康熙皇帝的宠爱,"从玄烨谒陵,自此出游皆从"。在康熙末年的"九龙夺嫡"事件中,他始终站在四阿哥胤禛也就是后来的雍正皇帝的一边,为胤禛的最终继位立下了汗马功劳。

在众多兄弟中,胤禛对允祥的感情最深厚,在他即位后,便封他为和硕怡亲王,并重用他,命他总理户部三库,允祥自此即全力辅佐雍正皇帝治理国家。允祥自始至终都没有辜负雍正的信任和重用,他参与军国大事,处理财政事宜,日理万机,处理了许许多多繁重艰巨的政务,雍正夸他"事朕克殚忠诚",并于雍正四年(1726年)七月,亲笔挥写"忠敬诚直勤慎廉明"八个大字,命人制成匾额,赐给他,赞誉他"公而忘私,视国如家"。

在允祥死后,雍正还下旨将允祥的"允"字改回"胤"字,以示最大的褒奖。要知道,康熙众多儿子的名字中都带有一个"胤"字,后在雍正即位后,为了避讳,才都将"胤"字改为"允"字。雍正将允祥的"胤"字改回,足见雍正对允祥的感情之深厚。

其实,雍正对允祥深厚情感的表达,还不止这一项恩典。由于允祥生前曾经希望将自己的宅子改建为寺庙。所以雍正在允祥死后,打算实现他的这一夙愿,将他的怡亲王府改建为贤良寺,并另外对第二代怡亲王改赐新宅,即现在的孚郡王府。孚郡王府也被称为怡亲王新府,位于东城区朝阳门内大街137号。

贤良寺建于雍正十二年(1734年),据《乾隆京城全图》描绘,贤良寺东起今校尉胡同,西邻王府井大街,北至金鱼胡同,南起帅府园胡同。中路正门面阔五间,大殿面阔七间,左右配殿面阔七间,后殿面阔五间。

后来,贤良寺被换了位置。在乾隆二十年(1755年),被移建于冰碴胡同路北,移建后的贤良寺面积虽然有所减少,但从规模上看,依然很大。因它离皇宫没多远,所以外省官吏进京述职大多居住在这座寺庙里,如曾国藩、李鸿章、左宗棠、张之洞等晚清名臣。更令人意外的是,一代名臣李鸿章竟死在了这里。当时任职两广总督的李鸿章,在庚子事变后,便从广州被调回到北京与八国联军议和,就住在贤良寺,不久便死在了这里。

在民国时期,贤良寺开始作为旅游景点对外开放,广受众游客的欢迎。1935年出版的《北平旅行指南》还专门记载了贤良寺的美丽,它是这么描述的:"庭中古柏参天,老槐荫地,清凉至甚。""如夏季吾人苟置身庙中,就阴凉下,盘膝而坐,以茶一瓯,书一卷,祛斯炎氛。倦而抛书一觉,午梦初长,不知炎暑,怡然自得,则不啻又一桃园也……"后来,由于该寺庙比较宽敞,便在其配殿内,设立了一所民众小学校。

中华人民共和国成立的初期,在贤良寺内还有很多僧人,后来这些僧人被遣散。贤良寺被改建为一所小学。1988年,政府对贤良寺所在地区进行了大规模的拆迁改造工程，贤良寺的大部分建筑都被拆除，如今只剩下寺东边的一个小院子。

哪一座王府是属于蒙古亲王的

在北京城众多的王府中，有一座非常独特，它属于蒙古亲王。这位蒙古亲王到底是谁呢？它的这座王府有什么来历吗？

这座属于蒙古亲王的王府叫作那王府，位于东城区安定门地区，在宝钞胡同内国祥胡同甲2号，是蒙古喀尔喀赛因诺颜部扎萨克和硕亲王那彦图王府。

对此，有清晰的史料记载。《燕都丛考》上说："超勇亲王府在宝钞胡同。案：王讳策凌，尚纯悫公主，圣祖十女额驸也，谥曰'襄'，配享太庙。按：今其后人那彦图袭爵，府曰那王府。"有这两处记载可知，那王府的第一代亲王是策凌，其封号是"蒙古喀尔喀大扎萨克和硕赛音诺颜亲王"，因有"超勇"赐号，所以该王府又被称为"超勇亲王府"，又因最后一代亲王名叫那彦图，所以，后世人称该王府为"那王府"。

要了解那王府，首先应了解它的主人，尤其是第一任策凌和最后一任主人那彦图。

那王府的第一任主人叫作策凌。策凌是成吉思汗的子孙，在康熙三十一年（1662年）跟随祖母来到了北京城，并在此长住下来，后与和硕纯悫公主结婚。在大清朝对外征战中立下赫赫战功，而被封为和硕亲王，并赐号"超勇"，于乾隆十五年（1750年）去世。策凌去世后，他的儿子承袭了他的爵位，也立功颇多。但从其孙子辈开始衰落，待到第七代亲王那彦图时，已经衰败不堪。

那彦图在同治十三年（1874年）承袭了爵位，由于他是近支王公，皇帝非常重视他，在慈禧太后因八国联军的入侵而西逃时，那彦图就陪在慈禧的身边。后那彦图做了很多违逆历史潮流的事情，如1911年武昌起义后南北议和时，那彦图站在了主战派一边，强力反对共和，并在清帝逊位后做了北洋政府的国会议员，后为袁世凯荒唐的称帝之举出钱出力，扮演了极不光彩的角色。那彦图又喜欢赌博，由于在赌场中输了很多钱，便将那王府抵押给了西什库天主教堂，后该教堂将那王府转手给金城银行、精神病院。

如今，那王府已大部分改建，只有国祥胡同甲2号还保留着当年的风貌。国祥胡同甲2号在胡同东段南侧，街门面北，原为那王府的其中一小部分，现如今为并列两个院落的四合院。1984年被公布为北京市文物保护单位。

为什么会有两座睿亲王府

提起睿亲王府，很多人可能不知道，但提起清摄政王多尔衮，大家都再熟悉不过了，这睿亲王府便是多尔衮的府邸。

大多数王府都只有一处，只有极个别的王府有两处，或者三处，睿亲王府便属于这"极个别"的之一，它有两处，一处东华门大街迤南普渡寺一带，另一处位于外交部街。为什么会有两处呢？原来前者是多尔衮进京后的府邸即睿亲王府旧府，后者则是乾隆年间恢复睿亲王爵位后其后嗣子孙的府邸。

1. 睿亲王府旧府

据第九代礼亲王昭梿在《啸亭杂录》中有"睿亲王府在南明宫，今为缎匹库"的记载，我们可以得知睿亲王府旧府地址为东华门外至南池子以东地区，其历史要追溯到明朝时期。明朝时期，睿亲王府原是皇城东苑，是太子居住的地方。清朝入关后，多尔衮将皇城东苑重新利用，修建成了自己的府邸。多尔衮将王府修建得非常豪华，甚至比皇宫还要胜出一筹。后多尔衮死后被削去了爵位，睿亲王府于是衰败下来。

乾隆皇帝登基后，又恢复了多尔衮的睿亲王封号，并将睿亲王府改建成了一座寺庙，名为普渡寺，直到20世纪60年代初，还有僧人住在这里。在民国时期，普渡寺逐渐沦为民居大杂院。后来遭到破坏，文物丢失，建筑被毁，大殿被改作仓库。1984年，它被列为北京市重点文物保护单位，当时其大殿被东城区南池子小学占用，直到2001年在北京市政府相关部门的整顿下才基本恢复了原貌。需注意的是，如今普渡寺周围的前巷、东巷、西巷等胡同的铭牌都写得"普渡寺"。然而在《宸垣识略》等多部记述北京历史地理的资料中，"渡"字是没有三点水旁的，均写作"普度寺"。

2. 睿亲王府新府

关于睿亲王府新府的地址，昭梿在《啸亭杂录》中有"新府在石大人胡同"的记载。而这个"石大人胡同"，其实就是今天的外交部街。多尔衮死后，乾隆皇帝恢复了睿亲王爵位，由于原来的睿亲王府已经被改建为普渡寺，所以位于石大人胡同的多尔衮后代的宅邸便成为新的睿亲王府。睿亲王新府规模十分宏大，曾有房五百多间。但在清朝统治即将结束的时候，该王府就已经败落不堪了。民国时期，末代睿亲王为了维持生计，将王府变卖。后王府被改建为北平著名中学京师私立大同中学。如今，该王府为北京市第二十四中学，清代王府的旧貌已经全然不复存在了。

老北京民居的典型代表——四合院

北京作为闻名世界的历史文化名城，因汇集了众多深厚的传统文化精华而闪烁着绚丽的光彩。其中，北京传统民居文化极其丰富，最有名的莫过于闻名中外的四合院建筑。

四合院，是华北地区民用住宅中的一种组合建筑形式，是一种四四方方或者是长方形的院落。它是老北京城市建筑的基本元素，《日下旧闻考》中引元人诗云："云开闾阖三千丈，雾暗楼台百万家。"这"百万家"的住宅，便是如今所说的北京四合院。

为什么叫"四合院"呢？因为这种民居有正房（北房）、倒座（南座）、东厢房和西厢房四座房屋在四面围合，形成一个口字形，里面是一个中心庭院，所以这种院落式民居被称为四合院。

北京四合院的历史非常悠久，可以追溯到元代。元代时定都北京，大规模的建城计划便实施了，四合院便随着各种宫殿、衙署、街区、坊巷和胡同的兴建而出现了。据元末熊梦祥所著的《析津志》记载："大街制，自南以至于北谓之经，自东至西谓之纬。大街二十四步阔，三百八十四火巷，二十九街通。"这里所谓"街通"也就是我们今天所说的胡同，胡同和胡同之间就是供臣民建造住宅的地皮。那个时候，元世祖忽必烈"诏旧城居民之过京城老，以赀高（有钱人）及居职（在朝廷供职）者为先，乃定制以地八亩为一分"，分地给迁至北京来的官吏们建立宅第，北京传统四合院住宅由此开始大规模地在北京兴建。

后来发展到明清时代，北京四合院虽然经历了各种起起落落，但其基本的结构模式已经形成，并且在后来的发展过程中得到不断的完善和更新，最终形成了我们今天所见的四合院的模式。

北京有众多的四合院，规模不一，有大有小，但无论规模大小，都是由一个个四面房屋围合的庭院组成的。最简单的四合院只有一个院子，比较复杂的有两三个院子，富贵人家居住的深宅大院通常是由好几座四合院并列组成的，只是在中间用一道墙隔开。

总的来说，四合院可分为大四合、中四合、小四合三种，其中，小四合与中四合一般是普通老百姓的住宅，而大四合则是府邸、官衙用房。

针对大四合院，京城的老百姓喜欢称呼它们为"大宅门"。这种大宅门的房屋设置有多种形式，有的是5南5北，有的是7南7北，有的有9间或者11间大正房，通常为复式结构，即由多个四合院横向纵深相连而成。大四合院的院落非常多，有前院、后院、东院、西院、正院、偏院、跨院、书房院、围房院、马号、一进、二进、三进等，面积非常大。而中四合，从房屋设置上来说，通常是北房5间，3正2耳，东、西厢房各3间。其院落主要有前院（外院）、后院（内院），院墙以月亮门相通。小四合院的院落相对少，占地面积不大，通常为北房三间，一明两暗或者两明一暗，东西厢房各两间，南房三间。

四合院与其他民居一个最重要的区别在于它的结构。四合院的结构非常独特，首先在于它的院子非常宽敞，在院中可以种花养草、饲鸟养鱼，四面房屋各自独立，又有游廊连接彼此，起居十分方便；其次，它的每间房子都很具有私密性，这种封闭式的住宅使四合院具有很强的个人空间感，住户将自家的门关起来就自成一片天地了；最为重要的是，四合院住房分间分房、布局非常合理，通常是老人住北房（上房），中间为大客厅（中堂间），长子住东厢，次子住西厢，佣人住倒房，小姐、女儿住后院，各人之间相互不影响，氛围其乐融融。

正是因为四合院既美观又实用，所以，老北京人往往将四合院作为北方民居的最典型代表形式。

四合院里的风水讲究

风水理论，是中国古代的建筑环境学，是中国传统建筑理论的重要组成部分，这种风水理论，千百年来一直指导着中国古代的建筑营造活动，体现了人们对幸福、美好、富裕、吉祥的追求。

四合院是一种居住建筑形式，蕴含着无比丰富、无比深刻的文化内涵，是中华传统文化的载体，其营建是极讲究风水的，无论是择地还是定位，甚至是每幢建筑的具体尺度的确定，都严格按照风水理论来进行。对此，某环境理论专家说："四合院的建立并非是为了人与自然的和谐，而是按宗法礼教要求设计兴建的，并应用了风水理论。"

首先，从风水理论上说，四合院的东南西北四个方位，在古时候被称为"四象",它与青龙、白虎、朱雀、玄武及春、夏、秋、冬四季节相对应,即青龙对应东方、春天,白虎对应西方、秋天,朱雀对应南方、夏天,玄武对应北方、冬天,这四个方位再加上它们的当中,就形成了东、西、南、北、中五个方位,与金、木、水、火、土相呼应,东方为木,南方为火,西方为金,北方为水,当中为土。四合院的营建,都严格按照这"五行"来进行规划、实施,在文化上体现了中国阴阳五行的思想。

例如,在四合院的大门口应该放个猴子形状的避马石,因为在整个十二生肖的排位中,马属火,而木结构的房子最怕火,即最怕马,而猴子属水,安置个猴子形状的避马石,就可以避免起火;在四合院里最好种海棠、枣树、石榴树,而不能种植松树、柏树、杨树、桑树,主要是松树、柏树、杨树三种树木是阴宅种的树木,桑树与"丧"同音不吉利,而海棠、枣树和石榴则代表了和谐、安宁,都是吉祥的象征;四合院门前不能种槐树,因为以前槐树上会掉下来一种虫子,俗名吊死鬼,担心过路人说:"这儿怎么这么多吊死鬼啊。"——这些四合院的老讲究就是风水理论的生动体现。

在四合院的营建上,风水理论还体现在居住的方位上,例如,北房属水位,坐北朝南,应给家中最年长的人住;而东厢房属木位,应该由家中的男孩子住;西厢房属金位,应该由女孩子来住,所以女孩子被称为"千金"就是据此而来的。

除了这些讲究外,在四合院里还有一些禁忌:

四合院里的人比较忌讳院子里的地面低于胡同、大街的地面,主要的原因是一进院门就得"跳蛤蟆坑",比较不吉利。

四合院里的人还比较忌讳单数,他们认为单数不吉利,所以,买什么东西都要个双数,例如,买椅子得买两把,买箱子要买一对。但是有一个例外,那就是北房房屋的数目必须是单数,例如要么盖成三间,要么盖成五间,即便有四间的地儿也要盖成三大间。

四合院必不可少哪两个物件

在几十年前的北京，住进高楼是一种流行，而在今天，谁家要有一处四合院，那可是无上的荣耀，是一种身份和财富的象征。可要说起四合院的定义，很多人都说不明白。大部分人都会说，四合院不就是由东南西北四面房子围起来的宅院嘛！其实这种说法并不准确，从建筑学的角度来讲，只具备东西南北四面房子的院落还不能被称为四合院，充其量只能被称为四合房。真正能被称为四合院的，除了具备东西南北四面房子外，还得有两个物件，缺一不可。您知道是哪两个物件吗？

第一个必不可少的物件就是二道门。古时候人常说的"内外有别"，就是拿这个二道门当作内外界限的。在四合院里，对应着正房的房屋被称为倒座房。在人们的眼里，住在倒座房非常不吉利，所以，通常会被当作下人的房间，也被称为外院。在古时候，家中的女性只能在二道门内的范围内活动，二道门往外的地方就不能去了。

第二个必不可少的物件就是影壁。影壁，又被称作照壁，被称为四合院的灵魂之墙，一般建在大门外，只有极少数建在大门内，其最大的作用便是遮挡大门内外杂乱呆板的墙面和景物，美化大门的出入口。关于在四合院建影壁的初衷，还有一个传说。据说在以前，老百姓认为在自己的住宅中不断有鬼魂来拜访。如果是自己祖上的魂魄来访是没什么问题的，可是如果进来了孤魂野鬼，可就不吉利了，严重时还会给自家带来灾祸，而如果有影壁的话，孤魂野鬼通过影壁看到自己的影子，就会被吓走了。

影壁的类型有很多，其中最常见的是门内独立影壁和门外的一字影壁。独立影壁一般建在一进大门的正面，多是从地面往上砌砖，下面为须弥座形，再上为墙身，用青砖打磨成柱、檩橡、瓦当等形状，组成影壁芯，影壁芯内的方砖斜向贴就。门外的一字影壁通常坐落在胡同的对面，正对着宅门，一般有两种形状：平面呈"一"字形的，叫一字影壁；平面成梯形的，称雁翅影壁。这两种影壁或者单独立于对面宅院墙壁的外面，或者倚砌于对面宅院的墙壁，主要用于遮挡对面房屋和不甚整齐的房角檐头，使出入大门的人看着整齐美观。

四合院里的动物吉祥物

人天生就有"趋利避害"的行为动向，对自己不利或者自己不喜欢的事物，总喜欢避而远之，甚至消除，这种"趋利避害"的行为动向在后来还发展成为一种理论或称术法，吉凶之术就是其中之一。吉凶之术出现的时间比较早，早在《易经》中就出现了。《易经·系辞上》中曾说："吉，无不利。"《逸周书·武顺》中也曾说："礼义顺祥曰吉。"可见人们对"吉"的追求是古已有之的。

在后来的发展过程中，人们把对"吉"的追求逐渐地寄托在某一或某些物体上，这就产生了吉祥物。各个时代都存在寄托人们美好追求的吉祥物，但内容却有很大不同。在老北京四合院里，也存在各种形式的吉祥物，表达了四合院里的人对吉祥、幸福、祥和的向往和追求。

老北京四合院人的吉祥物有很多种，可谓包罗万象，有动植物、符图、器物、神人等。这些吉祥物深深地融合在四合院人的心里，表达了他们对美好生活的向往。其中，与动物相关的吉祥物最多，有天上飞的、地上跑的，还有在水中生活的，甚至是一些人想象出来的，可谓种类繁多。其中最有名的当属麒麟、虎、鹤、蟾蜍、猴子、凤凰、鱼。

麒麟。麒麟这种吉祥物代表的含义是早生贵子，子孙聪慧有才能。在老百姓居住的普通四合院中，麒麟比较少，即便有，也是一些零碎的图案。这种吉祥物通常都出现在一些高贵的王府门前，并且是以雕刻的形式出现的。在众多的麒麟吉祥物中，位于故宫慈宁宫门前的鎏金麒麟是最为高贵的,连王府宅邸前都不可效仿设立,更不要说民间普通老百姓敢制作一尊放在院前了。

虎。虎这种吉祥物代表的含义是镇怪驱邪,神佑安宁。在老百姓的心目中,虎是一种神兽,威猛而勇武,所以用它来做吉祥物可以驱除恶怪。例如,在一些为官之家的中堂都喜欢挂虎神,上面题写着一些字,如:怒吼千山动,三掀百兽惊。除了挂虎神之外,老百姓还喜欢用"虎"来装饰室内的各个部位,甚至连小孩子的鞋帽都用虎来表现,如虎头鞋、虎头帽等。

鹤。在四合院中,以鹤作为吉祥物的人家也有很多。在众多的吉祥物中,鹤是羽族之长,道家称其为仙鹤,代表着长寿之意,正因为鹤的长寿和"羽族之长"的身份,鹤的图案通常会被描绘在朝中一品大臣的官服之上。在民间普通的四合院中,影壁、垂花门、游廊和窗棂上也多绘有"松鹤长春""鹤鹿同春"等图案。

蟾蜍。蟾蜍,也就是我们常说的"癞蛤蟆想吃天鹅肉"里的癞蛤蟆。在人们的心目中,蟾蜍是比较难看、低贱的一种生物,在四合院里,蟾蜍被称为"疥癞蛤子",比青蛙难看许多,但其实它也是四合院里的吉祥物之一。老北京很多四合院的院门上都挂有"刘海戏金蟾"的图案,戏钓金蟾,所代表的含义就是财源滚滚。

猴子。猴子这种吉祥物的代表含义是加官封侯。老百姓之所以用猴子来做吉祥物,主要是因为旧时礼制封公爵中有"王侯"一说,侯与猴同音,以猴子做吉祥物,可以表达人们想升官加爵的愿望。所以,想从政的家庭都喜欢在屋内放置有"一只猴子骑在马上,拿着印章和枫叶"图案的装饰品,取"马上封侯"之意。一个能够说明猴子是吉祥物的最有利的证物是白云观山门上的石猴。这个石猴非常有名,不知被多少个虔诚的人摸了多少遍,以致当初白雪一般白的汉白玉如今都被摸成了黑色的了。

凤凰。凤凰在动物界中并不是真实存在的,而是人们想象出来的一种吉祥物。在四合院人的心目中，凤凰代表着夫妻和谐，龙凤呈祥。古老的"有凤来仪"一说，表达了人们希望利用凤凰给宅院带来吉祥的美好愿望。

在老北京四合院中，除了麒麟、虎、鹤、蟾蜍、猴子、凤凰的吉祥物之外，还有一种吉祥物比较普及，就是鱼。因为"鱼"和"余"是谐音字，代表着"多""年年有余"的意思，非常吉利，所以，在四合院院门上，通常会挂着与"鱼"相关的图案，如"连年有余""双鱼吉庆""小鲤鱼跳龙门"等吉祥图案，表达着四合院人对幸福生活的美好向往。

"大门不出，二门不迈"的"二门"指的是四合院的哪道门

在电视剧或者小说里，我们通常会听到或见到这么一句话，即"大门不出，二门不迈"，来形容一个人不怎么出家门，尤其适用于封建社会未出嫁的千金小姐。《我的一家》中就有这么一句台词："我一个妇道人家，大门不出，二门不迈，哪来的熟人。"

很多人会有这样的疑问，这里的"二门"指的是四合院的哪道门呢？

其实，"二门"指的是垂花门。提起垂花门，四合院人都非常熟悉。它虽然是四合院里的一道门，但不是一道普普通通的门，而是一道很有讲究的门。通常位于院落的中轴线上，它的两侧连接着抄手游廊，把院落分为内外两部分。以内的部分是正房、厢房、耳房以及后灶房等所在，属于内宅，主要供家人生活起居所用，一般不允许外人进入；以外的部分是倒座房、厅房及其所属院落所在，属于外宅，主要用来接待外来宾客，相当于如今我们所称的"客厅"。传统四合院用色讲究协调、淡雅，整个院落建筑多为材料本色，唯有这个垂花门装饰得五彩缤纷，在门

旁两侧的垂花柱，更是形态各异。除非红白喜事、贵客光临以及逢年过节，垂花门一般是不打开的。

之所以被称为垂花门，是因为其外侧的檐柱并不落地，而是倒垂于半空，叫作"占天不占地"，柱子下端是一对垂珠，雕饰出莲瓣、串珠、花萼云或石榴头等形状，酷似一对含苞待放的花蕾，所以被称为垂花门。在四合院中众多的门之中，垂花门是其中装饰得最为美丽的门，是四合院的门脸，代表着整个四合院的品位。垂花门作为内宅的宅门，是四合院主人社会地位和经济地位的重要标志之一，在品第森严的封建社会，有钱有势之家，都很注重对垂花门的修建和装潢，所以垂花门一般都极为考究、华丽。说起垂花门的考究和美丽，那简直可以说是中国建筑精华的集锦，几乎包含了构成中国建筑的各种要素、构件、装修手法等，屋顶、屋身、台基、梁、枋、柱、檩、椽、望板、封掺板、雀替、华板、门簪、联楹、版门、屏门、抱鼓石、门枕石、磨砖对缝的砖墙等一应俱全。不仅如此，各种装饰手段如砖雕、木雕、石雕、油漆彩画等都被采用，显得十分雍容华贵。

其实，垂花门除了作为四合院的门脸这一装饰功能外，还有其实用性。

它是四合院的屏障。屏障功能也是垂花门的主要功能。四合院主人为了保证内宅的隐秘性，通常都会在垂花门内一侧的两棵柱间再安装一道门即"屏门"。关于这座屏门，只有在举办重大家族仪式如婚、丧、嫁、娶时才会开放，其他时候都是关闭的。日常生活中，人们出入垂花门时，不走屏门，而是走屏门两侧的侧门或通过垂花门两侧的抄手游廊到达内宅。该屏障功能，起到了沟通内外宅、严格划分空间的作用。

除了具备屏障功能外，垂花门还具备防卫功能，因为在它向外一侧的两根柱间还安装着一道被叫作"棋盘门"的门，这道门比较厚重，与街门很相似，通常在白天的时候开启，在晚上的时候关闭，有效地保证了四合院的安全。

北京民宅大门上的"门钹"

提起门钹,很多老北京人都非常熟悉,它是北京民宅尤其是大大小小的四合院院门上必不可少的装饰物品。俗话说,门是一户人家的脸面,表明了这户人家的身份和地位。所以,在北京的民宅中,稍微有些脸面的院门上几乎都有一对门钹,用来敲门,会发出响亮的金属声,传至院里,当人听到会来开门。

门钹,自清朝起就有这个称呼了,由铁或铜所制,装饰在大门的左右各一个,呈对称设置,其形状犹如民乐中的"钹",所以被称为"门钹",也像防雨戴的草帽,所以也有人称它为扣在门上的"铁草帽",还有的人称它为门环。

按照宅第的等级分别,门钹的造型、尺寸也有很大的不同,对此,《明会典》有明确的记载:"洪武二十六年定:王府、公侯、一品、二品府第大门可用兽面及摆锡环;三品至五品官大门不可用兽面,只许用摆锡环;六品至九品官大门只许用铁环。"

门钹的种类非常多,最常见的一种呈六方形,方约7寸,中部突起,在凸出的中部吊有树叶状的铁片或铁环。在与门板固定的地方呈六角状,上有孔,孔上穿钉与门板结合在一起。住在院内的人外出时,会用双手拉住中部的树叶状铁片或铁环,带上门再关严实;外来人如果见到院门紧闭,就会轻叩门钹,以唤院内的人过来给自己开门,非常方便。

在以前,有很多爱调皮捣蛋的小孩子喜欢没事扣几声人家门上的门钹,见人来开门了却又撒欢子跑开了,白折腾来开门的人。也有一些大人为了哄小孩子,也会轻叩门钹,讨小孩子一乐,有的还会哼歌谣:"大门闩,二门鼻儿,笤帚疙瘩来开门。再把门环叩三下,乖乖的孩子快开门。"在念完"叩三下"后,还真的叩三下门环发出三声清脆的响声。

如今,随着四合院的拆迁,高楼大厦多了起来,很多人都住进了楼房，安装门钹的情况也少之又少了。即便一些四合院留了下来，也因为各自为战的搭建之风，院内的布局发生了很大改变，几乎变成了大杂院，每天进出的人有很多，所以大门一般都敞开着，很少关闭，在这种情况下，门钹逐渐失去了它应有的作用，更多地成为一种装饰物，那种清脆的叩门声也渐渐地少了。

老北京的四大凶宅是哪四处

在老北京的众多宅院中，有很多被人们传为"凶宅"，其中最有名的有四处。这四处分别是哪里呢？它们为什么被称为凶宅呢？

第一处凶宅是二龙坑的郑王府。其实在清末民初的时候，北京被传为"凶宅"的地方尤其多，这些众多的凶宅有两个共同之处：一个是院子大，房间多，长期无人住；第二个是凶宅的成因都和"庚子之难"（八国联军攻占北京）有关。二龙坑的郑王府就是其中之一。郑王府变成凶宅的直接原因就是当年八国联军攻占北京的时候，郑王府所在地二龙坑是侵略者的屠场，据相关资料记载，当时"尸积如山，流水为赤"。后来，清政府签订了丧权辱国的《辛丑条约》，八国联军退出了北京城，但老百姓对二龙坑还是望而生畏，看见那里就会想起那段不堪的历史，久而久之，二龙坑的郑王府便传为一处凶宅。

第二处是西单小石虎胡同33号。说起这西单小石虎胡同33号，历史可非常悠久了。据说，它在清朝的时候，是宗学府，我国四大名著之一《红楼梦》的作者曹雪芹先生在创作本书时就曾经在这一带住过。当年，曹雪芹曾经在同一胡同内马齐家任教，后与其他文人创办了诗社，在此吟诗作赋，生活得非常愉快，后来曹家发生了巨变，曹雪芹迁到这一带居住，并在这里写下了《红楼梦》的其中某些章节。对此，我国著名的红学家周汝昌就曾说："院里的一株枣树，应该'见过'曹雪芹的。"周汝昌所说的那株枣树，时至今天仍然矗立在北苑内，距今已有六百多年的历史，被称为"京都古枣第一株"。

为何说这一处是凶宅呢？原来在当地住过大半辈子的一位大爷说，在这里久住的人，时间长了都会在半夜里听到一些年轻女人幽怨的吟诗声，还有铮铮的丝竹弦歌之声……时间长了，人们便传说此处为凶宅。

第三处凶宅是虎坊桥湖广会馆。在中国近代史上，湖广会馆可谓大名鼎鼎，风光无比，当时在此处下榻清谈饮茶听戏的才子、达人多为名动朝野之辈，其中最出名的是康有为和梁启超。关于该处闹鬼的传说由来已久。据传，这里曾经是一片乱坟岗子，整天有很多鬼魂的哭泣声在此飘荡。后来在民国初年有来自广东佛山的大商人斥资在此兴建义庄，义庄建好后，雇用了一个面如狮的麻风老者看管。奇怪的是，自从这个老者在此处居住后，乱坟岗子每晚的鬼魂哭声便渐渐地没有了。后来老者死了，由于他的长相非常恐怖，当时的老百姓没有敢和他搭讪的，所以谁也不知他的身份，他死后更加不知道了。但令人恐怖的是，自从这个老者死后，那些整日哭哭凄凄的鬼魂又回来了，而且更诡异的是，有行止不端或者不孝人家常见墙外无端扔来些石头瓦砾，并传来谩骂声，但打开门看，门口却不见人影……从此，在虎坊桥湖广会馆这一带，便没人敢在夜里出没了，久而久之，这里也变成了凶宅。

第四处凶宅是石虎胡同七号的松坡图书馆。该图书馆是由著名的蔡锷将军命名的，其主馆曾设在北海快雪堂，梁启超先生还曾经当过该馆的馆长。据说，该图书馆在明朝的时候曾经是常州会馆，后来又辗转成了吴三桂的宅邸。当地的老百姓都说，几百年来，陈圆圆的芳魂在半夜里都会在松坡图书馆附近出没。

第七章

老北京的胡同坊巷

您知道北京"胡同"名称的由来吗

北京的建筑有三大特色:一个是四合院,一个是王府,另一个就是胡同了。走进现代化的北京城,人们感兴趣的往往不是那鳞次栉比的高楼大厦,四通八达的宽马路,而是那曲折幽深的小小胡同。来北京旅游的游客,都会到各处的小胡同里溜达溜达,胡同俨然已经成为北京建筑的名片。

什么是胡同呢?据《北京胡同志》介绍,胡同是城市中一种狭长的通道,是由两排院落墙体、宅门或倒座房、后罩房的屋墙连成的两线建筑物构成的。在两排宅第之间,胡同形成了一条隔离空间带,便于宅院的通风、采光和居民的自由出入。

"胡同"这个名词是怎么来的呢?历来有多种说法。

一说认为,"胡同"一词最早出现于金、元时期。女真人和蒙古人都属于蒙古语系,在蒙古语中,城镇被叫作"浩特",村落被叫作"霍多"或者"霍敦",转音作"胡同"。当女真人和蒙古人入主中原后,便把这种叫法带到中原来,所以从此以后中原一带的街巷都被称作"胡同"。

一说认为,"胡同"一词源于蒙古语,也就是"水井"或者"有水井的地方"的意思。在今天蒙古族居住的地方,用"井"

做地名的现象仍然非常普遍。

而最早见诸文字的"胡同",出现于元曲杂剧中,例如《张生煮海》中,梅香姑娘有"我家住在砖塔儿胡同"的台词。另外,在取材于三国故事的关汉卿杂剧剧本《单刀会》中,也有"杀出一条血胡衕(胡同)来"的台词。这些都说明,"胡同"在元朝的时候就已经出现了。

北京共有多少个胡同

北京的胡同有多少?老北京人说:"大胡同三千六,小的多如牛毛。"意思是多得数也数不清。按照当地的习惯,老北京人喜欢把街巷和胡同混叫在一起,统称为胡同,所以在统计数字上,有不同的说法。

另外,还有一个不好统计的原因是,胡同形成于元朝,明、清朝以后又得到了迅猛的发展。所以,具体的数目也会有很大的不同。

在元朝的时候,据《析津志辑佚》记载:"三百八十四火巷,二十九胡同。"意思是共有街巷胡同413条,其中有29条直接称为胡同,而那384条火巷,其实也就是广义上的胡同。

明朝时期,北京的胡同数目又有所变化。多达上千条,其中内城有900多条,外城有300多条。

在清朝时期,从清朝朱一新在其《京师五城坊巷志稿》一书中所提到的当时北京街巷胡同的名字可以推出,清朝时内城共有街巷胡同1400多条;外城共有街巷胡同600多条,共计2000多条,其中直接称为胡同的有970多条。

到中华人民共和国成立前的1944年,北京的胡同数目又上涨了不少。据日本人多田贞一所著的《北京地名志》一书中记载,当时的北京胡同共有3300多条。

中华人民共和国成立后,城市建设获得了迅猛的发展,建立了许多新的居民区,人口也显著增加,胡同的数目也随之不断增加。

据1982年中国展望出版社出版的《古今北京》一书中记载："至今，北京城区的胡同约有4550条。"最多时，竟然达到了6000多条。

后来，随着社会的发展，城市的重建，又拆迁、改造了一些，至今北京有街巷胡同约4000条。

北京的胡同到底有多少？这个问题看似非常简单，可要准确地回答出来，却并不容易。如今，城市的变化日新月异，胡同也在一天天地减少。保护北京古都的风貌，就应该对这些宝贵的胡同加以保护，但愿有更多的人加入保护北京胡同的行列中来。

北京胡同的名称趣闻

说起北京胡同的名称，很多人都会哑然失笑，因为北京胡同的名称实在太有趣了，例如驴市胡同、灵境胡同、辟才胡同、油坊胡同等，很有市井气息，有以府第、人名命名的，有以官府、衙署命名的，有以寺庙命名的，也有以市场命名的，可谓包罗万象。这里列举一些代表性的胡同。

1. 以人名命名的胡同

直接以人名命名的胡同有很多，共计100多条。这些人名中既有平民百姓、小商小贩的名字，也有达官贵人、民族英雄的名字，充分体现了浓厚的人文气息。

例如，如今为府学胡同的文丞相胡同，就是以南宋时期抗元丞相文天祥的官称命名的胡同；赵登禹胡同，就是以抗日爱国将领赵登禹将军的名字命名的胡同；三不老胡同，就是以明朝三保太监郑和的官称三保太监命名的胡同，郑和人称三保老爹，他居住的胡同叫三保老爹胡同，后来讹称为三不老胡同；刘兰塑胡同，就是以元朝著名的雕塑家刘元的名字命名的胡同……

2. 以建筑物命名的胡同

在老北京，还有许多以建筑物命名的胡同，尤以庙宇命名的最多。在老北京的过去有这样一种说法，即"庙宇甲天下"，各种古庙名刹可谓数不胜数。各式各样的寺、庙、观、宫、殿、庵、阁等，不仅成为所在胡同街巷的地标性建筑，而且大多都成了地名，如白云观街、城隍庙街、玉皇阁夹道、观音寺胡同、法源寺街、三庙街……除了以庙宇命名外，像仓库、桥梁、碑楼、塔、门、牌楼等也有很多成为胡同名称，如石碑胡同、栖凤楼胡同、塔院胡同、陟山门街、银锭桥胡同、米粮库胡同、禄米仓胡同等。

3. 以市场、商品命名的胡同

在胡同中生活，是离不开必需的商品的，所以北京胡同中有很多是以商品来命名的。而商品的买卖又离不开市场，所以也有很多胡同是以市场来命名的。后来很多市场随着时代的变迁，有的已经变了名字，有的已经消亡，但其旧名称依然沿用了下来。以市场、商品作为胡同的名字，反映了北京人日常生活的多姿多彩、灵活多样。

以市场命名的胡同：灯市口，明成祖朱棣迁都北京以后，每年的正月初八到十八，在此设立灯市，这条街于是被称为灯市大街，到清朝的光绪年间，改称为灯市口大街；肉市胡同，因旧时候这一代肉铺多而得名，著名的全聚德烤鸭店的发祥地即在此；珠市口大街，原来的名字叫作猪市口，因为在明朝的时候这一带是买卖活猪的集市，到了清朝的时候，猪市已经不存在，谐音转为珠市口。

以商品命名的胡同：与"开门七件事，柴米油盐酱醋茶"有关的胡同是劈柴胡同（如今改名为辟才胡同）、煤渣胡同、炭儿胡同、油房胡同、酱房胡同、糖房胡同、盒子铺、馓子胡同、麻花胡同、烧酒胡同等；与生活用品有关的胡同是绒线胡同、帽儿胡同、毯子胡同、盆儿胡同、砂锅胡同、灯笼胡同、风箱胡同、靴子胡同、烟筒胡同等。

4. 以"吉祥话"命名的胡同

有些胡同名称还能表露出老百姓对美好生活的向往之情，例如一些带"喜"啊、"福"啊、"寿"啊等字眼的胡同就有喜鹊胡同、喜庆胡同、福盛胡同、寿长胡同、福顺胡同、寿逾百胡同等。还有一些带"平"啊、"安"啊、"吉"啊、"祥"啊等字眼的平安胡同、安福胡同、吉市口胡同、永祥胡同等。

5. 以形象标志等命名的胡同

除了以人名、市场、商品、吉祥话、建筑物命名的胡同外，还有以形象标志命名的各种胡同，如较宽的胡同，就被顺嘴称为宽街、较窄的就被称为夹道、较斜的就被称为斜街、稍微曲折的被称为八道湾、长方形的称盒子、短的有"一尺大街"、低洼的有"下洼子"、细长的叫"竹杆"、扁长的称"扁担"、一头细一头粗的叫"小喇叭"等，非常形象，吸引了众多的游客前去观赏、踏足。

除此之外，还有很多因其他原因命名的胡同。这些胡同的名称反映了当时北京的历史、人文和政治生活的不同层面，同时也记录了很多有趣的人与事，展现了老北京人丰富多彩的生活色调。

东交民巷为什么曾被称为"国中之国"

东交民巷位于北京市东城区，是一条胡同。该胡同西起天安门广场东路，东至崇文门内大街，全长近3公里，是老北京最长的一条胡同。

东交民巷诞生于13世纪末马可·波罗来元朝的那个时期。在明朝的时候，江南的粮食通过大运河运抵元大都，就在这里卸放，因此，这条巷子被叫作江米巷。渐渐地，当地老百姓便把"江米巷"叫成"交民巷"了。后来，为了修建棋盘界，原来的江米巷被划分为东江米巷和西江米巷，逐渐演化为如今的东交民巷和西交民巷。

在明清两朝，东交民巷是两朝政府的"五部六府"所在地，在这里兴建了四夷馆和会同馆，专门接待来朝的外国人。在清朝的初期,最初来到东交民巷的外国人是俄罗斯人,后在康熙年间,朝鲜、蒙古、琉球等地不断派人来此,其主要的目的是为了来中国学习满汉语言、藏传佛教经典等。如此重要的政府要地,原本是外国人来此学习的地方,后来为什么变成了带有屈辱性质的"国中之国"呢?

这还要从发生于清朝道光二十年(1840年)的鸦片战争开始说起。随着鸦片战争的爆发,英国等列强的炮火震碎了清政府"天朝大国"的美梦,从此,中国进入半殖民地半封建社会。

后在清朝的光绪二十六年(1900年),八国联军入侵北京,在北京城内犯下了滔天罪行。"北京之惨状,已臻至极。前门外大栅栏及东交民巷西什库等处,只是残垣破壁……独各国之兵士,恃威横行……惨风凄雨,流血斑地,尸骨委于鹰犬,万骨枯而何人凭吊。"这段令人惨不忍睹的描写,是1900年一位日本记者目睹了八国联军入侵北京城并进行疯狂烧杀抢夺后记下来的。1900年8月14日,八国联军入侵北京,开始了北京城史上最大的浩劫,东交民巷也难逃厄运,许多珍贵建筑被摧毁,许多稀世珍宝被抢走……1901年,八国联军逼迫清政府签订了丧权辱国的不平等条约《辛丑条约》,东交民巷进一步陷入深重的苦难中。根据该条约,整个东交民巷地区被列强一口吞下,不许中国人居住和设立衙署,控制了完全的行政管理权,中国政府没有任何权力过问。

在东交民巷内,这些万恶的西方列强完全无视清政府的存在,随意地安排着东交民巷的具体事宜,在这里大兴土木,不仅修建了用于办公的使馆,还修建了银行、医院、俱乐部、饭馆、教堂等清一色的西洋建筑。除此之外,他们还任意地改变原有的街名,将东交民巷改名为使馆大街,还强迫清政府给予驻兵特权。为了保护自身的安全,他们还在四周建立了高约6米的围墙,围墙上建有8座碉堡,修建了巨大的铁门……一时间,东交民巷成为西方列强的兵营,用以胁迫清政府和镇压中国人民。

"长安门外御河桥,轿马纷纷事早朝。不料皇宫居冠地,炮台高筑欲凌霄。"清末一位诗人的这段关于东交民巷的描述,对于一个主权国家来说是多么令人悲哀的场景啊。在那个时候,东交民巷俨然已经成为中国人民不得进入的禁区和名副其实的"国中之国"。

北京和平解放后,中国人民解放军全副武装、昂首挺胸地通过东交民巷,洗刷了五十年来中国武装人员不得进入东交民巷的耻辱。但是,那段刻在中国历史上的耻辱决不会因此而被遗忘,如今,在东交民巷,还残存着昔日西洋建筑的某些部分,如部分界墙残段、德国兵营内的地下牢房、"赫德路"路牌……这些打着耻辱印记的建筑残存,犹如一部打开的近代史教科书,警示我们不忘国耻、奋发图强。

钱市胡同:北京最狭窄的胡同

在北京市珠宝市街的西侧,临近著名的大栅栏商业区,有一个胡同非常有意思,首先它的名字非常有意思,叫作钱市胡同。其次,它是历史上也是当今北京最窄的胡同,有多窄呢?胡同全长55米,平均宽仅0.7米,最窄处竟然仅有0.4米,两个人对面走过都要侧身前行,一个人推着一辆自行车就已经难以通行了。

据清《朝市丛载》记载:"银钱市,在前门外珠宝市中间路西小胡同。"这里所说的小胡同指的就是钱市胡同。在胡同的尽西头,有一座大罩棚,是清代官办的银钱交易大厅,简称"钱市",钱市胡同因此"钱市"而得名。所谓钱市,是银、钱(制钱)兑换的场所,但只在账面上交易,盈亏在兑率的差价上,并无实际的银、钱。经营者要经过官府的批准,且仅限十八家,故称"十八案"。可以说,钱市胡同是中国现存最早,也是最完整的金融交易所。

钱市的形成与炉行有关,所谓炉行就是官家批准熔铸银锭的作坊。在清朝的时候，炉行都集中于珠宝市街，形成了钱市。民国以后，炉行失去了政府授予的特许经营权，再加上正逢币制改革，对贵金属熔铸的市场需求日渐萎缩，炉行便逐渐萧条下来，随之钱市也逐渐无市，后改建成银号铺房，形成了一条窄胡同。

其实，原本这条窄胡同并没有如今这么窄，主要是当时钱市胡同两侧的银号钻法律的漏洞，毫无节制地扩建他们的商号建筑，侵吞公共通道，最终使该胡同成为今天这个窄模样。

在如今这个窄小的胡同里，有中式的三合院、中式的二层楼，也有西式的小洋楼，中西两种不同风格的建筑文化在此交融，是弥足珍贵的"文物古迹"。

钱市胡同，虽然是北京最窄的胡同，却书写了我国从使用银两、铜钱、纸币到拆借资金的金融发展的历史过程。

老北京胡同名称都有哪些变化

老北京胡同的名称大部分是"约定俗成"下形成，并经历史的沉淀而流传下来的，如出现于元朝时期的砖塔胡同，就是源于胡同东口有一座万松老人塔。砖塔胡同的名称到现在都没有改变，已经被叫了700多年。

除了砖塔胡同外，很多胡同的名称都是源自明清时期而未经改变的，如从明朝叫到如今没什么太大变化的绒线胡同、头发胡同、松树胡同、门楼胡同、罗儿胡同、翠花胡同、史家胡同、灯草胡同等。

可并不是所有的胡同名称都像砖塔胡同那样固定化，很多胡同名因各种各样的原因被改变，有的甚至几经更改，如现在的菜市口胡同，在明朝的时候被称为绳匠胡同，在清朝乾隆年间就被讹传为神仙胡同了，后又被讹传为丞相胡同。

胡同名称的改变折射着老北京的历史更迭，同时也深深地镌刻着时代的烙印。在数百年的风雨沧桑中，胡同的名称或被"讹音",例如,机织卫胡同是明代守卫京师的官衙济州卫署所在地,讹音叫成了机织卫;五道营胡同,明代时是武德卫营驻军的所在地,后来讹音叫成了现名。或被"雅化",例如,驴市胡同被改名为礼士胡同,屎壳郎胡同被改名为时刻亮胡同,猴尾巴胡同被改名为侯位胡同,小羊圈胡同被改名为小杨家胡同,鸡爪胡同被改名为吉兆胡同,牛血胡同被改名为留学胡同……这些基本上都是以意思好的同音字,取代了不好听的字。

具体来说,都有哪些改变呢?

1. 带有"人名"字样的胡同名称被改。如,砂锅刘胡同被改名为砂锅琉璃胡同;豆腐陈胡同被改名为豆腐池胡同;汪太医胡同被改名为汪太乙胡同;宋姑娘胡同被改名为颂年胡同;姚铸锅胡同被改名为尧治国胡同;张秃子胡同被改名为长图治胡同;张皇亲胡同被改名为尚勤胡同等。

2. 带有"服饰、器物"字样的胡同名称被改。如,锅腔胡同被改名为国强胡同或国祥胡同;罗圈胡同被改名为罗贤胡同;裤子胡同被改名为库司胡同;烟筒胡同被改名为源通或淹通胡同;轿子胡同被改名为教子胡同;汤锅胡同被改名为汤公胡同;裤腿胡同被改名为库堆胡同;烟袋胡同被改名为燕代胡同等。

3. 带有"动物如牛、羊、马、虫、鸟、鸡、鱼等"字样的胡同名称被改。如,驴肉胡同被改名为礼路胡同;狗尾巴胡同改名为高义伯胡同;猴尾巴胡同被改名为侯位胡同;马尾胡同改名为慕义胡同;熟肉胡同被改名为输入胡同;生肉胡同被改名为寿刘胡同;灌肠胡同被改名为官场胡同;驴市胡同被改名为礼士胡同;羊毛胡同被改名为杨茅胡同;鹰房胡同被改名为英房胡同;鸡爪胡同被改名为吉兆胡同;屎壳郎胡同被改名为时刻亮胡同;蝎虎胡同被改名为协和胡同;臭皮胡同被改名为受壁胡同;臭皮厂被改名为寿比胡同;牛蹄胡同被改名为留题胡同;干鱼胡同被改名为甘雨胡同等。

4. 带有"不别致"字眼的胡同名称被改。如,烧酒胡同被改名为韶九胡同;廊房胡同被改名为良乡胡同;油炸鬼胡同被改名为有果胡同;劈柴胡同被改名为辟才胡同;干井胡同被改名为甘井胡同;井儿胡同被改名为警尔胡同;佟府胡同被改名为同福胡同等。

老北京胡同名称的变化折射出了老北京历史和文化的繁衍与变迁。随着时代的发展、演变,越来越多的胡同被拆除,其名称也随着胡同的拆除而消失于人们的视野,真是非常可惜且令人叹息!

灵境胡同名称的由来

提起灵境胡同这个名字,很多老北京人都知道,它地处西城区中部,呈东西走向,东起府右街,西至著名的商业街西单北大街,中与枣林大院、西黄城根南街、东斜街、新建胡同、背阴胡同相交,全长664米。

可说起灵境胡同的名称来源,很多人都不知如何开口了。其实,灵境胡同的名称源于一座被称为"灵济宫"的道观。

灵济宫始建于明朝永乐十五年(1417年),它的建造还与永乐大帝朱棣的一个梦有很大关系。相传,在皇帝朱棣自迁都后,由于劳累过度,大病一场,吃遍了天下名医开的药,都没有见效。正在愁眉不展之际,朱棣在一次睡眠中梦见两位道士前来给自己送药。梦醒后不久,朱棣的病就好了。朱棣非常高兴,下旨修建灵济宫,来厚谢两位仙道的救命之恩,还给他们封了号,一位为玉朗真人,一位为金胭真人,并将他们的夫人封为仙妃。

在后来的对外征战中,朱棣每逢作战不利时,都会请这二位仙道前来暗中助阵,果然取得节节胜利。

为了感谢二位仙道的帮助,朱棣在永乐十六年(1418年),又将他二人的仙位升了一级,由真人改封为真君。及至明成化二十二年(1486年),二位仙道的名号又被升级了一大步。随着二位仙道的备受青睐,灵济宫的地位也逐渐上升,每逢初一、十五、立冬、夏至等节令，皇家总要派大臣前往烧香祷告，祭祀真人。

有时，大臣患病，也要想办法到此祭祀，以求真人保佑，早日康复。明万历二十二年（1594年），大学士王锡爵身患重病，明神宗朱翊钧很为重臣的病担心，便拨白银五十两，令道官王昭忻到灵济宫为王锡爵祈福。在二位仙道的帮助下，王锡爵的病很快便好了。

灵济宫除了可以祈福、治病之外，还有一个功能，即百官举行集体活动的重要场所。每逢隆重大朝会之前，全体官员都要被集中到这里排演礼仪，直到明宣德年间，这种演礼才被移到其他地方。

为了彰显灵济宫的高贵地位，明朝的很多文人雅士还以歌颂灵济宫为美事，因此留下了很多关于这座道观的诗篇，如，有首诗写道："晚来骑马过仙坛，宝笈灵文试一看。月度三花瑶殿静，风吹独鹤玉阶寒。"

正所谓"好景不常在"，灵济宫的高地位在明崇祯十五年（1642年）走到了尽头。当时，有位大臣向崇祯皇帝奏了一本，说灵济宫供奉的二位真人是叛臣之子，不适合接受众朝臣的跪拜，请示用帐幕将其塑像盖起来，并禁止灵济宫的一切祭祀、祈福活动。这个奏本被崇祯皇帝认可了。从此，灵济宫逐渐走向了没落。

到了清朝年间，灵济宫的没落速度更快了。其名称也在老百姓的口耳相传中，经过一番"以讹传讹"，把"灵济"变成了"灵清"，后来又转成了"灵境"，遂成如今的"灵境胡同"之称号。

北京胡同中的"最"

老北京的胡同虽然不计其数，数也数不清，但并非全部一样，而是各有千秋、各有特点。在众多胡同中，有几个胡同是不得不提的，因为它们实在太与众不同了，被誉为北京胡同之"最"。

1. 最长的胡同——东交民巷

说起那最长的胡同,则非东交民巷莫属了,它西起天安门广场东路,东至崇文门内大街,全长近3公里,是老北京最长的一条胡同,在明清的地图上被称为"东西江米巷"。巷内街道两边西洋建筑风格各异、错落有致,是北京唯一一处洋房林立的特色街巷。东交民巷地理位置优越,是北京市内众多人文历史古迹和商业旺铺的黄金连线。再稍短的是前门东、西打磨厂街和东、西绒线胡同了。

2. 最古老的胡同——三庙街

在老北京众多的胡同中,最古老的胡同当属三庙街胡同了,其历史可以追溯到900多年前的辽代,比金代的广安门大街还要早呢,当时被称为"檀州街"。北京城经过了几百年的变迁,可三庙街胡同始终保持着900年前的姿态,静静地候在北京城的一角,看着北京城一点点地演变、发展。

三庙街胡同呈东西走向,长约300米,宽四至六米。据考证,该胡同早在唐朝时期就已经成型;在辽、金时期最为繁华;在明朝时期,因此处有紫金寺,所以又被称为"紫金街";在清朝的乾隆年间,被改名为今天的"三庙街"这个名字;中华人民共和国成立后,一度被改名为"立新街",后又恢复"三庙街"的名号,并沿用到今天。

在老北京,像三庙街胡同这样元朝以前的街巷胡同还有很多,如现今广安门内大街上的北线阁街、南线阁街、宣外的下斜街东边的老墙根街等。

3. 最宽的胡同——灵境胡同

灵境胡同位于北京市西单地区,呈东西走向,最宽处已达到32.18米,所以被称为北京最宽的胡同。

4. 最窄的胡同——钱市胡同

关于最窄的胡同,近几年来不断有新发现,较早时期说崇文门东珠市口北的高筱胡同南口最窄,仅65厘米。后来又有人说小喇叭胡同北口向西拐弯处仅58厘米。最新的发现显示,最窄的胡同是大栅栏的钱市胡同。

钱市胡同位于珠宝市街的西侧,临近著名的大栅栏商业区,胡同全长55米,平均宽仅0.7米,最窄处竟然仅有0.4米,两个人通过此胡同需要面对面侧身通过。

5. 拐弯最多的胡同——九道湾胡同

九道湾胡同,顾名思义,以拐弯多著称。九道湾胡同位于西城区东部,东口与铺陈市胡同相连,西口从校尉营胡同通出,全长约390米。在这从东到西的三四百米的长度里,直弯、急弯、斜弯、缓弯比比皆是,可谓弯连弯、弯套弯。

九道湾胡同的名称来自胡同有9个90度的拐弯,其实按地砖线划分,从东到西数,有9个直弯,4个斜弯、缓弯,其他细小的微弯忽略不计,共13个弯,堪称北京城弯道最多的胡同。

6. 最短的胡同——一尺大街

北京最短的胡同在琉璃厂东街东口的东南,被称为一尺大街。一条胡同、一尺大街、十来米长、只有6家门脸、店铺,是北京胡同的缩影。该胡同虽是北京最短的胡同,却并非只有一尺长,而是长25.23米。

一尺大街的历史还算悠久,据清末进士陈宗蕃1931年所著的《燕都丛考》记载:"自杨梅竹斜街而西曰一尺大街,又西曰琉璃厂。"可见一尺大街至少已有70余年的历史。如今"一尺大街"的名称已经撤销,被并入了杨梅竹斜街。在杨梅竹斜街西段,桐梓胡同北口至樱桃胡同北口之间的那段路,就是曾经的"一尺大街"所在。

您了解北京东四的十四"条"吗

在北京,有很多胡同被称为什么什么"条",如东四三条、东四十二条等。很多人可能有疑惑,这些地名为什么被称为什么"条"呢?"条"是什么意思呢?

其实，这里的"条"指的就是小胡同。"胡同"一词由蒙古语转化而来，"条"是北京本土的发明创造，在几百年的时间里，与街、巷、胡同共存延续至今。据《北京市城区街巷地名全图》记载，北京共有422个以"条"称呼的街、巷和胡同。可见"条"这一名称在北京城的流行。

令人奇怪的是，老北京为何以什么"条"为胡同名称呢？这还要追溯到明朝时期。在明朝，北京城的面积和规模比元朝时期的大了很多，街道、胡同的数量也随之显著增加。为了更好地区分这些地名，遂采取街道名称的"序列化"。在最初，我们称这些胡同为"某某胡同头条""某某胡同第二条""某某胡同第三条"……或"某某街头条""某某街第二条""某某街第三条"……可是叫着叫着，人们就发现这样叫很拗口，于是渐渐地便简称为"某某头条""某某二条""某某三条"……北京东四的十四"条"的名称就是这么来的：东四头条（一条被称为头条）、东四二条、东四三条、东四四条、东四五条、东四六条、东四七条、东四八条、东四九条、东四十条、东四十一条、东四十二条、东四十三条、东四十四条。

东四地区的胡同住过很多的名人、有着很多的故事传说、保留着很多的古迹，是老北京精彩生活的清晰写照。

提起东四头条，很多人都不陌生。在众多"条"中，东四头条的文化气息最浓厚，在这里曾经居住过多名文人雅士，如在胡同的1号院，曾经住过钱钟书杨绛夫妇、卞之琳、余冠英、罗念生等人；在胡同的5号院，我国著名的文学家茅盾和著名的相声大师侯宝林曾经先后在此居住。

东四二条。东四二条位于区域的中部，外交部的西侧，呈东西走向，北起东四三条，西止东四北大街，南邻东四头条。据说金庸笔下的福康安曾经在这条胡同住过。在金庸的小说里，福康安是个风流倜傥的贵族公子，在民间传说中，他是清乾隆帝的私生子，几百年来围绕着他的故事非常多。据老一辈人讲，东四二条胡同几乎一半的院落都曾经是福康安的宅院。

东四三条。东四三条东起朝阳门北小街，西止东四北大街，中部往南可通东四二条，往北可通东四四条，呈东西走向。东四三条曾经汇聚了很多达官贵人，据说还有一位格格住在这里。这位格格是溥杰的候选夫人，但最终未能嫁给溥杰。后来，格格的母亲又想让她嫁给溥仪，但最终也没成，最后这个格格终生未嫁。

东四四条。东四四条呈东西走向，东起朝阳门北小街，西止东四北大街，中部往南可通东四三条，往北可通东四五条。著名相声大师侯宝林先生在20世纪80年代后期到1993年就居住在东四头条的19号，只是他那时居住的房子在20世纪90年代已翻建，看不出原来的模样了。

东四五条。东四五条呈东西走向，东起朝阳门北小街，西止东四北大街，南有二支巷可通东四四条。该胡同虽然没有什么文人雅士或者达官贵人居住过，但艺术氛围非常浓厚。

东四六条。位于东城区东部，东起朝阳门北小街，西至东四北大街，南与月牙胡同、流水巷、育芳胡同相通，北与月光胡同、南板桥胡同、德华里、石桥胡同相通。该胡同的63号和65号就是号称"东城之冠"的崇礼宅。这座宅院也是这一带唯一的作为全国重点文物保护单位的私人住宅。

东四七条。东四七条位于区域中部，东四北大街东侧，属东四街道办事处管辖，呈东西走向，中间曲折。东起朝阳门北小街，西止东四北大街，南与德华里、月光胡同相通，北邻东四八条，中与南板桥胡同、石桥胡同相交。据说辅国公载灿就是在东四七条找到了他的"乘龙快婿"。

东四八条。位于东城区东部，东起朝阳门北小街，西至东四北大街，南与石桥胡同、南板桥胡同相通，北有支巷通东四九条。胡同内71号院，原是清代为宫中掌管帘子的王姓官吏所盖的一座房子，中华人民共和国成立后为教育家叶圣陶故居。

东四九条。"东四九条",又称"九条胡同""红日路九条"。位于东四北大街东侧,呈东西走向。东起朝阳门北小街,西止东四北大街,南与南板桥胡同相通,并有支巷通东四八条,北有支巷通东四十条。在讲述和珅故事的电视剧里,有一个与和珅勾结、狼狈为奸的大贪官李侍尧,这个李侍尧就住在东四九条。

东四十条非常普通,几乎没有什么逸闻趣事传出。

东四十一条为历史上的运粮道,所以,该胡同有一个很明显的特点,即没有树。那个时候,谁要是在这个地方种树,是要被砍头的。

东四十二条,远离闹市,是一条"平民胡同"。

东四十三条位于东城区东北部,东起东直门南小街,西至东四北大街。在明朝的时候被分为两段,东段称慧照寺,西段称汪家胡同。慧照寺位于胡同东端与小菊胡同南口相交处路北,原为永宁伯府所在地。成化十七年(1481年),僧人庭佑将其宅改建为慧照寺,寺所在巷也改名慧照寺胡同。1965年整顿地名时,将慧照寺胡同并入汪家胡同,改称东四十三条。

东四十四条,肃亲王善耆就曾经居住在这里。她的女儿非常有名,就是后来被称为"男装丽人"的超级间谍川岛芳子。

您听说过住在南锣鼓巷59号的洪承畴的传奇故事吗

去南锣鼓巷游玩时,您或许会偶然路过南锣鼓巷59号,乍一看,这是一座非常不起眼的小门楼。可细看一下,你会发现在小门楼旁边挂着的一块同样不起眼的说明牌上却记载着一件很起眼的事实,什么事实呢?原来这座宅院就是洪承畴的府邸。

洪承畴是谁?

先看一首诗词,可能很多人听过或者在哪读到过,即"兵败松山一怆神,可怜已似楚囚身。朱门今日只余恨,忍死偷生作贰臣"。这是清人为洪承畴所题写的一首《竹枝词》,也是后世人对洪承畴的一生评价。

洪承畴，字彦演，号亨九，福建省泉州府南安县人，先仕明于松山之败后降清，是明末叛臣之一，但也是清朝定鼎中原的重臣。

明朝万历四十四年（1616年），洪承畴考中进士，十余年后升任陕西布政使司参政。后因镇压起义军有功，逐步被提升为巡抚、总督等要职，成为明末重臣。崇祯十四年（1641年），洪承畴率领吴三桂等8个总兵官共13万兵马救援锦州。面对实力强大的清军，洪承畴本想结营固守避免决战，不料生性急躁多疑的崇祯皇帝却派人前来督战，洪承畴被迫进军，损兵折将5万余人，只好退守锦州城外十八里的松山城。半年以后，清军攻占松山城，洪承畴兵败，被俘绝食数日，拒不肯降。皇太极无计可施，特命大学士、吏部尚书范文程前去劝降，发现其果有宁死不屈的决心。皇太极对洪承畴倍加关照，恩遇礼厚，最终打动了洪承畴，成为带领清军南下的急先锋，为大清帝国的开创立下了汗马功劳，被誉为大清开国功臣，为大清的统一、社会的安定、经济的发展、民族的和睦起了重大的推动作用。

清顺治二年（1645年），洪承畴被委任"招抚南方、总督军务大学士"官职，坐镇江宁（南京），后又出任云南贵州等五省经略。顺治十六年（1659年），洪承畴保荐吴三桂镇守云南，自己因眼病发作，返回北京疗养。顺治十八年（1661年），69岁的洪承畴退休，被授予可以世袭四代的三等轻车都尉世职，这只是正三品职衔，而他原本是一品大员，所以退休时所得封赏甚薄。康熙四年（1665年），洪承畴去世，享年73岁。清乾隆皇帝因洪承畴为叛明降清之人，将其列于贰臣甲等列入《贰臣传》。

洪承畴在降清以后被编入镶黄旗汉军旗籍，他居住的地方在清朝正是镶黄旗辖区。据民国时期的《燕京访古录》记述："洪承畴府第，在后门外（地安门外）方砖厂东口外路东，今府已废，惟府门外之二铁狮巍然独存。府后门在南锣鼓巷，尚居洪氏子孙。"南锣鼓巷 59 号曾经为洪承畴府邸的一部分。可关于洪承畴究竟何时来到这里,又到底居住了多久却很难确知了。

根据史料分析,洪承畴府邸的旧址西起南下洼子胡同,东至南锣鼓巷,北抵黑芝麻胡同,南达沙井胡同,占地范围很广。可令人遗憾的是,昔日辉煌无比、气势宏伟的府邸已经或被拆毁或被转为民居,如今仅存祠堂的三间房屋。

早前居住在这三间房屋中的人,对这座宅院和洪承畴的故事了解不多,但随着不断有人到此拜访、踏足,洪承畴的故事也逐渐地街知巷闻了。可是,故事被流传了下来,昔日辉煌的府邸却再也无法重现光彩。

雨儿胡同曾经住过哪些名人

在南锣鼓巷西侧,从南往北数第三个胡同,就是曾经住过好多名人的雨儿胡同。该胡同属东城区交道口地区,自东向西沟通南锣鼓巷与东不压桥胡同,长约 340 米。

雨儿胡同的历史非常悠久,起源于明朝时期,那个时候,它被称为雨笼胡同。及至清朝,被改名为今天的"雨儿胡同"。民国时期继续沿用这个称号。曾经一度改名为辉煌街三条,后来又恢复了"雨儿胡同"的称号。

雨儿胡同曾经出过许多名人或者要人,据《啸亭续录》记载:"公(叶)布舒宅在雨儿胡同。"这里的"公(叶)布舒"指的是清太宗皇太极的第四个儿子,他在清康熙八年(1669 年)被封为辅国公。如今雨儿胡同 11 号、13 号、15 号的位置就是曾经的辅国公(叶)布舒的宅邸。

在民国时期,13 号与其东侧的 11 号和其西侧的 15 号原本是一体的,当时是北海公园董事会长董叔平的宅院,被称为"董家大院",后来这座宅院被分割出卖。

雨儿胡同出过的众多名人中,最有名的当属著名画家齐白石先生。齐白石是中国画大师，中国近代美术文化史上的杰出画家、书法家、篆刻家，曾任北京国立艺专教授、中央美术学院名誉教授、北京画院名誉院长、中国美术家协会主席。齐白石故居位于雨儿胡同13号院。13号院在胡同中段北侧，紧邻南锣鼓巷，是一座坐北朝南的四合院。中华人民共和国成立后由文化部购买，作为画家齐白石的住所。1955年，齐白石曾在这里住过半年，后搬出。后来该院被改为"齐白石纪念馆"，后改为"北京画院"。如今该院仍然为北京画院用房，是北京画院《中国画》编辑部和北京美术家协会所在地。

31号院为罗荣桓元帅故居，虽然如今的院门已经经过改建，但还是能够从中看出昔日的气派。罗荣桓是伟大的无产阶级革命家、政治家、军事家，中国人民解放军和中华人民共和国缔造者之一，中国人民解放军政治工作奠基人，中华人民共和国元帅，党、国家和军队卓越领导人，中华人民共和国的开国元勋，中国十大元帅之一。

33号院是粟裕将军的故居。粟裕是中国现代杰出的革命家、军事家、战略家，淮海战役、上海解放战役等一系列重大战役的指挥者，中华人民共和国成立后历任中国人民解放军总参谋长、军事科学院第一政治委员、国务院业务组成员（副总理级）、中国共产党中央军事委员会常委、第5届全国人大常委会副委员长等职。1955年被授予大将军衔。

雨儿胡同院内有3间北房，两侧各带3间耳房；有东、西厢房各3间；有南房3间，两侧原来也应该各带耳房3间。院内房屋均为清水墙体的带廊起脊合瓦房，且有回廊连接，墙体磨砖对缝，装饰性很强的铃铛排山脊，做工考究。虽然不算宽敞，并且昔日那些历史名人居住的痕迹早已辨认不清，可是从今日看来，依然不失静美、温馨。

老北京文化味儿最浓的是哪一条胡同

说起老北京文化味儿最浓的一个胡同,非琉璃厂莫属了!老北京最原汁原味的东西都在这儿。相传昔日皇帝出宫来遛弯儿,琉璃厂是其必到之处。不止皇帝爱来这儿,许多达官贵人还喜欢在此处居住,并且全国各地的会馆都聚集在此。官员、赶考的举子们进皇宫,这里也是他们的必经之地,足见其文化底蕴的深厚。

琉璃厂位于西城区,距离天安门广场约有1公里,它西起南北柳巷,东至延寿寺街,全长800米。实际上在辽、金时期,这里并不是城里,而是郊区,当时叫"海王村"。及至元、明时期,此地建造了很多官窑,用以烧制修建皇宫所用的琉璃瓦件,所以被改名为今天的"琉璃厂"这一名字。明朝时期,明成祖朱棣为了迁都北京,下令重建北京城。琉璃厂的炉火就越烧越旺了,制作出来的琉璃瓦,把北京这座历史名城装点得金碧辉煌,历经百年风雨而光泽不减。

及至明嘉靖三十二年(1533年)修建外城后,这里变为城区,琉璃厂便不宜于在城里烧窑,而迁至现在的门头沟区的琉璃渠村,但"琉璃厂"的名字却一直留存了下来,沿用至今。

在清朝的康熙至乾隆年间,琉璃厂渐渐地发展成为文化街。当时,很多汉族的官员都居住在琉璃厂以西的宣武门外,并且来自各地的赶考举子居住的会馆也都在附近。他们对书籍的需求量很大,各地书贾更是纷纷在此设摊、建店,出售大量藏书。繁华的市井,便利的条件,形成了"京都雅游之所",使琉璃厂逐渐发展成为京城最大的书市,形成了人文荟萃的文化街市,与文化相关的笔墨纸砚、古玩书画等,也随之发展起来。及至清光绪二年(1876年),这里的书店发展到270多家。民国初年,经营文化商品的店铺及其作坊发展到200家。琉璃厂逐渐成了北京城里最有文化味儿的一条街。

琉璃厂与新华街交界处为"厂甸"，是二百年来京城最盛大的春节庙会所在地。清人马炯章的《厂甸记》中说："至正月则倾城士女，如茶如云，车载手挽，络绎于道。"

如今的琉璃厂越来越适合旅游观光了，虽然表面上更加风光，但那些值得细品的东西却日渐稀少，渐渐地被表面的繁华景象所掩盖。

去琉璃厂游玩，有几个地方是必须去的，这里略举一二。

琉璃厂有许多著名老店，如槐荫山房、古艺斋、瑞成斋、萃文阁、一得阁、李福寿笔庄等，还有中国最大的古旧书店中国书店，以及西琉璃厂原有的三大书局——商务印书馆、中华书局、世界书局。而琉璃厂最著名的老店则是荣宝斋，有人说，琉璃厂因荣宝斋等著名文化老店而享有盛名。荣宝斋素有"民间故宫"之称，是琉璃厂的一块金字招牌。拥有300多年的历史，不仅有典藏的文房珍宝、精湛的装裱工艺、绝技的木版水印，还常常举办"以文会友"等交流活动，使其成为联结中国传统文化源头的首要通道。

除了荣宝斋之外，琉璃厂必去的第二个地方是中国书店，琉璃厂地区延续千余年的古旧书业之精华便汇聚于此。它专门收集中国历代古籍、碑帖、拓片、各类旧书、报纸杂志，发售新印古籍和研究有关的各种图书及画册，兼营文房四宝，还开办了京味书楼和北京民俗馆等各类书展。最有特色的还是这儿的古旧书收售及古籍修复技艺。

为何说秦老胡同35号院是"皇后的姥姥家"

东邻交道口南大街，西近南锣鼓巷，南依北兵马司胡同，北靠前圆恩寺胡同，有一座叫秦老胡同的胡同，它的35号院非常有名，被称为"皇后的姥姥家"。这是怎么回事儿呢？这里的"皇后"指的是哪位皇后呢？背后又有什么故事呢？

这里的"皇后"指的就是清朝的末代皇后婉容。

秦老胡同35号院,在早先的时候并不是一个宅院,而是私家花园的一部分。是哪家的私家花园呢?据说是清朝末年内务府总管大臣查哈拉索柱家的,这座花园在当时被称为索家花园。

查家原本在秦老胡同中部有一所房子,后来经过几次扩建后,渐渐地其范围从秦老胡同中部扩展到胡同西口路北。查氏的后代是曾崇,曾崇曾经任内务府大臣,曾崇的儿媳妇是清朝末代皇后婉容的姨母,所以,民间有着秦老胡同35号院为"皇后的姥姥家"的说法。

35号院原本只是索家花园的一部分,被称为"绮园",如今园内假山上还有"绮园"二字的刻石呢!园内除假山、水池、桥、亭等建筑外,还有一方江南园林中建筑——船形敞轩,这敞轩底部似一大船,船体上为木结构敞轩,造型独异,使花园不同流俗。

后来,35号院被出售,买主后来拆除了花园内的全部建筑,重新修建了房屋,只留下大门内东隅一组假山。改建后为四进院落,宅院比较宽敞,院内的主要建筑是硬山和瓦清水脊顶。

1986年1月21日此院公布为东城区文物保护单位。现为市级文物保护单位。

翠花街5号与张学良"秘宅"

张作霖在北京居住期间,曾经购置了多处公、私房产,如西城太平桥的大帅府(即顺承郡王府)、黄寺的东北讲武堂北京分校、新街口的东北大学、王大人胡同(今北新桥三条)的东北军驻京办事处等。

其实除了这几处房产外,张家还有一处房产,那就是位于翠花街5号的一座"私宅"。相传这座私宅是张作霖的儿子张学良为红颜知己赵一荻购置的。

提起张学良,很多人都知道,他风流倜傥,威震东北,是一位少帅将军；他曾因软禁蒋介石而将国共全面抗日战争序幕拉开，也正因此他饱尝了几十年与世隔绝的软禁之苦。他的一生颇具传奇色彩，不过最为人津津乐道的是他创造的爱情史话。他和赵一荻延续了70多年的真挚爱情，被后世人奉为爱情绝唱。

1931年，张学良举家迁到北京（当时被称为北平），居住在顺城郡王府（也就是今天的太平桥大街路西的全国政协机关所在地），陪他住在这里的除了他的夫人于凤至，还有他的红颜知己赵一荻。于凤至是个贤淑、大度的人，赵一荻又十分乖巧懂事，二人相处得还算和谐愉快。但不久后，张学良为了更好地与赵一荻相处，就为赵另外找了一个住处，就是我们这里所提及的翠花街5号院。

在翠花街5号这座原本华美、精致的院落里，张学良和赵一荻度过了一段幸福甜蜜的日子，在这里他们广邀好友，交际应酬，周旋于北京各界社会名流之间。赵一荻凭借她得体的谈吐、流利的英语、优美的舞姿，协助张学良处理各种人际关系，谱写了一段精彩的爱情佳话……

翠花街，原东起赵登禹路，西至翠花横街，原有1号至25号、2号至20号。而今由于马路拓宽和附近富国里小区占地，翠花街只余极短的两个院落——5号、7号。5号院为广亮厦门，但已略显残破。倒座房数约七间，可见当年这三进四合院的气派。

随着岁月的流逝，时代的更迭，如今的翠花街，再也没有昔日辉煌的光影。

但翠花街因为有5号院这个张学良和赵四小姐感人爱情的早期见证地，而铭刻在很多懂爱的人的心里。

被称为老北京烟花柳巷代名词的到底是哪八大胡同

提起北京的八大胡同，很多人可能会说："肯定包括什么南锣鼓巷、国子监街、东交民巷啊……"其实，还真不是。这里所说的八大胡同，也是非常有名气的，只是它们的名气不在于展示出了老北京的民俗风情，而是在于它们曾是烟花柳巷的代名词。

那么这八大胡同都是哪些胡同呢？

八大胡同也被称为八大埠，位于前门大街、大栅栏附近，离紫禁城不远，离天安门约1公里。从具体的地理位置上看，这些胡同都位于西珠市口大街以北，铁树斜街以南，由西往东依次是：百顺胡同、胭脂胡同、韩家潭、陕西巷、石头胡同、王广福斜街、朱家胡同、李纱帽胡同。

还有一点需要说明的是，平常老百姓口中所提及的"八大胡同"，并非专指这八条胡同，而是泛指前门外大栅栏一带。在前门外大栅栏一带的各个胡同里，都分布着各种规模、等级不等的近百家大小妓院，而这八条胡同的妓院多是一等二等，妓女的"档次"也比较高，所以才如此知名，被称为"八大胡同"。对此，一位老北京研究专家也曾经有所提及，他写道："从广义上讲，八大胡同是指从铁树斜街以南，珠市口西大街以北，南新华街以东，煤市街以西这一大片区域内的三十多条胡同，这些胡同中有过明妓或暗娼，至少也住过'八大胡同'中的从业人员。只是上面说的这八条胡同多为一二等妓院。"

虽然这八条胡同因其妓院等级相对高些而被称为"八大胡同"，但其实他们的妓院相互之间档次也不尽相同，其中一等妓院比较多的是百顺胡同、陕西巷、胭脂胡同和韩家潭。所谓一等妓院，也被称为"清吟小班"，顾名思义，就是顾客主要是为饮茶、谈棋、说戏而来，并非只有皮肉生意，相对来说高雅一些。而这些顾客也多为达官贵人和文人墨客。二等妓院比较多的是石头胡同，二等妓院也被称为"茶室"。三等妓院比较多的是王广福斜街、朱家胡同、李纱帽胡同。

要说起"八大胡同"的由来，还要追溯到清末民初。起初，这里并不是"红灯区"，而是进京戏班所在地，后来成为清代男色的最大聚集地，清末民初才逐渐演变成名噪一时的烟花柳巷。当时，有一首打油诗对此描写得非常精彩，这首打油诗摘自《京都胜迹》,具体是:"八大胡同自古名,陕西百顺石头城(陕西巷、百顺胡同、石头胡同)。韩家潭畔弦歌杂,王广斜街灯火明(王广福斜街)。万佛寺前车辖辏(万佛寺系一小横巷),二条营外路纵横(大外廊营、小外廊营)。貂裘豪客知多少,簇簇胭脂坡上行(胭脂胡同)。"

要说起八大胡同中名气最大的女人,则非名妓"赛金花"莫属。赛金花,生于清同治十一年(1872年),先是嫁给了当时的状元洪钧,当了他的三姨太,后来跟随丈夫出使德、俄、荷、奥欧洲四国,成为大使夫人,周旋于上流社会。但命运最终捉弄了她,她在光绪二十五年(1899年)时因故搬到了北京,就住在八大胡同之一的石头胡同,并且先后在高碑胡同、陕西巷挂牌营业,晚年非常贫困,并在1936年病逝于北京。

由于八大胡同在历史上具有比较特别的意义,它见证了曾经的中国色情业的发展轨迹,因此即便北京处处大动工、大改装、大翻新,但它们也被保存了下来。如果您有机会来北京旅游观光,不妨来八大胡同看看,认识一下这个曾经繁华如今朴实的与众不同之地。

丰富胡同:老舍先生的"丹柿小院"

提起老舍故居,不得不提那座有名的丰富胡同。老舍故居"丹柿小院"就在这个胡同内。丰富胡同距离王府井不远,在灯市口西街上,是一条南北走向的小巷,北临北厂胡同,附近还有举世闻名的王府井大饭店。如今的丰富胡同只是一条小小的巷道,巷内虽没有多少院落,但狭窄得很有味道。巷内也安静得很,连行人都少见,在喧闹的王府井大街旁边,在这样静静的小巷内游走,也是一种难得的享受。

具体地说,老舍故居"丹柿小院"位于东城区灯市口西街丰富胡同19号,院子不大,方方正正,是座典型的老北京四合院。这是我国著名的作家老舍先生最后住了16年的地儿,是老舍1950年回国后经周恩来总理批准购买的,老舍也因此成为解放初期政府批准作家自己掏钱买房的第一人。其间他写下了脍炙人口的《方珍珠》《龙须沟》《茶馆》等几十部话剧和大量曲艺、杂文、诗歌、散文等。

1950年,老舍被任命为政务院文教委员会委员,并被选为北京市文学艺术工作者联合会主席。为了有一个安静的写作环境,老舍希望能有一所自己的小房子。得到周恩来总理的肯定答复后,老舍请他在美国的出版代理人寄回500美元版税,换成100匹布,在东城丰富胡同10号买下一所小三合院,也就是如今的灯市口西街丰富胡同19号。

老舍先生生前比较爱种植花草,这座宅院里的花草树木几乎都是他亲手种植的。1954年春,他的夫人胡絜青女士在院内种了两棵柿子树,每当深秋来临,红柿高挂,所以这个小院子也被称为"丹柿小院"。如今,这两棵柿子树依然枝繁叶茂。看守老舍故居的老大爷说,秋天满树都会挂满黄澄澄的柿子,比市场上卖的柿子甜得多呢!

老舍先生"生在北京,长在北京,死在北京,他写了一辈子北京,老舍和北京分不开,没有北京,就没有老舍"。老舍在北京中华人民共和国成立前后住过的地方共有十处,其中中华人民共和国成立前九处,即小羊圈胡同(现为小杨家胡同)8号是他的出生地,北京师范学校(今育劝胡同)、第十七小学(今方家胡同小学)等地,中华人民共和国成立后仅一处,即兹府丰盛胡同10号(今灯市口西街丰富胡同19号),他在这里居住直至辞世,居住的时间最长,人生成就最辉煌。

现在,故居院内的东、西厢房,被辟为老舍纪念馆,通过大量珍贵的照片、手稿,展示了老舍先生的生平及创作历程。1984年5月12日北京市人民政府将老舍故居公布为北京市第三批文物保护单位。

国子监街：一条精彩的文化街

国子监，又被称为太学、国学，是元明清三代国家设立的最高学府，也是掌管国家政令的最高机关，它通常设置礼、乐、律、射、御、书、数等教学科目。当时的人若能在国子监上学，那可算是光宗耀祖了。国子监的最高长官被称为祭酒，元代的著名学者许衡就曾经做过这里的祭酒。当年他亲自种植的柏树至今已经存活了好几个世纪。

北京的这所国子监，始建于元大德十年（1306年），在最初的时候是效仿晋代时的名称而被称为国子学。在明朝初期毁弃，改建北平府学，从此北平府学成为北京地区的最高学府。后来明朝的永乐帝从南京迁都北京，又效法唐代名称改北平府学为北京国子监，同时保留着南京国子监。如今的北京国子监内，元代建筑遗存比较少，绝大部分建筑为明清两代所建。

国子监街，因国子监在此地得名，是一条东西向的胡同。它位于东城区西北部。东起雍和宫大街，西至安定门内大街，是首届"中国历史文化名街"之一。东西贯通的国子监街全长669米，平均宽度11米，清朝的乾隆皇帝赞其为"京师为首善之区，而国子监为首善之地"。

要说起国子监街的历史，可谓十分久远，可以追溯到遥远的元代。元代至元二十四年（1287年），元世祖忽必烈在大都城的崇仁门（今天的东直门）内的这条大街上修建了"国子学"。及至元大德六年（1302年）修建了孔庙，元大德十年（1306年）在孔庙西修建了国子监，体现了"左庙右学"的规制。对此，明崇祯八年（1635年）刊印的《帝京景物略》有详细的记载："都城东北良隅，瞻其坊曰'崇教'，步其街曰'成贤'，国子监在焉。"在明朝的时候，国子监街被称为"国子监孔庙"，后在清朝的时候改名为"成贤街"，在民国以后又改称为国子监街，曾经一度改名为红日北路九条，后又被改回国子监街之名。

国子监街是整个北京城仅存有牌楼的街道，其最突出的景致之一便是那四座牌楼。在街的东口和西口各有一座，额枋上写的是"成贤街"三字。另外两座在胡同中间的国子监大门的两边，额枋上书"国子监"三字，该两牌楼两侧路北均有石碑，用满汉文镌刻"文武官员到此下马"字样。

如今的国子监街，尚保存着较好的旧京街巷的风貌，是京城现存不多的古老街道之一，巍然耸立的牌楼，夹道的古槐，和两旁的大小宅院、庙宇，古色古香，清幽恬静，古城韵味十足。1984年被定为北京市级文物保护单位。

帽儿胡同："末代皇后"婉容的娘家

北京城比较具有文化底蕴的老胡同地带，当属南锣鼓巷地区，它的历史很悠久，与元大都同期建成，汇集了元朝以来不同时代风格的建筑群体，是历代达官显贵居住之地。从南锣鼓巷出发，向其东西两翼搜寻，十六条胡同中共有二十多处挂牌的文物保护单位，由此可见这一区域在历史传承上的分量有多重！而在这一区域中，挂牌保护最多、四合院建筑水平最高、最有历史价值的，当属帽儿胡同了。

帽儿胡同位于北京市东城区西北部，东起南锣鼓巷，西至地安门外大街。在明朝的时候，它被称为梓潼庙文昌宫，直至清朝的时候才被改名为今天的"帽儿胡同"。如今，建在文昌宫的基址之上的是帽儿胡同小学，帽儿胡同的9号和11号是可园，属京城最富代表性的私家园林之一。而帽儿胡同37号，则名气最大，就是被海内外所熟知的中国封建王朝末代皇帝溥仪的皇后婉容的故居，相邻的35号院是婉容家的花园。两个院落合起来，被称为婉容的娘家。

37号院是个三进的四合院，进门的左边是一排南房，右边是带垂花门的中院,从中院北房当中的过厅进入后院。后院的东西房,皆是一明两暗的三间房。北房五间,前廊后厦,两边各带耳房一间。婉容的闺房,是北房最西头一间。因婉容的闺房是在37号院,所以1984年市级文物单位"旧宅院"的石碑,就镶在了37号院的外墙上。

  37号院对外开放,每日游人不断,可是35号院却不同了,整日地铁将军把门,油漆得朱红锃亮的门上还贴着"谢绝参观"几个字。但35号院的神秘还是被一些人给揭开了。据去过的人描述,一进帽儿胡同35号院,经过一段假山叠石,直达内院,北房西侧有一月亮门和37号院相通。中华人民共和国成立后,由于荣源府分属两个产权单位,所以这道门被封。

  很多人或许会有这样的一个疑惑,这里作为皇后的娘家,应该修建高贵的豪门深院哪!为何仅仅是座普通的宅院?其实,这与当时朝廷的经济状况有很大关系。婉容被册封为皇后后,溥仪皇帝封婉容的父亲荣源为"承恩公",赏其"头品顶戴"并给予其"在紫禁城内骑马"的特权,同时也赏赐了很多银两让他重修其府。但由于当时的小朝廷经济实在有些拮据,所赏赐的银两并不多,所以荣源府并没有与之相称的豪门深院。

  婉容生于1906年,直到1922年与溥仪结婚,在这里居住了16个年头。在这座宅院里,婉容度过了她的童年和少年时光。据她的弟弟后来在一篇回忆文章中说,在婉容很小的时候,就有专门的家庭教师对她进行教导,足见家人对其教育的重视。不过,婉容也没有让家人失望,在她随溥仪皇帝接见各国使节时,她的美丽和优雅折服了在座的各位使节夫人。

  然而,婉容的一生毕竟是不幸的,晚景非常凄凉。1946年,婉容被溥仪抛弃,当时的她贫病交加,终至不治而死,年不过40岁。

  可以说,对婉容来说,她一生中最快乐的时光就是她的大婚时刻及在帽儿胡同居住的那些日子。

  如今的帽儿胡同没有像一些老胡同那样落得个凄凉、落寞的下场,其两端均与繁华热闹的大街相接,内里不时有各色轿车穿梭。浓密的林荫道下,时尚的跑车与古老的三轮车交错行驶在红门灰墙间,隐隐中透着帽儿胡同的非凡地位。

青云胡同:梅兰芳的"城南旧事"

在北京城,我国著名京剧大师梅兰芳先生曾经有多处故居,其中最有名气的是位于西城区护国寺街9号的"梅兰芳故居"。这是梅先生的晚年寓所,在1961年他逝世前,就是在这座温馨、静谧的四合院里度过了人生的最后岁月。梅先生逝世后,这座宅院被建造为"梅兰芳纪念馆",自1986年起对外开放。多年来,吸引了众多爱"梅"之人前来驻足、缅怀。

除了"梅兰芳故居"外,梅先生在北京的住处还有很多:1907年,梅先生举家迁至珠市口东大街北桥湾道北的北芦草园,此时梅家的经济状况正处于窘迫时期,故该住处是梅先生一生居住最简陋的一处;1909年,梅先生搬到鞭子巷头条(后更名为锦绣头条),梅先生在此宅院结婚生子;1912年,又搬到鞭子巷三条(后改为锦绣三条)26号一座四合院,此时的梅先生得到谭鑫培提携,于天乐园首次与谭合演《桑园寄子》,身价倍增;1915年和1916年,梅先生的儿子大永、女儿五十相继不幸在此宅中因病夭折,梅先生夫妇大为悲痛,决定另觅新居。及至1916年,梅先生以两千几百两银圆典了北芦草园逛西青云巷8号(现青云胡同29号)的一所宅院,一住就是六年。可以说,青云胡同29号院,曾见证了梅先生事业上的发展和转折。

青云胡同,原名庆云巷胡同、庆云大院,据《北京市崇文区地名志》记载,该胡同北起西兴隆街,南至南芦草园胡同。至于该胡同的名称由来,清《京师坊巷志稿》对此有记载,即:"在大小崇真观与北芦草园之间有庆云庵。"也就是说,该胡同因庵而得名。1965年庆云大院、十间楼并入,统称为青云胡同。

青云胡同为南北走向，其29号院是东、西两所打通的并列四合院落。两个院落的格局几乎相同。街门设在东院，倒座南房面阔五间，东侧间辟为门道，街门面向南开，使北房成为正房。通过门道向西走，你会发现在西厢房南山墙间设置了一道障墙，将南房隔在外院。北房为上，面阔五间带前廊。通过北房前可以通向西院，南、北房也各为五间，均与东院房并连，北房也带前廊。东西厢房也各为两间，西房南侧辟为街门，临街为高庙胡同（也就是今天的长巷五条30号），平时这个门不开，东院之门是正门。

随着历史的变迁，昔日华美、精致的青云胡同已经失去了其往日的光辉。然而，每每想到一代京剧大师梅兰芳先生当年曾在这里生活过，就令人不由自主地感怀不已。

烟袋斜街：自发形成的古玩交易市场

在西城区东北部，地安门以北，鼓楼前脸儿，什刹海前海北侧，有一条北京城最老的斜街——烟袋斜街。它东起地安门外大街，西至小石碑胡同与鸦儿胡同相连，北起大石碑胡同，南至前海北沿，街区占地14公顷。此街东西斜形走向，全长232米，宽5到6米，街道两侧建筑典雅朴素，颇具明清传统风格，其前店后居的形式呈现出古风犹存的市井风情，充分展现出浓郁的老北京传统风貌。

烟袋斜街始建于元朝，成街于明朝，在清朝和民国时期最为繁华热闹。据说，这条街在元代至明朝中叶，被称为"打鱼厅东街"，打鱼厅是元、明时期管理海子捕鱼的官厅机构，其衙署设于此街之上，故名。明嘉靖年间的《京师五城坊巷胡同集》中就有这样的记载："日中坊二十二铺，北安门西……银锭桥，打鱼厅斜街。"后来，在清朝的乾隆年间被改名为鼓楼斜街，在清朝的末期被改名为今天的"烟袋斜街"这个名字。对此，清乾隆年间刊刻的《日下旧闻考》一书有详细的记载。

有读者或许会问，它为什么被改名为"烟袋斜街"了呢？这里面还有一个有趣的故事。

据说，当时北京城里的烟叶行业发展得非常好，主要是因为居住在北城一带的旗人们很多都喜欢抽旱烟或水烟。可是，仅有烟叶是满足不了他们日益旺盛的需求的。在那个时候，还不流行抽烟卷，大家抽烟都讲究用烟袋。针对这种情形，住在斜街上的人家便开始打起开烟袋铺售卖烟袋的主意，就这样，一家家烟袋铺便在斜街上开了张。时间长了，这条斜街便被叫成了"烟袋斜街"。

更加有意思的是，也不知是巧合还是天意，这条街本身就像一只烟袋：细长的街道好似烟袋杆儿，东头入口像烟袋嘴儿，西头入口折向南边，通往银锭桥，看上去活像烟袋锅儿。正是基于这两方面的原因，以"烟袋"命名斜街，真是名副其实，既形象又朗朗上口。后来烟袋斜街的名字越叫越响，一直流传到今天。

民间一直称这条街为"烟袋斜街"，但这个名字直至清嘉庆或道光年间才得到官方的正式确认。清朝时期是这条街最为繁华的时期，当时的烟袋铺特别多，这些烟袋铺经营各种大小烟袋及水烟袋、鼻烟壶等，也卖烟叶，如关东烟、旱烟叶、兰花烟等。除此之外，还有古玩字画店、裱画店、纸铺、钟表店、当铺、杂货铺，有糕点铺、豆腐房、各种服务性行业及风味小吃店等，甚至还出现了"鬼市"。主要是因为南城的南药王庙举办庙会时，整夜都有香客进香，由此庙门两旁的各种服务性摊贩也通宵不断，这样就逐渐形成了"鬼市"。

烟袋斜街地近什刹海、南北锣鼓巷，王公府第众多。辛亥革命给这条街带来了很大的影响。自辛亥革命后，附近的清朝权贵、满族子弟日趋没落，失去昔日的特权，不少人家靠变卖家产、贱售古玩度日。由此，烟袋斜街开始有人做起了古玩买卖的生意。及至民国以后，这条街逐渐开始成为古玩商们的根据地，当时比较有名的古玩店有宝文斋、敏文斋、太古斋、抱璞山房等六家之多。与此同时，还出现了一些服装店、理发店、洗澡堂等。

后来，烟袋斜街开始沉寂下来，街面店铺也渐渐地转变为民居，原有的商业环境逐渐消失。2000年开始，政府开始对这条街进行整治，并将其列为传统商业街，对它进行重点保护。整治后的烟袋斜街，颇有一番古色古香的韵味，再现了老北京传统的青砖灰瓦的建筑风貌，形成了以经营民族服装、服饰、烟具、茶具、古玩等民间工艺品为主的业态风格，成为北京北城较有名气的文化街，留下了很多文化名人的足迹。

当代著名诗人叶宝林在游览烟袋斜街时，曾经写下这样一首脍炙人口的七律，名字叫《烟袋斜街》，或许这首诗能让我们对烟袋斜街有一个更加深刻的了解，从而领略到这条街的精华所在：

后海波寒柳雾凉，一根烟袋点残阳。
银桥可载西山重，老店犹飞爆肚香。
梦落鼻壶闻烂醉，魂游瓦巷转悠扬。
斜街更比烟竿短，几步明清岁月长。

金鱼胡同：显赫一时的"那家花园"

金鱼胡同位于东城区灯市口大街的南侧，属于东华门地区，是王府井大街路东从南往北数的第二条胡同，是当年由皇城出来逛灯市的必经之地。它东起东单北大街，西止王府井大街，南与校尉胡同相通，北邻西堂子胡同，比一般胡同宽，长540米，可以说是条马路。著名的吉祥戏院和东来顺饭庄就设在这里。

该胡同在明朝的时候属澄清坊，当时就有了这个名字，在清朝的时候它属镶白旗，沿用了"金鱼胡同"的名称。

在胡同东段北侧，坐北朝南，是内部相通的4个宅院，加上东边的 1 号旁门共 5 个宅院，占地一万六千多平方米，是清末体仁阁大学士、军机大臣那桐的府第。对此，《燕都丛考》有明确的记载："那琴轩桐相国故宅，旁有园，俗名那家花园。""那家花园"东起金鱼胡同东口，西到现在台湾饭店的东墙，占了半条胡同，南北贯通金鱼胡同与西堂子胡同。

那桐，全名为叶赫那拉·那桐，是满洲镶黄旗人，晚清"旗下三才子"之一，是中国近代史上的一位重要人物，在清末光绪、宣统年间先后充任户部尚书、外务部尚书、总理衙门大臣、军机大臣、内阁协理大臣等，并兼任过京师步军统领和管理工巡局事务。义和团运动期间，慈禧太后和光绪皇帝逃往西安，那桐被任命为留京办事大臣，随奕劻、李鸿章参与签订《辛丑条约》的谈判。《辛丑条约》后，任专使赴日本道歉。清帝退位后，迁居天津。

据考证，那桐是在清光绪十二年（1886 年）搬到金鱼胡同来的。当时只有住宅部分，后来进行了东西向扩延，遂形成了"占地二十五亩二分九厘二毫，原有房廊三百多间的那家花园"。

辛亥革命后，孙中山第一次到北京时的欢迎大会就在此园召开。此后北京上层社会的大型集会常借用此园，因此在社会上很享盛名，"那家花园"这个名称就是这样产生的。

在民国时期，那家花园一度成为政治交际场所。此外，它还经常被出租，用来唱堂会和结婚。日寇入侵后，它一度为张璧强行租占。1950 年，该园最东边的院落被出售，成为机关办公用房，后在 20 世纪 70 年代末期被改建为面临东四南大街的高层楼房（如今成为商业用房），门牌改为东四南大街 249 号，金鱼胡同从此无 1 号。其他的几个院落从 1951 年开始陆续出售，渐次改建成现在的和平宾馆。1988 年，和平宾馆、王府饭店扩建，将半条金鱼胡同拆去，那家花园也被拆除。目前，尚有"翠籁亭"、假山及井亭等"那家花园"的旧物。

今天的金鱼胡同，道路非常宽敞，街道两旁是高大的台湾饭店、和平宾馆、王府饭店，再也找不到昔日的胡同景象。

门框胡同：有名的风味小吃一条街

说起大栅栏一带的美味小吃，不能不提门框胡同。门框胡同位于西城区东北部，大栅栏街道办事处辖区东部偏北。它北起廊房头条，南至大栅栏，是条南北向很不起眼长约百米中间仅约有三米宽的小胡同儿。

别看门框胡同非常不起眼，这里还曾经住过我国著名章回体小说大作家张恨水呢！张先生一生勤奋写作，笔耕不辍，在1930至1933年居住在门框胡同12号院里，仅几年就创作出了《啼笑姻缘》《金粉世家》等好几部小说。

门框胡同在清朝的时候就有了这个名字，对此，《光绪顺天府志》有明确的记载："大栅栏，有小胡同曰门框胡同。"民国的时候继续沿用这个名字，直至今天。

说起门框胡同的来源，也非常有意思，只因为胡同内有一个石砌的过街门槛，下面设置着石门框，所以有了这个名称。

曾经的门框胡同是著名的小吃一条街，同时也是连接大栅栏一带繁华商业区的通道，是京城著名的专售小吃的胡同。曾经有谚语提到京城的繁华之处，里面就提到了门框胡同："东四西单鼓楼前，王府井前门大栅栏，还有那小小门框胡同一线天。"当年的门框胡同不仅有同乐轩戏园子（后又成红极一时的同乐影院）和一些老字号商铺，更在这窄小的胡同里聚集着名扬国内外的京味传统的众多小吃摊，曾经发展到近20家，从南往北的商铺一家紧挨着一家，生意特别红火，各家小吃的香味从未断过。这儿最有名的店铺是刘家老铺复顺斋，它开设于清代康熙年间，专卖酱牛肉，肉香味醇，远近闻名。除这家酱牛肉店外，这里的小吃店还有年糕王、豌豆宛、爆肚羊、厨子杨、年糕杨、豆腐脑白、爆肚冯、奶酪魏、炒火烧沙、同益轩羊肉、德兴斋烧羊肉杂碎汤、俊王爷烧饼等，丰富多彩，味美价廉。这些贩卖小吃的小摊店铺虽然门脸不大,但几乎每家都有悠久的历史和丰富的传说,吸引了各阶层的食客光顾。据爆肚冯第三代传人冯广聚及豆腐脑白的后人追忆,民国时期正是京味小吃的黄金时代,那时很多戏曲文艺界名流都是在演出卸妆后到门框胡同吃小吃,如裘盛荣、荀慧生、尚小云、金少山、李万春、马连良、谭富英、谭元寿、常宝坤、侯宝林、白全福、郭全宝等都非常爱吃京味儿小吃,有些人是门框胡同的常客。

中华人民共和国成立后,政府对门框胡同的老字号施行了公私合营政策,很多传承了数代的老号被收归国有,一些门脸儿相继合并或关闭,那些生动鲜明的字号也逐渐消失了。

直至1985年,爆肚冯的后人在门框胡同重新开办了爆肚冯饭馆,此后瑞明楼、月盛斋等老号也纷纷落户门框胡同,门框胡同又与整个大栅栏一道逐渐恢复了往日的繁华。

后圆恩寺胡同:茅盾故居与蒋介石行辕

清末民初,北京出现了一批融合中西两种不同建筑风格的四合院,东城区后圆恩寺胡同7号、9号四合院是其典型代表。

说起后圆恩寺胡同,很多人可能不知道,也没有什么兴趣,可要说起它是茅盾故居和曾经的蒋介石行辕所在地,估计很多人都想了解一下了。

后圆恩寺胡同,位于鼓楼大街的东侧,呈东西走向,东起交道口南大街,西止南锣鼓巷,属北京东城区交道口地区,是交道口南大街路西从北往南数的第三条胡同,全长444米。

该胡同在清朝的乾隆年间就已经有了这个名字,直沿用到今天。在1965年,政府在整顿地名时曾经改过它的名字,时称"交道口南三条"。后来又改其名为"大跃进路七条",后复称"交道口南三条",直至1979年恢复了"后圆恩寺胡同"的名称。

这条胡同的13号院就是我国著名的文学家茅盾先生的故居。

与该地区周围的很多深宅大院相比,这个院子显得非常不起眼,只是普通的两进四合院,面积非常小。茅盾先生是在1974年搬到这个四合院来的,直到1981年他病逝在这里。就是在这座普通的小四合院,我国一代伟大的文豪度过了他人生中的最后时光。

1984年,13号院被定为北京市文物保护单位。如今胡同内有圆恩寺影剧院等单位,其余为居民住宅。

出了13号院往东走,没隔几个门院,就是7号院了。这座宅院的面积相对较大,据说它曾是清宗室载勣的宅第。对此,《东华图志》有明确的记载:"此院建于清代后期,原为清代庆亲王奕劻次子载勣府,因赌博输给他人,后被一法国人购得,并在此建立中法企业的办公处。抗战胜利后,成为蒋介石的行辕。中华人民共和国成立后,为中国共产党华北局所在地,曾为南斯拉夫驻华使馆。现归友好宾馆使用。"根据该篇记载和其他的史料所知,载勣是庆亲王奕劻的次子,其父奕劻是清乾隆皇帝第十七子永璘的孙子,曾经任职清廷的总理各国事务大臣和内阁总理大臣,与袁世凯是姻亲。奕劻是敛财高手,他的儿子载勣则是个散财高手,堪称"风月场上魁首,赌博局中豪客",是名副其实的"散财真人",后来将全部家当包括这座四合院输于他人。

1984年,该院作为"四合院"被公布为北京市文物保护单位。

菊儿胡同:震动国际建筑界的文化路标

北京的旧城,是中国古代都城建筑的最后杰作,凝集着一个悠远而古老民族的文化。城中有条胡同非常有名气,它就是菊儿胡同。这条胡同青砖红檐,典雅古朴,东起交道口南大街,西止南锣鼓巷,全长438米,如同一道亮丽的风景,镶嵌在古老的京城。

菊儿胡同,在明朝的时候属昭回靖恭坊,被称为"局儿胡同"。在清朝的时候属镶黄旗，乾隆年间被改名为"桔儿胡同"，"桔"字有两种读音：一读"洁"，另一读"橘"，清末又谐音作"菊儿胡同"。直到宣统年间被正式改名为"菊儿胡同"。民国时期，沿用了这个名称。直到1965年，政府在整顿地名时，才改其名为"交道口南二条"。后来还曾一度改其名为"大跃进路八条"，最后又恢复了"菊儿胡同"的名称。

菊儿胡同的3号、5号、7号是清光绪大臣荣禄的宅邸。后来，7号还曾是阿富汗大使馆。43号原为寺庙，据传，寺里的开山和尚是皇帝的替僧。可以说，菊儿胡同充满了人文气息和历史的厚重感。

菊儿胡同虽然住过一些名人，有过一些特殊的用途，但与东交民巷、国子监街这些有名的街巷相比，还是非常普通的一个小胡同。可这样一个普通的胡同如今为何被称为"震动国际建筑界的文化路标"呢？

这还要从20世纪80年代，菊儿胡同被列为北京危旧房改造项目说起。正是因为这项旧房改造项目，菊儿胡同成为京首例新四合院。这里的新四合院，记录了一位建筑师的思考和创造，它与这位建筑师的名字，共同载入了世界建筑史册，引起了全世界的重视，得到了国际建筑界前所未有的认同。这位建筑师就是吴良镛，他凭借着菊儿胡同改造建筑群的设计，得到过"联合国人居奖"等数不清的奖项和赞誉。

吴良镛，中国科学院院士，中国工程院院士，清华大学建筑学院教授，建筑与城市研究所所长，人居环境科学研究中心主任，我国著名的建筑学家、城乡规划学家和教育家，获得2011年度国家最高科技奖。

菊儿胡同的改造过程是艰难的，可谓历尽艰辛，但最终的结果却是非常喜人的，并引起了全世界人的关注。经过整治后的菊儿胡同，犹如涅槃重生，焕发出了勃勃生机。它的住宅楼设计参照了老北京四合院的格局，又吸收了公寓式住宅楼的私密性的优点，整个布局错落有致。在保证私密性的同时，利用连接体和小跨院，与传统四合院形成群体，保留了中国传统住宅重视邻里情谊的精神内核。

菊儿胡同新四合院，从菊儿小区一期入住，到1994年二期完工，各种表彰、奖项就纷至沓来：北京市科技成果二等奖、亚洲建筑师协会优秀建筑金奖、世界城市建设荣誉工程、联合国人居奖……时至今日，菊儿胡同新四合院工程依然是我国获得国内外大奖最多的建筑作品。

城市日新月异地飞速发展着，古都神韵依然流动在古老的街巷和红墙黄瓦间。散发着迷人光彩的菊儿胡同，在历史和现实中摇曳，它如同一朵继往开来的建筑之花，绽放在古老的北京城里，表达着中国建筑应有的文化自信，被誉为中国建筑界的一枝奇葩。

帘子库胡同："垂帘听政"的帘子制造地

帘子，又被称为"堂帘"，在严寒的冬天，通常会使用棉帘、毡子帘、皮帘、蒲草帘等；在酷热的夏天，则通常会使用竹帘、纱帘或珠帘等。旧时的老北京城里，宫殿、王府及大四合院的房宇前都建有走廊，其屋门外冬天多安装个挡风门或挂个厚厚的棉帘子，入夏后拆下风门挂上竹帘。对此，有专门描述这种帘子的诗作，如《都门竹枝词》云："帘卷空阶日影斜，蜂声满院静槐衙。"描述的就是老北京城夏天挂帘子的场景。

说起挂帘子，最有名的莫过于大清慈禧太后的帘子了。这里说的就是她"垂帘听政"的事儿。据史料记载，当年由于清光绪皇帝登基时年龄非常小，还无法独立处理朝政，慈禧太后在杀害八大顾命大臣后，想出"垂帘听政"的法子，以掌控朝廷大权，统治了大清半个世纪之久。

那么，当年慈禧太后"垂帘听政"的帘子制造地是哪儿呢？

据说就是在帘子库胡同。

帘子库胡同，位于地安门内大街东侧，呈南北的走向，北起东吉祥胡同，南止黄化门街，东与东板桥西巷、锥把胡同相通，西与慈慧胡同相通，全长188米。

该胡同在清朝的时候属于皇城地带，在清宣统年间被称为"帘子库"；在民国的时候，沿用了这个称呼。直至1949年，才被改名为"帘子库胡同"。如今该胡同内有黄化门小学等单位，其余的房屋都已经成为普通民居。

说起帘子库胡同名称的由来，很有意思，主要是因为这个地方原是皇宫储存帘子的地方。皇宫包括慈禧太后"垂帘听政"所使用的帘子都是由工匠精选南方的上等慈竹为原料，经过十几道工序精工编织而成的。可是，再精细的竹帘也有破旧伤损的时候，以新换旧是免不了的。换下了的旧帘子因为是皇家用过的，不可能卖给平民百姓使用，只能设立个地方存储，于是就有了帘子库，而帘子库所在的这条胡同就成了"帘子库胡同"。

北京城内除了帘子库胡同外，还有很多带"帘子"字眼的胡同。很多人可能会以为，北京城内其他带"帘子"字眼的胡同，也都是因有制作帘子的作坊在那里或者那里是存放皇家帘子的地方也被称为什么"帘子"胡同吧。其实，事实不是这样的。比如，位于国家大剧院的西侧，和平门内北新华街东西两侧的东新帘子、西新帘子、东旧帘子、西旧帘子胡同，就与帘子的制作没有任何的关系。这几个胡同在元朝的时候被合称为"莲子胡同"，因为这一带地势比较低，慢慢地便形成了"水塘"，而塘里盛产莲子，所以被称为"莲子胡同"。及至明朝的永乐年间，因要重建内城的城墙而将元朝时的城墙向南移动，所以原水道被断流，导致那地势低洼的水塘逐渐成为死水坑，里面最后也没有莲子生长了，当时的人都改其名为"臭沟胡同"。直到清朝时期，因为这条死水沟的臭气非常大，周围的人家便都在门前和窗前挂起卷帘子以遮挡臭气，渐渐地，人们便改其名为帘子胡同。

老北京胡同里都有哪些摆设

在老北京的胡同里,老百姓通常都会设置一些摆设,如泰山石敢当、栅栏、上马石、拴马桩、水窝子、牌楼、过街楼等。

1. 泰山石敢当

"泰山石敢当"是五个字的长方形石碑,在老百姓的心目中,具有辟邪保平安之意。

远在上古的时候,就有很多禁忌和崇拜,石崇拜就是其中很特别的一种崇拜方式,意思是将小石碑(或小石人)立于桥道要冲或砌于房屋墙壁,上刻(或书)"石敢当"或"泰山石敢当"等字眼,以表镇压不祥之物、保佑本家平安之意。在当时的胡同民居中特别流行。

关于"石敢当"的文字记载,最早见于西汉史游的《急就章》:"师猛虎,石敢当,所不侵,龙未央。"颜师古注:"卫有石蜡、石买、石恶,郑有石制,皆为石氏;周有石速,齐有石之纷如,其后以命族。敢当,所向无敌也。"颜氏认为,石是姓,敢当为所向无敌意。其实,"石敢当"是我国古代民间传说中的石神,据说他原本是古代的一个大力士,后来被人们神化了。在老百姓的心目中,"石敢当"如果与"泰山"相结合,则胡同和宅院就可以保平安了。所以,在北京的老胡同里,几乎家家的大门口或者房屋的墙壁上,都会有"泰山石敢当"。

2. 栅栏

"栅栏",顾名思义,就是栅栏门。栅栏在我们的生产和生活中应用十分广泛,有花园栅栏、公路栅栏、市政栅栏等。目前,在很多城市流行私家别墅和庭院栅栏,多以木制板材为主。胡同如果没有坊墙防护,则是敞开的,会很不安全,如果设置了栅栏,则可充当一层屏障,起到保护作用。

在明清时代,为了防盗,很多街巷胡同口都会安装一些木制的或铁制的栅栏。这些栅栏白天开启，夜晚关闭。随着时代的更迭，老北京的这些栅栏都渐渐地消失了，有的成了地名，如"大栅栏"。

3. 上马石

"上马石"，也被称为"下马石"，是以马代步时代用来上马、下马的石头，大多左右对称地摆在宅门的两侧，它从侧面看巨石是"凵"形，是一个具备两步台阶（有的是三步，以两步居多）的石头，第一步台阶高约30厘米，第二步台阶高约60厘米，通常材质多为青石或花岗石。一般只有大户人家的宅门前才会设置上马石，因为并不是所有的人家都有马骑或可以骑马。

4. 水窝子

在老北京的一些胡同里，有一些水井，在水井的旁边，通常会有一些窝棚，这些窝棚就被称为"水窝子"。水窝子是看井并为大户人家挑水送水人住的地方。在清朝，胡同里的水井被称为"官井"，由兵营里的伙夫管理。清朝统治结束后，原来管理水井的伙夫开始承租水井，成为"井主"，井主雇水夫送水，水夫则在水井旁搭建窝棚作为住处。

5. 拴马桩

拴马桩，顾名思义，就是用来拴马的桩子。常见的拴马桩有两种：一种是独立式的石柱或石碑；再一种是"石洞式"拴马桩，它固定在宅院倒座房的后檐柱上。拴马桩不仅是胡同宅院建筑的有机构成，也如门前的石狮一样，有装点建筑、炫耀富有、避邪镇宅的意义，所以被称为"小户人家的华表"。

第八章

老北京的会馆故居

你了解北京会馆的具体情况吗

　　北京是个有着悠久历史的文化古都，它承载着很厚重的历史文化。作为一种独特的历史遗存，北京会馆犹如一位饱经岁月沧桑的老者，曾几度辉煌、几度磨难，被人称作历史文化的"活化石"。在历史的更迭中，这一"活化石"在北京历史上发挥了很重要的作用，促进了全国各民族的团结、各省市各种文化的交流与融合。

　　什么是会馆？对此，《辞海》的"会馆"有解释说："同籍贯或同行业的人在京城及各大城市所设立的机构，建有馆所，供同乡同行集会、寄寓之用。"这是对会馆最全面而简要的解释。具体来说，会馆是一种地缘或业缘性的传统社会组织，是同乡人或同业人在京城或都市里创建的"聚会寄居场所"。

　　北京城是从元朝开始成为统一国家的"首善之区"的，然而名垂千古的科举拔贡制度，到了明清两朝才有了较大的发展。正是由于当时科举制度的发展和商品经济的繁荣，北京会馆才开始大规模地兴建。

　　具体来说，会馆始建于明朝的永乐年间，当时因朝廷迁都北京，全国举子每三年入京参加一次会试，各地商人也纷纷来京经商。为了解决他们的食宿问题，或者由地方在京官员捐资建立会馆，或者是工商业者集资兴建会馆，渐渐地形成了一种独特的"会馆文化"。

据史料记载，迄今为止最早的北京会馆是建于永乐年间的北京芜湖会馆，它的建造者是当时在京任工部主事的京官俞谟（安徽芜湖人），建造的具体日期是明朝的永乐年间，即1403年到1424年，作为亲朋寓居或涉足商界活动的洽谈场所。

之后，会馆犹如雨后春笋般在北京城"冒"出来，到清代康熙、雍正、乾隆年间发展到顶峰，可以说当时的全国各地，几乎无处没有会馆。曾有史料这样记载："现今清国通商之市场，会馆、公所、莫不林立。"在那个时候，会馆已经成为京城的一大重要景观。

而且，会馆还是各省在京各界人士政治和文化活动的中心，留下了许多名人的足迹。在北京的近代史上，有许多人物的活动都同会馆有着十分密切的联系。如位于下斜街的全浙会馆，是清康熙年间赵恒夫"寄园"旧址之一，后捐为会馆。民国初年，革命报人邵飘萍、林白水曾在此投入新文化运动。宣武门外上斜街的番禺会馆，曾是我国近代进步思想家、文学家龚自珍的故居。他面对清末的衰败局势，不止一次提出变革图强的建议，如今的番禺会馆已作为龚自珍故居，成为西城区文物保护单位。1898年9月，维新变法失败，康有为、梁启超逃往海外，清兵在南海会馆逮捕了康广仁，在浏阳会馆逮捕了谭嗣同。1912年5月，我国著名的文学大师鲁迅先生来京后，即住进南半截胡同的绍兴会馆，达8年之久，在这里写下了《狂人日记》《孔乙己》和《药》等许多不朽之作。1912年8月至9月，孙中山先生北上来到北京，曾五次到虎坊桥湖广会馆活动，并于此主持召开国民党成立大会。湖广会馆为清光绪初年几位湖南籍进士集资所建。

可以说，会馆在北京的历史上曾起过重要作用，促进了全国各省市各种文化的交流和融合，推动过北京的文化、经济、政治的发展。如今,大多数会馆已经失去了曾经的辉煌,有的甚至被夷为平地。

您了解北京会馆的现状吗

在如今的北京城,很多人都知道要好好保护皇城、胡同、四合院,保护牌楼、庙宇、名人故居,因为这些物质文化遗产对北京城来说,弥足珍贵。可是大家唯独忘了保护一种东西,它对旧京文化的研究也很重要,它就是遍布于北京各地、堪称中国古代各地"驻京办"的会馆。

随着经济的发展和科举制度的日臻完善,会馆在明朝的初期随着京城的建造,而大规模地发展起来,一时成为北京城里除了皇宫和皇家园林之外一道独特的风景。据统计,在旧时的北京城,曾经有过同时存在600多座会馆的历史。

可令人遗憾的是,随着时代的更迭,昔日会馆的辉煌永远地成为过去。据统计,如今在整个北京城,大多数会馆已经被拆除,有迹可循的只剩下了75座,其中,只有成为刘老根大舞台的阳平会馆和能吃饭看戏的湖广会馆,还算保存完好。而在这些幸存下来的会馆中,其中绝大部分被充作民居,早已经失去了昔日的会馆色彩。

1. 绝大多数会馆在1945年后沦为大杂院

据史料记载,自明朝定都北京后,便开始大规模地兴建北京城,会馆也随着北京城的修建而发展起来。在1420年前后,产生了最早的一批会馆,即南昌会馆、芜湖会馆、浮梁会馆;在明朝的中期,又出现了第一家行业会馆,即颜料会馆;在清朝时期,曾经出现了最大的会馆,即安徽会馆……如今这些会馆的命运如何呢?据史料记载,一直到1937年"七·七"卢沟桥事变后,会馆建设才基本停下来。自1945年以后,大量会馆沦落成大杂院,最典型的就是安徽会馆。

安徽会馆，位于后孙公园胡同 27 号，是北京城第一大会馆，曾经盛极一时。可如今它已经成为一个被人遗忘的角落，淹没在一片杂乱和喧嚣中：原本的大门已经被拆除，木门横卧在门口一侧，在历史风雨的敲打下，曾经亮丽的油漆已经剥落，只剩下斑驳的颗粒；院内杂七杂八、零落不堪地堆放着一些废弃的东西。而安徽会馆大戏楼的正门，因为私搭乱建的缘故，曾经宽敞气派的门面已被挤压成一条小过道……

2. 行业会馆前途未卜

1949 年北京市调查的 386 座会馆里最多的是山西省会馆，一共有 38 座，其中工商会馆多达十几座。如今这些行业会馆的命运又如何呢？

据调查，行业会馆中很多都前途未卜，其中一个典型的例子就是平遥会馆。平遥会馆是由山西的颜料、桐油商人建立的，所以又被称为平遥颜料会馆。该会馆位于前门外地区，建于明朝万历年间，是我国第一家行业会馆。经过历史风雨的侵蚀后，该会馆已经破旧不堪。为了保护这一会馆遗址，政府对其进行了修缮工程。这一事情的初衷比较好，如今的平遥会馆内已经被修缮一新，白墙、红柱子充斥其间。可问题是，颜料会馆属于普查级文物，修缮后的用途是个未知数……

会馆，作为一颗颗蕴藏着大量民俗、曲艺、建筑、唱答结谊等文化基因的种子，星罗棋布地散布在北京城大大小小的胡同里，默默地诉说着历史的厚重、文化的赓续，对北京历史的发展起了比较大的推动作用。

湖广会馆的"前世今生"大揭秘

在北京城中，会馆有很多，它们散落在京城的各个角落，仅西城就有十几处。在这数量众多的会馆中，能够用"传奇"二字来形容的，则非湖广会馆莫属了。

湖广会馆是湖南、湖北两省人士为联络乡谊而创建的同乡会馆，主要用于同乡寄寓或届时聚会。它位于西城区虎坊桥西南隅，是目前北京仅存的建有戏楼的著名会馆之一，也是按原有格局修复并对外开放的第一所会馆。

湖广会馆始建于清嘉庆十二年（1807年），道光十年（1830年）重修，并增建戏楼，距今已经有两百多年的历史。在这两百年的历史中，发生在它身上的事儿有很多，赋予了它浓厚的文化内涵。它曾是清朝达官名流的故居，据史料记载，清乾隆嘉庆年间的很多朝廷重臣都曾在这里留下足迹，如纪晓岚等；中国民主革命的先行者孙中山先生曾五次来到这里，召开了国民党成立大会；许多梨园界著名的表演艺术家，如谭鑫培、余叔岩、梅兰芳等都曾经在这里登台献艺。

湖广会馆，原本是一座私人宅院，前后几易其主，最后由叶名沣将该宅院捐作湖广会馆，在经过几次扩建后，逐渐演变为一处京城名流聚会之地。

关于湖广会馆的前身，有很多传说故事，其中有两个非常有名。

一个传说故事是说，此地原为乱坟岗子，后在民国初年有佛山大贾斥资建义庄，雇一面目骇人的麻风老人看管。自从该老人在此居住后，便将原来的夜夜鬼哭和粼粼鬼火压了下去。后来老人无疾而终后，厉鬼重生，有行止不端或者不孝人家常见墙外无端扔来些石头瓦砾，并传来訇骂声，开门却杳无一人……因此湖广会馆也被称为"鬼宅"。因为这位老人身患麻风病，面目非常可怕，所以周围的老百姓都不敢跟他说话，老人的身份也永远成了谜……

另一个传说故事是说，此处曾是明朝宰相张居正的故宅，万历十一年（1583年）三月，明神宗下诏夺去张居正的职务。张居正获罪后，其府第被查抄，饿死十余口，长子敬修自杀，三子懋修投井未死，保存了一条性命。明神宗在刑部尚书潘季驯的乞求下，为张居正留了一所空宅和十顷田，用以赡养张居正的八旬母亲。因张家人多是被冤死的,从此后这里就被传说有冤魂出没。

经过百年的风吹雨打,湖广会馆风采不再,变得残破不堪。为了保护先人留下的宝贵遗产资源,1984年,政府公布湖广会馆为北京市文物保护单位。1996年对湖广会馆进行大规模的修复工作,重修后的会馆保持了原有的建筑风格,整体建筑古朴幽雅、阁楼宽敞,成为北京南城一道靓丽而特别的风景。

北京最早的会馆有哪些前尘往事

北京的会馆众多,在长期的发展过程中,逐渐形成了独特的会馆文化,对北京文化的发展起了巨大的推动作用。会馆是如此重要,那么,北京最早的会馆建在哪里呢?

历史把这个荣誉安在了芜湖会馆的身上。

芜湖会馆,始建于明朝的永乐十八年(1420年)后,当时明成祖朱棣刚刚迁都北京,在大规模的兴建北京城,就是在这个时候,芜湖会馆应运而生。最初建造时,芜湖会馆被称为"京都芜湖会馆",其位于皇城根下的前门外长巷上三条胡同内。会馆有东西两院,正厅3间,各式厢房小屋16间,沿街铺面房屋7间,灰棚房6间,面积约100平方丈,这种规模在当时已经非常大了。

明朝的初期,徽州商帮兴起,使得芜湖成为当时的商业明珠。明朝的都城从南京迁到北京后,政治经济中心开始北移。在这种情形下,芜湖商人和学子们便纷纷来到了北京。这些人来到北京后,由于初来乍到,难免会遇到一些难处,他们便向当时的北京工部主事,同样是芜湖人的俞谟求助。

俞谟,在明永乐元年(1403年)以选贡的身份任南京户部主事,相当于现在财政部的局级干部,迁都北京后转任工部主事,掌管各项工程、工匠、屯田、水利、交通、航政等。在帮助了一些人之后,俞谟开始想道:芜湖商人和举子入京照例会拜访京城的芜湖籍官员,希望他们能在京给予食宿或商业上的帮助;而那些京城的芜湖籍官员,由于长期离开家乡,难免思乡心切,也非常渴望能够通过同乡聚会来排解思乡之苦……在经过一番思考后,具有一定经济基础的俞谟便萌生出创建公馆的想法,于是,他用自己的财力,在京城前门外长巷上三条胡同建造了一所名为"京都芜湖会馆"的公馆。就是这样一个不经意间的举动,一个中国之"最"便诞生了,俞谟也因此而载入史册。

"京都芜湖会馆"建造后,其他地方的在京官商,也纷纷效仿。自那以后,京城中的各类会馆纷至沓来,犹如雨后春笋般在京城兴起,成为传播各地文化和京城文化的重要场所。

说起芜湖会馆,还有一个故事不得不提。这个故事与一宗产权纠纷相关。

据说,在明英宗正统末年(1449年),有人主张芜湖会馆的产权是他的。这个人是谁呢?他姓路,是北京当地人。一天他拿着房产地契来到会馆,对主事人说这家会馆的宅基地是他的。当时的主事人非常揪心,那个时候俞谟早已经归乡老死。这下死无对证了,人家又有房产地契,怎么办呢?主事人赶紧将这件事告诉了远在芜湖的俞谟的儿子俞日升。俞日升听说后,赶紧来到京城,同路姓人打起了官司,并且最终轻而易举地赢了官司。

俞日升到底凭借什么打败了路姓人的房产地契呢?原来,这一切都要归功于他的父亲俞谟。

俞谟这个人非常聪明,原来他当年购买这块地时,就和这位路姓人的父亲签了一份契约。当他归乡前,便将这块地无偿地"付同邑京官晋俭等,为芜湖会馆",但忘了将购买契约留给芜湖会馆。俞日升正是凭借从父亲那里得来的这张购买契约,胜了官司。

北京独一无二的福建风格的建筑是哪一座

在北京城,有一座会馆非常特殊,它是目前京城独一无二的"福建风格的民间古建筑庭院",其建筑非常考究,颇具南方特色，它就是福建汀州会馆。

汀州会馆位于北京市东城区前门外长巷二条，其历史非常久远，始建于明朝的弘治年间。在明朝的时候，它原是一座私宅。后来被当时的尚书裴应章购买，建造了汀州会馆。

该会馆分北馆和南馆两部分，二者隔街相望。据史料记载，北馆是先建造起来的，规模非常大，仅院落就六个，且房屋众多。可是，如此规模也没有满足当时的需要，遂又修建了南馆，因此可以说，南馆是北馆的附属部分。南馆中虽然也有内祀奉一尊硬木雕刻的文魁星像的大殿，但整体建筑品级略低于北馆，规模也相对来说小一些。

1984年，北馆被列为市级文物保护单位。1987年，北馆被公布为划定保护范围及建设控制地带，保护范围系所存会馆北馆主院正房建筑。

据史料记载，汀州会馆的建筑非常有特色，对此，《北京地方志·建筑志》这样描绘的："会馆建筑考究，具有南方特点，梁柱门窗全部采用江南优质杉木制成，屋顶起坡平缓，前廊后庑，廊内装修为一色的花格子卷帘雕花门窗，廊顶露明，雕刻出象鼻形椽子，挑尖梁上有双象形蜀柱，梁头镂雕天马、神牛等多种动物纹饰。整体建筑形制独特，雕刻精湛，彩绘色调淡雅，是北京罕见的福建风格民间古建筑。"

从上述文字中，我们可以领略到昔日汀州会馆的精致、大气、古典。

可令人遗憾的是，昔日如此美丽的汀州会馆也难逃岁月的侵蚀。在一片建筑拆迁的大潮中，如今的汀州会馆只是一个最普通不过的以青灰色为主题的四合院，从外表上看起来和其他的四合院没什么差别。唯一的差别是，其他的四合院多是坐北朝南，而汀州会馆四合院是坐东朝西。大致浏览整个庭院，似乎只有鲜红的格子雕花门窗能够传递一种与众不同的信息了！

北京会馆中唯一以"祠"命名的会馆是哪一座

在北京前门附近一个不起眼的胡同里,与京城著名的烤鸭店全聚德比邻而居的是一座戏楼,这座戏楼被称为"中国戏楼活化石",具有极高的参观价值和文物价值。它就是北京会馆中唯一以"祠"命名的会馆,即正乙祠戏楼。

正乙祠,又被称为"浙江银业会馆",是京城不多的工商会馆之一。在明朝的时候,正乙祠原址原本是一座寺院,后在清朝的康熙六年(1667年),由当时浙江在京的银号商人们集资建造而成,主要是为了供奉正乙玄坛老祖也就是财神赵公明。对此,同治四年(1865年)所编撰的《重修正乙祠碑记》有明确的记载,即"浙人懋迁于京创祀之,以奉神明、立商约、联商谊、助游燕也"。

最初的正乙祠的规模还很小。清康熙四十九年(1710年),浙商们一致同意扩大规模,遂再次集资购买了土地,扩建该祠堂。在进行扩建的同时,他们加盖了戏楼,该戏楼于1712年建成,它就是如今赫赫有名的正乙祠戏楼。

正乙祠戏楼的历史非常悠久,距今已有三百多年的历史,是北京唯一保留至今的基本完好无损的纯木质结构戏楼,是中国戏剧发展史上的里程碑,是中国历史上第一座整体木结构的室内剧场,在会馆戏楼中别具特色,见证了京剧表演艺术从诞生、发展到辉煌的整个历程,众多梨园界前辈都曾在此登台献艺。据清代、民国的一些笔记和戏单记载,梅氏家族几代人均曾经在正乙祠戏楼登台演出过,形成了京剧世家与古戏楼颇深的历史渊源。除此之外,京剧创始人程长庚、卢胜奎、谭鑫培和京剧大师王瑶卿也曾在此献艺。

可是,正乙祠戏楼曾经辉煌过,也曾经失落过,它能够历经300多年而屹立不倒,实属一件非常不易的事情。

在此后的岁月里，正乙祠一直在走下坡路，正乙祠戏楼的经历也变得异常艰难。

据史料记载：抗日战争时期，正乙祠被日本人霸占当了仓库；1945年日本投降后，正乙祠被国民党军队控制，充当伤兵营，经常有各种棺材出入，搞得非常不吉利；中华人民共和国成立前夕，正乙祠又先后成为"金银首饰业同业公会"、会计学校、煤铺，在这种过程中，它的院落也渐渐地被民居"蚕食"，最终面积只剩下当初的六分之一；1954年，正乙祠戏楼被改建为招待所，其厅堂被改建为食堂；1984年，北京市某局曾与招待所洽谈合作拆改翻建，将正乙祠翻建为居民楼，后未能成交；1986年，正乙祠被定为宣武区文物保护单位；1994年，正乙祠被一位来自浙江的企业家王宇鸣购买，王深爱京戏，便出资修缮经营正乙祠，但最终因经营不善而以失败告终，却重新连接了正乙祠戏楼和京剧的缘分；2005年8月，戏楼关闭进行修缮；2012年4月起，正乙祠戏楼推出新戏《凤戏游龙》。

从1712年落成至今，正乙祠戏楼经历了三百多年的复杂历史，不但没有被拆改，反而凭借着老戏园子的韵味而越来越受到老百姓的喜爱。如今的正乙祠在几经易主之后，再一次开张纳客，上演京剧曲目，成为京剧爱好者的一个新据点。

您知道中山会馆为何会改名字吗

孙中山先生是中国革命的先行者，在他的一生中，曾经先后三次来到北京。第二次来京时他的行迹并不为大众所知，第三次是他抱病到京，在北京度过了他一生中最后的岁月，就住在石大人胡同迎宾馆，也就是今天的外交部街。

其第一次进京时住在哪里呢？就是住在香山会馆。当时，孙中山为了"窥清廷之虚实"，来到北京进行实地考察工作。当时正值甲午战争爆发在即，全国上下处于一片生灵涂炭之中，而当时的北京却处于一片欢声笑语中,因为整个京城都在为慈禧太后的六十大寿做筹备工作,从西直门到颐和园沿途都在搭建经坛、戏台、牌楼……孙中山见状后,非常愤慨,他后来曾回忆说:"最后至北京,则见清朝政治之龌龊,更百倍于广州。"北京的这种状况更加坚定了他推翻清廷的决心。

香山会馆,位于原宣武区珠朝街5号,始建于清朝的嘉庆年间,创建者是广东香山县众乡友。

香山会馆在清朝康熙年间的时候,原本是一处私宅,是当时的太子老师刘云汉购买的一块义地,在这块义地的北侧有一座祠堂,供集会悼念及停柩之用。在清朝的嘉庆年间,这块义地被挪到了其他地方,广东香山县众乡友便在义地的原址修建了香山会馆。最初的香山会馆的规模比较小,后来在两次扩建下达到了今天的规模。第一次扩建者是广东香山县众乡友,他们集资购买了附近的房屋和空地;第二次扩建者是一位在朝鲜任职的广东香山籍重要官员唐绍仪,他当时在回京的时候曾经住在香山会馆,遂筹资扩建了该会馆。

可是很多读者会问,香山会馆后来为何改名为中山会馆了呢?其实这正与该会馆的第二次扩建者唐绍仪有很大的关系。

唐绍仪,生于珠海市唐家古镇,在他很小的时候便远赴欧美留学,接受了西方思想文化的熏陶。归国后,曾先后任职于天津税务衙门、驻龙山商务委员等,受到了袁世凯的赏识。袁世凯任职直隶总督兼北洋大臣后,便提拔唐绍仪为天津海关道。唐绍仪在位期间,办了很多实事,展现出了出色的才能,得到袁世凯的认可和赞许。然而,随着与袁世凯接触时日的增多,唐绍仪越来越无法和袁产生共鸣。最后,在袁世凯为复辟做积极准备的过程中,唐绍仪愤然辞职,回到了珠海市唐家古镇,认识了孙中山先生。

很快,唐绍仪就被孙中山先生那新潮、先进、积极、正义的想法所折服。在1925年孙先生逝世后,他倡议广东政府将香山县改为中山县,以志对孙中山先生之永久纪念。随着香山县的更名，香山会馆也被改名为中山会馆。

中山会馆在辛亥革命后，成为有志青年进行革命活动的场所。"广东青年会"即以此为会址办公，后来成立的"中山少年学会"也在这里进行活动。解放战争时期，中山会馆还曾是中共晋察冀中央局城工部所属地下组织的一个秘密活动地点。中华人民共和国成立后，中山会馆成为民居，并逐渐成为居住了近百户的一个大杂院。原院中的房屋损坏较严重，花园亭榭等早已不复存在，但整体格局还在。

北京龚自珍故居为何会成为后来的番禺会馆

番禺会馆，位于原宣武区上斜街50号，是区重点文物保护单位。如今的番禺会馆的四周均是高低不等的房屋，在这些房屋的周围堆满了各种废弃物，根本找不到一丝会馆的痕迹。可是据史料记载，历史上的番禺会馆有花园，有凉亭，非常漂亮、大气，只是在经历一次地震的洗礼后，才失去了昔日的美丽。地震后的番禺会馆只剩下一些房架子，后来老百姓在会馆的遗址上修建了民居，会馆便彻底消失于人们的视野中。

其实，历史上的番禺会馆，不仅漂亮、大气，还很有故事，因为这里在清朝的道光年间，曾经住过我国一代文豪龚自珍，是昔日的龚自珍故居。

龚自珍是我国著名的诗人、文学家，他自成一家，有"龚派"之称，对晚清文学影响很大。他非常有才华，一生忧国忧民，关心国家的命运和前途，他的诗文中经常流露出对鸦片为祸、白银外流、国匮民乏的忧虑，并与魏源、林则徐、黄爵滋等志同道合，曾加入过"宣南诗社"。龚自珍大力支持林则徐的禁烟运动，建议加强军事设备，做好抗击英国侵略者的准备，并撰写了很多批判和揭露封建社会黑暗现实的政论文章。

那么，龚自珍故居为何在后来成为番禺会馆了呢？

原来,在1831年,龚自珍将这座宅院进行出卖,由广东番禺县人潘仕成购得,他后来将该宅院又赠给了广东的同乡会,遂成为番禺会馆。

后来,后世人为了纪念龚自珍,又将番禺会馆改为龚自珍故居,故居基本保持了昔日的状貌。但令人遗憾的是,虽然西城区文物部门已将龚自珍故居定为区级文物保护单位,但它目前的状态还称不上保护,只能说是保存。

"京城第一大会馆"在哪里

北京的众多会馆,大小、规模不一,其中最大的是安徽会馆,该会馆因其建筑雕梁画栋,富丽堂皇,高阁飞檐,气宇轩昂,回阑清池,竹石垂杨,而被誉为"京城第一会馆",曾一度成为北京和安徽名流"朝夕栖止,交往聚议,欢歌宴饮"之处。

安徽会馆位于北京市西城区后孙公园胡同3号、25号和27号,是老北京城最著名的会馆之一,它始建于清朝的同治八年(1869年)。

在安徽会馆修建以前,在北京只建有安徽一些府、州、县的会馆,而没有安徽省全省的大型会馆。当时这些府、州、县的会馆规模较小,一旦遇上大型的集会,就要借用他省的会馆,非常不方便。清朝末年,以李鸿章为代表的安徽籍人以军功或科举考试得富贵、功名者甚多,他们迫切需要一所大型会馆作为安徽籍人在京活动的场所。

在清同治五年(1866年),当时李鸿章已经主政多年,安徽籍京官吴廷栋、鲍源深等人"以军功和乡谊得富贵者甚众"为由,联名倡议为联系同乡友谊在京城修建一所安徽省全省的大型会馆,即北京安徽会馆。清同治七年(1868年),该倡议得到了湖广总督李鸿章的重视,以李鸿章为首的安徽籍官员和淮军将领154人捐款集资,并于清同治八年(1869年)二月开始修建,最终在同治十年（1871年）会馆落成，耗资28000两白银。

初建成的安徽会馆规模非常小，后来又经历了两次扩建过程，才有了今天的规模。这两次扩建的时间分别是清同治十一年（1872年）和光绪十年（1884年）。和京城其他省籍的会馆不同的是，它既不是专为进京赶考的举子设立的，也不是促进工商业发展的行业会馆，而是专供安徽籍在职的州、县级官员和副参将以上的实权人物在京活动的场所。

除此之外，安徽会馆的建筑也非常有特色，属于庙堂式建筑，为中、东、西三路三大套院，每路皆为四进，还有清式戏楼、思敬堂、藤闲吟屋、龙光燕誉堂等，可谓富丽堂皇、气势宏伟。

安徽会馆原是明末清初学者孙承泽寓所"孙公园"其中的一部分。其实在清朝的时候，除了孙承泽，还有很多名人曾经在安徽会馆居住过，如乾隆朝内阁大学士翁方纲、刑部员外郎孙星衍、以藏有甲戌本脂批《红楼梦》而闻名的刘位坦等。

除了这些名人曾经居住在这里外，晚清一些著名的事件也与该会馆有关。1895年，康有为和梁启超开展维新变法运动，当时他二人在北京创办的选登"阁抄"、翻译记录新闻、介绍西学的"万国公报"报社就设在这座会馆里。不仅如此，康有为所创立的中国近代史上第一个改革派的政治团体"强学会"的会址也设在这里。

曾经有过很多辉煌历史的安徽会馆，如今的命运却很令人惋惜，它面临着被拆损的命运。据了解，北京市已筹资修复了该会馆的少数建筑，但目前原馆的80%以上仍为100多家居民及"后孙胡同小学"占用，而且破旧不堪。

对这座"京城第一座会馆"的保护可谓任重而道远。

文学巨匠鲁迅先生曾在哪家会馆住过

在北京的众多会馆中，绍兴会馆比较有名，因为它与我国著名的文学家鲁迅先生有关。

绍兴会馆位于南半截胡同7号,始建于清朝的道光六年(1826年)。它在最开始的时候并非一座会馆,而是"山阴会稽两邑会馆",简称"山会邑馆",是山阴与会稽两邑京官联合捐资建成的。及至民国元年,山阴与会稽两邑被合并为绍兴县,山会邑馆也随之被改名为绍兴会馆。

绍兴会馆内建筑颇多,如补树书屋、贤阁、仰级堂、涣文萃福之轩、怀旭斋、一枝巢、藤花别馆、绿竹舫、嘉荫堂等。鲁迅先生当年就住在其中的藤花别馆和补树书屋,一住就长达七年。

说起鲁迅和绍兴会馆的缘分,还不止这些,据说他的祖父在一次进京赶考时,也曾经住在绍兴会馆。鲁迅的出生地是绍兴城内东昌坊口的新台门周家府邸,他的祖父周福清点翰林,当年正是住在绍兴会馆待考候补。可以说,鲁迅正是在无意间追随了他祖父的足迹。由此可以说,周家与绍兴会馆的渊源很深。

据史料记载,1912年中华民国成立后,我国著名的教育家蔡元培先生出任民国教育总长,他立志教育救国,大胆启用了一批有志教育的进步知识分子,鲁迅就是其中的一个,被任命为教育部佥事。鲁迅进京后,第一个住所就是藤花别馆。在藤花别馆,他住了四年。

当时的鲁迅先生虽然名义上是教育部的佥事,但实际上这是一个闲职。他整日地生活于一片苦闷和彷徨中,靠抄写残碑拓片消磨时光。可以说,居住在藤花别馆的这几年是他一生中最难熬的"蛰伏"期:青灯黄卷,愁眉苦脸。万幸的是,在那段愁闷的日子里,他还算有些知己好友陪伴自己,他们就是住在藤花别馆北侧的嘉荫堂的许寿裳兄弟二人。鲁迅经常和他二人一起去广和居聚餐,去琉璃厂淘书,给鲁迅先生带来了一些还算值得铭记的好时光。

及至1916年,鲁迅先生搬入了补树书屋。在这个书屋里,原本有一棵开淡紫色花朵的楝树,后来这棵楝树不幸折断,就补种了一棵槐树,所以有了"补树书屋"这个名称。正是在补树书屋里,鲁迅取得了重大的文学成就,创作了脍炙人口的作品,如《狂人日记》《孔乙己》《药》《一件小事》等著名小说和《我之节烈观》《我们现在怎样做父亲》等重要杂文,以及27篇随感录和50多篇译作。可以说,补树书屋是他的文学之梦开始腾飞的地方。

鲁迅在补树书屋,一住就是三年半,直至五四运动后,才搬出此地,迁入别处。及至1926年,鲁迅因支持北京学生的爱国运动,遭到军阀政府的通缉,这才离开北京,远赴厦门大学任教。

总的来说,鲁迅共在北京居住了14年,其中有一半时间是在绍兴会馆度过的。在那苦闷、压抑的七年里,他犹如一只化蛹的蚕,艰难而执着地咬破束缚着自己的厚重茧壳,咬破无边的夜幕,最终蜕变为一只自由的蝴蝶。他一生所提倡并身体力行的"韧的战斗",就是从居住在绍兴会馆的那段时期开始的。

经过多年的变迁,如今的绍兴会馆已经难寻昔日的容颜。它如今被包围在一片高楼大厦里。若非门口墙上挂着的那块上书"绍兴会馆"字样的铭牌,几乎看不出它与其他大杂院的区别,只有红漆木大门才能让人依稀从中看出曾经的模样。院子里凌乱地搭建了一些小房屋,如迷宫一般。当年鲁迅曾经办公和居住的地方,已经被分割成几户人家的住处,搭建的房屋杂乱地挤在一起,几乎已看不出当年的样子。

绍兴会馆虽然已经难寻昔日模样,但因鲁迅先生曾在这里生活、工作过,因而慕名来此参观、瞻仰、凭吊遗迹的人仍然不少。据居住在这里的一位老人家回忆:"来这里找鲁迅的人很多,尤其是假期的时候,很多学生会来,也有一些来自日本、韩国的留学生,还有一些名人。但也只是看看而已,很多东西都没了,已经没有原来的样子。"一代文豪的故居沦落成如今的样子,不能不让人一声叹息!

什刹海沿岸名人故居知多少

北京作为一个古老的文化之都,分布着很多名人故居,仅美丽的什刹海沿岸就有多处,如梅兰芳故居、宋庆龄故居、张伯驹故居、郭沫若故居、丁玲故居、马海德故居、梁漱溟故居、萧军故居、杨沫故居等。

1. 梅兰芳故居。梅兰芳是我国著名的京剧大师,其故居位于护国寺街9号院,现如今为梅兰芳纪念馆,收藏着大量的珍贵文物资料。梅兰芳纪念馆,原本是清末庆亲王奕王府的一部分,中华人民共和国成立后经过修缮,梅兰芳搬到这里居住,一直住到去世。正是在这座幽静、安适的四合院里,梅先生度过了他人生的最后十年。梅兰芳逝世后,在该住所处建立了梅兰芳纪念馆,并于1986年对外开放。如今朱漆的大门上,还悬挂着邓小平亲笔书写的匾额"梅兰芳纪念馆"。

2. 宋庆龄故居。宋庆龄是中华人民共和国名誉主席,其故居位于后海北沿46号,原本是清朝的醇亲王载沣也就是清末代皇帝溥仪之父的府邸,是一座非常古典的园林,在园中种植着各种花草树木,还有各式各样的古典建筑,如畅襟斋、听鹂轩、观花室、恩波亭等,尽显中国古建筑之美。宋庆龄是从20世纪60年代开始在这里居住的,直至她去世。

3. 张伯驹故居。张伯驹和张学良、溥侗、袁克文一起被称为"民国四公子",是一位集收藏鉴赏家、书画家、诗词学家、京剧艺术研究家于一身的"奇才名士"。张伯驹故居位于后海南沿26号,院子紧邻后海,环境清雅。张伯驹于20世纪50年代迁居于此,一直住到其1982年去世。与其他的故居相比,风格非常独特。因为该故居并非典型的四合院结构,它坐南朝北,有5间北房,在院子的南部有一方亭和廊房。北房的东间是主人的卧室,西间是客房,居中3间是客厅兼画室。

4. 郭沫若故居。郭沫若是我国伟大的文学家，其故居位于前海西街18号，是一座二进四合院，在其前院有小山和一株高大的银杏树，阶前的廊下，种植着蜡梅、海棠、紫藤等植物。如今的郭沫若故居为郭沫若纪念馆。

5. 丁玲故居。丁玲是我国当代著名的作家、社会活动家，主要代表作是《太阳照在桑干河上》。丁玲故居位于大翔凤胡同3号。两排平房各踞南北，西面是一栋两层小楼，环境静谧优雅。丁玲晚年曾经在此居住，如今是《民族文学》杂志社所在地。

6. 马海德故居。马海德是阿拉伯裔美国人，性病和麻风病专家。他早年即投身于中国革命，中华人民共和国成立后，协助组建中央皮肤性病研究所，致力于性病和麻风病的防治和研究。他毕生为这些病的患者解除病痛，为在中国消灭性病和在2000年全国争取达到基本消灭麻风病做出了贡献。其故居位于后海北沿24号，他是从20世纪50年代搬到这里来的。该院子呈坐北朝南方向，有五间北房，分别用作餐厅和卧室。东厢房是秘书室和客厅，西厢房是子女们的居室。

7. 梁漱溟故居。梁漱溟是我国著名的思想家、哲学家、教育家、社会活动家、爱国民主人士、著名学者、国学大师，主要研究人生问题和社会问题，现代新儒家的早期代表人物之一，有"中国最后一位儒家"之称。其故居位于西海西沿2号，梁漱溟是在20世纪50年代，从借住的颐和园搬到这里来的。歇山顶门楼、砖砌影壁，与近处的汇通祠相望，风景清旷。

8. 萧军故居。萧军是中国现当代著名作家，是"东北作家群"的领军人物，其故居位于西城区鸦儿胡同6号，是一栋砖木结构的两层西式小楼，也是北京最古老的胡同建筑之一。萧军是在20世纪50年代初从沈阳迁到这里来的，当时这处宅院被称为"银锭桥西海北楼"。

9. 田间故居。田间，原名童天鉴，安徽省无为县羊山乡人，是我国著名的诗人，主要代表作有《未明集》《中国牧歌》《中国农村的故事》《给战斗者》等，享誉诗坛。他提倡诗歌要民族化、大众化、战斗化。为了更好地集中精力工作和写作，他在1954年用稿费购买了后海北沿38号院作为自己的居所，一直住到他逝世那一天。

田间故居是一座四合院，呈坐北朝南方向。北房五间，分别为书库、卧室、客厅。西厢房为办公室，东厢房为餐厅。

10. 杨沫故居。杨沫是我国著名的作家，其主要代表作是俘虏了众多年轻人之心的长篇小说《青春之歌》，其中鲜明、生动地刻画了林道静等一系列青年知识分子形象。杨沫故居位于柳荫街29号，该院原本是涛贝勒府的其中一部分。建筑风格相对传统，院中放置着花坛，种植着一些老树。

末代皇帝溥仪是在哪里度过余生的

东冠英胡同40号，在历史上非常有名，因为它是大清国末代皇帝溥仪的故居，溥仪就是在这座胡同里度过余生的。

东冠英胡同，位于西城区中北部，东起赵登禹路，西至南草场街。在明朝的时候，它并非叫这个名字，而被称为观音寺胡同，因附近有一座观音寺而得名。清朝的时候，它被称为东观音寺胡同，和位于它西南侧的西观音寺胡同，也就是今天的国英胡同相对应。及至1965年，因"冠英"二字和"观音"二字属谐音字，人们于是改其名为东冠英胡同。

爱新觉罗·溥仪，中国封建王朝的最后一位君主，曾是紫禁城的主人，住在红色的高墙之内，但在变为普通老百姓后，他和夫人李淑贤居住在哪里呢？就居住在东冠英胡同40号院。

40号院呈坐南朝北方向，在院门口有两扇朱漆大门，在院内有五间北房和左右耳房各一间，北房正中一间是客厅，东边两间为卧室和卫生间。东厢房一间是厨房。南房一间是厕所。溥仪在这里一直居住到1967年10月17日去世那天。

东冠英胡同的建筑虽然不是古建筑,但其40号院是溥仪度过最后人生的地方,是将皇帝改造成公民的见证,具有特殊意义。

你知道纪晓岚故居发生过哪些故事吗

随着清朝题材的电视剧尤其是《铁齿铜牙纪晓岚》的日益红火,风流才子纪晓岚成为家喻户晓的"大名人"。不仅如此,多年来一直默默无闻的纪晓岚故居也随之在一夜之间变成了各家旅行社老北京游览路线中重要甚至必要的一站,即便是在淡季,这里仍然人头攒动,热闹程度令人难以置信。

纪晓岚故居位于今天的珠市口西大街241号,属于市级文物保护单位。该处住宅原本是岳飞将军二十一代孙、雍正时权臣、兵部尚书陕甘总督岳钟琪的宅院。据老先生考证,纪晓岚在这所故宅居住的时间分为两个阶段,前期(11岁到39岁)约计29年,后期(48岁到82岁)约计35年,前后共长达60余年。

说起纪晓岚故居的历史,可谓复杂曲折。纪晓岚去世后,因纪家在其他的地方还有宅院,其后人便将该处的宅院"割半赁"与黄安涛,此后几次易主:20世纪20年代,此处宅院被北洋政府议员刘少白购得,当时被称为"刘公馆",此处在1930年成为在上海的中共中央与河北省委的秘密联络站;1931年,梅兰芳、张伯驹等人在该处成立了北京国剧学会,后又成为"富连成"京剧科班社址;1949年后,曾为民主建国会、宣武党校所在地。直至1958年晋阳饭庄在此开业,就再没有变迁。2003年,故居被重新修葺、建造,后对外开放,成为宣传宣南士人文化的重要窗口,也使京城又多了一处寻幽访古和找典故品逸闻的清雅之地。

随着社会的发展、时代的更迭,城市的面貌日新月异,京城内能够被保存下来的名人故居并不多。纪晓岚故居能够被完好地保存至现在,实属不易。这其中很大一部分功劳在于纪晓岚第六代孙纪清远先生的努力。对此,纪清远先生感慨地说:"纪晓岚故居能保存下来,真的是很幸运!"

为了将该先祖的故居保存下来,纪清远先生专门撰写了文章《草堂应无恙》,发表在《北京晚报》上,吁请有关方面手下留情。此文一发表,不仅引起了学术界和文艺界许多知名人士的响应,而且还在广大市民中引起了不小的反响。纪清远先生还为此给当时的市长刘淇同志写了一封信,刘淇同志很快便做了批示:"此处文物需要妥善保护,道路不必求直,能让则让。"在2000年北京筹划修建两广大街时,纪晓岚故居的一部分正好在拆除范围内,最终区政府以"保存历史遗迹,传承宣南文脉"为宗旨,积极争取,多方协调,最终使道路规划绕过故居重新定线,虽然投资增加了七千多万,但是故居得到完整的保护成为政府一项更具人文价值和社会意义的举措——纪晓岚故居就是在这种种努力下,被保存了下来。

在如今的纪晓岚故居中,前院的藤萝和后院的海棠,均是纪晓岚当年亲手栽种的。据说那棵海棠树还记录了主人公的一段恋爱史呢!

这个美丽的爱情故事的女主人公是一位叫文鸾的女子。相传,在纪晓岚还是少年的时候,他的父亲被派往他地任职,没有携眷而往,纪晓岚就常住在他的四叔家里,就这样和四婶的婢女文鸾认识了。文鸾虽然只是一名婢女,但不仅人长得漂亮,还非常聪明有灵气,再加上两个人年纪差不多,经常在一块儿玩,久而久之,他二人就默默相恋了,并在院中的一棵海棠树下,发誓要成为一辈子的伴侣。

后来,纪晓岚随着父亲进京,离开了家乡,也拜别了文鸾。二人以一枚扇坠相与为念,作了未明言的定情信物。

几年的时间很快便过去了。纪晓岚回家乡参加乡试时,又见到了文鸾。当时的她已经出落成漂亮的女子,并且知书达理。二人常以海棠为题属对,感情更加深厚。

纪晓岚的四婶非常喜爱他，也很疼文鸾，于是对纪晓岚说要将文鸾赠予他为妾。可是这段亲事被文鸾的父兄阻止了，他们严加看管文鸾。文鸾在大病一场之后，离开了人世。

纪晓岚直至文鸾死后多年才得知她去世的消息，悲痛欲绝下，在京中居所植下了自己和文鸾都喜爱又都寄托过情思的海棠树，并撰写了一首《题秋海棠》诗："憔悴幽花剧可怜，斜阳院落晚秋天。词人老大风情减，犹对残花一怅然。"

纪晓岚和文鸾这段凄美的爱情故事打动了很多人。如今，很多情侣都专门来到纪晓岚故居瞻仰这棵凝聚着爱和相思的海棠树。

由于纪晓岚故居的产权归属晋阳饭庄，所以由晋阳饭庄管理，这也许就是没把散存在别处的有关文物真迹收购回来在此保存的原因所在。可是故居门前的一架浓荫密盖的古藤，确实是纪晓岚先生当年所亲手种植的，据说老舍先生很喜欢这里，经常来此品茶赏古藤，并留下了一首诗："驼峰熊掌岂堪夸，猫耳拨鱼实且华，四座风香春几许，庭前十丈紫藤花。"

曹雪芹在哪里写出了他的《红楼梦》

曹雪芹故居位于海淀区四季青乡正白旗村39号，是他晚年居住的地方。1983年4月22日开馆，傅杰题写匾额"曹雪芹纪念馆"。馆舍是一排坐北朝南的清式平房，占地面积约3000平方米，建筑面积300平方米。馆藏主要有与曹雪芹身世相关的文物，曹雪芹一家与正白旗村有关的文物，以及名著《红楼梦》所描述的实物仿制品等。

说起曹雪芹，很多人都能说出一二来。大家之所以对他这么熟悉，无不是因为这部鸿篇巨制——《红楼梦》。据说，当年曹雪芹就是在这个故居里写出《红楼梦》的。

满纸荒唐言，一把辛酸泪。

都云作者痴,谁解其中味。

这是放在《红楼梦》最前边的小诗,算是作者曹雪芹的自我评价吧。

曹雪芹的《红楼梦》是中国最伟大的一部小说,是一部用血泪写成的巨著,因为作家曾经经历过,也体会过。曹雪芹原来是一个世代贵族子弟。他的曾祖曹玺是康熙皇帝的宠臣,被派到南方当江宁织造。曹玺死后,曹雪芹的祖父曹寅、父亲曹𫖯(音fǔ)接替了这个差使,一家三代前后做了六七十年织造官,不用说家产越来越富,成了一个豪门。

康熙的儿子雍正即位后,因为皇室内部的问题,牵连到曹家,不但革了曹𫖯的职,还下令查抄了他们的家。那时候,曹雪芹已是个十岁出头的孩子,看到家庭遭到这样大的灾难,幼小的心灵受到很大打击。曹家在曹雪芹十三岁左右时迁到北京居住,先在崇文门外蒜市口居住,几经搬迁,于乾隆九年(1744年)左右回归香山正白旗祖居。他在这里过着清贫的生活,并遭中年丧妻,晚年夭子之痛。曹雪芹童年时过着锦衣纨绔的生活,后家道衰败,曾以教书为生,晚年移居西山,在这里开始了他《红楼梦》的创作。1971年在香山地区正白旗村发现的一座带有几组题壁诗的老式民居被部分专家认为是他著书之所,后以此为基础建成了该纪念馆。

我们可以看出曹雪芹的一生是由盛而衰的一生。少年时候是"锦衣纨绔"的奢华,居北京之后到晚年的生活都是困苦的。他由社会上层一下跌入几乎不能忍受的底层的巨大变化中,饱尝了世态炎凉,体察到了社会上贫富悬殊的尖锐对立,也清醒地看到了自己以前所处阶级的腐朽和罪恶。于是他开始以他过去的生活作为蓝本,进行创作与反思。

那本足可光耀千年的文学巨著写于曹雪芹凄凉困苦的晚年,创作过程十分艰苦。如第一回里说的那样:"曹雪芹于悼红轩中,批阅十载,增减五次",真是"字字看来皆是血,十年辛苦不寻常",可惜没有完成稿,曹雪芹因幼子夭折,忧伤成疾,他就于贫病交迫中搁笔长逝了。他绝没有想到,他竟为后世留下了无价之宝。

第一,在文学上,《红楼梦》的成功让人惊讶,到如今,中国还没有一部小说可以超越它。它的布局如大海宽阔,描写细腻深刻,使得几百个人物都有自己的性格,只要听他们说话,就可分辨出是哪位。只要分辨出哪位,就可知道他们的特征,并让读者的感情随人物的心情发生相应变化。世界上还找不到另外一本小说能像《红楼梦》一样,包括这么多人,而又描写得如此细致。

第二,在语言上,《红楼梦》使用的是北京话。北京话词汇丰富,适合书写,比如书中贾宝玉的丫头小红,她能快速地把一群身份和关系互不相同的一些凌乱言语用北京话表达清楚。

第三,在社会史上,《红楼梦》更是一个包罗万象的顶级宝库,可以说它是对中国两千年来封建社会的总解剖,让人可以透过它,认识封建专制和儒家思想下的社会结构、家庭结构和个人意识形态等,所有社会问题在里边都有非常丰富和详细的说明。所以专家说而且随着年龄智慧的增长,心理背景及社会背景的不同,每一次阅读,都有一次新的发现。

也的确如此。曹雪芹死后,他的小说稿本经过朋友们传抄,就渐渐流传开来。许多人读了这本小说,那种赞叹和惊愕几乎无法用言语来表达。后来,又有一个文学家高鹗,续写了后四十回,使《红楼梦》成了一部趋于完整的小说。完整后的《红楼梦》,更是越传越广,它对读者的感染力之大,直到20世纪初期,男青年还都以贾宝玉自居,女青年还都以林黛玉自居。从国内到世界各国,都有许多学者研究、考证这部伟大著作,形成"红学"文学派别。

这部伟大的现实主义著作,是曹雪芹自己生活的写照,他满怀深情地描写了宝玉、黛玉这些美好形象,不难看出作者的良苦用心——表达社会、家庭给他带来的辛酸悲苦。这些悲苦深刻地反映了曹雪芹多难的人生和痛苦的心境。

大太监李莲英在北京究竟有多少处故居

说起皇宫紫禁城，几乎离不开太监的事儿，因为整个京城尤其是皇城的周围，满布着太监们的私宅，如司礼监胡同、钟鼓司胡同、瓷器库胡同、织染局胡同、酒醋局胡同、惜薪胡同、蜡库胡同等均是历代太监所住之地。而在众多的太监中，清末总管太监李莲英则是最"财大气粗"的那个，他占据了从内城到外城、涵盖了大半个京城的多处宅院。

李莲英，家喻户晓的清末大宦官，原名李英泰，直隶河间（今河北）人。他七岁净身，九岁入宫，被分到慈禧太后名下，当一名小太监。李莲英是个脑瓜无比灵活的人，他将慈禧太后伺候得极为周全、细致，后以善梳头得到了她的恩宠，渐渐地由梳头房太监升任为总管太监，赐二品顶戴。在宫中"奋斗"的五十年中，李莲英吃了很多苦，也享尽了荣华富贵，最后权倾朝野。慈禧太后死后，他偷偷地出了宫，最终病死于宣统年间。

在宫中，李莲英的权势非常大，他不仅俸禄丰厚，还经常收取一些官员的外快。当年，袁世凯为了升官，就曾经一次性赠李莲英二十万银两。此外，还有很多官吏都是因向李莲英贿赂钱财而获得了官职。除了通过卖官得财外，李莲英还有很多商号，每年让他赚得盆满钵满。拥有万贯家财的李莲英最大的喜好就是在京城置办房产，也因此，他在北京的故居也非常多。其中最具有代表性的是以下几处：

首先是黄化门街19号院。

景山公园以北的中轴路为地安门大街，向北几百米路东有一条东西走向的大街叫黄化门街。在明清两朝的时候，这里曾经是皇城禁地，是皇宫后勤所在地。清朝的光绪年间，黄化门街被称为大黄化门街，及至1947年才又改名为黄化门大街，1965年又改称黄化门街。

在如今的东、西街口的墙壁上各有一块1993年钉上去的铜牌介绍此街,其中一句说:"胡同内19号四合院为清末慈禧总管太监李莲英的住宅。"而且,《北京地名典》一书中,对黄化门街介绍时,也在最后说:现在的19号是清末太监李莲英的住宅。

这里到底是不是李莲英的宅院呢?

据有关资料称,自慈禧太后死后,李莲英偷偷出宫后就住在黄化门街19号院。该院并非李莲英花钱买的,而是他陪慈禧太后由西安避难返京时哭穷向慈禧太后要来的。当时,慈禧太后说:"可回到家了!"李莲英赶紧趁机下跪磕头,可怜巴巴地说:"老佛爷您可算是回家了,可奴才却连个家也没有!"慈禧太后看他可怜,就随口把黄化门的一百多间房子赏给了他。

可李莲英出宫三年后就病死了,即便是住,也没有住多久。

可令人奇怪的是,实地考察中你会发现,如今的黄化门街上,根本就没有19号的门牌,更没有什么四合院。这是怎么回事儿呢?

如今的黄化门街,门牌号只排到三十几就没了,前面就是一条胡同,再接过去就是17号,19号就消失在这个豁口中。后来有人分析说,19号院其实就是今天的河北省驻京办事处,因为河北驻京办的门牌号写的是黄化门锥把胡同甲1号,但按照它的位置来说,恰巧占据了黄化门街缺失的那一块,所以河北驻京办应是19号残余的院子。

但这个说法并没有扎实的史实根据,如今,19号院到底存不存在以及它是不是李莲英的故居,成了一个未解之谜。

除了黄化门街19号院之外,坊间传闻李莲英的故居有很多处,并且关于其故居的位置争议也有很多,其中最确定的地点是海淀镇的彩和坊。

彩和坊。据说,李莲英在海淀镇的故居有三处,一处位于原海淀镇北军机处胡同最北边,在解放初期被划入北京大学校园内,目前只剩下了几棵古槐。第二处是海淀西大街的碓房居8号,该处建筑在20世纪80年代尚有踪迹可寻,可后因苏州街改造被拆毁。第三处是目前保存得最好的彩和坊24号院。当年,为了迎合自己的主子慈禧太后,李莲英不惜重金修建了这座别致的小院作为慈禧去往颐和园中途小憩之地。

除了这些地方外,坊间传闻为李莲英故居的地方还有颐和园内的永寿斋、崇文门外东兴隆街52号合院、内务部街胡同44号院、帽儿胡同、棉花胡同等。但它们只是一个个说法,没有任何资料可以印证。

您知道东四八条胡同71号院是叶圣陶故居吗

东四八条胡同,位于东城区的东部,东起朝阳门北小街,西至东四北大街,南与石桥胡同、南板桥胡同相通,北有支巷通东四九条,因在东四北大街东侧诸胡同中排列顺序为第八而得名。它的71号院就是叶圣陶的故居所在地。

说起东西八条胡同的历史,可谓非常久远,据说可以追溯到遥远的元朝时期。在明朝的时候,该胡同被称为正觉寺胡同,因为在这条胡同中部的北侧有一座寺庙,名字就叫作正觉寺,正觉寺胡同的名称就是这么被喊起来的。史料对这座寺庙还有详细的记载,如《燕都丛考》就曾这样记载:正觉寺为明正统十年(1445年)所建,有敕建碑。胡同内还有承恩寺,为明太监冯保奉敕所建,张居正曾为寺撰写了碑文,寺兴工于万历二年(1574年),告成于三年(1575年)。

其实,东四八条胡同最引以为傲的并非这座寺庙,而是其71号院叶圣陶故居。

叶圣陶故居,始建于清朝的中后期,据说原本是清朝内务府掌管帘子库的王姓官员的住宅。在中华人民共和国成立后,成为我国著名教育家、作家、新文化运动的先驱者叶圣陶先生的住所。正是在这座宅院里,叶先生创作了许多脍炙人口的作品,如《叶圣陶童话选》《叶圣陶散文甲集》《叶圣陶散文乙集》等。如今该院是北京市重点文物保护单位。

如今的叶圣陶故居由他的家属居住着,是一座三进四合院,呈坐北朝南方向,全院虽只有540平方米,但布局合理,给人以小巧精致的感觉。一进院北为一殿一卷式垂花门通二进院。二进院北房三间,前带廊,两侧各有耳房两间,东西厢房各三间,厢房南带耳房各一间;四周抄手游廊,廊子带有什锦窗。三进院有后罩房三间,西耳房两间,均为硬山合瓦清水脊。整个院内种满了各类花草,还植有两棵高大的海棠树,一到春季,海棠树的枝头便缀满了粉红色的海棠花。叶先生的好朋友冰心、臧克家都曾在海棠花开的季节前来拜访、看望叶老。1987年,87岁的冰心前来探望93高龄的叶圣陶,在海棠花下,冰心靠近他的耳朵,叮嘱他要多保重身体,有人及时用照相机拍下了这难得的动人场面。第二年,叶圣陶逝世。

豆腐池胡同中"杨昌济故居"的那些往事

在北京美丽的什刹海东北边,有一座气势宏伟的钟楼。在钟楼的北边,有一条东西走向的小胡同,被称为豆腐池胡同。别看这条胡同非常普通,它的渊源还很深呢!因为它曾经是毛泽东的岳父杨昌济的故居所在地。

说起豆腐池胡同的名称来历,很有意思。据说在明朝的时候,这一带住着一位姓陈的商人,这位陈姓商人经营的是豆腐的生意,他的豆腐做得非常好,吸引了周围十里八乡的人都前来购买。因此,他的生意非常好,时间长了,大家伙儿便把他住的附近一带称为豆腐陈胡同。后来,叫着叫着就改成了"豆腐池胡同"。清朝的乾隆十五年(1750年),这座胡同还入了京城的全图。1965年,政府整顿北京地名时,将西段娘娘庙胡同并入,统称为豆腐池胡同。

豆腐池胡同的15号院便是杨昌济故居,毛泽东早年曾经在此借住过,他和杨开慧那荡气回肠的爱情故事就发生在这里。

1918年6月,当时正是北京的夏季,豆腐池胡同被浓密的槐树遮掩着,显得异常地清凉、干爽。一位学者模样的中年人,带着太太和一双儿女,在豆腐池胡同9号院门前停下来。这位中年学者,就是杨昌济先生。

杨先生是毛泽东在湖南省立第一师范学校读书时的伦理学教师,是一位进步学者,也是毛泽东青年时代最敬佩的老师,他对毛泽东的思想成长影响也很大。

1917年,颇为欣赏杨昌济学识的章士钊出任北京大学教授后,便向校长蔡元培推荐了杨昌济。就这样,岳麓山下的伦理学教授杨昌济和妻子向振熙、儿子杨开智、女儿杨开慧,走进了文化底蕴深厚的北京豆腐池胡同9号院。当时的院门上挂着"板仓杨寓"字样的铜制门牌,显示着这座宅院的书香气息。里院北房住家属,外院北房是杨先生和女儿开慧的住房,南房为两明一暗,两明间为会客室,靠门道的一间作为临时来客人住宿用。

杨昌济来到北京大学任职后,发觉蔡元培、吴玉章等人组织的留法勤工俭学活动非常好,便想起了远在湖南的得意弟子毛泽东、蔡和森,于是写信要他二人也来京深造,然后去法国"勤于做工,俭以求学"。

接到老师的来信后,蔡和森急忙来到了北京,但毛泽东没有来。后在蔡和森的几次催促后,1918年8月,毛泽东和罗学瓒、萧子升等一行25人北上,来到了北京。在杨先生的真诚挽留下,他和蔡和森二人就暂住在南房靠院门的单间里。

这是毛泽东第一次来北京,也是在这个时候,他再次见到了"霞姑",也就是杨先生的女儿杨开慧。

不久,由于来京的新民学会的会员们居住分散,这样不利于活动的开展,便在当时北京大学附近的景山东街三眼井吉安东夹道7号（也就是今天的吉安左巷8号）租了房用作活动场地。毛泽东便搬离了豆腐池胡同，来到了吉安左巷8号院。

后来，毛泽东在北京大学任图书馆助理员时，还经常与其他湖南青年一起，在星期天、节假日聚在豆腐池胡同"板仓杨寓"，和杨先生共叙天下大事，探寻救国的真理。当时，杨开慧也经常旁听，渐渐地，她和毛泽东建立了真挚的感情，走上了革命道路。

1920年年底，杨先生积劳成疾，住进了医院。觉得自己将不久于人世的杨先生趁自己去世之前，将毛、蔡二人举荐给他的好朋友、当时任广州军政府秘书长、南北议和代表的章士钊，不久后他就逝世了。

几十年过去了，昔日的豆腐池胡同9号院变成了如今的15号院。比较巧合的是，如今在该院后院居住的人家也姓杨，但是和杨昌济先生没有任何关系。

宋庆龄故居知多少

在北京风景秀丽的什刹海后海北沿，有一座宅院，它的门前水天相映，碧波涟漪，院内曲径回廊，楼堂亭榭，绿树浓荫，花香四溢，显得非常幽静别致。这座宅院就是中华人民共和国名誉主席宋庆龄女士的故居。

说起宋庆龄的故居，一共有四处：分别是武汉黎黄陂路口沿江大道161-162号、上海淮海中路1843号、重庆渝中区两路口新村5号和北京西城区后海北沿46号。也就是说，宋庆龄在北京的故居仅此一处，可见其重要性。

具体来说，宋庆龄在北京的故居位于西城区后海北沿46号。它在清朝的时候，原是康熙朝重臣、大学士明珠宅邸的一部分，后来成为乾隆朝重臣和珅的别墅，嘉庆年间成为成亲王永瑆的府邸。清光绪十五年（1889年），为醇亲王也就是中国末代皇帝爱新觉罗·溥仪的父亲载沣的府邸花园，时称西花园。

中华人民共和国成立前夕,这里已经荒芜凋敝。中华人民共和国成立后,被作为蒙古人民共和国驻华大使馆馆舍使用。当时,党和政府计划为宋庆龄在北京修建一处住所,但遭到了她多次婉言谢绝。直至1962年,在国家总理周恩来同志的亲自筹划下,才在此处修建了宋庆龄在北京的寓所。宋庆龄在1963年4月迁居到此,直住到1981年5月29日逝世的那一天,共住了18年。

今日的宋庆龄故居还保留着王府花园的布局和风格,又融入了西方别墅的特点,是一处中西合璧的园林,且数位历史名人曾在此居住,是中国近现代历史的实物见证,具有较高的历史和艺术价值。园内种植有上百年历史的西府海棠、有两百年历史的老石榴桩景和有五百年历史的凤凰国槐等古树名木。据说,明珠的儿子、清朝的第一词人纳兰性德曾经在这里吟诗填词,园中现在还留有他亲自种植的两棵古树呢!

故居还有一道亮丽的风景——那就是宋庆龄喜爱的鸽子。宋庆龄生前喜欢鸽子。它们洁白无瑕,象征和平,也寄托着她对亲密的战友、伴侣孙中山先生的情感与怀念——因为孙中山也喜欢鸽子。宋庆龄常常在工作之余亲自给它们喂食。如今,鸽子队伍已经壮大,品种也很多,分别以"和平、友谊、回归、统一"等命名,以表达对宋庆龄的敬仰爱戴和向往祖国统一的美好心愿。

1981年5月,全国人大常委会决定授予宋庆龄同志"中华人民共和国名誉主席"荣誉称号。同年10月,中央决定把此处住所命名为"中华人民共和国名誉主席宋庆龄同志故居",并由国务院确定为全国重点文物保护单位。1982年5月29日经中央书记处批准,故居对外开放。为了更好地保护、收藏孙中山、宋庆龄的珍贵文物,宋庆龄故居文物库于2008年5月29日奠基建设,2009年5月31日经修葺一新的故居及精心制作的宋庆龄生平展重新对公众开放。宋庆龄故居先后被命名为北京市青少年教育基地、全国青少年教育基地、中央国家机关思想教育基地、反腐倡廉教育基地。

郭沫若故居知多少

郭沫若，四川乐山人，是我国著名的诗人、作家、剧作家、考古学家、古文字学家和社会活动家，他自"五四"运动以来，一直活跃在我国文化科学战线上，不仅在文学上造诣深厚，在艺术、史学、古文字学等方面也取得了卓著的成绩。

说起郭沫若的故居，有很多处，其中最有名的莫过于位于北京什刹海西岸前海西街18号的那处。

郭沫若故居，在清朝的乾隆年间曾经是和珅的花园，到了咸丰、同治年间，是恭亲王的马号。清朝亡后，达仁堂乐家药铺的乐松山住在里面。和珅花园也好，恭王府也好，并未在院落留下任何特别的建筑，只有大门西南方向一眼乐家用过的水井是恭王府留下的遗物。

郭沫若是在1963年由北京西四大院5号迁入这里的，至1978年郭沫若病故，他在这里生活、工作了15年，创作了许多作品。如今的故居纪念馆里还保存着他的大量手稿、图书和文献资料。

深深庭院，高大的银杏树，尽显岁月沧桑。这个幽静的院落，呈坐北朝南的方向，是一座二进四合院。在前院，有五间正房，西为会客厅，东为办公室、卧房，后院有十一间后罩房，其中包括夫人于立群的书房及卧室。在这里，郭沫若一直住到1978年6月病逝的那一天，长达15年。

如今的郭沫若故居，有名的景点之一"妈妈屋"还保留着郭先生在世时的模样。"妈妈屋"是孩子们对于立群写字间的爱称。左墙挂有于立群的小篆条屏，右墙是她题额的青铜器拓本，正上方悬挂着郭沫若的手迹《咏武则天》。在幽静的院落内，种了一些高大的银杏树，其中位于甬路右侧的那棵长得相对瘦弱，曾得到郭沫若一家的细心呵护，被亲昵地称为"妈妈树"。原来，这其中还隐藏着一个有意思的故事呢！

那是在 1954 年，当时的郭沫若一家还没有迁到这里来。一天，于立群生病了，郭沫若便带着孩子们从北京西山把一些银杏树苗移到了当时居住的院子里，希望夫人能够像被称为"活化石"的银杏一样，战胜疾病，重新恢复健康。当全家迁居至此时，这棵象征着美好祝福的"妈妈树"，也随之被迁到了此处。

1982 年 8 月，国务院将郭沫若故居列为全国重点文物保护单位。1988 年 6 月 12 日，为了纪念这位文化名人，郭沫若故居正式对外开放。1992 年，北京市政府命名郭沫若故居为"北京市青少年教育基地"（现更名为"北京市爱国主义教育基地"）。1994 年 7 月中国社会科学院院务会议决定"郭沫若故居"更名为"郭沫若纪念馆"。

冰心故居知多少

冰心，福建长乐人，原名谢婉莹，是我国现代和当代著名的作家、诗人、儿童文学家、翻译家和优秀的社会活动家。她崇尚"爱的哲学"，作品的主旋律是"母爱、童真、自然"。她非常爱孩子，把孩子看作"最神圣的人"，认为他们是祖国的花朵，应该好好呵护。她一生致力于实践"为人生"的艺术宗旨，曾出版小说集《超人》、诗集《繁星》等。后在 1923 年赴美留学后，将在旅途和异邦的见闻写成散文寄回国内发表，结集为《寄小读者》，引起强烈反响，至今仍享有较高声誉。

说起冰心先生的故居，也有多处，分别是北京的中剪子巷 33 号、福州的杨桥东路 17 号、云南的昆明呈贡区、江阴市夏港镇东的江阴故居。其中最有名气的当属中剪子巷 33 号院。

中剪子巷是张自忠路北侧从东往西数的第一条胡同，它南起张自忠路，北止府学胡同，长约 230 米。其历史非常悠久，远在明朝的时候就已经形成。在明朝的时候，它被称为"剪子巷"，其中包含着今天的北剪子巷；在清朝的乾隆年间，"剪子巷"又纳入了"铁狮子胡同"也就是今天的张自忠路南侧的"小街",规模得以扩大;清朝的宣统年间,"剪子巷"被一分为三,也即后来的"南剪子巷""中剪子巷"和"北剪子巷"。一直沿用至今。

中剪子巷33号,旧时的门牌是中剪子巷14号,冰心是在1913年随全家从福州迁居到此的,在这个院子里她一住就是整整十年。正是在这十年里,她读完了中学和大学,开始了文学创作,起了"冰心"这个名字。

冰心故居在当时是一座三合院,环境优雅、静美,据曾任中国现代文学馆馆长的舒乙先生考证:"小院实际上是三合院,没有南屋。进门东边有个旁院,当时住着一家旗人,姓祁。在大门口,谢宝璋(应为谢葆璋,字镜如,冰心的父亲)先生加了一座影壁,上面有电灯,旁边可放花盆。还有一面有个小空场,谢老先生在那里架了秋千供孩子们玩,是儿童小乐园。邻居们称这里为谢家大院。"如今的冰心故居位于胡同西侧一条凹进去的夹道内,院门面南,现在是一个很简陋的"小门楼"。其基本格局虽然没有改变,但是已经难寻昔日的美颜,门口的影壁和儿童小乐园早已经不复存在。

鲁迅故居知多少

鲁迅,浙江绍兴人,原名周树人,是我国伟大的思想家、革命家、教育家,是中国文化革命的主将,也被人民称为"民族魂"。他的一生为了中国人民的思想解放事业竭尽心力,辗转流离,因此其居住地也不断变换。

鲁迅先生在颠沛流离的一生中,共有多处居住地,其中比较有名的是:北京鲁迅故居、上海鲁迅故居、绍兴鲁迅故居、广州鲁迅故居。这里的北京鲁迅故居指的就是八道湾胡同11号院。

鲁迅是周家的长子,因早年丧父,少年时代便当起了家中的顶梁柱。自他与二弟在京有了固定工作后,便决定举家迁京安家立业。1919年底,鲁迅买下了八道湾11号院,兄弟二人迁入新居后,便把远在绍兴的母亲和弟弟周建人接到了北京。当时的周家已是拥有 12 口的大家庭，居住在这所拥有三进四个院落的宅院里。

八道湾 11 号院比较大，它的前院很开阔，大门里有一座影壁，除了正房外，还有前后罩房。当时周作人和周建人住在后罩房，母亲和朱安（鲁迅原配）住正房，鲁迅则住在前罩房里。正是在这座宅院里，鲁迅写下了众多脍炙人口的佳作，其中就有享誉国内外的《故乡》《阿 Q 正传》《呐喊》等传世之作。

1923 年夏，也就是他和弟弟周作人在此居住三年多后，周氏兄弟失和，鲁迅搬出了八道湾，暂居于砖塔胡同，后来又搬到了阜成门内宫门口西三条。从此以后，八道湾 11 号院这处宅院便一直由周作人一家居住。周氏兄弟从此不相与谋。周作人从此将八道湾作为自己隐逸的乐园，甚至七七事变后北平成为沦陷区，众多文化名流以各种方式敦促其南迁，他也不愿离开八道湾一步。在八道湾遇刺，在八道湾就任伪职，直至在八道湾戴罪修行……直至 1967 年 5 月 16 日死在这座破败的院落，当时其身边没有一人陪伴左右。

其实，自从周作人不顾民族大义，担任日伪政府教育督办之后，八道湾 11 号院就失去了往日的风采，渐渐湮没于历史的长河之中。周作人去世后，八道湾 11 号院便收归国有，渐渐地，这里挤满了住户。

八道湾在北京，算不上有名的胡同，它完全是因为鲁迅与周作人出名的，也承受了有关的是与非、荣与辱。

鲁迅搬出八道湾胡同 11 号院后，去了哪里呢？

因为与周作人的失和，鲁迅先生急于搬家，他在匆忙之中搬到了西城区阜成门内宫门口二条 19 号，这里就是他 1924 年至 1926 年在北京的住所。也正是在这里，他写下了《华盖集》《续编华盖集》《坟》《野草》《彷徨》等不朽作品

鲁迅的这座宅院是一座普通的北京四合院，从建筑到空间摆设，都是非常简朴的。"在我的后园，可以看见墙外有两株树。一棵是枣

树，还有一棵也是枣树……"这是鲁迅在散文《秋夜》一开头说的两句话。这里所说的"后园"，指的便是这座宅院的"后园"。

当鲁迅初搬进这所宅院时，它原本是一个破旧不堪的所在，但为了给母亲和自己一个良好的环境，鲁迅亲自设计并绘制了草图，对院内原有的6间旧屋进行了改造翻修。在这里，他一直住到1926年8月，后来离开北京，去了南方。1929年5月和1932年11月，鲁迅两次从上海回北京看望母亲，也是住在这里。

自从鲁迅离开北京后，他的母亲和他在老家的妻子朱安女士一直在这里生活，直至她们相继去世。朱安去世后，因宅院没有人看顾。为使鲁迅的手稿、藏书不致受损，其生前好友从法院的渠道，以"接管"为名，把鲁迅故居"封存"，才使得它完整地保存了下来。

仔细算来，鲁迅离开这处宅院已经八十多年，每年前去拜访的人却非常多。面对这些访客，接待员说的最多的话是："许广平回北京，在这里住过。鲁迅的儿子周海婴，现在也常来。有时候，他还带着孙子来。那个老头儿，头发都白了，挺有意思的。"

第九章

老北京的宗教寺院

椒园寺和它的守护者龙虎二柏

　　椒园寺，又被称为蛟牙寺，位于门头沟龙泉务村南1.5公里处，该寺庙已经荒废很久，如今只剩下两座覆钵式的砖塔和两株千年古柏。这两株古柏：一株直插云霄，犹如长龙挂空；另一株树瘤奇特，犹如下山的猛虎，所以被当地的老百姓称为"龙虎二柏"。在该寺往东1公里处，原有三座建于清朝初期的藏式僧塔，为寺僧骨塔，其中的一座塔下有地宫，如今三座塔均已经坍塌。

　　椒园寺的历史非常久远，民间有"先有潭柘寺，后有北京城"的说法，其实，椒园寺的历史比潭柘寺还要久远，民间还有"先有椒园五百年，后有潭柘一千年"的说法。

　　后世关于椒园寺的传说有很多，其中最有名的当属关于姚广孝在此修炼的那个传说了，据说正是由于明朝的姚广孝在此修炼过，椒园寺的香火才旺了起来。

　　相传，一天，姚法师正静默打坐，突然猛地坐了起来，吩咐两个小僧去三里外的三家店接驾。

　　奇怪的是，燕王在那天还真的正路过三家店。当燕王走过三家店时，听见村子里鞭炮声声，唢呐齐鸣，便问随从们村里发生了什么事。

"有一户人家在举办婚礼。"随从回答道。

燕王掐指一算，大叫："不好！不好！今天是个忌日，怎么能够举办婚礼呢！赶紧去把那对新婚夫妇叫过来。"

随从们听了燕王的吩咐，赶紧把新婚夫妇叫到了燕王的面前。

燕王见了二人，便大声呵斥道："是谁给你二人选了这么个鬼日子！"

二人非常害怕，胆战心惊地回答："是住在三里之外的椒园寺和尚姚法师。"

燕王气得正要破口大骂姚广孝，忽听下属来报，说姚法师派僧人来接驾了。燕王听了大吃一惊，心想自己明明是微服私访，事情做得极为保密，怎么那姚法师如此神通广大。当下便问那两个僧人："你那师父是怎么知道我来到这里的？"

两个僧人听了直摇头，说："当时没有人进出寺庙，师父也没有走出寺门半步，我们也不清楚其中的缘故。"

于是燕王便领着众随从前往椒园寺。当时，姚法师已经沐浴完毕，换了装束，出寺前来迎接燕王。

燕王一见他就问："今天本是个不吉利的日子，你为什么替人选为黄道吉日？"

谁知姚法师恭敬向前一拜，答道："今天确实是个黄道吉日呀！贫僧早就已经算出今天是个龙虎相通、洪福齐天的日子。"

燕王听了，赶紧下马躬身回拜，说："这种话大师千万不可说出口，如果皇帝怪罪下来，本王就是有十个脑袋也吃不起啊！"

谁知姚法师听了却仰天大笑："我向来没有失算过，既然算出来今天是个龙虎相通、洪福齐天的日子，谁来了谁就是皇上。"……

没想到的是，后来燕王还真坐上了皇帝之位，他便是名垂千古的明成祖朱棣。

朱棣登上皇位后，心中对姚广孝念念不忘，便拜他为国师。

姚广孝在离别椒园寺的时候,告诫僧人们说:"从今以后,如果要修葺本寺,不能从老百姓处化缘,本寺有资自缘。"说完,还口述真言让僧人找工匠来刻在石碑上。其真言是:"里七步,外七步,七步里面有宝物。"

姚广孝离开椒园寺后,大家都道寺中有宝物,便按照"里七步,外七步,七步里面有宝物"的指示将椒园寺翻了个底朝天,但都没有找到什么宝物。

一天寺里来了个云游四方的和尚,见椒园寺被搞得破败不堪,打听了才知都是被姚法师的真言给闹的,便也研究起那真言来。突然,他灵机一动,将摆放在香案上的那个大香炉抱在怀里破门而去。原来这香炉里外是用漆布糊着的,一撕下漆布,便出现了一个赤金的香炉。人们这才明白,原来"里七步,外七步,七步里面有宝物"中的"七步"是"漆布"的谐音,那个僧人不懂师父的意思,竟将"漆布"听成了"七步"二字,竟是这一错而将香火旺盛的椒园寺给毁了个底朝天。

过了许多年,当年在燕王路过那天举办婚礼的三家店村新婚夫妇,知道了此事,已经头发花白的他们来到椒园寺,想起姚法师的大恩大德,感动得哭了三天三夜。后来僧人出来再看到他们时,都被惊呆了,原来他俩已经变为两株参天的古柏,如龙似虎地立在那里,守护着椒园寺。

如今,椒园寺已经衰败不堪,而守护它的龙虎二柏却依然郁郁葱葱地高耸在那里,践行着它们的使命。

铁锚寺铁锚的传说

铁锚寺位于三家店西街关帝庙内,原先该寺供奉着关公、周仓、关平的塑像和泥塑的赤兔马与大刀,这些都没有特别之处,唯一特别的是,除了供奉这些东西外,它竟然还供奉着一个大铁锚,因此有了铁锚寺这一名称。

该寺为什么会供奉一个铁锚呢？许多人不禁好奇：难道里面隐含着什么传奇故事？

相传在明朝的初期，有一座叫作浑河（也就是后来的永定河）的河，由于缺少水库和水坝，所以一到夏天洪水多发的季节，就会发大洪水，河水混杂着泥沙滚滚而下，波涛汹涌，浊浪排空，经常泛滥成灾，给周边的老百姓带来灭顶之灾。

在那个时候，三家店和城子之间还没有建桥，老百姓如果过河就必须乘渡船。一天，一个商人想去河对岸做生意，便乘船渡河，谁知船刚开到浑河的中间，就突然从河里传来"救命""救命"的声音。这位商人和船家都非常好奇，之前没见着周围有人渡船，所以不会有人落水呀！那水中为何会发出"救命"的声音呢？商人和船家心里都非常害怕，以为是水鬼作怪，赶紧划船离开了。他二人上岸后，就把这事告诉了乡亲们，谁知大家都没有太在意，以为是他二人的幻听。

可让大家没有想到的是，第二天又有人遇到了这种情况。这下大家都不敢不信了。这事儿很快便传遍了两岸边的村子，吓得大家都不敢乘船了。可当时河上又没有桥，总不能老不乘船呀，还得去河对岸办事呀！所以，几个胆大的村民便想潜到河里去看个究竟。他们又游说了十来个村民一起去河中解谜。

一天，这十几个村民乘了条大船来到了河中间发出"救命"声音的地方，他们刚把锚抛下去，就听到了那"救命"的呼救声，个个都被吓得不敢吱声。大家冷静了一会儿后，便商议决定由几个胆儿大的人用绳子拴住腰，另一头由船上的人拉着，潜到水下查看。到了水下一看，他们见水中立着根大铁柱，而"救命"的声音好像就是从铁柱中发出来的。于是他们把拴腰的绳子都拴在了铁柱子上端的孔中，大家一起拉，但没有拉动，于是又喊了十几个村民一起来拉，这才把铁柱子给拉了上来，一看原来是个大铁锚，足足有三百多斤。

村民们见了这大铁锚，都非常震惊，就连年纪最大的村民都说从小到大都没有见过或者听过这么大的铁锚。于是，大家认为这是神灵显圣，三家店村要发生大祸事了，搞得整个村子人心惶惶。可是村民们胆战心惊地过了一年后，村子里没有遭到什么祸事，反而这年的收成比往年都要好，经商的还赚了大钱，大家都说这铁锚的确是神物，都来朝拜它，后来，村民们请了僧人来看管庙宇，索性把关帝庙改成了铁锚寺，铁锚寺也因保管着这个铁锚而闻名京城。

铁锚虽然安置好了，但大家心里始终都解不开一个谜团，就是这么大的铁锚怎么"来"到浑河中的？

后来，这个大铁锚由于各种各样的原因下落不明，但关于其"身世"的谜团依然困扰着人们。直到最近的几年，随着研究地方文化人员的增加，谜团才有点眉目。原来，人们从历史文献中了解到，唐朝时期，为了与高句丽作战，唐朝将军韦挺曾将大量粮船开到过浑河。但至于大铁锚是不是当年韦挺运来的呢，我们就不得而知了，如今这个大铁锚已经丢失，要想获得其"身世"谜团的答案，似乎更加困难了。

慈善寺"桑树挂金匾"的故事

在石景山区西北的天泰山上，有一座慈善寺。该寺创建于清朝初期，在刚开始创建的时候，规模非常小，后来经过了一次重修，及至解放时，已经有了24个殿堂、100多间房舍，规模非常大。

其实，慈善寺之所以被不断地重修，不断地扩大规模，与其香火的日益旺盛有很大关系。据《燕京岁时记》记载："每岁三月十八日开庙，香火甚繁。"据慈善寺1945年重修碑记记载："例于每年三月之望，为古佛成道之期，远近村民，绅商学界，善男信女焚香顶礼者，络绎塞途，感灵祈福者争先恐后。"由此可见，慈善寺当时香火的旺盛程度。可令人遗憾的是，近几十年，慈善寺却开始衰败下来，最后几近荒废。在2000年，经石景山区文化文物局多方筹资，慈善寺被修葺一新，吸引众多游客前来参观。尤其是在六月间，如果来此处礼佛，还能享受在寺后山坡上采摘桑葚的快乐呢！

在慈善寺后面的山坡上，种植着很多桑树，一到桑葚成熟的季节，远远望过去，桑葚犹如熟透的紫色葡萄，异常美丽动人。慈善寺桑树的果实虽然漂亮、甜美，但其整个树身却丑陋不堪，不仅非常粗糙，还经常流出一些黏稠的血状物。有人说这是桑树被人气得心里在流血。为何会有这种说法呢？其实这与一段被称为"桑树挂金匾"的故事有关。

据说还是在春秋战国的时候，当时的燕昭王还没有登上王位，只是个太子。当时，燕国的宰相篡夺了王位，在齐国的帮助下，燕国的国君平定了丞相夺权的内乱。燕国国君非常感激齐国的帮助。可是后来，齐国却攻占了燕国的蓟城，燕军抗争了一天一夜，都没有夺回蓟城。军士们个个困苦不堪，又累又饿，时任太子的燕昭王迫于无奈，便带领军士连夜撤退。就在军队跑到一个幽深的树林里的时候，他们累得倒在了地上。燕昭王也倒在了地上，就在他迷迷糊糊马上要昏倒的时候，突然从树上掉进嘴里一个东西，他嚼了一下，甜美无比。他又张开了嘴，又接到了一个。就这样吃了几个之后，燕昭王突然感觉全身充满了力量，他心想："难道是老天在故意帮助我？"他哪里知道，原来他倒下的地方正是桑树神的浓荫下，他不认识桑树神，可桑树神却认出了昭王。于是桑树神就使劲地晃动着浑身的树杈，落下甜美的桑葚给所有的士兵吃，士兵们吃了桑葚后，个个精神抖擞，后来在燕昭王的带领下，又折了回去，同齐国又展开了一次大战。在这一战中，燕国的士兵们表现无比神勇，最终战胜了齐军，夺回了蓟城。

后来，燕昭王登上了王位，非常感念那些桑树的帮助，便想犒劳那些桑树，给它们挂上金匾。于是他又回到当初落下桑葚的那个树林子里，可是他只记得那些树又粗又高，找了半天也没有看到它们的影子。无奈之下,他索性将金匾挂在了椿树上,这下可把椿树高兴坏了,所以一到盛开的季节,椿树上就挂满了金黄色的花朵,犹如挂满了金匾一般。这下可把旁边的桑树气得肚皮都要爆了,连心里的血都流了出来。可是又有什么办法呀,都怪当初燕昭王报答错了救命"恩人"。

慈善寺老婆婆和龙儿的故事

慈善寺除了"桑树挂金匾"的故事非常有名外,还有一个地方非常有名,那就是位于潭峪村附近山崖上的潭峪泉。从远处望去,潭峪泉的形状非常像一口水井,在泉的旁边有一棵古柏,泉的两侧分别是数十米高的峭壁和幽深的悬崖,泉虽然处于悬崖之上,但泉水无论怎样流都不会流到山崖下,被周围的村民称为一大景观,潭峪村的人就是靠着这口泉的水,不断地繁衍生息,辈辈相传,发展到了现在。

如今您去潭峪村游玩,在村子的东南角,会发现有一个大缺口。这个缺口是怎么来的呢?相传它是飞龙救母的时候给留下来的。

那已经是很久很久以前的事儿了。在那时候,潭峪泉还不在那个悬崖上,而是在潭峪村子里。当时的泉水非常清澈、甘甜。村子里人烟稀少,只有一户人家,家中的老婆婆已经是个七十多岁的老人了,可是奇怪的是她的儿子才刚刚六七岁的样子。这是怎么回事儿呢?

原来她的那个所谓的儿子并非是她亲生的,而是她在一次暴雨后,从村口的树底下给捡回来的。当时那孩子全身已经湿透,可是却很有精神,也没有老婆婆担心的感冒发烧症状,一进老婆婆的家门就活蹦乱跳地找东西吃,摸摸这、碰碰那,一副看见什么都非常稀罕的样子。

老婆婆问那小孩子:"你从哪里来呀?家在哪儿?叫什么名字……"可小孩子只是摇头,什么都不清楚。老婆婆领着小孩子四处打听他的家人,但打听了一个多月,都没有任何线索。后来老婆婆索性就决定收养他做儿子,并给他起了一个名字,叫龙儿。

龙儿虽然很乖,但是什么都不会做,连基本的礼节都不懂,老婆婆便一点点地耐心教导他。慢慢地,龙儿学会了做家务,还能帮着老婆婆干点地里的农活儿。老婆婆越来越喜欢他了。

可是龙儿也有一个非常奇怪的特点,就是他非常怕火。每当老婆婆烧火做饭的时候,龙儿必会跳到旁边的潭峪泉里去洗澡,一年四季都是如此,即便寒冬腊月也不例外。

后来,老婆婆渐渐地老了,很多农活儿都干不了了,地里的收成也在一点点地减少,生活越来越拮据,以致后来家里的粮食都不够吃了。可是,更令人担忧的是,龙儿的胃口却渐渐地大了起来,而且越来越邪乎,以致吃一锅饭都没有饱的感觉。老婆婆为了能让龙儿吃好,每次都是先让龙儿吃,等他吃完,自己再偷偷地把锅刷刷,喝点刷锅水、吃些龙儿的剩菜饭填肚子。

时间就这样过去了,龙儿越长越壮,老婆婆的身体却越来越柔弱。一天,龙儿吃完便出门玩,可他忘了拿小铲子,便回家来取。他知道老婆婆有吃完睡会儿的习惯,怕把老婆婆给吵醒了,就蹑手蹑脚地走回来。谁知他刚走到门口,透过门缝就看到老婆婆正在喝刷锅水、吃自己剩下的饭菜。龙儿非常奇怪,后来又悄悄地观察了几次,才知道了老婆婆吃饭的"秘密"。他的心里非常难受,从此以后,他吃饭的时候总会故意多剩下一点,好让老婆婆吃饱。可老婆婆心疼龙儿,总是不断地催他多吃。龙儿心里很感动又很难过。

一天,龙儿起了个大早,准备出门,他对老婆婆说:"婆婆,我这几天要出个远门,等回来我要给你带回来好多好吃的东西。"说完,他就朝潭峪泉跑去,纵身跳了下去。等老婆婆追到泉边的时候,已经没了龙儿的影子。老婆婆又思念又担心龙儿,日日夜夜地在泉边等龙儿,边等边哭,就这样过了七八天,老婆婆把眼泪都哭干了,最终昏倒在泉边。

又是两天过去了,龙儿终于回来了。他发现老婆婆昏倒在了潭峪泉边,就大声地叫她。可任凭龙儿怎么呼喊,老婆婆就是不睁眼。龙儿非常着急,于是把老婆婆背在背上,要带她去山外治病,龙儿一边哭一边说:"婆婆,婆婆,您一定要坚持住啊!我这就背您去治病,等您好了您还要给我熬红薯粥哪……"龙儿边说边哭,他的泪水越流越多,不一会儿,整个潭峪村就变为一个几百米深的大水潭。龙儿背着老婆婆猛然向前冲,不料冲出了一个山口,潭峪村中的水汹涌地沿着缺口滔滔不绝地喷涌出去,把东南边的天泰山的一角冲出七八里地,成了现在的黑山头,把另一块冲出去十里地,成了现在的石景山……老婆婆最终还是没有醒来,龙儿悲痛万分,默默地掩埋了老婆婆。当时,潭峪村的水依然在汹涌澎湃地流着,最后流成了通天河。后来,龙儿就是沿着这条通天河回到了天上。

原来,龙儿并非来自人间普通人家的孩子,而是天上负责降雨的小仙。由于他还小,比较贪玩,经常降着雨就跑出去玩,给人间造成了几次雨灾。玉皇大帝知道后,就把他贬到了人间,让他在人间受一段时间的惩罚。没想到,龙儿来到人间后,遇到了善良的老婆婆,和她建立了深厚的感情。

潭峪泉原本在村子里,后来就随着龙儿起飞而挂在悬崖上的。龙儿为了报答老婆婆的恩情,特求玉皇大帝降旨为老婆婆修建了慈恩寺,以此来纪念她。

法海寺"四柏一孔"桥的来历

法海寺,是国家级重点文物保护单位,位于石景山区模式口村北。该寺规模相对其他寺来说比较大,有四进院落,非常有气势。寺中最有名的宝贝当属大雄宝殿里的明代壁画,壁画中所描绘的内容是佛教中的景物,有十方佛众、菩萨诸天、飞天仙女,或男或女,或老或少,神情有别,姿态各异。壁画的笔法细腻,技巧纯熟，构图严谨，用色考究，是我国现存唯一由宫廷画师绘制的壁画精品，距今已经有五百多年的历史，如今看起来依然光彩如新。

其实，对于法海寺来说，引以为傲的除了这个精美壁画，还有一个景观，它就是"四柏一孔"桥。关于这座桥的来历，还要追溯到明朝明英宗朱祁镇在位时期。

法海寺建于明英宗朱祁镇在位时期，建造人是一个名叫李童的人。李童是朱祁镇的近身太监，颇得朱祁镇的恩宠，据说该寺的布局构图就是源自他的一个梦境。

李童这人非常机灵，平时替朱祁镇干活儿非常卖力，也很会讨朱祁镇的欢心，所以朱祁镇非常喜欢他，经常接纳他的建议。一天，李童对朱祁镇说："皇上，您说奇怪不奇怪，昨儿我竟然做了一个非常稀奇的梦，梦里面有一座寺庙非常非常漂亮……"朱祁镇听了李童的话，也觉得非常稀罕，便下旨让李童负责马上着手修建这样的庙。

在朱祁镇的关照下，工程进行得非常顺利，一年多就完工了。李童在验收的时候，看寺庙建得和自己梦境中的一模一样，非常满意。可是，很快他就高兴不起来了。工程建得是不错，皇帝看了肯定喜欢，可是既然都完工了，这工人们的工钱可就得发下去了。看着手里皇帝拨下来的大把大把的银子，李童心里非常不舍得发下去。他心里盘算着将工钱的三分之一纳入自己的口袋。

可是工人的工钱数目原本就计算好了，如今工程完成得很好，李童他没有理由克扣工人的工钱呀！怎么办呢？李童琢磨了半天，想着"从鸡蛋里挑出骨头来"兴许行得通。于是，他仔细再仔细地勘察工程各处，大有不找出毛病誓不罢休的架势。找了大半个上午，他发现在寺门外两百米处，有一条宽约四米的小河，河面上搭的是木质的浮桥。看了心里不觉大喜："哈哈！可被我逮着破绽了！"

把工人们召集到一块后，李童对他们大夸特夸，说他们既有速度又有质量，非常能干。末了才装作很为难的样子说："我听皇上说，他想在八月十五这天来这一带游玩，可是寺门前的那座木浮桥根本经不住皇上的车辇呀！今天已经是八月十三了，所以，希望你们能在这两天内，修好四百一孔桥。这'四百'代表的意思是皇帝威震四方，这'一'代表的是皇帝是一国之君。如果你们能够在两天之内修建好四百一孔桥，我就如期发给你们全额工钱，并且还每人奖励五两银子，可是如果你们修不好，我就每人扣除一百两银子。"

工人们听了李童的话，又气又急，他们知道这是李童想出的克扣他们工钱的法子，但又不敢吱声，只能连声叹气，看来辛苦一年多的血汗钱，就要打水漂了。

李童走后，工人们便聚集到一块儿想法子。可是想了半天，都没有什么好办法。

其中有一个年老点的工人，一筹莫展地走出寺庙，来到河边呆坐着，看着汩汩流淌的河水自言自语地说："河神呀河神，难道我们辛苦一年多的血汗钱真的要打水漂了吗？您老发发慈悲，救救我们吧！我们还要拿这工钱养家糊口哪！"他刚说完话，令人惊奇的现象就发生了。只见夕阳的余晖照在水面上，犹如铺着一层金灿灿的黄金，水面上有几棵树的影子在左右摇摆。看到这场景，这位老工人忽觉眼前一亮，他起身走到树前，左看右看，啧啧赞叹："咦？我以前怎么没有看到这里还有这些树呢？"他心里忽然有了好点子，于是大踏步奔回寺里，劝大家都不要再担心了，说自己有办法把这"四百一孔"桥给修出来了，明早就动工。工人们听了老工人的话，又惊喜又担心，一夜都没有睡好。

再说说那李童，他心里可美极了！心想等两天就有几百两银子到手了，到时候自己可又发了一笔大财。

到八月十五这天，李童一大早就起来了，正准备去桥那边瞅瞅工人们那垂头丧气的样儿，没想到还没走出门，就看到手下的小太监慌慌张张地跑来报告说："大人，工人们已经把那桥给修好了！"

李童听了，非常惊讶，赶紧来到河边，问："建好了？我怎么没看到呀！"

工人们指指河面，只见一大块青石板恰好被四棵树担住，石板面稍稍向上隆起，不偏不倚，严丝合缝，恰好是一座桥，李童不由得暗暗称奇。但仍然装出一副不以为然的样子问："我让你们建的是'四百一孔'桥，你们只建了一孔，那四百孔在哪里呢？"

那个老工人站了出来，指着河两端撑着石板的四棵柏树说道："一、二、三、四，不正好是'四柏'吗？"

李童听了，什么话都没有说出来。可不是嘛！工人们用"柏"与"百"的谐音架起了"四柏一孔"桥。

李童再也不敢想什么歪主意了，只得乖乖地将全额的工钱发给了工人们，并每人奖励了五两银子。

如今，您去法海寺游玩，还能看到这"四柏一孔"桥，它凝聚了古代工人的心血和智慧。

乾隆帝和香妃"相会"香界寺

来北京游玩，很多人必去著名的京西旅游景点西山八大处，或游玩，或拜佛，也因此八大处的香火一直非常旺盛。说起这八大处的名称由来，还要追溯到隋唐时期。八大处始建于隋唐时期，由八座古刹组成，因供奉着一颗佛祖释迦牟尼的灵牙舍利而名扬中外。

这里我们主要讲一下八大处的主寺香界寺。香界寺，始建于唐朝时期，距今已经有1300多年的历史。在唐朝的时候，该寺还不叫这个名字，而被叫作平坡寺，后来在明朝的时候，改名为圆通寺，在清朝的康熙年间改名为圣感寺，后改名为香界寺。如今的香界寺，共有五进院落，在其大雄宝殿前有两棵高约十米的娑罗古树和一株植于明代的珍稀玉兰。左路为行宫院，是当年乾隆帝的避暑行宫,在行宫院内种植着很多名贵的花木。其实,关于香界寺,最有名的并非这古树玉兰,而是一个传说,那就是清朝乾隆帝和香妃的故事。

据说,在一年的夏天,天气非常炎热,乾隆帝来香界寺避暑消夏,当时由寺中和尚桂芳负责接驾事宜。在和乾隆帝品茶的时候,心思细腻的桂芳就发现皇上心情非常郁闷,还消瘦了很多,但他当时没有敢问什么。后来,他逮着机会便向乾隆的贴身太监探寻原因,那个太监原来就经常陪乾隆来此避暑,所以和桂芳都混熟了,便将原委向桂芳说了。

原来不久前乾隆帝的爱妃突然病死了,乾隆非常伤心,日思夜想,茶饭不思。那个妃子很多人都听说过,就是大名鼎鼎的香妃,因生性善良,长相漂亮而颇得乾隆的宠爱。据说乾隆为了博得香妃欢心,减轻她的孤寂之感,还不惜重金大兴土木,在宫外建了一条街。可是这一举动并没有让香妃的思乡之情有所减轻,她每天还是倚楼望景,思念亲人,不久便忧思成疾,大病一场后去世。香妃的死给乾隆的打击非常大,他心中剧痛,朝思暮想,甚至梦中还喃喃自语:"爱妃啊爱妃,你走得那么匆忙,不知朕有多想你啊!你还有何心愿?朕愿与你梦中相见,以了此愿……"

桂芳知道事情的原委后,便想帮乾隆恢复精神。他沉思良久,接着闭目诵经,直诵到皓月当空,这才起来走到行宫。到行宫后见乾隆一个人对着青灯,手里拿着香妃生前佩戴的饰物翠玉指环反复地看,越看越难受。

乾隆看到桂芳深夜来访,便问他缘由。桂芳说:"皇上您的心事,贫僧也略知一二。贫僧愿尽绵薄之力召香妃的魂魄来和皇上您相见。"

乾隆听了桂芳的话,别提多开心了,忙说:"大师您如果能让朕和香妃见一面,了却了朕的心愿,日后朕必重重地赏赐贵寺,着力修缮。"

桂芳让人抬来一面金铜宝镜,将它放置于大殿的正中间。只见这铜镜高一丈五尺，宽约六尺，镜框镶满了各类金银珠宝，而且还能清晰地映射人的一举一动。将铜镜安置好后，桂芳又从藏经楼取出了一本还魂真经，点灯焚香。一时间只见整个大殿上香烟袅袅，宝镜生辉。桂芳细细地叮嘱乾隆，要在子时沐浴，然后静坐远观，千万不可近前，等香妃将她的心愿诉说完毕，乾隆才可以起身相送。

等一切都安排好后，桂芳才盘膝而坐，闭目诵经。等到了深夜子时，乾隆忽然感觉耳边似乎传来阵阵音乐声，他仔细听后，发觉那竟然是香妃生前最喜欢听的音乐。乾隆大惊，突然间，音乐就停了，只见从铜镜中发出一道耀眼的光，照得整个大殿金碧辉煌。不一会儿，从铜镜中竟然走出一个女子来，伴随着一股奇妙的香气，女子款款向乾隆走来，那不是香妃又是谁！

乾隆看到香妃的身影，心里非常激动，只听香妃边走边说："皇上驾临，嫔妃万分感激，只想告诉您一句话。"

乾隆听见果真是香妃的声音，再也按捺不住自己的激动之情，便急奔过去握住香妃的手说："都是朕害了你呀！"说着说着，竟哭了起来。桂芳见状，赶紧跪下，双手抱住乾隆的腿，不住地说："皇上您请退后几步呀！让香妃把话说完。"

乾隆一心只想亲近香妃，哪还听得进去桂芳的话，握着香妃的手不放。就在这时候，殿内突然有了金石迸裂般一声巨响，铜镜碎裂成粉，香妃刹那间便消失了踪影。只听在袅袅的音乐声中，有一个声音传来："悠悠情，依依息。歌短促，明月缺。念皇恩，思乡切。一缕香魂两相携。香魂西飞回故土，不忘皇恩浴西蕃。"

不一会儿，音乐便消失了，东方也透出了亮光，天快亮了，乾隆犹如刚从梦中醒来，只见那铜镜确实碎裂成粉，可是歌词和音乐依然在他的脑中回荡。乾隆凝神想了一会儿，心想，刚才的声音分明是香妃最后说的话，那意思就是要我送她回家乡呀！

想到这里，乾隆马上下旨回宫。回宫后，便命人护送香妃的遗体回家乡，将她埋葬在家乡。

将香妃的心愿了却后,乾隆的心情也好了起来,不久就恢复了原来的样子。乾隆还记得桂芳和尚的功劳,便御赐重金修缮了香界寺,并将桂芳和尚封为鬼王和尚。从此以后,香界寺的香火更加旺盛,名气也越来越大。

太庙曾经被李自成烧毁过吗

说起京城里的庙宇,数目可谓众多,孔庙、关帝庙、药王庙、灶君庙,等等。但其中最突出和具有代表性的当属天安门东侧的太庙,它是我国目前保存最好、建筑艺术水平最高的皇家寺庙。作为明清两代的皇室祖庙,太庙在众多的庙宇中的地位可谓举足轻重,它和位于天安门西侧的社稷坛,交相呼应,都是根据皇宫旧制"左祖右社"设计建造而成的古建筑。

太庙的历史非常久远,据史料记载,它始建于明朝永乐十八年(1420年),建筑以高大宏伟、气势恢宏、规模巨大、布局严谨著称,共有三道围墙。第一道围墙内是太庙的外院,此处最大的特色景观是高耸入云的古柏。在外院的东南角有宰牲亭和治牲房,在院墙外两边有一座设计精美的六角井亭。第二道围墙的正门被称为"琉璃砖门",因为它的楼庑殿顶、檐椽斗拱均以琉璃砖烧制。第三道围墙的正门是戟门,戟门以内是太庙的主体建筑,主要有太庙前、中、后三殿,其中前殿的建筑最为精美,在明清朝的时候是帝王年末岁尾举行祭祀活动的地方,中殿又被称为"寝宫",在清朝的时候是供奉历代帝后神主牌位的地方。从整体上来说,太庙既美观又大方,集万千建筑元素于一身,气势宏伟壮观。

坊间传闻,这座气势恢宏的太庙曾经被明末李自成领导的农民起义军烧毁过,而且故事还被传得有鼻子有眼。到底事实是怎样的呢?

翻阅史书,您会发现,没有任何一本史书对此事有记载。而关于李自成领军攻入北京城后火烧建筑的场景,《爝火录》有相关的记录，但内容是这样的："大清顺治元年，明崇祯十七年（1644年）四月云：二十九日丙戌，李自成僭帝号于武英殿，追尊七代皆为帝后……下午，贼（李自成）命运草入宫城，塞诸殿门。是夕，焚宫殿及九门城楼。三十日丁亥，李自成先走……出宫时，用大炮打入诸殿。又令诸贼各寓皆放火。日晡火发，狂焰交奋……门楼既崩，城门之下皆火……日夕，各草场火起，光耀如同白昼，喊声、炮声彻夜不绝。"李自成放火烧毁明故宫与北京九门，然后落荒而逃。

从这段记录来看，李自成放火烧毁的是明故宫与北京九门，而对于太庙的情况却什么也没有提，不能作为李自成火烧太庙的证据。

除了《爝火录》的记载，还有其他的史书有相关的记载，但这些记载显示，李自成在撤退之前，曾经将城内的老百姓驱除出城，然后放火烧毁了明朝的宫殿。在这次大火中，宫殿的大部分建筑都被烧毁，唯独太庙和武英殿被完好地保存了下来，从火中躲过一劫。

根据以上记录，并没有表明李自成曾经火烧太庙，所以，坊间的那些传闻在很大程度上并不是历史事实。

但不管历史的真相究竟是什么样的，一个铁打的事实是，太庙曾经的确被毁坏过，并在清朝的顺治元年（1644年）被重新修建。后来，在乾隆元年，太庙又得到大规模的修缮。

如今的太庙名号已经不复存在，被改作劳动人民文化宫，其南门上还高高地悬挂着当初毛主席亲笔题字"北京市劳动人民文化宫"的匾额，成为老百姓学习、娱乐的场地。

"先有潭柘寺，后有北京城"这个说法是真的吗

每次提到潭柘寺，都会听到这么一句话："先有潭柘寺，后有北京城。"潭柘寺的历史竟然这么悠久，比北京城还要久远——这是真的吗？

潭柘寺，位于北京西郊门头沟区东南部的潭柘山麓，是一座历史悠久的千年古刹，也是北京地区最早修建的佛教寺庙之一。关于潭柘寺的始建年代，需要追溯到1600多年前的晋代。在晋代的时候，潭柘寺初建成，当时的名字被称为嘉福寺。后在唐代武则天时期，香火十分旺盛，被称为龙泉寺。到了金代，又被皇帝赐名为大万寿寺。在明代又恢复了先前的名字，先后被称为龙泉寺、嘉福寺。后来到清朝的康熙年间又被改名为岫云寺。

至于后来是怎么被改为潭柘寺的，有多种说法。比较权威的说法是，潭柘寺之名因其周围有青龙潭和古柘千章而得，对此，《岫云寺莲花池记略》有记载："寺址本在青龙潭上，有古柘千章，故名潭柘寺。"至于其真正的名称来历是什么，我们不得而知。

关于"先有潭柘寺，后有北京城"这个说法的来历，与一个民间传说有关。

相传在很久很久以前，北京、天津一带还是一片汪洋大海，海中住着一条恶龙，经常出来作恶，时不时地引发些旱涝灾害，搞得当地老百姓的生活困苦不堪。

明朝迁都北京的时候，皇帝命令刘伯温修建北京城。当时刘伯温就决定除掉这个恶龙。刘伯温上知天文、下知地理，颇通奇门遁甲、天地五行之术，进过一番激斗后，他擒拿住了恶龙，并将它锁在了北新桥下面，还在西山上修葺了一座潭柘寺，用了一支箭做寺庙房屋的大梁，箭头直指恶龙的咽喉。

自从刘伯温镇压住恶龙后，当地的老百姓便过上了幸福、祥和的生活。慢慢地，北京一带的海水退了，并逐渐发展，最终成为繁华的北京城。据说，后来在北京城里修建皇宫的时候，都必须比潭柘寺的大梁低一寸。由此也就有了"先有潭柘寺，后有北京城"的说法。

那么这个传闻在历史上有没有科学依据呢？潭柘寺真的比北京城的历史还要久远吗？

研究北京城的发展历史，我们会发现，今天的北京城是在元朝大都城的基础上改建发展起来的。在元朝的初期，元世祖忽必烈听从了大将和谋士们的建议，以"幽燕之地，龙盘虎踞，形势雄伟，南控江淮，北连朔漠"为由，在1276年，在这里建立了大都城。如果从时间上进行推算的话，1276年已经晚于晋代800余年了。所以，民间"先有潭柘寺，后有北京城"的说法并非妄言，而是有历史依据的，可见，潭柘寺的历史确实比北京城还要久远。

红螺寺及红螺仙女的美丽传说

在北京众多的寺庙中，红螺寺独具一格，为十方常住寺，千百年来一直是佛教圣地，以高僧频出而名扬佛法界，是北京最大的佛教园林，民间素有"南有普陀，北有红螺"之说，足见红螺寺在我国北方的特殊历史地位。

其实红螺寺原来并不叫这个名字，后来之所以改名为红螺寺，其中还有一个十分有意思的传说，与红螺仙女有关。

据说，天上的玉皇大帝有几个女儿，其中的两个女儿非常淘气，觉得天天在天上待着很无聊，便想下凡来人间玩玩。可仙人哪能那么容易来凡间呀，她们在父皇玉皇大帝面前不知说了多少好话，愣是没有征得他的同意。哼！你同意不同意，我们都要去人间玩！

于是某天，她们趁父皇不注意，便结伴悄悄地降落到了人间。她们来到了一座大山前，见这里景色非常优美，气候非常湿润，一下子便喜欢上了这里。再四处转转，竟然在万花丛中发现了一座寺庙，这座寺庙掩映在美丽的鲜花丛中，古色古香，环境清雅。"如果能够在这里住上一段时间，那可算没有白来人间一趟哇！"想到这里，两个仙女便决定留在寺中一段时间。

白天她们化作僧人，和寺庙中的其他僧人一起诵念佛经、打扫庭院，晚上就化作一对红螺，生活在寺庙前的放生池中，全身发散出一股股耀眼的光芒，将整个寺庙照射得犹如处于白昼下一般。她们在嬉闹玩耍的同时,还不忘周济周围的老百姓,利用自身的法力为他们排忧解难。从此,寺庙这一带风调雨顺,老百姓安居乐业,生活得非常幸福。

好景不长,她们私自下凡的事儿还是被玉皇大帝知道了,玉皇大帝就把她们召回到了天宫。

当地的老百姓知道了两位仙女的故事后,非常感念她们的大恩大德,都称呼她们为红螺仙女。每天烧香拜佛,期盼红螺仙女能够再次降临寺庙,还把寺庙前的那座大山称为红螺山,把寺庙改名为红螺寺。

康熙帝为什么会二访云居寺

云居寺风光秀丽,声名远播,在众多香客的心目中,是个烧香拜佛许愿的好去处。在云居寺还有这样一个习俗,即若香客们许下的心愿能够实现,就必须再回来"还愿",所以很多香客都会在愿望实现后二次来到云居寺。

清朝的康熙帝就曾经二访云居寺,难道他也是为"还愿"而再来的吗?

其实不是,康熙帝二访云居寺,另有隐情。到底是什么样的隐情呢?

我们都知道,康熙帝是个十分喜欢四处云游的人,没事便出宫溜达,或是为了欣赏美景,或是为了了解民情。一天,康熙帝溜达着溜达着,就走到了云居寺前,见这里风光无限好,便心想:"这里的风景真美,如果在这里建造我的陵墓该多好啊!"

他想着想着便进入了云居寺,可是寺里竟然没有一个和尚来迎接自己,这让他有点恼怒,拆寺建陵墓的想法就更加坚定了。可是后来又仔细一想,云居寺并非一座普通的寺庙,如果没有任何理由地强拆,难免会惹天下人非议。怎么办呢?康熙帝为此愁眉不展。

康熙帝身边机灵的小太监看到皇上郁闷不安的样子,很快便猜出了皇上不高兴的原因,便给康熙帝出主意说:"皇上,在云居寺里有一座名叫'主山'的山,'主山''主山',您是天下唯一的主子,这山不就是您的山嘛!"康熙帝听了小太监的话,很是高兴。便派人叫来寺庙的方丈,指着"主山"故意问他:"这座山叫什么名字呀?"

这老方丈其实早就明白了康熙帝的心思,不动声色地回答说:"回皇上,这山叫作'猪山'。"

康熙帝听了,立刻明白了老方丈的话中要义,心里非常不爽,但也不好说什么。也没有继续逛的心思了,便闷闷不乐地回到了宫中,召集群臣,商议要治这老方丈什么罪。

可是,朝中的大臣却对康熙帝说:"古往今来,寺庙都和其他的场所不同,那信佛的老僧人也实非有心冒犯,所以,皇上您不仅不应该治他的罪,还应该重赏云居寺,以安其心,这样普天下的人也会认为皇上您是心胸开阔、爱民护民之君。"

康熙帝听了,恍然大悟,觉得大臣的话非常有道理,于是就派人连夜赶制了一尊佛,并亲自带上这尊佛作为礼物再次拜访了云居寺。与上次不同,这次寺里的和尚们都穿上了工整、整洁的袈裟,在很远处迎接这位开明的君主。

后来康熙帝二访云居寺的事情被传到了民间,老百姓都称赞康熙帝是个海纳百川的好皇帝。

大钟寺里真的有口"大钟"吗

在北京乘坐地铁十三号线时,会路过一个叫大钟寺的站点,这个站点就因附近有一座大钟寺而得名。大钟寺原本的名字叫作觉生寺,因为寺里放置着一口大钟而被俗称为大钟寺。这口大钟的历史非常悠久,相传铸于明朝的永乐年间,足足有43吨重,被称为北京"钟王"。

关于这口大钟的来源，民间有多种说法，其中最为人津津乐道的说法与一个"舍身救父"的孝女有关。

相传，在明朝的永乐年间，皇帝下令铸造一口大钟，并且提出了一个要求，就是这口大钟的钟声一定要声传百里。皇帝的这个要求可难坏了众工匠和监造官，不少人因为造不出符合皇帝要求的钟而丢了性命。

在上一任监造官因没有完成任务而被砍头后，新一任监造官上任了。这名监造官姓杨，在接到这个任务后，心情非常沉重，一想到如果完不成任务就会被砍头就愁眉不展、郁闷万分，他每天下工回家后，都在家唉声叹气。与他相依为命的女儿看到父亲那愁眉不展的样子，非常心疼，就想着为父亲分担一些压力。可小小年纪的她哪能想出什么办法？为此她苦苦思索了好几天。一天她突然想起早先从邻居那里听说过的，一个少女为父解愁而以身殉剑的故事，就灵机一动，想着效仿这名少女为父亲解除忧愁。

就在大钟即将铸造成功的那天，她悄悄地跟在父亲身后，来到了铸造大钟的地方。趁着父亲不注意，纵身跳向滚烫的铜汁之中。

父亲扭头看到女儿纵身起跳的身影，便想拉住她，可哪里还来得及！慌乱之中，他只抓住了女儿的一只鞋。

看到女儿跳进了滚烫的铜汁中，杨监造官知道女儿必死无疑，便忍住内心的剧痛，指挥工匠们开炉铸钟。大钟很快便铸好了，令人想不到的是，这口大钟竟然完全符合皇帝的要求，敲击一下，声音悦耳悠扬，百里之外都能听得清清楚楚，不过在钟声的尾音，却有一丝"鞋"的声音。

周围的工匠们都说，这是杨监造官的女儿在向父亲要鞋子。

从此以后，大钟寺便有一个习俗，就是在杨监造官女儿每年忌日的这一天，都要供上一双绣花鞋，以纪念该女的英勇献身之举。

明代遗留至今的宗教建筑是哪几处

如今北京寺庙院观多是清代遗留,明朝时期修建的那些宗教建筑有多少留存了下来?这里我们主要介绍一下幸存至现在的明代宗教建筑。

1. 天主教堂

在北京的天主教堂中,最具规模的是东、西、南、北四大教堂,其中南堂位于北京市西城区内油房胡同内,历史非常悠久。基督教有很多流派,天主教就是其中的一个流派。在明朝的时候,意大利传教士利玛窦来到中国,天主教才再度在中国得到发扬光大。利玛窦在中国期间,于明朝的万历三十三年(1605年)创建了南堂。

2. 大悲寺

大悲寺始建于明正德八年(1513年),由司礼监太监张维创建,位于北京市海淀区魏公村。如今,大悲寺的大部分建筑已经被毁坏,只余下一座正殿即大悲宝殿。说起大悲宝殿的名称,与一尊佛像有关。原来,该宝殿之内供奉着一尊五丈许的观世音菩萨铜立像,如今这尊佛像已经不知去向。

3. 智化寺

智化寺,始建于明正统八年(1443年),由司礼监太监王振创建,位于北京市东城区禄米仓东口路北,具有独特的明代特色。智化寺原本只是一座家庙,后被赐名"报恩智化寺"。智化寺初建时并不起眼,不像一些古寺名刹拥有恢宏的历史或者悠久的渊源,然而它也有过一段辉煌时期,那时候香火非常旺盛,占地约两万平方米。

4. 广济寺

广济寺是北京著名的"内八刹"之一,位于北京市西城区阜成门内大街25号。该寺始建于宋朝末期,当时的名字是西刘村寺。明朝的天顺元年（1457年），山西僧人普惠及其弟子在尚衣监廖屏的资助下，在西刘村寺遗址上重建此寺，后在明成化二年（1466年），被赐名"弘慈广济寺"。1931年，该寺被大火烧毁，于1935年重建。如今的建筑格局仍然保存了明朝时期的状貌，寺内珍藏着许多珍贵的文物，如明朝时期的三世佛和十八罗汉造像，清朝康熙年间的汉白玉戒台和乾隆年间的青铜宝鼎等。如今，广济寺为北京市文物保护单位。

5. 慈寿寺塔

慈寿寺塔，又被称为永安万寿塔、八里庄塔，位于北京市海淀区八里庄慈寿寺内，始建于明万历四年（1576年），为明神宗之母慈圣皇太后李太后创建，是慈恩寺的重要组成部分。明万历皇帝登基时年仅十岁，内外政事全部由李太后执掌。李太后非常推崇佛教，在她主持朝政期间，命人在京城内外修建了许多佛寺，慈寿寺就是其中之一。清朝光绪年间，慈寿寺在一场大火中被毁，只剩下慈寿寺塔。该塔是八角十三层密檐式实心砖塔，高50米，外形俊秀，雕刻精美。

旧京"五大庙会"指的是哪五个

在北方，人们称参加集市贸易活动为"赶集"，而在南方，则称其为"赶圩"。在属于北方的北京却是个例外。在当年的北京城，人们称参加集市贸易活动为"赶庙会"。"赶庙会"这个词儿，颇具北京地方特色。

庙会，原本是寺庙定期举行的一种公开的宗教活动，在寺庙节日或规定日期举行，它的活动范围以寺庙内为主，但也有些仪式活动跨出寺庙。寺庙的宗教活动使各界人士汇聚到寺庙里来，相应地，商业、娱乐、服务业等其他行业也随之而来。渐渐地，人们就称举办集市贸易活动的地方为庙会。

庙会作为中国的集市形式之一，在北京城得到了良好的发展。在旧时，北京城里有很多的庙会，其中最有名的是"五大庙会"。

1. 隆福寺

隆福寺，始建于明代宗景泰三年（1452年），在清朝雍正年间重新修建，是明清两个朝代的"朝廷香火院"之一。隆福寺庙会是清朝时期众多庙会中最繁荣的一个，庙会的规模非常大。及至清朝光绪年间，隆福寺内发生大火，很多建筑被烧毁，因此该寺渐渐香消火断，但隆福寺庙会并没有受什么影响，依然很热闹，摊贩云集。

2. 护国寺

护国寺，在历史上被称为崇国寺。崇国寺原本有两个，即南崇国寺和崇国北寺。南崇国寺建于金代，后被毁。其后，在今天护国寺的地方，又建立了崇国北寺。崇国北寺，也就是我们今天所说的"西庙"护国寺。护国寺的庙会，非常热闹。据《燕京岁时记》记载，护国寺庙会上"凡珠玉、绫罗、衣服、饮食、古玩、字画、花鸟、虫鱼以及寻常日用之物，星卜、杂技之流，无所不有"。而且不仅花样繁多，还有许多高档品，以致很多达官贵人及其亲属都前来购物。

3. 白塔寺

白塔寺，又被称为妙应寺，是北京市著名的寺庙，位于阜成门内大街北侧。白塔寺的历史非常悠久，这一带曾经是金南京城的北郊，在辽代，曾在此处建有舍利塔，后于战火中被毁。元朝初期，忽必烈下令在原舍利塔的遗址地带建立"大圣寿万安寺"，并在寺中心建一座白塔。在元朝的末年，"大圣寿万安寺"被毁，在明朝的时候，重新建立，改名为妙应寺。白塔寺庙会和护国寺庙会离得非常近，所售商品也很相似，有日用百货，有花鸟虫鱼，也有风味小吃，还有说书唱戏的，花样繁多，但白塔寺庙会最有名的还是木碗和花草。后由于各种原因，白塔寺庙会在1960年停办。

4. 土地庙

土地庙，又被称为"都土地庙"，属于道教的庙宇，位于北京市宣武门外下斜街。如今，土地庙已经不复存在，但庙会依然如期举行。土地庙庙会的规模很大，每月逢三开市，所售商品也极其丰富，有农副产品、百货、饮食等，其中最为有名的是鸡毛掸子。

5. 花市火神庙

花市火神庙，位于北京市崇文门外，是一个大型的人造花的专业市场，火神庙，又被称为火德真君庙，始建于明代，在很早以前这里就有庙市了，由于花市兴旺，时间长了，火神庙庙市就被改名为"花市"了。花市属于定期的集市，每月逢四开市，因此当时京城有"逢三土地庙，逢四花市集"的说法。《天咫偶闻》中载：花市"每逢四有市，其北四条胡同，则皆闺阁装饰所需，翠羽明珰，假花义髻之属，累累肆间"。说的是老北京的花市每逢四、十四、二十四日开集，花市所在地区因原有众多庙观，百姓焚香拜佛祈福的人多，逐渐成为民国时期老北京的五大庙会之一。

花市除了售卖日用品外，就是以妇女插戴用的纸绒花为主了。在清朝的时候，这里生产和经营人造花的店铺达一千多家，非常繁荣，甚至连街巷都以"花市"为名了，如东花市大街、西花市大街、花市斜街、花市头条等。

云居寺里为什么会有一座"娃娃库房"

在北京市西南房山区境内的白带山下，有一座寺，其石经山藏经洞及唐、辽塔群构成了我国古代佛教文化一大特色地区，被评为北京旅游世界之最，它就是赫赫有名的云居寺。

云居寺始建于隋末唐初，到辽圣宗时期形成五大院落、六进殿宇，金、元、明、清各代都有修葺。及至1942年，在日本侵略军的轰炸中毁坏惨重。后分别在1985年和1988年进行了一期修复工程与周边绿化、石经回藏及二期修复工程。如今，云居寺已经恢复了昔日的庄严面貌。

云居寺是佛教经籍荟萃之地，寺内珍藏着石经、纸经、木版经，号称"三绝"。其实，除了这"三绝"比较有名外，该寺还有一个比较有名的地方，就是它的"娃娃库房"。

一个寺院里为什么会有一间"娃娃库房"呢？

原来，每天慕名来云居寺烧香拜佛的香客有很多，他们非常虔诚敬香礼佛，并默默许下心愿，如果许下的愿望一旦实现，按照习俗，他们就得再来"还愿"，而还愿的方法就是送来一个假娃娃。久而久之，假娃娃堆得太多了，所以寺院才专门设置了一个"娃娃库房"用以储存这些假娃娃。

那么，香客们在还愿的时候为什么会送来假娃娃呢？原来这与该寺第六层殿大悲殿内供奉的一尊千手千眼观音菩萨有关。

这尊千手千眼观音菩萨，始建于明朝，面相慈爱，让人看着心生温暖之感。而在民间，老百姓都认为观音菩萨一向以慈悲为怀，以普度、救助众生为己任，所以素有"家家阿弥陀，户户观世音"的说法。老百姓觉得这样一个慈眉善目、神通广大的观世音菩萨一定能给他们带来生子的福音，所以都亲切地称观世音菩萨为送子观音。

而云居寺的香客们中，有很多是在千手千眼观音像前许下求子之愿后，愿望得到了实现。为了感谢观世音菩萨的保佑，也不知从什么时候起，他们在愿望实现后来云居寺还愿时，都自发地带上一个假娃娃。

俗话说："金杯银杯不如老百姓的口碑。"云居寺大悲殿千手千眼观音菩萨求子灵的消息不胫而走，被越来越多的老百姓知道，所以，来云居寺许愿、还愿的人便一年比一年多了起来，假娃娃也越来越多，以致最后需要专门设置一间"娃娃库房"来专门保管。由此云居寺出现了"娃娃库房"这一颇具特色的景观。

如今的云居寺已经成为国内外著名的佛教寺院和宗教活动场

所，被称为"北方巨刹"，足见其名气之大。这么多年来，它始终以自己幽静的地理环境，奇特的自然风光，浓郁的佛教文化，吸引着众多香客的光临，为他们所喜爱、敬仰。

云居寺"断石不断佛"是一个什么样的故事

提起云居寺，很多人都会说它有着深厚的文化底蕴和众多的国宝，仅始建于唐代的宝塔就有七座之多。在这七座唐代宝塔中，有一座非常有名，它承载着一个"断石不断佛"的传说。

这座宝塔建造于唐朝开元十年（722年），在塔内有一个非常有名、制作无比精美的"一佛二胁侍"的佛雕像，这块浮雕像是国家一级保护文物，属石刻文物中的精品，所雕"一佛二胁侍"非常生动形象，有着极高的文物价值和艺术价值，每年慕名前来观赏的人可谓络绎不绝。在观赏的过程中，细心的人可能会发现这样一个现象：在这座浮雕像头部发髻的上方，有一道细细的横向断纹。这条横向断纹是怎么产生的呢？

原来这断纹与一段"佛雕像被盗"的经历有关。

据说那是发生在1997年的一件事。当时是9月份的一个深夜，云居寺的四周被黑夜包围着，伸手不见五指。当夜，有一伙专门盗窃古文物的犯罪分子盯上了这座浮雕像，他们经过周密的策划、踩点后，开始了行动，将浮雕像偷出了云居寺。这块浮雕像无论是对云居寺来说还是对国家来说都非常珍贵，具有很高的文物价值和艺术价值，它的被盗，无异于巨大的损失。

当夜凌晨五点，云居寺内的值班人员发现浮雕像被盗，赶紧向上级领导报告，之后警方力量也投入了搜找中。大家都在使尽全力寻找佛雕像的线索，因为早一点发现线索，佛雕像就少受一点损失。

可是犯罪分子实在太狡猾了！他们的行动几乎没有留下任何蛛丝马迹，大家寻找了几天，都没有发现什么线索。

就在大家愁眉不展之际,一位当地的老百姓突然找到了警方,说在他家的菜地里发现了一件陌生人的衣服。原来,犯罪分子在实施偷盗行动时路过他家的菜地,在慌乱中丢失了这件衣服。

警方见到这件衣服后,都非常激动,经检查,在衣服的口袋中发现了一张小纸条,纸条上写着一个电话号码,正是这个电话号码给警方侦破此案提供了唯一的线索。

在后来的侦查行动中,警方通过这个电话号码顺藤摸瓜,终于在河南省境内发现了佛雕像,并将全部犯罪分子一一抓获。

可惜的是,警方在查看这座佛雕像时发现,它被摔断了!听到这个消息后,云居寺的工作人员和石刻文物专家们都非常痛心,他们按常规推断:既然被摔断,一定是从佛雕像的脖颈处摔断的,因为那里是整个佛雕像最薄弱的地方。

可是,当云居寺的工作人员和石刻文物专家们再次看到被追回的佛雕像时,都大大地松了一口气。原来,佛雕像是沿着发髻上方而非脖颈处断的。也就是说,一佛二胁侍"毛发无损","断石没断佛"。

一传十,十传百,方圆几十里、几百里的人都知道了这个"断石不断佛"的故事,一方面感叹法网恢恢疏而不漏,一方面感叹云居寺的佛门广大、法海无边。从此以后,来云居寺烧香拜佛的人更加多了,佛雕像也更加有名起来。

北京西山八大处指的是哪八座古刹

每年的11月份左右,香山公园总是人满为患,去那里参观游览的人数不胜数,这些游客最主要的目的就是去观赏红叶。

其实,除了香山公园外,还有一个适合观赏红叶的地方,它就是与香山公园毗邻的八大处公园。

八大处公园,位于北京西山风景区南麓,是一座历史悠久、风景宜人的佛教寺庙园林,是中华人民共和国成立后北京市首批重点文物保护单位,由西山余脉翠微山、平坡山、卢师山环抱,因保存完好的八座古刹而得名。

说起园中的八座古刹,可谓历史悠久,最早建于隋末唐初,历经宋元明清历代修建而成。他们分别是一处长安寺、二处灵光寺、三处三山庵、四处大悲寺、五处龙泉庵、六处香界寺、七处宝珠洞、八处证果寺。

一处长安寺

去过八大处的朋友,可能会有这样的疑惑:为什么一进公园就是二处了?一处又在哪里呢?

一处是长安寺,原来的名字叫作"善应寺",创建于明朝弘治十七年(1504年),位于公园大门以南一里多地。长安寺原有五百罗汉雕像,现已无存。据万历年间大学士余有丁记载:"寺中四松最奇。门列天兵十,状极诡异。庑下有五百罗汉。"从中可见长安寺当年的地位和风貌。后经清顺治十六年(1659年)、清康熙十年(1671年)两度重修,规模扩大,改称为今天的名字。长安寺后被毁坏,至今尚没有恢复原貌,暂不对外开放。

二处灵光寺

进入八大处公园,走一段路,便到了八大处现存最重要的一座寺院,即二处灵光寺。灵光寺始建于唐大历年间,它最初的名字是龙泉寺。在金世宗大定二年(1162年),改名为觉山寺。在明宣德三年(1428年),又被改回了"龙泉寺"的旧名。直到明正统年间,在对该寺进行一系列的扩建工程后,又改名为今天的这个名字。

三处三山庵

从灵光寺向前行进,不多会儿便到了三山庵。顾名思义,三山庵因地处虎头、翠微、青龙三山之间而得名。三山庵始建于金天德三年(1151年),在清乾隆年间重修。清雍正、乾隆年间曾有高僧达天通理禅师在此研磨禅理,著书立论,一时名噪遐迩。

四处大悲寺

从三山庵向西北行进，大约一里，可到大悲寺。

大悲寺位于三山庵与龙泉庵之间的山腰处，原来的名字是隐寂寺，据说建于北宋或辽金时期（约1033年）。明清的时候对该寺进行了重新修建，并改名为今天的这个名字。

五处龙泉庵

从大悲寺向西北行进，可到龙泉庵。龙泉庵又被称为龙王堂，位于大悲寺的西北方向。在明仁宗洪熙元年（1425年），建造了"慧云禅林"，后在清顺治二年（1645年），在此处又发现了一泓清泉，修建了一座龙王庙。清道光年间两寺合一，为龙泉庵。

六处香界寺

从五处向上，要走比较长的一段路，才能到达六处香界寺。

香界寺位于平坡山，始建于唐乾元年间（758～760年），名为"平坡大觉寺"，明朝名为"大圆通寺"，清康熙年间名为"圣感寺"，清乾隆年间改为现名，是现今八大处公园面积最大的一座寺庙。

七处宝珠洞

从香界寺向上攀登，石阶有些陡峭。此时，已经接近山顶的宝珠洞了。

宝珠洞位于平坡山顶，创建于清乾隆四十六年（1780年），是八大处最高的一处，所以也是远眺京城美景，观赏日出的极佳处，故有"京西小泰山"之誉。

八处证果寺

游八大处的朋友最"郁闷"的一点就在于好不容易爬上了山顶，却只能到七处，如果想游览八处证果寺，则必须从七处下到二处，再从另一条路上青龙山，行至山腰，才能到达。

证果寺始建于唐天宝年间，寺中一株古黄连木树龄600年以上，为京城所独有。因为地理位置比较特殊，八处与其他七处相比，显得冷清一些。

中国的"天下第一坛"在哪里

戒台寺位于北京市门头沟区的马鞍山上,距离北京城中心约有 36 公里,西面是极乐峰,南面是六国岭,北对着石龙山,东方是北京城,坐西朝东,海拔 300 多米,占地面积 4.4 公顷。

戒台寺始建于隋代开皇年间,原来的名字叫作慧聚寺,在明朝英宗皇帝在位期间,被赐名为万寿禅寺。在辽代,当时的得道高僧法均大师在这里建造了戒坛,四方僧众多来受戒,所以又被称为戒坛寺。又因清朝乾隆皇帝曾作"戒台六韵"诗,故俗称戒台寺。

戒台寺在中国佛教史上占有重要的地位,从辽代至元代中期,一直被视为北方律学的中心,自辽代修建戒坛后,一直深受历代朝廷重视,很多住持均由朝廷选派。不少戒台寺名僧被委以各种官职,有多位皇帝到此进香礼佛。如今的戒台寺被国务院公布为国家重点文物保护单位。

戒台寺一向以"戒坛、奇松、古洞"而著称于世。寺内有建于辽代的戒坛,该戒坛由辽代高僧法均大师主持建造,与福建泉州的开元寺、浙江杭州的昭庆寺的戒坛合称"全国三大戒坛"。同时,该戒坛又居三大戒坛之首,是中国最大的戒坛,素有"天下第一坛"之称。

戒坛,是佛家为学有所成的僧侣颁发戒牒的地方,通俗地说,场面类似于今天取得学位证书前举行的论文答辩。当年,只有修为很高的僧人才有资格在戒台寺受戒。

戒台寺的戒坛建于辽代咸雍五年(1069 年),是中国佛教史上最高等级的受戒之所,虽历尽沧桑,仍保存完好。它位于戒台寺的西北院,是一座高 3.5 米的汉白玉方台,雕刻得非常精美、细致。在戒坛的四周雕刻有 113 尊一尺多高的戒神,坛上供奉着释迦牟尼坐像,在像前方设置了 10 把雕花木椅,即和尚受戒时

"三师七证"的座位。戒师开坛必须有皇帝敕命。佛教徒受戒,所行的仪式十分隆重。

戒坛大殿是戒台寺的标志,也是寺内最为主要的建筑。该大殿位于戒坛院内,始建于辽代咸雍五年(1069年),金元明清各代均有维修,现仍保持着辽代的建筑风格。大殿高20余米,面阔进深各五间,长宽26米,是我国古建筑中的杰作,凝聚了无数建筑艺术大师和著名工匠的智慧和心血。

大殿平面呈正方形,为重檐盝顶与四角攒尖式相结合的木结构建筑。在大殿正门上方高悬漆金大匾,上书"选佛场"三个大字,由袁世凯亲笔题写。大殿顶部四面呈坡形,正中部分是一个正方形的小平台,台上安有明朝僧人德秀捐赠的铜质镀金宝顶。殿内的天花板为金漆彩绘,殿顶上的上下檐之间有风廊环绕,便于殿顶的木质构件通风透气,防止糟朽,也便于日常维修。门内横舫上则挂有清代乾隆皇帝手书的"树精进幢"金字横匾,内侧挂有康熙亲笔的"清戒"二字匾额。可见数朝皇帝及僧人对戒台寺的感情之深。

戒台寺的"五松"是哪五棵松树

在老北京,清代诗人赵怀玉的一首诗非常有名,即:"潭柘以泉胜,戒台以松名。遥看积翠影,已觉闻涛声,入门各相识,俯仰如相迎,一松具一态,巧以造物争。"从中足见戒台寺的松树远近闻名。

戒台寺内的古松,经过历代僧人精心培育,饱经千年雨雪风霜的磨砺,形成奇特的造型。或老干舒缓,枝叶婆娑;或主干横卧,宛若苍龙;或似腾龙,直刺青天……形态各样、姿势多变,其中,最著名的当属"五松",它们分别是活动松、九龙松、自在松、抱塔松和卧龙松,具有很高的欣赏价值,是历代文人雅士赞咏的宠物,每当微风徐来,松涛阵阵,便形成戒台寺特有的

"戒台松涛"的景观。

1. 乾隆爷最喜欢的松树——活动松

"活动松"是一棵大油松，根植于元朝时期，相传由当时的戒台寺住持僧月泉高僧亲手种植。它高约25米，干周长约2.5米，气势非常雄伟。活动松最大的一个特点是"引一枝而全身发"，是指我们用手牵动该松树的任何一个树枝，其全身的枝干都会摇动起来。相传清朝的乾隆皇帝非常喜欢这棵松树，每每来到戒台寺，都要摇动它，并引以为乐。很多人肯定会十分好奇，这棵松树为什么能够自如活动呢？原来它高大的主干向东倾斜，主干东侧的很多大枝又长长地向东伸延，所以整个树体的重心不稳，一枝动则全身摇。

2. 享有世界"古白皮松之最"称号的松树——九龙松

九龙松是一棵白皮松，它的体形非常高大，气势非常磅礴。它的历史非常悠久，根植于唐朝的武德年间，距今已经有1300多年的历史，是世界"古白皮松之最"。

九龙松高达18米，主干分成9股，白色表皮上遍布褐色斑点，像是斑驳的龙鳞，酷似九条神龙腾空而起，守护着戒坛，所以被称为"九龙松"。关于这棵松树，明朝时期的蒋一葵曾经在《长安客话》中有这样的描述："松今尚在，围抱可四五人，高不三丈，枝干径二尺，虬曲离奇，可坐可卧。游人每登其上为巢饮云……"在明朝和清朝时期，有很多文人雅士为这棵松树吟诗作赋。

3. 大雄宝殿前最逍遥的松树——自在松

自在松根植于辽代，高约25米，干周长约2.7米，因其姿态舒展有致，显得非常"逍遥自在"，所以被称为"自在松"。自在松高高地伫立在大雄宝殿的前方，所以又被称为大雄宝殿前最逍遥的松树。《西山名胜记》的作者田树藩曾经专门写了一首描述该松树的诗，即"松名自在任欹斜，随意生来最足夸。世态炎凉浑不管，逍遥自在乐天崖。"

4. 方向最为怪异的松树——抱塔松

抱塔松非常奇异，它的主体躯干约有 5 米长，扭转着，犹如巨龙般爬过东边的矮墙，向旁边的辽代高僧法均大师的墓塔抱去，所以被称为"抱塔松"。这棵松树根植于金朝时期，据说它的来源还和一个神话传说有关。

相传，这棵松树本是来自天上的一条神龙，被玉皇大帝派到凡间来守护法均大师的墓塔。在一个乌云滚滚、雷电交加的深夜，龙松怕法均大师的墓塔被雷电击毁，就扑身过去，伸出两个大枝像人的双臂那样抱住古塔，遂形成古松抱塔的奇观。针对这个神话故事，古代的文人雅士还专门作了一些诗，例如"怒涛夜吼雷雨声，抱塔龙松啼月黑""更有新奇抱塔名，关心衣蹦自倾斜。因何此寺多怪松，得闻修成老树精"等。可是令人惋惜的是，后世人对该松树的保护非常不到位，及至 1981 年在对墓塔进行复修工程时，工匠们为了施工方便，竟然将一个抱塔的大枝给锯掉了，如今我们只能看到单臂抱塔。

5. 恭亲王用来自嘲的松树——卧龙松

在戒台寺内，有一棵松树，形状如一条粗壮的巨龙，从石雕栏杆中横卧到其外，仿佛欲腾云驾雾而飞，被称为卧龙松。卧龙松根植于辽代。在石雕栏杆外的粗干下面，有一巨石支撑着整个树体，在这块巨石上写着三个大字，即"卧龙松"三字，这三个大字的题写者非常有名，他就是清朝末年叱咤风云的恭亲王奕䜣。相传当年奕䜣还曾用这棵松树来自嘲。

奕䜣在青壮年时期，曾经得到慈禧太后的重用，但到晚年却被革了官职。被革职后的奕䜣整日无所事事，喜欢到戒台寺小住，并常把自己比喻为不得志的"卧龙"，静卧古寺，等待重新的腾飞，于是他满怀豪情壮志地在石碑上写下"卧龙松"三字。可是，寺内有高僧却对此连连摇头，说："这座石碑犹如斩龙剑，六爷把剑插在自己的肚子上，恐怕是气数将尽了！"高僧的话果然被应验了。后来，奕䜣虽然被慈禧太后重新重用，但不久就因病去世了。

北京的"塔乡"在哪里

在北京城，不仅寺庙众多，古塔也非常多。古塔是我国众多古建筑中的一枝奇葩。东汉明帝时佛教传入我国后，佛教建筑与中国固有的建筑形式和传统文化结合起来，发展成塔。

在北京的众多行政区内，有一个区被称为"塔乡"，它就是房山区。房山区共有古塔108座，约占北京地区古塔数量的一半。这些古塔的建筑年代有长有短，最久远的可追溯到唐朝。

如今，我国现存唐代的塔共计24座，房山区就占了8座。在众多古塔中，房山区有辽塔14座，金塔2座，元塔2座，明塔22座，清塔56座，建筑年代不详，清代重修的有4座。不仅古塔众多，而且分布也非常广泛，如张坊、大石窝、长沟、韩村河、周口店、燕山、良乡、窦店、青龙湖、佛子庄、河北、史家营等乡镇均有古塔，其中，与其他地方相比，上方山、云居寺及其附近一带古塔更多一些，8座唐塔中，云居寺就占了7座；14座辽塔中，云居寺及其附近就有6座。

除了具备数量多、分布广这些特点外，房山区的古塔还有一个特点，就是样式多样化、形制非常齐全。既有覆钵式塔、金刚宝座式塔、组合式塔，又有楼阁式塔、亭阁式塔、密檐式塔、经幢式塔等。

金刚宝座式塔。金刚宝座式塔是供奉佛教中密教金刚界五部主佛舍利的宝塔，在中国流行于明朝以后。金刚宝座式塔在房山只有1座，即云居寺北塔。

密檐式塔。密檐式塔始于东汉或南北朝时期，盛于隋、唐，成熟于辽、金，是由楼阁式的木塔向砖石结构发展时演变而来的。该类塔的第一层很高大，而第一层以上每层的层高却特别小，各层的塔檐紧密重叠着，所以被称为密檐式塔。最典型的是塔照村的辽代照塔、高庄村北的辽代玉皇塔、谷积山的辽代鞭塔、长乐寺村的明代姚广孝墓塔、万佛堂的元代龄公和尚舍利塔、天开村北的元代应公长老寿塔等。

经幢式塔。经幢式塔的历史非常悠久,从唐朝的时候就开始兴建了,在房山区现存的古塔中占有一定的地位。最典型的是云居寺辽代所建的琬公塔、续秘藏石经塔、长沟镇轩辕寺遗址上的金代严行大德灵塔等。

亭阁式塔。亭阁式塔塔身的外表犹如一座亭子,通常为四角形、八角形或圆形亭阁状,所以被称为亭阁式塔。最典型的是位于云居寺北塔西侧的梦堂塔和位于石经山顶、用淡青色石料雕刻组装而成的东台石塔。

楼阁式塔。楼阁式塔的历史最为悠久,其最早式样可上溯至南北朝时期。该类塔的特点在各层面阔与高度,由下至上,逐层均等缩小,每层间距比较大,一眼望去就像一座高层的楼阁,所以被称为楼阁式塔。最典型的是位于房山区良乡东北的燎石岗上的昊天塔和位于房山区天开村南山坡的天开塔。

组合式塔。组合式塔有的是将楼阁式塔与覆钵式塔相结合,有的把密檐式塔与覆钵式塔相结合,还有的是将经幢式塔与金刚宝座式塔相结合。最典型的是建于辽代的云居寺北塔。

所以说,无论是从数量、分布还是形制上,房山区都是当之无愧的"塔乡"。

北京最矮的塔是哪一座

在老北京,有一个胡同非常有名气,它就是被称为北京最古老的胡同之一的砖塔胡同。这个胡同之所以出名,一方面是因为胡同里曾经居住过鲁迅、张恨水、刘少奇、老舍等名人,并有关帝庙、贝勒府等文物古迹;另一方面是因为这里有一个历史悠久的、有"北京最矮之塔"之称的万松老人塔。

万松老人塔,全称为"元万松老人塔",从其全称也能看出来,它始建于元朝时期,是北京作为文化古城的早期标志之一,也是北京城区现存唯一一座密檐式砖塔。

万松老人塔为八角九层砖塔,高约15.9米,是北京城区内仅存的砖塔。塔原为八角七级密檐式,后在清乾隆十八年(1753年)进行重修时,加高至九级。如今我们所看到的塔是1927年叶恭绰等人集资重修的。

与其他的塔比起来,万松老人塔有这样几个特点:一是它根基深厚,曾经经历过郯城1668年8.5级大地震,可至今不歪不斜,犹如新塔般坚固;二是它历史悠久,约有近千年的历史,巍然壮观,实属国内罕见;三是它塔形壮丽,水色山光,白云塔影,风景秀丽,令人叹为观止,是北京风景名胜区的主要景点之一。

从结构上看,万松老人塔建造得十分精巧,塔身分内外两层,外涂白色,东、西、南、北四面设券门,门为拱券式,券外绘方形图案,设有砖雕门额、门簪。塔心和外层之间形成八角形环廊,犹如大塔中包着一层小塔。回廊两侧设有25个壁龛,龛内有壁画或泥塑像,回廊顶端有雕花砖天花板,并加彩绘,刻制精美细腻。

说起万松老人塔,则不得不提一个人,他就是万松老人,这座塔就是为了纪念他而修建的。

万松老人,即万松行秀禅师,自称万松野老,世人为了表示对他的尊重,都称他为万松老人。据《新续高僧传》记载,万松老人俗姓蔡,河内解(今河南洛阳南部)人。

万松老人自荆州出家,是金元间的佛教大师(属佛教支派曹洞宗),同时深谙儒家经典,著有《从容录》《请益后录》《万寿语录》等作品,他81岁的时候在燕京西郊仰山的栖隐寺圆寂。此塔即为后人纪念他而修建的墓塔。

据史料记载,万松老人"为人耿直,不依附于权贵,又对忽必烈治国有影响"。万松老人最著名的弟子,莫过于元代重臣耶律楚材了,在他所著的《湛然居士集》中,记述了万松老人的一段轶事：金章宗曾给万松老人赐钱二百万，差使到栖隐寺要万松老人跪下接旨，老人说："出家人安有此例？"于是焚香后站着接了旨。足见万松老人气节之高贵。

北京教堂知多少

北京的教堂指的是北京的天主教堂、基督教堂和东正教堂，其教堂数量远远不及佛教和道教的寺院宫观，然而，其建筑的精美却是很多寺院宫观所不及的。

1. 天主教堂

北京城内第一座天主教堂建造于元大都时期的1294年，主持建造者是来自欧洲的罗马天主教方济各会修士孟高维诺。此后，不少教堂在北京建立，但随着元朝的灭亡，当时修建的教堂渐渐没落，有很多被挪作他用，最终留下来的极少，如今仅有门头沟区后桑峪村一所教堂是元代所建，该教堂也是北京地区现存最古老的教堂。

明朝时期，在宣武门地区建造了一座天主教堂，它就是我们如今所说的南堂，建造者是以意大利籍传教士利玛窦为首的耶稣会传教士们。

自从利玛窦在北京建造了一座天主教堂后，天主教在中国得到了迅猛的发展，天主教堂的数量也多了起来。后来在清朝的顺治十二年（1655年），在王府井建造了东堂；在清朝的康熙三十二年（1693年），在西安门内蚕池口建造了北堂；在清朝的雍正元年（1723年），在西直门建造了西堂。至此，如今北京赫赫有名的四大天主教堂全部建成。

2. 新教教堂

新教又被称为基督教。与天主教进入北京城的时间相比，新教要晚一些，然而，其发展的速度却是相当快的。北京的第一座新教教堂是位于崇文门的崇文门教堂。崇文门教堂建造于1870

年，其建造者是美国卫理公会。崇文门教堂是北京乃至华北地区所建的第一座礼拜教堂，也是规模最大的一座新教教堂，1998年，美国前总统克林顿访华时期，还曾慕名前来做弥撒。

崇文门教堂之后，新教教堂的建造速度放缓了许多，甚至出现了停滞状态。直到1901年《辛丑条约》之后，新一轮新教教堂的建造风潮才又刮起。这时期的新教教堂具有规模小、建筑风格本土化的特点，最具代表性的是1907年在佟麟阁路的中华圣公会救主堂和八面槽救世军中央堂、协和礼拜堂等教堂。

3. 东正教堂

北京城第一座东正教堂是位于胡家园胡同的那座，该教堂建造于1710年的康熙年间，由一座关帝庙改建而成，即我们今天所说的北馆。东正教在北京乃至中国的发展速度非常缓慢，直到1960年后才在东交民巷俄国公使馆附近建立了第二座东正教教堂，也就是我们所说的南馆。

总体来说，20世纪30年代，是北京教堂的全盛时期。当时，北京城内建造了很多教堂，有80座之多，除此之外，还有很多由教会设立的中学、大学、医院、图书馆等具有宗教文化特色的建筑。这些教堂和具有宗教文化特色的建筑成为北京建筑文化的重要构成要素。

目前，整个北京城内尚在使用的天主教教堂共有17座，其中有四座非常有名，即南堂、北堂、东堂、西堂。新教教堂目前活跃的共有12座，最有名的是崇文门教堂。东正教堂在北京的数量比较少，共有4座。

北京的天主教堂都有哪些

北京是一座包容之城，自元朝在此建都以来，来自不同地域的宗教就在此扎根生长，如天主教、新教、佛教、道教等。随着各种宗教的传入，各类教堂庙宇也在北京得以建立，其中最有名气的就是天主教堂。

目前，整个北京知名的天主教堂有17座，其中8座在城内，它们分别是东堂、西堂、南堂、北堂、东交民巷堂、南岗子堂、平房堂、东管头堂。9座在郊区，分别是龙庄天主堂、牛牧屯天主堂、贾后疃天主堂、求贤村天主堂、牛房村天主堂、西胡林村天主堂、后桑峪村天主堂、曹各庄天主堂、永宁天主堂。

1. 东堂

东堂位于东城区王府井大街路东74号，建成于1655年，它本来是清朝顺治皇帝赐给两位外国神父的宅院，后二人在此基础上建造了一座小型的教堂。该教堂因地震、战乱等原因被毁，于1904年重建，也就是我们今天所看到的东堂。1966年，东堂被关闭，直到1980年才开始修复并正式开堂，1990年起被列为北京市重点文物保护单位。

2. 西堂

在南堂、北堂、东堂、西堂四大天主教堂中，西堂是其中规模最小的，它位于西直门内大街南侧，始建于1723年。因与它相邻的药厂没有能够迁出来，所以在大街上几乎看不出它的模样来。然而，其室内精美的科林斯柱子及哥特式的尖拱券，将大堂衬托得异常华丽、秀美。

3. 南堂

南堂，一般被称为宣武门堂，位于西城区前门大街141号。南堂最初由意大利传教士利玛窦在明朝的万历年间主持建造，当时的规模非常小，被称为"宣武门天主堂"。后在明末清初的时候，随着东堂和北堂的相继建立，这座教堂才改名为南堂。德国传教士汤若望于清顺治七年（1650年）将其进行扩建，成为京城内第一大教堂。不幸的是，南堂于1775年被大火烧毁，在清朝乾隆皇帝的主持下，才得以重修。1900年在义和团运动中，南堂又一次被烧毁。南堂现存建筑为清朝光绪三十年（1904年）修建。

4. 北堂

北堂，又被称为西什库教堂，位于西城区西什库大街33号，1703年开堂。北堂原址并不在此地，而在中南海湖畔蚕池口（今天的国图文津馆斜对面）。在1887年的时候，因要扩建中南海，遂将该教堂拆除，并在西安门内西什库易地而建。1900年整修时加高了一层，成了如今我们所见的北堂模样。北堂的建筑风格是典型的哥特式，大堂平面呈十字架形状，建筑面积约2200平方米，高16.5米，钟楼塔尖高约31米，是北京最大的天主堂。

5. 东交民巷天主堂

东交民巷天主堂，始建于1901年，是为了方便居住在此地的外国人做弥撒而修建的，如今该教堂已经划归北京教区所有。该教堂一个最大的特点是，从外到内都是典型的哥特式建筑。

6. 平房天主堂

平房天主堂位于朝阳区内，始建于1922年。后被挪作他用，先后用作灯泡厂、敬老院等，后在1991年重新开堂，北京教区神学院迁入。

除了以上列举的天主教堂外，北京城区还有很多有特色的天主教堂，如位于东城区的南岗子天主教堂、位于丰台区东管头村的东管头天主堂等。

位于郊区的9座天主教堂，大多建造于村庄内，属于农村教堂。它们分别是位于通州区的龙庄天主堂、牛牧屯天主堂、贾后疃天主堂；位于大兴区的求贤村天主堂、牛房村天主堂、西胡林村天主堂；位于门头沟区的后桑峪村天主堂、曹各庄天主堂；位于延庆区的永宁天主堂。

北京东堂有过怎样坎坷的"命运"

提起东堂，很多人都知道，它又被称为王府井天主堂，位于王府井大街上，是北京城内第二大天主堂。如今看来，东堂气势恢宏，生机勃勃，热闹非凡，可您知道它曾经经历过哪些曲折的重修历程才有了今天的靓丽、辉煌吗？

清朝顺治十二年（1655年），皇家赐给意大利籍利类思和葡萄牙籍安文思两位传教士一处宅院，二人在宅院的基础上修建了一座小教堂，即东堂。

清朝康熙五十九年（1720年），北京城内发生地震，东堂在这场地震中被震毁，后在次年得到重建。

然而，在清朝的嘉庆十二年（1807年），不幸的事情又在东堂发生了。一天，东堂的神父们在搬运堂内图书的时候，不慎引起了火灾，不久，教堂被责令拆除，东堂遂废。

从那个时候起，已经有着百余年历史的东堂，又在废弃中等待了80年，终于有人牵头重建。清朝的光绪十年（1884年），东堂重建，但在1900年被义和团放火焚毁。直到光绪三十年（1904年），教会用"庚子赔款"重建东堂，成为目前我们看到的东堂。

在"文化大革命"期间，东堂曾经一度被废止，其建筑物也受到了一定程度的破坏，直到1980年才重新开堂，并对建筑物做了修葺。

1990年，东堂被列为市级重点文物保护单位。

2000年上半年，北京市政府拨巨款对东堂进行全面整修，拆迁扩建堂前广场，建设喷泉地灯，改建圣若瑟纪念亭，并于同年9月份再次开堂。

今天的东堂，气势恢宏，热闹非凡，已经成为北京天主教重要的活动场所和著名的旅游观赏景点。

第十章

老北京的陵墓祠堂

明朝有十六帝,为何叫"十三陵"

北京是五个王朝的都城,按理说,应该有五个朝代的陵墓群。可是,由于辽、清两代的帝王陵墓没有设在北京,而元代由于不崇尚厚葬而没有陵墓留下来,金代的帝王陵墓早已经被明王朝摧毁。唯有明代的帝王陵墓群明十三陵,依然完好地被保存下来,成为京城著名的旅游景点之一。

明十三陵是当今世界上保存最完整、埋葬皇帝最多的墓葬群,在世界上众多皇陵中,算是非常有特色的一个陵墓群。它规模非常大,总面积约有 120 平方公里,位于北京西北郊昌平区境内的燕山山麓,距离北京城区约 50 公里。

明十三陵自永乐七年(1409 年)开始作为皇陵使用,在明朝 200 多年的历史洗礼中,明十三陵先后诞生了十三座金碧辉煌的帝王陵墓、七座妃子墓、一座太监墓。共埋葬了十三位皇帝、二十三位皇后、两位太子、三十余位妃嫔、一位太监。埋在这里的最后一个皇帝就是自缢于景山的崇祯皇帝。

懂得明朝历史的人不禁有这样的疑问,即明朝明明诞生过十六位皇帝,为什么皇陵叫作"十三陵"呢,应该叫作"十六陵"呀?

事实上，这个墓葬群里到底埋藏了多少位皇帝呢？

要探明历史的真相，还需要我们重新审视一下历史。

首先从明朝开国皇帝朱元璋算起。朱元璋开创了大明朝，将都城建在了南京，他死后被葬于南京钟山之阳，他的陵墓被称为"明孝陵"。

明朝第二个皇帝是建文帝朱允炆。史书记载，朱允炆因被叔叔朱棣抢了皇位，导致下落不明，有人说他出家当了和尚，也有人说他被朱棣害死了，无论是死是活，但终归是个下落不明，死后也不知被葬在了哪里，这在明朝历史上是一个大悬案。所以，明朝皇陵并没有他的坟墓。

除了建文帝朱允炆没有陵墓外，另一个没有陵墓的是明朝第七个皇帝朱祁钰。朱祁钰能够登上皇位做皇帝纯属偶然，据说因当时朱祁钰的兄长明英宗被瓦剌所俘，生死不明，导致宫中一时无主，在太后和大臣的撺掇下，才让朱祁钰即了位。待明英宗大难不死回来后，在心腹大臣的帮助下，重新又把皇位从朱祁钰手中夺了回来，并将朱祁钰害死。明英宗拒不承认朱祁钰的皇帝身份，所以将他先前在天寿山区域修建的陵墓给捣毁了。而将朱祁钰以"王"的身份葬在了北京西郊的玉泉山一带。所以，这个陵墓群也没有朱祁钰的陵墓。

除了这三位皇帝外，明朝的其他十三位皇帝都被葬在了明陵墓群，所以后世人称这个陵墓群为"十三陵"而非"十六陵"。

明十三陵分别是哪 13 座墓

明十三陵是埋藏着十三位皇帝的坟墓，分别是哪十三位皇帝的墓呢？

按照时间顺序，这十三个陵墓分别是：长陵、献陵、景陵、裕陵、茂陵、泰陵、康陵、永陵、昭陵、定陵、庆陵、德陵、思陵。

长陵。长陵位于天寿山主峰南麓，为明十三陵之首，是十三陵中修建最早、规模最大、保存较完整的一座陵墓，其墓主是明朝第三位皇帝明成祖朱棣，此墓是在朱棣的亲自主持下修建的，是朱棣及其皇后徐氏的合葬墓。在明永乐七年（1409年）开始修建，直至宣德元年（1426年）才正式竣工，共历时17年。

献陵。献陵，位于天寿山西峰之下，是明朝第四位皇帝明仁宗朱高炽及其皇后张氏的合葬陵寝。献陵的营建是在仁宗死后开始的。朱高炽死于洪熙元年（1425年），终年48岁，在位仅10个月。死前他下遗诏说："朕临御日浅，恩泽未浃于民，不忍重劳，山陵制度，务从俭约。"明宣宗朱瞻基即位以后，就遵照明仁宗的遗诏修建了献陵。献陵是明十三陵中，除明末代皇帝崇祯的思陵外，最为简约的一座帝陵。所以史学界在评价明十三陵时素有"献陵最朴，景陵最小"的说法。

景陵。景陵位于天寿山东峰（又名黑山）之下，是明朝第五位皇帝明宣宗朱瞻基及其皇后孙氏的合葬陵寝。朱瞻基是明仁宗的长子，是明代前期的守成之君。相比其他陵墓来说，景陵也非常简朴。这座陵墓自明宣宗死后才开始动工修建，中间断断续续地修了28年之久，直至天顺七年（1463年）才最终竣工。

裕陵。裕陵位于天寿山西峰石门山南麓，是明朝第六位皇帝明英宗朱祁镇及其皇后钱氏、周氏的合葬陵寝。明英宗在位期间，由于宦官专权，政治非常腐败，大明朝的腐败也就是从他这个朝代开始的。然而，虽然明英宗一生碌碌无为，但在死前却做了一件令后人称道的好事，那就是他废止了自大明开国以来就实行的殉葬制度。

茂陵。茂陵位于裕陵右侧的聚宝山下，是明朝第八位皇帝明宪宗朱见深及其三位皇后王氏、纪氏、邵氏的合葬陵寝，是明朝第一个一帝三后的合并墓葬。即位后，明宪宗即恢复了景泰帝帝号，为于谦等景泰旧臣昭雪平反，做了一些顺应民意的事。然而在后来却走了下坡路，失政之处越来越多，有损于明王朝的长治久安。

泰陵。泰陵位于笔架山东南麓，这里又被称为"施家台""史家山"，是明朝第九位皇帝明孝宗朱祐樘及其皇后张氏的合葬陵寝。泰陵于弘治十八年（1505年）六月开始修建，同年十月葬孝宗。由于明孝宗生前非常喜欢舞文弄墨，所以，后世的史家山又称该陵墓为笔架山。

康陵。康陵是目前发现的十三陵中砖碑铭文最多的一个陵，位于昌平天寿山陵区莲花山东麓，是明朝第十位皇帝明武宗朱厚照及其皇后夏氏的合葬陵墓。该陵墓始建于正德十六年（1521年），历时一年建成，占地面积为2.7万平方米。明朝末年，该陵曾经遭到烧毁，在清朝乾隆年间曾被整修。朱厚照的荒淫无道是明朝众皇帝中比较突出的一个，他死于正德十六年（1521年），终年31岁。

永陵。永陵位于阳翠岭南麓，是明朝第十一位皇帝明世宗朱厚熜及其三位皇后陈氏、方氏、杜氏的合葬陵寝，是继长陵后规模最大、修建时间最长的一座陵园。该陵墓在明世宗即位后第十五个年头就开始修建了，属于皇帝在位时营建的"寿宫"，历时12年。明世宗在位45年，修建永陵就用了四分之一的时间。

昭陵。昭陵位于大峪山东麓，是明朝第十二位皇帝明穆宗朱载垕及其三位皇后李氏、陈氏、李氏的合葬陵寝，是目前十三陵中第一座大规模复原修葺的陵园，也是陵区正式开放的旅游景点之一。和其他陵墓不同的地方在于，该陵墓有一个进深8.1米，高6.75米形同新月的全封闭式月牙城，被俗称为哑巴院，这和一个残忍的故事有关。据说，在建造该陵墓的初期，修建陵墓的工匠、民工都要等陵建成后到此处被迫吃药，变成哑巴，以免泄露地宫的秘密。

定陵。定陵坐落在大峪山下，位于长陵西南方，是明朝第十三位皇帝明神宗朱翊钧及其两位皇后孝端、孝靖的合葬陵墓，是十三陵中唯一一座被发掘了的陵墓。定陵地宫于1956年发掘，出土了大量珍贵文物。

庆陵。庆陵位于昌平天寿山陵内黄山寺二岭南麓，是明朝第十四位皇帝明光宗朱常洛及其三位皇后郭氏、王氏、刘氏的合葬陵寝。庆陵的地上建筑自天启元年（1621年）动工，到天启六年（1626年），历时6年。朱常洛在位仅29天，是明代在位时间最短的一个皇帝。由于其生母是宫女，明神宗很不喜欢他，他经过长达15年的"立本之争"才被立为太子。在他在位期间，发生了很多大案子，如明宫三大案中的"梃击案""红丸案"就发生在这个时期。朱常洛因吃了郑贵妃给的红色丸药而死去。

德陵。德陵位于潭峪岭西麓，是明朝第十五位皇帝明熹宗朱由校及其皇后张氏的合葬陵寝。该陵墓是明朝营建的最后一座帝陵，始建于天启七年（1627年），用了近5年的时间才竣工。

思陵。思陵位于陵区西南隅的鹿马山（又名锦屏山或锦壁山）南麓，是明朝最后一位皇帝明崇祯帝朱由检及其皇后周氏、皇贵妃田氏的合葬陵墓。在明朝的时候，该陵墓只是皇贵妃田氏的墓，后来崇祯帝在煤山自缢，被葬入该墓中，清人入主中原后，才将这座墓命名为思陵。

由于岁月风雨的洗礼，明十三陵陵区内的很多建筑都有损毁。在清朝乾隆五十年（1875年）到五十二年（1877年），曾经对十三陵的主要建筑进行过一次大规模的修建工程。及至民国时期，又在1935年修缮了长陵。1949年后，又先后对长陵、献陵、景陵、永陵、昭陵、定陵、思陵等七个陵墓和神道建筑进行了大规模的修缮工程，并发掘了定陵的地下宫殿。

明十三陵选址之谜

在中国古代，人们都非常迷信，他们认为，人死之后的阴间生活和阳间生活一样。所以，对待死者，应该"事死如事生"，所以在选择坟墓时，都非常讲究风水理论，力求选择那些风水好的地方作为墓地。在这一点上，贵为皇帝也不例外。在这些皇帝的心中,即使皇帝死了,也是去阴间做帝王去了,所以阴宅和阳宅一样,都要有好的风水、好的设计,因为它们关系到王朝的兴亡。

2003年,明十三陵被列入世界遗产名录。关于该陵墓群,世界遗产委员会做出了这样的评价:明清皇家陵寝依照风水理论,精心选址,将数量众多的建筑物巧妙地安置于地下。它是人类改变自然的产物,体现了传统的建筑和装饰思想,阐释了封建中国持续五千余年的世界观与权力观。

从世界遗产委员会的评价可以看出,明十三陵在修建的过程中,非常注重风水的讲究,我们不禁要问:当年明成祖朱棣为何要将墓地选在这里呢?明十三陵的格局又体现了什么风水理论呢?

先看看明十三陵所在地的地理位置,对此,明末清初著名学者顾炎武曾经专门写诗来描述这里的地理优势:"群山自南来,势若蛟龙翔;东趾踞卢龙,西脊驰太行;后尻坐黄花(指黄花镇),前面临神京;中有万年宅,名曰康家庄;可容百万人,豁然开明堂。"明十三陵是一个天然具有规格的山区,其山属太行余脉,西通居庸,北通黄花镇,南向昌平州,不仅是陵寝的屏障,还是整个京城的北屏。这一优美的自然景观无疑是一片宝贵的风水宝地。

除了地理位置的选择外,明十三陵陵墓群的基本格局也体现了对风水理论的重视。明十三陵,既是一个统一的整体,各陵又自成一个独立的单位,陵墓规格大同小异。每座陵墓分别建于一座山前。陵与陵之间距离少至半公里,多至八公里。除思陵偏在西南一隅外,其余均成扇面形分列于长陵左右。

由此可见,明朝皇帝在选址以及规划设计陵墓群格局时,深受中国传统风水学说的影响,十分注重陵寝建筑与大自然山川、水流和植被的和谐统一,追求形同"天造地设"的完美境界,用以体现"天人合一"的哲学观点。

这种依山建陵的布局曾经受到外国专家的大加赞赏,英国著名史家李约瑟就曾经激动地说:"皇陵在中国建筑形制上是一个重大的成就,它整个图案的内容也许就是整个建筑部分与风景艺术相结合的最伟大的例子。它们的气势是多么壮丽!整个山谷之内的体积都被加以利用,用来纪念死去的君王。"他甚至评价明十三陵为"最大的杰作"。

关于明成祖朱棣选陵墓地址的过程,史料有详细的记载,如《明史·礼十四·凶礼》《明会要》《大明会典》等都有记载,但都不如孙承泽所著的《春明梦余录》中描述得详细、透彻。孙承泽在《春明梦余录》卷七十中写道:"明太宗(即明成祖)永乐七年五月己卯,营山陵于昌平县,遂封其山为天寿山。时太宗择寿陵,久不得吉壤,而仁孝皇后尚未葬。礼部尚书赵羾以江西地理术人廖均卿至昌平,偏阅诸山,得昌平东黄土山最吉,遂即日临视,定议封为天寿山。"从此段文字我们可以看出,明时选择陵址,风水阴阳学说作用极大,统治者认为这关系着王朝的兴亡。

这是关于明成祖朱棣选择陵墓地质的正史资料,其实除了正史外,还有一个有意思的野史传说呢!

据说,朱棣为了找到合适的陵墓地址,费了好大的劲儿,但还是没有找到合适的。这天,他又出来四处搜罗了。他来到了一个叫作屠家营的地方,发现这里风水很好。但很快他就发觉自己姓"朱","猪"进了屠宰场,那还能吉利吗?于是放弃了这个地方。后来,朱棣又将目光锁定在昌平西南的羊山脚下,那里地形地貌都非常好,并且山势如龙,非常适合建造皇家陵墓。可很快他发现,那里有一个地方被称为狼儿峪,"猪"(朱)哪里是狼的对手,犯了忌讳,所以这个地方也被他放弃了……

就这样,东找西找,花去了两年时间,可都没有遇到合适的。这下朱棣开始急了。后来,有一个来自江西的术士廖均卿向朱棣推荐了一个叫作黄土山的地方,说那里是一块"吉地",景色雄伟壮观,背后山峦起伏,两侧山势东西回括,就像围墙一样形成一个天然大庭院,陵区就可建在庭院里面。朱棣听说后,就亲自去了那里,看到山前有个叫作康家坟的村子,西边有个橡子岭山,东面的河套叫作干水河,心想:"'猪'到了这里,有糠

（康）、橡子吃，还有泔（干）水喝，这可不就是朱家万世发展的吉地嘛！"他对这个地方非常满意，当即决定把这里作为自己的陵地，奠万世之基。于是马上下旨封黄土山为他的"万年吉壤"，恰逢这一年是朱棣五十大寿之年，遂封其山为"天寿山"。天寿山就是长陵后面的那座山。并且，他下旨，以后每建一座陵墓，都各选一座山峰为背景。

在当时的条件下是用什么方法将巨大的石碑立到龟背上的呢

在明朝十三个陵墓中，除了末代皇帝崇祯的思陵，其他十二座陵墓前都有一座龟驮碑。这是怎么个缘故呢？

龟驮碑，也被称为神功圣德碑，因碑下以龟为趺（底座）而得名。龟在神话传说故事中被称为龙子。龙一共有九个儿子，其中有一个儿子喜欢背着沉重的东西，它就是龟。龟是长寿的象征，自古以来都受到人们的喜爱。

皇帝用龟为碑趺，有什么说法吗？主要原因是，在皇帝的心中，他们就是来自天上的龙，是真龙天子，而龟作为龙的儿子，又喜欢背沉重的东西，为龙父即皇帝背点东西也是理所当然的。

很多人不禁要问：明朝作为科技落后的古代，当时的技术并不发达，工匠们是用什么方法将巨大的石碑立到龟背上的呢？

关于其具体方法，史书上没有记载，但民间有一个与此相关的传说，也就是"龟不见碑"的传说。这个传说来自日本刻本《文海披沙》：

明朝的开国皇帝朱元璋死后，明成祖朱棣为其父亲建碑时，由于龟趺过高，石碑怎么都没办法立上去，工匠们尤其是工程主管人员见状着急万分。就在他为此而寝食难安的时候，做了一个梦，梦里有位仙长一直对他说一句话："想立此碑，必须龟不见碑，碑不见龟。"这位主管人员醒来后，反复琢磨这句话，后来终于想通了。

他马上来到工地上,让人把土运到龟背上去,并且将龟给埋起来,然后顺土坡将石碑拉了上去。待将石碑立起来后,才又去掉了龟背上的土。就这样将碑立到龟背上了!

想必明十三陵中十二个陵墓前的龟驮碑就是这么建造出来的。

这个故事虽然是个传说,具有一定的迷信色彩,可"龟不见碑"的说法却是有着科学依据的,其依据就是"堆土法"。

您听说过关于"定陵月亮碑"的故事吗

在明朝十三陵中,除思陵外的十二座陵墓前,都有一座龟驮碑,定陵就是那十二陵之一。可奇怪的是,在定陵石碑的背面右上角,至今仍然可以清楚地看到有一块白圆形的痕迹。这是怎么回事儿呢?

其实,这块白圆形的痕迹与一个被称为"定陵月亮碑"的传说有关。

在明朝的众多皇帝中,明神宗算是比较昏庸、碌碌无为的一位,他登基非常早,在 10 岁的时候就继承了皇位,在 21 岁的青春之龄就四处张罗着为自己建造陵墓。由此可见他是多么不务正业。

费了很大力气,花费了很多钱财,明神宗的陵墓终于造好了。这下他可以安心处理朝政了吧!可是他不!自陵墓建好后,他就开始了长达 25 年的不上朝的生涯。不上朝干什么呢?宅在深宫后院里花天酒地、寻欢作乐呀!

明神宗就这浑浑噩噩地过了一段日子。一天夜里,他正在睡觉,忽然做了一个梦。在梦境中,他看到面前站着一个红发、红脸、穿红衣服的人。这个人也不说话,就一直拿眼睛瞪自己。明神宗看了非常害怕,他赶紧问道:"你是什么人,竟然私自入侵皇宫?"

只听那个全身是红的人说道:"告诉你吧!我就是火神爷,你的不务正业和荒淫无道,天庭早已经发觉,我就是奉玉皇大帝的命令来惩罚你的,我要把你那劳民伤财建成的定陵给烧个干干净净,看你能不能清醒清醒!"

明神宗可是皇帝哎!平时听的尽是软言细语,哪里受得了这种呵斥,就非常生气,他仗着自己是大明朝的皇帝,对着那位火神爷大喊:"我们朱家当了那么多年的皇帝,气数远远未尽,岂能怕你!帝王的陵墓,自有神仙保佑,谅你不敢对它怎么样!"

火神爷听了,也没有发火,只是平和地说:"既然你这么说,那咱俩打个赌如何?"

"赌就赌,朕还怕了你不成!"明神宗说。

"我要是最终烧了你的定陵,怎么办?"火神爷问。

明神宗轻蔑地冷笑了一声,说:"谅你也烧不了神仙护佑的定陵。如果真被你烧了,那就让我的一只眼睛给瞎了!"

谁知,明神宗的话音还没有落,火神爷竟大笑着离去了。

明神宗一下子被吓醒了,便想睁开眼看看周围到底有没有什么火神爷,却发现自己的左眼怎么看都看不清东西。几天后,他的左眼便全瞎了。

明神宗心里害怕了,从此一病不起,没多久就死了。

明神宗死后,被葬入定陵。可是令人深感奇怪的是,明神宗的右眼一直睁着,无论怎么摆弄都无法将其闭上。待将明神宗埋葬后,有人忽然发现,定陵石碑背面的右上角竟然马上出现了一个白圆形的东西。更加令人奇怪的是,自明神宗死后,以后每逢阴历的月底和月初,这个白圆形的东西就发出亮光。当地老百姓都说,这个白圆形的东西就是明神宗的右眼变的,因为他怕火神爷真的要来烧他的定陵,所以安排右眼天天盯着。时间久了,当地的老百姓就称其为"定陵月亮碑"。

虽然有了这个白圆形的东西,定陵还是没有逃脱掉被火烧的命运。历史上,它一次又一次地遭到大火烧。如今,定陵宫内还遗留着几次大火烧后的残迹——裬恩门和裬恩殿只剩下一个个光秃秃的柱础石,地面建筑被烧得精光。

自从定陵经历了这几次火灾之后,那个"月亮"便不再发光了。

献陵"遮羞山"的由来

明朝第四位皇帝是朱高炽。朱高炽47岁当上了皇帝,改元洪熙,可他只在皇帝的宝座上坐了10个月,就一命呜呼了,死后谥庙号为"仁宗",葬于献陵。

献陵,位于天寿山西峰之下,是朱高炽及其皇后张氏的合葬陵寝。与其他陵墓相比,它的整个建筑格局非常特别。在陵墓的中间有一道小山,这座小山将陵墓的两个院落相互隔离开来,互不相连。在山的前面,是祾恩殿;在山的后面,是宝城、明楼,这座小山正好从正面挡住陵园的明楼和宝城。别看这座山既小又普通,它可是明朝皇家的一条"龙脉"所在呢!

据史料记载,献陵的建造形制非常讲究风水理论。众所周知,皇家陵园最重要的一点就是地点要最大限度地接近"龙脉"。前面提及的这座小山就是"龙脉"的象征。当时在建造献陵的时候,就是因这座小山形如几案被当作"龙脉"而完好保存下来的,史书上称为"玉案山"。

"玉案山"是正史上的名称,其实关于这座小山,还有一个传说中的名字呢!这个名字非常奇怪,叫作"遮羞山"。其名称来历,与明仁宗有关。

称朱高炽为"仁宗",一点也不虚,用得非常贴切,因为对于一个封建帝王来说,像他那样关心百姓疾苦的实在不多。由于朱高炽很有才华,所以朱元璋经常让他帮助自己批阅奏章,而朱高炽选批最多的是那些关于百姓生活的,尤其是与各地上报灾情有关的奏章。朱元璋很诧异,就故意问他原因。他毫不犹豫地说:"孙儿觉得民以食为天。现下有的地方闹灾,民不聊生,乃是最急迫的事情,才请皇爷优先处理。"朱元璋从此更加喜欢这个孙儿了,并亲自册立他为燕王世子。

可忧国爱民的一代"仁"君,死后却没有得到一个好名声,反而不断地被后世人嘲笑、讥讽。这是怎么回事儿呢?

相传,故事发生在朱高炽还在做太子的时候。当时的太子,可以有条件地自由出入皇宫中。当时,皇宫中有个规矩,即"凡夜晚宫中妃子门口挂红灯,太子方可进入。挂绿灯,表明内住长辈,不得入内"。一天夜里,朱高炽见一寝宫内的窗棂上挂着红灯,便将侍从们打发走,自己进了这个寝宫。待其宽衣上床后,竟然发现床上躺着他父亲的妃子……

这件事被传出后,引起皇宫内一阵疯狂的议论,有的说朱高炽对比自己大几岁的那个皇妃早有情意,那天夜里,是他事先将皇妃寝宫前的绿灯摘下,换上了红灯。也有人说,是这个皇妃早就对朱高炽暗生了情意,她故意将绿灯摘下来,换上了红灯。但不管真相是什么,事情已然发生了,还在当时被传得沸沸扬扬。

几年后,当年的太子登上了皇位。一天,有个大臣无意中提及了此事,朱高炽听了非常不高兴,同时连忙矢口否认,并向天发誓说,如真有此事就让天上的龙将自己吞了。不料朱高炽的话音还没有落,从金銮殿上还真的飞下来一条龙,这条龙一口就将朱高炽吞了下去。大臣们见状,赶紧救驾,可哪里还来得及,只抢回朱高炽的一只靴子,后来就只好将这只靴子葬入了陵墓。嗣皇帝宣宗为了遮掩此事,特意把真正的陵体安排在玉案山之后。从此以后,当地的老百姓就称朱高炽的陵墓为"靴陵",称"玉案山"为"遮羞山"。而明廷为了遮丑,就把"靴陵"改称"献陵"了。

景陵北面的黑山为何叫囤山

景陵的墓主是明宣宗朱瞻基。说起朱瞻基来,还很有说头呢!他从小就非常聪明伶俐,深受他爷爷明成祖朱棣的喜爱。成年后的朱瞻基也非常有才能,他为父亲朱高炽太子地位的巩固贡献了很多力量。

在登上皇位后,他充分发挥了自己卓越的统治才能:平息了其二叔父汉王朱高煦的叛乱,对蒙古贵族的南侵进行了有效的抵抗和防御……史称宣宗朝为"吏称其职,政得其平,纲纪修明,仓庾充羡,岁不能灾"。

可令人深感遗憾的是,朱瞻基只活到38岁就病逝了。太子朱祁镇登上皇位后,根据传统的风水理论,为父亲在黑山选定了陵址,建成了景陵。从此,黑山便和景陵联系在了一起。

"黑山"是正史里对这座山的称号,其实当地人都称这座山为"囤山",这是为什么呢?

传说,这和朱瞻基有很大关系。这其中还有一个以朱瞻基与一位叫汉久春的民间女子为主人公的故事呢!

据说,一天,朱瞻基下江南微服私巡,在那里遇到了一位非常美丽的女子,朱瞻基对这位女子一见钟情。细打听之下,才知道这位女子名叫汉久春。可令朱瞻基垂头丧气的是,汉久春是一个寡妇,她丈夫在她还没有过门的时候就病死了。

朱瞻基左思右想,最终还是没有忍住对汉久春(旱九春)的爱慕之情,他当即将她接回了宫里,并为她改了个名字,叫作汉囤儿。

这汉囤儿进宫后,对朱瞻基说:"若让我安心和您待在宫里,您需答应我三个条件。"

朱瞻基听了,忙点头不已。

"第一,不许给我改名字(汉久春的意思就是'汉族天下春长在');第二,您要免除我家乡的三年赋税;第三,您要将全国所有的苛捐杂税都要废除。"汉囤儿说道。

朱瞻基为了讨得汉囤儿的欢心,赶紧答应了这三个条件。谁知,汉囤儿进宫的第一天夜里,趁朱瞻基和侍从们不备,一头撞墙给撞死了。

汉久春的死不知为什么竟然让东海龙王大发雷霆,他当即和土地爷商定：在朱瞻基在位的九年时间里，一滴雨都不落下，让天下大旱九年。

可是令人奇怪的是，在这九年时间里，虽然天下大旱，一滴雨都没有落下，可是，地面上却是这样一番景象，即"井水涨四十，河水涨三十，露水搭三分"，庄稼地里每年的收成都非常好。

朱瞻基对这一奇怪的事情至死都没有弄清楚原因。后来，为了表达对汉囡儿的怀念之情，他下旨改景陵北面的黑山为"囡山"。

从此，当地的老百姓都称这座山为囡山，一直叫到了现在。

裕陵墓主朱祁镇的生母原来是宫女吗

明英宗朱祁镇，是明朝第六位皇帝。他9岁登极，23岁因在"土木堡"被蒙古瓦剌部所俘而失去帝位，31岁又通过"夺门之变"重登宝座，38岁时驾崩。从其短暂的人生经历来看，朱祁镇的命运比其他很多皇帝都要坎坷。

其实，朱祁镇不但命运坎坷，在他身上还发生过一件比较令人匪夷所思的事儿，那就是他到死都无法确定自己的生母到底是谁。

关于朱祁镇生母的说法，主要有三个：一个说他的生母是孙贵妃，一个说他的生母不详，另一说是他的生母实际上是一名宫女。这三种说法哪一个属实呢？

孙贵妃说。关于朱祁镇的生母是孙贵妃这个说法，史书《明书》《明实录》等都非常赞同。孙贵妃，10岁的时候就经彭城伯夫人、张太后母亲向成祖推荐，选入内宫抚养。于永乐十五年（1417年）被册封为皇太孙嫔。宣宗即位后，她就被册立为贵妃。据史书《明书》中记载："宣宗孝恭皇后孙氏，邹平人。幼有美色。父忠，永城县主簿也。诚孝皇后母彭城伯夫人，故永城人,时时入禁中,言忠有贤女,遂得入宫。"孙贵妃于"宣德二年(1427年)十一月,生英宗皇帝"。朱祁镇的出生,为孙贵妃夺取后位打下了深厚根基,成为她争夺后位的重要砝码。后来,胡皇后被废,孙贵妃被册封为皇后,其中最大的因素就是"母凭子贵"。

狸猫换太子说。这一说主要是讲,当年,宣宗对孙贵妃万分宠爱,但孙贵妃肚子不争气,总是怀不上孩子,为此茶饭不思、闷闷不乐。宣宗为了解爱妃的烦闷之情,便和她一同策划、主演了一出"狸猫换太子"的戏法,将"太子"的生母给换成了孙贵妃。

宫女说。还有很多人认为,朱祁镇的生母是一名宫女。据说,当年,孙贵妃虽然颇得宣宗的喜爱,但她认为,宠爱可以保障自己一时,权势可以保障自己一世,她很快就瞅准了"皇后"这个宝座,每天绞尽脑汁地想把皇后给"弄"下去。想什么法子呢?当时,宣宗的子嗣一直不兴旺,皇后没能生下皇子,孙贵妃心想:"自己若能有一个皇子,或许就能据此而登上皇后宝座。"于是,她想到了一个"偷梁换柱"的法子。她让宫人四处打听有哪位宫女被皇帝临幸后怀了身孕。还真巧,当时就有一位宫女怀了龙种,她便派人将这名宫女接了过来,专门将她安排在一间密室中,每日好生照料,秘密看管。然后又将御医买通,对外宣称自己怀了身孕,并伪装成怀孕的样子。后来这名宫女顺利产下了一个皇子,孙贵妃马上派人将孩子抱到自己宫中,并将这名宫女秘密处死。这名小皇子便是明英宗朱祁镇。关于这个说法,史书也有记载,《明史稿》说,孙氏"子宫人子,于是眷宠日重",查继佐《罪惟录》也说,孙贵妃"宠冠后宫,宫人有子,贵妃子之"。

以上说法中,到底哪一种说法才是历史的真相呢,这个我们就不得而知了。但不管朱祁镇的生母是谁,都改变不了他是龙脉,是龙子的事实。

茂陵墓主明宪宗与宠妃万贵妃年龄果真相差 17 岁吗

茂陵的墓主是明朝的第八位皇帝明宪宗朱见深。朱见深生于 1447 年，卒于 1487 年，是明英宗朱祁镇的长子。

早期的朱见深非常爱国忧民、体察民情，勤勤恳恳地处理国事，做了很多利国利民的事情。可是，在他的执政晚期，却只知享乐，并宠信宦官汪直、梁芳等人，以致奸佞当权、西厂横恣、朝纲败坏。

历史上很多皇帝都有过这样的经历，就是执政初期雄心勃勃，立志要干一番大事业，可是干着干着就走了下坡路，到最后，昔日的雄心被惰性所取代，最终无法流芳千古。由此说来，明宪宗朱见深由早期的勤勉转化为后期的昏庸，也不是什么大惊小怪的事儿。

这里我们为什么要专门谈论朱见深呢？是因为他与大他 17 岁的宠妃万贵妃那一段传奇姐弟恋。说起来，执政晚期的朱见深整日地沉溺于后宫中，主要就是和万贵妃在一起。朱见深对万贵妃的爱非常深，以致 1487 年万贵妃去世不久，他就在悲痛中于同一年也随她而去了，享年仅 41 岁。

我们可以看出来明宪宗对万贵妃的感情有多深，她在他心里的地位可谓至高无上。是什么原因使得明宪宗一生对大自己 17 岁的万贵妃这么爱呢？留给了后世研究者无数的问号。她既没有惊人的美貌，也没有显赫的家势，更没有花季一般的年龄，她究竟凭借什么独受恩宠二十年呢？

万贵妃，生于 1430 年，卒于 1487 年，小名叫作贞儿，祖籍青州诸城也就是今天的山东益都县一带，她的父亲叫作万贵，是一名县衙掾吏，因犯法而被发配到边疆。万贞儿早在 4 岁的时候，就被选入宫中，在朱见深的母亲孙太后宫中服侍。进入少女期以后，万贞儿越发娇艳，加上她聪明伶俐，很得孙太后的喜爱,于是成为孙太后身边的"小答应"。及至她19岁的时候,被太后选为太子朱见深的贴身侍女,当时的朱见深才刚刚两岁。

万贞儿对朱见深的保护和照顾,可以说是尽职尽责的,作为一个情窦初开却无法拥有正常婚姻的少女,她把自己所有的希望都寄托在了自己照看的孩子身上。这时的万贞儿表现出了一个女性的柔美和坚强,对朱见深来说,是一个亦母亦妻的角色。

1465年明英宗去世后,16岁的朱见深登基,成为明朝第八位皇帝。当时的万贞儿已经是33岁的高龄女人了,但半老的她依然风情不减,而且更加懂得迎合圣意,所以朱见深对她万分宠爱。明朝文人沈德符在《万历野获篇》中对万贵妃所受的恩宠感慨道:"自古妃嫔承恩最晚而最专最久者,未有如此。"

而万贞儿也仗着皇帝对自己的宠爱,肆无忌惮、横行后宫,从来不把皇后放在眼里。吴皇后对此非常愤慨,一次揪着万贞儿的错,令人打了她几板子。万贞儿气愤之下,在朱见深面前添油加醋地胡说了一通,朱见深大怒之下下诏"废后",并将吴皇后打入冷宫,改立王氏为后。

王皇后眼见着吴皇后的遭遇,心里战战兢兢,对万贞儿万分忍让。王皇后这种明哲保身的态度,以及皇帝对万贞儿的宠幸,一度使万贞儿成为当时后宫真正的主人。

可这样的地位,对于万贞儿来说,并没有什么大不了的,她一心只想登上后位。而登上后位最好的理由就是诞下小皇子,而后母凭子贵,就有可能被封为真正的皇后。因此万贞儿整天纠缠着朱见深,尽量不让他到别的嫔妃那儿去。功夫不负有心人,很快万贞儿就怀孕了,为朱见深生下了一个皇子。朱见深高兴之下,几次想立万贞儿为皇后,但都遭到了太后和大臣们的反对,最终册封她为贵妃。可惜的是,小皇子很快就夭折了,从此以后,万贞儿就丧失了生育能力。

丧失生育能力之后的万贞儿万念俱灰,她将满腔的仇恨都洒在了其他妃嫔的身上。据《明史》记载,万贞儿"母以子贵"的梦想破灭后,她为了达到"擅宠"的目的,便开始千方百计迫害未出生的皇子,通过买通太监给怀孕的妃嫔灌药,导致"饮药伤坠者无数"……从此,后宫中陷入了一片恐慌之中,听到怀孕这个词,人人色变。而朝廷的大臣们看到皇帝即位多年,仍然没有子嗣,以为是皇帝太专宠万贞儿的缘故,纷纷上书劝告皇帝要广施恩泽,博爱后宫,不能专宠一人。后来,朱见深偶然临幸纪氏,使她怀孕生子。太监张敏感叹朱见深没有儿子,便动了恻隐之心,私自将堕胎药药量减半,竟保住了孩子,即为孝宗。《明史》对此记载到:"孝宗之生,顶寸许无发,或曰药所中也。"孝宗的出生,让朱见深知道了万贞儿以前的种种恶行,但从小养成的依赖习惯使他仍然对万贞儿无计可施并未加责罚,相反却是一再的退让和一如既往的宠爱。

万贞儿眼看皇子已经降生,而自己的恶劣行径又被皇帝知道了,便渐渐地放下了争夺皇后之位的事情。从此以后,她便放松了对其他嫔妃的迫害,自此宫中喜讯频传,朱见深的儿女接连诞生。

1487年,当时的万贞儿已经58岁,她在一次怒打宫女时,因身体肥胖心脏负荷量大,加上怒气冲顶,竟一口气没有接上来而猝死。朱见深听到万贞儿的死讯后,悲痛万分,哭得死去活来,还宣布为万贵妃罢朝七日,以皇后的礼仪将她下葬在天寿山西南,并给她上了一个上好的谥号"恭肃端慎荣靖皇贵妃"。从此朱见深郁郁寡欢、萎靡不振,经常长吁短叹:"贵妃去了,朕也要跟着她去了。"没过多久,他就在这种忧愁中一病不起,追随万贞儿而去。

您了解泰陵墓主明孝宗的坎坷童年吗

泰陵的墓主是明朝的第九位皇帝孝宗朱祐樘。朱祐樘生于1470年,卒于1505年。他在位期间,努力扭转先帝在位时的腐败情况,驱逐奸佞,勤于政事,任用贤臣,使明朝再度出现中兴盛世的局面，被后世人称为"弘治中兴"。

朱祐樘虽然勤勉刻苦，取得了很多功绩，但他身体不好，一直柔弱多病，最终只活了36年。

朱祐樘的人生命运是不幸的，不仅仅因为他英年早逝，还因为他有个非常坎坷的童年时代。

朱祐樘的生母纪氏非常普通，史书上几乎没有记载。纪氏的父亲是广西某地的一位土司，后来参与了一场暴乱。暴乱被朝廷平息后，纪氏被俘，后被送入皇宫中，被安排做了在内廷书室看护藏书的活儿。

一天，明宪宗偶然从内廷书室路过，看到了纪氏，见她年轻貌美，又满是娇羞之态，心里喜欢，便宠幸了她。就是这一次宠幸，使纪氏怀了孕，也使她的命运走向了终点。

当时后宫中真正的主人是万贵妃，她独揽皇帝的万千宠爱，在后宫中为非作歹、横行霸道，连皇后都忍让她几分。这个万贵妃比皇帝要大出17岁，自从儿子夭折后，便丧失了生育能力。丧失生育能力后的万贵妃，对宫中的孕妇大下毒手，导致宫中出现了"谈孕色变"的局势。

在这种情势下，想来那纪氏的命运好不到哪里去。万贵妃听说纪氏怀孕的事情后，恼怒万分，便下密旨让太监宫女们暗暗地给纪氏下堕胎的毒药。其中一个太监感叹明宪宗没有儿子，便动了恻隐之心，偷偷地将堕胎药的药量减轻了一半，没想到竟然保住了纪氏的孩子。万贵妃虽然下令让人给纪氏下了堕胎药，但仍然不放心，便将纪氏贬到了冷宫。

纪氏就是在冷宫艰苦的环境下慢慢地挨过了孕期，偷偷地生下了朱祐樘。后来，纸包不住火，纪氏偷偷生下龙子的事情还是被万贵妃知道了。万贵妃知道后，又派太监张敏将龙子溺死。但忠诚、讲义气的张敏非但没有将龙子害死，反而又冒着生命危险偷偷地帮助纪氏将龙子秘密藏了起来。后来，被万贵妃通过计谋废掉的皇后吴氏也偷偷地帮着养育龙子。其间，万贵妃几次搜查，但都没有找到这个孩子。朱祐樘就这样好不容易被养到六岁。

一天,明宪宗坐在宫殿里默默叹息,太监张敏上前伺候。明宪宗对他发牢骚说:"我年纪也不小了,却连一个儿子都没有,教我如何是好啊!"

张敏听了,犹豫了一会儿,终于下了决心,便将纪氏生皇子、偷偷养皇子的事儿一五一十地告诉了明宪宗。明宪宗听了非常高兴,立即命令去接皇子。当明宪宗第一次见到皇子朱祐樘时,竟然心疼得泪流满面。因为,当时的朱祐樘着实非常可怜:由于长期的东躲西藏,他面容消瘦,皮肤黝黑,甚至连胎发都还未剪,拖至地面。由此可见,朱祐樘曾经受过多少苦。

明宪宗得知儿子朱祐樘的存在后,当天便将群臣召来,将朱祐樘介绍给群臣,并于不久后颁诏天下,立朱祐樘为皇太子,并封纪氏为淑妃。

但不久后,纪氏就暴死在了宫中,太监张敏也吞金自杀。很明显,这是万贵妃下的毒手。明宪宗的母亲周太后担心万贵妃会对太子朱祐樘下毒手,就亲自将孙子抱养在自己的仁寿宫内抚养,这才使朱祐樘安全地生活在宫中。

万贵妃想尽了各种办法来迫害朱祐樘,但都被机警的他给躲过了。后来,万贵妃又想办法让明宪宗另立储君,废掉朱祐樘的太子之位。明宪宗向来对万贵妃言听计从,在万贵妃的"穷追猛打"下,也渐渐有了更换太子的意思,但他的这一意思遭到了朝中群臣的强烈反对。

正当明宪宗和群臣双方争持不下的时候,山东泰山一带突然发生了强烈地震,有风水大师说此次地震的原因是上天警戒不要改立太子,如改必将引起天下大乱。明宪宗心里非常害怕,心想泰山是皇家要地,是只有秦皇汉武才能上去的,便放下了改立太子的想法。朱祐樘的太子之位这才给保了下来,在万贵妃猝死、明宪宗因悲伤过度而去世后,便登上了皇位,成为明朝的第九位皇帝。对此,《明史》有明确记载:"孝宗建天明道纯诚中正圣文神武至仁大德敬皇帝，讳祐樘，宪宗第三子也。母淑妃纪氏，成化六年七月生帝于西宫。时万贵妃专宠，宫中莫敢言。悼恭太子薨后，宪宗始知之，育周太后宫中。十一年，敕礼部命名，大学士商辂等因以建储请。是年六月，淑妃暴薨，帝年六岁，哀慕如成人。十一月，立为皇太子。二十三年八月，宪宗崩。九月壬寅，即皇帝位。"

您知道"正德无儿访嘉靖"的传说吗

明武宗朱厚照是明朝的第十位皇帝，他是明孝宗的长子，弘治五年（1492年）被立为皇太子，弘治十八年（1505年）即位，改翌年为正德元年，所以他又被后世人称为正德帝。

朱厚照的生母是张皇后，由于明孝宗一生只宠爱张皇后，而张皇后只为孝宗生了两个儿子，次子又早夭，所以，朱厚照从小就被视为掌上明珠、备受宠爱。年少的朱厚照非常聪明，一点就透，按理说他应该成长为一个好皇帝，成就一番伟业，但正是周围良好的环境，溺爱的氛围，毁了这个聪明的少年。

他在位期间，随心所欲，为所欲为，游戏国政，为了行动更自由，废掉了尚寝官和在文书房侍从皇帝的内官的职位。诸位大臣轮番上奏，甚至以请辞相威胁，但小皇帝总摆出一副宽厚仁慈的样子，认真地回答说"知道了"，实际上依旧我行我素，大臣们也无可奈何，到了后来，只要朱厚照不做出什么出格的事，大臣们干脆不再管他，可见朱厚照性情的顽劣。他不仅游戏国事，还沉湎于玩乐中，重用以刘瑾为首、号称八虎的东宫八个随侍太监。在这八个随侍太监的蛊惑下，他的胆子更大了，后来竟然连早朝都不愿上了。

在这种政治氛围下，明朝老百姓的生活也不会好到哪里去。由于朝政的荒废，大量百姓流离失所，于是爆发了叛乱。但这场叛乱的主角不是老百姓，是明朝皇室其他人。这个人就是宁王朱宸濠，他妄图效仿永乐帝，趁朱厚照不理朝政期间，组织了叛乱活动。但朱厚照知道宁王叛乱的事情后，并没有着急应对，而是趁机南巡，后来御史王守仁平定了宁王的叛乱。朱厚照听了宁王叛乱被平息的消息后，也没什么感觉，而是开始在江南游玩起来。在一次游湖时，他不慎落水，由于当时天气寒冷，他被救上岸后，就大病了一场。加上他平时沉溺于女色，消耗了身体，落水又让他的身体雪上加霜，日益虚亏，最终病死，结束了他荒唐的一生。

算来朱厚照在位共16年，死的时候年仅30岁。他的一生虽然短暂，却充满了各种争议：有人说他极富个性，一生追求自由，但也有人认为他荒淫无道，一生痴迷于情色中，无法自拔。到底朱厚照是怎样的一个人，一千个人眼中有一千个哈姆雷特。

后世关于朱厚照的传奇故事有很多，其中最典型的是他私设豹房的故事。据说，他整日地沉溺于享乐中，为了达到自己的目的，不惜违背历朝祖训和社会习惯，耗巨资在西华门另筑被称为"豹房"的宫殿，专门供自己享用。

其实，除了这一个故事外，朱厚照还有一个故事也非常惹人诟病，它就是"正德无儿访嘉靖"的传说。

相传，朱厚照在位期间，为了游玩形式的多样化，多次微服私访。一天，他来到了山西大同城郊的李家村，看到一位名叫李凤的女子长得十分灵巧可爱，便一下子喜欢上了，准备将李凤抢到京城。可是朱厚照毕竟是一个风流皇帝，他喜欢谁不喜欢谁都几乎是一瞬间的事情。他携着李凤刚走到居庸关，就又遇到了另一位美女。见异思迁的他赶紧将李凤给放了，将另一位美女抢到了皇宫。

谁知这李凤后来竟然怀上了龙种。一年后，她便悄悄地生下了一个男孩。后来，李凤终日郁郁寡欢，最终郁闷而死。李凤死后，当地的老百姓为她在居庸关南山坡上建了一座坟墓，因这座坟墓上长满了白草，所以又被称为"白凤冢"，至今此冢还是

"关沟七十二景"之一呢!

朱厚照的命非常短,他在30岁的时候就死了。由于他生前没有子嗣,大臣们便在由何人继承皇位上发了愁。就在这时候,当年曾经跟随朱厚照微服私访的一位大臣突然想到了李凤,他听说了当年李凤诞下龙种的事情,但觉得不光彩,有损皇家颜面,便没有告诉朱厚照。想起李凤后,他便和其他大臣火速来到了李家村,找到了李凤诞下的那个皇子,将他带回了皇宫,继承了皇位。这个皇子就是嘉靖皇帝。

后来,这个故事在民间广为传说,由于朱厚照年号正德,所以老百姓都戏称为"正德无儿访嘉靖"。

昭陵为何两次兴建

昭陵是目前十三陵中第一座大规模复原修葺的陵园,也是陵区正式开放的旅游景点之一,其墓主是明朝的第十二位皇帝明穆宗朱载垕。朱载垕,明世宗的第三个儿子,生于1537年,卒于1572年,享年36岁,也是一位短命的皇帝。

明朝时期,共有十六位皇帝,在这十六位皇帝中,论平庸,朱载垕是数一数二的那个。据史料记载,他在执政的初期,还是非常关心国家大事的,不仅行事节俭,还有许多振兴之举。面临先帝明世宗朝遗留下的严重财政危机和不安定因素,他任用一批出色的内阁大臣,使朝廷政治出现了新的起色。但他毕竟是在蜜罐中长大的,从小过得就是花天酒地的享乐生活,其初政之美仅维系了六个月的时间,便厌烦了繁忙的政务,此后不怎么过问,整日沉溺在后宫的享乐之中。

幸运的是,明穆宗虽然不怎么爱理国事,却用人不疑,很能采纳内阁大臣的意见。而且他的内阁大臣一个比一个有才,如徐阶、高拱、张居正等人,可都是名垂千古的大政治家,为穆宗时期的国家振兴出了很多好点子。因此,朱载垕虽然在位时间不长,没有形成"中兴盛世"的局面,却在很大程度上缓解了明世宗朝所遗留的一系列政治危机的形势。因此后人评价说:"朱载垕的用人不疑,大胆放手,使得隆庆朝和万历朝前十年成了明王朝回光返照的时期,这一时期社会比较稳定,经济比嘉靖朝有了重大的改观,可以说朱载垕在使明王朝向最后一个繁荣时期发展的过程中,起了重要的过渡作用。"

朱载垕死后,被葬入昭陵。昭陵曾经有两次兴建历史,颇具传奇性。很多人不禁疑惑:昭陵为何两次兴建?花费了多少银两呢?

朱载垕死后,明神宗继承皇位。他上任后的第一件事就是为先帝朱载垕修建陵墓。经过一番精挑细选之后,明神宗最终将朱载垕的陵墓选在了大峪山。

自隆庆六年(1572年)六月中旬开始,声势浩大的昭陵兴建工程就开始了。当时有很多大臣负责这项事情,足见明神宗对这项工程的重视。正是因为明神宗对工程的重视,工程进展的速度很快,只用了一年的时间就全部竣工了。

可是,昭陵工程的速度虽然上来了,但质量方面却没有什么保证。正是因为工期短,工人施工方面不是特别仔细,导致一年后,陵园建筑便出现了地基沉陷的问题。据有关史料记载:"六月以来,阴雨二日,本陵祾恩门里外砖石沉陷。""祾恩门、殿等处沉陷甚多,至于宝城砖石翻塌损伤,更为可虑。"……由史料可以看出,当时昭陵的多个建筑都有问题。

明神宗听到这个消息后,大怒,将主管该工程的大臣严重惩罚了一番,并削去了他们的职位。与此同时,又另派新的大臣负责昭陵的重建工程,于是有了昭陵的第二次兴建。

昭陵的两次兴建,花费了朝廷的巨额资金,耗费了很多人力物力。据史料记载,其第一次兴建,共花费了库银390932两,这还不包括其中神木等三厂的木植用银、大通桥厂的白城砖用银、大石窝等厂旧石料的折银及户、兵二部雇抵班军工食行粮等用银。关于第二次兴建工程的花销数额,文献中没有明确记载。

但据《明熹宗实录》记载，前后两次兴建共用银150余万两。由此可见，第二次兴建工程花费数额是多么惊人了！据史料记载，明隆庆年间朝廷的总收入也才230万两，仅昭陵的修建就用了150余万两，可见明神宗为昭陵的修建是如何费尽心思。

由于兴建昭陵花费的数额巨大，当时的工部库银已经匮乏到了极点。而后再修缮涿州桥时，工部已经拿不出多少银两来雇佣工匠了，最后不得不由辅臣张居正恳请明神宗向太后求援，由太后解囊捐银，雇工修缮涿州桥。

民间传闻"乾隆盗木"到底是怎么回事儿

在中国历史资料中，有很多关于盗墓的记载，但盗墓的主角是皇帝的几乎没有。可是，史书上没有记载并不代表实际上没有，在民间传闻中有这么一个说法，而且还被传得有鼻子有眼，那就是"乾隆盗木"的故事。

这个"乾隆盗木"故事的主角就是中国历史上赫赫有名的大清朝乾隆皇帝。说起乾隆皇帝来，几乎没有不知道的，最近一些年流行的一些"清宫戏"中，乾隆皇帝不时地在荧屏上出现。

乾隆皇帝，名字叫爱新觉罗·弘历，是雍正皇帝的第四个儿子，生于康熙五十年（1711年），是雍正皇帝诸子中最有才干的一位。他从小就深得祖父康熙皇帝的喜爱，据说，当年康熙皇帝就是因为喜欢这个孙子，才把皇位传给了老四胤禛，即雍正皇帝。从中足见乾隆皇帝的聪明、智慧、惹人喜爱。后来，乾隆皇帝也还真没有辜负爷爷和父亲的希望，在他继位期间，社会稳定，百姓安康，经济得到了长足的发展，出现了中国封建社会最后的绝唱，即"康乾盛世"。

可如此聪明、智慧、名臣千古的一代帝王，为什么干起了挖人坟墓的事情呢？"乾隆盗木"的故事到底是怎么一回事呢？

说起"乾隆盗木"的故事，那可就说来话长了。

据说,有一天,乾隆皇帝闲来无事便去明朝的十三陵巡视,刚走到享殿,就闻到了一股奇香,他非常好奇,就转进殿里面查看了一番。可令人奇怪的是,殿里既没有什么奇花也没有什么美草,那么香气是由哪里发出来的呢?

乾隆皇帝非常疑惑,便问跟随自己前来的大臣和珅:"爱卿,朕闻着这里奇香无比,依你看这香气是从哪里发出来的呢?"

和珅对这种香气曾经略有了解,便胸有成竹地答道说:"回皇上话,据奴才所知,这座殿是金丝楠木殿,奇香便是从这殿里所用的金丝楠木发出来的。这种木材天生光泽无比,坚固不易腐,并且香气袭人,沁人心脾,蚊蝇不近,不刷漆而光泽油亮,不雕饰而纹路精美,非常珍贵。"

乾隆皇帝听了,心里非常不是个味儿。自己身为大清朝的皇帝,竟然连这种木材都没有见过,而明朝皇帝却用它们来建造陵墓,真是岂有此理!他越想越生气,便恨恨地想:"朕身为堂堂大清朝皇帝,一定也要用一用这种木材!"

于是他便对身边的和珅说:"爱卿,朕的圆明园也要建一座金丝楠木殿,你赶紧替朕张罗一下,抓紧建造出来。"

和珅听了,非常着急,他知道这种金丝楠木非常稀有,属罕见之物,在圆明园建造金丝楠木殿,用料必定非常庞大,短期内哪里去弄足够多的金丝楠木呢!于是他战战兢兢地对乾隆皇帝说:"回皇上,这种金丝楠木非常稀有,奴才想着举全国之力也未必能够找到建造一座殿的用料。"

乾隆皇帝听了和珅的话,非常不高兴。

回到宫里,他整天闷闷不乐,脑海里都是那金丝楠木的美丽、高贵、奇香。后来,他命人叫来了文渊阁大学士纪晓岚,对他说:"朕这几天前思后想,觉得在圆明园建造一座金丝楠木殿比较合适,可那金丝楠木太珍贵了,非常稀有,朕不知道去哪里弄去。前几天,朕偶然发现明陵的享殿里有很多这种木材,朕想着能不能从享殿里取一些过来……爱卿觉得意下如何?"

谁知纪晓岚听了,反应非常激烈,他援引《大清律》上奏道:"启禀万岁,《大清律》上注明,挖坟者死,皇上您万万不可。皇上金口玉言,此举事关重大,望皇上三思而行。"

听纪晓岚这么一说,乾隆皇帝充满希望的脸马上阴沉了下来。他觉得纪晓岚的话有几分道理,自己身为一国之君,自然不能做挖人坟墓的勾当,于是打消了盗取明陵的心思。但怎么办呢?那金丝楠木实在太惹人喜欢了,自己如何得到呢?

几天后,在跟随乾隆皇帝外出巡查时,和珅见皇帝闷闷不乐,便心生一计。他对乾隆皇帝说:"奴才这里有一个法子,不知可行不可行?"

乾隆皇帝听了和珅的话,赶紧示意他接着说。和珅微微向前,轻声说道:"启奏皇上,您何不明诏下令调集天下能工巧匠,修缮永陵享殿,然后密传旨令,派亲信工匠用偷梁换柱之法,把永陵的楠木撤换下来,以解燃眉之急。这样既有了修建圆明园金丝楠木殿的木材,又落了个修缮明陵的美名。"

"这个……哈哈哈……"乾隆皇帝听了,喜上眉头,一拍和珅的肩膀,把他一顿好夸:"为朕分忧,知朕之心,谁也莫比和爱卿啊!"

于是乾隆皇帝派和珅全权处理相关事宜。和珅有了皇帝的命令,便胆子大了起来,他下令调集天下能工巧匠,修缮永陵享殿,然后密传旨令,派亲信工匠用偷梁换柱之法,把享殿的金丝楠木撤换了下来。八面玲珑的和珅略施小计,就为皇上建成了金丝楠木香殿,受到了乾隆皇帝的重赏。

可天下没有不透风的墙,名为修葺实为盗取明陵的事情还是被传了出去。大臣刘墉等人听说这件事情后,就向乾隆皇帝启奏道:"启禀万岁,奴才经过私访得知,有人盗了明朝的陵墓,不知如何处置。"

乾隆皇帝听了,非常愤怒,大声喝道:"什么人竟然有这么大的胆子,竟然敢私自盗取明陵,按律当斩!"

刘墉朗声说道:"启奏皇上,是和珅大人盗挖了明陵,打着修葺享殿的幌子,实为盗取金丝楠木。"

和珅听了,赶紧跪下,大呼冤枉。

乾隆皇帝听了,恍然大悟,他自己早把金丝楠木之事忘得一干二净了,这个精明的刘罗锅,原来是冲着朕来的!

乾隆皇帝毕竟是明智之君,他心想:我作为大清皇帝,如果不遵守律法,以后如何治理天下呢!于是,他走下龙廷,一躬身,当朝认错:"众爱卿,这件事都是朕的意思,与和爱卿没有关系,要论错,也是朕一个人的错。是朕有罪啊!王子犯法与庶民同罪,朕愿意承担罪责!"

当然,皇帝毕竟是皇帝,乾隆是不可能按照《大清律》的规定将自己处死的,他自有好的应对方法。

几天后,乾隆皇帝便下了一个诏书,将自己发配到了江南。名义上是去江南服役,实际上是去游玩去了。

好一个聪明的皇帝!

离经叛道的一代宗师李贽的墓地在哪里

北京市通州区西海子公园进门不远处,有一处被一溜短墙半围起来的墓地,该墓地有百余平方米,墓冢是一个高约一米半的青砖砌圆丘,在墓庭中央立有青砖碑楼,中间嵌着一方古碑,碑的正面书写"李卓吾先生之墓"七个大字。这里的李卓吾先生就是李贽。

李贽是何许人也?

公元1602年5月6日(万历三十年三月十五日),在京城一座关押朝廷钦犯的监狱里,一位胡须花白、面容憔悴的老者在狱卒为他理发之机,夺过剃头刀,割向自己的咽喉,顿时,血流满地。狱卒问他:"痛否?"他以指蘸血写道:"不痛。"狱卒又问:"你为什么自杀呢?"他又写道:"七十老翁何所求!"次日,这位老者与世长辞,享年76岁。这位老者就是李贽。他因为发表离经叛道的言论,而被加以"敢倡乱道,惑世诬民"的罪名逮捕。

李贽在狱中说:"衰病老朽,死得甚奇,真得死所矣。如何不死?"李贽曾写过一篇文章,谈论豪杰之士五种死的方式,其中"天下第一等好死"便是自杀殉道。因此,李贽虽然听到消息说朝廷打算把他遣返回原籍,可以不死,但他依然选择了"荣死诏狱"。

李贽是中国历史上著名的"异端"思想家,他自己也以异端自居,公然向封建正统思想发起猛烈攻击;他重视自我,提出了著名的"童心说",主张男女平等、婚姻恋爱自由;他公然为秦始皇、武则天等历史人物翻案,"余自幼倔强难化,不信学,不信道,不信仙释,故见道人则恶,见僧则恶,见道学先生则尤恶"。在表面上看,他的哲学思想跟王守仁的哲学思想,似乎是一类的东西。实际上李贽和王守仁是对立的。李贽在一定程度上对于封建正统思想的某些方面提出批判。

中国从西汉董仲舒提出"罢黜百家,独尊儒术"以后,儒家学说就成为占统治地位的意识形态,到了宋明理学时期,又提出了"存天理,灭人欲"的伦理主张,对"人欲"大加挞伐,作为欲望主体的"自我"因此被扼杀。然而受商品经济发展的影响,晚明的社会现实却是奢靡之风盛行,官场贪污贿赂成风,在这种情形下,道学家们在疯狂逐利的同时却依然高唱"君子不言利""存天理,灭人欲",这就使整个社会"无所不假""满场是假"。面对这种虚伪丑恶的社会风气,李贽提出了"童心说",举起了晚明启蒙思潮的大旗,以"与千万人为敌"的勇气,向儒家学说特别是程朱理学发起了猛烈攻击。

李贽否定道学家所谓的"经典",他讽刺道学家"依仿陈言,规迹往事","瞻前虑后,左顾右盼",道学家平日只知"打躬作揖,终日匡坐,同于泥塑",一旦社会有变,"则面面相觑,绝无人色"。他揭露道学家"存天理,灭人欲"的虚假,认为"穿衣吃饭，即是人伦物理"，他指斥道学家是"阳为道学，阴为富贵，被服儒雅，行若狗彘"的禽兽，是"口谈道德而心存高官，志在巨富"的伪君子。

李贽的言论字字指向道学的软肋，毫不留情地揭露道学的丑陋，在他的言论中，道学的虚伪与软弱无处遁形。他的指责淋漓畅快，高屋建瓴。虽然他在褒贬人物的过程中，难免有"是人之非，非人之是"的缺点，但在道学掌握话语霸权的时代，他的言论的确如拂面清风，令人精神一振，而他敢于同主流思想斗争的勇气，更是令后人佩服。在那个时代，李贽的言论确实有"能令聋者聪，聩者明，梦者觉，醒者醒，病者起，死者活，躁者静，联者结，肠冰者热，心炎者冷，柴栅其中者自拔，倔将不降者亦无不意顺而心折焉"的效果。

李贽敢于打破千百年来史界"咸以孔子是非为是非"，以"予李卓吾一人之是非"为评价标准，根据具体历史情况，做出具体分析，发出不同凡响的历史评论。其中有不少精彩论评，发人深省，影响深远。他认为："咸以孔子之是非为是非，故未尝有是非。"他说，如果以孔子的是非为是非，"则千古以前无孔子"，那就没有是非了吗？他认为，天生一人，自有一人的作用，孔子的作用很大，但不能夸大孔子的作用。他讽刺道学家"天不生仲尼，万古长如夜"的崇拜，挖苦说：怪不得孔子以前的人整天点着蜡烛走路！

李贽以前的绝大多数历史著作，都是"是非尽合于圣人"，他在《藏书》中，一反历史的常态，抱着"与千万人作敌对"的决心，把千百年来颠倒了的历史重新颠倒过来。

历史上对秦始皇的评价很低，两千年来，他一直遭后人唾骂，而李贽则称秦始皇为"千古一帝"，公然为秦始皇翻案。对于武则天称帝，传统观念认为是"篡政"，有悖封建的伦理纲常，封建的卫道士更是骂武则天是"牝鸡司晨"。在几乎众口一词挞伐武则天的封建社会，他却高呼武则天"胜高宗十倍、中宗万倍"。关于卓文君与司马相如的恋爱故事,在道学家眼里卓文君是"失身于司马相如",是伤风败俗。对此,李贽驳斥道:"正获身,非失身!"他认为,卓文君随司马相如私奔是"善择佳偶"。

李贽还四处讲学,抨击时政,针砭时弊,听任各界男女前往听讲,并受到热烈的欢迎。万历十六年(1588年)夏天又剃头以示和俗世断绝。他的行为和思想对传统造成了强烈的冲击,被当地的保守势力视为"异端邪说",他们发动流氓对他群起围攻,并威胁要把他驱逐出境。但李贽旗帜鲜明宣称自己的著作是"离经叛道之作",表示"我可杀不可去,头可断而身不可辱",最终,他也喷洒鲜血捍卫了自己的尊严。

去世后,李贽的朋友马经纶遵照他的遗嘱,将他葬于通州城北门外马厂村的迎福寺侧。1953年,国家在马厂一带兴建结核病研究所,施工所需泥土均从墓地周围挖运,李贽墓毁在旦夕,幸有章士钊、陈垣、柳亚子等知名人士,联名写信给地方政府,并致函文化部,要求保存好李贽墓葬。后通州区政府遵照文化部指示,于1953年将该墓迁葬于西海子公园内。

在青松翠柏、一湖碧水的环绕中,李卓吾先生得以安息。

大葆台西汉墓有何特别之处

大葆台西汉墓葬博物馆,位于北京城南约15公里的丰台区花乡郭公庄南,是一座建立在汉代王陵遗址上的博物馆。

大葆台西汉墓虽然是一座陵墓,但从结构上看,完全是一种地下宫殿的样子,采用了"梓宫、便房、黄肠题凑"的天子之制,其地宫遗址及车马殉葬坑更是国内唯一保存完整的大型汉代陵墓遗址,为我国汉代丧葬制度的研究提供了宝贵的资料和实物证据。

说起该墓的历史,可谓十分久远。它的墓主是西汉广阳顷王刘建及其王后,是在刘建的地下宫殿原址上建立起来的,距今已经有2000多年的历史。

  谈及该墓的发掘历史,也很有说头。那是在1974年,北京某化工厂在寻找适合深层埋藏储油罐的地方时,选中了丰台区葆台村的两个高土坡。后来工作人员在该地进行地质勘探时,竟然从土坡的深层土层里发现了很多木炭、白膏泥和古钱币。工作人员赶紧联系了相关的地质专家,经勘探研究发现,这里竟然有一处大型木椁墓葬。

  大葆台汉墓发掘组成立后,便在同年的9月份开始了对该墓的挖掘工作。首先开始挖掘的是一号墓,在1975年又对位于其西侧的二号墓进行发掘。经考古研究,一号墓为西汉广阳顷王刘建墓,二号墓为其王后墓。一、二号墓虽然有在早年被盗的经历,但仍然出土了大量宝贵的文物,其中不少陈列物品都是第一次出土的珍品,如墓道中出土的3辆木质单辕车,是我国目前所见最早的西汉车轮实物;出土的一把铁斧,把我国"生铁固态脱炭成钢"的冶炼法出现的时间自魏晋南北朝时期提前了四五百年;尤其是在一号墓的发掘中,我国第一次出土了"黄肠题凑"的实物……这些历史文物体现了两千多年前工匠的高度创造才能,是研究西汉中晚期的政治、经济和物质文化发展的珍贵资料。

  说起大葆台西汉墓博物馆的"镇馆之宝",无疑是其一号墓(地宫),当年是西汉广阳顷王刘建的墓室。该地宫的规模非常大,平面呈"凸"字形,为土坑竖穴墓,南北长23.2米,东西宽18米,距地表4.7米,由封土、墓道、甬道、外回廊、黄肠题凑、前室、内回廊、后室组成,墓穴的面积达417.6平方米,甚至比清乾隆皇帝的墓穴(300平方米)还要大。地宫使用汉代皇帝御用的最高级葬具体系,史称"梓宫、便房、黄肠题凑"。

  所谓"黄肠题凑",史书上早有记载。如《汉书·霍光传》就曾经记载,在老臣霍光死后,汉宣帝曾经赐"梓宫、便房、'黄肠题凑'各一具,枞木外藏椁十五具"。后来,唐朝人颜师古在给这段文字做注解时,曾经引用汉末魏初学者苏林的文字进行解释:"以柏木黄心致累棺外,故曰黄肠;木头皆内向,故曰题凑。"刘昭也曾经给"题凑"做过注解,他的解释是:"题,头也。凑,以头向内,所以为固。"由此可知,这里的"黄肠"是从材料和颜色的角度来说的,指的是黄心的柏木;而"题凑"是从木头摆放的形式和结构的角度来说的,指的是木头的端头向内排列。将这两个词语组合起来进行分析注解,即"黄肠题凑"指的是用黄心柏木,按向心方式致累而成的厚木墙。

"黄肠题凑"的墓葬方式究竟起源于什么时候,我们已经无从考证了,但它在西汉时期的流行,已经是公认的事实。后来,随着岁月的流逝、朝代的更迭,"黄肠题凑"的墓葬方式最终被其他的方式所替代,直到两千年后大葆台墓的出土才又重新面世——可以说,大葆台汉墓"黄肠题凑"的出土填补了汉代葬制研究中的一项空白,是考古界重大的发现。

1979年北京市政府决定建立大葆台西汉墓博物馆。

1983年12月1日,在西汉广阳顷王刘建大型墓葬的原址上建立了北京市大葆台西汉墓博物馆,并正式对外开放。

1995年10月,大葆台西汉墓列入北京市文物保护单位。

李莲英墓地的特别之处和李莲英死亡之谜

李莲英,清朝末年慈禧太后时期的总管太监,原名李进喜,莲英是由慈禧太后给起的名,历经咸丰、同治、光绪和宣统四朝。

李莲英出生于顺天府大城县(今河北大城县),9岁时由郑亲王端华府送进皇宫当太监,先后在奏事处和东路景仁宫当差,直到同治三年(1864年)他16岁的时候才被调到长春宫慈禧太后跟前。在当时红得发紫的大太监安德海因"违背祖制,擅离京师"的罪名被处死后,李莲英凭借着聪明、灵巧、善解人意成功上位,成为慈禧太后最亲密的宠宦,以至于慈禧太后打破太监至多官居四品的祖制，亲赐他二品顶戴，使原本奴才身份的他爬上了权力的巅峰。

关于李莲英，民间有很多传说故事，也有很多未解之谜，其中之一就是关于他的墓地。

据说，李莲英死后，北京城的东西南北四个郊区同时发丧出殡，目的就是给后人造成一个判断上的失误，分不清楚这四个坟墓里究竟哪个坟里埋着李莲英，防止后人去盗窃李莲英的坟墓。然而，在时间的检验下，李莲英的墓地之谜最终还是被揭开了。经考古专家科学查证，真正的李莲英墓位于北京市海淀区恩济庄46号院。

1966年，李莲英的墓地在经过一番辛苦挖掘后，终于露出了真面目。当时，考古人员在墓中发现了很多价值连城的陪葬品，其中的一颗钻石帽饰，比英国女王伊丽莎白戴的那颗还大，另外还有三件宝物，分别是汉朝的青玉土浸剑、满黄浸玉镯和宋代的青玉褐浸环，都堪称无价。可令人惊讶的，不是这些出土文物有多么宝贵、稀有，而是棺椁里只有一颗腐烂干净的骷髅头，头部以下的被子里空空荡荡，连一节小骨头也没有！李莲英的躯干到底去了哪里？至今依然是一个谜。

李莲英墓被挖掘后，很多考古学者开始重新审视李莲英的死因。关于他的死，之前的说法可谓众说纷纭：在野史中，表述得非常不清晰，有的写着"病故"，有的只写"死去"等含混不清的语言；在正史中，没有提及，清史档案和墓志铭只用了一个"殒"字，模棱两可。在《李氏家谱》中有这样的记载："百日孝满，出宫养老。"李莲英在慈禧太后死后，搬出了皇宫，去棉花胡同的家中养老，直至三年后去世。而据李家的后人说，李莲英是病死的。事实上李莲英究竟是怎么死的呢？谁也说不清其中的缘由。但随着其墓地的挖掘，我们至少可以推定，只有头骨而没有尸身的李莲英，不可能是病死的。唯一的原因就是，他可能死于"他杀"。

那么，李莲英究竟是被谁杀害的呢？概括起来有三种说法。

第一种说法是，李莲英被革命党人杀害。主要的原因是，在光绪皇帝和慈禧太后的权力争夺战中，李莲英坚定地站在了慈禧太后的一边，鼎力支持她对革命党人进行打击陷害的主张。关于这个说法，很多人持否定的态度。他们认为，李莲英作为一个太监，是不可能参与朝廷内部的党派之争的，由此也不可能会得罪革命党人。更重要的是，他临死的时候已经出宫三年，与政事没有什么干系了，杀害他也没有什么意义。

第二种说法是，李莲英被江朝宗和小德张杀害。李莲英曾经与袁世凯有芥蒂，而江朝宗作为袁世凯的亲信，接受袁世凯的命令，在请李莲英吃饭的过程中，将其杀害。而小德张是李莲英的后任，他与李莲英之间有财产上的争议，因争夺财产而将他杀害。关于这个说法，也有很多人持否定的态度。他们认为，江朝宗在李莲英死的时候，正在陕西汉中镇总兵任上，直到1912年才回北京任职，远在几千里之外的他不太可能在请李莲英吃饭的时候将其杀害。而小德张呢？他并没有和李莲英共过事，二人之间也没有什么利益冲突，所以，他杀害李莲英的动机不充足。

第三种说法是，李莲英在去山东讨债的路程中，被悍匪杀害。关于这个说法，很多人都持否定的态度。他们认为，李莲英有那么多财产，而且地位又很高，不太可能要亲自跋涉千里去山东要债。然而，也有人提出，李莲英当时去山东，并非是为要债，而是去探望侄孙女。当时他的一个侄孙女远嫁到了山东省无棣县。正是在去山东看望侄孙女的过程中，被悍匪杀死。当时他的两个随从被吓得失魂落魄，只草草地将他的头颅用包袱兜回了北京，安葬了下来。

除了这些说法外，民间还有很多说法，但无法考证，至今李莲英之死还是一个未解之谜。然而，随着他墓地中"有头无身"尸骨的出现，我们可以确定地说，李莲英之死非常蹊跷，很可能死于非命。至于他到底是因何而死、是怎么死的，或许在不久的某一天，能有一个确切的答案。

文天祥在哪里度过了人生最后的时光

文天祥的纪念性建筑中，要数北京的文天祥祠最为著名了。

> 辛苦遭逢起一经，干戈寥落四周星。
> 山河破碎风飘絮，身世浮沉雨打萍。
> 惶恐滩头说惶恐，零丁洋里叹零丁。
> 人生自古谁无死，留取丹心照汗青。

文天祥的《过零丁洋》读之令人怦然心跳，细细算来，不觉间它已经流传了7个多世纪。它之所以历经数百载而不朽，是因为它昭示着一个不朽的生命，一身凛冽的正气，从南宋跨元、明、清、民国昂昂而来，并将踏着无穷的岁月凛凛而去。

文天祥生于1236年，是南宋时期著名的宰相。当他出生时，"直把杭州作汴州"的临安朝廷已经危在旦夕，人们指望他能挽狂澜于既倒，扶大厦之将倾，然而，毕竟"独柱擎天力弗支"，终其一生，他没能、也无法延续赵宋王朝的社稷。

德祐元年（1275年），文天祥被派遣守卫平江府，但因宋廷的部署失策，文天祥兵败，宋廷又将他召回临安。次年，谢太后任命文天祥为右丞相兼枢密使，派他出城与伯颜谈判，企图与元军讲和。文天祥到了元军大营义正词严，却被伯颜扣留，以增加自己的砝码。伯颜企图诱降文天祥，利用他的声望来尽快收拾残局。文天祥宁死不屈，伯颜只好将他押解北方。行至镇江，文天祥冒险出逃，那是怎样的逃亡日子啊！每天就像老鼠一样躲藏在黑暗中，从来不敢在白天行路。看到元军在盘查路人就心惊肉跳，吃的是从路边捡的菜叶，睡的是乱草堆。庆幸的是经过辗转文天祥到达福州，被宋端宗任命为右丞相。

文天祥觉得有机会大展身手了，欲拯救大宋于风雨飘摇之中，并抱定了不成功便成仁的决心。只是天不作美，文天祥在率部向海丰撤退的途中遭到元将张弘范的攻击，兵败被俘。张弘范一再强迫他写信招降宋将，文天祥于是将《过零丁洋》一诗抄录给他。张弘范读到"人生自古谁无死，留取丹心照汗青"两句时，不禁也受到感动。这是怎样的场景？文天祥一身的正气感染了对手，他情愿以身殉国，服毒自杀却被人救起，押往元朝的大都。

战场上的较量，南宋懦弱的军事体系使文天祥失败了，但他与元军的斗争又在囚狱中展开。被囚禁的过程中，考验他的人格的，是比杀头更严峻的诱降。诱降绝无刀光剑影，却能戕灭一个人的灵魂。说客不期而至，先有降臣、同为丞相的留梦炎，后有被掳的小皇帝宋恭帝。但文天祥一概不为所动：留梦炎来的时候，文天祥一顿义正词严的痛斥让他面红耳赤，无言而退；宋恭帝来的时候，文天祥未等他开口便长跪不起，迭声泣呼"圣驾请回！"小皇帝也无言以对。文天祥心中的浩然正气是不容得半点污染。晚上苦热难耐，文天祥无法入睡，他翻身坐起，点起案上的油灯，信手抽出几篇诗稿吟哦。渐渐地，他忘记了酷热，忘记了弥漫在周围的恶气浊气，仿佛又回到了"夜夜梦伊吕"的少年时代，又成了青年及第、雄心万丈的状元郎，又是上书直谏、痛斥奸佞、洒血攘袂的战场将……这时，天空中亮起了金鞭形的闪电，随后又传来了隐隐的雷声，文天祥的心旌突然分外摇动起来。他一跃而起，摊开纸墨，提起笔，悬腕直书：天地有正气，杂然赋流形……他的《正气歌》冲天而出。

更让他承受考验的还在后边，他收到了女儿柳娘的来信，得知妻子和两个女儿都在元朝宫中为奴。他也深知女儿的来信是元廷的暗示：只要投降，家人即可团聚。然而，心如刀割的文天祥为气节不为情所动。他在写给自己妹妹的信中说："收柳女信，痛割肠胃。人谁无妻儿骨肉之情？但今日事到这里，于义当死，乃是命也。奈何？奈何！……可令柳女、环女做好人，爹爹管不得。泪下哽咽哽咽。"

可以说，当时的文天祥简直就没有设想过自己尚可有另外的苟活之道，而是满怀着"时穷节乃见""壮心欲填海，苦胆为忧天"的坚韧志向，承受着身与心的双重折磨，义无反顾地走向生命的尽头。

于是当元世祖打算授予文天祥高官显位时，文天祥从容说："我是大宋的宰相。国家灭亡了，我只求速死。不当久生。"次日，文天祥向南方跪拜，引颈就刑。死后在他的带中发现一首诗："孔曰成仁，孟曰取义，唯其义尽，所以仁至。读圣贤书，所学何事？而今而后，庶几无愧。"这与《正气歌》一样在天空中盘旋荡漾，足可以凛冽于万古之后，激励着一代又一代的爱国志士。

从以上资料分析，文天祥正是在北京度过了他人生的最后时光，地址就是如今的文天祥祠。文天祥祠位于东城区府学胡同63号院。当年，他就是被元朝统治者囚禁在这个院子里的，忽必烈亲自劝降，都被他坚决拒绝，后被杀害，时年47岁。后人为了纪念他的丰功伟绩，遂在此处设立了一座祠堂。

文天祥祠始建于明朝的洪武九年（1376年），在1979年被列为北京市文物保护单位，1984年对外开放，1992年被定为爱国主义教育基地。该祠堂坐北朝南，由大门、过厅、正堂三个部分组成，面积为六百余平方米，目前祠堂内还保留着一些珍贵文物，如明《宋文丞相传》石碑、清《重修碑记》石碑及《宋文丞相国公像》碑等。

"生平事迹展览"简要介绍了文天祥青少年时期、入仕后十五年间、起兵抗元、九死一生、再举战旗、兵败被俘、楚囚就义的英勇事迹。室内屏风正面为毛泽东手书"人生自古谁无死，留取丹心照汗青"，背面为文天祥所著的《正气歌》全文："天地有正气，杂然赋流形。下则为河岳，上则为日星。于人曰浩然，沛乎塞苍冥……"这首五言古诗，共六十句，是文天祥用生命谱写的壮丽诗篇。后院尚存一株枣树，相传为文天祥被囚禁期间亲手所植。这株枣树的奇特之处在于树的枝干全都向南自然倾斜，与地面约45度角，象征着文天祥"臣心一片磁针石，不指南方誓不休"的伟大精神。

耶律楚材的祠堂为何是乾隆皇帝下令修建的

从颐和园东门进入，沿仁寿殿南侧前行至碧波荡漾的昆明湖东岸、文昌阁以北，有一座大门西向、清幽别致的院落，它就是耶律楚材祠——北屋内陈列数米高的红土堆，即其遗冢。1984年，耶律楚材祠经过整修重新开放。前来颐和园的游人，又可以来这里参观凭吊，从这位古代政治家和学者身上获取必要的教益。

耶律楚材，字晋卿，号湛然居士。因其住在北京玉泉山一带，所以又称玉泉居士。他本是契丹人，系辽太祖耶律阿保机九世孙，曾任金朝国史院编修及尚书右丞。耶律楚材刚死的时候，并没有埋葬在这里，还是清朝乾隆皇帝下令迁移到这儿来的呢！

乾隆十五年（1750年），乾隆帝为了给太后做寿，便着手修建清漪园。可动工的过程中，工匠们在瓮山的阳坡上挖出了一扇石门。当时很多人都说这扇石门里边有"机关"，谁要是打开，可能会有生命危险。后来这件事被传了出去，大家听了，谁都不敢动这扇石门。后来，乾隆皇帝听说了这个事情，他生怕工期迟延，耽误了为太后做寿的时间，于是下旨重赏能打开这扇石门的人。

还真有胆子大的人。一天，一个人来到工地上，说敢打开石门。石门被打开后，可里面并没有什么伤害人性命的东西，只有一石头棺材。棺材里安放着一个大脑瓜瓢，比常人的大一倍，左边有一石匣黄金，右边有一石匣白银，但没有任何与墓主有关的信息。工匠们翻遍了石棺内外，才在石门上发现了几行小字，上面写着:"我本长白女真人,左有金来右有银。后世英主施恩典,教我永住湖水滨。"工匠们没有读懂这四句话的意思,就将这件事报告给了监工大臣。监工大臣也百思不得其解,于是将整个事情报告给了乾隆皇帝。

乾隆皇帝为了解开这个谜题,专门请来了鬼点子多的刘墉。谁知刘墉还真不让人失望,他胸有成竹地回答道:"微臣根据那个大脑瓜瓢断定,石棺的墓主是元朝丞相耶律楚材。此人是女真族的后代,有一个特点就是脑瓜大,而且他就是被葬在了瓮山之阳。据说,之所以选择把他葬在这里,就是根据他的遗嘱而定的。他这个人非常聪明,怕后世哪位有权有势之人也看中这块地皮,将他的坟墓挖掉,所以就在石门上刻下了那四句话,请求后世人不要将他的坟墓迁往别处。"

乾隆皇帝听完刘墉的话,很有感触,就下旨为耶律楚材在瓮山泊(昆明湖)的东岸选好墓穴,把他的石棺连同那两匣金银一起安葬了。并且,还在墓前加盖祠堂三间,内供塑像及墓碑。乾隆皇帝对耶律楚材的评价颇高,他亲笔题诗曰:"曜质潜灵总幻观,所嘉忠赤一心殚。无和幸免称冥漠,有墓还同封比干。窀穸即仍非改卜,堂基未没为重完。擒文表德辉贞石,臣则千秋定不刊。"乾隆泼墨题诗,犹觉不过瘾,还让丞相汪由敦写一篇《元臣耶律楚材墓碑记》,极尽褒扬。

乾隆皇帝为什么这么兴师动众地为耶律楚材建陵墓呢?一方面是因为这样可以照样修建清漪园,不耽误为太后做寿;另一方面又可以彰显他的宽容,爱才心胸,会让人觉得他是一代明君,爱才之君,就连前朝的功臣都爱护有加呢!

说起来,也难怪乾隆皇帝对耶律楚材爱护有加。历史上的耶律楚材真的是一位能臣、功臣、巧臣,为蒙古帝国的疆土开拓立下了汗马功劳。

当年,成吉思汗攻破金中都后,首先想到了耶律楚材,下诏书令其从军参政,并为之取了个"美髯公"的外号。像耶律楚材这样的人才，在当时是不多的，在西征中的表现也很不错，因此成吉思汗对他的印象很好。这位一代天骄辞世前曾指着耶律楚材告诉其子窝阔台："此人，天赐我家。尔后军国庶政，当悉委之。"窝阔台从其父之言，倍加重用耶律楚材；而耶律楚材也不负厚望，为蒙古帝国的繁荣立下了汗马功劳。

其时，蒙古立国未久，又连年征战，国库急需补充。而蒙古人只知掳掠，不懂休养生息，给中原人民带来了深重的灾难。在这种情况下，耶律楚材设十路征收课税所，起用著名儒生20余人，使税收工作取得了较好的成绩，所获白银50万两，金帛、粮食等奇货无数。太宗感到非常惊奇，于是在中央设立中书省，拜耶律楚材为中书令，将更多的权力交给了耶律楚材，并明令规定"事无巨细，皆先白之"。至此，耶律楚材由掌管文书、占卜者的必阇赤变成了蒙古大汗的亲臣、重臣，成为权重一时的国相。

蒙古朝，耶律楚材等则作为亡金地主阶级和汉文化的代表人，在促使蒙古适应中原的统治制度中起了一定的作用。位至中书令的耶律楚材励精图治，从政治、经济、文化思想等各方面推行封建化政策，将儒家的治国思想运用于实践当中，使蒙古帝国接纳了中原封建文化的洗礼，绕过了游牧民族的历史暗礁，促进了蒙古帝国从奴隶制向封建制的转化。具体表现在：重用儒臣，施行军政分立，加强中央集权等一系列措施，并反对屠杀，禁止扑买课税，对统治区的人民实行汉族编产制度。这些改革对国家的稳定和发展都有着巨大的作用。

比如在对待屠城这一事件上，蒙古军队侵略亚欧各国和征服国内各民族的时候，曾有这样的规定：凡是进攻敌人的城镇，只要对方进行抵抗，一旦攻克，不问老幼、贫富、逆顺，除工匠外，大部分杀戮，少数妇女和儿童成为奴隶。耶律楚材就建议：凡是很巧的工匠，拥有财富的大户，都集中在汴京城里，这些人一概不能杀。窝阔台觉得有道理，就采纳了耶律楚材的建议。从此，蒙古军队屠城的事渐渐减少了。

耶律楚材所做出的这番丰功伟绩是有目共睹的，但是其背后的艰辛与艰难又是常人无法体会的。难怪元朝的宋子贞在评价耶律楚材时说：在那个"大乱之后，天纲绝，人理灭"的时代，"以一书生，孤立于庙堂之上，而欲行其所学"，确实是很困难的。但他终于发挥他的才干，取得蒙古统治者的信任，在政治、经济、文化等方面进行了广泛的改革，使"天下之人固已均受其赐"，贡献之大非同一般。耶律楚材因此赢得了"治天下匠"的美名。

从一定意义上说，蒙古帝国之所以没有骤兴骤亡，与耶律楚材的改革有着千丝万缕的联系。耶律楚材"以唐虞吾君为远图，以成康吾君为己任"，"尽弥沦之术，入酬酢之汁"，终于使成吉思汗千辛万苦打下的江山巩固下来，为元朝开国奠定了基础。

1244年，一代贤相耶律楚材走完了他传奇而又光辉的一生，病逝于蒙古高原，遗嘱以马革裹尸运回燕京，埋葬在玉泉山下瓮山泊旁，全了他的思乡之情，念乡之意。此地原来很荒凉，芦苇遮天，自从耶律楚材归来之后，才变得热闹起来。高官显贵、文豪墨客都前来凭吊英魂，以清朝乾隆皇帝为代表的历代统治阶级之所以褒扬耶律楚材，主要是因为他站在封建儒家道德的立场上，维护了地主阶级的利益。我们今天高度褒扬耶律楚材，则是由于他在促进蒙古向封建制过渡的过程中，从而也是在中华民族的缔造和形成上，起了积极的作用。他在我国多民族融合和前进的道路上，确实有过不小的贡献，我们应该给他应有的历史地位。

第十一章

老北京的风味饮食

京菜为何没有进八大菜系

提及中国菜,很多人都会提及著名的八大菜系,分别是:山东菜、四川菜、湖南菜、江苏菜、浙江菜、安徽菜、广东菜和福建菜。然而,令人称奇的是,其中并没有北京菜。要知道"北京以吃名天下",北京人可是最讲究吃、最会吃的啊!

最讲究吃、最会吃的北京人为什么没有使北京菜挤入中国八大菜系的行列呢?

其实最主要的原因就是北京菜品种的多样化,汇集了众家之长,品种虽然非常多,但没有形成自己独特的风味。所以,没有被纳入著名的八大菜系中。

然而,现实生活中,有人将北京菜列入了"八大菜系"中,其实,这并不准确。因为若要形成菜系,首先就要和自己的本土文化相吻合,具备一定的独特性。除此之外,在品种、规模、制作方法、食用方法等方面,也要形成自己的一整套东西,因为只有形成系统才能称其为菜系。然而,北京菜却不具备"独特性"和"系统性"这些特点。

据老辈人讲,在过去,北京的餐饮业中属山东菜馆最多。当时比较有名的餐馆中有"十大堂"和"八大居"之说。所谓的十大堂是指金鱼胡同的福寿堂、东黄城根的隆丰堂、西单报子街的聚贤堂、东四钱粮胡同的聚寿堂、总布胡同的燕寿堂、地安门外大街的庆和堂、什刹海北岸的会贤堂、前门外打磨厂的福寿堂以及前门外大栅栏的惠丰堂和天福堂；而八大居是指前门外的福兴居、万兴居、同兴居、东兴居（此四家又称"四大兴"），大栅栏的万福居、菜市口北半截胡同的广和居、西四的同和居、西单的砂锅居。除了十大堂和八大居之外，还有八大楼和八大春之说，其中大多是山东风味，足见北京菜中被纳入了很多山东菜元素。

老北京除了山东餐馆比较多外，淮扬菜也比较多。主要是因为在北洋政府时期，各部长、署长、国会议员等官员以及各大学的很多教授大多来自江浙，他们要吃自己的家乡菜，就这样淮扬菜在北京就扎根发展起来了。甚至出现这样的盛况：在二十世纪二三十年代的西长安街，尤其是西单附近，至少有十二家经营淮扬菜的餐馆，被人称为"长安十二春"。所以北京菜中也被纳入了很多淮南菜元素。

另外，从历史的角度看，也验证了北京菜的繁杂、多样化。在旧时，北京有皇家、王公贵族、达官贵人、巨商大贾和文人雅士等各界人士，因而社会交往可谓比较复杂。再加上社交礼仪、节令及日常餐饮的需要，各种餐馆非常多，甚至各个宫廷、官府、大宅门内，都雇用了自己专门的厨师。而这些个厨师来自全国各地，很自然地也会把自己家乡的饮食风味带进北京，这样就导致北京菜的"鱼龙混杂"、博采众家之长。这对北京饮食业的发展有很大的好处，但一个弊端就是太多的地方元素融进了北京，导致北京菜缺少了独特的个性。

如今，北京菜虽然没有被纳入八大菜系，但也发展得不错，也有自己引以为豪的菜，如北京烤鸭、涮羊肉等。而且随着社会的发展，尤其是商品经济的勃兴，北京菜的发展空间会越来越大，会发展得越来越好！

北京菜都有什么特点

北京菜，又被称为京帮菜，是在北方菜的基础上，兼收全国各地的饮食风味而自成一体的菜系，至今已有一千多年的历史。

具体说起来，北京菜的形成有其很深的历史渊源。

自春秋战国以来，北京城就是我国的北方重镇，先后有辽、金、元、明、清等五个朝代将北京定为都城。在古时候，北京城可以说是全国各城中比较繁华的一个，吸引了多民族、多地老百姓在此定居。在这一历史背景下，全国各地的饮食风味都汇集在了这里，尤其是山东餐馆遍及整个北京城。长此以往，就逐渐形成了荟萃百家、兼收并蓄、风味独特"北京菜"。

在各种影响因素中，山东菜对北京菜的形成和发展影响最大。当时的老北京城，就属山东餐馆的数量最大、山东厨师的人数最多。山东菜最大的特色就是以爆、炒、炸、火靠、熘、蒸、烧等为主要手法，口味浓厚但又不失清脆，广受老北京人的喜爱。山东菜对北京菜的形成可谓贡献良多。

除了山东菜对北京菜的影响大外，另外一个也有很大影响力的是宫廷菜。宫廷菜在北京菜中的地位非常高，它选料珍贵，调味细腻，菜名典雅，富于诗情画意。如今的许多宫廷菜都出自明清宫廷，其中比较有名的是抓炒鱼片、红娘自配、脯雪黄鱼等。

其实，北京菜不仅受到了宫廷菜的影响，同时也受到了私家菜的影响，这些私家菜中最有名的当属谭家菜。谭家菜的烹制方法以烧、炖、煨、靠、蒸为主，对北京菜的风味影响很大。

具体来说，北京菜最大的特点就是各大菜系的大汇合，即融合了北京本土菜、山东菜、官府菜等各种菜系的特色。从烹调方法的角度来看，北京菜以油爆、盐爆、酱爆、汤爆、水爆、锅爆、糟熘、白扒、烤、涮等为主要手法，以咸、甜、酸、辣、糟香、酱香为主要口味。最主要的代表菜有北京烤鸭、烤肉、菜包鸡、涮羊肉、手抓羊肉、琥珀鸽蛋、油爆双脆、水爆肚仁、葱爆羊肉、三不粘、醋椒桂鱼、珍珠大乌参、糟熘鱼片等。

老北京的宫廷菜知多少

宫廷菜,又被称为仿膳菜,其最大的特点可以用八个字来形容,那就是"稀贵、奇珍、古雅、怪异"。与其他菜色相比,宫廷菜无论在色、质,还是味、形、器上都特别讲究,极尽皇家雍容华贵之美。也正因为这份雍容华贵,宫廷菜通常会是招待外宾、贵客的首选。

宫廷菜的发展史特别长,从商周时期就有了。经过多年的发展,已经成为中国古代烹饪技艺的经典和集大成者,备受中外人士的欢迎和喜欢。

几千年来,中国悠长的历史长河中,朝代有很多,宫廷菜的风味也有很多。但如今大家所说的宫廷菜多是指清代的宫廷风味菜,主要是在山东风味、满族风味和苏杭风味这三种各具特色的风味菜的基础上发展而来的。

具体来说,清代的宫廷菜具备如下几个特点:

首先体现为原料的选择方式非常独特。它可以随意选取民间上品烹调原料,各地进贡的名优土特产品,广收博取天下万物中的稀世之珍。燕窝、鱼翅、鲍鱼、斑鸠、雉鸡、鹌鹑、野鸡、野兔、猩唇、熊掌、鹿茸、鹿脯等,各地出产的山珍海味、珍禽异兽、鲜蔬名果应有尽有。不仅品种繁多、齐全,还对这些原料产地、质地、大小、部位,都有严格的要求,例如宫廷名肴"一品麒麟面"必须以麋鹿的鼻子为主要原料;"清汤虎丹"必须以小兴安岭的雄虎睾丸为主要原料。当然,为了调剂菜式的口味,有时也会用一些比较常见的原材料,但在烹调的方式方法上会非常讲究,其烹调之精细,辅料之昂贵,实非普通老百姓的家常菜式的做法相比拟。

其次,清代宫廷菜的特点还表现为原料的多样化。清代宫廷菜最忌讳的就是原材料的单一,一般都要求由两种或两种以上的菜肴品种拼制组合而成。不仅如此,在原材料的大小规格和加工切配上也有很严格的要求:大小规格上要求"不大不小,不多不少,入口恰好";加工切配上要求"不仅要根据原料的特性进行造型,还要注重烹制时的易于入味"。

清代宫廷菜的第三个特点体现为菜肴造型的独特。清代宫廷菜比较追求造型的美观,而为了达到这种美观,当时的厨师们可谓想尽了各种方法,最终发明出了独特的"围、配、镶、酿"等工艺方法。所谓"围",是指以素围荤、以小围大;所谓"配",是要求将两种造型不同的原料成双结对地搭配在一起,从而赋予一种特定的寓意;所谓"镶",是指在一种原料中点缀上另一种经特殊加工的原料,使菜肴更富有逼真的形象;所谓"酿",就是将经精加工过的各种原料填抹在整形原料内,使菜肴的外形更加完整饱满,滋味更加鲜美。在运用这几种手法时,厨师们要懂得融会贯通、互为辅助,这样才会使菜肴更加美味。

谭家菜的历史

在众多的官府菜之中,谭家菜算是其中比较著名的一支。谭家菜是清末官僚谭宗浚的家传筵席,是谭家历经三代人传下来的官府菜,其选料之严、制作之精在各菜系中是不多见的。因谭宗浚是同治二年(1863年)的榜眼,所以谭家菜又被称为"榜眼菜"。

谭家菜最主要的特点是烹制方法以"烧、炖、煨、靠、蒸"为主,"长于干货发制","精于高汤老火烹饪海八珍"。正是由于做工精细,用料严格,烹制细腻,谭家菜的味道非常好,备受老百姓的喜爱。

据传,谭家菜的创始人是清末官僚谭宗浚。谭宗浚是广东人,非常擅长做学问,在27岁上考中了榜眼,跨进了北京的官僚阶层。虽然谭宗浚在政治上的作为并不大,却走上了另一条人生道路。

谭宗浚非常喜欢珍馐佳肴,对饮食的研究甚至多于做学问,他不惜重金请当时京师有名的厨师来家里指导自己做美食,不断吸收各派烹饪名厨所长,成功地将南方菜尤其是广东菜,同北方菜尤其是北京菜,结合了起来,精益求精,在此基础上终于独创了一派谭家风味菜肴"谭家菜"。

当时的达官贵族,很多人都知道并喜欢谭家菜,慢慢地,谭家菜在京城成为有名的菜系之一,以致很多人慕名去吃。后来,由于谭家官运不佳,家道中落,谭家的后人不得不以经营谭家菜为生,从而使得谭家菜得以进一步发展。

谭家后人虽然名义上经营谭家菜,却碍于面子,并没有挂出"餐馆"的招牌,只是悄悄地承办家庭宴席,然而生意却出乎意料地兴隆。甚至有很多人以重金求其备宴。谭家菜有一个规矩,那就是一次只承办三桌席,而且每餐不管就餐者是否相识,都要给主人多设一个座位、多摆一双筷子,这样既表示了对主人的尊重,也拉近了主人和宾客间的距离,让人感觉这不是一次生意而是一次朋友间的聚会。谭家菜正是通过这样的家庭小宴而流传到社会上来,以至到了"无口不夸'谭'"的地步,当时,还有人专门为谭家菜作了首《谭馔歌》。

很多人可能不知道,谭家菜的创始人谭宗浚虽然是一名男性,可在谭宗浚之后,谭家菜的真正烹制者,却都是谭家的女主人及几位家厨。谭家的女主人都善于烹调。在20世纪30年代,北京的某报刊在报道谭家菜时还曾写道:"掌灶的是如夫人和小姐,主人是浮沉宦海过来人。"这如夫人指的便是三姨太郭荔凤。

郭荔凤在烹饪上非常有天赋,嫁入谭家没几年,便掌握了谭家菜的烹饪秘诀,后来她更是专门向京城的名厨学了不少烹饪技艺,这样郭荔凤又广泛吸取了京师名厨的特长,使谭家菜发展到一个新的台阶。

中华人民共和国成立后,出于各方面的原因,谭家的三位家厨彭长海等搬出了谭家,在果子巷继续经营谭家菜。1954年,彭长海等三人加入国有企业,迁往西单恩承居后院挂牌营业,并收徒传技。1958年,"谭家菜"进驻北京饭店西七楼。从此,谭家菜成为北京饭店的川、广、淮、谭四大名菜之一。

从清末走到今天,谭家菜经历了一两百年的时间,虽经过由官府到民间的角色转换,但仍保持着它原有的特色。作为中国官府菜中的一个最典型的代表,谭家菜不仅赢得了许多国内外老饕的赞美,也引起了不少烹饪研究家的兴趣。

老北京人夏天都吃什么

老北京传统小吃历史悠久,一年四季,什么季节吃什么,都很有讲究。尤其是在炎热的夏季里,更得讲究怎么吃、吃什么。当然,主旨是要吃那些清淡、凉爽、嫩滑、易于消化又富营养的食品。

总结起来,老北京人夏天最爱吃的无外乎这几样儿:

暑汤

冬冷夏热是老北京的主要气候特征。在炎热的夏天里,老北京人最离不开的当属防暑降温的"暑汤"。暑汤是六七十年前老北京的冰食,花样有很多,泛说可包括百姓家熬制的绿豆汤和街市所有的冰冷饮料及可降暑的药汤。如今我们所指的暑汤,主要是指中药铺配制的、免费供给平民百姓喝的消暑药汤。这种暑汤的功能有很多,主要是清热驱火、祛暑散热。

韭菜馅合子

韭菜馅合子可以说是老北京人夏天的至爱,几乎家家都会做一些来吃。夏天,韭菜的价格非常低,而且很新鲜,正是烙韭菜馅合子的好时节。据说那时节无论哪家儿烙韭菜馅合子,周围半里地都能闻到香味,关系好的邻居还会闻香而来,凑巧吃几个解解馋,由此可见老北京人对韭菜馅合子的喜爱。

雪花酪儿

要说起老北京人夏天的吃食,那绝对不能落下雪花酪儿。雪花酪儿又被戏称为"土法冰激凌",是旧时穷人家孩子能买得起的零食之一,相当于今天的刨冰、冰沙、冰激凌等。

雪花酪儿的历史非常悠久,据说宋代时期就有了类似雪花酪儿的食品,例如砂糖冰雪冷丸子、雪泡豆儿水等。著名诗人杨万里还曾专门为雪花酪儿写了一首诗:"似腻还成爽,才凝又欲飘。玉来盘底碎,雪到口边消。"

据说,西方的冰激凌的前身正是我们的雪花酪儿,是被马可·波罗学回去并传播开来,后被人改良成了今日的冰激凌。

果子干儿

果子干儿是北京小吃中夏季食用的品种,由杏干儿、柿饼、鲜藕和葡萄干儿等果品制成。柿饼呈琥珀色,大甜杏干儿呈橙红色,加上雪白的藕片,上浇糖桂花汁,放在果盘里用冰镇着,吃到嘴里又凉、又脆、甜酸爽口,备受老百姓的欢迎。

《燕都小食品杂咏》中就有描述果子干儿的诗:"杏干柿饼镇坚冰,藕片切来又一层。劝尔多添三两碗,保君腹泻厕频登。"从中可见果子干儿的功用,具备解暑、助消化之效。在炎热的夏季午后,吃上一碗这样清凉解渴的甜品,甘甜的滋味可以直达心底,透彻心扉。

杏仁豆腐

杏仁豆腐,有的老北京人也叫作杏酪儿,是盛夏佳品之一。关于杏仁豆腐,清朝人士朱彝尊曾在《食宪鸿秘》中专门记载了其做法:"京师甜杏仁,用热水泡,加炉灰一撮,入水,候冷,即捏去皮,用清水漂净。再量入清水,如磨豆腐法带水磨碎,用绢袋榨汁去渣,以汁入锅煮熟,加白糖霜或量加牛乳。"此法做出冷却后即成杏酪儿,将其切成小块配以冰水,形似豆腐样,因此得名杏仁豆腐。但因制作的地区不同,制作杏仁豆腐的方法也有一定区别。

杏仁的营养成分非常高，含有丰富的蛋白质，能够补肺定喘、滑肠通便，但切忌过量服用，以免中毒。所以，杏仁豆腐也忌食一次用过多。

当然，除了以上吃食之外，老北京人夏天的吃食还有很多，例如红白玻璃粉、大冰碗、凉粉、凉面等。丰富的吃食，正显示了老北京人对生活的热爱。

老北京口中的"吃秋"是怎么回事儿

在老北京人中间有这样一种说法，那就是一入秋就得"吃秋"。什么是吃秋呢？所谓吃秋，也被叫作"贴秋膘儿"，就是指在入秋时，要吃些有营养的美食，以滋养身体。如今老北京城还有"立秋炖大肉"的说法。

老北京人为什么讲究吃秋呢？

主要有两个原因：一个原因是，老祖宗们都把炎热的夏天叫作恶季，就是因为每逢夏天，生活环境会变坏，苍蝇、蚊子等虫类横生，会带来并传播各种疾病，再加上夏天天气闷热，会影响人进食的胃口，导致人一到夏天就容易营养流失，出现胃口不佳、精神萎靡等症状，也因此民间有"一夏无病三分虚"的说法。而入秋了，正是补充人身体所缺的各种营养的好时机，正所谓"秋季补得好，冬天病不找"。另一个原因是，秋天是收获的季节，待到庄稼成熟时，京郊的玉米、稻谷、高粱、大枣、核桃、梨等应时上市，老百姓有了丰盛的吃食，胃口也会见好，就开始关注这贴秋膘儿的事了。

那么，老北京人吃秋都吃些什么呢？

其实不同阶层的人吃法也不同。通常生活比较富裕的人家会经常烹制一些鱼啊肉啊的吃食，如红烧肉、红烧鱼、炖牛羊肉、炖鸡鸭等富含蛋白质的肉类佳肴；而生活比较穷苦的老百姓则多吃蔬菜和面食，如大白菜、土豆、油菜、玉米面、高粱米等，家庭稍微宽裕时，还会偶尔买点肉和新上市的韭菜、茴香、小白菜制作出馋人的水饺、菜团子等；最讲究吃秋的还是那些社会名流、文人墨客、演艺界名伶们，他们在入秋时，通常会携家人或约好友下馆子，吃些烤鸭、烤肉、涮肉等名吃。

除了以上吃食外，老北京人在入秋时还喜欢吃这几样儿：

玉米棒

立秋前后，成熟的作物还不多。但有一种作物会提前进入收割期，那就是京郊的农民朋友专为售卖而提前种植的玉米棒。一入秋，老百姓就会去市集上买一些颗粒饱满的青玉米，拿回家中放入大锅里用清水煮沸，待青玉米被煮成了金黄色白玉般的老玉米后，那香味甭提多诱人了。

羊头肉

羊头肉具有丰富的营养，味甘、性热，是温补脾胃肝肾、补血温经的美食，最适合在入秋时节进食。《燕都小食品杂咏》就曾对羊头肉有如下记载："十月燕京冷朔风，羊头上市味无穷。盐花洒得如飞雪，薄薄切成与纸同。"

甜枣

入秋时节，最让孩子们喜欢的吃食非甜枣莫属了。老北京较大的四合院栽种枣树的人家很多，每逢入秋，甜枣成熟，累累的果实挂满了枝头，玛瑙般的枣儿让人们喜出望外。民间就有"七月十五枣红圈，八月十五枣擢杆"的说法。

煮毛豆、煮花生

农历八九月份，是煮毛豆和煮花生流行的季节。这时候，京郊的农民朋友会把毛豆、花生拉到菜市场销售。市民将买回的毛豆、花生用锅煮熟，趁热放入花椒、大料、食盐，捞出来便可食用。这两种吃食的味道十分可口，在老百姓中广受欢迎。

秋天是成熟的季节，可吃的东西真是太多了。这时候老百姓都会利用这大好时机，多进食一些营养丰富的肉类、蔬菜瓜果、五谷杂粮，以求得一个健康长寿的身体。

"寒食十三绝"都有什么

在春光明媚、万物复苏的清明时节,老北京人除了喜欢外出踏青、扫除祭拜外,还非常喜欢过一个节日,因为在这个节日里,他们能吃上许多好吃的,这个节日就是"寒食节"。

寒食节也被称为"禁烟节""冷节""百五节",在冬至后105天,也就是距清明不过一天或两天。后来,清明和寒食这两个节气被统一整合成为清明节。

据传,寒食节是为了纪念介子推的死而设立的,它的深层内蕴是让人们崇尚忠贞高洁,懂得自尊、自责、悔过与感恩。在寒食节这天禁止生火,吃冷饭,以表达追怀之意。在众多汉族传统的节日中,寒食节是唯一一个以饮食习俗来命名的节日。

而提到寒食节,则不得不提老北京最流行的"寒食十三绝"。在全国各个地方的寒食节习俗中,"寒食十三绝"这个老北京寒食习俗是其中最具代表性的。那么,这寒食十三绝都是指哪十三样食物呢?

姜丝排叉

姜丝排叉,又叫姜汁排叉、姜酥排叉、蜜排叉。它不但是北京传统小吃,也是北京茶菜的一个品种,因其食用时有鲜姜味而得名。姜汁排叉最大的特点是酥、甜、香,食用时有姜味。对这种小炸食前人还有诗称赞说:"全凭手艺制将来,具体面微哄小孩。锦匣蒲包装饰好,玲珑巧小见奇才。""南来顺"的姜丝排叉1997年被评为"北京名小吃"和"中华名小吃"。

焦圈儿

焦圈儿是老北京特有的一种油炸食品,约莫碗口大小,形似西方的炸面包圈。焦圈儿最大的特点是色泽深黄,焦香酥脆,风味独特,保质期长,通常与北京小吃豆汁儿搭配食用。

豌豆黄

豌豆黄是北京传统小吃，按北京习俗，农历三月初三要吃豌豆黄。北京的豌豆黄分宫廷和民间两种，其共同的特点是：色泽浅黄，细腻，纯净，入口即化。

螺丝转儿

螺丝转儿是一种面食，外皮是一根根极细的面丝，一碰即酥。螺丝转儿最大的特点是香甜酥脆。旧时小吃店常把当天售不完的螺丝转儿，用微火烤干水分再卖，烤干了叫"干迸儿"。

馓子麻花

馓子麻花是北京小吃中的精品，因其质地酥脆、香甜可口而深受老北京人的喜爱。古时候，馓子麻花不叫这名儿，而叫"环饼""寒具"，据说远在战国时代就有，秦汉以来成为寒食节的必吃食品。

硬面饽饽

硬面饽饽是一种似烧饼大小的混糖戗面火烧，入口有咬劲，微甜且香，用手一掰掉渣。硬面饽饽是过去老北京夜间供应的一种面食，由小贩们走街串巷售卖。中华人民共和国成立后就很少见了，二十世纪八九十年代几乎没有人会做，这种小吃也基本断档了。

奶油炸糕

在众北京小吃中，奶油炸糕算是比较富有营养的一种小吃了，其最大的特点是呈圆形，外焦里嫩，香味浓郁，富有营养，易于消化。

芝麻酱烧饼

芝麻酱烧饼是比较具有北方特色的小吃，在如今北京的大街小巷几乎都能见到，其最大的特点是口感香酥，入口之后层次分明而且松软可口，因而受到广大老百姓的喜爱。

萨其马

萨其马是少数民族满族的一种食物，在满语中的意思是"狗奶子蘸糖"。其主要的做法是将面条炸熟后,用糖混合成小块。萨其马因色泽米黄,口感酥松绵软,香甜可口而广受欢迎。

艾窝窝

艾窝窝和芝麻酱烧饼一样,不分季节,一年四季里都可以吃到。它最大的特点是色泽雪白,形如球状,质地黏软,口味香甜。

驴打滚儿

驴打滚儿在北京众小吃中属于比较古老的品种之一,由黄豆面、糯米粉和红豆沙卷裹而成,成品黄、白、红三色分明煞是好看。它最大的特点是豆香馅甜,入口绵软。

糖耳朵

糖耳朵又称蜜麻花,是北京小吃中常见名品,因为它成形后形状似人的耳朵而得名。糖耳朵适合在春天和秋冬时节食用。它最大的特点是色泽棕黄油亮,质地绵润松软,甜蜜可口。

糖火烧

糖火烧原为河北小吃,后传入北京,经过演化、改良,成为北京名吃,是北京人常吃的早点小吃之一。糖火烧的历史非常悠久,距今已有三百多年的历史,因其用缸做成炉子,将烧饼生坯直接贴在缸壁上烤熟而得名。它最大的特点是酥脆香甜。

如今,驴打滚儿、糖火烧、豌豆黄、焦圈儿、芝麻酱烧饼都是街头巷尾的常见之物,唯独筋道香甜的"硬面饽饽"已失了踪迹,濒临灭绝。最近一些年,有一些民俗专家建议,尽快将这传统的寒食十三绝"打包"申遗,以免断了传承。

老北京的年夜饭都有什么

中国人的传统里有各式各样的饭局:亲戚的、朋友的、同学的、老乡的、客户的……但天字一号重要的当属大年三十晚上的那顿年夜饭。

年夜饭代表着至高无上,就连古时的一些贤明圣祖都十分在意,在年三十这天也会特赦犯人们回家去吃顿年夜饭,因为这顿饭代表着一个人活在世上至高无上的权力,对于中国人而言这是无可替代的。难怪有人说:"除夕年夜饭是国人一年最隆重的一顿饭。其意义之重,饭菜之排场,吃饭时间之长,真可谓是'一餐独秀'。"

年夜饭对国人如此重要,对重视吃食的老北京人更是如此。

老年间,除夕晚上,从皇宫、王府、大宅门到普通民居、四合院乃至五行八作混居的大杂院,都分外重视这顿年夜饭。清史记载,乾隆时期紫禁城的年夜饭常在保和殿或乾清宫内举行,在金龙大宴桌上摆满各种美味佳肴,以及各式糕点汤膳。

老北京人说话比较幽默,提及这顿特殊意义的年夜饭,他们有诸多的说辞,什么"宁可穷一年,不能穷一餐""打一千,骂一万,不要忘了三十儿晚上这顿饭"。甚至还有这么一段单弦岔曲,唱的就是过大年的年夜饭:"十冬腊月好冷的天儿,缩着脖子抱着肩儿。进茶馆、靠炉台儿。找朋友、借俩钱儿又买肉、又买盐、又称面、又剁馅、又娶媳妇又过年。"让人听着感觉多有意思呀!不仅有生活趣味在里头,还能从中感知到北京人对年夜饭的重视和热爱。

说起老北京人的年夜饭有什么,不得不提一首民谣:"小孩小孩你别馋,过了腊八就是年,腊八粥,喝几天,哩哩啦啦二十三,二十三糖瓜粘,二十四扫房子,二十五炸豆腐,二十六炖羊肉,二十七杀公鸡,二十八把面发,二十九蒸馒头,三十晚上熬一宿,大年初一扭一扭……"民谣中列举的腊八粥、炸豆腐、炖羊肉等,都是年夜饭老北京的主要吃食。

但是,年夜饭仅有以上几种吃食,当然不算丰富。还必须有另外两样,那就是"年糕"和"更岁饺子"。"年糕"寓意"年年高"。"更岁饺子"可以年三十包,但煮与吃,必须在除夕夜的子时,是新年与旧年的交替之时,"子时交"与"饺子"谐音,故称"更岁饺子"。北京传统的"更岁饺子"都是素馅:黄花、木耳、粉丝、蘑菇、春韭、鸡蛋、炸排叉、少许白菜或菠菜,清香不腻,配着腊八蒜吃着可真是香、美!

在更岁饺子、年糕这些众所周知的年夜饭之外,老北京人家还要打"豆儿酱"———一种由肉皮、豆腐干、黄豆、青豆、水芥等做成的凉菜,色如琥珀,类似于"肉冻儿"。此外还有"芥末墩儿",这是用来佐酒和开胃的凉菜。蜜供、萨其马也是必不可少的。一些小康的北京人,昔日还有除夕夜食鱼的习俗,但鱼必须是鲤鱼,最初是以祭神为名目,后来则与"吉庆有余"的吉祥话相连,鱼既是美食,也是供品。

当各式荤素大菜已备齐时,北京人还要备糖果、干果、瓜子和"杂拌儿",所谓"杂拌儿"是今日之什锦果脯。当年这些小食品是人们围炉闲坐、守岁辞岁时的美食。

其实,老北京的年夜饭,准备情况还要视自家的经济情况而定。平民百姓和王府大宅门根本没法相比。但因为对这顿饭的重视,老北京人还是倾尽全力,就是借债也要准备得尽可能丰盛全面,而且必须遵循传统的固定套子,就是必须有冷荤小菜、鸡鸭鱼肉大件菜,清口菜、佐餐的酱菜、甜菜、腊八醋蒜、年糕、八宝饭。

"历朝历代,年夜饭对中国人来说,不仅是一顿丰美的晚宴,更是一种庄重的仪式,一种精神寄托。"对老北京人来说,更是如此。

如今,随着人们生活水平的提高和工作的日益繁忙,很多北京人选择在高级酒店吃年夜饭,庆祝除夕,但总少了那份年味儿。爆竹声声中,曾经一家人围在飘着香气、热气、喜气的自家桌前吃年夜饭的时光总让人难以忘怀,那种味道真是花钱难买啊!

满汉全席都有哪些菜式

说起清朝的饮食,不得不提"满汉全席"。满汉全席是清代宫廷中举办宴会时满族人和汉族人合做的一种全席,其兴起于中国著名盛世之一的清代乾隆年间,是我国一种具有浓郁民族色彩的巨型筵宴。满汉全席既有宫廷肴馔之特色,又有地方风味之精华,菜点精美,礼仪讲究,集满族与汉族菜点之精华而形成的历史上最著名的中华盛宴。

说起满汉全席的由来,需要追溯到清朝入关以后。乾隆甲申年间李斗所著《扬州画舫录》中记有一份满汉全席食单,是关于满汉全席的最早记载。另一本记载有满汉全席的书,是乾隆年间著名诗人袁枚所著的《随园食单》。袁枚在其《随园食单》中写道:"今官场之菜……又有满汉全席之称……用于新亲上门,上司入境。""满菜多烧煮,汉菜多羹汤,均自幼习之。"由以上两书的记载可知,满汉全席大约形成于清朝乾隆年间。

据说,清朝入关前,宫廷的宴席十分简单。通常是在一块露天的地方,铺上一些兽皮,参宴者们围着坐在兽皮上用餐。对此,《满文老档》有记载,其中有这样的话:"贝勒们设宴时,尚不设桌案,都席地而坐。"当时的宴席,不仅对座席没有讲究,对吃食和规模更是要求不高。从吃食上看,通常都是火锅配以炖肉,肉类主要是猪肉、牛羊肉或者猎来的兽肉;从规模上看,都不怎么大,即便是皇帝出席的国宴,也不过设十几桌、几十桌。

入关后,随着清王朝的强大和昌盛,满族与汉族及其他各民族在政治、经济、文化等各方面的交融越来越多,其饮食文化也随之发生了一定的变化,深受汉族饮食的影响。康熙五十二年(1713年),康熙帝首开千叟宴,令满汉等各民族共享一宴,便是清人在饮食文化上发生变化的一大佐证。当然,汉族的饮食文化也受到了满族饮食文化的影响,满族的一些食品也为汉族人所喜爱。除了深受汉族饮食的影响外,满族饮食文化发生变化的另一个重要原因就是国力的日渐强大。由于经济的不断发展,满族统治者在饮食上变得大大考究起来,从宫廷到民间,浮华之风大盛,这就为满族统治者举办豪华的盛宴提供了经济支撑。

最初满汉饮食文化的交融，只体现为相互间彼此的欣赏，但在举行盛大宴席的时候，满汉是不合席的，对此，《大清会典·光禄寺则例》中有记载。但是随着时间的推移，汉族人在朝中为官的人越来越多，所以朝廷在举行盛宴时也不得不考虑汉族人的饮食需求，所以后来发展为先吃满菜席再吃汉菜席，这种吃法被称为"翻台"。然而翻台却也带来一种结果，即制作满席和汉席的厨师为了使得自己的吃食更加精美可口，开始相互竞争且相互吸取对方的长处，于是人们遂将两席的菜肴去粗存精拼为一席，称为"满汉全席"，满汉全席之名由此而来。

满汉全席的取材非常广泛，用料十分精细，山珍海味无所不包，其中有满族菜肴的特殊风味，例如擅于烧烤、火锅、涮锅，但同时又显示出了汉族的烹调特色，例如扒、炸、炒、溜、烧等皆备，菜品口味可谓异常丰富。

满汉全席的规模非常大，菜肴繁多，一般情况下，上菜起码得108种，南菜和北菜各54道，南菜54道：30道江浙菜，12道福建菜，12道广东菜。北菜54道：12道满族菜，12道北京菜，30道山东菜。满汉全席一夕之间不能尽餐，需分全日（早、中、晚）进行，或分两日吃完，多者可延长到三日才可终席。

老百姓很多知道满汉全席有108道菜式，但具体是哪108道菜式，却又说不上来。其实，具体的菜式因为席类的不同，也会有很大的区别。

满汉全席因出于不同的目的和场合，以及参加者的地位不同而有六大不同的分类，主要有蒙古亲藩宴、廷臣宴、万寿宴、千叟宴、九白宴、节令宴等六种。

蒙古亲藩宴

该宴主要是清帝为了款待与皇室联姻的蒙古亲族所设的御宴。该宴通常设在正大光明殿，由满族一、二品大臣作陪。每朝的皇帝都非常重视蒙古亲藩宴，每年都会循例举行，因为其关系到皇家与蒙古亲族的友好相处，江山社稷的长久安定。

廷臣宴

该宴通常会在每年的正月十六日举办,主要的参加人员为皇帝钦点的大学士、九卿中有功勋者、蒙古王公等,主要是皇帝为了笼络大臣、封其功禄而设置的。该宴有一个特点,即座位皆采用高椅,参加者在宴会上可以作诗饮酒,气氛相对活跃。

万寿宴

该宴主要是为了庆祝皇帝的寿辰而设置的,属于内廷中比较盛大的宴会之一。参加人员主要为后宫后妃、王公贵族、文武百官。该宴会通常会非常热闹,乐舞宴饮一应俱全。

千叟宴

该宴是清宫中规模最大的宴会,参加者人数最多,菜肴最丰富。康熙五十二年(1713年)第一次举办,当时康熙帝还专门为其赋诗一首,即后世有名的《千叟宴》,该宴名也即由此而来。后人称谓千叟宴是"恩隆礼洽,为万古未有之举"。

九白宴

该宴兴起于清朝康熙年间,主要是皇帝为了款待向清廷进贡的蒙古部落使臣而举办的。据传,康熙帝初定蒙古外萨克等四部落时,这些部落为表投诚忠心,每年以九白为贡,即:白骆驼一匹、白马八匹。以此为信。

节令宴

该宴主要是清宫内廷按固定的年节时令而举办的,其中比较有名的宴会主要有元日宴、端午宴、中秋宴、除夕宴等。

刘记和炒红果的那些事儿

说起北京的传统小吃,很多老北京人都会说:"炒红果啊!多具代表性啊!"而说起炒红果,则不得不提"刘记"。

以炒红果而享誉京城的刘记,已走过了半个多世纪的春秋。其创始人是刘鸿印,是最早"进驻"东安市场的商贩之一,在如今已经成为历史性的传奇商界人物。提及北京饮食往事尤其是炒红果往事,不得不提他。

据刘鸿印的后人刘宗义讲,刘家并非经商世家,而是世代务农,祖祖辈辈居住在京城东边的六里屯,也就是如今的农展馆一带。

光绪年间,刘鸿印当时只有十八岁。这个年龄的男孩子如果在今天才刚刚开始大学生活,可是刘鸿印却已经开始了自己的创业生涯。十八岁的他独自挑着担子进了北京城里,在东安门外的商街上(东安市场前身)安下了身,做起了小商小贩。

当时的东安门大街是一个十分醒目的地方,是居住在东城的文武百官每天上朝出入宫门的必经之路。这样一个入宫的必经之处,朝廷岂能让一些小商小贩影响了脸面呢!于是光绪皇帝下令将那些小商贩们赶到王府井大街一个废弃的练兵场里,并用铁丝网拦起一块大空地,取名东安市场,让那些小商贩们在那里经营。

有些小商贩怕生意做不好,都去别的地儿了,因为练兵场平时没有什么人来,哪能有买家呢!可思维敏锐的刘鸿印并不这么想。他觉着只要利用好地理优势,同样可以在这里"大展宏图"。于是他趁机占据有利地形。

那个时候,在正街与头道街交叉的十字路口,东西南北摆着四个水果摊。东边的摊主是郭四,靠南是位叫姬老的商贩,西边是于焕章等三人合开的买卖,北边就是刘鸿印的摊位。除了卖时令水果,刘鸿印也卖些冰糖葫芦、豌豆黄等小食。

随着岁月的流逝,东安市场的人口越来越多,商贩生意也渐渐红火起来。慢慢地,东安市场就由人烟稀少的练兵场发展成为经商的重要场所。刘鸿印便租了一个上下两层的铺面房,挂牌"刘记"。并靠几年来的积蓄在东安门大街过去叫小黄庄的地方,置办了一处产业,院子里有六七间房,除了安家之用,还成了炒红果、蘸糖葫芦和做其他小吃的作坊。

到了宣统年间,刘鸿印的生意越做越好,竟然做到了皇宫里。怎么回事儿呢?原来,当时的紫禁城御膳房只去两个地方采购食品，一个是前门外的集市，另一个就是东安市场。刘鸿印是一个何等机灵的人哪，他买通了当时宫里负责挑金缸水（消防用）的太监曹五头，让曹五头负责把宫里的需求传话给刘鸿印，刘再根据这些需求去备货。久而久之，刘鸿印的生意在东安市场越做越大，甚至达到了无人不知无人不晓的地步。

而到了民国时期，刘记的拿手小吃更是受到了老百姓的欢迎，尤其是炒红果。炒红果也分等级，最好的叫金钱果，用去籽去皮的整果做，价钱十分昂贵，民国时卖到二十块大洋一斤，而当时一个熟练工的月收入才八块大洋。因此买家主要是皇亲国戚、达官贵族、戏曲名伶等。可见刘记炒红果的生意有多火！

说起刘记炒红果的历史，刘宗义有很多话要说。据刘宗义回忆，他叔叔就曾这样告诉自己："刘家的媳妇儿都是累死的！"原来刘宗义的奶奶、婶妈和自己父亲的前妻都离世非常早。刘宗义感慨道："您想啊，头天或半夜做的吃食第二天一早就得上市。连家人带伙计有六十多口人，如果自家人的手艺不强还要遭白眼。婶妈那会儿是个特不服输的女人，就说熬糖，别人都是一次熬三斤，可婶妈一次能熬五斤。"

那时候，但凡有点手艺的人都爱暗地里较劲，不是比谁赚的钱多，而是比谁的手艺更精湛、更过人，所以总是想方设法地提高自己的手艺，让自己的活儿与别家不一样。这样就使这些手艺人特别累。

就拿炒红果来说，虽然叫"炒"红果，但实际加工的过程中，并不是"炒"而是用水焯。首先，将上好的红果筛选出来，洗干净再放到凉水锅里焯。可千万别小看这"焯"的手艺，中间的学问可大着呢！首先，要把凉水锅放到火上，在开锅之前要保证把红果焯透，如果水开了，那红果就会崩裂，成了烂酱。所以控制水温就成了焯这道程序的关键所在。然后将焯好的红果去籽去皮，放到熬好的糖浆里浸，熬糖的技术也非常关键。按照刘家的标准，那就是"熬糖要熬出筋骨来"。由此可见刘记对炒红果工艺的要求之高。

20世纪80年代初,刘家掌握炒红果工艺的人中只有刘宗义的叔叔一个人。刘宗义怕这门手艺失传,就恳请叔叔教自己。

"那时候为学这门手艺,我可是费劲了脑力和体力,下了不少功夫。能掌握好炒红果的手艺确实不容易哇!"刘宗义低声叹息。他揣摩了多年才悟出叔叔讲的"熬糖要熬出筋骨来"这句话的含义——"熬糖用的是白砂糖,熬制过程中要把普通的蔗糖熬成转化糖,这样口感就更甜了。火候掌握是否得当直接影响到糖的软硬度。"

有人问刘宗义,学了手艺是否想重挂"刘记"的老招牌来经营炒红果。刘宗义听了连连摇头:"炒红果这活儿太磨人了,能把人活活累死,老辈人为此可吃尽了苦头,所以都不想后代再经营这门生意了!"现在的刘宗义只是偶尔炒些红果送给亲戚朋友吃,从未有过重建"刘记"招牌的想法。

炒红果给刘记带来了荣耀和回忆,更为老百姓带来了新鲜的美味。如今,炒红果的生意在北京依然很红火,希望更多的人将这门手艺传承下去,并发扬光大。

玉米粥是怎么进入御膳房的食谱的

在当今老百姓的心里,能进入古时候皇宫御膳房的食物不是山珍海味,就是各地有名的特色小吃,无论是成色还是制作工艺,绝对是千里挑一的。因为,那可是皇帝一家吃的啊!皇帝是谁?真龙天子啊!

可是有这么一道食物,它非常平凡,极其家常,甚至老百姓闹饥荒吃不上白面时才会吃它。愣是这样一种食物,打败了各式各样的山珍海味,挤入了清朝皇帝的御膳谱里。它是什么食物呢?很普通,就是玉米粥。在德龄所著的《清宫琐记》中,就记载着慈禧太后爱吃玉米粥的故事。

很多人不禁好奇，平凡的玉米粥是怎么"混"进皇家食谱里的呢？这与一个传说有关。

大家都知道，大清朝泱泱大国是马上打下的江山，清朝的皇亲国戚们无不马上功夫一流，尤其爱好打猎，康熙皇帝就是其中一位。

一次，康熙领着众侍卫去滦平的长山峪一带打猎。一行人猎得很多猎物，玩得十分开心，待太阳快要下山时方往回走。正策马走着，康熙突然看到远处有一只非常漂亮的梅花鹿。猎物袋里可独独缺这么个好物什啊！康熙赶紧张弓搭箭，快马加鞭，紧追不舍。

追赶了一会儿，天色渐渐地黑了。由于康熙赶得太急，竟把众侍卫落下了好远。康熙累得气喘吁吁，肚子里也饿得咕咕直叫，只好策马往回走。

走了一会儿，突然看到前方有灯光。康熙赶紧策马上前一看，原来是一户农舍。康熙高兴极了，打算向这户人家讨些饭吃。

他勒住马，停在了农舍门口，往里一望，只见一位头发花白的老者正与家人围在一起吃饭。饭桌上摆着热气腾腾、焦黄焦黄的玉米面干粮和香喷喷的玉米粥，还有野兔肉炖蘑菇、烧金针和一大盘凉菜。

康熙看了热腾腾的食物，馋极了。便下马走进农舍，对老者说："这位老先生，打扰了！我去前面的山上打猎，可由于天色太晚，无法及时赶回家。再加上一天都没有吃饭，所以非常饿，想借用您一餐，来日定送还银两。"

老者是一位非常热心的人，他听了后赶紧招呼康熙坐下来吃饭。

康熙饿极了，三下两下便吃了个大饱。吃完后便问老者："老先生，您家的饭菜真好吃啊！这么好的饭菜是谁做的啊，一定出自一个心灵手巧的媳妇吧？"

老者听了，哈哈大笑，说："您请看，陪我吃饭的就这三个儿子，我们家没有女人哪！我老伴去世得早，三个儿子还没有娶亲。

大儿子负责上山打猎,二儿子负责上山砍柴,三儿子负责在家照顾我,兼顾做菜烧饭。您今天吃的饭菜是我三儿子做的啊!"

康熙听了老者的话,非常惊讶。不自禁地打量起老者的三儿子来。只见他眉清目秀,干净利索,心里非常喜欢,便赞了他几句。

正说话间,康熙的众侍卫在外边看到了皇帝的御马,便找了进来。这老者一家才得知眼前的这位便是当今皇帝康熙,吓得连连磕头。康熙一把将他们扶起,说:"朕这一趟真是收获很多啊,看到你们一家和和美美、其乐融融,想到这一带的百姓应该生活得非常安稳,朕也就高兴了!"

接着,康熙吩咐侍卫重赏了老者一家,这才策马回宫。

没几天,康熙便怀念起老者家的玉米粥来,觉得宫里的山珍海味全不如玉米粥吃着爽口,于是派人找到老者的三儿子,将他请进宫来在御膳房里专门给康熙做玉米粥吃。

从此以后,玉米粥便在清朝御膳房里有了属于自己的位置,与那些名扬天下的山珍海味一起,被写进了御膳房的食谱里。

豌豆黄知多少

老北京人,甭管有没有权势,有没有名利地位,都乐于享受生活,反映在吃上更是特别讲究。因为在北京,有许多特色小吃带给人的不仅仅是舌尖之美,更是一种人们心里对生活的满足和惬意。豌豆黄就是这类特色小吃的典型代表。

"豌豆黄,大块的咧!……"每年春天的三月初三,北京满大街都充斥着这种吆喝声。只见这些卖豌豆黄的小贩一边招呼着买主,一边熟练地掀起那块罩在独轮车里大砂锅上的湿白布,切出一大块黄澄澄、香喷喷、嵌满红枣的豌豆黄递给买主。从这天开始直到农历五月天,北京城的大小胡同都能看到他们推着独轮车的身影,听到他们动听的吆喝声儿。

豌豆黄是北京传统小吃,最早从民间传入宫廷,精细化改良后，回流民间。所以，老北京的豌豆黄分为两种。一种是北海公园仿膳制作的所谓宫廷小吃，另一种是走街串巷的小贩出售的制作较粗糙的豌豆黄，这两种小吃都叫豌豆黄，颜色、口味都非常好，但用料、工艺、价格却有天壤之别。

民间的豌豆黄多是糙豌豆黄，将普通的白豌豆去皮，将豆焖烂，放糖炒，再加入石膏水和煮熟的小枣，搅匀放入大砂锅内，待其凝固冷却成坨后，扣出来，切成像切糕一样的菱形块，置于罩有湿蓝布的独轮车上。春天的庙会上，"小枣糙豌豆黄"是特别诱人的时令鲜品，人们一听见卖豌豆黄的吆喝声，就如听见春天在踏着脚步缓缓走来。

宫廷的豌豆黄来自清宫御膳房，是清宫御膳房厨师根据民间"小枣糙豌豆黄"改进而成的，取材非常苛刻。豌豆必须是上等的、精良的白豌豆，将之洗净焖烂，过细箩，沉淀后再加上白糖桂花，待凝固冷却后切成块，装入精美礼盒里，每块豌豆黄边角还附几块金糕，红黄相衬，无论是色泽还是味道都堪称绝佳。传说慈禧太后最爱吃豌豆黄，由此名声大噪。

相传，一天慈禧太后在北海的静心斋游玩，忽然听到高墙外有人在大声地吆喝，便问身边的太监是怎么回事儿。太监命人去查看了一番，回话说原来是一个卖豌豆黄的商贩在那吆喝。慈禧太后听着觉得新鲜，便命人将这个商贩叫进静心斋来。商贩见了慈禧太后，赶紧下跪，奉上了豌豆黄。慈禧看着那黄灿灿的物什别提多喜欢了，尝了一口觉得味道非常好，赞不绝口，并命人将商贩带进了宫中，专门为自己做豌豆黄。

从此，豌豆黄名声大噪，逐渐发展为北京有名的小吃。

你了解老北京"杂拌儿"都有什么吗

小时候，最看重的节日，莫过于春节，因为春节时不仅可以家家团圆、穿上好看的衣服，还可以吃上好吃的东西。但对小孩儿们来说，最好吃的可不是什么饺子和大鱼大肉，他们最想吃、最爱吃的，是那色彩鲜艳、各种味道的"杂拌儿"。有首民谣这样唱道："过大年好喜欢，吃了杂抓能抓钱，不挣钱的学生抓识字，大姑娘抓针线……"这里的"杂抓"讲的就是杂拌儿的事儿。

如今，提起"杂拌儿"的名称来历，很多人都说不上来。其实，在不同的时代，杂拌儿的内容也有着变化，名称也不一样。旧京时的"杂拌儿"，其实是由一些不同种类的干鲜果品掺杂在一起拌合而成的：

宋代时，杂拌儿被叫作"果子盒"，内装许多干果。

明朝时，杂拌儿的名字非常文雅，叫作"百事大吉盒儿"，明人刘若愚就曾在《酌中志》书中说：北京正月新年有内盛"柿饼、荔枝、桂圆、栗子、熟枣"的"百事大吉盒儿"。

清代时，原来人们把杂拌儿叫作"蜜饯"，是厨师们将一些干果用蜜汁加工而成的，这种蜜饯色香味俱全，传说深受慈禧太后的喜爱，在一次吃着时，慈禧太后就随口赐了个"杂拌儿"的名。后来，杂拌儿这一名字从宫内传到了民间，就一直被叫到了现在。

说起杂拌儿，还可以进行细分，即高档的细杂拌儿、中档的杂拌儿、杂抓三类。

高档的细杂拌儿，旧时的老百姓轻易吃不着，因为里面所含的干果儿太多了，老百姓都吃不起。这种高档的细杂拌儿，是将鲜杏儿、蜜桃、大枣、桂圆、荔枝、山楂、藕片等，经过糖蜜渍汁加工成蜜饯杂拌儿，主要是为旧时那些王公贵族、王府大宅里的人食用的。延续到现在，高档的细杂拌儿已经演变成盒装的北京特产"蜜饯果脯"，包装精美、味道可口，成为当今老百姓走亲访友的馈赠佳品。

中档的杂拌儿，也被称为粗杂拌儿，与高档的细杂拌儿相比，所含的干果儿成分相对少一些，主要是梨干儿、苹果干儿、柿饼条、山楂条、脆枣、榛子仁、花生仁等。

杂抓，属于比较次级的杂拌儿，旧时的老百姓过年过节所吃的杂拌儿就是这种，里面所含的都是些价钱最便宜的瓜子、花生、嘣酥豆什么的。说起杂抓这一名称的来历，还很有意思。当时，卖这种比较次级的杂拌儿的小商贩多是推着小车沿街吆喝着卖，卖给顾客时也不用秤称，只是用手一抓，朝用旧画报折卷成的三角形纸包一放就完事儿了。这种较次级的杂拌儿也因此而有了"杂抓"这个名儿。

杂拌儿在老北京人这里，属于过年必备的年货之一，主要用来除夕守岁和招待来家拜访的亲朋好友。大年除夕的晚上，一家人围坐在一起，边吃杂拌儿边聊天的时光，想必很多老北京人都记忆犹新、无比怀念吧！

你知道蜜供是用来祭祀的吗

蜜供是老北京的特色糕点之一。老北京过年除夕摆供时，总会摆上一些蜜供。因为，按照当时的说法，如果过年时没有蜜供来祭拜，不仅显得这一家子过得非常寒酸，还是对神佛祖先的大不敬。所以，即使再穷的人家，就是砸锅卖铁，也会买一些蜜供来摆，只是蜜供的大小、分量不同而已。由此可见老北京人对蜜供的重视。

所谓蜜供，也被叫作"蜜供尖"，是祭祀专用的面食，属于老北京传统油炸小吃，因它是蘸了蜜糖的一种糕点，故称"蜜供"。《清稗类钞》中就曾对蜜供有专门的描述："所谓蜜供者，专以祀神，以油、面做夹，砌作浮图式，中空玲珑，高二三尺，五具一堂，元日神前必用之。"

旧时，蜜供通常由饽饽铺（也就是如今的糕点铺）制作并出售。当时，制作蜜供比较有名的有好几家，例如德丰斋、正明斋、聚庆斋等。各饽饽铺的蜜供，是用和了油的半发面、夹上少许红色馅、洒上桂花汁后擀平，切成一寸来长铅笔粗细的小面条，油炸后蘸蜜糖即成。

每年腊月初几，家家饽饽铺都会制作个上书"本店专门定做蜜供"的招牌挂在店铺门口，以招揽顾客。一般的人家都是现钱订货，而穷人家则可以"打供"，即想定制什么样、大小、重量，在年初时就说好，按价每月分期交预付款，即每月交零钱到年底凑成蜜供价的整数，到时候拿回蜜供回家过年。当时用此法，解决了穷人家不能一次性花费很多钱买蜜供的难题。而那些家境殷实的人家，通常都是在腊月中下旬时，由饽饽铺派专人送到家，这在当时成为一景。

在旧时，蜜供非常流行。尤其是在清朝时候，北京崇文门外药王庙还专门设置了"蜜供局"，专门为皇室提供蜜供。关于这家药王庙的蜜供，还有一个非常有意思的传说。

相传，当时这个药王庙就在哈德门（也就是今天的崇文门）外，庙里住着一群道士，他们不仅道术很高，还为了维持生计，自主开办了一个小作坊，专门制作各类糕点。这些道士的厨艺非常好，做的糕点深受老百姓喜爱，尤其是他们自制的蜜供，更是非常好吃、好看，因此名气很大。有一年，清朝的道光皇帝听人谈起药王庙蜜供的好，便穿着便装，悄悄地来到药王庙。当他看到庙里放着的那些蜜供，不仅色彩鲜艳，形状还很别致，十分惊讶，赞不绝口。待尝了几个后，更是直夸做得好。回宫后，他马上下旨，命药王庙为御膳房的蜜供局。从此，药王庙就专门向皇宫提供蜜供了，药王庙的名气也跟着大了起来，来烧香的人也越来越多了。

说起蜜供的历史发展过程，也很坎坷，它曾在十年浩劫期间销声匿迹。直到20世纪90年代初，一家糕点店才重新开始售卖起蜜供来。如今，售卖蜜供的店铺有很多，荟粹园、正明斋、稻香村等知名糕点店在每年的腊月都会提供质优价廉的蜜供，到时候您不妨尝一尝。

焦圈儿的故事

谈及北京的各色小吃,很多人会首先想起焦圈儿,许多人称"边喝豆汁儿边吃焦圈儿是一种享受"。

什么是焦圈儿呢?所谓焦圈儿,又被称为"小油鬼",色泽深黄,形如手镯,焦香酥脆,风味独特。别看这焦圈儿非常普通,人家可是从清宫御膳房传出来的食品呢!

据《北京土语辞典》记载:"作环状,大小如锻,特别酥脆。"这讲的就是焦圈儿。除此记载之外,宋朝诗人苏东坡还曾专门为焦圈儿写过一首赞美诗:"纤手搓成玉数寻,碧浊煎出嫩黄深。夜来春睡无轻重,压扁佳人缠臂金。"足见焦圈儿的好吃、好看。

可以说焦圈是老北京人爱吃、爱看的名小吃。其实,除了耐吃、耐看之外,焦圈儿身上还发生过很多有趣的故事,其中最有名的当属很多名厨因焦圈儿而被称为"焦圈儿王"。

在这些封"王"的历史中最有名的是"焦圈儿俊王"。"焦圈儿俊王"是老北京食客对光绪年间德顺斋第一代王国瑞的美称,因他长得非常白净英俊,故送给他这一个封号,如今王家的手艺已经传到了第五代。

除了"焦圈儿俊王"之外,还有一个"王"不得不提,他就是北京比较有名的兴盛馆的邹殿元。邹殿元的师傅孙德山是清宫御膳房专做焦圈儿的厨师,后来又有百年老号顺德斋"焦圈儿俊王"的相传,制作的焦圈儿可谓又酥又脆,非常受欢迎,甚至有的食客说:"吃上一辈子都不腻口啊!"

如今,北京比较有名的焦圈儿售卖店是北京护国寺小吃店和群芳小吃店,他们制作的焦圈儿深受老百姓的喜爱,还于1997年12月被中国烹饪协会授予首届全国中华名小吃称号。

萨其马的由来

在中国，萨其马可谓是家喻户晓的一款点心，它口感绵甜松软，色泽金黄，甜而不腻，入口即化，蛋香味浓，营养丰富，是满族人的一种传统糕点，清代关外三陵祭祀的祭品之一。对此，《光绪顺天府志》和道光二十八年（1848年）的《马神庙糖饼行行规碑》均有明确记载。

《光绪顺天府志》记载："赛利马为喇嘛点心，今市肆为之，用面杂以果品，和糖及猪油蒸成，味极美。"道光二十八年（1848年）的《马神庙糖饼行行规碑》也写道："乃旗民僧道所必用。喜筵桌张，凡冠婚丧祭而不可无。"由此可知萨其马在当时已经是非常有名的小吃了。

满族老一辈人原来称萨其马为满洲饽饽，汉语翻译为糖缠或金丝糕。不过它最终为何叫"萨其马"了呢？关于这个名称的由来，历来有很多种说法，其中最典型的有以下两种：

第一种说法：

相传在清朝时期，有一位姓萨的将军，他非常喜欢骑马打猎，而且他还有一个习惯，就是在每次打猎后必须吃些点心以及时补充能量，更要命的是厨师准备的这些点心必须不能重样。

一次，萨将军出门打猎前，特别吩咐厨师要"来点新鲜的玩意儿"，还说如果不能让他满意，就杀了这个厨师。厨师听了别提有多害怕了，他知道萨将军可是说到做到的人。

上呈点心的时候到了，厨师由于紧张，一不小心就将抹上蛋液的点心给弄碎了！偏偏这时将军又催着要。厨师一听就恼了，悄悄地骂了一句："杀那个骑马的！"这才又慌里慌张地将点心呈送上去。

想不到萨将军吃了之后竟然非常满意，便问起这道点心的名字，厨师惊魂未定，随即回了句："杀骑马！"结果萨将军听成了

"萨骑马",想着自己姓萨又爱骑马,更觉这道点心的可心,便连连称赞,萨其马因而得名。

第二种说法:

相传,努尔哈赤远征的时候,看到一位名叫萨其马的将军带着妻子给做的点心,非常诱人,便尝了一个,觉得非常可口。细打听下,才知这种点心不仅好吃,还能长时间不变质,利于保存,非常适合在行军打仗时充当干粮。于是便请这位将军的妻子做了很多,充作军粮,在军队中广受欢迎。后为了表彰萨其马将军及其妻子的功劳,努尔哈赤特将这种点心命名为"萨其马"。

冰糖葫芦的由来

来北京游玩,很多人一定不会错过一项美食,那就是老北京冰糖葫芦。冰糖葫芦有很多种,但老北京的冰糖葫芦绝对是拥有数一数二的口感,所以,很多居住在北京的人,在回家探亲时总喜欢买上几斤袋装的冰糖葫芦,让家里人尝个鲜儿。

老北京的冰糖葫芦,不仅口感好,酸甜可口,而且模样也很耐看。红彤彤的山楂果按大小顺序排列穿在竹签子上,外面再裹上一层厚实的、晶莹透明的糖稀,从远处看,就像一棵硕果累累的小树,非常诱人,简直是人间美味!

说起老北京冰糖葫芦的好吃、好看,很多人一定点头称是。可若要问起冰糖葫芦的来历,恐怕就没有几个人能说出来了吧!

提起冰糖葫芦的来历,还得说说南宋的宋光宗皇帝呢。

南宋时期,宋光宗最宠爱的人是黄贵妃。一次,黄贵妃生病了,什么都不想吃,遂病情一天比一天重。宋光宗吩咐御医开了很多药方子,但都不管用,黄贵妃一天比一天瘦,非常可怜。宋光宗见爱妃病至如此,非常心疼,整日愁眉不展。一位太监见皇上发愁的样子,也想法帮皇上开解,他说:"天下无奇不有,隐藏着各种能人,眼看黄贵妃的病越来越重了,皇上您何不发道圣旨,看看民间有没有神医能够将黄贵妃的病治好呢。"宋光宗听了这位太监的话，心底又萌发了一丝希望。于是命大臣张榜求医。

几天后，一位江湖郎中揭榜进宫，为黄贵妃诊脉后说："其实黄贵妃的病并不严重，皇上您不必发愁，只需用冰糖与红果（即山楂）煎熬，每顿饭前吃五至十枚，不出半月病一定能够痊愈。"

开始宋光宗还不相信这法子，但又没有什么别的好法子，于是只好采纳了这位郎中的话，命人按照郎中的法子做好了药。没想到，这种药还挺合黄贵妃的口味，黄贵妃按这个方子服用后，果然如期痊愈了。宋光宗见爱妃病体痊愈，别提多高兴了，遂大大奖赏了这位江湖郎中。

后来，江湖郎中治好黄贵妃病体的事儿传到了民间，老百姓纷纷按照郎中的法子进行制作，大家吃了无不称好，于是这方子便流传开来，即使没病也喜欢吃上几颗。后来又有能人在此基础上进行了加工，将用冰糖熬好的红果用一根竹签穿连起来，并取名为冰糖葫芦。

黄贵妃的病那么严重，连御医都无法可施，那江湖郎中仅用一些红果、冰糖就将病看好了，真可谓非常神奇。原来，别看山楂小小一枚，并不起眼，它药用功效很多，能够消食积、散淤血、驱绦虫、止痢疾，特别有助于消化。明代杰出的医药学家李时珍曾说过："煮老鸡硬肉，入山楂（山楂）数颗即易烂，则其消向积之功，盖可推矣。"也道出了山楂的助消化特性。黄贵妃每日吃的是山珍海味，或许是一不注意间被所食用的山珍海味积住了食，导致消化不良。小小山楂具有助消化功能，遂帮黄贵妃解除了病痛。

豆汁儿的由来

提起北京小吃，很多人会马上想起豆汁儿。而提起豆汁儿，很多人会马上想起北京的城墙宫宇、老街胡同。由此可见豆汁儿和北京的渊源之深。

作为早已家喻户晓的"中华名小吃"和国际友人身临北京"必尝"的几样名吃之一，别看豆汁儿其貌不扬，却一直是众人尤其是老北京人的香饽饽，爱新觉罗·恒兰还专门撰写了一本有关豆汁儿的书，书名叫《豆汁儿与御膳房》。人们为什么这么喜欢豆汁儿呢？一个主要的原因就是豆汁儿极富蛋白质、维生素C、粗纤维和糖，并有祛暑、清热、温阳、健脾、开胃、去毒、除燥等功效。

北京城里从哪年开始有了卖豆汁儿的呢？据说有好多种说法。

爱新觉罗·恒兰在其所著的《豆汁儿与御膳房》中，曾这样写道：乾隆十八年也就是1753年的夏天，民间一个作坊偶然发现用绿豆磨成的粉浆发酵变酸，尝起来酸甜可口，熬熟后味道更浓。于是，在民间开始饮用，逐渐在北京流行起来。

后来这种粉浆传到了皇宫中，深受乾隆帝的喜欢。乾隆帝还曾下谕："近日新兴豆汁儿一物，已派伊立布检查，是否清洁可饮，如无不洁之物，着蕴布招募豆汁儿匠二三名，派在御膳房当差。"于是，源于民间的豆汁儿成了宫廷的御膳。

其实不仅乾隆帝，就连极挑剔的慈禧太后也非常爱喝豆汁儿。传说慈禧幼年的时候，家就在北京的新街口。当时她家非常贫寒，经常吃不起蔬菜，为了补充孩子的营养，她母亲就经常用豆汁儿代替蔬菜。后来慈禧进宫后，就专门请人来御膳房制作豆汁儿。久而久之，豆汁儿成为当时清宫御膳的一种饮料。

照这么算来，北京人喝豆汁儿已经有几百年的历史了。

可是虽然有几百年的历史，还是有很多人不知道豆汁儿的味道。早些年，京城有一个京剧非常火，这个京剧叫《豆汁儿记》，又叫《金玉奴》或《棒打薄情郎》。很多人看了，不知"豆汁儿"为何物，以为即是豆腐浆。其实，豆汁儿的制作工艺比豆腐浆要复杂得多。豆汁儿实际上是制作绿豆淀粉或粉丝的下脚料。它用绿豆浸泡到可捻去皮后捞出，加水磨成细浆，倒入大缸内发酵，沉入缸底者为淀粉，上层飘浮者即为豆汁儿。

发酵后的豆汁儿须用大砂锅先加水烧开，兑进发酵的豆汁儿再烧开，再用小火保温，随吃随盛。

喝豆汁儿也讲究缘分。和豆汁儿没缘的外地人，第一次见到豆汁儿，就会被那味儿给弄晕了，犹如泔水般的气味使他们难以下咽，以致质疑怎么那么多北京人爱喝豆汁儿。

北京人通常会把喝豆汁儿当成是一种享受。他们第一次喝豆汁儿时也会难受，但捏着鼻子喝两次，感受就不同一般了。有些人竟能上瘾，满处寻觅，就是排队也非喝不可。

《燕都小食品杂咏》就曾记载说：

"糟粕居然可作粥，老浆风味论稀稠。无分男女，齐来坐，适口酸盐各一瓯。"

"得味在酸咸之外，食者自知，可谓精妙绝伦。"

豆汁儿是具有独特风味的北京传统小吃，也是老北京文化不可缺少的一部分。北京人有着一身对自己传统文化的赤胆忠贞，只要纯正的北京文化没有完全被外来文化异化掉，豆汁儿的味道就仍会在北京城里飘来荡去，让人心醉神迷。

炒肝儿的由来

去庆丰包子铺吃饭的人，偶尔能看到隔壁桌上有一个人在吃一碗黑乎乎的黏稠状食物，汤汁油亮酱红，肝香肠肥，让人忍不住也来一份尝尝。这份黑乎乎的黏稠状食物是什么？就是北京名吃炒肝儿。

炒肝儿是北京特色风味小吃，由宋代民间食品"熬肝"和"炒肺"发展而来，以猪的肝脏、大肠等为主料，以蒜等为辅料，以淀粉勾芡而成，其味浓而不腻，稀而不澥，颇得北京人的喜爱。

说起炒肝儿，北京人几乎人人都知道。但说起其来历，很多人就开不了口了。要追溯炒肝儿的历史，要从清朝同治年间前门鲜鱼口胡同的会仙居开始说起。

当时，会仙居由三位姓刘的兄弟经营，主要经营白水杂碎生意。这三兄弟都是非常勤劳的人，他们起早贪黑地干，一点也不敢偷懒，可生意就是不景气。于是，这三兄弟便商量着如何提升店铺的人气，在老大的提议下，他们决定改进白水杂碎的做法。

说来也巧，当时《北京新报》的主持人杨曼青和这三兄弟的交情非常好，得知他们的想法后，便给他们提议说："你们既然想改进，何不大刀阔斧地改！你们把白水杂碎的心肺去掉，加上酱色后勾芡，名字可不能叫烩肥肠，就叫炒肝儿，这样或许更能吸引人一些。"

三兄弟听了，都觉得这想法不错。想了一会儿后，老三说："那人家问为何叫'炒肝儿'时，我们可怎么说啊？"

杨曼青听了哈哈大笑："老三你可真是个大实诚人！你们大可以说肝被炒过啊。这样吧，为了提升你们的名气，我在报上也帮你们宣传宣传。"

三兄弟听了，别提多开心了，与杨曼青话别后，便照他的提议行动。

三兄弟把鲜肥的猪肠用碱、盐浸泡揉搓，然后用清水加醋洗净，用文火炖；等肠子烂熟之后将其切成小段，鲜猪肝则片成柳叶状的条儿。在制作炒肝儿之前，他们先把作料和口蘑汤做好。

别看作料和口蘑汤不是主原料，可也不能小看，它们影响着整个炒肝儿成品的品质。他们先将锅温热放油，把大料炸透，然后放入生蒜，等蒜变黄时就放入黄酱，然后炒几下，蒜酱便做好了。除了精心制作作料外，还要精心制作口蘑汤备用。

待一切准备好后，就可以制作炒肝儿了。先将切好的熟肠段放入沸汤中，然后放入蒜酱、葱花、姜末和口蘑汤，之后放入切好的生猪肝，马上勾芡，最后撒上蒜泥，炒肝儿就做好了。汤汁晶莹透亮，猪肠肥滑软烂，肝嫩鲜香，清淡不腻，醇厚味美。

会仙居的炒肝儿一经推出，便吸引了众多顾客。他们争相来买炒肝儿，不久会仙居的名声在当地便是响当当的了！

会仙居的炒肝儿出名后，京城的各大饭店、各个小吃店也跟着做炒肝儿的生意。随着岁月的流逝，炒肝儿发展成为京城的一大名吃，流传到了现在。

卤煮火烧的由来

卤煮火烧是老北京的一道传统小吃，地道的北京人中估计没有几个人不喜欢吃。火烧切井字刀，豆腐切三角，小肠、肺头剁小块，从锅里舀一勺老汤往碗里一浇，再来点蒜泥、辣椒油、豆腐乳、韭菜花。热腾腾的一碗端上来，犹如品尝人间美味。

如此美妙的食物可是老北京土生土长的物什，甚至比京剧都还要地道。为什么这么说呢？因为最初的卤煮出自清宫廷的"苏造肉"。

相传，清朝乾隆帝在一次赴南方微服私访时，曾住在大臣陈元龙的家里。陈府里的厨师张东官做得一手好菜，颇对乾隆的口味。于是乾隆帝在私访结束回京时，向陈云龙讨要了张东官，将他安置在宫中御膳房。

张东官是一个非常聪明的人，他知道乾隆帝喜爱厚味饮食，就用五花肉加丁香、官桂、甘草、砂仁、桂皮、蔻仁、肉桂等香料烹制出一道肉菜供膳。香料按照春、夏、秋、冬四季，分量随之变化。这种配制的香料煮成的肉汤，因张东官是苏州人，就称为"苏造汤"，其中的肉就被称为"苏造肉"。后来"苏造肉"传到了民间，受到老百姓的深深喜爱。《燕都小食品杂咏》对此有记载，其中有一首诗就是专门为"苏造肉"而创作的："苏造肥鲜饱志馋，火烧汤渍肉来嵌。纵然饕餮人称腻，一脔膏油已满衫。"由此可感知"苏造肉"的美味。

然而，"苏造肉"又是如何演变为卤煮火烧的呢？这要归功于"小肠陈"的创始人陈兆恩。陈兆恩当时就是售卖"苏造肉"的，那时的"苏造肉"是用五花肉煮制的，所以价格非常贵，只有那些达官贵人才吃得起，而普通的老百姓根本买不起。为了让更多的老百姓都能吃上可口的"苏造肉"，陈兆恩便苦思妙策，最后决定用价格低廉的猪头肉取代价格昂贵的五花肉，同时加入价格更便宜的猪下水进行煮制。没想到用猪头肉和猪下水煮制的"苏造肉"竟然在老百姓中大受欢迎，成为当时一绝。

这给了陈兆恩很大的鼓舞和信心。为了让更多的老百姓都能吃上更可口的"苏造肉"，陈兆恩主张加入火烧一起卤煮。火烧与烧饼十分相似，但火烧表面上没有芝麻仁。而卤煮指的是"卤煮猪下水"，卤煮火烧是将整个火烧放入卤煮猪下水的大锅中同煮，食用时捞起来切块，与卤猪下水同食，可加香菜及辣椒油。

卤煮火烧的开创，不仅便利了当时的老百姓，丰富了老百姓的日常生活，而且为老北京特色食谱添加了一道亮丽的风景线。

小窝头的由来

凡是去北海公园游玩的老北京人，都喜欢去仿膳饭庄去坐一坐。为什么要去那里坐呢？被"小窝头"吸引过去的啊！

一般窝头都为玉米面所制，但这里所说的小窝头不是这种，而是另一种原料制成的清代宫廷御膳小吃，它用黄豆、玉米加工成精细面粉，再加入白糖和桂花蒸制而成的美点。其特点是上尖下圆，小巧玲珑，看上去像一个个金色的"小宝塔"；吃起来味道香甜，细腻滋润。因而，凡是游览北海公园的人们，都以去仿膳饭庄品尝脍炙人口的小窝头为快事。

黄豆、玉米都是民间常见的食物材料，以其为主原料的小窝头本来十分普通，为何却成为北京仿膳名点的呢？说到其原因，不得不提及当年慈禧太后逃亡的那段历史。

八国联军入侵北京的时候，虽然义和团和北京军民都英勇抗争，但由于清政府的腐败无能，北京还是被攻克了。慈禧太后生怕出现闪失，便抛下皇宫，急忙领着贴身侍卫，化装成普通的老百姓，仓皇西逃。

　　由于走得特别匆忙，带出来的食物不多，没几天便吃完了。慈禧一行人不敢暴露自己的身份，不便向当地的官僚部门求援，走的又都是荒山野岭，只希望能路过一户人家讨点食物来解饿。可是一路走下来，哪见到什么人家啊，周围尽是树林子、野山。慈禧饿得都快坐不住了，便连骂身边的太监无用，太监们个个都着急万分。就在这时，有一个名叫贯世里的随从，身上还留有一个从民间要来的玉米面窝窝头，便掏出来进献给了慈禧太后。俗话说："饱了喝蜜蜜不甜，饿了吃糠甜如蜜。"平时吃惯山珍海味的慈禧太后这时竟也将这粗劣不堪的窝窝头吃得津津有味，还连声称赞："好吃！好吃！世间怎么有这么好吃的物什呢！"

　　很快，丧权辱国的《辛丑条约》便签订了，八国联军退出了北京。慈禧见八国联军退出，便急急地又回到了北京，又过起了"吃香喝辣"的生活。

　　可是山珍海味吃得久了，难免会腻味，慈禧太后又想起了那又香又甜的窝窝头，于是命令御膳房赶紧做来给自己吃。慈禧太后的懿旨可把御膳房的一众厨师们给难住了！窝窝头本就是粗粮，只有民间贫穷的老百姓才会吃，一般的富贵人家只食精米精面，对这种玉米面窝窝头躲闪还来不及呢，慈禧太后身份如此高贵，会看得上从民间来的窝窝头吗？自己按照民间的做法做了，惹慈禧太后的厌可怎么办呢？但厨师们又深知慈禧太后的性情暴戾乖张，哪敢违抗旨意，于是便依照民间窝窝头的式样，另加进一些黄豆粉和大量白糖，还有桂花，精心制成了小窝头，松软甜美。慈禧太后吃了，果然喜欢。从此以后，小窝头便成了慈禧太后食谱上的一道菜。

　　清朝统治被推翻后，小窝头和其他清宫食品一样，流传到了民间，成为北京著名的风味小吃。

茶汤的由来

相信很多人都看过经典电视剧《四世同堂》吧！如果您看过的话，想必对齐老太爷到地摊上买兔儿爷的场景有点印象。在那一场景中有一个镜头，就是卖北京小吃茶汤的人在吆喝。只见那伙计拎着一把冒着热气的大茶汤壶，大铜壶金光锃亮，壶身铸有游龙，壶嘴是一个龙头的造型，龙头上面系着两朵丝绒花球，显得既古典又漂亮。大铜壶肚膛内点着煤炭，沿着肚膛盛水，茶汤就用烧得滚开的水直接冲入放有茶汤原料的碗内。由于盛水的大铜壶足有四十公斤重，所以冲茶汤的手艺人不仅要有熟练的技巧，手还要有劲儿，否则茶汤没冲好，反而易被烫伤。所以，一般冲茶汤的手艺人都是男人，但也有例外。

看过电视剧《铜嘴大茶壶》的人大概都会记得，北京人艺老演员牛星丽在剧中扮演的主角就是手持大茶壶卖茶汤的，可见牛星丽的厉害。

从名称由来上说，茶汤因用水冲熟，如沏茶一般，故名茶汤。如果说茶汤究竟起源于什么时候，那还真说不清。据传早在五百年前，明朝宫廷小吃中就有了茶汤的名号，有诗为证："翰林院文章，太医院药方。光禄寺茶汤，武库司刀枪。"从这首诗中我们就可看到茶汤的可贵性，在明朝时期它就已经风靡朝野。

如今，茶汤主要有山东茶汤和北京茶汤两种。其中，北京茶汤更是传统风味小吃，味甜香醇，色泽杏黄，味道细腻耐品，因用龙头嘴的壶冲制，所以又叫龙茶。清嘉庆年间的《都门竹枝词》中有"清晨一碗甜浆粥，才吃茶汤又面茶"的诗句。这首诗勾画出了旧北京街头小吃的多样化，从中也可见当时茶汤的流行。

北京茶汤属于一种甜饮，和藕粉相似，原料也是糜子面，用开水冲食。但它有一套冲制的技巧，非熟手不能完成：先把茶汤原料在碗内调好，放好糖与桂花卤；然后再在高大、体重的铜壶中装满滚开的水。售者一手执碗，一手扶壶柄，必须双脚撇开半蹲式，才能立稳。左手的碗，正好等在壶嘴边，等水一冲出，碗要随时变换距离，以掌握开水适量来控制它的厚薄程度，并不使开水外溢，激出糖浆，这是技巧之一。右手要有足够的控制力量，开水一出壶口，正好注入碗内。要一次完成，才能冲熟茶汤，否则滴滴答答注水，茶汤必生，不能吃，那就亏本了。同时也要注意水出得猛的话，会浇在自己手上，烫了自己，也碎了碗，就更不合算了，这是技巧之二。所以卖茶汤没有这一身技巧是做不来的。

要说起茶汤的历史，有一家名号不得不提，它就是北京天桥的茶汤李。茶汤李拥有非常悠久的历史，技术精湛、扎实，他家的茶汤不仅色好，味道更是令人流连忘返，绵软细腻，香气夺人，还于1997年被中国烹饪协会授予首届全国中华名小吃称号，足见其茶汤的美妙。

茶汤李之所以能走到今天，主要在于它的不断创新、与时俱进。它会根据时代的变化、社会的新需求，开发出新的茶汤种类，至今已经研发出十几种。如今，茶汤李将传统工艺与现代科技相结合，研发出了鲜菱角茶、珍珠奶茶、奶昔、圣代等佳品，吸引了更多的顾客。

北京烤鸭的由来

"北京烤鸭"肉质鲜嫩，汁液丰富，气味芳香，且易于消化，营养丰富。国内各地人士以及外国友人，大凡到北京来的，都要一尝风味独特的"北京烤鸭"，"北京烤鸭"可谓名闻中外。

然而说起北京烤鸭的起源及名称来历，则众说纷纭，至今没有一个统一的说法。大致归纳总结一下，具有代表性的历来有三种传说。

第一种说法是北京说。北京说也即土生土长说,相传在800多年前,金朝把都城建在了北京。当时的北京还没有现在这么繁华、门庭若市,还是一片山野,林木环绕着小河、沟渠、溪流,风景优美。当时的农夫都乐于养鸭,由于这里水草丰美,鸭也都肉厚油肥。再加上山林里游荡着一批野鸭,这些野鸭生于这样的环境中,也都个个健硕肉美。而金朝的女真人比较擅长狩猎,所以经常会去山林里打一些鸭子回来烤食。后来,金朝强大后,后宫的御厨厨艺也大为增长。宫廷师傅们对打来的鸭子增加了烤炙程序,精其味料,做成最初的烤鸭。后历经北京厨工改良烤法,形成一套固定工艺,成就了今日的"北京烤鸭",所以有人说北京烤鸭是土生土长的北京菜肴。

第二种说法是杭州说。杭州说也叫元代说。相传,关于烤鸭的形成,早在公元400多年的南北朝时期的《食珍录》中即有"炙鸭"字样出现,南宋时,"炙鸭"已为临安(今日的杭州)"市食"中的名品。当时烤鸭不但已成为民间美味,同时也是士大夫家中的珍馐。后来,临安被攻破,元军俘虏了许多临安的名厨到大都(今日的北京),炙鸭因此在北京落下脚。由此,烤鸭技术就传到了北京。后来,随着岁月的流逝,朝代的更迭,烤鸭成为明、清宫廷的美味。明朝时,烤鸭是宫中庆祝节日必备的菜肴,北京有名的烤鸭店"便宜坊",便是明朝时开业的。清朝时,烤鸭成为众皇亲国戚的厚爱佳品,据说康熙帝和慈禧太后就十分喜欢吃烤鸭,"北京烤鸭"之名也逐渐定名。官吏们常常收购北京烤鸭,供亲属享用。据《竹叶亭杂记》记载:"亲戚寿日,必以烧鸭相馈遗。"烧就是烤,可见烤鸭还成了当时勋戚贵族间往来的必送礼品。

第三种说法是南京说。南京说也叫明代说。相传,明朝建都南京的时候,当时的南京和金朝时的北京一样,没有今日的繁华,多山野和湖泊,盛产湖鸭。由于湖鸭众多,明宫的御膳房师傅们便借地缘优势,研究起鸭菜来。他们通过精心的研制,发明了盐水鸭、香酥鸭、腊鸭、烤鸭，一鸭百味，均由此出。后明成祖将都城迁到了北京，明宫的御厨师傅们也便将鸭菜的做法带到了北京，当然其中就有烤鸭的做法。后来，又从御厨传到了民间，经过岁月的磨砺，成就了一道北京名吃——北京烤鸭。

中华人民共和国成立后，北京烤鸭的名气越来越大，驰名中外，甚至成为中国饮食的代表，可见北京烤鸭受欢迎的程度。

酸梅汤的由来

酸梅汤，古时候被称为"土贡梅煎"，是老北京传统的解暑饮品。在天气炎热的夏天，老北京人通常会买一些乌梅（或者杨梅）来自行熬制，里边放上些白糖去除乌梅（或者杨梅）的酸味，冰镇以后饮用。

酸梅汤的营养成分非常高，能清热解毒，安心止痛，甚至可以治咳嗽、霍乱、痢疾，对此项功能，经典神话小说《白蛇传》就曾有"乌梅辟疫"这一故事。

针对酸梅汤的功用和流行，民国时期的徐凌霄描述得最为形象，他在自己的作品《旧都百话》中曾这样描写酸梅汤："暑天之冰，以冰梅汤最为流行，大街小巷，干鲜果铺的门口，都可以看见'冰镇梅汤'四字的木檐横额。有的黄底黑字，甚为工致，迎风招展，好似酒家的帘子一样，使往的热人，望梅止渴，富于吸引力。昔年京朝大老，贵客雅流，有闲工夫，常常要到琉璃厂逛逛书铺，品品古董，考考版本，消磨长昼。天热口干，辄以信远斋的梅汤为解渴之需。"足见酸梅汤在当时的流行。

说起酸梅汤的历史，可谓久远，可追溯到清朝乾隆时期。有诗为证，乾隆年间的诗人郝懿在作品《都门竹枝词》就曾写过这样的诗句："铜碗声声街里唤，一瓯冰水和梅汤。"

今天老北京人喝的酸梅汤是从清宫御膳房传到民间来的，所以，民间素有"清宫异宝，御制乌梅汤"这样的说法。

清朝时期，酸梅汤在皇宫内十分流行，乾隆皇帝尤其喜欢喝。很多人不禁会问，酸梅汤为什么在清宫这么受欢迎呢？其实这有着很深的历史渊源。

相传，满族十分喜欢喝酸的东西。当时的满洲人以狩猎为生，肉食是他们的主要食物。为了解除吃过肉食后的那种油腻味，他们发明了酸汤子这种满族食品。所谓的酸汤子，主要原料是玉米面，由其发酵后做成的。满洲人在吃完油腻的肉食后，再喝点清爽可口的酸汤子，无异于品尝到了人间美味。

后来满洲人入关后，酸汤子也随之传到了北京城。由于生活的环境发生了变化，满洲人逐渐放弃了狩猎的主要生活方式，所以其身体等方面也随之产生了变化。由于酸汤子的主要原料是玉米面，玉米面的糖分非常高，如果食用过多而运动量较少的话，身体里的糖分就会过高，从而转化成脂肪，增加身体体重，影响身体的健康。针对这一现象，素来喜欢喝酸汤子的乾隆皇帝便下旨改进。

御膳房的厨师们接到乾隆帝的旨意后，丝毫不敢懈怠，连夜进行研究，终于熬制出了能替代酸汤子的饮品，它就是我们今天所说的酸梅汤。

酸梅汤的主要配方是：将乌梅、桂花、甘草、山楂、冰糖掺杂在一起进行熬制。由于乌梅具有去油解腻的功用，桂花具有化痰散瘀的功用，甘草能清热解毒，山楂能降脂降压，冰糖能益气润肺，所以这几样原料掺杂在一起熬制而成的酸梅汤功用非常大，不仅能够去油解腻，还含有丰富的有机酸、枸橼酸、维生素B_2和粗纤维等营养元素。

酸梅汤一经研发成功，就受到了乾隆皇帝的嘉许，据说，乾隆皇帝每天都会喝上一碗酸梅汤。乾隆帝对酸梅汤的这份喜爱之情，再加上酸梅汤本身的味美、富有营养的特性，吸引了众多的老百姓来品尝酸梅汤，酸梅汤遂逐渐在民间流行起来。

灌肠儿的由来

灌肠儿,是老北京一种很有特色的小吃食品,属于纯北京式的土特产,多少年来在集市、庙会上随处可见,尤其是在北京的夜市上,都少不了它的身影。

旧时,在老北京的街头经常会有一些挑担小贩沿街叫卖灌肠儿,对此有人曾记载:"粉灌猪肠要炸焦,铲铛筷碟一肩挑,特殊风味儿童买,穿过斜阳巷几条。"

说起灌肠儿的历史,可谓十分悠远,从明朝就开始流传开来。早在明万历年间的《酌中志》和清乾隆年间的《都门竹枝词》中就有记载,还有"猪肠红粉一时煎,辣蒜咸盐说美鲜"等诗句。足见灌肠儿的美味和受欢迎程度。

说起灌肠儿的流行,很多人可能了解,但说起灌肠儿的由来,则很少人能说出一二。据说,灌肠儿的诞生与"桃园三结义"故事中的兄弟之一张飞有很大的关系。

相传,张飞曾经营一家肉铺子。在张飞经营肉铺子之前,当地已经有好几家肉铺子了。这几家肉铺子的生意原来都还不错,但自从张飞来了后,生意就开始惨淡起来。所以这几个肉铺子掌柜的都非常痛恨张飞,但又碍于张飞的"身强力壮,虎背熊腰",都敢怒不敢言,只在暗里地使坏,经常聚在一起商议排挤张飞的法子。

有一天,张飞在自家店铺的厨房清洗猪肠子,刚洗好,正准备放锅里煮,就有顾客来买肉,张飞赶紧出去招呼,但走时忘记把厨房的门给关上了。

这一情景被那几家肉铺掌柜中的一个看到了,他高兴极了,心想终于逮着害张飞的机会了。于是悄悄地溜进了张飞的厨房,看见锅里有猪肠子,案板上有一些碎肉,盆里有一些面粉,于是计上心头,把碎肉倒进面粉里,加了些水,搅拌几下就塞进猪肠子里，放在锅底，把其他的肉盖在上面就赶紧溜走了。他心想，这下张飞的肉铺子可得搞砸了，他的猪肠子被搞得乱七八糟，顾客一吃就会发觉不是那个味儿，从此怕不会有人再去他肉铺里买肉了吧！

大家都知道，张飞的心非常粗，招呼完顾客后，他也没细看，就生火煮肉了。待把猪肠子煮熟后，他捞起来一看，觉着不对，猪肠子里鼓鼓囊囊的，别再有什么问题吧？他赶紧捞起一根，拿刀将这根猪肠子切开，尝了几口。真是太好吃了！既有肉味，还有面味，还有肠子味，比光吃肠子可好吃太多了。张飞觉得非常奇怪，这猪肠子里怎么会有面味和肉味呢？他朝四周看了看，这才看到，案板上的肉和盆里的面粉都不见了。他这才想到，定是有人趁他去招呼顾客的时候，对猪肠子悄悄地做了手脚。

张飞觉着这真是天在助他，有人害他没害成，反而给了他很大的启示。将碎肉和面粉掺和着放进猪肠子里，煮后吃着真是太香了，顾客们一定会非常喜欢。于是他试着做起来，在做的时候还进行改进、创新，往猪肠子里放进了很多作料，这样使猪肠子更加美味。

第二天，张飞就开始吆喝着卖猪肠子。顾客见了他的猪肠子，都觉着很新鲜，一尝，都连声叫好，赞不绝口，问是怎么做的。张飞也非常慷慨，便把原料和程序告诉众顾客了。

其中一个顾客叫嚷着说："张师傅，您真是手巧啊，竟能想起来将碎肉和面粉灌进猪肠子里，真是太聪明了！就是不知您这好吃的猪肠子叫什么啊？"

张飞听了这位顾客的话，想了想，说："既然这猪肠子是因灌了东西进去才这么好吃，不妨就叫'灌肠儿'吧！"

从此，灌肠儿便在老百姓间风行起来，张飞的生意也越做越好。相反，原来那几个想害张飞的肉铺掌柜们，没承想"偷鸡不成，反蚀了一把米"，生意更加惨淡了。

涮羊肉的由来

一到寒冬腊月，老北京人除了注意添衣保暖外，还有一个事儿绝对落不下，那就是吃一些既好吃又暖身的美食。而提起既好吃又暖身的美食，莫过于涮羊肉了。寒冬腊月，外面天寒地冻，约上三五好友去火锅店里来顿涮羊肉吃，那可是人生的一大美事！

说起涮羊肉的历史，可谓非常久远。相传，涮羊肉起源于元代，和元世祖忽必烈还有很深的渊源呢！

当年，忽必烈带领军队远征。途中大家又累又饿，一个个再也不想走了。忽必烈也非常饿，看到手下们的样子，便下令暂停休息。

看着手下一个个没精打采的，忽必烈心想，什么食物最能解乏、增加能量呢？突然他想到了家乡的名吃——炖羊肉。于是他吩咐伙夫赶紧杀羊烧火。

就在伙夫宰羊割肉的时候，有手下疾奔来报，说敌军已经逼近，形势非常危急。忽必烈听了非常着急，但又非常饿，心里一直记挂着吃羊肉。于是，他边命令手下继续撤退，边喊着："羊肉！羊肉！"

伙夫知道忽必烈是个非常急躁的人，想吃羊肉那就得马上向他提供羊肉，可羊肉得一会儿工夫才能煮好啊，怎么办呢？伙夫想了想，马上想到了一个办法。只见他飞快地切了十多片薄肉，放在沸水里搅拌了几下，待肉色一变，马上捞入碗中，撒下细盐，送给忽必烈吃。忽必烈吃后，觉得很可口，接连几碗之后，翻身上马，率军迎敌，最终凯旋。

在和将帅们举行庆功宴时，忽必烈马上想起了之前吃的那道羊肉片，便命伙夫去做。伙夫选了上好的嫩羊肉，切成了薄片，再配上各种佐料，还专门准备了一锅鲜汤，请忽必烈和众将帅们涮着吃。将帅们吃了,各个称赞不已。

伙夫见忽必烈喜欢,心里也非常高兴,便上前请忽必烈赐名。忽必烈一边涮着羊肉片,一边笑答:"我看就叫'涮羊肉'吧,既形象又好听!"从此,"涮羊肉"就在皇宫里流行起来,深得皇帝们和嫔妃们的喜爱。

那么,涮羊肉又是如何传到民间来的呢?

相传在清朝光绪年间,北京名小吃店东来顺羊肉馆的掌柜为了使自己的餐馆更红火,拿钱贿赂了皇宫里的太监,请他从皇宫御膳房里偷出了涮羊肉的食谱。这掌柜的在御膳房食谱的基础上又进行了创新,逐渐开创了独具特色的涮羊肉,深受顾客的欢迎。涮羊肉这一吃食便在民间开始流传起来。

如今的涮羊肉得到了良好的发展,无论是在片法还是原料上都有了很大的改进,除了羊肉,还有人喜欢涮羊脑、羊腰、羊尾、羊宝等,花样繁多。

寒冷的冬天,吃涮羊肉是个理想的美食选择。但需注意的是,羊肉不能食用过多,否则容易"上火"。所以,要适量地吃羊肉,尽量多搭配一些蔬菜吃,这样不仅吃得美味,还能增加营养,健身强体。

第十二章

老北京的娱乐世界

你对国粹京剧了解多少

一直以来，听京剧、唱京剧，都是老北京人最喜欢的一种休闲方式。在老北京的街头巷尾流行这么一句话："一口京腔，两句二黄，三餐佳馔，四季衣裳。"这句话为什么流行呢？因为它是考察一个人是否是真正"北京人"的重要标准。在这条标准中就有京剧，即"两句二黄"。"两句二黄"是什么？它指的就是要会唱上几段京剧，因为京剧中最主要的唱腔就是"二黄"和"西皮"。从这句流行语中，我们可以看出京剧在老北京人心中的地位之高。

京剧，又被称为"京戏""国剧""皮黄"，是中国的"国粹"，是我国最具有影响力的戏曲剧种。京剧之名始见于清光绪二年（1876年）的《申报》，是我国传统名剧，距今已经有两百多年的历史，其剧目之丰富，表演艺术家之多，剧团之多，观众之多，影响之广泛，都居我国之首。

京剧是一个大剧种，在全国三百多个地方戏曲剧种中，京剧可算是个老大哥。它博采众长，形成了唱、念、做、打有机结合的艺术体系。京剧的唱腔有的悠扬委婉，有的铿锵有力，念白也有音乐性。表演上富有鲜明的舞蹈性和强烈的节奏感。乐队主奏乐器为京胡，其他还有京二胡、月琴及锣、钹、鼓等，是我国影响最广的一种戏曲。

京剧的形成历史十分波折、复杂。

乾隆五十五年（1790年），流行于安徽一带的徽戏剧团三庆班来京。该徽班的主要唱腔是二黄，兼有昆腔、四平调、高腔等。由于该徽班唱腔相当丰富，在北京演出时又大量融进了北京语汇，所演戏剧表现力愈加丰富，使得徽班在北京曲剧界占了首位。随后又有徽剧的四喜、和春、春台三班来京，合称为"四大徽班"。它们善于吸收其他剧种的剧目和表演方法，使得北京聚集了众多地方剧种，也使得徽班在艺术上得到迅速提高。四大徽班陆续进入北京演出后，于嘉庆、道光年间同来自湖北的汉调艺人合作，相互影响，接受了昆曲、秦腔的部分剧目、曲调和表演方法，并吸收了一些民间曲调。道光以后，三大班的班主兼主要演员程长庚以唱徽音、二黄著称，在京城十分有名气，与此同时湖北汉调演员余三胜、王洪贵等进京搭入徽班。湖北汉调演员搭入徽班后，将声腔曲调、表演技能、演出剧目溶于徽戏之中，使徽戏的唱腔板式日趋丰富完善，唱法、念白更具北京地区语音特点，易于被京城老百姓接受。道光二十五年（1845年），各大名班均为老生担任领班。徽、汉合流后，湖北的西皮调与安徽的二黄调再次交流，促成了由徽调与汉调合流的"皮黄"唱腔的形成。徽、秦、汉的合流，为京剧的诞生奠定了基础。

继程长庚等人以后，著名老生演员谭鑫培对程长庚、余三胜等许多前辈的唱腔和演技兼收并蓄，并加以发展融合，逐渐锤炼出一套唱法，形成相当完整的艺术风格和表演体系。北京是该剧种形成的所在地，故而在清末、民初一直把它称作"京剧"。

不过，"京剧"之名历尽坎坷。1928年，"国民政府"定都在了南京，于是下令改"北京"为"北平"，京剧也随之被更名为"平剧"。后在20世纪30年代，随着新剧也就是我们今天所说的话剧的兴起，与之相对应的京剧又一度被更名为"旧剧"。直到中华人民共和国成立后，"北平"又被更名为"北京"后，京剧才又恢复了它原来的名称。后来,随着时代的发展,京剧渐渐地走出国门,在国际上影响深远,遂被称为"国剧""国粹"。

京剧有"国粹"之名是当之无愧的。为什么呢?不仅仅在于它有着悠久的历史和"我国最大剧种"的身份地位,更在于它通过动听的曲调和优美的舞姿讲述了一个个生动的故事,融文学、音乐、舞蹈、美术等多种艺术于一体,展示了中国悠久的历史文化。在当今中外戏剧文化中,它不仅展示出华夏民族戏剧传统的浓厚,还对世界未来艺术的发展起着重要的作用。

京剧里为何会有"前四大须生"和"后四大须生"之分

很多喜爱京剧的人士都知道,京剧共有生、旦、净、丑四个行当,每个行当都有响当当的人物,旦角有四大名旦,生角则有四大须生。

在京剧中的众行当中,"须生"的地位尤为重要。由于须生是京剧中十分活跃、举足轻重的行当,历来群英荟萃,自清朝同治时期誉满京城的程长庚起,百余年来可谓人才辈出。现代京剧史上继谭鑫培之后的"四大须生",更是这一行当流派纷繁、艺术精深的一大标志。

所谓四大须生,指的就是在京剧观众中深有影响并被公认的四位优秀须生演员。说是四大须生,其实包括七个人,他们分别是:余叔岩、言菊朋、高庆奎、马连良、谭富英、杨宝森、奚啸伯。这是怎么回事儿呢?原来,在京剧史上,有"前四大须生"和"后四大须生"之分。

在20世纪20年代,京剧史第一次出现了四大须生的概念,像四大名旦一样,四大须生是生行中的代表人物,他们分别是京剧老生演员余叔岩、言菊朋、高庆奎、马连良。这四位各自创立了独具风格的艺术流派,各有各的绝活,唱腔十分优美,在听众与票友中有着极高的声誉,甚至上场前的叫板都能赢得碰头彩,被美誉为"四大须生"。

然而，令人遗憾的是，在20世纪30年代末期，"四大须生"之一的高庆奎因嗓疾而渐渐退出京剧舞台，而后在20世纪40年代，余叔岩、言菊朋两人相继去世，至此，"四大须生"中仅余马连良一人。

随着老须生的退去，新须生的面孔渐渐清晰起来。在高庆奎因嗓疾而退后，谭富英凭借自己的实力锋芒渐露，逐渐取代了高庆奎的地位，而杨宝森、奚啸伯两人也凭借自己的实力，声誉日盛，逐渐分别取代了去世的余叔岩、言菊朋二人。由此形成新的"四大须生"，即马连良、谭富英、杨宝森、奚啸伯。为了和余、言、高、马四大须生区别，新的"四大须生"被美誉为"后四大须生"。至此，京剧史上有了"前四大须生"和"后四大须生"之分。

四大须生与四大名旦一样，只是人们对艺术家的一种爱称，不会因为排名先后就说哪位比哪位艺术成就高。因就历史地位和艺术成就而言，他们各具特色、各有长短，同样在艺术上有着深厚的造诣。因此，他们是不应分先后的，所谓四大须生、四大名旦等只是人们为了方便记忆的一种说法而已。

京剧里的"四大花旦"都有谁

京剧中有生、旦、净、丑四个行当。旦角是京剧的主要行当之一，女角色的统称。花旦是旦角中的一种，除了花旦外，旦角中还有正旦、武旦、老旦之分。花旦多为天真烂漫、性格开朗的妙龄女子，也有的是性格活泼或泼辣的青年或中年女性的形象。

花旦一词，来自元代夏庭芝的《青楼集》："凡妓，以墨点破其面者为花旦。"在元杂剧中就有花旦杂剧一类。京剧《赵盼儿风月救风尘》的赵盼儿就是一个典型花旦的例子。

提起花旦一词，很多人都会想起赫赫有名的"四大花旦"。四大花旦主要是指我国 20 世纪 20 年代先后成名的四位京剧旦角演员，他们都是男性，但以扮相秀丽，真切、动人的塑造了妇女形象而闻名于世。他们分别是梅兰芳、程砚秋、荀慧生、尚小云。

为什么独独他们四人被誉为"四大花旦"呢？原来，其中还有一个评选过程。早在 1927 年，北京《顺天时报》就举办了一个评选"首届京剧旦角最佳演员"活动。在这次评选活动中，梅兰芳、程砚秋、尚小云、荀慧生顺利当选，被老百姓赞为京剧"四大花旦"。接着在 1931 年，上海《戏剧月刊》发起了征文评论梅、尚、程、荀"四大花旦"活动。在这次活动中，梅兰芳以 565 分的成绩名列榜首，而后是程砚秋、荀慧生、尚小云。这次征文评论活动，使得四人的名气更大。1932 年，长城唱片公司约请他四人联合灌制了《四五花洞》唱片。正是通过这次联合灌制的活动，他们的"四大花旦"之名得到了社会的公认，而被载入了京剧史册。

梅兰芳，生于 1894 年，卒于 1961 年，名澜，又名鹤鸣，乳名裙姊，字畹华，别署缀玉轩主人，艺名兰芳。祖籍江苏泰州，生于北京的一个梨园世家，8 岁时便进"云和堂"拜师学艺，工青衣，兼刀马旦。他集京剧旦角艺术的大成，综合青衣、花旦、刀马旦的表演特点，创造出自己特有的表演形式和唱腔——梅派，被誉为"四大花旦"之首，同时也是享有国际盛誉的表演艺术大师。他唱腔的最大特点是：嗓音高宽清亮、圆润甜脆俱备，音域宽广，音色极其纯净饱满，从不矜才使气，始终保持平静从容的气度，从而高音宽圆，低音坚实。代表作品主要有《霸王别姬》《四郎探母》《麻姑献寿》《上元夫人》《千金一笑》《穆桂英挂帅》等。

程砚秋，生于 1904 年，卒于 1958 年，生于北京，是满族正黄旗人。他原名承麟，后改为汉姓程，初名程菊侬，后改艳秋，字玉霜。成名后，因讨厌媚俗的"艳"字，便改名"砚秋"。他自幼学戏，是梅兰芳的学生，后创立了"程派"。程砚秋最大的特色是严守音韵规律,随着戏剧情节和人物情绪的发展变化,唱腔起伏跌宕,节奏多变,追求"声、情、美、永",创造出一种幽咽婉转、起伏跌宕、若断若续、节奏多变的唱腔,形成独特的艺术风格,世称"程派"。代表作品主要有《荒山泪》《春闺梦》《窦娥冤》《祝英台抗婚》《玉堂春》等。程砚秋注重借鉴兄弟姊妹艺术,融合于自己的艺术创作之中,是众多艺术大师中较为突出的一位。

荀慧生,生于1900年,卒于1968年,初名秉超,后改名秉彝,又改名"词",字慧声,号留香,艺名白牡丹,自从与"四大须生"之一余叔岩合演《打渔杀家》起,改用"荀慧生"这个名字。他特别擅长塑造天真、活泼、多情的少女形象,具有甜媚的风格,在旦行中有很大的影响,世称"荀派"。他唱腔的最大特点是:将河北梆子的唱腔、唱法、表演的精华融入京剧的演唱之中,嗓音甜媚,用嗓有特殊的技巧,善于用小颤音、半音和华丽的装饰音,又常以鼻音收腔来增添唱腔的韵致。主要代表作品有《红娘》《勘玉剑》《钗头凤》《十三妹》《金玉奴》等。

尚小云。生于1900年,卒于1976年,河北南宫人。原名德泉,字绮霞。尚小云年幼的时候师从李春福学老生,是为"把手徒弟"。在他9岁的时候进入了"三乐社"科班,艺名为"三锡",先习武生,又学花脸,后因师辈们见其扮相秀丽、英俊,遂让他改学旦行,师从青衣名家孙怡云,改艺名为"小云"。他最大的艺术特色为:唱腔刚劲有力,字正腔圆,善于使用颤音,峭拔高昂;念白爽朗明快,流利大方;做功身段寓刚健于婀娜,武功根底深厚,嗓音宽亮,世称"尚派"。代表作品主要有《玉堂春》《三娘教子》《御碑亭》《雷峰塔》《四郎探母》《王宝钏》《战金山》《银屏公主》等。他于1937年不惜变卖家产,创办了"荣春社"。教学中的他非常严谨,对人对己都要求很高,但在生活中却热情慷慨,深受学生喜爱。"荣春社"共培养学生两百余名,在京剧演出和京剧教育岗位上发挥了非常大的作用。

京剧里的"四大须生"都有谁

余叔岩,生于 1890 年,卒于 1943 年,原名余第祺,又名余叔言,早年艺名小小余三胜、老生余三胜之孙、青衣余紫云之子,祖籍湖北罗田,生于北京。曾从师于吴连奎、薛凤池、李喜瑞、姚增禄。一度"倒仓",嗓音变坏,不能演戏。嗓音恢复后,跟谭鑫培学过一出《战太平》、半出《失印救火》。在全面继承谭派艺术的基础上,以丰富的演唱技巧进行了较大的发展与创造,成为"新谭派"的代表人物,世称"余派",以唱腔刚柔相济闻名。京剧界常用"云遮月"的说法来赞赏余叔岩的声音美,就是说,他的嗓音主要不靠亮度取胜,而是有厚度,挂"味儿",字正腔圆,声情并茂,韵味清醇。其唱腔多方面体现着我国戏曲传统的精神法则和审美理想。另一方面,他塑造的音乐形象,端庄大方,深沉凝重,具有清健的风骨,富有儒雅的气质。代表剧目有《搜孤救孤》《王佐断臂》《战太平》《空城计》《洪羊洞》《四郎探母》《打渔杀家》《二进宫》等。从 1918 年余叔岩重登舞台起直到他的晚年,潜心钻研学习余派艺术之人足踵相接,络绎不绝,包括谭富英、杨宝森、张伯驹、孟小冬和其他许多名演员和研究家。但是,他亲授弟子只有七人,也就是京剧界有名的"三小四少",分别是:孟小冬、杨宝忠、谭富英、李少春、王少楼、吴彦衡、陈少霖。其中所获最多者,在演员中当首推他的得意弟子孟小冬。孟行腔吐字,举手投足,均能酷肖且形神具备,于规矩中显出功力,有清醇雅淡的韵味。就总的艺术成就来说,余叔岩作为一名唱念做打全面发展的艺术大师,演出了许多脍炙人口的优秀剧目,将京剧艺术推向了一个新的高峰。

言菊朋,生于 1890 年,蒙古正蓝旗世家子,生于北京。姓玛拉特,名延寿,字锡其,号仰山。延与言谐音,遂取以为汉姓。因为喜欢戏曲,遂自诩为梨园友,给自己取了"菊朋"这个名字。曾向钱金福、王长林学身段练武功,向红豆馆主和名琴师陈彦衡学习演唱,又得到杨小楼、王瑶卿的指点,专研谭派,被誉为"谭派须生"。后结合自身的嗓音特点,以谭派唱腔为本,大胆创造改革,创造了精巧细腻、跌宕婉约、在轻巧中见坚定、在朴拙中见华丽的"言派"风格。主要代表作品有脍炙人口的《战太平》《捉放曹》《南天门》等。言菊朋嗓音最大的特点是:唱腔的多变和字音的讲求。其中一个重要的特色是根据语言和声乐科学原理,正确处理字、声、腔的关系,遵循其"腔由字而生,字正而腔圆"的概括性的演唱实践,唱腔不骄不爆、苍劲有力、圆柔而多变化。言菊朋生性耿直,为人忠厚,他教授的学生弟子及传人有:长子言少朋、次子言小朋、张少楼、李家载、毕英琦、刘勉宗及其孙言兴朋等。

高庆奎,生于1890年,祖籍山西榆次,生于北京。原名镇山,字俊峰,号子君,其父高士杰为清末京剧丑角演员。曾师从贾丽川学文武老生,师从李鑫甫练武功学把子,在12岁的时候登台为谭鑫培配演娃娃生。后曾搭杨小朵"翊文社"、刘鸿升"陶永社"、谭鑫培"同庆社"、俞振庭"双庆社"演出。后与余叔岩、马连良被誉为须生"三大贤"。他的嗓音特点是博采众长,全面发展,嗓音甜脆宽亮,高亢激越,世称"高派"。主要代表作品有《斩黄袍》《胭粉计》《赠绨袍》《七擒孟获》《铡判官》等。他的弟子有白家麟、王斌芬、虞仲衡、马少襄、王仲亭、范钧宏、李和曾及大女婿李盛藻。

马连良,字温如,生于1901年,回族,北京人,曾任北京京剧团团长。马连良幼年先习武生,后改学老生。曾经师从萧长华、蔡荣桂、贾洪林、孙菊仙、刘景然。虽采众家之长,却决不停留在摹学具体演唱技艺的水平上,而是通过自己的消化与理解,提取各家的神韵,使一腔字,一招一式,都显示出自己鲜明的特色。他的嗓音特点是唱腔委婉,俏丽新颖,善用鼻腔共鸣,念白清楚爽朗,声调铿锵,做工潇洒飘逸,形成独特的艺术风格,形成"马派"。主要代表作品有《九更天》《梅龙镇》《将相和》等。马派弟子和私淑者很多,较著名的有言少朋、周啸天、王和霖、梁益鸣、迟金声、张学津、冯志孝等。

谭富英,生于1906年,卒于1977年。曾任北京京剧团副团长,出身于京剧世家。祖父谭鑫培,父亲谭小培。曾师从萧长华、王喜秀、雷喜福等人。他嗓音最大的特点是清亮甜脆,唱腔简洁、明快、洗练,朴实自然,不追求花哨,行腔一气呵成,听来韵味醇厚,情绪饱满,痛快淋漓。总的来说,其唱腔继承了"谭(鑫培)派"和"余(叔岩)派"的风格,并发挥自己的特长,被誉为"新谭派"。谭富英擅长演出谭门本派剧目,既以唱功取胜又以武功见长,主要代表作品有《捉放曹》《桑园会》《秦香莲》《大保国》《探阴山》等。他的弟子有高宝贤、孙岳、李崇善、高寿鹏及其子谭元寿等。

杨宝森,生于1909年,卒于1958年,原籍安徽合肥,祖居北京,曾任天津市京剧团团长。祖父、伯父均为著名的京剧花旦,父演武生。曾经师从陈秀华、鲍吉祥等人。他的嗓音宽厚有余而高昂不足,根据这一特点加以变化,唱功清醇雅正,韵味朴实浓厚,做工稳健老练,称为"杨派"。他创造性地继承发展了谭派和余派艺术,使得"杨派"成为当今流传最广、影响最大的京剧流派之一,更造就了"十生九杨"的京剧生行格局。代表作品主要有《击鼓骂曹》《珠帘寨》《朱良记》等。其门徒和追随者有汪正华、梁庆云、马长礼、李鸣盛、蒋慕萍、程正泰、朱云鹏、叶蓬等人。

奚啸伯,生于1910年,卒于1977年,出身于清代末年的一个满族显宦之家,家族姓喜塔腊氏,隶满洲正白旗。他的家族与皇族关系甚近,连庆王府里的"九爷",奚啸伯都要叫他一声"九叔",而他的"九婶"便是那位颇得西太后恩宠、长年陪伴在"老佛爷"左右的"四格格"。奚啸伯自幼爱好京剧,曾得到京剧名老生言菊朋的赏识,后又潜心钻研谭派演唱艺术。他的唱腔特点是：吐字遒而不浊，行腔新而不俗，戏路大而不伏，作风劲而不火，集诸子百家大成而树一帜，自成"奚派"。主要代表作品有《范进中举》《十道本》《四郎探母》等，尤以《乌龙院》更负盛名。奚派名家主要有张建国、张军强、赵建忠、李伯培、杨志刚、赵淑华等人。

京剧的行当分哪些

戏曲里行当的划分由来已久，早在唐朝的参军戏中，就有"参军""苍鹘"两个固定角色。及至元杂剧时代，划分出了诸多行当。但是在当时，其名称并非"行当"，而是"脚色"，大体分为末、旦、净三类：末又细分为正末、外末、冲末；旦又细分为正旦、外旦、搽旦；净又细分为净和副净。及至1790年徽班进京时，徽剧中共有九类角色，即末、生、小生、外、旦、贴、夫、净、丑。在徽班的影响下，汉剧的角色也齐全起来，主要有十类，即末、净、生、旦、丑、外、小、贴、夫、杂——这是京剧形成前的行当划分状况。

京剧产生后，其行当的划分也经历了一个曲折的过程。在京剧形成的初期，共有十个行当，即生、旦、净、末、丑、副、外、杂、武、流。及至20世纪20年代，行当被分为"七行"。所谓"七行"，是指老生行、小生行、旦行、净行、丑行、武行，流行。在中华人民共和国成立后，"七行"被简化为生、旦、净、丑四个行当。可以说，上千出的京剧剧目中，那些数不胜数的人物形象，都可以归入"生、旦、净、丑"四个行当中。

说到京剧的行当，很多人可能会提出一个观点，说京剧的行当应该有五种啊，即"生旦净末丑"。其实，在京剧形成的初期，确实存在"末"这一行当，而且由专攻末行的演员来出演，京昆十三绝中的张胜奎就是末行的代表人物，他在那张画像中扮演的《一捧雪》的莫成就是末行。可是，由于末行与生派老生非常相似,而且后来一些擅于演老生的演员兼演末戏,一些演末的演员也兼演生行戏,两者的界限被打破,渐渐地"末"行就被并入了"生"行,消失于京剧行当的行列中。

生行,简称"生",是扮演男性角色的行当,属京剧中的重要行当之一,包括老生、小生、武生、红生、娃娃生等几个门类。所谓老生,也被称为"须生""胡子生""正生",通常为富有正义感的男性中年或者老年人物,口戴胡子(髯口),因性格与身份的不同,可分为安工老生、靠把老生、衰派老生。值得一提的是,京剧史上有一些老生演员,文戏、武戏都擅长,唱功戏、做功戏、靠把戏都能演,后来就把这种戏路宽的老生演员称为"文武老生",代表人物有程长庚、谭鑫培等人。所谓小生,是指剧中的翎子生、纱帽生、扇子生、穷生等青少年男子,不戴胡须,扮相俊美、清秀。根据人物性格、身份的不同特点,小生又分为袍带小生、扇子生、翎子生、穷生和武小生。所谓武生,指的是扮演擅长武艺的青壮年男子,穿厚底靴的叫长靠武生,穿薄底靴的称短打武生。猴戏中的孙悟空一般也由武生扮演。所谓红生,指的是勾红脸的老生,如扮演的关羽、赵匡胤等。所谓娃娃生,指的是戏中的儿童角色,通常都由童伶扮演。很多著名的京剧演员在年幼的时候都曾经唱过娃娃生。

旦行,简称"旦",旦角为女性,其中按照人物的年龄、性格又可细分为许多行当,如青衣、花旦、武旦、刀马旦、老旦、花衫等。所谓青衣,又被称为"正旦",因所扮演的角色常穿青色褶子而得名。青衣一般都是端庄、严肃、正派的人物,其中大多数是贤妻良母,或者旧社会的贞节烈女之类的人物,年龄一般为青年或者中年。表演特点是以唱功为主,动作幅度较小,行动较稳重。念韵白,唱功繁重,如《二进宫》中的李艳妃、《桑园会》中的罗敷女等。老式青衣一般都抱着肚子或捂着肚子唱。所谓花旦,多指的是性格活泼的妙龄女子,但也有一部分是悲剧和反面人物。身着短衣裳,如褂子、裤子、裙子、袄;有时穿长衣裳，也绣着色彩艳丽的花样。人物性格大都活泼开朗，动作敏捷伶俐。在表演上注重做工和念白，例如《红娘》中的红娘。所谓武旦，指的是擅长武打、勇武的女性。在表演上着重武打，尤其是使用特技"打出手"。穿短衣裳，重在武功，不重唱念，如《打焦赞》中的杨排风、《武松打店》中的孙二娘等。所谓刀马旦，指的是擅长武艺的青壮年妇女，一般是在马上，手持一把尺寸比较小的刀。与武旦相比，它没有那么激烈，并且不用"打出手"，较重唱、做和舞蹈。如《穆柯寨》中的穆桂英等。所谓老旦，指的是扮演中老年妇女的角色行当。为突出老年人的特点，老旦走路一般迈一种沉稳的横八字步，服装色调为色彩偏暗的秋香色、墨绿色，演唱用真声表现。所谓花衫，指的是介于青衣和花旦之间的行当，梳古装头。它是20世纪20年代以后，综合青衣、花旦、刀马旦的艺术特点，发展而成的新的旦角类型。

净行，简称"净"，也被称为"花脸"。通常是指在性格、品行或者样貌等方面比较有特点的男性人物，多为正面角色，属于脸画彩图的花脸角色，看来并不干净，故反其意为"净"。可以细分为正净、副净和武净三类。所谓正净，又被俗称为"大花脸"或"唱功花脸"，以唱功为主，代表角色为《铡美案》中的包拯。所谓副净，又被称为"二花脸"或者"架子花脸"，也需要唱功基础，但以功架、念白、表演做功为主，代表人物是《算粮》中的魏虎。所谓武净，又被俗称为"武花脸"和"武二花"，以跌扑摔打为主，代表人物为《白水滩》中的青面虎。

丑行，简称"丑"。剧中丑行勾脸，而勾画"三花脸"，面谱与花脸有很大区别。丑行扮演的角色既有阴险狡诈的人物，也有正直善良的形象，又具体细分为文丑和武丑。文丑，指的是京剧中的各类诙谐人物。分为方巾丑、袍带丑、茶衣丑、巾子丑、彩旦等。所谓方巾丑，指的是头戴方巾的文人，如儒生、书吏、谋士等；所谓袍带丑，指的是做官的人物，如文官、武官，正反面人物都有；所谓茶衣丑，指的是从事各种行业的底层劳动人民，因身穿短蓝布褂子（茶衣）而得名；所谓巾子丑，指的是介乎于方巾丑和茶衣丑之间，表演风格比茶衣丑略微严谨一些的人物；所谓彩旦，又被称为"丑婆子"，指的是由丑行扮演的妇女。武丑，指的是专演跌、打、翻、扑等武技角色的男性人物，又被称为"开口跳"，既要求有好武艺，也要求有好口才。

京剧脸谱知多少

京剧让人着迷的不仅仅是它那动情多变的唱腔，还有它五彩缤纷、色彩鲜明的脸谱特征。曾经有一首歌叫《说唱脸谱》，它这样唱道："蓝脸的窦尔墩盗御马，红脸的关公战长沙，黄脸的典韦，白脸的曹操，黑脸的张飞叫喳喳……"

"脸谱"是指中国传统戏剧里男演员脸部的彩色化妆。这种脸部化妆主要用于净（花脸）和丑（小丑）。它在形式、色彩和类型上有一定的格式。内行的观众从脸谱上就可以分辨出这个角色是英雄还是坏人，聪明还是愚蠢，受人爱戴还是使人厌恶。

京剧脸谱作为脸谱的重要形式之一，是具有民族特色的一种特殊的化妆方法。由于每个历史人物或某一种类型的人物都有一种大概的谱式，就像唱歌、奏乐都要按照乐谱一样，所以称为"脸谱"。京剧脸谱艺术是广大京剧爱好者非常喜爱的一门艺术，国内外都很流行，已经被大家公认为是中华民族传统文化的标识。

京剧脸谱并非某个人凭空臆造的产物，而是京剧艺术家们在长期的艺术实践中，通过对生活现象的观察、体验、综合，以及对剧中角色的不断分析、判断、评价，而逐渐创作出的一种系列性艺术手法。它来源于舞台，但并不局限于舞台。大家在有些大型建筑物、商品的包装、各种瓷器上以及人们穿的衣服上都能看到风格迥异的京剧脸谱形象。从中可见，京剧脸谱已经远远超出了舞台应用的范围，走向了人们的生活舞台。说起京剧脸谱的变迁和发展历程，既久远又复杂。

据史料记载，京剧脸谱系由唐代乐舞代面所戴面具和参军戏副净的涂面逐渐演变而来。其胚胎于上古的图腾，滥觞于春秋的傩祭，孳乳为汉、唐的代面，发展为宋、元的涂面，形成明、清的脸谱。京剧作为全国性的大剧种，大量发展脸谱，从其脸谱谱式的由简至繁，可以看出中国京剧累递发展的轨迹。

（一）京剧脸谱的基本类型

京剧脸谱描绘着色的方式有揉、勾、抹、破四种基本类型。所谓揉脸，是指用手指将颜色揉满面部，再加重眉目及面部纹理轮廓，是一种像真性的脸谱。最经典的代表作是京剧三国戏中的关羽所揉的红脸。所谓勾脸，是指在脸上画钩、抹、破各种类型的脸谱时都用笔来勾画，揉脸的眉目面纹也常用笔来勾，因此勾脸也就成为在脸谱上勾画脸谱的通称。勾脸人物中一个最著名的文人就是包拯。所谓抹脸，是指用毛笔蘸白粉把脸的全部或一部分涂抹成白色，表示这一类人不以真面目示人，是一种饰伪性脸谱，又称粉脸。最经典的代表作是三国戏中的曹操。曹操在京戏中是奸雄，用大白粉脸，脸上全涂白色。所谓破脸，是指左右图形不对称的脸谱，揉、勾、抹三种脸中都有破脸，是一种以贬意为主的脸谱。最典型的代表作是《斩黄袍》中雌雄眼、相貌丑陋的郑子明。

（二）京剧脸谱的分类

京剧脸谱的种类繁多，如整脸、三块瓦脸、十字门脸、六分脸、碎花脸、歪脸、僧脸、太监脸、元宝脸、象形、神仙脸、丑角脸、小妖脸、英雄脸等。这里介绍其中比较经典的几类。

十字门脸。该脸谱是指从脑门至鼻梁有一条黑道，俗称"通天纹"，与两个眼、眉连接起来像一个黑十字，所以被称为"十字门脸"。由此可见，十字门脸最大的特点是将三色缩小为一个色条，从月亮门一直勾到鼻头以下，用这色条象征人物性格。十字门脸又具体分为"花十字门""老十字门"。

三块瓦脸。其又被称为"三块窝脸"，是在整脸的基础上进一步夸张眉、眼、鼻的画片，用线条勾出两块眉，一块鼻窝，故有此名。三块瓦脸，又被细分为"正三块瓦""尖三块瓦""花三块瓦""老三块瓦"等，典型的代表作为《定军山》中的人物张郃。

元宝脸。该脸谱最大的特点是脑门和脸膛的色彩不一，形如元宝，所以被称为"元宝脸"。它又细分为"普通元宝脸""倒元宝脸""花元宝脸"三种，典型代表作为《华容道》中的人物周仓。周仓是关羽的亲随猛将，他在华容道中大喝一声，将曹操吓得惊慌失措。

神仙脸。该脸谱由"整脸"和"三块瓦脸"发展而来，用来表现神和佛的面貌，在色彩上主要用金、银二色，或者在辅色中添勾金、银色线条和涂色块，以示神圣威严。典型的代表作为《闹天宫》中的天神托塔李天王李靖。天王的形象是：一手持剑，一手托塔，其塔可镇魔降妖。天王曾经奉玉皇大帝的命令，亲率天兵捉拿孙悟空。其最大的特点是：在他的额头画有戟，为重兵器；在他的眉眼间勾云头纹，示为天将。

丑角脸。该脸谱又被称为"三花脸"或者"小花脸"，最大的特点是：在鼻梁中心抹一个白色"豆腐块"，用漫画的手法表现人物的喜剧特征。

英雄脸。在很多人心目中，该脸谱是指杰出人物的脸，其实并非如此，它指的是扮演拳棒教师和参与武打的打手的脸。

太监脸。该脸谱专门用来表现擅权害人的宦官，色彩只有红白两种，形式近似"整脸"与"三块瓦脸"，只是夸张太监的特点：脑门勾个圆光，以示其阉割净身，自诩为佛门弟子；脑门和两颊的胖纹，表现出养尊处优、脑满肠肥的神态。

碎花脸。该脸谱由"花三块瓦脸"演变而来，保留主色，其他部位用辅色添勾花纹，色彩丰富，构图多样和线条细碎，所以被称为"碎花脸"。典型的代表作为《闹天宫》中的四大天王之一温天君。温天君是道教神将，东岳大帝的部下，泰山之神灵，为天火之精，能镇除疫疠，为民除灾。所以在他的额头勾火葫芦，其面部呈蝶形展翅，示为喜神。

（三）京剧脸谱的图案

京剧脸谱是脸谱中图案较为丰富的一种脸谱形式。它的图案种类繁多，如鼻窝图、嘴叉图、眉型图、眼眶图、额头图、嘴下图等。京剧脸谱的图案虽多，但都是有规律可循的，如赵匡胤的脸谱绘有龙眉，以示他是真龙天子；杨七郎的额头上绘有一繁体"虎"字，以示他是勇猛无敌的将军；包拯的额头绘有一个白月牙，以示他的清正廉洁；孟良的额头绘有一个红葫芦，以示他喜欢喝酒；夏侯惇的眼眶绘有红点，以示他曾经受过箭伤……从中足见京剧脸谱图案的生动、逼真、形象。

（四）京剧脸谱的色彩

京剧脸谱对于色彩也十分讲究，看来五颜六色的脸谱品来却巨细有因，绝非仅仅为了好看。不同含义的色彩绘制在不同图案轮廓里，人物就被性格化了。蓝脸体现了人物的桀骜勇猛；红脸表示人物的忠勇侠义；黄脸凸出人物的勇猛而暴躁；白脸的人物大多腹内藏奸；黑脸显示人物的直爽刚毅，勇猛而智慧；紫色象征人物的刚正威武，不媚权贵……不同色彩的脸谱，凝聚着不同人物的性格及命运。正是这种凸显的鲜明，渲染着京剧身为国粹的精彩。

传统的京剧服饰都有哪些特点

京剧是中国的国粹之一，其传统服饰也带有强烈的中国特色。京剧服饰也被称为"行头"，给人以豪华绚烂之感，刺绣精美，图案夸张，色彩鲜艳，具有很高的观赏价值。

京剧的服饰整体上以明代服饰为基准，同时还吸收了宋、元、清代服饰的一些特点，形成了一种固定的样式。

如果说京剧服饰最大的特征，莫过于它的不分季节性和朝代性了。它具有很大的兼容性，不论春夏秋冬，不论哪朝哪代，都遵循固定的着装套路，一般的情况下，不分纱、丝绸、棉、皮、夹的、单的，等等。即便是在严寒的冬天，其服饰也没有比夏天穿得厚，只是在表现下雪的场景时，在衣服外搭一件斗篷罢了。

京剧服饰虽然不讲究季节性和朝代性，但是在具体的穿戴时，却十分考究，必须按照人物的身份、地位进行穿戴，不容有丝毫差错，所以素有"宁穿破，不穿错"的说法。

总的来说，京剧服饰被分为四大类，分别是大衣、二衣、三衣和云肩四大类。

（一）大衣。大衣是京剧服饰内部分工的行当之一，它根据不同的用途，可以细分为很多小分类，如蟒、改良蟒、旗蟒、官衣、改良官衣、学士官衣、判官衣、开氅、鹤氅、帔、八卦衣、法衣、僧衣、褶子、宫装、古装、裙、裤、袄以及其他服饰配件。大衣类服饰不仅种类繁多，而且即便同一种衣服，在不同的场合，由于穿衣人身份地位的不同，也会有很多细微的、不同的讲究和规矩。如：表现宫廷帝王将相以及朝廷名官等身份的人物通常穿蟒，身居地方官员则穿官衣。虽然帝王将相和朝廷命官等人都穿"蟒"，然而由于身份和地位的不同，他们所穿的"蟒"有着很大的不同。皇帝穿的"蟒"，衣服上绣的叫"龙"，此龙有五爪，而且张着嘴，嘴里吐出火珠。而朝廷命官们穿的"蟒"，衣服上也绣着"龙"的形状，但不叫"龙"而叫"蟒"。"蟒"只有四爪，嘴巴是闭着的，象征着群臣折服——从中足见大衣服饰的讲究。大衣服饰有一个优点，即根据其着装，可以让观众很快看出人物身份的不同，有的一眼可以看出是千金小姐，有的一眼可以看出是丫鬟。与二衣、三衣不同的是，大衣的蟒、帔、褶子、开氅、宫装、八卦衣、官衣等服装在袖口处均有水袖。

（二）二衣。二衣的种类也有很多，主要包括靠、改良靠、箭衣、马褂、抱衣、夸衣、卒坎、龙套、大铠、青袍、茶衣、大袖等及其他配件和装饰物,如僧背心、道背心、镖囊、弹囊、绦子、大带等。如果为了塑造一些比较有特色的人物,还必须专门制作专用服,如《花果山》中的孙悟空所用的猴靠、制度衣、猴夸衣和《闹龙宫》中的龟帅、虾将、鱼精等所穿的服饰都是专门制作的。这些人物的服装,其他人一般不会穿。根据二衣的分类可以看出,二衣行当所塑造的人物大都是元帅、大将或武艺高强的草莽英雄、绿林好汉等范畴的人物。如《挑滑车》中的岳飞、《长坂坡》中的赵云、《回荆州》中的刘备、《武家坡》中的薛平贵等。

（三）三衣。三衣又被俗称为"靴箱",主要包括人物穿着的靴鞋和内衣装束。具体又细分为软片类和硬类两大类。所谓软片类,主要是指水衣子、胖袄、彩裤、护领、大袜等。水衣子是一种工作服,主要是为了保护大衣、二衣在表演时免受损害而用;胖袄主要是为了使人物有一个健硕的体魄而设置的,作用类似于如今我们所说的垫肩;彩裤主要有三类,即红彩裤、黑彩裤和杂色彩裤,红、黑彩裤大都为男性所穿着,杂色彩裤大都为女性所穿着;护领是为使人物造型更完美,在演出中不露脖子而用的服饰。因为大衣、二衣的服饰多为圆领,如果想要不露脖子,就须在穿衣前,在脖颈上搭个护领;大袜分两种,一种是专为穿福字履、皂鞋的人物穿着的高腰大袜,另一种是专为旦角穿彩鞋使用的矮腰大袜。所谓硬类,主要是指厚底、朝方、福字履、登云履、皂鞋、薄底、彩薄底等。厚底是男性人物普遍穿着的高腰厚底靴,其底厚通常根据演员高矮或者表演水平而定,底厚尺寸通常有二寸、二寸五、三寸、三寸五（市寸）之分;朝方是文丑行当专用的一种高腰靴,底厚为一寸;福字履是老年底层平民常穿的鞋类;登云履是男性神仙人物常穿的鞋;皂鞋是皂隶、差人所穿的鞋;薄底是男性武打演员所穿的鞋;彩鞋是女性人物所穿的鞋;彩薄底是女性武打演员常穿的鞋。

（四）云肩。也被称为"披肩",是汉民族吸纳外来服饰文化,融会贯通,升华为自己民族的服饰结晶,是一种非常独特的京剧服饰款式。常用四方四合云纹装饰，并多以彩锦绣制而成，如雨后云霞映日，晴空散彩虹，所以被称为"云肩"。云肩在明清时期非常流行，但大多是在婚庆喜宴等场合使用，是婚嫁时青年妇女不可或缺的衣饰。

梅兰芳三改《霸王别姬》

要说起梅派戏曲的最经典剧目，非《霸王别姬》莫属，这是最能代表梅兰芳大师艺术追求的一出戏。

殊不知，《霸王别姬》原本不叫这个名字，而叫《楚汉争》；它也并非梅兰芳表演的剧目，而是杨小楼的，与梅兰芳一点儿关系都没有。可是怎么如今这剧目倒成了梅兰芳的代表作品了呢！

其实，这里面包含着一个"梅兰芳三改"的故事呢！故事是这样的：

在一次观看《楚汉争》表演的时候，梅兰芳听到有观众议论说："这《楚汉争》中并没有什么吸引人的矛盾冲突、是非之争啊，倒霉的是老百姓，可怜的是虞姬，她死得太冤枉了！"梅兰芳将这位观众的话记在了心里，他决定改编《霸王别姬》，使它的矛盾冲突更加突出，成为一部更能吸引观众的好剧目。对于此事，许姬传在《有关〈空城计〉〈杨家将〉〈霸王别姬〉的几点考证》一文曾经有相关的记载："梅先生此戏创作于民国十年（1921年），正值北洋军阀割据混战时期，编演此戏的目的是反战。"从这段记载中我们可以看出梅兰芳在戏剧舞台上的远大抱负。

梅兰芳是这样想的，也是这样做的。他马上和一直为自己量体裁衣写戏的齐如山达成共识，两人在经过一番辛苦的更改后，将本子拿了出来。新剧本被改名为《霸王别姬》，并且，虞姬的地位一下子从三号人物上升到了主角，戏份也加重了很多。但与《楚汉争》一样，《霸王别姬》也是连赶两场才能演完。在经过几次认真的排演后，梅兰芳觉得是将《霸王别姬》示人的时候了！

他请来了多位内行、票友、亲友前来观看。白天看前场，夜间看后场。整个看下来，大家都觉得非常好，没有提出什么意见。就在梅兰芳暗自高兴的时候，他突然看到坐在观众席角落里的一位老者在一个劲地倒抽凉气。这位老者，梅兰芳不认识，既非他的内行朋友，也非票友和朋友，看来是一位来蹭戏听的人。虽然是陌生人，认真的梅兰芳也没有忽视他，走过去征询他的意见。

梅兰芳问老者："老先生，您为什么一直在倒抽凉气啊！"

老者说："不是这戏不好，是我连看了两场戏，累得喘不过气来呀！"

梅兰芳听了，决定把周围的赞美之辞全都抛在一边，而吸收老者的意见，将连演两场的《霸王别姬》缩短为一场就演完的新版本。

经过一段时间的辛苦更改，缩短后的《霸王别姬》又面世了。首场演出后，获得了观众的阵阵喝彩。梅兰芳心里欣慰了很多。可是在接下来的一场演出中，他发现坐在第一排的一位老者看了连连摇头，显出不以为然的样子。

梅兰芳待演出一结束，就马上吩咐管事的打听这位不断摇头的老者是谁，想问问他对这出戏有什么意见，可是那位老者早走了。幸好，这位老者是个老"梅迷"，他在梅兰芳的下一次演出中又来了。梅兰芳赶紧吩咐管事的将那位老者安顿好，并打听清楚了他的姓名和住址，还说要择日去拜访他。

这位老者听了管事的话，非常惊讶，心想："人家堂堂大师怎么可能来看我这无名的老头子呢！"没想到，几天后，梅兰芳还真的去他家拜访了。几句寒暄过后，梅兰芳单刀直入，问他不断摇头的原因。原来这位老者他深谙剑术，他对梅兰芳说："你的舞剑路数和尚小云的舞剑路数完全一致。尚小云是武生的底子，他舞剑刚劲十足，你怎么比得了？再说虞姬是贤惠的女性，应以柔胜刚，整个路数都要改才好哇！"梅兰芳听了，觉得老者的话非常有道理，忙连声道谢。

从老者家里回来后,梅兰芳又投入了新的改动中,他请教了很多深谙剑术的人,在一番重新编排后,终于将虞姬的舞剑路数改好,这才形成现在的路数。

在演艺生涯中,梅兰芳经常说的一句话是:"一师二友三观众。"他是这么说,也是这么做的。从他三改《霸王别姬》的事情,就可以看出他的认真、谦卑、精益求精。这也是他之所以取得如此大成就的原因。

慈禧太后看京剧的几个典故

在清朝的光绪年间,京剧在清廷中非常流行,这与慈禧太后有着密不可分的关系。慈禧太后不仅是个"日必观戏"的戏迷,而且还是个精通曲律、善解文词,甚至能够粉墨登场的老内行,在梨园界留下了许多轶事。

光绪年间,慈禧当政。她这人最大的娱乐就是听戏,在她的倡导下,京剧成了后宫内的主要娱乐品。光绪九年(1883年),为庆祝慈禧的五十大寿,破例选了大批京剧演员入宫承差,不仅表演还给太监们当教习。慈禧不仅看戏,在高兴的时候,还关起门来和太监们唱上一段。不仅如此,她在心血来潮时,还会喊上一些老伶工,大家一起修改曲目,对此,《菊部丛谭》一书有记载:"慈禧太后工书画,知音律,尝命老伶工及知音律者编《四面观音》等曲,太后于词句有所增损。"在慈禧的干预和引领下,清宫内的京剧活动进行得如火如荼。由此,也发生了很多值得一提的有趣之事。

(一)看戏的忌讳。慈禧太后虽然喜欢京剧,但也是有选择地喜欢,在看戏的时候,也有一些忌讳。她最忌讳在看戏的时候出现"羊"字。为什么呢?原来"羊"是她的属相。由于她的忌讳,宫里上演的剧目中不能有戏名带"羊"字的,如《变羊记》《洪羊洞》《牧羊圈》是万万不能上演的。即便戏名不带"羊"

字，只是里面的戏词带也不行，也必须得改。其中最出名的就是慈禧太后要求改《玉堂春》戏词的事儿。在《玉堂春》中，有这样一句唱词，"苏三在此有一比，好比那羊入虎口有去无还。"演员们为了避开"羊"字，最后只得改唱："好比那鱼儿落网有去无还。"即便戏词经过改动后失去了以前的那种巧劲儿，也不在意。慈禧对"羊"字的忌讳不仅体现在戏名和戏词上，凡是与"羊"字有关的事儿，她都不喜欢。有这样一件事：著名武老生王福寿在外边与人合伙开了个羊肉铺，便犯了慈禧的忌讳。她知道后，再也不赏赐王福寿银两了，并且还专门吩咐手下们说："以后谁也不许给王四（王福寿）赏钱，他天天剐我，我还赏他！"

除了不喜欢听到"羊"字，慈禧还有其他的忌讳，与杨小楼有关的那个就是其中之一。晚清京剧名家杨小楼最大的机遇就是到清宫唱过戏，当过内廷供奉，并受到慈禧的赏识。慈禧看过杨小楼的戏，说道："这猴儿真不赖！""猴儿"就是指杨小楼。一次，杨小楼在宫里演《连环套》，戏中有句台词是"兵发热河"。慈禧听了震怒，为什么？因为咸丰皇帝就是死在热河了呀！戏词中有"热河"二字，属于"犯忌"。杨小楼遇到这事，也算倒霉，估计在清廷是混不下去了。可是由于慈禧太喜欢听他唱戏了，他这才没有被禁演，只是将戏词改了一下，把"兵发热河"改成了"兵发口外"，这才过了关。

（二）"最狠不过妇人心！"慈禧看戏不仅挑剔，还非常敏感，就怕别人影射她。一次，宫里边表演《翠屏山》，演员正在那唱着呢，慈禧突然就大喊一声，喝令停戏，还让人把演员叫过来，骂道："你们今儿这戏是怎么唱的？还想不想当差了……"演员被骂了个狗血喷头，但心里边却非常困惑，不知道哪里唱错了，犯了慈禧的忌讳。出宫后，向多人请教，这才知道，都怪他的一句唱词："最狠不过妇人心！"当着慈禧的面唱这么一句，挨了一顿骂都还算轻的呢！可见，这演员们要防备、要避讳的事情真多啊！

（三）有一年的"二月二"，宫里头耍龙灯，"武生泰斗"杨小楼耍珠子。在耍的过程中，他一不小心将戏台角上的檀香木架子给撞倒了，使慈禧大受惊吓。慈禧立即将杨小楼叫来，问他原因。杨赶紧跪下认罪，说："奴才今儿个唱了四出《挑滑车》，太累了，才无心惊了驾。"慈禧听了，表示理解，说："真难为你了，今后可别再应这么多活儿，赏你二十两银子，回去休息吧！"杨小楼走后，李寿山接着耍珠子。他心想："真不错，杨小楼犯了错，不加罪反加钱，我也来这么一手。"于是，他故意将台角的架子撞倒，又惊吓到了慈禧。慈禧派人将李寿山喊来。问他原因。李寿山支支吾吾了半天，没说出个原因来。慈禧何等聪明，她马上看透了李寿山的想法，便说："我看你是见三元（杨小楼的小名）得了赏，也想试试呀？来呀，传竿子！"竿子就是灌了铅的竹竿，分量重，打在身上特别疼。李寿山听了，赶紧跪地求饶。慈禧见他知错了，怒气消了一些，说："那就不传竿子了，改罚俸俩月！"谁知李寿山听了，竟然央求道："老佛爷您还是打吧！"慈禧听了觉得稀罕，便问道："你怎么又要挨打了？"李寿山说："挨打我倒有俸，这一罚，这俩月我家人就没得吃了呀！请老佛爷还是赐打吧！"慈禧一听，转怒为乐说："下去吧！下去吧！这次就饶了你，下次再犯可没有这么好运了！"李寿山听了，连连叩头。

您知道太平鼓的历史吗

太平鼓，又被称为单鼓，是京郊门头沟地区老百姓打发农历腊月与正月农闲时间的一种自娱自乐的民间舞蹈，同时有借此祈愿"求太平，迎太平"之意。清代李声振《百戏竹枝词》载，北京郊区流行打太平鼓："太平鼓，形圆平。覆以高丽纸，下垂十余铁环，击之则环声相应，曲名《太平年》，农人元夜之乐也。"这里所提及的"郊区"指的就是京郊的门头沟地区。历史上，门头沟很多村落的家家户户、男女老少几乎都会击打太平鼓,清代宫廷中旧历除夕也要击打太平鼓,取其"太平"之意,所以老北京人也称太平鼓为"迎年鼓"。

在长期的发展演变过程中,太平鼓形成了独特的、完整的一套民间肢体语言,如:因过去妇女缠足形成的韵律特征"扭劲""颤劲",男性舞者特有的"劲""艮劲",以及你追我赶、男追女逐的情趣。在耍鼓、步伐、队形变化方面均体现出了中国传统审美理念,这些都具有鲜明的地方色彩,成为门头沟地区具有强烈地域文化象征的器物,是当地老北京人认同的地方文化图标。

说起太平鼓的历史,可谓非常久远。据史料记载,它源于汉魏的《鞞舞》,是一种打击乐器,外形与团扇相似,多配合舞蹈动作敲击。对此,清代杨宾在其所著的《柳边记略》中这样记载:"满人有病必跳神……跳神者……以铃(腰铃)系臀后,摇之作声,而手击鼓,鼓以单牛皮冒铁圈,有环数十枚在柄,且击且摇,其声索索然。"另外,载涛、恽宝惠在其《清末贵族之生活》一文中也曾经这样描述:"萨满乃头戴神帽,身系腰铃,手击皮鼓(皮蒙于圆铁圈上,下有把可持)。"由此可见,太平鼓源于满族。

在宋朝的时候,太平鼓被称为"打断";在明代的时候,被称为"猎鼓"。传入京城的时间是在明朝,对此,明《帝京景物略》这样记载:"童子挝鼓,傍夕向晓,曰太平鼓。"在明朝的时候,太平鼓已经在京城非常流行,不过上述文字中所描述的那种"日夜玩鼓"的情形正处于明朝经济繁荣之时。及至清朝时期,流传的范围更加广阔,深受老北京人的喜爱。在乾隆时,汪启淑的《水曹清暇录》和钱载咏的《太平鼓》都描述了太平鼓在内外城的演出盛况。除此之外,徐珂的《清稗类钞》中也有这样的记载:"年鼓者,铁为圈,木为柄,柄系铁环,圈冒以皮,击之鼛鼛,名太平鼓,京师腊月有之,儿童之所乐也。"清人《竹枝词》中也曾经这样描述:"铁环振响鼓蓬蓬,跳舞成群岁渐终。"……从上述记载可知,太平鼓表演活动多在农历新年或正月里进行,参加者除了儿童外,还有很多妇女。

到了民国时期,玩太平鼓的人主要是妇女,她们多在自家院子里或者家附近的街巷里玩,很少组织大规模的表演活动。后来到了日伪时期,京城的老百姓生活在水深火热之中,根本没有心思组织和参加任何的娱乐活动,所以,在这个特殊时期,太平鼓几乎销声匿迹。及至中华人民共和国成立后,京城老百姓为了庆祝人民当家做主,这才重新拿起了太平鼓的行当,开始组织起太平鼓表演活动来,至此,太平鼓才又重新出现在京城老百姓的视野中。

为了将门头沟区的太平鼓发扬光大,西店村的一名老艺人樊宝善在1953年专门举办了两期太平鼓学习班,编排了舞蹈《和平鼓》到北京市劳动人民文化宫参加了演出,从此太平鼓被搬上了舞台。后在1984年,门头沟区组织了多达三百余人参加的太平鼓队伍,参加了国庆35周年的天安门游行表演。在1990年,太平鼓还以八百人的阵容,出现在北京第十一届亚运会开幕式上,引起国内外媒体和观众的广泛关注。在2006年的春节,太平鼓开始走出国家,迈向世界,它参加了"北京风情舞动悉尼"表演,受到澳大利亚民众的热烈欢迎。

回首太平鼓的发展之路,我们可以看出,它源于生活,又高于生活;它不仅凝聚了京郊老北京人朴素的感情,还代表了他们对生活、对未来的热爱之情。在每个北京人的心里,都默默地希望太平鼓能够走得更稳、更远。

您知道京韵大鼓是怎么发展起来的吗

在众多的曲艺艺术门类中,最为北京人熟知的莫过于京韵大鼓了。尤其是电视剧《四世同堂》主题曲的热播,让更多的人知道了京韵大鼓,被它唱词文雅、唱腔悦耳、雅俗共赏的特点给迷住了。

那么京韵大鼓是如何发展起来的呢？

京韵大鼓，又被称为"京音大鼓""小口大鼓"，据史料记载，它形成于清末民初。说起京韵大鼓的发展史，可谓既复杂又坎坷。

京韵大鼓的历史可以追溯到清朝的咸丰年间。当时，旗籍出身的艺人金德贵，在表演的过程中，将有板无眼的木板大鼓发展为一板一眼的板式，字音也改成接近北京的语音。对这种大鼓方式，他命名为"京气大鼓"。但令人遗憾的是，"京气大鼓"的名号并没有在京城传开，老北京人反而喜欢称其为"怯大鼓"。及至清朝的同治和光绪年间，北京艺人胡金堂着手改革怯大鼓，为了适应京城老百姓的听觉需要，他将《长坂坡》的词植入怯大鼓中表演。由于胡金堂嗓音清脆、响亮，唱时一气呵成，被誉为"一条线"。胡金堂的名气渐渐大了起来。后来，在胡金堂的影响下，擅唱《三国》短段故事的霍明亮，也将一些子弟书词如《单刀会》《战长沙》等融入怯大鼓中表演，受到了京城老百姓的欢迎，怯大鼓的名气日盛。之后，发展怯大鼓的重任又落到了自清末起就被誉为"鼓界大王"刘宝全的身上。

刘宝全对怯大鼓进行了革新：首先，他将河间方言改为北京方言，吸收了京剧的发音吐字与部分唱腔；其次，他注重吸取各种戏曲、杂曲的曲调，丰富了唱腔；再次，他借鉴京剧的表演程式，运用眼神、面部表情、抬手举足的刀枪架势，形成一套表演身段；四是在木板大鼓原有的伴奏乐器三弦外，增加了四胡和琵琶；五是采用了大量子弟书的曲本。在他的改革下，一直流传至今的京韵大鼓得以形成。

在20世纪20年代后，在女演员良小楼、章翠凤、骆玉笙、孙书筠、阎秋霞、小岚云等人的精心演绎下，京韵大鼓的发展又迈上了新台阶。在中华人民共和国成立后，京韵大鼓又得到了长足的发展，艺人成了人民的演员和艺术家，除演唱流传下来的传统曲目外，还新编及创作了许多反映现实生活的新曲目，如《珠峰红旗》《韩英见娘》《白妞说书》等。同时，还培养了一代又一代年轻演员，如赵学义、杨凤杰、刘春爱、钟玉杰等，他们的努力促进了京韵大鼓的进一步发展、壮大。

相声界的开山鼻祖是谁

相声是老北京一种历史悠久、流传较广、有深厚群众基础的曲艺表演形式，以引人发笑为艺术特点，以"说、学、逗、唱"为主要艺术手段，颇受京城老百姓的欢迎。尤其是，随着相声的改革，很多相声表现形式层出不穷，如今更是掀起了一股"相声热"。

在这股"相声热"下，很多人几乎都能说出几个相声大师的名字，如马三立、侯宝林、马季、郭德纲等。可是追本溯源，要说起相声界的开山鼻祖是谁，估计没几个人能够说出来了。

到底相声界的开山鼻祖是谁？在目前的相声界主要存在三种观点：一种是"张三禄说"，一种是"朱绍文说"，还有一种是"东方朔说"。

张三禄，又被称为"管儿张"，北京人，是目前见于文字记载最早的相声艺人。根据相关记载并推测，张三禄本是八角鼓丑角艺人，后改说相声。关于他"改弦易辙"这件事儿，云游客《江湖丛谈》中曾经记载，即："八角鼓之有名丑角儿为张三禄，其艺术之高超，胜人一筹者，仗以当场抓哏，见景生情，随机应变，不用死套话儿，演来颇受社会各界人士欢迎。后因性情怪僻，不易搭班，受人排挤，彼愤而撂地。当其上明地时，以说、学、逗、唱四大技能作艺，游逛的人士皆愿听其玩艺儿。张三禄不愿说八角鼓，自称其艺为相声。"张三禄的艺术生涯始于清朝的道光年间。其常说的相声有《贼鬼夺刀》、《九头案》等。其中《贼鬼夺刀》流传了下来，至今仍是脍炙人口的传统相声名篇。关于张三禄的相声，薛宝琨在《中国的相声》一书中曾介绍说，近世满族艺人玉小三曾回忆说："张三禄说单口笑话（即单口相声）最有名望，'活儿'非常出色，内容也净，也可以吸收妇女观众，当时十二文钱可买一斤面，他一天可以赚到二十五六吊钱。可见当时群众是多么拥护他。"而清代"百本张"钞本子弟书《随缘乐》一篇中也有这样的记载："学相声好似还魂张三禄"——从中足见张三禄的相声艺术在相声发展早期的影响力，他被公认为"第一个说相声的人"。由此可见，尊他为相声的"开山鼻祖"并不为过。

朱绍文，艺名为"穷不怕"，汉军旗人，祖籍浙江绍兴。朱绍文幼年间在嵩祝成京戏班学丑角，未能唱红，多次改行，最后选择了说相声。他表演时，手执竹板上有两句话："满腹文章穷不怕，五车书史落地贫。"这就是他艺名"穷不怕"的由来。他钦佩张三禄的技艺，当时张三禄已经年近古稀，而他只有二十多岁，他说的笑话，有的就是向张三禄学的，故尊称张三禄为"老师"，但没有任何拜师的记载。朱绍文的艺术活动主要集中于清朝的同治、光绪年间，他和醋溺膏、韩麻子、盆秃子、田瘸子、丑孙子、鼻嗡子、常傻子等七位艺人合称为第一波"天桥八大怪"，位居首位。相传，对口相声、三人相声和太平歌词都是他开创的，对相声的发展做出了重要贡献。朱绍文对相声和艺术的发展做出的贡献还不局限于此。据史料记载，他在师承关系的发展上也出了很多力。因为，正是在他的努力下，师承关系的"业规"才逐渐形成：在拜师上只允许三种方式，一种是拜师学艺，一种是带艺投师，另一种是代拉师弟。除此之外，拜师要有引师、保师、代师，要摆宴席，请长辈、"掌门"、同辈，以此周知，求得业内人关照；续家谱，明支派，不忘祖先；订立"师徒合同"，明确责任、义务；出师后要孝敬师父半年或一年，收入全归师父，然后举行"谢师会"。在收徒授艺方面，朱绍文迈出了第一步。他还和徒弟徐有禄等人在"撂地"时，一问一答、一唱一和、一精一傻、一庄一谐，形成了一"捧"一"逗"。这在张三禄的表演中是没有的。正因为以上缘由,在相声界中,有很多人都认为朱绍文才是相声界的"开山鼻祖"。

东方朔。还有一种说法,即说西汉时期的东方朔才是相声界的"开山鼻祖"。汉武帝继承大业后,东方朔凭借自己的出色才华成功被诏拜为郎,后任常侍郎、太中大夫等职。然而相声界有些人之所以尊他为"开山鼻祖",并非因为他官做得高,而是因为他的性格诙谐,言词敏捷,滑稽多智,谈笑水平极高。这个说法更多地带有开玩笑的意味。相传,有一次东方朔陪着汉武帝聊天。汉武帝有意为难下东方朔,便指着一棵树问东方朔:"贤臣,你知道这棵树叫什么名字吗?"东方朔也不知道那是棵什么树,就胡乱说了一嘴:"回皇上,那棵树叫'善哉'。"几年后,在和汉武帝再一次闲谈中,汉武帝又看到了那棵树,又问他:"贤臣,你知道这棵树叫什么名字吗?"东方朔想也没想,又随口答道:"回皇上,那棵树叫'瞿所'。"汉武帝听了,勃然大怒,指着东方朔的鼻子道:"大胆逆臣!你竟然敢骗朕!同一棵树,几年前你告诉朕它叫'善哉',今年却告诉朕它叫'瞿所',你到底有何用意?"东方朔一听,心里急了,心想:"这奇怪的皇帝老儿,竟然故意问我,我怎么那么疏忽,都把这事儿给忘了呢!"但他这个人非常聪明,头脑灵活,他脑子一转,一个点子就有了。只见他不紧不慢地说:"回皇上,您也知道,马在小的时候被称为'驹',当它长大后,就会被称为'马';鸡在小的时候被称为'雏',当它长大后,就会被称为'鸡';牛在小的时候被称为'犊',当它长大后,就会被称为'牛'。这棵树也是如此,它在过去叫'善哉',如今叫'瞿所'。万事万物都是发展变化的嘛!"汉武帝听了他的话,觉得有些道理,也就没有再说什么。东方朔凭借他的机警和聪明,逃过了一劫。

北京的茶馆知多少

茶馆，是一种具有多种功能的饮茶场所，是一种市民气息很浓的茶文化，充满着中国传统文化的情调。在北京城，茶馆文化气息非常浓厚，茶馆种类繁多，有大茶馆、清茶馆、书茶馆、棋茶馆、季节性临时茶馆、避难茶馆等。这些茶馆的存在，使北京城的文化氛围浓厚了很多。

在北京，茶馆可谓由来已久。据说，远在前清时期，北京城就出现了茶馆。及至民国初期，茶馆的数量更是数不胜数，盛极一时，无论是在幽静的胡同巷弄中，还是前门、鼓楼、四牌楼、单牌楼这些繁华大道旁，到处可见茶馆的存在。

北京茶馆大多供应香片花茶、红茶和绿茶。茶具大多是古朴的盖碗、茶杯。茶馆还为客人准备了象棋、谜语等娱乐工具，供他们消遣娱乐。另外还有些规模较大些的茶馆建有戏台子，每天都会举办一些京剧、评书、大鼓等演出活动。当时很多有名气的演员都是从茶馆里唱出名气来的。

北京的茶馆种类繁多，有书茶馆，每日演述日夜两场评书；有既卖茶又卖酒，兼卖花生米、开花豆的茶酒馆；有专供各行生意人集会的清茶馆；也有开在郊外荒村中的野茶馆……这里我们主要介绍一下大茶馆、书茶馆和野茶馆。

大茶馆

大茶馆是一种多功能的茶馆，集饮茶、饮食、娱乐、聚会为一体，典型的代表就是位于前门外的老舍茶馆。大茶馆有一个标志性物件，它就是有名的大搬壶，这种大搬壶体现了大茶馆的包容和宏大的气势。一般来说，大茶馆一般规模比较大，门面最少有三间，多的可以达到六七间，以前北京最大的茶馆天汇轩面积大到可以容纳下一个集市。

大茶馆的布局一般如下：一进门前设柜台和大灶，中为罩棚,后为过厅(俗称"腰拴"),再后为后堂,两旁侧房的单间,叫作雅座。收账则根据地界来:入门为头柜,管外买及条桌账目,过条桌为二柜,管腰拴账目,最后为后柜,管后堂及雅座账目,分工明确。

大茶馆在清朝的北京曾经红极一时。八旗二十四固山,内务府三旗、三山两火、仓库两面,按月整包关钱粮,按季整车拉俸米。家有余粮、人无菜色,除去虫鱼狗马、鹰鹞骆驼的玩好以外,不上茶馆去哪里消遣?在这种情势下,大茶馆发展壮大起来。当时,京城最有名的大茶馆当属天汇轩,但可惜的是,它后来毁于一场大火。

书茶馆

书茶馆,顾名思义就是说评书的茶馆。"开书不卖清茶"是书茶馆的标语。在书茶馆里,听书成了主要目的,茶倒退居其次,成了可有可无的配角。在书茶馆里,每日都有评书专场,历史经过民间演义,在这里有了各种各样的版本。实际上老北京人知道的那些中国通俗小说内容,很多是通过这种书茶馆文化得来的。书茶馆有一个特点,就是"开书不卖清茶"。从这个标语可以看出,书茶馆在开书前可以卖清茶,也是各行生意人集会的"攒儿""口子",但开书后是不卖清茶的。书馆听书的费用被称为"书钱"。法定正书只说六回,以后四回一续,可以续至七八次。平均每回书钱一小枚铜圆。通常,书茶馆的评书分"白天"和"灯晚"两班。"白天"从下午的三四点开始,到晚上六七点结束;"灯晚"则从晚上的七八点开始,到深夜十一二点结束。在某些特殊情况下,茶馆还会在"白天"开书前加一个"短场"。这个"短场"从下午一点开始,到下午三点结束,被称为"说早儿"。只有那些初学乍练或者无名角色,才情愿"说早儿",名角都只说"白天"或者"灯晚"的。通常,书茶馆里说的评书主要有这两类:第一类是小八件书,也就是俗称的公案书或者侠义书,如《七侠五义》《三侠剑》《施公案》等;第二类是神怪书,如《西游》《封神榜》《济公传》等；第三类是长枪袍带书，如《三国》《隋唐》《精忠》《明英烈》等一些带盔甲赞、刀枪架、马上交战的书。

野茶馆

野茶馆，顾名思义就是指位于郊野间的茶馆。在京城的前清时期，一些花园都不对外开放，京城内除了陶然亭和窑台外，老北京们游玩时无别的地方可去，只好走出城外，去郊野间玩耍。这就给野茶馆的开创创立了良好的条件。与位于城内的大茶馆和书茶馆相比，野茶馆比较安静清雅：低矮的土房、支着芦箔的天棚、荆条花障上生着的牵牛花、泥土砌成的桌凳……这一切都给野茶馆带来了一种清净、安宁的氛围。在这里闲坐片刻，与朋友做些游戏，让人感觉非常轻松、自在、舒畅。当时比较有名的野茶馆有这样几处：位于朝阳门外麦子店东窑的麦子店茶馆，以芦苇多、地极幽僻著称；位于安定门外西北的六铺炕野茶馆，四周都是菜园子，到此喝茶的以斗叶子牌为主要目的；位于安定门东河沿的河北绿柳轩野茶馆；位于西直门外万寿寺东的白石桥野茶馆……这些野茶馆不仅给京城的老百姓带来了快乐，还带来了很多大自然的气息。

岔曲知识知多少

岔曲是北京民间俗曲的一种演唱形式，是北京清代满族文化的代表之一。它起源于清初的北京，兴盛于乾隆朝，流行于北京城内外。乾隆六十年（1795年），在北京出版的《霓裳续谱》收入北京、天津流行的杂曲曲词六百二十二首，其中岔曲就有一百四十八首之多。岔曲有平岔、慢岔、起字岔、垛字岔、西岔、数岔等多种曲调，内容多是模拟女性第一人称的情歌。

关于岔曲的起源有两种说法：一说是从昆曲、高腔岔支而成，另一说是来自乾隆朝征西凯歌。

第一种说法认为,它是由京师旗人中盛行的戏曲高腔脆白发展而来的。岔曲从清朝初期就有了,在乾隆年间非常流行。针对这种说法,最有利的证据是早年的单弦艺人李燕宾所说的一段话,他认为,"所谓岔曲者,乃岔支于昆曲、高腔之义","岔曲初名脆唱,衍名岔曲。脆唱又分岔曲、琴腔、荡韵三支……现在通行者,只琴腔、岔曲二支而已。"更为关键的是,在1943年,李鑫午在自己的著作《岔曲的研究》中肯定了李燕宾的这一说法,说他的说法"可信程度大"。

针对第二种说法,也有明确的史料记载。崇彝的《道咸以来朝野杂记》中有这样的记载:"文小槎者,外火器营人。曾从征西域及大小金川。奏凯归途,自制马上曲,即今八角鼓中所唱之单弦杂排(牌)子及岔曲之祖也。其先本曰小槎曲,减(简)称为槎曲,后讹为岔曲,又曰脆唱,皆相沿之论也。此皆闻之老年票友所传,当大致不差也。"针对这段记载,民国时期齐如山在《故都百戏图考·八角鼓》篇中予以认可,不过将"文小槎"改为"宝小岔(名恒)",他的根据是清末单弦艺人德寿山的口碑材料。德寿山曾经说过这样的话:"岔曲之起源为阿桂攻金川时军中所用之歌,由宝小岔(名恒)所编,因名岔曲,又称得胜歌。"从上述材料我们可以得知,关于"岔曲来自乾隆朝征西凯歌"的说法,佐证材料还是很丰富的。材料中所记载的是这样一件事:在清朝的乾隆年间,四川省的大、小金川叛乱,乾隆帝派大学士阿桂督师征讨。双方的战争进行了很久,以致后来军士们都开始思念起家乡来,一个个无心恋战。他们在闲着无聊的时候就靠唱些民间小曲缓解思乡的情绪。当时,军中有位名叫宝恒,字小岔的幕僚,他这个人非常擅长唱民歌,就在没事的时候瞎琢磨民歌的新唱法。没想到还真让他给琢磨出一些新鲜花样来了。他在当时流行的民歌的基础上,吸收了高腔的曲调,另制了新词新曲。军士们一听,觉得非常好听,都跟着学唱。又因为这首歌曲是宝小岔创作的,所以大家都称之为"岔曲"。在这种新鲜歌声的牵引下，军士们的思乡情绪被缓解了很多，军中的情绪一时稳定了下来。后来在金川之战中，清朝的军士终于打了胜仗，平息了大、小金川叛乱。军士们在返京的路上，一路唱着岔曲，"鞭敲金镫响，齐唱凯歌还"，所以岔曲又被称为"得胜歌"。随着阿桂军队的成功返京，岔曲也跟着军士们流传到了京城，在京城生根、发芽、成长。

具体来说，岔曲共有三种表演方式：比较流行的一种表演方式是一人自击八角鼓演唱，一人操三弦伴奏（也可无伴奏）；另一种是两人操八角鼓演唱；还有一种是集体演唱"群曲"的方式，演唱曲目多为《八仙庆寿》《大秋景》之类。针对集体演唱"群曲"的方式，张次溪在所著的《人民首都的天桥》中有这样的记载，即岔曲"嘉道前，每旗族家庭宴贺，父老多率子弟唱奏，子弟之名，盖本于此……至今之专以此曲登场为业者，仍然如是，坐弦立歌，是其遗意"。

岔曲的唱腔结构也很有特点，基本是一段六句或八句，所以，岔曲又有"六八句"的别称。另外，其唱腔还分曲头、曲尾两部分，中间有一个大过门。在曲头和曲尾的中间并非是无内容的，也可以适当地加上数子、牌子，使一段的篇幅扩充到十数句、数十句之多。

很多人乍听岔曲都会觉得很奇怪，因为其曲词句式并不"协调"，而是长短句，有七字句、四字句，嵌入五、七、十字的小对句（即"数子"）等，并加入嵌字、衬字。每段唱词设六个"过门"，加上前奏曲，共七个过门，中间有一个"卧牛"。对于"卧牛"，《单弦表演艺术》一书中这样解释："卧牛又称卧拗，实际是腔调上的一个顿挫，也可以说是一个重叠。好多人爱听岔曲的卧牛。卧牛是把一句完整的句子切开，使它词句不完整，并且把下半句第一个字先唱出来，随着就弹过门，给人一种悬念。弹完第五个过门，接着把过门前面那个字重一下（或者不重字）再唱完下面的词句。"岔曲音乐取材于民间曲艺、小调和戏曲。主要曲调有：平调韵、荡韵、黄鹂调、石韵、硬书等。

岔曲分为大岔曲和小岔曲。大岔曲，又被称为"长岔"，在曲词中嵌入一长串用数板连接的嵌句。演唱时节奏明快，唱腔多变，高低起伏，一气呵成。代表作品为《风雨归舟》。小岔曲，又被称为"脆岔"，短小精悍，不带数子，有词脆、腔脆、板头脆的特点。代表作品有《晚霞》等。

传统岔曲曲目数量较多，中华人民共和国成立后，流传较广且颇有影响的新岔曲有《有这么一个人》《红军过草原》《志愿军英雄赞》《赞雷锋》等。

在漫长的发展历程中，岔曲的表演名家中，继宝小岔后，有很多脱颖而出。乾隆时杨米人《都门竹枝词》云："同乐轩中乐最长，开来轴子未斜阳；打完八角连环鼓，明庆新班又出场。"由此可见，乾隆年间岔曲表演者有很多，但遗憾的是，他们的名字都没有留下来。之后在单弦牌子曲兴起后，单弦牌子曲的演唱名家司瑞轩、德寿山等人享有盛誉。到民国初期，岔曲已经完全融入单弦牌子曲，为其重要组成部分，偶作单独节目演出，而不再作为一个独立曲种存在。及至20世纪20年代，擅唱岔曲的仅屈祥利、王贞秀、广绍如、阿鉴如、荣剑尘、谭凤元、曹宝禄等十余人。20世纪三四十年代，岔曲仍在北京流行；但20世纪50年代以后，随着时代的变迁，岔曲表演艺术逐渐走向衰落，可以被称为真正表演者的人，屈指可数。在北京，目前还有一些岔曲业余爱好者，在没事的时候聚在一起，演唱一番，纯为娱乐。

"单弦"表演的历史变迁

单弦产生于北京，属于北方曲艺的一种，形成于清朝末期，当时在北京的近郊广泛流行，颇受老百姓的喜爱。单弦由于只由一人手持"三弦"自弹自唱，故此得名。又由于单弦在演唱的时候需要用八角鼓击节，所以又被称为"单弦八角鼓"。

从曲目内容上看,单弦曲词雅而不俗,曲牌成套,变化纷繁,每个节目表现一段故事:有的曲目改编自流行小说,如《聊斋志异》《杜十娘》等;有的曲目反映各个历史时期的生活,如清朝末期的《穷大奶奶逛万寿寺》、民国时期的《秋瑾起义》等。从唱腔上看,单弦唱腔为曲牌联套体。比较常用的曲调有《太平年》《云苏调》《怯快书》《南城调》等。曲牌的文体有长短句、上下句两种,以长短句为主,并常用三字头、垛句、嵌字、衬字等。

说起单弦的发展史,也非常复杂。

单弦是在流行于清乾隆年间的岔曲基础上逐渐演变而成的。如今我们能见到的最早的单弦曲词,是清朝嘉庆九年(1804年)由华广生所编的《白雪遗音》卷三中之《酒鬼》。单弦最初的演出形式是由一人手持八角鼓击节,一人以三弦伴奏演唱,被称为"双头人"。在清朝的光绪年间,清王室衰微,八旗子弟生活非常贫困,其中一些会唱单弦的迫于生计就靠卖艺为生。其中有一位叫作司瑞轩的旗人,用"随缘乐"作艺名,到处卖艺为生。一天,他将《水浒》《聊斋》的故事自编曲词自弹自唱于茶馆,并贴出了海报,海报上写着"随缘乐一人单弦八角鼓"一行字。正是从他的这张海报开始,单弦作为一个独立曲种传开了。及至清末民初,司瑞轩收徒传艺,除旗人外,也收汉民,此后涌现出德寿山、桂兰友、群信臣"单弦三杰"。在民国初期,单弦表演者全月如开始改为站唱,另外请了弦师给自己伴奏,从此开起了单弦表演为"站唱"的方式。另外,全月如还将昆曲、京剧中的一些动作加入单弦的表演中,使它有了"形体表演"的内容。

二十世纪的二三十年代是单弦艺术发展的全盛时期。当时很多单弦票友都纷纷开始靠表演单弦维生,涌现出了很多有名气的演唱家,受到老百姓的欢迎。在这些人中,有的善唱时调小曲,有的善唱昆高曲牌,他们在表演的时候将这些曲调融入单弦唱腔曲牌中,使单弦唱腔曲牌增加了很多,表现力更强。在这一全盛背景下，很多名家脱颖而出，并逐渐形成了独具一格的演唱风格，其中最有名气的当属荣剑尘、常澍田、谢芮芝为代表的三大流派。当时，天津法租界歌舞楼曲艺剧场（后改名小梨园）为杂耍迷的流连场所，单弦"三杰"荣剑尘、常澍田、谢芮芝，都曾在那里献艺。其他著名的表演者还有谭凤元、曹宝禄等人。与此同时，更加令人欣喜的是，那时还出现了女演员登台献艺的现象。

荣派创始人荣剑尘。荣剑尘生于1881年，卒于1958年，北京满族人，姓关尔佳，名荣勋，字健臣，后改名为"剑尘"。他在最开始的时候只是一名票友，后在1901年时拜明永顺为师，专门学习单弦表演艺术。他吸收北京高腔的唱法，形成自己独特的风格。他的嗓音甜润清脆，善唱连本书，如讲武松故事的《武十回》。

常派创始人常澍田。常澍田生于1890年，卒于1945年，北京满族人，字雨培，署名梦僧，又名赵兰波。他的父亲和伯父都是著名的八角鼓票友。常澍田在12岁的时候就开始走票，及至1910年正式开始表演生涯，后来师从单弦名家德寿山。常澍田唱法沉着，以表演《聊斋》节目见长，说唱细腻，声情并茂，其他代表曲目有《胭脂》《挑帘裁衣》《金山寺》等。

谢派创始人谢芮芝。谢芮芝生于1882年，卒于1957年，北京人。在最开始的时候，谢芮芝也只是一名八角鼓票友，后来随着时代潮流下海学艺，师从王六顺。他嗓音宽厚，庄谐并举，行腔自如，曲牌繁多，表演生动，最有叫座力。擅演曲目有《高老庄》《沉香床》《武松》等。

令人欣喜的是，荣、常、谢三派各有传人，及至20世纪40年代，石慧儒、曹宝禄、石连城、张伯扬等一批表演艺术家脱颖而出，享誉曲坛。其中比较突出的一位是女表演家石慧儒，她以嗓音圆润著称，每每唱到《渔家乐》《松月绕》等曲目，都获得观众长时间的掌声。

中华人民共和国成立后，单弦表演艺术不断进行改革创新，得到了进一步发展。形式上从联曲体的中篇说唱，演变成联曲体的短篇说唱，演出也由自弹自唱或一人站唱敲击八角鼓、另一人操三弦伴奏，发展、产生了单弦对唱、牌子曲群唱、单弦联唱等形式。曲目上更加具有时代特色，新增了《四枝枪》《好夫妻》《红花绿叶两相帮》《新五圣朝天》《城乡乐》《反浪费》《地下苍松》《天安门颂》《青年英雄潘天炎》《双窝车》《单枪赴会》《一盆饭》《星期天》《打箩筐》等反映当下现实生活的作品。但慢慢地，随着民间曲艺形式的多样化，单弦表演和受众人数下降了很多。及至20世纪80年代，单弦表演活动才又开始多起来。

第十三章

老北京的民间风俗

北京人眼中元宵节的由来

老北京人都知道,在一年中,老北京最热闹的节日不是春节,而是从农历正月十三到正月十七,历时五昼夜的元宵节。说到元宵节的日子,很多人会有这样的疑惑:元宵节的正日子不是正月十五吗?怎么老北京人那么心急从正月十三就开始过上了,而且还一连过五天?这您就不知道了,其实这五天的欢庆日还只是清朝时候的老北京人过元宵节的规矩,早在唐朝的时候,老百姓在元宵节要欢庆十昼夜呢!从中可以看出,从古到今,老百姓对元宵节的喜欢和重视。说句通俗话,它就是咱老百姓的狂欢节。有一首《上元诗》真实地描绘出了旧时北京的元宵之夜:"满城灯火耀街红,弦管笙歌到处同。真是升平良夜景,万家楼阁月明中。"

元宵节,也被称为"灯节""灯夕",因其节俗活动在一年的第一个月(元)的十五日夜(宵)举行而得了"元宵节"这个名。除此之外,还有人称元宵节为"上元""上元节",这是一种道教的说法。在道教理念中,存在所谓的"三元"神,即上元天官、中元地官、下元水官,这三官神分别以正月、七月、十月十五日为诞辰,所以信奉道教的人喜欢把这三个日子分别称为上元、中元、下元,称元宵节为上元节。

在老北京人中,关于元宵节俗的形成,存在很多说法,如有的老北京人认为元宵节的由来是东汉明帝点灯敬佛的结果。那时候,明帝提倡佛教,听说佛教有正月十五日僧人观佛舍利、点灯敬佛的做法,就命令在这天夜里在皇宫和寺庙里点灯敬佛,令士族庶民都挂灯。渐渐地,这种命令演变成一种节日,由宫廷传到民间,它就是我们今天所说的元宵节。有的老北京人认为元宵节起源于"火把节"。据说这是远古人的一种耕种习惯。老百姓为了使庄稼免于虫害,来年获得好收成,便在这天晚上手持火把到乡间田野驱赶虫兽,及至后来,由手持火把演变成成群结队高举火把在田头或晒谷场跳舞。渐渐地,加入这种仪式中的人越来越多,演变成一个盛大的节日,它就是元宵节。其实,在多种说法中,老北京人广为接受的是另一种说法,即元宵节是汉文帝为纪念平吕而设的。汉高祖刘邦死后,吕后之子刘盈登基为汉惠帝。由于惠帝生性懦弱,优柔寡断,大权渐渐落在吕后手中。后来,惠帝病死,吕后独揽朝政,把刘氏天下变成了吕氏天下。对此,朝中大臣和刘氏宗室愤怒无比,但敢怒不敢言。吕后死后,诸吕密谋叛乱,夺取刘氏江山。这件事被刘氏宗室齐王知道后,他为保刘氏江山,联合开国老臣周勃、陈平,发起了"平诸吕之乱"运动,最终平定了叛乱。之后,刘邦的第二个儿子刘恒继位,是为汉文帝。文帝深感太平盛世来之不易,再加上平定"诸吕之乱"的日子正是正月十五,所以此后每逢正月十五夜晚,文帝都要出宫游玩,与民同乐,从此,正月十五便成了一个普天同庆的民间节日——元宵节。汉武帝时,汉室要祭祀一位叫"太一"的神明。《太平御览》引《史记·乐书》云:"汉家常以正月上元祭祀太一甘泉,以昏时夜祀,至明而终。"太一也叫"泰一""泰乙""太乙",早在战国时期即被人所奉祀,宋玉《高唐赋》就有"醮诸神,礼泰一"的记载。汉武帝将"太一神"的祭祀活动定在正月十五。司马迁创建"太初历"时,就已将元宵节确定为重大节日。

老北京元宵节的习俗

在旧时候,每逢元宵节,北京城可谓万人空巷,无论是达官显贵还是平民百姓,无论是书生学士还是老人小孩,一概上街观灯。各个店铺均自发地挂出各种花灯,有的还挂出灯谜,猜中的奖赏一些鲜果、小吃等物。那几天酒肆茶楼和其他娱乐场所的生意也都很红火,整个京城,街上院内,到处张灯结彩犹如白昼,热闹非凡。

说起老北京人庆祝元宵节的风俗,可谓形式众多。

赏灯。要说老北京的元宵节,最重要的活动当然是赏灯。京城赏灯的历史非常悠久,据史料记载,在明朝时期,北京城就非常流行在元宵夜赏灯。那时的灯市多集中在东城的灯市口。元宵之夜,街道两旁的店铺,个个都张挂着各式各样的花灯,有绢纱、烧珠、明角制成的,也有麦秸、通草制成的,上面绘有古代传说故事,如列国、三国、西游、封神、红楼、水浒、聊斋、精忠传、三侠五义等,或花卉如兰、菊、梅、竹等,或飞禽走兽如鸾、凤、龙、虎、虫、鱼等,不仅形态逼真,还颜色靓丽,引得众多游人观赏。在清朝的时候,灯市遍布整个北京城,其中最繁华、规模最大者有东四牌楼、西四牌楼、地安门、鼓楼、正阳门、厂甸。那时的老北京人来到灯市,不仅是为了欣赏花灯,也是为了购买日用品。因为,每逢元宵之夜,很多精明的商家都会趁机搞降价促销活动,人们一边赏花灯,一边购买日用品。

猜灯谜。猜灯谜是老北京人庆祝元宵节的传统习俗,是指将谜语写在灯上,让人猜解。这里的谜语讲求一定的格式,需运用巧思才可以制出十分高妙的内容来,是中国独创的文学艺术,这种庆祝方式使得元宵节颇具文化气息。由于灯谜都难以猜中,如同老虎难以被射中一样,所以老北京人也喜欢将猜灯谜活动称为

"灯虎"或者"文虎"。关于这个风俗,还有很多有意思的故事呢!其中一则与清朝乾隆皇帝有关。相传在一年的元宵节,乾隆带领一群文武大臣来到京城的街上赏灯。他看到灯上写着很多灯谜,便有意让大臣们猜。看到高兴时,他自己也出谜联让大臣们猜,把大臣们惹得紧张兮兮,他自己却得意扬扬的。大学士纪晓岚见大臣们都被乾隆的谜语给难住了,也想故意为难下乾隆。于是他稍思片刻,就在一个宫灯上写下了如下一副对联:"黑不是,白不是,红黄更不是。和狐狼猫狗仿佛,既非家畜,又非野兽。诗不是,词不是,《论语》也不是。对东西南北模糊,虽为短品,也是妙文。"乾隆看了,猜了半天也没有猜出来,最后还是纪晓岚自己揭了谜底:猜谜。乾隆那得意扬扬的"气焰"顿时给消了几分。

吟灯联。在元宵夜赏灯是老北京的重要习俗。在赏灯的同时,老北京人不仅可以猜灯谜,还有一个"吟灯联"的习俗。在元宵之夜,很多人家都会在自家大门或显眼的柱子上镶挂壁灯联、门灯联,上面书写了很多有趣的对联,不仅为元宵佳节增添了节日情趣,也为赏灯的人们增加了欣赏的内容。在灯火通明的元宵之夜,走在热闹的街上,吟咏各家门前的灯联,是件多么惬意的事啊!关于"吟灯联"的习俗,还有不少脍炙人口的故事呢!其中一则与明成祖朱棣有关。相传,在某年的元宵之夜,朱棣进行微服私访。走着走着,偶遇了一个秀才。这名秀才非常有才华,朱棣和他谈得十分投机。为了试试该秀才的才情,朱棣出了上联,联云:"灯明月明,灯月长明,大明一统。"谁知那秀才竟不假思索地对出了下联"君乐民乐,君民同乐,永乐万年。""永乐"是明成祖的年号,朱棣听了该秀才的下联,非常喜欢,觉得他是个难得的人才,于是赐他为状元。

吃元宵。元宵佳节,老北京人除了赏灯、猜灯谜、吟灯联外,还要吃元宵。元宵以白糖、玫瑰、芝麻、豆沙、黄桂、核桃仁、果仁、枣泥等为馅,用糯米粉包成圆形,可荤可素,风味各异。可汤煮、油炸、蒸食，有团圆美满之意。清朝康熙年间，御膳房特制的"八宝元宵"，是名闻朝野的美味。马思远则是当时北京城内制元宵的高手，他制作的滴粉元宵远近驰名。符曾的《上元竹枝词》云："桂花香馅裹胡桃，江米如珠井水淘。见说马家滴粉好，试灯风里卖元宵。"诗中所咏的，就是鼎鼎大名的马家元宵。说起元宵，还有一点不能不提，那就是远在清朝的时候就有奶油馅的元宵了。北京的元宵从清朝至今变化不大，清朝的元宵主要有山楂白糖、白糖桂花、枣泥松仁、豆沙四种馅。除这四种外，还有一种奶油馅的元宵深受老北京人的欢迎。

吃干菜馅饺子。元宵佳节，老北京人除了吃元宵，还吃干菜馅饺子。干菜就是把新鲜的蔬菜晾成菜干，包饺子的时候，用煮肉的肉汤把干菜煮一下，发起来，然后再做馅。干菜馅饺子别有一番风味，很多人家都会在这天包一些。不过，元宵吃干菜馅饺子的风俗如今已经很少见了。

"烧火判儿"。除了吃干菜馅饺子这一风俗习惯已经在京城消失之外，还有一种老风俗也已经消失了，它就是"烧火判儿"。"烧火判儿"是旧京元宵节里的一个重要观赏项目。所谓"判儿"，是指判官，其内部是一个炉膛，里面装上煤，点上火，判官被烧得浑身通红，火焰从判官的七窍中喷冒出来，煞是好看，惹来大批群众围观。在旧京的元宵佳节，京城的很多店铺都售卖这种用泥塑成的"判官"。据说，当时京城最有名的"烧火判儿"的地儿是如今平安大道路北侧的城隍庙。

正月十五为什么要过城门"走桥""摸钉"

在老北京春节期间的元宵节，京城"平时大门不出、二门不迈"的妇女都被允许走出家门参加元宵节的活动，除了赏花灯以外，必做的就是"走桥"和"摸钉"。"走桥"和"摸钉"的习俗盛行于明、清两朝，到民国时期还有流传，但到如今已经非常少了。

什么是"走桥"呢?所谓"走桥",又被称为"走百病",是一种消灾祈健康的活动,就是在正月十六日夜里,妇女结伴行游街市,凡有桥处,相扶而过,这样就能"消百病"。据说每年走一次可以青春常在,永不衰老,永不生病。

对于"走百病"这一习俗,明代诗歌、地方志和文人笔记中均有相关描述,如明万历年间沈榜的《宛署杂记·民风一》中就曾记载:"正月十六夜,妇女群游祈免灾祸,前令一人持香辟人,名曰走百病。凡有桥之所、三五相率一过,取变厄之意。"明代吏部尚书周用对这一风俗也做了非常生动的描述:"都城灯市由来盛,大家小家同节令;诸姨新妇及小姑,相约梳妆走百病;俗言此夜鬼穴空,百病尽归尘土中;不然今年且多病,臂枯眼暗兼头风;踏穿街头双绣履,胜饮医方二钟水。"

人们走百病是为了身体健康,但走百病并不一定全是妇女行为。如《正德江宁县志》云:"箫鼓声闻,灯火谜望,士女以类夜行,谚云走百病。"只不过是男女分别结伴行动而已,但主角是妇女。在这一天,妇女们都要穿上白绫衫,然后成群结队地手挽手、肩并肩出游,走在最前面的那个人的手里还要拿着一支香,其他的妇女都跟在她的后面,一旦遇到有桥的地方,则必须相互搀扶着过桥。桥在佛教中有"渡化"的意思,所以,过桥也就意味着"度厄"。

"走桥"这一活动为什么在当时会这么流行呢?主要的原因是,在大家的心目中,元宵之夜不"走桥"则不得长寿,而"走桥"者则可保一年无腰腿疼痛之患。一年四季中,妇女们都忙于家务和田地劳动,时间长了就难免会胳膊疼腿疼,而这种腰腿疼痛并不是通过医疗就可以消除的,因此才会积极地参加"走桥"这一活动。

在古时候,有民间俗曲曾这样唱道:"元宵雪衬一灯红,走百病后摸门钉,但愿来年生贵子,不枉今番寒夜行。"妇女们"走百病"时如果来到了城门、庙门前,那些已婚但尚未怀孕的妇女还要悄悄地摸摸大门上的门钉，这一习俗被称为"摸钉"。在当时的人的想法中，"钉"与"丁"同音，预示着家丁兴旺，"摸钉"可以帮助实现生个男孩的愿望，对此，《水曹清暇录》有记载："正阳门上摸铜钉，云宜男也。"

在明清两朝，北京城的城门有很多，其中妇女们最喜欢去正阳门"摸钉"，传说正阳门秉"正阳之气"，摸了正阳门的门钉，很容易生男孩。在封建社会中，妇女们都有"母凭子贵"的思想，因此生个男孩就成了她们最大的愿望。所以，许多妇女不怕路途遥远，纷纷前往正阳门城门摸钉。

"摸钉"的风俗，在元朝的时候就已经有了，及至明清两朝时，更加流行。明人沈榜在《宛署杂记》对此有记载："正月十六，或六月十六，妇女群游，祈免灾咎。暗中举手摸城门钉，摸中者，以为吉兆。"但随着科学的发展，如今这一具备迷信色彩的活动已经比较少见了。

如今，人们去北京城的古建筑景点旅游时，遇到高大的城门例如故宫的城门，也会热衷于"摸钉"，但并没有原有的"想生男孩"的期许了，更多的是为了祈福和觉着好玩儿。

"破五"这天除了吃饺子之外还有哪些习俗

农历正月初五，老北京人又称之为"破五"，是春节后的一个重要的节日，在这天，民间有吃饺子的习俗。

关于"破五"的来历，民间有很多种说法，其中以下四种说法比较盛行。

第一种说法是为送祖宗而设。老北京人认为，除夕夜是要把祖宗请回来一道过节的，怎么请呢？方法就是在堂屋的正中高挂祖宗的牌位，烧上香供上贡品。而到了初五那天，老祖宗在家里也待了几天，好吃的好玩的都尝了个遍，所以要将他们送"回去"了。他们回去也不能空手回去呀！所以在这一天老北京人都要烧香、烧纸钱、摆宴席、放鞭炮、吃饺子,让祖宗们风风光光、满载而归。

第二种说法与姜子牙的老婆有关。相传,一天姜子牙在封神的时候,将自己的老婆封为了"穷神",并令她"见破即归"。在神话传说中,姜子牙的老婆是一个非常令人讨厌的角色,她背叛了自己的丈夫。被丈夫封为穷神后,她就更加惹人厌恶了。人们为了躲避她,就一致商议在初五这天"破"她,让她"即归",也就是"马上滚回去"的意思。久而久之,人们便将这天称为"破五"。

第三种说法也和姜子牙的老婆有关,但故事内容不一样。据说,大年三十这天请神的时候,漏掉了脏神也就是姜子牙的老婆。姜子牙的老婆可是个不好惹的人,她非常生气,便找弥勒佛闹事。弥勒佛只是满脸堆笑,并不说什么,把这脏神气得一顿叫嚷。眼见事情闹得越来越大,弥勒佛这才开口说:"为了挽回你的面子,你看这样行不行?就是在初五的那天,让民间的老百姓再为你放几个炮,包一次饺子,破费一次吧!"脏神听了,也只能这样了,便什么也没说就走了。后来,民间便有了初五这天放炮、吃饺子的习俗,俗称"破五"。

第四种说法是初五是财神爷的生日。财神爷人人都喜欢,它的生日据说就是在初五这天。民间的老百姓为了庆贺财神爷的生日,在这天放炮、设宴、吃饺子,还组织各种娱乐活动,以此为财神爷贺寿,寓意是迎接财神爷的到来。

关于破五,老北京城还有很多有趣的习俗和忌讳。

习俗一:吃饺子。这天,民间通行的食俗是吃饺子。"破五"吃饺子包含四重意思:第一是吃饺子又被俗称为"捏小人嘴",据说这样可免除谗言之祸;第二种是吃饺子承载了老北京人的新春期盼,那就是在新的一年里,不辞劳苦勤勤恳恳便能过上好日子;第三种是初五是牛日,休息四天以后破土动工,预示着咱们春耕即将开始了;第四种是初一到初四,一般是吃素的地方多,初五开始可以破素吃荤了。老北京在吃饺子上还有讲究呢！那就是"破五"吃的饺子馅儿必须是肉馅儿，而且还必须是自家剁的，这样预示着自家来年一切顺利，将不顺的东西都给剁没了。

习俗二：送穷。这一天要"破"穷神，让她"即归"，所以老北京民间有"送穷"的习俗，这是我国古代民间特有的一种岁时风俗。怎么个"送"法呢？主要是在这天，家家户户在黎明的时候就要起来放鞭炮、打扫卫生。鞭炮从每间房屋里往外头放，边放边往门外走。意思是将一切不吉利的东西、一切妖魔鬼怪都轰将出去，让它们离家远远的。另外，由于从大年除夕夜到正月初五以前，是不允许打扫卫生的，要扫也只能在屋里扫，垃圾放在屋内的门口拐角处。而到初五这天则需要进行彻底的大扫除了，将垃圾扫出大门后，堆成一堆，将点燃的鞭炮扔到垃圾堆上，待一阵"噼里啪啦"的鞭炮声响后，送穷仪式就算结束了。

习俗三：开市。按照老北京的春节习惯，从大年初一开始，各大小店铺都要关门了，直到正月初五才开始营业。为什么选在初五这天呢？据说主要是因为初五这天是财神爷的生日，选择这一天开市比较吉利，预示着生意兴隆、财源滚滚。

禁忌：不能用生米做饭、不准妇女串门。对于这项禁忌，《燕京岁时记》和《清裨类钞》中有明确的记载。《燕京岁时记》中说："初五日谓之'破五'，'破五'之内不得以生米为炊，妇女不得出门。至初六日，则王妃贵主以及宦官等冠帔往来，互相道贺。新婚女子亦于当日归宁，而诸商亦渐次开张贸易矣。"《清裨类钞》也载："正月初五日为破五，妇女不得出门。"

老北京过春节的传统习俗有什么

日落日升，斗转星移，回首往昔，历史为我们留下了太多的系念和玄想，而这"岁时礼俗"就是其中之一。比如，春节习俗成了我国最大的传统民俗节日。春节指的是阴历的正月初一，预示着万物复苏、春天降临、新年开始，所以这个节日向来是中国人最为重视的节日，是最隆重、年事活动最丰富多彩、持续时间也是最长的一个民俗节日。在早年传统中，它从腊月的五祭就拉开了序幕，直到元宵节还余声未断，几乎占去了农历腊月和正月的一大半。足见它在中国老百姓心中的分量。

中国老百姓过春节的历史非常久远。据说从夏朝的时候就有这个节日了，那时我们的祖先把农历的正月初一定为一年的岁首。及至西周时期，出现了一年一度欢庆农业丰收的活动，在新旧岁时交替间，平民百姓都要在家中生火烧暖房子和炕头，用烟熏走老鼠，全家人团聚在一起杀鸡宰羊，祝酒共贺。及至汉代，将此日定为农历年，并称作夏历年，从此便世代相传延续到今天。也是在汉代，春节的庆贺礼仪才有了正式的仪式，在除夕之夜，民众要举行一种击鼓驱鬼除瘟的舞蹈仪式。但是在那时候，春节并不叫今天这个名字，而是被称为"元日""元旦"。后来在辛亥革命时期，我国开始施用公历纪年法，才把正月初一正式定名为"春节"。

老北京作为古都，在政治、经济、文化及宗教、礼仪等方面深受帝王将相、各行各业不同阶层人群的客观影响，所以其关于春节的民俗习情有着独特的个性。就北京地区来说，从腊月初八家家户户要泡腊八醋（蒜），就开始有了"年味"。民谣讲："老太太别心烦，过了腊八就是年。腊八粥，喝几天？哩哩啦啦二十三……"腊月二十三又称"小年"。有一首歌谣唱道："糖瓜祭灶，新年来到，丫头要花，小子要炮……"从这一天开始，北京人更加忙活了，要祭灶，扫房子，蒸馒头，置办年货，贴"福"字，贴年画，剪窗花，贴对联，贴门神，贴挂钱，一直忙活到除夕，开始过大年。

具体来说，老北京人过春节都有哪些传统习俗呢？

（一）大年三十贴春联、上供、"踩岁"。旧历腊月三十日为除夕，俗称大年三十，人们送旧迎新的主要活动都集中在这一天进行。为了点缀点景，烘托"纳福迎新"的气氛，家家户户都要贴春联，用红纸写上吉利话，还要贴门神、贴挂钱等。贴完后鞭炮齐鸣，非常热闹！除此之外还要供佛龛、神像，祖宗牌位前摆上九堂大供，家境一般的也要摆三堂或五堂供品。家宅六神，如灶王、财神、土地等都要上供、烧香。因灶王爷腊月二十三日焚化升天去了，这一天要请一张新的灶王爷像贴上，以便常年奉祀"保平安"。除此之外还要在院子里铺满松枝、芝麻秸等，名为"踩岁"，取岁岁平安之寓意。

（二）吃年夜饭。除夕的晚上，无论是当官的、做工的人们都要早点回家过年。哪怕远在千里之外的游子，也要赶回家来团圆，合家欢聚已是中华民族传统习惯。掌灯时分，各家各户的人们准备吃年夜饭。老北京人除夕晚上的年夜饭也称团圆饭是必不可少的，也是全年最丰盛的一次家宴。除夕的年夜饭要有荤有素，有冷荤、大件和清口菜。冷荤有冷炖猪、炖羊肉、冷炖鸡、鸭。大件有：红烧肉、扣肉、米粉肉、红白丸子、四喜丸子。清口菜一般有豆腐、青菜等。主食多以荤素水饺为主。供奉祖宗牌位的还要在供桌前供上一碗"年夜饭"，在饭上插上松枝，在松枝上挂上铜钱、小纸元宝等，宛如一棵摇钱树。刚解放时老北京还残留着一些封建民俗，吃饭之前先要请财神，接灶王。人们摆上供品，燃香点蜡，以求福寿平安生活美满。然后，在阵阵爆竹声中，家人开始吃团圆饭。除夕晚饭家人要齐，因此称其为"团圆饭"。菜饭尽可能丰富些，预示来年丰衣足食，席间要多说彼此祝愿的话，充满欢乐气氛，这顿饭可以慢慢吃，有的一直吃到深夜，接下来"守岁"。

（三）守岁。老北京人有除夕守岁的风俗，饭后至夜间接神、拜年之前不能就寝，要"守岁"至次日凌晨。守岁最早起源于晋代，主要包含两层意思，年岁大的是在辞旧之际有珍惜时光之意，年轻人守岁则有为父母延寿之意，所以凡是父母健在的人都必须守岁。

（四）吃饺子。老北京人在除夕夜和大年初一这天都要吃饺子，取其"更岁交子之义"。老北京人喜欢把饺子包成元宝形，在饺子中放进糖、铜钱、花生、枣、栗子等。如吃到糖的，意味着日后生活甜蜜；吃到铜钱意味着有钱花；吃到花生意味着长寿，因花生又名长生果，吃到枣和栗子的意味着早生贵子……吃下来，一大家子人都会乐开了花。

（五）放鞭炮。大年初一天还没有亮时，老百姓起来后的第一件事就是放鞭炮，取"迎新年，驱邪气"之意。

（六）拜年。在老北京，有一句话非常流行，那就是"大年初一满街走"，这句话讲的是什么呢？讲的就是老百姓大年初一拜年的事儿。拜年一般从家里先开始，全家要先在祖宗牌位前磕头拜年，然后晚辈再给长辈磕头拜年，祝福长辈健康长寿。长辈受拜后，要将事先准备好的压岁钱分给晚辈。给压岁钱的习俗起于清代，为的是体现长辈对晚辈的慈爱之情。家里的拜年活动结束后，还要出门去拜年串邻居，互相说些吉利话。

（七）串亲访友。初一到初五，老北京人会串亲走友、请客送礼、逛庙会、逛厂甸。到了初五也就是北京人口中的"破五"那天，百姓"送穷"、商人"开市"。直到这天，老北京人才算是过完了春节。

（八）娱乐活动频繁。在老北京，每逢春节的正月初一到十五，是文化娱乐活动最频繁、最火热的时段。那时候，京城里的戏园子会人满为患。八大庙会也盛况空前、游人不断，而且各个庙会都有独特的地方。在西郊的大钟寺庙会，人们击打永乐大钟，用钟声迎接新岁的来临；在白云观庙会，可以摸石猴、打金钱眼，用娱乐活动寄托对来年美好生活的希冀与憧憬。除此之外，还有很多走街串巷的高跷会、小车会。可以说，那些天整个京城都弥漫在一片欢乐、祥和的氛围里。

在每个老北京人的心目中，都有一份对春节的念想。春节作为一种传统的民俗文化，蕴含着家人团聚的温馨、辞旧迎新的喜悦,已经扎根于老北京人的心里。也正因为这份绵延不断的念想,春节这个传统的节日才能延续两千多年至今,相信它还会继续在京城延续下去,给北京人带来欢乐和幸福。

老北京"过小年"都有哪些讲究

腊月二十三,又被称为"过小年",是一年正式结束的日子,从这天开始,就要为过大年(三十)而做准备了。

"过小年"的风俗有很多,最主要的风俗是祭灶,所以很多老北京人一提起"过小年",就会说这是祭祀灶君的节日。祭灶的风俗由来甚久,据说在夏朝的时候灶君就存在了。记述春秋时孔丘言行的《论语》中,就有"与其媚舆奥,宁媚与灶"的句子。据说在这天,家家户户供的灶君要上天向玉皇大帝禀报这家人的善恶,行善的人玉皇大帝会予以奖赏,作恶的人玉皇大帝会施以惩罚。因此在这天送灶的时候,家家户户都会刻意地"讨好"灶君,在其像前的桌案上摆上一些糖果、清水、料豆、秣草。其中的清水、料豆、秣草是为灶君升天的坐骑备下的料。另外还有一个讲究,就是在祭灶的时候,还要把关东糖用火融化,然后将其涂在灶君的嘴部,防止他在玉皇大帝跟前说这家人的坏话。将灶君送走后,再开始祭拜祖宗。

除了最重要的祭灶习俗外,在"过小年"这天还有很多比较有特色的习俗,如写春联、扫尘、剪窗花、蒸花馍、洗浴理发等。

(一)写春联。到了小年这一天,老北京人家家都开始写春联了。在春联方面,老北京人讲究全面,要做到"有神必贴,每门必贴,每物必贴",这样这家人来年的生活才会如春联上的寄语一样幸福、安康。说起写春联,最主要的就是春联的内容了,它寄托着这家人对美好生活的向往和期待。老北京人家中比较流行的春联内容有:天地神联如"天恩深似海,地德重如山";土地神联如"土中生白玉,地内出黄金";财神联如"天上财源主,人间福禄神";井神联如"井能通四海,家可达三江";面粮仓、畜圈等处的春联如"五谷丰登,六畜兴旺""牛似南山虎,马如北海龙"等。另外还有一些单联如"抬头见喜""旺气冲天""满院生金"等。从这些承载着老北京人期望和祝福的春联中,我们可以看出他们对生活的热爱和期待。

(二)扫尘。民间老百姓过春节都喜欢家里头干干净净地,老北京人也不例外。而小年离大年三十只有短短六七天的时间,所以,在小年这天或者过了小年,家家都开始扫尘这一活动了。将房间内、院子里打扫得干干净净,寓意除旧迎新、拔除不祥。

(三)剪窗花。在小年的各种习俗中,剪窗花是其中比较有特色的一种。老北京人习惯在小年这一天开始剪。窗花的形状、花样非常多:如三羊(阳)开泰、五蝠(福)捧寿、二龙戏珠、喜鹊登梅、燕穿桃柳、孔雀戏牡丹、狮子滚绣球、鹿鹤桐椿(六合同春)等。而且,新娶了媳妇的人家,那新媳妇还要将自己亲自裁剪好的窗花带回婆家,请邻居们前来观赏点评。

(四)蒸花馍。小年这天开始,老北京人家家都开始蒸花馍了。有的花馍是用来上供的,有的是用来看望亲戚用的。上供用的花馍做得庄重,而用来看望亲戚用的则相对花俏一些。而且一家在蒸花馍的时候,周围的邻居都会前来帮忙,所以有"一家蒸花馍,四邻来帮忙"的说法。

(五)洗浴、理发。小年这天开始,老北京人家的大人小孩们都开始为自己的头忙活了,洗浴的洗浴,理发的理发,因此民间有"有钱没钱,剃头过年"的说法。

(六)赶乱婚。过了小年,老北京人都认为诸神上了天,所以凡间的老百姓做什么事情都没有禁忌了。所以在这天之后,娶媳妇、聘闺女都不用专门挑日子了,过小年后的每一天都适合举行婚礼,称为赶乱婚。所以在老北京城,年底结婚的人特别多。

关于"大年""小年"的民间传说

在老北京城,过春节有过大年、小年的讲究。过年就过年呗,为什么还会有大、小年之分呢?其实这与一个神话故事有关。

相传在古时候,天上生活着两位神仙,这两位神仙是一母同胞的兄弟。其中年纪较大的神仙被称为大年,年纪较小的神仙被称为小年。大年的心地非常善良,非常懂得心疼人。在每年的冬天,人间会非常寒冷,有很多穷人流落街头,他们又冷又饿,这个时候大年会把天上的白面撒下来让他们吃。而小年呢,虽然和大年是亲兄弟,并且天天和大年生活在一起,但他却非常心狠手辣,没有半点同情心。

为了和大年作对,也为了填饱自己的肚子,他施展邪术将大年撒给人类的白面变成雪。人间的人吃了这种雪不仅无法有饱感,还会将肚子冻坏。等到人们病倒了,他再变成巨齿獠牙的猛兽,飞到人间将这些人吃掉。他吃饱后,就开始睡觉,一觉能睡三百六十五天。待醒后再接着施展这种邪术吃人。

久而久之,人们摸准了小年作恶的时间规律。虽然小年会每隔三百六十五天来人间作恶一次,可是逢他作恶的时候,人们可是无处躲藏的。所以他们非常害怕小年的到来,但又没有别的办法,只能通过积极地烧香磕头,虔诚祈祷,希望大年能够为他们做主,将小年的恶行给镇压住。

大年呢?正当人间的老百姓为小年的恶行而发愁之际,大年也正为白面变雪、人间人烟渐少的事而百思不得其解呢。他听到来自人间的祈祷后,才知道是小年从中搞的鬼。

大年知道事情的真相后,非常生气,他马上去找小年质问。可是小年却表现出一副死皮赖脸的样子,他很无理地对大年说道:"对啊!我是施展了邪术,但关你什么事?你行你的好,那是你喜欢,我不干预你,但我吃我的人,那是我喜欢,你也无权干预我!"

大年听了,气得一句话都说不出来。情急之下,便伸手打了他一巴掌。

小年见大年打了自己,便恶狠狠地将大年推倒在地,还故意躺在地上撒起泼来,发狠说:"行啊,你竟然敢打我!从此以后,你走你的阳关道,我过我的独木桥,咱们互不相欠。我告诉你,若不是念在咱们是一母同胞的份上,我连你都吃了!看你还敢拦我!"

大年虽然年龄大,但没有小年力气大。他打不过小年,只得来到人间对老百姓说:"小年的恶行,我也无能为力。我只能尽我所能来帮助你们,还需要你们积极配合我。我告诉你们一个法子,小年从一生下来就比较害怕雷呀火的,日后等他再来人间作恶时,你们就用油松干柴烧青竹,围成圈子,点上火,你们坐在中间,这样他下来就不敢吃你们了!"

人间的老百姓都牢牢记住了大年的话。等小年再次来人间作恶时,他们就用干柴油松烧青竹,烧得"砰啪"乱响,火势猛烈。小年见状,不敢靠近火源,急得他只能转圈磨牙。最后没有得逞,只好空着肚子飞回了天上。

后来,小年知道这是大年替人间的人出的主意,便去找大年算账,还狠狠地将大年打了一顿。大年最后没有办法,只好降到人间,也和人间的人们一起跳到火圈里。

小年没有别的办法,只是狠狠地大喊:"你们给我小心一点,等我日后将火功练好,看我不把你们吃个干干净净!"

时间一天天过去了。小年在后来的日子里一天都没有睡觉,他一心只想练好火功。后来,他真的在第三千五百九十九天将火功给练成了。练成火功后的小年,准备第二天就去人间吃人。

而这边呢,大年在这三千五百九十九天里也没有闲着,他也是一天都没有睡,日日夜夜都在熬气力、练武艺。目的就是等小年练成火功的那一天,和他大战一场,保护好人间的人。

第三千六百天到了。小年去人间作恶的路上，被大年给截在了半空中。他知道如果不将大年除掉的话，自己就无法吃人，于是他和大年动手打了起来，准备将大年杀死。可是大年呢，他也是毫不示弱，也是憋足了劲将小年打倒，让他从此不再害人。可以说大年小年二位神仙都是铆足了劲，要分出个胜负来。只见二仙打得黄风滚滚、云雾遮天。这就是后来人间春天风多雾多的原因。

　　二仙经过三千五百九十九天的练功，武功都已经登峰造极，一直打了三十二天都没有分出个胜负来。最后小年急了，张嘴就想将大年吃掉。大年见状，赶紧举起手心雷，谁知小年纵身一蹿竟躲到了高处。大年猛追着小年往上打，小年被追得一直往上蹿。这就是人间二月二打闷雷的原因。

　　就这样追着追着，过去了七十四天。大年见手心雷无法降服小年，便住了手。小年却认为大年的手心雷给用完了，于是一翻身冲下来抓大年。大年赶紧躲开，抬手从背后拉出一条雪白的长虫。只见那长虫口吐烈火，直冲小年烧去。还没等小年躲闪开来，大年又口吐轰天雷。小年连忙闪躲开来，并张口喷出一股黑水，这股黑水虽然没有将大年的火浇灭，也没有将大年的雷打湿，但也没有受到伤害。就这样，大年追，小年跑，震得天摇地动，大雨倾盆。这就是夏季爱打雷下暴雨的原因。

　　后来二仙激战了很久。打着打着，小年便累了，他一头扎进海里睡去了。大年没有追赶小年，他赶紧将太阳放出来，将人间庄稼地里的五谷催熟，以免自己以后和小年再打仗时，人间的人类会挨饿受冻。

　　在海里睡了一百天后，小年又恢复了气力，他又来找大年接着打。这回小年学精了，他先施出先前练成的冷气灭火功夫，一张嘴就吹出了好大一片冷气。大年感受到这种冷气后，被冻得一阵哆嗦，赶紧纵身往高处奔去。小年见状，赶紧追上去，将大年追得无处闪躲。大年无奈，只得变成一块小石头，隐藏在土地里。

小年找了半天，都没有看到大年的影子，气得直跺脚。他没有放弃，反而驾着冰冷的狂风乱翻乱找，最后实在找不着，就下起漫天大雪，准备以此将大年给冻死。

大年到底躲到哪里以致小年都找不到他呢？原来，他躲的地方正是人间的人们为躲小年而藏身的所在。这个地方是一个山洞，在这个山洞里，人们给大年生火暖身，还给他做热饭吃。大年感觉全身暖和透后，向人们借用了松脂橡油，把这些油全部抹在了自己身上，抹了里三层外三层，准备和小年决斗，分个胜负。

三百六十五天过后，小年以为大年已经被自己施展的冷气给冻死了，于是又来人间吃人。可是，快降落到人间的地上时，他看见大年翻滚着身体朝自己扑来，他的身上满是熊熊烈火。等小年刚下到树梢上时，大年一头钻进小年的嘴里，顺着他的喉咙到了他肚子里，然后放火烧了他的肚子。疼得小年手扳树枝，两脚乱蹬。没一会儿，小年就被烧死在了树梢上。

人们看到了这个场景，才敢从山洞里钻出来。他们看到小年的身子散发着阵阵浓烟，烧得只剩下了一张皮。大年呢？也和小年一起被火烧死了。

人们看到大年为了他们而献出了自己的生命，都一起跪在地上，哭着给他磕头，并把装着大年身体的小年的尸体给挂在了树上。

后来的日子里，人们每隔三百六十五天都会在大年葬身的树下为他烧香，并称大年为火神。

不知过了多少年，有个能掐会算、被称为"活神仙"的能人推算出三百六十五天是春夏秋冬四季一循环的理论。这个循环给起个什么名称好呢？大家想了很久，后来这位能人提议说："大年是为我们丧的命，我们永远都不能忘记他的这份恩情，这样吧！一个循环就算一年吧！"大家听了能人的话，都一致同意。后来，人们还根据大年烧小年的办法，仿着小年剩下的那个空壳，做了很多灯笼。以后每年过节时,就将这些灯笼挂在那棵树上,以此纪念大年为他们的付出。

老北京关于"春联"都有哪些讲究

"新年新月共新春,花红对联贴满门。"每逢春节时张贴春联是老北京民间的传统习俗,几乎家家都忘不了往大门上贴一副春联。在爆竹声声中,家家户户的人儿喜笑颜开地相互簇拥着,把大红纸写成的春联贴到门框上或门心里。一幅、两幅、三幅……不一会儿,大街小巷里就贴满了喜庆的春联。春联不仅美化了北京这座古城,还为老北京人带来了喜气和春意。

春联,也被称为"门对""春贴",是对联的一种,因在春节时张贴,所以被称为"春联"。春联是一种在春节时使用的传统装饰物,它以工整、对偶、简洁、精巧的文字描绘时代背景,抒发美好愿望,是中国的文学形式。每逢春节,人们都会贴春贴,以增加节日的喜庆气氛。

说起春联的历史,还很久远呢!据说最早起源于古代的桃符。什么是桃符呢?据《后汉书·礼仪志》所载,桃符长六寸,宽三寸,桃木板上书降鬼大神"神荼""郁垒"的名字。"正月一日,造桃符著户,名仙木,百鬼所畏。"具体是指,在古代的神话传说里,东海度朔山有大桃树,在大桃树的下面生活着两位神仙,分别是神荼和郁垒。这二位神仙神通广大,能辟百鬼。所以老百姓便认为桃木能够帮助他们驱鬼,他们将桃木制成两块木板,左边一块绘上神荼的像,右边一块绘上郁垒的像,绘有二位神像的桃木板就是"桃符"。每逢过年的时候,老百姓就将这两块桃符放在家门口两边,用来驱鬼辟邪。

对此,清朝的《燕京时岁记》也曾经有记载:"春联者,即桃符也。"

及至五代十国时期,当时的宫廷里流行在桃符上题写联语。

《宋史·蜀世家》记载：后蜀主孟昶令学士辛寅逊题桃木板，"以其非工，自命笔题云：'新年纳余庆，嘉节号长春'"，这便是中国的第一副春联。由此可知，在这个时候，桃符就是我们日后所说的春联。

一直到宋代前期，春联都被称为"桃符"。我国著名的诗人王安石就曾经在自己的诗中提到过桃符，诗曰："千门万户曈曈日，总把新桃换旧符。"但是在宋朝的中晚期，"春联"这个名称渐渐地叫开了。名称的改变主要是源于用材的变化——由桃木板被改为纸张。随着纸桃符的流行，桃符被渐渐地称为"春联"了。

到了明代，民间贴春联之风已很盛。据说春联的流行还得益于明太祖朱元璋的大力提倡呢！据史书记载，朱元璋酷爱对联，不仅自己挥毫书写，还常常鼓励臣子书写。他在金陵（今天的南京）定都后，在一年的除夕前夕下了一道谕旨："公卿士庶家，门上须加春联一副。"第二天，朱元璋开始微服私访，在城内观赏各家对联，以为娱乐。后来他发现有一家的门上没有贴春联，过去一问才知，原来这家主人是个屠夫，他不会写字，还没有来得及请人代写。朱元璋听后，立即叫侍从取来文房四宝，当场为这家书写了春联。朱元璋此举被后世人传为佳话。在朱元璋的影响下，当时的文人墨客也把题联当成文雅的乐事，写春联便成为一时的社会风尚，一直延续到现在。

在老北京人的心目中，春联不仅是节日的装饰，也是人们对未来的寄托，对新春的祝颂。在旧京时，还兼打广告的作用呢！那时候，各个行业都会想办法利用春联来招揽顾客并宣传自家的生意。由于店铺经营内容的不同，其春联的内容也会有所不同，如药铺常用的春联是"调剂有方俾相业，虔修有法体天心"，绸缎庄常用的春联是"此中多锦绣，以外无经纶"，粮店常用的春联是"风雨调合岁月，稻粮狼藉丰年"，酒店常用的春联是"香闻十里春无价，醉卖三杯梦亦甜"……这些春联无不表达了大家对美好未来的寄托和向往。

按照各地习俗的不同，贴春联的方法也稍有差异。这里介绍一下老北京贴春联的讲究。

（一）首先是联语选择上的讲究。老北京人认为，要根据场地、爱好和主人身份的不同而选择不同的联语，如老年人住的屋子要选择张贴那些带有"福禄寿"词语的春联，小孩子住的屋子要选择张贴那些带有"学习、成才"等字眼的春联，而一对夫妻住的屋子要选择张贴那些带有"恩爱、和睦"等字眼的春联……院子里的大树需贴上类似"树大根深"字眼的春联，院子里的墙面需贴上类似"春光明媚"字眼的春联，家里靠炕的墙上需贴上类似"幸福健康"字眼的春联，厨房里需贴上类似"勤俭节约"字眼的春联，等等。

（二）春联的张贴要得法。要按照传统张贴对联的"人朝门立，右手为上，左手为下"的口诀，即对联的出句应贴在右手边（即门的左边），对句应贴在左手边（即门的右边）。这是因为按古代读法直书是从右向左读的。

（三）春联的张贴要符合传统的规矩。在张贴春联上，老北京有这样一些规矩，如上下联不可贴反、上下联具有因果关系、从春联上句和下句的平仄上就可以判断出上下联来、春联的尺寸大小要与自家的门户相协调等。

老北京人为什么会贴"倒"福呢

老北京人在过春节的时候，家家户户都会在除夕夜贴上春联，以此寄托对来年美好生活的期盼和对家人的祝福。

在贴春联的时候，并不是所有的地方都会贴上长条的、内容复杂的春联。有些地方如屋门、墙壁、门楣上都会贴上一些大大小小的"福"字。

春节贴"福"字，是中国民间由来已久的风俗。据《梦粱录》记载："岁旦在迩，席铺百货，画门神桃符，迎春牌儿……"

"士庶家不论大小，俱洒扫门闾，去尘秽，净庭户，换门神，挂钟馗，钉桃符，贴春牌，祭祀祖宗"。文中的"贴春牌"即是写在红纸上的"福"字。

老北京人为什么贴"福"呢，它又代表着什么含义呢？如今的"福"字更多地被解释为"幸福"，然而在以前，则更多地被解释为"福运"，寄托了人们对幸福生活和美好未来的向往。

老北京城在"福"字的张贴上还有一个特点，那就是将"福"字倒过来贴。表达的是什么意思呢？很明显，就是"福气"到了呗！

关于倒贴"福"字还有一个传说故事呢！这个故事与明太祖朱元璋有关。

相传，当年朱元璋准备将一批人杀害，在准备的过程中，他与手下商议用"福"字作暗记。这件事情被马皇后知道了。马皇后不想自己的丈夫成为杀人恶魔，于是悄悄地下旨，命令京城内家家户户都要在天亮前在自家的门上贴上一个大大的"福"字。

马皇后是谁啊？皇后啊，她的旨意自然没人敢违抗，于是家家户户的门上都贴上了"福"字。其中有一户人家，由于主人不识字，竟然把"福"字给贴倒了。

天亮后，朱元璋接到了他派去杀人的杀手的禀报，说全城内家家户户的门上都张贴着"福"字，根本区别不出哪家人该杀哪家人不该杀。朱元璋听了，马上派人上街查看，发现家家户户的确都张贴了"福"字，还有一家把"福"字给贴倒了。

朱元璋听了手下的禀报后，非常生气，他也没法将全城的人都给杀了呀，只好将把"福"字倒贴的那家人当成替罪羊，命令将他们全部杀害。

马皇后知道这件事后，赶紧对朱元璋说："皇上您息怒，您想想，不是那家人对您有什么意见，而是他们知道您今日来访，就故意将'福'字给贴倒了，意思就是您的到来就是'福到'啊！"

朱元璋听了马皇后的话，觉得很有道理，便下令将那家人给放了。

一场大祸就这样被消除了。从此以后，老百姓在马皇后话语的启发下，将"福"字倒贴理解为"福到"的意思，一是为了图个吉利，二是为了纪念马皇后的好。

关于"二十四，扫房子"的说法和门道

在老北京城，流传着这样一句民谚，那就是："二十四，扫房子。"意思就是在腊月二十四日这天，京城的家家户户都要清扫房屋，为迎接新年做准备。

从古至今，老北京民间一直沿袭着腊月二十四这天"扫房"的习俗，腊月二十四这天也因此称为"扫房日"。在这天，或者这天的附近几天里，家家户户都要打扫环境，清洗各种器具，拆洗被褥窗帘，洒扫六闾庭院，掸拂尘垢蛛网，疏浚明渠暗沟，整个北京城各处都洋溢着欢欢喜喜搞卫生、干干净净迎新春的气氛。

为什么要有"扫房日"呢？主要是因为在平时的时候，大家工作都非常忙，几乎没什么时间进行家庭大扫除。一年下来，房子难免会落下灰尘。另一方面，按照老北京人的说法，"尘"与"陈"谐音，在农历正月新年前，扫去家中的一切尘土，意味着去除旧一年的陈旧东西，把不好的"穷运""晦气"统统扫出门，以此来迎接新的一年。这一习俗充分寄托了人们破旧立新的美好愿望和辞旧迎新的强烈祈求。

其实，关于春节扫房子的习俗，有着悠久的历史。据史料记载，远在尧舜时代，人们已有这种年终扫除的习惯了。《吕览注》中说："岁除日，击鼓驱疠疫鬼，谓之逐除。"这种岁末大扫除还有驱除疫病的含义。

春节扫房子的习俗在唐宋时期非常盛行，宋人吴自牧在其所著的《梦粱录》中说："十二月尽……士庶家不论大小，俱洒扫门

间，去尘秽净庭户……以祈新岁之安。"《清嘉录》卷十二也有这样的记载："腊将残，择宪书宜扫舍宇日，去庭户尘秽。或有在二十三日、二十四日及二十七日者，俗呼'打尘埃'。"由此可见，腊月二十四"扫房日"其历史之悠久。

说起"二十四，扫房子"的民谚，还和一段传说故事有关呢。

相传，在每个人的身上都附有一个三尸神。这个三尸神犹如影子一般跟在人的后面，人走到哪里它也跟到哪里，目的就是专门记下人所犯的错误，然后，升天去向玉皇大帝汇报这个人一年来的善恶。这个三尸神心地非常歹毒，他特别喜欢在玉皇大帝面前造谣生事，将人描述得丑陋不堪。

一天，三尸神又在玉皇大帝面前胡说八道，说人间的很多人经常做各种恶事，惹得玉皇大帝非常生气，命令三尸神将这些做恶事的人的恶行通通记录在他家的墙壁上，再让蜘蛛张网遮掩以做记号，以便日后将这个人杀掉。

三尸神见玉皇大帝相信了自己的话，并且向自己下了这个命令，心里非常高兴，便在每户人家的墙壁上都做了记号。

谁承想，三尸神的诡计还是没有逃过一个神仙的眼睛，这个神仙就是灶君。灶君知道三尸神的恶行后，赶紧将各家的灶王爷召来，大家一起商量应对之策。

在大家的集思广益下，终于想出了一个好办法。这个办法就是，在腊月二十三日送灶之日后的第二天即腊月二十四这天，家家户户都要把自家的房屋打扫干净，尤其是墙壁上，不能留下任何灰尘。如果哪户人家没有打扫干净，灶王爷就拒不进宅。

老百姓在灶王爷的指示下，在腊月二十四日这天，都会打扫自家的房屋，清扫尘土，掸去蛛网，擦净门窗，把自家的宅院打扫得焕然一新。待王灵官除夕之夜奉旨下凡界查看时，发现每户人家的房屋都干净无比，人们在欢天喜地地过新年，呈现一片祥和的景象。

在对各家各户的墙壁进行检查时，王灵官没有找到一处表明做错事的记号。回到天上后,王灵官如实向玉皇大帝禀明了人间的事情,说人间美好,没有一个人有恶行。

玉皇大帝听了王灵官的话后,一方面为人间的美好而欣慰,另一方面为三尸神的欺骗而愤怒。他马上降旨拘押了三尸神,将它永远关在了天牢里。

正是因为灶君相救,才使人间百姓免受到三尸神的加害。老百姓对灶君感激有加,为感谢灶君为他们除难消灾的行为,他们将腊月二十四这天定为"扫房日"。从此以后,民间就有了"二十四,扫房子"的说法。

如今,"二十四,扫房子"的习俗依然存在,但形式上有了很多变化。在以前的腊月二十四这天,是家家户户的"家庭卫生日":全家老小都会行动起来,拿扫帚的拿扫帚,拿鸡毛掸子的拿鸡毛掸子,集中力量"大扫除"。如今,随着小家庭的普及,更多的是一家三口在自己的小家里打扫打扫,失去了以前那种大家庭"七八口人全上阵"的热闹。

令人欣慰的是,不管扫房子的形式发生了什么变化,但是"二十四,扫房子"这一约定俗成的习俗仍在北京城传承着。这也可以说人们沿袭的是中华民族一种抹不去的过年情结。

老北京人买年货都买什么

在古时候,老百姓喜欢把过年和庆丰收联系在一起,所以上至官府下至百姓都对过年非常看重。北京作为古都,对过年的情结更浓,讲究更多。过年之前要做很多准备,要买很多东西,吃喝、穿戴、用具、玩具等,统之名曰"年货"。

《京都风俗志》云:"十五日以后,市中卖年货者,星罗棋布。"北京年货种类之多是全国各地都比不了的。

但都说北京年货种类多,到底是哪种多法呢?

老北京曾经流行一个民谣,即:"糖瓜祭灶,新年来到,姑娘要花,小子要炮,老太太要新布衫,老头儿要顶新毡帽。"《春明采风志》也有这样的记载:"琉璃、铁丝、油彩、转沙、碰丝、走马、风筝、鞭毛、口琴、纸牌、拈圆棋、升官图、江米人、太平鼓、响葫芦、琉璃喇叭,率皆童玩之物也,买办一切,谓之忙年。"上述资料中所提及的年货种类固然不少,但还遗漏了很多重要的种类,如家家都要买的爆竹等。

那么,老北京人买年货都买些什么呢?如按大类,北京的年货可分饮食、衣着、日月、迷信、玩耍、点缀六类。具体来说,老北京备年货一进腊月门儿就开始了,首先是准备熬"腊八粥"时用的腊八米及泡"腊八醋"用的米醋及大蒜;腊月二十三要买"祭灶"用的关东糖;接着开始备猪肉、羊肉、鸡鸭、猪头。一些家庭则喜欢买野兔、山鸡、活鱼、冻鱼。除此之外,还有很多很多。

吃喝食品。吃喝食品是年货中的重头大戏,一方面是因为旧时候不像现在生活水平好,那时候的人们肚里油水少,全盼着过年节改善;另一方面是因为过年到"破五"前,大部分商店都不开业,不备足吃喝万万不可。所以,老北京人最爱备的就是各种吃食,如鸡鸭鱼肉、年糕糖果、炒瓜子、炒花生、时令蔬菜等。其中,有一种吃食是北京人过年必备的,这就是"杂拌儿"。所谓杂拌儿是把干果掺在一起,分粗细两种,细杂拌儿相当于今天的什锦果脯,包括桃脯、杏脯、苹果脯、瓜条等。粗杂拌儿里也有一些果脯,但是还要加很多花生粘、核桃粘、杂色糖豌豆、葵花子、倭瓜子、榛子、金糕条、桃脯条、糖制冬瓜条等十几种,商家有什么干果类都可以往里掺,除夕夜全家人从中挑选自己喜欢吃的品种,非常受老百姓的欢迎和喜欢。

穿戴用品。在过去,小孩子最盼的就是过春节了,因为在这个时候可以穿上新衣服,戴上新帽子。对成年人来说也是如此。所以老北京人的必备年货之一就是穿戴用品了。即便是那些经济不好的人家,买不起新衣服,也会通过以旧改新的方式,让家人在过年时换上"新"衣服。过年时，妇女们都爱戴绒花。绒花、绢花是节日里供妇女佩戴的。绒花有福寿字的、双喜字的、聚宝盆和蝙蝠形式的，均系全红色，配上小片金纸的装饰。还有用于供花的纸制红石榴花（也有老年妇女把它戴在头上）。

年画、春联、元宝。过年了，老北京人还会买年画、春联、元宝这三样东西。元宝是一种民间手工艺品，一根钎子上糊有两片金纸叶子，状如元宝，过年时插在黄白年糕上当供花用；在早些年，年画大部分都是木板水彩印刷的，分为着色、套色两种，内容多象征福、禄、寿、禧，吉庆有余，平安如意；春联是几乎家家户户都要买的，临近春节，集市上到处可见摆卖年画的摊子，经营此业的大体上有两种人：一是学堂里的塾师和学生，二是一些赋闲的文人。

一进腊月，北京城的大部分街道都拥挤不堪，里头挤满了置办年货的人，但各种东西的价格也都涨了不少，商人趁机做一笔好生意，所以民间有"腊月水土贵三分"的说法。但不管年货的价格是涨了还是跌了，不变的依然是老北京人置办年货时的那种喜气。

老北京放鞭炮的习俗

在老北京，关于春节，有句俗话非常流行，那就是："过年了，姑娘戴花，小子放炮。"可见咱们老北京人对春节放炮的重视，已经将放鞭炮当成过年中一件非常重要的事情来操办。所以，每年的春节，老北京城都会有这样的景象：华灯璀璨，锣鼓齐鸣，鞭炮声此起彼伏，为沸腾的大地奏起了新春之曲，为吉庆佳节谱写了快乐的篇章。

说起北京城春节放鞭炮的历史，史书上早有记载，清人百一居士就曾经在自己所著的《壶天录》中提到过京城放鞭炮的事儿，他写道："京师人烟稠密，甲于天下。富家竞购千竿爆竹，付之一炬，贫乏家即谋食维艰，索逋孔亟，亦必爆响数声，香焚一炷；除旧年之琐琐，卜来岁之蒸蒸，此习尚类然也。"由此可见，在清朝的时候，京城就已经有过年放鞭炮的习俗了。

其实，说起过年放鞭炮的历史，在清朝时期虽然流行，但并非从清朝开始的，而是有着两千多年的历史。

最初的鞭炮被称为"爆竹"，《荆楚岁时记》曾经这样记载：正月初一，鸡叫头一遍时，大家就纷纷起床，在自家院子里放爆竹，来逐退瘟神恶鬼。当时的人们没有火药和纸张，只是用火烧竹子，使之爆裂发声，以驱逐瘟神。这其中虽然弥漫着迷信的味道，却反映了古代劳动人民对安定生活的向往。

及至唐朝时期，鞭炮又被称为"爆竿"，南昌诗人来鹄的《早春》诗句："新历才将半纸开，小亭犹聚爆竿灰。"写的就是当时春节燃烧爆竿的情景。

后来，随着火药和纸张的发明，人们用纸造的筒子代替了竹子，并用麻茎把炮竹编成串，称其为"编炮"，后因这种"编炮"声响清脆如鞭，所以又被称为"鞭炮"。

鞭炮和烟火合称为花炮。旧时的北京城，一进入腊月，闹市区就开了临时的"花炮市"。花炮历来是年前的热门货、俏货。有的时候，城内的茶叶铺中也代销各种花炮。清末民初，北京城内所售花炮种类繁多，这里介绍老北京人过年时常放的几种：

1. 花盒。花盒属于高档花炮的一种，形状像一个扁平的大圆盒，通常以彩纸糊成外壳。这种花炮在燃放的时候应该先将架子搭好，然后将花盒悬挂到架子上，这样在点燃的时候，花盒会逐层地往下掉花火，非常漂亮。

2. 麻雷子。麻雷子由草纸裹成，在每层的草纸之间会均匀地缠上麻皮，并且将顶端扎紧，在外面包上一层红纸。这种麻雷子通常长为两寸，直径为四五分粗，是旧京老百姓比较爱买的一种鞭炮类型。

3. 旗火。旗火，又被称为"起花"，主要有两种，分别是大旗火和小旗火。大旗火状如大炮仗，在燃放的时候会被绑在一根有四五尺长的苇秆上,在点着后会一下蹿到空中,在空中发出漂亮的火花。小旗火状如小炮仗,在燃放的时候会被绑在一根秫秸皮上,在点着后也会蹿向空中,但与大旗火比,它蹿出的距离比较短,一般为一丈左右。

4. 二踢脚。二踢脚,又被称为"二踢子""双响儿",共有两种,一种由草纸卷成,在其顶端用秫秸皮扎紧,在外面裹上一层红纸,这种二踢脚燃起来时,会先在地上一响蹦起来,然后飞到空中再响一声。另一种由牛皮纸卷成,和第一种不同的是,它的外面没有那层红纸。

古代的老百姓为什么会在春节放鞭炮呢?这种习俗又是怎么形成的?

据说,这和一个传说故事有关。相传在很久很久以前,有一个村庄,在这个村庄里住着一个被称为"年"的怪兽。"年"每逢腊月三十就出来作恶。它非常凶狠,挨家挨户地吃人,直到吃饱为止,手段非常残忍,搞得村里的人都非常害怕。村民们每天都在想办法杀死"年",可是什么办法都不管用。

一年的腊月三十晚上,"年"又出来作恶了。说来也巧,当时村里正好有几个小孩在玩甩牛鞭子的游戏,他们将牛鞭子甩得噼啪作响,声音非常大。"年"正好听到了这个声音,它非常害怕,赶紧逃离了村庄。它走啊走的,又到了另一个村庄,准备继续作恶。谁知到了另一个村庄,它看到一家门口正晒着一件血红色的大衣。"年"不知道那是什么,吓得赶紧逃走。它走啊走的,又到了第三个村庄,看到一家家里灯火辉煌,刺得它头昏眼花,只好又赶紧溜走了。

后来,这几个村子里的人都渐渐摸清了"年"的习性,知道它怕响、怕红还怕光,于是利用它的这些弱点,想出了很多对付它的方法,即在每年的除夕,家家都贴红对联、放鞭炮,将家里弄得灯火通明。

渐渐地,这种习俗传了开来,越传越广,最后成了中国民间最最隆重的传统节日。

老北京人在过年一般怎么放鞭炮呢？

（一）以家庭为单位的燃放。在旧时，老北京人一般喜欢从腊八那天开始放。腊八那天，无论生活条件是好还是不好，家家都会买上一些鞭炮回来放。在随后的祭灶、接神、祭财神、顺星、开市送神等仪式上也会燃放鞭炮，主要是想表达辞旧迎新、除祟迎祥的意思。

（二）大型的烟火会。在旧时的北京城，除了家家都会燃放鞭炮外，在元宵节期间，商家还会举办一次隆重的焰火会。焰火会一般以街为单位，到时候街上的各个商家都会在自家商店的门前搭起高架子，将各种鞭炮摆放在商店门口，并在架子上写着"本号为酬谢主顾，定于今晚燃放花盒烟火，共庆上元，同乐春宵，欢迎各界光临指导"。这些商家往往都非常卖力地放，争取自己成为整条街放得最好的一家。因为在这天晚上，京城里的很多老百姓都会出来看焰火，这对商家来说无异于一次重要的打广告的机会。

时至今日，在北京城，过年燃放鞭炮的习俗仍然非常流行，但由于鞭炮在燃放时会散发出污染空气的气体，所以今日的北京城对鞭炮的燃放在时间、地点和数量上有严格的限制，但依然无法阻挡老百姓过年燃放鞭炮的热情，他们总是尽最大可能地在一年一次的春节佳期中燃放一次，表达对来年美好生活的向往和期待。

老北京"拜年"的门道有哪些

拜年是北京城的传统习俗，是老北京人辞旧迎新、相互表达美好祝愿的一种方式。时代发展、科技进步，拜年的"包装"日渐更新换代，但是，老北京人过年的传统、拜年的习俗和在这传统与习俗中蕴含的对亲友的祝福、对新年的期望，并未随着公元纪年数字的增加而减少、淡化。

据说,"拜年"习俗的产生与一个传说故事有关。相传在很久很久以前,有一个怪兽,它的名字叫作"年",它每逢腊月三十的晚上都会出来吃人,将老百姓弄得人心惶惶。后来,老百姓为了安抚它,想出了一个办法,就是在每年的腊月三十晚上,便备些肉食放在自家门外,然后把大门关上,躲在家里,直到初一早晨,"年"饱餐后扬长而去后,大家才开门相见,作揖道喜,互相祝贺未被"年"吃掉。久而久之,这种习俗被流传开来,被称为"拜年",并一直流传到了现在。

说起拜年的历史,还很久远呢!

据说,拜年之风,汉代的时候就已经有了,在唐宋时期比较盛行。据史料记载,在宋朝时期,还衍生出了"飞帖"这一重要的拜年方式。所谓"飞帖",主要是指倘若坊邻亲朋太多,自己难以亲自登门遍访,就派仆人拿一种用梅花笺裁成的二寸宽三寸长,上面写有受贺人姓名、住址和恭贺话语的卡片前往代为拜年。这种拜年方式被称为"飞帖"。所以,那时候家家门前都会贴上一个红纸袋,上面书写"接福"二字,专门用来承放飞帖。对此,宋人周辉在其所著的《清波杂志》中就曾经有描述:"宋元祐年间,新年贺节,往往使用佣仆持名刺代往。"如今逢年过节比较流行的赠送贺年片、贺年卡,就是这种古代互送飞帖的遗风。

及至清朝时期,拜年的方式开始复杂起来。社会阶层和地位的不同,也会存在不同的拜年方式。地位低的人必须向地位高的人拜年,如京师大臣必须向皇帝拜年,王公府第中的"包衣人""府哈喇"必须向本府主人拜年,本族的晚辈必须向设有"杆子""板子""影堂"的族长家拜年,无论已婚或未婚的女婿必须向岳父家拜年等。

在旧京,老北京人拜年都有哪些讲究呢?

(一)遵循合理的拜年顺序,即先近后远。

拜年一般先从家里的长辈开始,大年初一早起后,晚辈要向长辈拜年，施礼时要从辈分最高的开始。长辈受拜后，要将事先准备好的压岁钱分给晚辈。

在给家中长辈拜完年以后，接着就应该外出向本家亲戚拜年了。其中，初一或者初二必须到岳父母家，并需带礼物，一般要逗留、吃饭。

第三是礼节性的拜访，如给同事、朋友拜年。到同事、朋友家拜年，一般不宜久坐，寒暄问候几句便可告辞。主人受拜后，应择日回拜。

四是感谢性的拜访。凡一年来对人家欠情的就要买些礼物送去，借拜年之机，表示谢忱。

五是串门式的拜访。对于左邻右舍，拜年的方式比较简单，进院门见面后彼此一抱拳，随声说道恭喜发财、万事如意，然后到屋里稍坐一会儿而已，无甚过多礼节，意思到了即可。

（二）到亲朋家拜年，必须带礼物。到亲朋好友家拜年，是不能空手去的，必须要备有礼物。在旧京，礼物中什么都可以缺，但唯独不能缺的是点心匣子和糙细杂拌儿。点心匣子，富裕的人家一般送蒲包装的，上面铺一层油纸和红纸，里面装的是大小八件，分两包提着。穷人家一般会送纸盒装的，里面装一些槽子糕、馒头什么的，但无论里面东西再少，上面那一层红纸是不能少了的。糙杂拌儿指的是花生、瓜子、核桃粘之类的坚果，细杂拌儿指的是北京蜜饯、炒红果等。

（三）拜年时间要把握好。老北京人平时都非常忙，起得早，但过年过节期间一般都会趁机偷个小懒，起得比平时晚一些。所以去人家拜年的时候不能去得太早，因为过早登门拜年，往往让主人措手不及。也有的人喜欢晚上去人家拜年，一坐就是好几小时，也难免影响主人休息。所以，一定要合理地把握拜年时间，除了去亲戚家拜年需要吃饭，逗留得时间长一些，一般的亲朋好友、左右邻居，最合适的逗留时间是半小时至40分钟为宜，这样既不失礼貌，又不影响主人接待其他的客人。

（四）拜年仪式有学问。老北京人拜年的通常仪式是：一为叩拜，主要是晚辈向长辈叩拜，在叩拜的时候要跪拜磕头。二为躬身作揖，主要是晚辈向长辈拜年用。先是双手抱拳前举，然后用左手握右手，俗称吉拜。行礼的时候不分尊卑，拱手齐眉，上下加重摇动几下，重礼可作揖后鞠躬。三为抱拳拱手，主要是平辈人之间拜年用。先是以左手抱右手，自然抱合，松紧适度，然后再拱手，自然于胸前微微晃动，不宜过烈、过高。四为万福，主要是妇女拜年时用。右手覆左手，半握拳，附于右侧腰肋间，上下微晃数下，双膝微微下蹲，有时边行礼边口称万福。五为鞠躬，这种拜年方式既可以晚辈给长辈拜年时用，也可以平辈人拜年时用，也可以男女相互拜年时用。

（五）拜年礼节。在旧时，老北京人拜年比较讲究这样的礼节，即到人家拜年，首先要冲着佛像、祖宗牌位和长辈三叩头，然后才是相互作揖拜年。

拜年既是一种老礼儿，也是一种人情。中国文化推崇含蓄，有些平日不便表达或不好意思表达的情感，均可借拜年之机抒发一下。人们抱抱拳、拱拱手、道一句"给您拜年"，一切都很简单，事实上却是一种仪式。在这种简单的仪式中，平日里的误会、不满化作祝福、赞美，使得人与人之间的距离被拉近，整个社会的氛围更和谐。

老北京的年画

老北京年节的民谣："二十三，糖瓜粘；二十四，扫房子。"扫房以后就该贴新年画了。

"画儿，买画儿嘞！"每年一进腊月，老北京胡同里便经常充斥着这样一种悠长的叫卖声。只见卖画的小贩身背一个长方的苇帘包的包袱，用一根根儿挑着系包袱的绳子，边走边拉着长声吆喝。如果有人要买，他便将包卷的苇帘展开，露出鲜艳夺目的年画儿来。一路走下来,来买年画的人有很多,因为,老北京人在这一年一度的欢庆日子里,都喜欢用年画点缀一下居室,表达家人对美好生活的向往和期待。

年画是中国画的一种,是中华民族祈福迎新的一种民间工艺品,是一种承载着人民大众对未来美好憧憬的民间艺术表现形式。历史上,民间对年画有着多种称呼:宋朝叫"纸画",明朝叫"画贴",清朝叫"画片",直到清朝道光年间,文人李光庭在文章中写道:"扫舍之后,便贴年画,稚子之戏耳。"年画由此定名。

年画大都用于新年时张贴,装饰环境,含有祝福新年吉祥喜庆之意,因一年更换,或张贴后可供一年欣赏之用,故名。

年画是我国的一种古老民间艺术,和春联一样,起源于"门神"画。据传说,在很久很久以前,鬼魅横行,危害百姓。有两位名叫神荼、郁垒的兄弟为了解救百姓于水火之中,专门监督百鬼,凡发现有害的鬼便将其绑起来去喂老虎。黄帝听说了这个故事后,便命令各家各户在大门外张贴神荼、郁垒的神像,用来防止鬼魅入侵。这个故事就是后来"门神"画产生的缘由。关于"门神"画,还有一段有趣的传说呢!在唐太宗李世民时期,泾河龙王因违背天规而被玉皇大帝降旨处死,这个旨意的执行人就是民间唐代重臣魏征。泾河龙王得知旨意执行人是魏征之后,便来到唐太宗的梦中,请求他在自己被斩首之际拖住魏征,唐太宗答应了他的请求。斩首泾河龙王的日子到了,唐太宗在这天故意降旨请魏征前去皇宫下棋,魏征没有办法,就来到了皇宫。可是在下棋的过程中,他身体虽然在皇宫里,但魂灵渐渐地进入了自己的梦中,在梦里赶去将泾河龙王斩首示众。泾河龙王的魂魄非常气恼唐太宗,经常去找他索命。唐太宗因此生了一场大病,在梦里经常听到鬼哭神嚎之声,以致夜不成眠。就在这时候,大将秦叔宝、尉迟恭两人自告奋勇请求保护唐太宗,免其遭鬼魂侵扰。唐太宗非常感动两人的行为,答应了他们的请求。他两人便昼夜不分地全身披挂,站立宫门的两侧。泾河龙王的魂魄害怕秦叔宝、尉迟恭两将军的威相，便不敢侵扰唐太宗了。唐太宗的病也很快便好了。日子久了，两位将军由于日夜不息，逐渐支撑不下去，不能守夜了。唐太宗感念两位大将的辛苦，心中非常过意不去，便命画工将他两人的威武形象画下来，贴在宫门上，以此恐吓泾河龙王的魂魄，后世人称两位将军的画像为"门神"。后来，贴门神的习俗就慢慢地流传了下来。

据东汉蔡邕的《独断》记载，在汉代，民间就有门上贴"神荼""郁垒"神像的习俗。但从汉代到北宋的一千多年中，年画几乎都是手绘的，用木版印刷年画是从宋神宗熙宁五年（1072年）才开始的。那时，神宗皇帝命令将宫中收藏的、由吴道子手绘的钟馗像摹拓制版，印刷成年画，在除夕之夜分赐给亲近的大臣。这是用木版印刷年画的最早文献记载。后来，民间争相仿效，几经演变，形成了自己的独特风格，便是现在的年画了。

在老北京，由于老百姓家家都喜欢在过年的时候贴年画，所以买卖年画的人非常多。每年一进腊月，前门外打磨厂、琉璃厂一带的书画店铺，各庙会上的年画摊儿，街边搭起的卖年画的席棚，还有新华书店的店堂里，都悬挂起琳琅满目的各种年画，成为京城五彩缤纷的一道年景。

在北京，早期的年画大都是来自天津杨柳青和河北武强县这两个北方传统的木版年画产地。木版年画多数与"神"有关，如门神、灶王、财神等，此外还有美女、娃娃、古代人物、戏曲等。直至20世纪40年代，因机器大量印刷使得价格便宜的胶印年画代替木版年画成为老百姓的首选。与木版年画相比，胶印年画的题材非常广泛，表现故事内容的，有"司马光砸缸""许仙送伞""张生与崔莺莺""王祥卧鱼"等；表现吉庆的，有"吉庆有余""麒麟送子""花开富贵""五子登科"等；表现动物、花卉的，如"白猿献寿""金鱼戏水""四季花开"等。其中当时最流行的一种是"月份牌年画"，深受老百姓尤其是妇女们的喜爱，因为上面绝大多数画的是"摩登美人"、古代仕女，风格清新、活泼、温馨。及至20世纪50年代,老北京人过年贴年画的习俗仍在,但年画的面貌已经有所改变,从画法上看,吸收了国画、油画、水粉画以及摄影等艺术形式,从内容上看,多为表现生产劳动、新人新事新风貌的画面。及至二十世纪六七十年代,由于社会形势的变化,年画的内容也有了质的变化。

然而,随着时代的前进,以及京城老百姓居住环境的变化,年画作为传统的贺年方式,离人们的生活渐行渐远,逐渐成为老北京年景的追忆内容。实在令人深感惋惜!但童年贴年画,赏玩年画的快乐,却永远地留在了老一辈北京人的记忆中。

北京民俗中的"观音"情结

前些年的央视春节联欢晚会上,有一个舞蹈节目赢得了全国人民的赞叹和欣赏,大家无不为演员优美的舞姿所感染、感动。这个舞蹈节目就是来自中国残疾人艺术团的《千手观音》。

在老北京的众多习俗中,观音一直是人们信仰的核心,她凭借仁慈的心地、亲和的形象,打动了亿万老百姓的心。民间关于观音的传说故事有很多很多。在旧时,老北京人去寺庙拜佛,也大都是为拜观音菩萨而去的。可以说,对老百姓来说,观音就是幸福、祥和、仁慈的象征。

大慈大悲的观音菩萨,不仅拥有无边的法力,还有一颗仁慈的心。其中比较有名的就是千手观音。

千手观音,是密宗的六观音之一,其全称为"千手千眼观音"或"千眼千臂观音"。很多人会奇怪:千手观音的塑像只有42只手,为何被称为千手观音呢?

据传说,观音拥有一颗仁慈之心,她此生最大的愿望就是帮助穷苦的人脱离苦难。可是世间受苦受难的人太多了,凭借她自己的力量是无法帮助所有人的。时间长了,她也感觉非常劳累。

为了使更多的人受到她的帮助,观音将自己分身成42个大慈大悲菩萨，这样就有42个观音同时在普度众生了。

观音的师父无量佛知道这件事后，马上将观音叫了过去，对她说："欲速则不达，你这样做事未免太急躁了些，让为师帮帮你吧！"

无量佛便运用自己的法力，将观音分身而成的42个身体糅合在了一起，只留下了42只手臂，又接着让每只手掌长出一只眼睛，代表一个化身。这样除了观音原本就有的两个手臂外，还额外有40只手臂，每只手臂各配上佛门三界中的二十五"有"（即三界中二十五种众生生存的环境），两数相乘积为一千，所以称其为千手千眼观音，简称为"千手观音"。千手观音由于多了额外的40只手臂，就会有更多的精力和时间去帮助更多的人去解决他们的困难了。

老百姓尤其是老北京人对千手观音非常喜爱，因为在他们的心目中，千手观音拥有无比的力量，能让天下太平，风调雨顺，更能预测风云，救人免难。与其他神仙相比，离人类更近，法力更大，外形也最为俊美。

在旧时，老北京人为了表达对千手观音的敬意，以及对美好生活的期待，在家里多供奉一张千手观音像。神像中的观音，往往会立在莲花宝座之上，头梳发结，身披袈裟，戴佛冠，赤双足，面带慈祥，端庄而优雅。

在老北京人中，除了靠供奉千手观音像来表示对观音的热爱和崇敬外，他们还有多种信仰观音的形式。

（一）烧香拜佛。烧香拜佛是老北京人向观音表达敬意的最主要、最直接的方式。烧香拜佛的方式有很多，有的是专门到寺院里上香、叩拜，有的是在自己家里设置香案，香案上供奉观音神像，每日于神像前上香、叩拜。其中，专门去寺院叩拜的人最多。为了方便老百姓对观音的叩拜，北京的很多寺庙都建有观音阁、观音殿等建筑，供百姓礼拜。

（二）许愿还愿。许愿就是在观音神像前默默地发出一种誓愿，然后再向观音神像行跪拜礼。誓愿的内容有很多，如有关求学、生子、升官、消灾、祛病等方面。还愿是指，如果百姓许的愿望得到了实现，他们就会在约定的日期内再次来到观音神像前礼拜，或者做其他法事等。

（三）诵念经咒。诵念经咒是老北京人信仰观音的另一种重要方式，主要是指诵念与观音有关的经典经咒，如《观世音经》《大悲咒》等。有的人习惯每天都诵念一遍，有的人则习惯每周诵念一遍，根据自己的情况决定诵念的次数，一般认为，诵念的次数越多，表示越虔诚，获得观音佑护的可能性就会越大。有的诵念在家里进行，有的诵念在寺院里进行，主要视老百姓自己的情况而定。

（四）坚持放生。放生也是向观音表达虔诚信服之一的重要方式。在旧时，很多老北京人为了表达对观音的虔诚之意，都有放生的习惯，当时他们所放的牲灵有很多，如爬虫类、鱼类、鸟类等。

（五）吃素不杀生。在旧时，京城老百姓中很多人都有吃素的习俗，这其中大多数人是因佛教戒免杀生而主张吃素的。通常情况下，吃素礼佛的人有两种，一种是短时吃素，另一种是信佛后再也不吃荤了。所谓短时吃素，与观音的生日有关。据说观音的生日是二月十九，有些人为了表达对观音的敬意，一进二月就开始吃素了，这种习惯一直坚持到二月十九日为止。所以短时吃素也被俗称为"观音素"。

细说老北京"二月二，龙抬头"习俗和谚语

在老北京人中，有一句口头禅特别流行，那就是："二月二，龙抬头。"

"二月二"是指刚过完新年的农历二月初二，在古代的时候这天被称为"中和节"，民间的老百姓又俗称其为"龙抬头"。为

什么有"龙抬头"这个说法呢？

主要有两个来由。一个来由与天文气象有关。据说这个词来源于中国古代天文学。按照古代天文学的要义，二十八宿被用来表示日月星辰在天空的位置，同时用来判断季节。其中角、亢、氐、房、心、尾、箕七宿组成了一个完整的龙形星座，角宿恰似龙角。每到农历二月初二那天以后，龙角星便会从东方地平线上出现。古代的老百姓将这种情形称为"龙抬头"。

另一个来由与老百姓美好的期望有关。"二月二，龙抬头"的说法寄托了古代老百姓对好气候、好收成、好日子的向往。据说二月初二这天处于二十四节气中的"惊蛰"前后，正是春回大地、万物复苏的时节，蛰伏在泥土或洞穴里的昆虫蛇兽将从冬眠中醒来，传说中的龙也从沉睡中醒来。而二月初正处在"雨水""惊蛰""春分"之间，这是个既需要雨水，又可能有降雨的时期，人们希望通过对龙的祈求行为来实现降雨的目的。龙抬头了，意味着龙也行动起来了，要履行它降雨的职责了。所以久而久之老百姓中就有了"二月二，龙抬头"的说法。这种说法是一般人对"二月二，龙抬头"的通常解释，通俗易懂，比较容易被老百姓接受。与天文气象有关的那个来由，由于有点深奥，往往被老百姓忽略掉。

但不管"二月二，龙抬头"说法的真正来由是什么，都改变不了老百姓对它的重视。

据史料记载，远在唐朝时期，民间就有过"二月二"的习俗。古代诗人白居易的一首诗中曾经提到过这个节日，诗曰："二月二日新雨晴，草芽菜甲一时生；轻衫细马春年少，十字津头一字行。"字里行间流露出了二月二时节的美丽、清新、生机勃勃。及至宋朝，二月二这天又被定为"花朝节"或者"桃荣节"，因为在这天十之八九会下雨，而雨水则有利于花草树木的成长。二月二成为民间老百姓踏春郊游的节日，是从元代开始的，欧阳玄在《渔家傲》中还专门描述了二月二的春景，即"二月都城春动野",二月的春光里,隐含着多少美丽的景色啊!在明清时期,老百姓过"二月二"节日的气氛更加浓烈。明人沈榜《宛署杂记》中云:"二月引龙,熏百虫。……乡民用灰自门外委婉布入宅厨,旋绕水缸,呼为引龙回。用面摊煎饼。熏床炕令百虫不生。"《明宫史》载:"初二日……各家用秦面枣糕,以油煎之,或以面和稀,摊为煎饼,名曰熏虫。"清人富察郭崇《燕京岁时记》中也有这样的记载:"二月二日,……今人呼为龙抬头。"从中足见明清老北京城对"二月二"节日的重视。

二月初二龙头节是老北京时较大的民间节日。这天,老北京的民俗活动有很多,内容十分丰富,主要有如下几个方面:

(一)"撒灰引龙,引龙熏虫"的习俗。俗话说:"二月二,照房梁,蝎子蜈蚣无处藏。"这天有"撒灰引龙,引龙熏虫"的习俗。古代老北京人认为,龙出则百虫伏藏,农作物可获得丰收,所以清《帝京岁时纪胜》云:"乡民用灰自门外蜿蜒布入宅厨,旋绕水缸,呼为引龙回。"熏虫是防止害虫破坏捣乱,确保五谷丰登。这里用来引龙所撒的灰,一般是柴灰,也有用石灰或用糠的。将灰撒在家里不同的地方有着不同的寓意:撒在门前,寓意是"拦门辟灾";撒在墙角,寓意是"辟除百虫";撒在井边,寓意是"引龙回",祈求来年风调雨顺,农业增收。

(二)"剃龙头"的习俗。老北京人认为,在年三十之前修剪过的头发,在整个正月里都不能再剪。因为,在京城里传有"正月里剃头死舅舅"的说法,在正月里剪头对家庭的和谐、幸福非常不利。所以大家都等到二月初再剪。而二月初二有"二月二,龙抬头"的说法,在这天剪头发,正应了自己的头是"龙头"的寓意,非常吉利,所以大家都喜欢在这一天剪头发。

(三)二月二的食俗。节日不论大小,必定与吃食多少有些联系,"二月二"也是如此。二月二这天,北京城有吃春饼的习俗。春饼是北京城比较流行的一种民俗食品,它是一种烙得很薄的面饼,一个比手掌大的春饼就像一片龙鳞,所以北京人吃春饼又被称为"吃龙鳞"。

（四）"接已经出嫁的姑奶奶"的习俗。在北京城有"二月二接宝贝儿，接不来掉眼泪儿"的说法，这里提及的"宝贝儿"，指的就是已经出嫁的姑奶奶。将姑奶奶接回来以后，要拿春饼款待她们。

（五）"女人忌做针线活"的习俗。在北京城里有这样的习俗，即二月二这天，女人们是不能动针线的。如果动针线，就会伤了"龙目"。因此，人们在这一天把自己的女儿从婆家接回来，也是为了躲避女红。

除了习俗外，民间还有很多与这天有关的谚语，比较有意思的是这些：

（一）"二月二，龙抬头，龙不抬头我抬头。""二月二"这天是个企盼学业有成的日子。在旧时，私塾先生就喜欢在这天收学生，谓之"占鳌头"。而学生们也喜欢念叨："二月二，龙抬头，龙不抬头我抬头。"久而久之，这句谚语就传了下来。

（二）"二月二龙抬头，大家小户使耕牛。"对老北京的农村人来说，"二月二"是他们的农事节。二月是万物复苏的季节，休息了一个冬天的农民们开始了他们的农耕生活，所以有"二月二龙抬头，大家小户使耕牛"的说法。

除此之外，民间还有很多关于二月二的谚语，如"二月二，煎年糕，细些火，慢点烧，别把老公公的胡须烧着了""二月二，龙抬头，大仓满，小仓流""二月二，龙抬头，天子耕地臣赶牛；正宫娘娘来送饭，当朝大臣把种丢。春耕夏耘率天下，五谷丰登太平秋"等。

从这些习俗和民谚里，我们能够看到老北京人对生活的希望和热爱。

老北京立春的习俗

立春,是二十四节气之一,是一年中的第一个节气。所谓"立"是"开始"的意思,中国以立春为春季的开始,具体的时间点是每年2月4日或5日太阳到达黄经315度时。关于立春,史料中有记载,《月令七十二候集解》就有这样的表述:"正月节,立,建始也,立夏秋冬同。"立春揭开了春天的序幕,这个时候草木开始萌芽,农人开始播种。

正是由于立春是季节上的一个重要转折点,所以老百姓对这个日子都非常重视。民间专门有庆贺立春之日的习俗。清人留下的《燕京岁时记》载:"立春先一日,顺天府官员,在东直门外一里春场迎春。立春日,礼部呈进春山宝座,顺天府呈进春牛图,礼毕回署,引春牛而击之,曰打春。"通过这段文字,我们可以看到清朝时北京官方对"立春"节日的重视。

关于立春,全国各地的风俗习惯都不一样。老北京人对这个节日非常重视,这从他们的庆贺活动的有趣、热闹、复杂中就可以看出来。具体来说,老北京人庆贺立春的活动主要有"迎春""报春""打春""咬春"等。

迎春

迎春是立春的重要活动,事先必须做好准备,进行预演,俗称演春。然后才能在立春那天正式迎春。迎春是在立春前一日进行的,目的是把春天和句芒神(指主管农事的春神)接回来。

据史料记载,迎春活动自周代起就出现了。在周代,迎春是先民于立春日进行的一项重要活动,也是帝王和庶民都要参加的迎春庆贺礼仪。据文献记载,周代迎春的仪式大致如下:在立春的前三天,周天子就开始了斋戒活动,及至立春那天,他会亲率三公九卿诸侯大夫去东郊迎春,祈求丰收。之所以要到东郊迎春,主要是因为他们认为,迎春活动所祭拜的句芒神就居住在东方。可是，发展到后来，迎春活动的地点就不止在东郊了。据宋代的《梦粱录》记载："立春日，宰臣以下，入朝称贺。"从这段记载中可以看出，在宋代的时候，迎春活动已经从郊野进入宫廷。及至明清，由于立春文化达到了鼎盛时期，所以迎春仪式成为社会瞩目、全民参与的重要民俗活动。据史料记载，明清时京兆尹和各府衙官员，都必须将官服穿戴整齐，去"东郊"的东直门外五里的"春场"去迎春，即按规定的仪仗，制作的春牛芒神、柳鞭等举行迎春礼仪，然后进宫朝贺并接受赏赐。

报春

所谓"报春"，就是在立春那天的前一天，由扮成"春官""春吏"的人在街市道路上高喊"春来了！春来了……"将春天即将来临的消息报告给邻里乡亲。据了解，北京最近一次规模较大的"报春"活动，是1910年在东直门附近举行的，百姓希望通过这一习俗祈福。然而，随着后来战乱等原因，这项活动逐渐销声匿迹。

令人高兴的是，在2011年的立春前一天，为了满足老北京人对"报春"活动的欣赏欲求，北京东四街道办事处在东四八条社区举办了传统的"报春"活动。那天东四八条胡同里的居民通过高声报春的形式，为龙年祈福。

打春

"打春"是重要的立春活动之一，主要是指打春牛，意在鼓励农耕，发展生产。《事物纪原》记载："周公始制立春土牛，盖出土牛以示农耕早晚。"打春牛由3个人接力完成，每人打三鞭，象征国泰民安，风调雨顺，五谷丰登。鞭牛过后，小牛童将牛肚子里的20袋装满红豆、小米、江米等杂粮的粮食袋取出，分发给现场的居民和嘉宾，寓意丰收、和谐。

打春的历史由来已久，据说，最早来自皇宫。相传在立春的这一天，皇宫内外都要把它当作节日一般，要格外隆重地庆祝一番，最早有立春之日要把皇宫门前立的泥塑春牛打碎一说。《京都风俗志》一书中曾记载：宫前"东设芒神，西设春牛"。礼毕散场之后，"众役打焚，故谓之'打春'。"那时，人们纷纷将春牛的碎片抢回家，视之为吉祥的象征

咬春

在每年的立春这一天，北京人都要吃春饼、春卷、萝卜等，名曰"咬春"。

所谓春饼，又被称为"荷叶饼"，是一种烫面薄饼——用两小块水面，中间抹油，拼成薄饼，烙熟后可揭成两张，用来卷菜吃。吃春饼的习俗历史悠久，《明宫史·饮食好尚》记载："立春之前一日，顺天府街东直门外，凡勋戚、内臣、达官、武士……至次日立春之时，无贵贱皆嚼萝卜，名曰'咬春'，互相宴请，吃春饼和菜。"这一习俗，可追溯到晋，而兴于唐。唐《四时宝镜》记载："立春，食芦、春饼、生菜，号'菜盘'。"可见唐代人已有吃春饼的习俗。

春卷，是清朝的满汉全席一百零八道菜点中的九道点心之一，也是试春盘内的传统节令食品。《岁时广记》云："京师富贵人家造面蚕，以肉或素做馅……名曰探官蚕。又因立春日做此，故又称探春蚕。"后来蚕字音谐转化为卷，即当今常吃的"春卷"。

咬春之俗还有嚼吃萝卜。为什么要吃萝卜呢？比较普遍的说法是可以解春困。《燕京岁时记》中就有这样的记载："是日，富家多食春饼，妇女等多买萝卜而食之，曰'咬春'。谓可以却春困也。"其实咬春并不限于此，除解困外，主要是通气，使人保持青春不老。

如今，立春日的庆祝活动虽然不如从前隆重，但立春这天寄托着人们的希望，所以北京各地仍会有一些特殊的方式来迎接立春，比如"打春""咬春"、挂风车、踏青等。

老北京中秋节的习俗

"八月十五中秋节,水果月饼摆满碟。"这句名谚道出了老北京隆重、喜庆的过节情景。

农历八月十五,恰逢三秋之半,故称中秋节。中秋节是仅次于春节的中华民族的传统节日。中秋节的名称有许多,比如八月节、月夕、月节、秋节、八月会、仲秋节、追月节、玩月节、拜月节、女儿节、果子节、丰收节、兔儿爷节等。又因为八月十五为秋季之中,故也称仲秋节。古人把月圆视为团圆的象征,所以中秋节又称为"团圆节"。

中秋节与月息息相关,人们对月的崇拜由来已久。秋分祭月始于周代,中秋赏月始于魏晋盛于唐。唐代时,已经形成了一种民间习俗,即在八月十五固定的时间内,有了特定的内容,如全家团聚、赏月、玩月……并得到了百姓的认同和参与。这就完全符合了民俗节日的性质。及至宋朝年间,八月十五正式被定为中秋节。北宋苏东坡的诗作《水调歌头·明月几时有》,正是关于中秋节的千古绝唱,其中的"但愿人长久,千里共婵娟"一句在如今可谓家喻户晓。

老北京中秋节的习俗有很多,这里介绍以下几种:

(一)吃月饼。谈到中秋节,必然要说到月饼。中秋节吃月饼由来已久,据说中国最早出现月饼的文字记载,是出于苏东坡的诗句:"小饼如嚼月,中有酥和饴。"也就是说从宋代时起,月饼才渐渐地大行其市,圆圆的月饼正好有团圆的圆的象征意思,万里此情同皎洁,一年今日最分明。

在过去,老北京人吃的月饼主要有三种,分别是自来红、自来白、提浆月饼(即团圆饼)。"翻毛""癞皮"和广东月饼是后来才出现的。但是上供用的月饼,必须是"自来红",而不能是"自来白"。除了买一些时兴的月饼外,老北京人还喜欢自制月饼。沈榜在《宛署杂记》中就记述了明代北京中秋制作月饼的盛况：坊民皆"造面饼相遗，大小不等，呼为月饼"。但是令人深感惋惜的是，这种自制月饼的风俗在如今已经非常少见了，几近消失。因为北京中秋节月亮升起来都比较晚，大概得等到晚上九点多钟才会升起。这时候，人们就在四合院摆上桌子，边喝茶，边吃月饼。

（二）供兔儿爷。兔儿爷是老北京中秋时令的传统物件，它的"家"在花市外的灶君庙，是北京本土的神仙。兔儿爷是泥做的，兔首人身，披甲胄，插护背旗，脸贴金泥，身施彩绘，或坐或立，或捣杵或骑兽，竖着两只大耳朵，亦谑亦谐。有曲为证："莫提旧债万愁删，忘却时光心自闲。瞥眼忽惊佳节近，满街挣摆兔儿山。"过中秋，家里摆个兔爷像，确实很有过节的气氛。

兔儿爷起源于明末，在最开始的时候是仿照"月光马儿"上的玉兔形象制作而成的，在中秋节晚上用来祭月，上供过后，小孩子就可以拿在手里玩，所以说兔儿爷是唯一一个能拿手里玩的"神仙"。及至清代，兔儿爷渐渐在香案上消失了身影，成为一种时髦的玩具。

（三）拜月。在老北京，中秋节中最主要的习俗便是拜月。拜月的历史由来已久，早在秦汉之前的礼仪中，就有天子到国都西郊月坛祭月的规定。后来，贵族官吏纷纷效仿，而后再传到民间，形成了广为流行的中秋习俗。在旧时候，京城有"男不拜月，女不祭灶"的传统，所以，每逢中秋节的黄昏，一轮明月升起之时，家家户户的女眷都会在自家庭院的东南角设一香案，供上"月光马儿"。拜月时，月光马儿是必不可少的，就是非常大的一张草纸，印一些神符，上半截印太阴星君，下半截印月公、兔儿爷。然后糊在秫秸秆上，插在中间。过去有首儿歌，"月光马儿，供当中"，讲的就是供月光马儿的事。另外，在香案上还会摆上至少三盘月饼、三盘水果，案前放上毛豆枝子、鸡冠子花、切成莲花瓣形的莲瓣西瓜和九节藕。待月亮升起后，大约晚上八九点的时候,妇女开始一一向月而拜。拜月的程序结束后,一家人围着桌子坐,边饮团圆酒,边吃团圆月饼,呈现一派温馨、快乐的场景。饭后,有条件的人家可以到北海、陶然亭等地赏月。没条件的,就在院里摆上一口缸,观赏其中的月影。

除此之外,老北京人过中秋节还有这样的习俗:

在中秋节那天的中午时分,有糊窗户的习俗,因中秋过后天气渐凉。据说中秋午时糊窗户,能把"老爷儿"(太阳光)糊在屋里,一冬不冷。

老北京,中秋要放三天假。十三到十五日,学生也不上课。

老北京过中秋还有送礼的习俗。有史料这样记载:"中秋,大家互送礼节……赏奴仆钱,铺户放账帖,每节如此。"

中秋节的习俗中也有禁忌,如在祭月摆供时不能放梨,因"梨"与"离"同音,此乃团圆节之大忌。

老北京春分的习俗

春分,在古时候又被称为"日中""日夜分""仲春之月",取昼夜平分之意,指一天时间白天黑夜平分,各为十二小时,属二十四节气的第四位。春分之后,北半球各地昼渐长夜渐短,南半球各地夜渐长昼渐短。

史书上关于春分的记载有很多,如中国古历中曾记载:"春分前三日,太阳入赤道内。"汉董仲舒在其所著的《春秋繁露》中记载:"至于中春之月,阳在正东,阴在正西,谓之春分。春分者,阴阳相半也,故昼夜均而寒暑平。"清潘荣陛《帝京岁时纪胜》:"春分祭日,秋分祭月,乃国之大典,士民不得擅祀。"……足见古时候老百姓对这一节气的重视。

昔日的老北京人,在欢度完春节和元宵节后,就开始为迎接春分而忙碌了。在老北京,比较流行的春分习俗有哪些呢?

(一)玩"竖鸡蛋"的游戏。在老北京人中,有一句顺口溜比较流行，它就是："春分到，蛋儿俏。"这句顺口溜中的"蛋儿俏"指的就是春分习俗之一"竖蛋"。每逢春分，老北京人都爱玩"竖蛋"的游戏。"竖蛋"的玩法虽然简单但富有趣味：选择一个光滑匀称、刚生下四五天的新鲜鸡蛋，轻手轻脚地在桌子上把它竖起来。虽然失败者颇多，但成功者也不少。春分这一天为什么鸡蛋容易竖起来？虽然说法颇多，但其中最科学、最有说服力的一种说法是：春分这一天，南北半球昼夜一般长，呈66.5度倾斜的地球地轴与地球绕太阳公转的轨道平面处于一种力的相对平衡状态，这种情况有利于将蛋竖起来。为什么要选刚生下四五天的新鲜鸡蛋呢？主要是因为这种新鲜鸡蛋的蛋黄素带松弛，蛋黄下沉，鸡蛋重心下降，有利于将鸡蛋竖起来。

（二）祭日。除了"竖蛋"的习俗外，官府在春分时刻还有"祭日"的习俗。举行"祭日"仪式的地方位于日坛。日坛坐落在朝阳门外，是明清两朝皇帝在春分这一天祭祀大明神（太阳）的地方。

据史料记载，春分"祭日"的习俗在周代就已经有了。《礼记》："祭日于坛。"孔颖达疏："谓春分也。"此俗历代相传。清潘荣陛《帝京岁时纪胜》记载："春分祭日，秋分祭月，乃国之大典，士民不得擅祀。"

祭日虽然无法与祭天和祭地的典礼相比，但仪式也隆重无比。据明清史料记载，整场祭祀典仪分为卤簿仪仗、祭礼及乐舞展示、皇帝回銮三部分。在明朝时期，皇帝祭日时，用奠玉帛，礼三献，乐七奏，舞八佾，行三跪九拜大礼。在清朝时期，皇帝祭日的礼仪有：迎神、奠玉帛、初献、亚献、终献、答福胙、车馔、送神、送燎等九项议程，也非常隆重。

（三）摘福。"摘福"就是摘了春联。每逢春节，老北京人都会在自家门前、院子里张贴春联，以示庆祝。那么春联应该在什么时候摘呢？其实，过完春节了，春联可以随时摘除，但最好在春分这天摘。因为在这天摘，有"在春暖花开的日子摘福迎春"

的意思,可以保佑这家人家庭和睦、幸福安康。

(四)春祭。在老北京的春分日,还有"春祭"的习俗。"春祭"就是扫墓祭祖。春祭的规模非常大,首先扫祭开基祖和远祖坟墓,这个时候,全族和全村的人都要参加,人数非常多,有的多达千人。然后再由各房扫祭各房的祖先坟墓,最后各家扫祭自家的私人坟墓。

(五)吃"太阳糕"。"太阳糕"是老北京人祭祀太阳神时所用的供品,寄托着人们祈祷太阳普照人间、养育万物的美好祝愿。它是一种用大米面和绵白糖蒸成的圆形小饼儿,上面印着一只朱红的金鸡(传说中的鸡神)引颈长啼,仿佛呼唤天下之鸡齐鸣,为人间报晓。

据说太阳糕的名字还是清朝的慈禧太后给起的呢。慈禧在位的时候,在皇宫的门口外有一个专门做年糕生意的小店。这小店的年糕上不知为何都被打上了小鸡红戳。一天,慈禧想吃这年糕,便命人买了一些送进宫来。那天正值二月初一"太阳节",慈禧看见年糕上的朱红金鸡非常喜欢,说道:"你看这鸡神引颈长鸣,又赶上今儿是'太阳节',太阳东升,真是个吉祥的好兆头,象征着咱大清国如太阳般永远发光!"于是,亲自为这年糕取名为"太阳糕",从此这名儿就流传了下来。太阳糕一般在春分日的前三天开始出售,老北京人家即便手头拮据也总要买上几块应个景儿放在祭祀太阳神的供桌上,以此来报答太阳神的恩泽。

老北京夏至的习俗

夏至在农历五月端午节的后面,是我国历史上最早测定出的二十四节令之一。公元前7世纪,先人采用土圭测日影,确定了夏至。夏至和冬至一样,不仅是一个重要的节气,还是中国民间重要的传统节日,被称为"夏至节"。每年的夏至从6月21日(或22日)开始,至7月7日(或8日)结束。据《恪遵宪度抄本》:"日北至,日长之至,日影短至,故曰夏至。至者,极也。"夏至日,太阳几乎直射北回归线,北半球白昼最长,夏至后太阳南移,白昼逐渐变短。所以老北京民间有"吃过夏至面,一天短一线"的说法。

在古代的时候,每逢夏至,要放假三天;在很多地方,"夏至节"的热闹程度不亚于端午节。那么,老北京人过夏至节热闹不热闹呢?又是怎么过的呢?

老北京最经典的夏至习俗是吃夏至面。每逢夏至节,很多人都会说:"冬至饺子夏至面。"这句话就涉及了夏至习俗之一"吃夏至面"。清人潘荣陛《帝京岁时纪胜》中有这样的话:"是日,家家俱食冷淘面,即俗说过水面是也……谚云:'冬至馄饨夏至面。'"讲的就是老北京夏至吃面的事儿。为什么夏至有吃面的习俗呢?一方面是因为,北京地处北方,而北方的主要农作物便是麦子,在新麦收获之时,人们用新面制作喜面是喜庆年丰的最好方式;另一方面,面分热面和凉面两种,夏天吃凉面可降火开胃而又不至于因寒凉而损害健康,据史料记载,我国古代伟大的诗人杜甫就喜欢吃槐叶冷陶面,他还专门为此写了一首诗,诗曰:"青青高槐叶,采掇付中厨。新面来近市,汁滓宛相俱。人鼎资过熟,加餐然欲无。"吃热面据说还有"辟恶"之意,即多出汗以祛除人体内滞留的潮气和暑气。所以,每逢夏至时节,老北京的面馆总是人满为患。

在老北京的夏至这天,除了有吃面的习俗,还有"尝黍"的习俗。正所谓民谚所云:"夏至尝黍,端午食粽。"对此,《吕氏春秋》有这样的记载:当早黍于农历五月登场时,天子要在夏至时举行尝黍仪式。古时候在祭祀祖先的时候,主要的供品是黍和鸡,尝黍习俗主要是仿照西周人用牛角或羊角祭祖庆丰收时的传统仪式。古人将黍用竹叶或苇叶包裹起来,包成形如牛角的角黍,先拿黍祭祀了祖先,再在祭祀活动结束后,将黍蒸熟了品尝。在老北京人的心里,夏至尝食角黍是一种欢庆年丰的象征。

老北京立秋的习俗

立秋,是二十四节气中的第13个节气,是秋季的第一个节气,而秋季又是由热转凉,再由凉转寒的过渡性季节。每年8月7日或8日视太阳到达黄经135°时为立秋。"秋"就是指暑去凉来,预示着炎热的夏天即将过去,秋天即将来临。立秋后虽然一时暑气难消,还有"秋老虎"的余威,但总的趋势是天气逐渐凉爽。

立秋节,又被称为七月节。关于这个节日,史书上多有记载,如《月令七十二候集解》记载:"七月节,立字解见春(立春)。秋,揪也,物于此而揪敛也。"《史记》上有:"夫春生夏长,秋收冬藏,此天道之大经也。"在古代人的心目中,立秋是夏秋之交的重要时刻,所以不可忽视。为了表达对这一节气的重视,在古代,有很多庆祝立秋节的习俗:在周代,这天周天子亲自率领三公六卿诸侯大夫到西郊迎秋,并举行祭祀少皞、蓐收的仪式;汉代承袭了周代的这一习俗,见《后汉书·祭祀志》:"立秋之日,迎秋于西郊,祭白帝蓐收,车旗服饰皆白,歌《西皓》、八佾舞《育命》之舞。并有天子入圃射牲,以荐宗庙之礼,名曰躯刘。杀兽以祭,表示秋来扬武之意。"及至唐代,每逢立秋日,也祭祀五帝;到了宋代,有男女都戴楸叶和以秋水吞食小赤豆七粒的风俗;及至清代,主要的习俗是"悬秤称人",主要是验验夏天是肥了还是瘦了⋯⋯从这些风俗习惯中,我们能看出立秋节在老百姓心目中的分量。

在旧时的京城,在立秋节这天,都流行哪些风俗习惯呢?

(一)贴秋膘儿。贴秋膘儿是老北京人过立秋节必不可少的习俗。什么是"贴秋膘"呢?在炎热的夏天,人们的胃口受天气、卫生环境的影响,难免有厌食之感,所以不少人都会瘦一些。瘦了当然需要"补",什么时候是"补"的最佳时机呢?当然是立秋的时候。一旦立秋,虽仍然很热,但人们的身上再无湿黏不适之感,于是就开始萌发了要吃点好吃的想法,以补偿入夏以来的亏空。弥补的办法就是到了立秋吃味厚的美食佳肴,首选就是吃肉,用吃肉的方法把酷暑失去的膘重新用肉补回来,所以被称为"贴秋膘儿"。这一天,普通百姓家吃炖肉,讲究一点的人家吃白切肉、红焖肉,以及肉馅饺子、炖鸡、炖鸭、红烧鱼等。

然而,在贴秋膘儿的过程中需注意两点:一点是贴秋膘儿之俗应视个人体质情况进行,体弱多病及老幼者可视病情适当调剂进补,中医讲秋补应为"补而不峻""防燥不腻"的平补法,如适当食些银耳、百合、南瓜、山药、莲藕、桂圆、芝麻、蜂蜜等,平补之前还应先调整好脾胃并注意润肺,切忌无病乱补、暴吃狂饮、凡补必肉和以补药代食,否则将有碍身体健康或适得其反生出其他病症。另外,贴秋膘儿不能光大鱼大肉,要讲究科学搭配。虽然秋季到了开怀大吃的时候,但是讲究食补的中医也还有着自己的饮食规则,尤其在这个容易让人口干舌燥的秋天,并不是所有好吃的都能招呼。所以,贴秋膘儿也得挑着吃。

(二)"咬秋"。在老北京,立秋还有"咬秋"的习俗。所谓"咬秋",又被称为咬瓜和吃秋。咬秋的习俗古已有之,清人张焘写的《岁时风俗》中就有这样的记载:"立秋之时食瓜,曰咬秋,可免腹泻。"在旧时,咬秋的习俗在北京非常流行,在立秋的前一天,人们将南瓜、北瓜、茄脯及香薷汤放在庭院中晾一天,在立秋这天吃下,有消除暑气避免得痢疾腹泻的作用。

(三)尝鲜儿。尝鲜儿也是老北京城重要的立秋习俗之一。秋天是收获的季节,立秋一到,田地里的很多瓜果蔬菜都成熟了,玉米、莲藕、菱角、鸡头米、落花生、酸枣儿、葫芦形的大枣、京白梨、香槟子、沙果儿、大柿子、核桃、栗子等,多得能让人看花眼。老北京那四合院、大杂院里的主妇们逢立秋就忙着去市场上买这些蔬菜瓜果,回家用黄澄澄的新玉米棒渣熬粥,用新高粱米煮捞后蒸锅红米饭,吃得那个美呀!立秋时上市的新鲜瓜果不仅装饰了北京城，也让老北京人大大地享了口福。难怪很多老北京人都盼着立秋快来呢！

（四）称人。称人的习俗在老北京古已有之，在清代和民国时期尤为盛行。主要是因为经过酷热的夏天后，很多人的体重因饮食不好而有所改变，而且变化比别的季节大。为了评量具体的体重是多少，所以立秋有称人之俗。具体的方法是：将大杆秤吊在树下，称时讲究秤锤只能从里往外捋（表示增加），不可往里捋（表示减少），成人称时握住秤上的秤钩双足离地，儿童多放箩筐内来称，称后将重量跟立夏时对比以观轻重。说起这个习俗的由来，有很多传说故事，其中最有名的是司马昭为阿斗称体重的故事。相传在三国时期，蜀汉的王是刘禅，就是那个"扶不起来的阿斗"中的那个阿斗，天生软弱柔顺，没有半点治国能力，在他继承王位后，蜀汉一天天衰败下去，最后蜀汉被魏国的司马昭消灭，阿斗随之沦为亡国之君。司马昭在灭了蜀汉后，并没有将阿斗杀死，而是为了显示他的容人之心，封阿斗为安乐公，并命人好好地款待他，决不能有半点懈怠之处。他命令下属经常给阿斗称体重，然后昭告天下，为的就是让天下人监督自己，说自己是仁慈之人。渐渐地，这种做法传到了民间，被定为立秋习俗之一。

老北京人怎么过端午节

"榴花角黍斗时新，今日谁家酒不樽。堪笑江湖阻风客，却随蒿叶上朱门。"宋代诗人戴复古的这首诗，生动形象地写出了古代人们欢庆端午节的情景。

农历五月初五是端午节。端午节在北京人眼里是个大节，是同正月春节，八月十五中秋节并列的"三节"。古文中的"端"是初的意思，而农历五月按地支顺序纪月为午月，故五月初五被称为端午节。唐代韩鄂的《岁华纪丽》曰："日叶正阳，时当中夏。"因"午"时为阳辰，故"端午节"又称"端阳节"。又因其月、日均为"五"，五五相重，故俗称"重五节"，而老北京人习惯叫"五月节""粽子节"。

百本张岔曲《端阳节》中，对老北京过端午节的习俗，有段很生动的描述："五月端午街前卖神符，女儿节令把雄黄酒沽；樱桃、桑葚、粽子、五毒；一朵朵似火榴花开瑞树，一枝枝艾叶、菖蒲悬门户；孩子们头上写了个王老虎，姑娘们鬓边斜簪五色绫蝠。"端午节经几千年的传承，有很多习俗，如吃粽子、挂戴蒲艾、饮雄黄酒、吃五毒饼、身佩香囊洗浴、贴钟馗像、野游避灾、赛龙舟、接女儿回家等习俗。

这里着重介绍其中具备典型意义的几种习俗。

吃的习俗。万物复苏的五月，是时新水果如樱桃、桑葚、石榴盛行的时节。明末《烬宫遗录》就有这样的句子："四月尝樱桃，以为一岁诸果新味之始。"五月端午节时，正是樱桃大批上市的时节，所以北京人流行端午节吃樱桃。除了樱桃外，还有火红的石榴、酸甜的桑葚。老北京人认为吃了黑桑葚不招苍蝇。除了吃时令水果，北京人过端午节时，还有吃粽子的习俗。其中最流行的是黄米小枣粽子。北京地区的端午粽子是用苇叶包裹的黄米小枣粽子，以密云区产的小枣最有名。除了时令水果和粽子外，还有一种食物在老北京人中非常流行，那就是玫瑰饼。玫瑰饼是北京的特产。《春明采风志》云："玫瑰来自北山玫瑰沟……四月花开，沿街唤卖。"玫瑰饼主要是在端午节那天用来给神佛和祖先上供的，供完撤下来后就成了全家人的食品。玫瑰饼用玫瑰花和蜂蜜拌匀做馅，制成饼，上火烙，名曰端午饽饽。

佩戴饰品。在端午节那天，老北京人喜欢在身上佩戴五彩粽子、小物件和香囊。佩戴五彩粽子主要是为了祈福增寿。五彩粽子的内壳是用硬纸叠成的，外面缠上五彩丝线，连成一串。除了五彩粽子外，还有用绫罗制成的小老虎，缝制的樱桃、桑葚、茄子、豆角、辣椒、梨……端午节这一天，将这些可爱的小物件佩戴在身上，增添祈福增寿的节日气氛。另外，在端午节那天，老北京人还有佩戴香囊的习俗。香包又叫香囊，是荷包的一种。农历里五月，天气渐热，多雨潮湿，蚊虫滋生，人体容易出汗，因此从端午节起，不分男女老幼，都佩戴内装檀香、芸香、冰片、朱砂等香料、中药的香包，用来驱避蚊虫，消除秽气，并使人身体清爽芬芳。

插艾蒿。在北京，民间信仰认为五月为毒月，初五又是毒日。所以在端午节，老北京人有在院门前和房檐下插艾蒿的习俗，他们认为艾蒿气味能去除蚊虫和妖魔鬼怪。明朝人刘侗在《帝京景物略》中说："插门以艾，涂耳鼻以雄黄，曰避毒虫。"意思就是指艾蒿具有药用功能。

关于端午节插艾蒿的习俗，还有两个传说故事呢。第一个传说故事与唐朝末年的农民起义军领袖黄巢有关。据说在唐朝末年，黄巢在行军的过程中，遇到一位正在逃难的妇女。他见这名妇女怀抱大孩子，而手牵小孩子，觉得很奇怪，便问她："人人都是抱着小孩子，牵着大孩子，你为何偏偏与人相反啊？"这个妇女回答说："我所怀抱的这个大孩子，不是我的孩子，而是邻居托付给我让我帮他照看的，我不敢让人家有任何闪失；而小的孩子呢，是我亲生的孩子，所以用手牵着他，即使伤点累点，也没事儿。"黄巢被她这种精神深深感动，便对她说："你不用着急逃难了，快回家吧！你只要在端午节那天在你家门前挂上艾蒿，就可以躲避兵灾了！"这名妇女听了黄巢的话，赶紧赶回了村里。但她不愿意一人躲难，而将此做法转告给了乡亲们，使全村人均得安全。后来，人们为了感念这妇女的仁慈之心，渐渐地传下了端午插艾蒿的习俗。

第二个传说故事是：古时候，天上的玉皇大帝为了更好地体察民情、勘察人心，便派了一名天官来人间查访。这名天官于是假扮成卖油翁的模样，在村里面吆喝："一葫芦二斤，两葫芦三斤。"村民听到他的吆喝后，争着抢着来买他的油。这么多人中，只有一个老头儿提醒他算错了账。将油卖完后，假扮成卖油翁的天官便对这位老头儿说："最近村里会发生一场瘟疫，你在端午节那天，在你家门口插上艾蒿，到时候艾蒿可以帮助你躲避这场瘟疫。"老头儿是个善良的人，他听了卖油翁的话后，赶紧将这个消息告诉了村民。在端午节那天，家家户户的门前都插上了艾蒿。最后，村里面的人都躲过了这场瘟疫。后来，端午节插艾蒿的习俗被流传了下来，寓意"躲瘟避难"。

斗百草。端午节，老北京还有"斗百草"的习俗。斗百草是一种游戏，参加游戏的人两人相对站立，双手持草，各持一草或花茎的两端。游戏开始后，二草相勾，双方各自把草向自己方向拉，谁的草或花茎被对方拉断谁为输，然后用"打赢家"的顺序赛下去，直至选出最后胜利者。那种能"斗"倒各草的"选手"，则成为大家公认的当日的"百草王"。

耍青。在旧京，端午节还有"耍青"的习俗。在端午节，南方有赛龙舟的习俗，北京因缺少大江大河，所以《帝京景物略》中说："无竞渡俗，亦竞游耍。"这就点明北京人在端午节期间虽不赛龙舟，却有外出游玩"耍青"的习俗。五月是初夏时节，整个北京城春意盎然，空气清新，十分适合出游。那时的天坛、金鱼池、高粱桥等地都是游人汇集的地方。清初人庞垲《长安杂兴》诗："一粒丹砂九节蒲，金鱼池上酒重沽。天坛道士酬佳节，亲送真人五毒图。"说的就是当时的场景。

贴葫芦花以避"五毒"。这里的"五毒"指的是蝎子、蛤蟆、蜘蛛、蜈蚣、蛇。老北京人喜欢葫芦，因为葫芦是"福禄"的谐音。北京人又喜欢剪纸，用红色毛边纸剪成葫芦，里面收进"五毒"图案，象征镇邪的宝物把"五毒"均收入肚里给镇住了。这种宝葫芦剪纸，称为"葫芦花"。葫芦花据说能避"五毒"，五月初一贴出，五月初五午时撕下扔掉，称为"扔灾"。

绒花簪头。明代于有丁在《帝京午目歌》中写道："都人重五女儿节，洒蒲角黍榴花辰。金锁当胸花作簪，衫裙簪朵盈盈新。"

这说的是端午节的另一习俗，即"绒花簪头"。端午节期间，妇女们头簪绒花，也是旧京风俗。端午节这天，家家户户都要给女孩子头上簪以石榴花，还用花红绫线结成樱桃、桑葚、角黍、葫芦等形状，以线贯穿，佩戴在女孩身上，以示吉祥。所以，端午节这天又被称为"女儿节"，而且是明代就已经这样叫了。明朝人沈榜在《宛署杂记》中记道："燕都自五月一日至五日，饰小闺女，尽态极妍。已出嫁之女，亦各归宁，俗呼是日为'女儿节'。"

老北京重阳节的习俗

重阳节的历史非常悠久，距今已经有两千多年的历史了。这个名称最早出现在三国时代，曹丕所著的《九日与钟繇书》中有这样的记载："岁往月来，忽复九月九日。九为阳数，而日月并应，俗嘉其名，以为宜于长久，故以享宴高会。"从这段记载中我们可以看出，"九"为阳数，九月九，两九相重，古人认为是一个值得庆贺的吉利日子。在魏晋时期，民间有了在九月初九这天赏菊、饮酒的风俗。及至唐朝时期，九月九日才被正式定为重阳节，成为正式的民间节日。从此以后，每年的这个日子，民间都会举行各种各样的仪式活动，以示庆祝。

说起重阳节，很多人都会想到"登高"这一习俗。在老北京人的心目中，金秋九月，天高气爽，在这个日子里登高远望可以免灾避祸。关于重阳节登高的习俗，还有一个传说故事呢！

相传在东汉时期，汝河里住着一个凶狠的、被称为"瘟魔"的怪物。只要瘟魔一出现，周围的老百姓就要遭殃，几乎每家都有人病倒，甚至丧命，弄得这一带人心惶惶，老百姓为此愁眉不展。其中有一个叫恒景的人，他的父母都在瘟魔的作恶下因病而死了，他自己也因此差点丧命。从病魔中活过来的恒景决定去外地访仙学艺，为乡亲们除去瘟魔。于是他依依不舍地辞别了媳妇和年幼的儿子，踏上了学艺之路。他四处访师寻道，访遍各地的名山高士,终于打听到在东方有一座最古老的山,山上有一个法力无边的仙长。恒景不畏艰险,在仙鹤指引下,终于找到了那位仙长。仙长听他细说了目的后,被他的精神所感动,将降妖剑术毫不保留地教给了他,还把宝贝的降妖宝剑送给了他。经过一年的勤学苦练后,恒景终于将仙长的降妖剑术学会了。一天,仙长对恒景说:"明天就是九月初九了,在这天瘟魔又会出来作恶,如今你已经将消灭他的本事悉数学会,可以回去消除这个孽障了!"临走的时候,仙长送给恒景一包茱萸叶,一盅菊花酒,并且密授避邪用法,让恒景骑着仙鹤赶回家去。在九月初九这天的早晨,恒景回到了家乡。还没有来得及回家看看,他就马上将乡亲们喊来,按照仙长的叮嘱,吩咐乡亲们登上家附近的一座山上,并且发给每人一片茱萸叶,一盅菊花酒,做好了降魔的准备。及至中午时刻,在一连串的怪叫声中,瘟魔出现了,但是他刚扑到山下,闻到阵阵茱萸奇香和菊花酒气时,突然脸色大变,停下了脚步。看到这情景,恒景赶紧手持降妖宝剑追下山来,与瘟魔搏斗了几个回合,就将他刺死了。老百姓为了感谢恒景的大恩大德,也为了纪念这个除掉恶魔、恢复安宁的日子,就把九月初九重阳节登高的风俗看作是免灾避祸的活动,年复一年地流传了下来。

每逢重阳佳节,老北京人中的老一辈都喜欢向孩子们讲述这个大快人心的故事。从这个故事中,孩子们也对重阳节有了更深的了解。

老北京人对重阳节非常重视。在重阳节时,除了有登高的习俗外,还有佩戴茱萸、赏菊、饮菊花酒、吃花糕、食烤肉、涮羊肉、吟诗作赋等习俗,一直流传至今。

登高。 在老北京,重阳节有登高的习俗。明清时,北京地区登高颇盛,《燕京岁时记》云:"京师谓重阳为九月九。每届九月九日则都人提壶携榼,出都登高。"在这天,紫禁城中的皇帝都会亲临万岁山(如今的景山)登高拜佛,祈求福寿平安,并观览京城风光。旧时候,老北京人喜欢登的是西山八大处、香山、五塔寺、北海、景山五亭、陶然亭等地，在登山的过程中，玩到高兴时，还会吟诗作赋、吃烤肉。对此，《燕京岁时记》就有记载："凡登高，必赋诗饮酒，食烤肉，洵一时之快事。"

吃花糕。"中秋才过近重阳，又见花糕各处忙。"吃花糕是老北京重阳节时必不可少的习俗之一。不仅民间风行制作吃食花糕，在清代宫廷里，重阳节时也要举行"花糕宴"。周密写的《武林旧事》一书中记载："九月九日重阳节，都人是月饮新酒，汎萸簪菊，且各以菊糕为馈，以糖肉秫面糅为之，上缕肉丝鸭饼，缀以榴颗，标以彩旗。"明代沈榜的《宛署杂记》上也说："九月蒸花糕，用面为糕，大如盆，铺枣二三层，有女者迎归，共食之。"从中足见花糕在当时的流行程度。据说这一习俗与登高习俗有关。"糕"和"高"同音，作为节日食品，最早是庆祝秋粮丰收、喜尝新粮的用意，之后民间才有了登高吃糕，取步步登高的吉祥之意。在旧时候，北京的花糕种类非常多，有糟子糕、桃酥、碗糕、蛋糕、萨其马等酥饼糕点，也有糕上码有花生仁、杏仁、松子仁、核桃仁、瓜子仁五仁金银蜂糕，还有用油脂和面的蒸糕、将米粉染成五色的五色糕等。而且，在那时候，花糕还像如今的月饼一样，是京城老百姓馈赠亲友的佳品。

赏菊、饮菊花酒。赏菊、饮菊花酒是老北京人过重阳节的另一个风俗。菊花，是我国长寿名花，又名"延寿客"。早在屈原笔下，就已有"夕餐秋菊之落英"之句，即服食菊花瓣。晋代葛洪在《抱朴子》中记河南南阳山中人家，因饮了遍生菊花的甘谷水而延年益寿的事。重阳节赏菊的风俗习惯古已有之，所以也有人称重阳节为菊花节。待到重阳节这天，京城里会举办各种赏菊大会，那时候整个北京城的老百姓都会来到赏菊大会上赏菊、饮菊花酒。除此之外，老北京人还喜欢去天宁寺、景山公园、中山公园的唐花坞等地去赏菊观景。在清朝的时候，在重阳节这天，老北京人喜欢将菊花枝叶贴在门窗上，为的就是"解除凶秽，以招吉祥"。清李静山《增补都门杂咏》曾有诗曰："天宁寺里好楼台，每到深秋菊又开，赢得倾城车马动，看花犹带玉人来。"菊花酒，在古代被看作是重阳必饮、祛灾祈福的"吉祥酒"。边赏菊，边饮菊花酒，边吟诗作赋不可谓，不滋润。重阳节饮菊花酒的习俗最早起源于晋朝大诗人陶渊明，陶渊明以隐居、作诗、饮酒、爱菊出名，后人效仿他，遂有重阳赏菊的风俗。

佩茱萸。老北京还风行九九插茱萸的习俗，所以又把重阳节称为茱萸节。茱萸的全称是吴茱萸，是一种可以做中药的果实，也叫越椒或艾子，秋后成熟，果实嫩时呈黄色，成熟后变成紫红色，有温中、止痛、理气等功效。茱萸叶还可治霍乱，根可以杀虫，素有"吴仙丹"和"辟邪翁"之称。老北京人认为九月初九也是逢凶之日，多灾多难，所以在重阳节人们喜欢佩戴茱萸以辟邪求吉。但是在近代，佩茱萸的习俗逐渐稀见了。其变化的因由大概是，茱萸在早期民众的生活中强调的是避邪消灾，随着文明的进步，人们对未来生活给了更多的期盼，祈求长生与延寿。所以"延寿客"（菊花）的地位最终盖过了"避邪翁"（茱萸）。

接出嫁的女儿。除了以上习俗外，在老北京还有一个独特的习俗，那就是在这天要将出嫁的女儿接回来。这个习俗如今在北京的郊区还流行着。在重阳节这天，天刚明，娘家人就备着名酒、糕点、水果去接女儿回家了，谓之"归宁父母"。将女儿接回家后，父母要取片糕搭在女儿额头上，一边搭一边还说着祝福的话："愿儿百事俱高。"所以重阳节又被称为"女儿节"。

如今，老北京很多重阳节习俗已经逐渐消失了，然而在民间登山登高、买菊赏菊、吃花糕、食烤肉、涮羊肉的风俗仍盛行不衰。

老北京的民俗玩意儿

在老北京，有很多民俗玩意儿非常流行，它们不仅给老百姓带来了欢乐，也装点了北京城，使北京城的古典味道更加浓厚。

兔儿爷。说起兔儿爷，很多人都非常感兴趣：粉白嫩生的小脸蛋儿涂一点胭脂，长长的白耳朵上描着浅红，小巧的三瓣儿嘴，细长的丹凤眼……活灵活现。兔儿爷是老北京城包括现在都非常流行的一种玩意儿，很多来自外国的游客专门去古老的北京胡同寻找它，买了带回家乡。因为他们觉得，兔儿爷是最具北京特色的风俗玩意儿。很多老北京人都记得这样的场面：一过七月十五，兔儿爷摊摆得满北京城都是。前门外、鼓楼前、西单、东四，到处都是大大小小的摊位，摊儿上搭着楼梯式的木架，上面摆满大大小小的兔儿爷，当时的人称这种现象为"兔爷山"。说起兔儿爷，不得不提它的由来故事！

相传，在天上月宫里生活着嫦娥姑娘，嫦娥姑娘的身边有一只非常漂亮可爱的小玉兔，这只小玉兔每天最主要的活计就是在捣药。一年的中秋节期间，北京城闹瘟疫，月宫的玉兔便来到了凡间给老百姓看病。可是由于很多人死于瘟疫，玉兔满身白，老百姓都认为它不吉利，所以哪家都不让它进门。玉兔为了赶紧给老百姓治病，就去庙里借神像的盔甲打扮成一个男人的样子。在玉兔的帮助下，京城里染了瘟疫的老百姓身体都恢复了健康，京城又恢复了昔日安宁的场景。老百姓为了感谢玉兔对京城人们的爱护和帮助，就在每年的中秋节制作很多兔儿爷来纪念它。由于它出现在人们视野中的时候，是一副着戎装的样子，所以兔儿爷的形象也都是身着戎装。

皮影。在老北京城，除了兔儿爷外，最流行的玩意儿当属皮影了。皮影的主要制作原料是皮革，样式非常多变，每个人物都由头、上身、下身、两腿等共十一个部分连缀组成，烦冗花纹雕刻细腻，造型考究，令人爱不释手。除了北京外，河北的皮影艺术也非常发达，但北京皮影与众不同的地方在于，它颇具独特性，每个人物都有自身独一无二的内涵，决不会出现"一身多头"的现象。除此之外，北京皮影在用色上也非常考究，不仅大胆，而且对比浓烈。皮影以其灵动、鲜活，给老北京人带来了很多欢乐和美好的回忆。

毛猴。除了兔儿爷和皮影外，还有一种玩意儿在老北京广受欢迎，它就是毛猴。毛猴精灵可爱，且用料简单，可以被雕琢成千姿百态的芸芸众生，以物代猴，以猴代人，用以承载创作者对世间万象的感知和情怀。据"制猴专家"介绍，在毛猴作品的制作中，最难的其实不是制作毛猴本身，而是制作场景中的道具。因为毛猴本身很小，所以它们拿的、用的、吃的、玩的就更小，只有比例合适了，才会更真实。毛猴的身上不仅承载了老北京人对动物的喜爱，还有创作过程中老北京人身上那种执着、认真范儿。

冬虫。除了以上静态的玩意儿外，还有一种活生生的动物最惹老北京人喜爱，它就是昔日老北京人家随处可见的冬虫。所谓冬虫，就是指在寒冷的冬天依然欢畅鸣叫的草虫。其中最具代表性的当属蛐蛐、蝈蝈，这两种生物在如今的老北京人家还常能见到。蝈蝈是男高音，声音清越响亮。老北京人玩蝈蝈的历史非常久远，据史料记载，在明朝的时候就已经有了，明代袁宏道在《促织志》中曾说道："似蚱蜢而身肥大，京师人谓之聒聒，亦捕养之。"蝈蝈之所以被叫这个名儿，就是因为它的叫声里含有一种"蝈蝈蝈蝈"的音。蝈蝈的体积非常小，然而饲养起来却十分讲究。蛐蛐要放在葫芦里养着，为了让它们能叫得欢畅，葫芦还需要每天用茶水冲洗、晾干。

第十四章

老北京的婚丧嫁娶

古代北京结婚都有哪些习俗

自从元朝定都北京以来,北京的人口除了汉族外,增加了很多少数民族,蒙古族就是其中之一。

随着蒙古族入主中原,一些蒙古族的风俗也随之流传到北京,结婚习俗就是其中之一。蒙古族与汉族的结婚习俗有很多相同的地方,但也有自己的特色。

元朝的至元八年(1271年),忽必烈曾经专门颁布圣旨确定元朝的婚姻礼制:"诸色人同类自相婚姻者,各从本俗法;递相婚姻者以男为主,蒙古人不在此限。"从忽必烈的圣旨中我们可以看出元朝的婚姻礼制存在这样的特点:

1. 元朝尊重各族人的婚姻习俗,如果同一民族的人相互婚配,则遵照自己本民族的婚姻习俗即可。

2. 如果不同民族之间的人相互婚配,则遵照男方民族的婚礼习俗进行。

3. 蒙古族具有优先性和特殊性,如果其他民族的男子和蒙古族女子相互婚配,则不依照"以男为主"的原则,而是依照蒙古族的婚俗而定。

当时的蒙古族人实行一夫多妻制,即男人可以根据自己的实际情况娶妻纳妾，妾的数量没有具体的限制。可是，蒙古族虽然提倡一夫多妻制，但并不表明其两性关系的松弛。实际上，蒙古族对两性之间的关系是限制得非常严厉的。其中一个表现就是对通奸的严惩：一旦发现通奸情况，不论女方是否已经结婚，通奸者都将被处死。对此，意大利人马可·波罗在其游记中就有这样的记载："（蒙古族妇女）她们不但把不贞看成一种最可耻的罪恶，而且认为这是最不名誉的。"在蒙古族妇女的心目中，"忠贞"这一品行拥有着至高无上的地位。

北京作为元朝的首都，生活着很多官宦之家。这些家族之间相互攀比，其中一个攀比的平台就是婚礼的豪华程度。在他们的心里，婚礼办得越奢华，越能显示出自己的能耐。于是，元朝初期的北京城，那些官宦之家的婚礼都往"奢华"里办，这就造成了聘金越来越高、酒席越摆越大的社会现象，给整个社会造成非常严重的恶劣影响。为了消除这一攀比的现象，元朝统治者专门在大德八年（1304年）颁布了一项诏令，限定了结婚聘礼和喜筵的最高金钱额度。具体是这样规定的：通常根据家庭财力的多少来分为上户、中户、下户三个等级。上户的婚礼聘金为"金一两、银五两、彩缎六表里、杂用绢四十匹"。中户、下户依次递减。在喜筵的规定上，具体是："品官：不过四味；庶人：上户、中户不过三味，下户不过二味"。

以上是元朝时期蒙古族的结婚礼制，那么汉族呢？实际上，当时的汉族人民对结婚礼俗是非常重视的。大致的规矩是：男女双方一旦订婚后，男方家要给女方家一笔钱财作为聘金，俗称"财礼"。在举办喜宴的前一天，新娘子有沐浴、剃面等习俗，但这些习俗的费用一律由男方支付。在成亲的那一天，男女双方两家还要分别举办喜宴。

与元朝北京的结婚习俗相比，明朝时期的婚礼习俗更多、更繁杂、更隆重。具体的规定是：在男女双方定亲之前要有"合礼"的仪式，所谓合礼，就是算男女双方的年龄、生辰八字是否般配，若般配，就正式举办定亲仪式，确定嫁娶的正日子，若不般配，则说明双方不合适，二人成婚无望；在正式成亲的前一天，男方家要送给女方一张席、两只公鸡以及其他一些杂物，俗称为"催妆礼"；在正式举行婚礼的那天，男方可以穿九品官服，因为娶妻有"小登科"的俗称，而女方则必须用凤冠霞帔，一方面有祈求吉祥如意的意思，另一方面则表明自己是嫡妻。关于这一习俗，《清稗类钞》有明确的记载："明时，皇妃常服，花钗凤冠。其平民嫁女，亦有假用凤冠者，相传谓出于明初马后之特典。"待男方将女方娶回家后，在进门之前，会先将马鞍放在地上，让女方跨鞍而过，称作"平安"；在入洞房之前，男方还会请阴阳先生以五谷杂粮在洞房内"撒帐"；结婚三天后，女方的娘家会给女儿送来一些衣物和食品，并且去看望男方家的亲戚，俗称为"三朝"……

从明朝的结婚习俗可以看出，它与元朝时期的婚礼习俗有很大不同，吸收南方婚礼习俗的元素多一些，显得非常朴素、喜庆、热闹。

旧京议婚的内容是什么

所谓议婚，又被称为议亲、提亲，是中国传统婚礼礼节之一，属商议婚娶的最初阶段，主要包括合婚、过贴、相亲三个成俗。正所谓"无媒不成婚"，在议婚的时候，通常是由男方家长委托媒人或托靠亲友、邻里前往女方家中求婚。关于"议婚"这个说法，《聊斋志异·青蛙神》中曾经有提及："虽故却之，而亦未敢议婚他姓。"在议婚的过程中，一般是由男女双方父母根据对方的门第、家境及品貌等条件决定婚事成否，男女当事人是没有什么发言权的。

俗语说："天上无云不下雨，地上无媒不成亲。"这话虽然说得有些绝对，却反映了媒人在婚姻中的重要作用。虽说自由恋爱历代均有，但毕竟许许多多的婚姻是经人牵线搭桥后才缔结的。这牵线搭桥者，便是媒人。这议婚的第一个步骤就是"男方家委托媒人到女方家问女方的生肖属相"。在旧京老百姓的心目中，如果男女生肖属相"对冲"，则不宜进行婚配，所谓犯"对冲"，是指子、午相冲，丑、未相冲，寅、申相冲，巳、亥相冲，辰、戌相冲，卯、酉相冲，共"六冲"。为了避免结成不吉祥的婚姻，务必要请个媒婆来为男女双方互通属相。如果女方家长答允考虑结亲，男方便再次托媒人到女家询问女方名字和出生日期，以便"开八字"，请阴阳先生"合婚"，审看男女双方的命相是否相合。

如果男女双方的"八字"相合，下一步就是两家择吉日"过门户贴"。两家各用一张红纸折子，上边写着姓名、年龄、籍贯、宗亲三代（曾祖父母、祖父母、父母）的名号、民族、官职等信息。男女双方各自写好后交给媒人传递给对方。

旧时婚配十分讲究"门当户对"，在议婚的过程中，男女双方要考虑的因素有很多。在清朝的初期，按照清廷的规定，满、汉两族是禁止通婚的，满、蒙两族也仅限于在名门望族间进行通婚。这一习俗在顺治五年（1648年）虽然解禁，但社会上的习俗并不能马上转变过来，满、汉之间仍然较少通婚，也有些满族、蒙古族男子娶汉族女子为妻，但是基本上很少有满族、蒙古族女子嫁给汉族男子为妻的。这一现象一直到清朝末年和民国初期，才得以改变。在议婚的时候，男女双方对对方的社会地位也看得非常重：名门望族要看对方家庭主要成员的爵位、官衔和品级是否与自家相当。一般来说女方家庭的社会地位可以比男方低一些，男方家庭的社会地位则很少有低于女方的。当时的女方通常只愿高攀而不愿低就；而那些处于中下层的人家，在女方看来，虽然谈不上关注男方家族人员的爵位、官衔和品级，但也会关注男方的家产、职业、收入等状况，看他的家底是否殷实，以免日后坐吃山空，看他的品貌是否端正，是否有前途，让日子越过越好。而在男方看来，更注重女方的样貌、家教、贞操，要求女方会女红、烹饪,正所谓"上得厅堂,下得厨房","男要有才,女要有貌"。总的来说,男方女方对此要进行百般的权衡。如果一切双方都满意后,才会顺利地向对方递"过门户贴"。

接下来的步骤就是"相亲"了。相亲在旧京又被称为"相门户""看屋里",即男女两家约定时间见面,最后议定婚事成否。关于相亲的地点,比较灵活,既可以是对方的家里,也可以定在戏园子里,也可以在集市上,也可以在庙会上,无论在哪里,都只有一个目的,即男方的家长看看未来儿媳妇的容貌德才,女方的家长看看未来姑爷的才干性情。双方通过相亲进一步加深了解。

议婚中都有哪些禁忌

正所谓"一着不慎满盘皆输",在议婚的过程中,尤其是如此,一个地方不合适,就有可能毁了一段姻缘。所以,在议婚的过程中,一定要处处小心,不容出错,尤其是不能触犯一些禁忌,这些禁忌主要指媒人禁忌、纳彩禁忌、问名禁忌。

首先讲一下媒人的禁忌。

"媒"字的出现,最早见于《诗经》,在《卫风·氓》一诗中,有"匪我愆期,子无良媒"的句子。"媒人"一词,最早见于《古诗·为焦仲卿妻作》,诗中有"阿母白媒人,贫贱有此女,始适还家门"的句子。媒人的产生,在中国的婚姻舞台上起到了重大作用。在几千年封建社会里,媒人在双方家庭中传递双方各自的姓名、年龄、品貌、身世等基本情况以及对此事的态度,因而成为议婚中必不可少的重要角色,甚至成为"合法婚姻"的主要标志。在古代人的心目中,没有媒人撮合的婚姻,是不道德的婚姻,不仅被视为"大逆不道",还要受到世俗的否定和谴责。

在旧京,担任媒人的主要是一些上了年纪的妇女,所以,老北京人就称她们为"媒婆"。媒婆通常都有一张巧嘴,能说会道,所以在过去,求媒婆说亲的人家是不敢慢待媒婆的,将她们招待得周到有加,给她们的"媒礼"也都非常丰厚。因为他们知道,一旦不慎得罪了媒婆,如果她心存芥蒂,从中作梗,或者三言两语将一桩好姻缘给搅散,或者把黑说成白,把孬说成好,给自家配一个不好的姻缘,这样亏了的只能是自家。因为媒人把婚事说成后,若婚后双方不满意,媒人就概不负责了,她们"只包入房,不包一世"。正因为媒人在相亲中如此重要,所以,媒婆通常备受尊敬。但媒婆也不是什么话都能说、什么事都能做的,她们在说媒的过程中,也有一些不可触犯的禁忌。

1. 贪嘴。在老北京有这么一句话,即"吉事怕说破",意思就是媒婆在说媒的时候,如果亲事还没有撮合成功,忌讳吃双方家人招待的食物,意即不能贪嘴。贪嘴了,就容易把亲事给说吹了。亲事一旦给说吹了,媒婆就白忙活一场了,最后不仅得不到媒礼,还搭上了时间和精力。万一遇上为人苛刻的人家,还有可能被人家骂成"骗吃骗喝"的。所以,贪嘴是媒婆的一大忌讳。

2. 多嘴。除了贪嘴外,媒婆还有一个忌讳,也是与嘴巴有关,那就是忌"多嘴"。媒婆在开始说媒的时候,要尽量避人耳目。尤其是女方请的媒婆千万不能多嘴,将女方的相关事项给说出去,否则最后,婚事没有说成,周围的邻居都将女方的事情知道个一清二楚,这样会坏了女方的名声。万一女方是个小性儿的孩子,一个想不开,给闹成惨剧就麻烦了。

在议婚的过程中,除了有媒人需要注意的禁忌,在纳彩和问名方面还有一些禁忌需要注意。

所谓纳彩,是老北京旧时婚俗"六礼"之一,指男方家请媒人到女方家提亲。媒人接受男方家的委托去女方家进行"纳彩"仪式,去的时候一般要拿一些礼物,通常是鸡或者鹅。但不论是哪一种,都必须是活的,千万不能拿死的,否则会被视为不吉利。

所谓问名,也是老北京旧时婚俗"六礼"之一,指问双方的年龄、生辰八字、生肖属相、职位、品貌、健康诸方面的情况。

老北京"放小定"都有哪些俗礼

在老北京,订婚被称为"放定",也被称为"定亲""许亲"。放定就是确定婚姻关系,使双方家族、亲朋公认。为了给双方留一个返回的余地,在老北京,放定被分为"放小定"和"放大定"两个步骤进行。放小定,表示定亲之意;随后是放大定,这意味着男女双方联姻已成最后定局。

议婚仪式结束后,就是放小定的环节了。放小定,又被俗称为"小聘""过小帖",是举行订婚仪式,因为规模比较小,故称小定。男女双方经过命馆先生推勘后,便选定一个"黄道吉日"举行放定礼。在老北京关于放小定有着男女双方两家互送礼物的习俗。

在男女双方都认为可以成亲时,下一步就是下"小定"礼。小定的礼物并没有一定的标准,讲究按照家庭的经济情况而定,富者多送,贫者少送,礼到即可。一般来说,普通人家差不多都是四盒礼,金镯子、戒指、如意,以及钗钏钻珥之类的各种首饰分装两盒;衣料及绣花裙子等物分装两盒。首饰都是以纯金为主,其次是包金,再次也有买银镯子的,当然要以双方社会阶级及经济情况而定。另外,男方还要准备一些京式糕点,如"大八件""小八件"之类的,装在点心匣子里送到女方家里。好面子的老北京人通常不在定礼方面计较,反而讲究双倍回礼。通常女方回给男方家里的是四样礼物,包括文房四宝、靴帽、长袍马褂和衣料各一盒。这些礼物就在当天烦请媒人带回,送到男家。放小定通常都在女方家里举行,当天女方家里还要摆设整桌酒席招待来下定礼的媒人和男方家的亲友。

通常,女家在放定以后,便约束姑娘不许她外出了,让她好好地调息身体。女子在放定后,要改变头型发式,过去少女留辫子,一般不扎辫根,但一过小定,就要扎上红辫根。有的少女过去留所谓"三道帘",鬓角下垂,过小定后,则马上剪成"齐眉穗"了。

关于放小定,旧京的满族人有自己独特的习俗,即满族宅门府第"男家主妇至女家问名,相女年貌,意既洽,赠如意或钗、钏诸物以为定礼,名曰小定"。定礼通常托媒人送去。也有的人家,男女双方家长是至亲好友,则可由男家亲自送定礼。

需要注意的是,放小定的时候不需要确定具体的迎娶日期,因为这时候双方举行婚礼的条件还没有成熟。通常放小定和放大定之间会隔上个两三年不等,所以在这漫长的期间,男方家里可以准备家具、筹备婚礼所需的东西,女方家里可以筹备嫁妆。待各方面准备完毕,男女双方举行婚礼的条件成熟,就可以举行放大定的仪式了。

老北京"放大定"都有哪些俗礼

放大定,也被称为"过大礼",是指男方向女方送彩礼,以便确定婚期。放大定意味着男女双方联姻已成定局,双方从此必须恪守婚约。一般来说,放大定之后的两个月左右就可以举行婚礼。

关于放大定的习俗,我国著名作家老舍先生在其《神拳》的第一幕有这样的描述:"老二,告诉你个喜信儿……今儿个菊香放大定。"

在下聘礼之前,男方家里要依照规矩进行"请期",即定下迎娶的日期。在老北京,请期时很少人将迎娶的日期定在正月里,因为民俗认为"正不娶,腊不订",即正月里不娶亲,腊月里不订婚。他们认为,如果在正月里娶亲,则对公婆不利,在腊月订婚会克败婆家。所以在请期的时候,老北京人会刻意规避正月里的日子。

在确定迎娶的日期之前,男家要请媒人去女家询明姑娘的"小日子",即月信日期。这是为了避开新娘的月信日,同时避免新娘在洞房之夜即受孕。据说，如果迎娶时适值新娘月信来潮，非常不吉利，民间有"红马上床，家败人亡"的说法，所以都很重视。如果新郎年幼，在入洞房前，做父母的必谆谆告诫其勿行逾节，唯恐洞房之夜新娘即受孕，则所生之男孩，叫"迈门子"，所生之女孩，叫"迈门花"，大不吉利。

确定了婚期之后，就可以下聘礼了。下聘礼又被称为"过礼"，这是一个非常重要的环节，所以仪式也很隆重。除两位大媒必须参加并负责"过礼"外，男方的母亲也要参加，也有另请亲友中的女眷二人一块儿参加的。去的时候，把所有的礼物都分装在箱、盒里，并加以红封条，届时雇人抬着送到女家。礼物的数量和品质，虽然没有固定的标准，但原则上都分为四类：

第一类是衣料首饰类：有已经裁制好的衣服和衣料以及各种首饰。

第二类是酒肉食品类：有双鹅双酒、羊腿、肘子以及各样蒸食。

第三类是面食类：有龙凤饼、水晶糕及各样喜点。

第四类是果食类：有四干果、四鲜果。

在下聘礼的时候，老北京人比较讲究用双数。以上礼物中的双鹅、双酒以及各种果食，都含有特定的意义：正所谓"无酒不成席"，自古以来，无论任何喜庆都少不了酒，所以酒礼必不可少；老北京人将雁视为信鸟，送雁寓意双方要讲求诚信，不可悔婚，由于北方雁少鹅多，遂用鹅代替了雁（按一般习俗，这双鹅双酒，女家只收半数———只鹅、一坛酒。另一半就在当天请媒人退还男家，这是女家对男家的一种礼貌）；果食中也含有丰富的寓意，在"四干果"中必含红枣、花生、桂圆、栗子等，这是取"枣（早）生桂（贵）子"之意，如在四鲜果中有苹果，就是取"平平安安"之意。另外，在四鲜果中是绝对不可用梨的，因"梨"与"离"同音，不吉利。总之，选的每一份礼物都有其自身特殊的意义。

在下聘礼那天，所有的礼物中最不能少的是"通书龙凤帖"，因封面有金画龙凤，故名龙凤帖。内容是：

"伏以秦晋联盟，世笃婚姻之美，朱陈缔好，永偕伉俪之欢，时臻月期，爰卜良辰，钦遵御制数理精蕴，推察阴阳不降吉日，敬备奉迎，谨择于本年某月某日迎娶。一切趋避，详列如下：

一、上下轿宜用某时，面向某方大吉。

二、冠笄坐帐，面向某方大吉。

三、合卺宜用某时大吉。

四、是日忌某某某三相，临时避之大吉。

于是爰修芜柬，祗迓莲舆，用布吉期，希惟惠照，谨启。某年某月某日通信大吉。"

通书面上写"龙凤呈祥"，封套外面写"富贵荣华"，内附男方原来小帖，并附古钱四枚。

女家在收到聘礼后，要请一名幼童当面将各种礼盒打开。幼童在开盒前要先向礼盒作三个揖，再用手拍礼盒三下，然后将封条撕去。打开礼盒时必先看到一个红封套，里边放有银圆或铜圆若干枚，这都归这名幼童所得。在首饰盒里会有一副镯子，这个一定要由男方的母亲亲自给女方戴在手腕上，并且同时说些吉利话，如"白头偕老，吉祥如意"等。这是为了女方在过门后要听婆婆的话，以防婆媳间不和睦。

女方在收到聘礼后，要将其中龙凤饼以及各种点心分给亲友，借以宣扬女儿待嫁有期。亲友们也都分宴待嫁姑娘，并赠送一些胭脂、宫粉或衣料等物，俗语叫"添箱"。

老北京人嫁女儿要准备哪些嫁妆

嫁妆是女子出嫁时，从娘家带到丈夫家去的衣被、家具及其他用品。所以说，送嫁妆是女家的事。按照旧俗，送嫁妆要在女子出嫁前一天举行。女方把所有的陪嫁分装在箱子及食盒里。女方雇几个人将这些陪送的嫁妆送到新郎家。

根据女方家的家庭条件或者是男方家在定亲之时的抬数多少，嫁妆也有多和少之分。多少用抬数来分，有6抬的，有8抬的，有12抬的。如果是中等条件的家庭，一般为24台、32抬或者是48抬。如果抬数多的话，常常有鼓乐伴随，男家也以鼓乐迎接。

可以看出送嫁妆在嫁女儿时是相当隆重的，有时，有钱的人趁着送嫁妆的机会来炫耀自己的财富，抬数达百八十抬，还配有鼓乐，走街串巷，引人观看。

那么，嫁妆都有些什么东西呢？一般大户人家都有一对料器盆景、一座帽镜、一对烛台、一个内插毛掸子的掸瓶、一对花瓶、一对茶叶罐等生活用品。以及"子孙箱"、八仙桌、梳妆台之类的家具摆设。衣着类极丰，自鞋袜至内衣衬裤，旗袍、坎肩、马褂等单、夹、皮、棉、纱齐备。

还有女人出嫁时的三宗宝，"夜净儿""子孙盆"和"长命灯"。"夜净儿"就是脸盆、脚盆、尿盆。"子孙盆"就是洗骑马布用的盆子。还有送金银首饰、古玩字画等贵重物品的，这些都非常富有的人家嫁女儿，一般中、下等人家在嫁女儿时，都非常简单，一大一小两个木箱，放上四季的衣服、脸盆油灯等。

其中的料器盆景是旗人结婚必不可少的嫁妆。制作非常讲究，京做木罩，三弯腿仿炕几木座，料器的花卉做工精细，美观大方韵味十足。故宫博物院中最多的陈设就是京做料器盆景。

除了以上嫁妆，还有许多象征好兆头的东西。以痰盂作子孙桶，希望女儿开枝散叶，儿孙满堂；以红尺作子孙尺，有良田万顷之意；铜盘及鞋则寓意同偕到老；银包皮带有腰缠万顷之意；剪刀又指蝴蝶双飞；龙凤被、床单及枕头一对，祝福新人恩爱缠绵；龙凤碗筷作衣食碗，有丰衣足食之意。

可见，这无论是娶媳妇，还是嫁女儿都不是一件易事，希望这些嫁妆中的吉祥之物能给新婚的人带来好运。

迎娶前双方家庭要做哪些准备

老北京的婚礼是满族习俗与汉族习俗互相影响而形成的，是这两个民族习俗的融合体，再加上男婚女嫁自古以来就是一个人一生中的头等喜事，所以，老北京的婚礼有着许多烦琐礼仪程序。仅从迎娶前双方家庭做的一些工作这一点，您就能看出来。

贴喜字

新婚贴喜字，自古就有这个习俗。相传王安石在结婚的时候，在红纸上挥笔写下双"喜"字贴在门上，讨个喜事成双的好彩头。那么贴喜字有什么讲究呢？

新房喜字一般在婚礼前一天的上午贴，娶亲的人家窗正中要贴上双喜字，嫁女的人家贴单喜字。新房内的喜字一般为较薄的剪纸。家居内的贴喜字为双数，门柜上还要贴上喜联，诸如"天作之合"之类。如果需要贴喜字的地方已经有喜字了，那么就要贴一个更大的喜字，寓意"喜上加喜"。

搭喜棚

喜棚是为了给前来贺喜的亲朋设座，招待酒饭，所搭建的临时性建筑，也叫酒棚。它是喜事的门面，所以搭建得非常讲究、漂亮，洋溢着喜庆的气氛。

喜棚按季节分有夏天的凉棚和冬季的暖棚。凉棚上安有大型卷窗，以便通风。四周席壁上镶有玻璃窗，以便透光。棚顶四周饰以各种颜色的挂檐。暖棚里面有火池子，或者大型的炉子。棚的出口入口处都设有可以避风的地方，称为"避风阁"。

席棚的出入口的门上都挂有彩球，彩球的颜色多为红色、黄色或红色、绿色，有的用红、绿、黄三色，取"连中三元"之意。门框上贴有喜联，喜联的内容都是吉祥之言。

添箱

添箱又称添房。女方在接到男家请期后，发请帖告诉亲朋好友。接到请帖的亲朋好友、邻里乡党赠礼贺喜。礼品除了钱之外，一般为衣服、衣料、被面、鞋袜、帕巾之类。

关于添箱还有一个典故。传说在很早以前，某村落一户人家第二天就要嫁自己的女儿，不曾想所住的房屋"轰"的一声倒塌了，全家人都被埋在里面。众人知道后急忙救人，救出这家人之后，大家发现这家人竟毫发未损。这时，有一个算卦的先生路过此地，看了一眼这家人的女儿，说这女子有"天相"，有神仙保佑，会避过七灾八难。大家听了之后都信了，便取来各自的新布料或新衣装，凑齐嫁妆，好让这女子明日顺利出嫁。此后，谁家出嫁姑娘，左邻右舍都要在婚礼的前一天送点礼物以示吉利。慢慢地，就形成一种仪式一种风俗。现在女方"添箱"已是娘家为女儿举行的一种重要的仪式，像男方大喜之日举行的婚礼一样隆重。

可见，这结婚不单单是两个人因为爱情走到了一起，组成一个家庭，还是两个家庭生活的相互融入。

老北京结婚"回门"需要做哪些

回门是北京婚俗中非常重要的嫁娶礼仪，是婚事的最后一项仪式，有女儿不忘父母养育之恩赐，女婿感谢岳父母及新婚夫妇恩爱和美等意义。

回门起源于上古，又称为"归宁"，还可称为"做客"。在社会的发展过程中，对此俗的称法不一。宋代称"拜门"，清代北方称"双回门"，因为是新婚夫妇一块回门，南方称"会亲"，近代通常在婚后第三天，又称"三朝回门"。也有成婚后六、七、九、十日或满月回门的，宋代吴自牧《梦粱录·嫁娶》里记载："三日，女家送冠花、彩段、鹅蛋，以金银缸儿盛油蜜，顿于盘中……并以茶饼鹅羊果物等合送去婿家，谓之'送三朝礼'也。其两新人于三日或七朝、九日，往女家行拜门记，女亲家广设华宴，款待新婿，名曰会郎。"

那么回门到底需要做什么呢？具体点讲，回门就是成婚后第三天，新娘要回娘家与父母兄弟等亲朋好友行回见礼，也叫"回酒"。一般情况是这样的，这天一大早，娘家便派新妇的兄弟或者是堂兄弟赶着马车来接新妇。新妇在临行前，要先向公婆叩头行礼，然后与新郎坐马车到娘家会亲。

这个时候，新郎要带着礼品。在旧时，男家一定要送回金猪一只，以示新娘子的贞洁。女家收到金猪后即分予亲戚朋友、街坊邻居享用，表示自家女儿不辱门楣。

到了娘家之后，新婚夫妇要先向家堂中的神、佛及宗亲牌位行礼，然后给女方父母及长辈们行叩首礼。然后宴请新婚夫妇喝酒。宴席之后，新郎一个人先回家，新娘要在娘家待到很晚才回去，但也不能在日落后回到男方家里，因为日落前回到男方家里容易生儿子，这是重男轻女的一点体现。如有新婚夫妇不得已要住在女方家的，夫妻需分房睡，以免对娘家的人造成冲撞，这些都是回门的禁忌。等回门完了，这一场热闹的婚礼才算真正告一段落。

老北京婚礼上的轿子有什么特点

按老北京的习俗，凡是嫁娶，都必须用喜轿。即使是出身寒门中的女子，出嫁时也必须坐喜轿。这种婚礼习俗是明媒正娶的标志，否则，就不是正式的婚礼，日后稍有不慎可能就会被一些长舌妇以各种骇人听闻的谎言搅乱生活。

由于每家的经济条件不一样，所以有的喜轿由四个人抬，有的喜轿由八个人抬，称为八抬大轿。喜轿的轿厢，多为竹木所制。轿围是最受人注目的地方，是一种奢华艳丽的装饰品，以红绸或绿绸为底儿，上面有不同的彩绣，有如意头、祥云锦、柿蒂纹、团凤等，造型美观，想象丰富，寓意隽永。比较殷实的人家，除了新娘乘坐的红轿之外，还有专门供娶亲与迎亲的女宾乘坐的绿轿。

迎亲的前一天下午，男方会让轿夫和一切执事在家门前展览出来，招来四面八方的围观者，一方面显示富有，另一方面增添喜庆的气氛，这一活动被称为"晾轿"。

迎亲当天，非常热闹，首先，在发轿之前，要请"福禄双星"和"搜轿"，由双方家中的长辈拿着镜子和蜡烛把轿子找一遍，然后用熨斗在轿内熏一下，有驱邪迎新的意思。并请两名幼童坐在迎亲的轿子里"压轿"，这才开始发轿。如果男方距女方家非常远，中途轿夫需要休息的时候怎么办呢？轿子不能着地，轿夫要用鞋垫在轿子的四个角，称为"垫轿"。当轿子到了女方家中时，还要"照轿"，就是新郎请几名没有结婚的姑娘前后左右看一下轿子。之后新郎还要"摆轿羹"。

下面就是女方家要做的事情了。新娘在上轿之前要"扮上轿"，穿上特定的"上轿衣"，然后由亲兄弟抱着或者背着上轿，称为"抱轿"。旧时，还有"哭轿"，姑娘出嫁的时候一定要哭，不哭不吉利，有越哭越发的说法。这一切都有了之后，新娘才能上轿，用被子围住身子，脚放在脚炉上，以火"压轿"。新娘上完轿之后，女方要用水洒在轿子的角上，这叫作"洗轿"。

喜轿还没到新郎家时，还有专门的"迎轿"的仪式，敲锣打鼓，鞭炮齐鸣。新郎还要在家门口等候，对轿子行礼，感谢轿神保佑新娘能够平安到达。然后就是"闷轿"，就是婆家紧闭大门，不让新娘下轿，来压压新娘的性子。为了使妻子能够在以后的生活中百依百顺，新郎在新娘下轿之前赶紧去"踢轿"，以显示自己的威风。

可见，这轿子在老北京的婚礼中是多么重要，从中也能看出来，与现在成亲相比，旧时成亲的确不是一件易事。

北京的庙宇为何多承办停灵、治丧

在旧时候的北京城,家里如有人去世,通常会在家里为其停灵,在过完"停七"后,将死者埋入自家的祖坟里。但也有一些外乡人,他们来京做官或者经商,虽然有自己的宅邸,有一定的资产和人情往来,但不一定都在京置办了坟地。这些人家一旦家里有了丧事,就要择吉"扶柩回籍"安葬于祖坟。可有时候由于时局、交通或其他方面的原因,不能在办完丧事后马上回籍安葬的,就需要找个地方停灵。这些停灵的地方多为庙宇。在庙宇里停灵,被称为"停灵暂厝"。

据不完全统计,在清末民初,北京有大小不等的庙宇共八百多座,其中可以停灵、办丧事的有很多,如:位于地安门外西黄城根五福里南口外(今北海宾馆)的嘉兴寺,位于旧鼓楼大街北头大石桥胡同的拈花寺,位于鼓楼西大街鸭儿胡同的广化寺,位于交道口前圆恩寺胡同的广慈庵,位于北新桥以北雍和宫大街路西的九顶娘娘庙等。

嘉兴寺:建于明朝的弘治十六年(1503年),坐落在地安门外西黄城根五福里南口外。在二十世纪的二十至四十年代,该庙以停灵暂厝、承办丧事出名,是京城停灵、办丧事最多的庙,平均每天均有三五家办事,经常是门前挂出几个黑漆牌子,上用毛笔蘸大白写着"王宅接三东院""李宅伴宿北院""赵宅开吊前院"……因此,一年到头,棚架子不拆,门外花牌楼架子不拆,吹鼓手的大鼓锣架不往回挑,甚至冥衣铺到庙里就地做活,足见其当时的名气之大。1948年底,平津战役紧张阶段,北京城内有死丧者,不能出城埋葬,无论贫富,大多数都在嘉兴寺停灵。及至1950年,该庙宇成为殡仪馆。在嘉兴寺殡仪馆治丧的有不少名人,摄政王载沣、画家齐白石、书法家陆和九、辅仁大学校长陈垣以及京剧大师梅兰芳等。

广慈庵：位于交道口前圆恩寺胡同内。在二十世纪的三四十年代，广慈庵的方丈是慧果，因他的俗家姓巴，所以人们都喜欢称他为巴和尚。巴和尚这人非常面善，性格幽默诙谐，不拘小节，人际关系处得非常好，与京城内绅商各界保持着良好的关系。正是由于他的这层关系，广慈庵的停灵、办丧事的业务非常好，北城的富裕人家多在这里办理丧事。中华人民共和国成立后，巴和尚将广慈庵改建为小学，自任校长。

翊教寺：该寺庙位于西城北沟沿翊教寺街（今育教胡同），属于潭柘寺的下院。始建于明朝的成化八年（1472年）。在二十世纪的三四十年代，该寺庙专应停灵、办丧事。

广惠寺：位于宣武门外老墙根，有停灵暂厝、承办丧事的业务。民国十九年（1930年）梁启超死后，就曾经在这里开吊。

法源寺：位于宣武门外教子胡同法源寺前街，是京城内历史最悠久的名刹。在二十世纪二三十年代，该寺的方丈是在佛教颇有声望的天文和尚。为应酬斋主，承办停灵暂厝业务。在清末民初，来该寺治丧的人非常多，声誉之旺仅次于嘉兴寺。及至1950年，该寺被改建为殡仪馆。

长椿寺：位于宣武门外下斜街，是明代万历时有名的七指和尚归空的庙。在二十世纪二三十年代，该寺的主持为在佛教界很有声望的深慈和尚。由于深慈和尚这层关系，该寺承办的停灵、办丧事的业务非常多，很多上层人士都在这里治丧，如清朝末科状元刘春霖、日伪华北政务委员会委员长朱琛等人死后都是在这里治丧的。

九顶娘娘庙：该庙宇位于北新桥以北雍和宫大街路西，属佛教庙宇。在二十世纪三四十年代时，其方丈为新宝和尚。新宝和尚为人处世非常好，善于团结僧众，与附近绅商各界均有交往，庙虽不大，但停灵暂厝和办丧事的极多。该庙专事培养吹奏梵乐的艺僧，因此，北方音乐佛事最为著名。

拈花寺：该寺庙位于旧鼓楼大街北头大石桥胡同内，曾经的名称是"千佛寺",始建于明朝的万历九年(1581年),在清朝的雍正十一年(1733年)进行了修葺,被赐名为拈花寺。在民国初年,该寺庙承办停灵暂厝、承办丧事的业务。据说,北洋军阀吴佩孚在1940年死后,他的灵柩就被停放在了这里,直至光复后,才在1946年12月被葬于玉泉山北麓。

按理说,庙宇的主要经济来源应该是信徒的布施、庙宇的地租、庙宇临时摊贩的租金和香客们的香资、独立经营或合资经营各种商号所得的利润以及各种佛事(就是有的人家死人请和尚、道士们拜忏念经、放焰口)。"停灵暂厝"应该是一项次要的收入来源。但自清朝末年开始,英法联军、八国联军进攻北京,京城战事增多,一起接连一起,丧事也渐多。客居京城的家里死了人,一时不能落叶归根,就必须停灵暂厝,这就给各大庙宇提供了各种生意机会。因此,大大小小的庙宇都纷纷承办起了"停灵暂厝"的业务。

在庙宇里"停灵暂厝"也并非没有条件、不讲规矩的。人们在庙里停灵、治丧是有条件的,首先要遵守寺院中最基本的清规,如戒杀生、不进荤(招待来吊唁的亲友不能用鱼肉酒馔,只能用素席),更不允许用佛、道两教之外的宗教仪式治丧。然而随着业务范围的扩大,为了增加收入,庙宇里的这种规定就渐渐松弛了下来,开始向新式的殡仪馆方向发展,以致达到"无所禁忌"的地步。后来,随着京外各种殡仪馆的出现,很多庙宇开始效仿殡仪馆承接多种形式的治丧活动,采取来者不拒、不问信仰和礼俗的规矩。甚至是天主教、基督教也予承应。

杠房是做什么生意的

长篇小说《儿女英雄传》第二十二回中有这么一句话:"他又回道:'那里交给宋官儿合刘住儿两个,办的都齐备了;杠房的人也跟下奴才来了,在这里伺候听信儿。'"著名作家老舍先生的

《四世同堂》中也有这么一句话:"明天就有一档子丧事,你教他们俩一清早就跟我走,杠房有孝袍子,我给他们赁两身。"以上两处摘录中都提到了一个词,即"杠房"。什么是杠房呢?所谓杠房,又被称作"槓房",在旧京是指出租殡葬用具和提供人力、鼓乐等的铺子,但它并不包括京城中一般的小杠铺,而是指那些能够承办皇家、王公大臣丧仪的大铺子。通常小户人家只需请杠铺出杠,显贵人家才会请杠房。

在老北京的杠房业,有这么一句话非常流行,叫"三年不开张,开张吃三年"。为什么这样说呢?因为杠房本身只有软片、硬器出租,平常柜上只有三五人看守门市,等候顾客,所以开支不大。一有大事,可临时请同行帮忙。要应上个大人物或财主家的丧事,不仅杠房一行,所有有关的丧事用品行业,如寿材、棚彩、家伙、纸活,还有僧道各门,就都来了赚钱的机会。所以,做杠房的生意,要"耐得住寂寞"。

其实,杠房不仅负责抬杠,有很多也承揽全套的丧事活动,很多杠房也同时是棺材铺。基于此,寻常人家在出殡的时候只需到杠房买个运送遗体的匣子,同时招来几个挂牌伙计,走一趟就能完事。

关于"杠",有大杠和小杠之分。小杠也被称为"小请",主要指二人一抬的"串心杠二人抬"和前二人、后一人抬的"牛头杠"。总的来说,杠的种类繁多:皇杠(只有皇帝出殡时才能用)为一百二十名杠夫,皇杠以下有八十人大杠(王爷出殡的规格)。六十四人大杠,四十八人大杠,三十二人大杠,二十四人、十六人、八人以至四人、二人的穿心杠等。三十二人以上大杠,出堂时都另有小杠,出门口抬至大街换大杠。北京讲究换杠不露棺木,只凭棺罩衔接,在响尺蹦脆、人行声中即神速换过,显示杠夫手段,确是老北京一绝。

据说,日本侵略军侵占北京时,军阀吴佩孚死的时候,就是用前三十二人、后三十二人的六十四人杠出殡的。其使用的棺罩，全新刺绣，在黄缎面上，刺绣蓝色大佛字，非常醒目可观，因吴佩孚信奉佛教，是当时北京市佛教协会会长。吴佩孚坟地在京西玉泉山西红门村偏西南，至今宝顶尚残存。

八人以上的杠要请领杠的。杠房的响尺，是领杠发号施令的工具，配合着口令指挥杠夫起、落、转弯，以达到步调一致。如在行进中发现有个别人不听指挥，领杠有权当头一棒，流血了也不得抵抗，这是行规。响尺采用坚硬木材，和梆子戏班中的梆子大体相同。不过响尺较长，通常有两尺长，一寸多宽、厚。响尺还有一项用处是，起杠前用来乱打梆子，使远近人等都闻声聚齐，各就各位，各操各业，谁拿什么工具，谁和谁一条杠，都扶起来。各行都齐备了，响尺只打一声，全体人就一齐上肩抬起开步走。到了目的地，杠头响尺横打，大家一齐都摘肩落地，然后由做活的将灵柩抬起到坑口下葬，行话叫"登坑下葬抖绳散"。

在老北京城，有"十大杠房"之称，其中最有名气的当属北新桥的永利杠房。永利杠房属旧京中最大的一家，生意最兴隆的时候曾经建有九间三卷铺面房，可谓历史悠久，资本雄厚。在清朝的时候，京城出皇杠或者王公家死了人，都让永利杠房出杠，其地位是其他同业无法比拟的。

除了永利杠房外，其余的九大杠房分别是西四牌楼南缸瓦市日升杠房，西华门外德兴、德胜、兴胜杠房，后门和兴杠房，东城灯市口永胜杠房，鼓楼大街信义杠房，西单牌楼同顺杠房，西四永吉杠房。这十大杠房均出售"棺材"和租赁执事。如遇出杠，柜上都有挂牌伙计，招之即来。抬一天杠，给一天钱。

起杠时为什么要摔吉祥盆

在老北京，进行出殡仪式时有这么一个规矩，即当起杠时，杠头要大喊一声："本家大爷，请盆子！"听到这声大喊后，跪在棺材前打幡的摔盆人马上将一个带孔的瓦盆打碎，如果死者是父辈，则用左手摔，如果死者是母辈，则用右手摔，摔得越碎越吉利——这一规矩就是老北京丧礼中比较重要的一个环节，被称为"摔盆儿"。

这里的盆，正名应叫"阴阳盆"，俗称"丧盆子"。但老北京人习惯于反面话正面说，称之为"吉祥盆"。摔吉祥盆本是汉族人的礼仪，满族人的这个环节是"奠酒"，后来满族人入主中原后，渐渐地被汉人同化，也开始摔起吉祥盆来。

所谓"吉祥盆"，属一种瓦器，类似小碟子，非常薄，直径约有四寸。一般富裕人家用的吉祥盆非常讲究，通常是他们到冥衣铺糊烧活时，就请其代买加工了。冥衣铺从砖瓦铺将这个瓦盆趸来，刷上大白粉，画上蓝色的圆寿字或周围画上云头图案，中心写上"西方正路"字样，俨然是个"青花"盘子。并且将一块沙板砖两头糊上白纸，外面糊上蓝纸，成为一套书的形状，上贴金边红签，写着《金刚经》。两头白地用笔画上三条线，远望如同三本书，象征着"人生一世如三秋"，又谓之"连升三级"。摔盆时，就在这块砖上摔。而贫穷人家呢，没有那么多讲究，一般直接到砖瓦铺"请"个"吉祥盆"，既不抹也不画。在出殡的时候，就随便找一块砖就行了。稍微讲究点的，就找一块新砖，外面用大烧纸包上。有些客居北京的外地人，他们在举办出殡仪式的时候，也有摔盆的习俗，但不用前面所提的小瓦盆，有的摔大花绿盆，有的摔大砂锅，还有的摔治丧期间用来烧纸的大瓦盆，形式不同，因地而异。

关于摔盆的时间，在老北京习俗中，必须在正式起杠时举行。贫穷的人家出殡，出门上小杠时就把盆摔了。大殡在最后换杠换罩时才摔盆。长子摔了盆即被搀了起来，随着一声响尺，灵棺也就被杠夫抬起来了。接着便高高扬起了纸钱，谓之洒"买路钱"。

关于摔盆人定谁，在老北京也有讲究。一般摔盆的是家里的长子，长子不在则由长子长孙摔，无长子、长孙则次子摔，若无次子以其他各子按照长幼轮序、嫡庶轮序摔。如果无子，则由同姓亲族中血缘最近的堂侄子摔，但条件是要其人未婚。若其已婚，则由未婚亲族堂侄摔，以此长幼轮序。在旧时，死者的财产继承人必须要给死者摔盆，摔盆的也一定要继承死者的遗产。因此，死者无儿孙而侄子多的，就会出现争抢打幡摔盆的现象，目的是为了争遗产。

为什么要摔盆呢？关于这个原因有很多种说法，但其中最流行的说法是：在阴间，有位姓王的妇女，被称为"王妈妈"。王妈妈在看到死者的魂魄时，都要强迫其喝一碗"迷魂汤"，目的就是使其神志不清，以致不能超生。如果在出殡的时候能够为死者准备这一有孔的瓦盆，就可以使王妈妈给的"迷魂汤"漏掉，并打碎瓦盆，以免死者误饮。

至于在摔盆的时候为何要用砖呢？据说这样可以避邪镇宅。有些老北京人认为，此砖是功德砖、吉祥砖，大有妙用：将砖捡回来后放在大门影壁前，任何妖魔鬼怪都不敢侵入；如果死者是正常死亡的、福寿双全的老人，则该砖被称为"借寿砖"，意为借用死者的福寿；用它给小男孩压书，这个孩子必当"一品文章锦绣成"，可望"三元及第"；用它给小女孩压刺绣、鞋帽之类的手工活，这个孩子必当心灵手巧，大有神助；若无后嗣者将此砖压在炕席底下就能有"获麟"之喜……正是因为这种种好的兆头，很多瞧出殡的老头儿老太太都喜欢在仪式结束后将此砖捡回来。

第十五章

老北京的商业传奇

老北京的百年老字号都有哪些

每一位走在北京大街小巷的游客,都很容易听到、看到"老北京"或"老字号"这两个词,尤其是在游客密集的一些名片式街道上,例如前门、王府井等地方,老北京标识更是随处可见。

我们不仅能看到传承百年的老字号,还能看到带着"老北京"名号的店铺和产品,有始于清康熙年间提供中医秘方秘药的同仁堂,有创建于清咸丰初期为皇亲国戚、朝廷文武百官制作朝靴的号称"中国布鞋第一家"的内联升,有为满足京城达官贵人穿戴讲究的需要而发展起来的瑞蚨祥绸布店,有以制作美味酱菜而闻名的六必居,还有都一处的烧卖、天福号的酱肘子、信远斋的酸梅汤、砂锅居的京味白肉和砂锅、正明斋的糕点、长春堂药店的药铺、吴裕泰的茶庄等,可谓不胜枚举。这里不再赘述,只对其中一二略做介绍。

天福号

天福号有着260多年的历史,其最有名的就是酱肘子。由于其与众不同的制作工艺,酱肘子肉皮酱紫油亮,鲜香四溢。清朝的达官贵人都非常喜欢,慈禧太后尝过后,觉得这酱肘子"肥而不腻,瘦而不柴,皮不回性,浓香醇厚",赐给"天福号"一个腰牌，并规定每天定量送到宫中，天福号酱肘子遂成为清王朝的贡品，享誉京城。

吃好东西都讲究个方法，吃天福号的肘子也不例外，薄薄的烙饼，葱白切成丝，上好的甜面酱，把肘子切成片，趁热卷着吃，肉食入口无油腻之感，让人回味长久。

吴裕泰

提起吴裕泰茶庄，北京人都知道，吴裕泰茶庄原名吴裕泰茶栈，始建于清朝光绪十三年（1887年），创办人是吴锡卿，当时是为吴氏家族茶庄进储茶叶而建的。中华人民共和国成立后，"吴裕泰"一度不振，实行公私合营后，"吴裕泰茶栈"正式更名为"吴裕泰茶庄"，20世纪六七十年代，"吴裕泰茶庄"的牌匾曾被当成封建糟粕连夜摘取，"吴裕泰茶庄"被"红日茶店"代替。直到1995年，吴裕泰茶庄才又正式开业，并被授予"中华老字号"称号。经过多年的发展，逐步融入现代的管理方式和商业模式，并实现了信息化管理。2010年，吴裕泰成为上海世博特许商品生产商和零售商。

吴裕泰茶叶尤为有名的是其自拼茉莉花茶，自拼的几十种不同档次的茉莉花茶，不但质量上乘，而且货真价实，赢得了广大消费者的欢迎，在北京城及郊区享有盛誉。其特点为香气鲜灵持久，滋味醇厚回甘，汤色清澈明亮，耐泡，素有"裕泰香"的美誉。以致上至达官显贵，下至布衣百姓，三教九流，或品茶或会友，壶里杯中都少不了吴氏茶庄的茶叶。值得一提的是茶庄旁边开设的"吴裕泰茶社"，清幽雅致，吸引了社会各界人士。

这些北京老字号是经过数百年商业和手工业竞争而留下的精品。它们都各自经历了艰苦奋斗的发展史而最终统领一行。其品牌也是百姓公认的质量的代名词。历经数百年变迁发展，它们有着深厚的历史文化底蕴，是古都北京的宝贵遗产，是北京历史文化名城的重要标志之一，同时也是现代北京的特色名牌。它们犹如项链上的珍珠，是商脉和文脉的一个华丽载体，让北京这座历史文化名城的价值延绵不断，而它们正如历史文化延续的活化石，通过它们，人们更多地了解了这座城市，它们也成为中华民族悠久历史的一部分。

王致和臭豆腐的由来

北京的老字号中，一提起王致和，几乎没有人不知道的，尤其是它的臭豆腐，更是无人不知，无人不晓。可谓是：王致和凭借着一个"臭"字名扬万里，传遍了全中国。那么，这闻着臭吃着香的臭豆腐是怎样的一个由来呢？

相传康熙年间，安徽青年王致和赴京应试落第后，决定留在京城，一边继续攻读，一边学做豆腐以谋生。可是，他毕竟是个年轻的读书人，没有做生意的经验。夏季的一天，他所做的豆腐剩下不少，只好用小缸把豆腐切块腌好。但日子一长，他竟忘了这缸豆腐，等到秋凉时想起来，但腌豆腐已经变成了"臭豆腐"。王致和十分懊恼，正欲把这"臭气熏天"的豆腐扔掉时，转而一想，虽然臭了，但自己总还可以留着吃吧。于是，就忍着臭味吃了起来，然而，奇怪的是，臭豆腐闻起来虽有股臭味，吃起来却非常香。

于是，王致和便拿着自己的臭豆腐去给自己的朋友吃。好说歹说，别人才同意尝一口，没想到，所有人在捂着鼻子尝了以后，都赞不绝口，一致公认此豆腐美味可口。王致和借助这一错误，改行专门做臭豆腐，生意越做越大，而影响也越来越广。清末时，连慈禧太后也慕名前来尝一尝美味的臭豆腐，并对其大为赞赏。

从此，王致和臭豆腐身价倍增，还被列为御膳菜谱。直到今天，许多外国友人到了北京，都还点名要品尝这所谓"中国一绝"的王致和臭豆腐。

因为一次失败，王致和改变了自己的一生。

天福号酱肘子的传奇故事

"天福号"是具有260余年历史的"中华老字号",是现今北京市天福号食品有限公司的前身,始创于清乾隆三年(1738年),创始人是山东掖县人刘凤翔。天福号最负盛名的是其酱肘子,曾经九城闻名,家喻户晓,肘子色呈糖色,皮贴在肉上,提拉起来不碎不散,肥而不腻,瘦而不柴,皮不回性,到口酥嫩。

北京人大都知道慈禧特别爱这口,这说起来还有一段掌故。

乾隆三年(1738年),山东掖县人刘凤翔带着子孙北上京城谋生,期间结识了一位山西客商,凭着自己做酱肉的手艺,便与山西客商合伙在西单牌楼东拐角处开了一家酱肉铺,主要经营酱肘子、酱肉和酱肚。由于店堂狭小,又无名无号,大家都不是很认可,所以生意一直不景气。山西客商觉得这次投资不能给自己带来收益,便撤股了,店铺由刘家独自经营。有一天,刘凤翔到市场进原料,在旧货摊上看到一块旧匾,上书"天福号"三个颜体楷书,笔锋苍劲有力。刘凤翔认为"天福号"含有"上天赐福"之意,作为店铺字号再好不过,于是他便买下牌匾,重新上漆,把牌匾粉饰了一遍,挂于酱肉铺的门楣上。有了字号的店铺,顾客渐渐多了起来,生意日渐兴隆,天福号也在京城有了名气。

有一次,刘凤翔的后人刘抵明看守锅灶,由于白天工作了一天,身心疲惫,夜间又无人与他聊天打发漫漫长夜,便打起了瞌睡,不知不觉就睡着了。等醒来时,发现锅里肘子煮过了,无法上柜,顿时急得满头大汗,急忙把师傅叫醒,看有什么办法能够找补回来,师傅对他也是一顿埋怨,也没有什么好办法,便往锅里加汤加料,希望明天能够上柜。就这样折腾到天亮,肘子出锅时,和原来的样子完全不一样,而且味儿也跟从前的大不相同,勉强上柜,这时刘抵明直揪心,怕那些老主顾不认,正犯嘀咕时,经常买天福号肘子的一位刑部官员前来买肘子,看到与原来有些差别的酱肘子,便当场尝了一下,吃过后连声称好,不吝赞美之词,完全出乎刘抵明的意料。此后,刘抵明便如法炮制,结果大受欢迎。

勤于钻研的刘抵明认真研究,总结出一套独特的制作方法,并在选料、加工上严格把关。从此以后,酱肘子的质量越来越好,天福号的名气也越来越大,有好几位达官显贵和刑部大臣一道,成了"天福号"的老主顾,就连清宫里的慈禧太后也叫人专门来买酱肘子了。慈禧老佛爷吃后觉得天福号酱肘子又酥又嫩,不腻口不塞牙,一个劲地夸好。为了每天能尝鲜儿,慈禧便赐给天福号一块进宫的腰牌,规定每天按时按量把肘子送进宫,天福号的酱肘子遂成了清王朝的"贡品",从此,名扬京城。

"中华第一吃"全聚德知多少

说到全聚德,就让人想起烤鸭;想起全聚德烤鸭,就有人垂涎欲滴。国内外的游客来到北京都要品尝一下全聚德烤鸭,并对其赞扬有加:"不到长城非好汉,不吃全聚德烤鸭真遗憾。"有的游客临走之时,还要买上几只烤鸭,带给自己的亲朋好友。多个国家和地区的元首、政要人员也曾光临过全聚德,并不吝赞美之词地表达了对全聚德烤鸭的喜爱,足见全聚德的魅力和文化内涵。

那么,对于这样一个历经百年沧桑老店,我们又知道多少呢?

全聚德,中华著名老字号,被称为"中华第一吃",创建于清同治三年(1864年),创始人杨寿山,字全仁,河北人。杨寿山刚从河北来到北京时,在前门外肉市街做生鸡生鸭买卖,深谙贩鸭之道,生意做得非常红火,再加上他过日子省吃俭用,积攒了不少银两。杨寿山每次出摊时,都会路经一家干果铺,名叫"德聚全"。这间铺子地理位置优越,招牌也醒目,本应门庭若市,生意红火,但其生意却不好,很少有人光顾。到了同治三年（1864年），经营状况更是不佳，近乎倒闭关张。精明的杨寿山把这一切都看在了眼里，便拿出贩卖鸡鸭这几年的积蓄，盘下了"德聚全"的店铺。

我们都知道，以前的钱庄、商店、客栈、商行等都会有自己的字号，杨寿山有了店铺之后，也想给自己的店铺起个字号，考虑半天也没有个定论，便请了一个风水先生前来商议，看看先生有没有什么高见。风水先生来到店铺中，在铺中转了两圈，对店铺的风水走向是大赞，并告诉杨寿山如果把旧字号"德聚全"倒过来，起名"全聚德"，除其先前晦气，前程将不可限量，生意必将红火。杨寿山听后非常满意，便把店铺名定为"全聚德"。后来请了一位颇有名气的秀才钱子龙，书写了"全聚德"三字，制成金字匾额挂在门楣之上。

"全聚德"闪光的金匾，一挂就是百余年，细心的朋友会有疑问，怎么匾额上的"全聚德"之"德"字少一笔横呢？

有人说杨寿山创店之时，为了让大家齐心协力把店铺的生意做大，故意让秀才钱子龙少写一笔，寓意大家心上不能安一把刀，要安心干活。还有人说是钱子龙笔误，杨寿山把秀才请来后，便好菜好酒款待，谁知这秀才不胜酒力，写字时精神恍惚，漏写了一笔。当然这些都是传说，无从考证，其实，"德"字在古代可以有一横，也可以没有这一横，喜欢书法的朋友可以在唐宋元明清一些书法家的笔迹中印证这一点，北宋真宗年间铸造的货币"景德通宝"的"德"字就没有横，而明宣宗年间铸造的货币"宣德通宝"的"德"字就有横。可见，"德"字有没有一横都可以认为是正确的，全聚德为了还原匾额的原貌，所以现在我们看到的匾额"全聚德"中的"德"字少一横。

全聚德在杨寿山的精心经营下，生意蒸蒸日上，正是验证了风水先生的那句话。为了让生意更加兴隆，杨寿山花重金把在宫廷做御膳挂炉烤鸭姓孙的老师傅请到全聚德，孙师傅对挂炉做了一些改进，烤出的鸭子不仅丰盈饱满，颜色鲜艳，而且皮脆肉嫩，鲜美酥香，为全聚德烤鸭赢得了"京师美馔，莫妙于鸭"的美誉。

如今的全聚德，不仅以烤鸭享誉海内外，全聚德的厨师在制作烤鸭的同时，还利用鸭的舌、脑、心、肝、胗、胰、肠、脯、翅、掌等为主料烹制的不同美味菜肴，形成了以芥末鸭掌、火燎鸭心、烩鸭四宝、芙蓉梅花鸭舌等为代表的"全聚德全鸭席"。现在，作为中华老字号的"全聚德"不仅仅是在做生意，它还在传播中华民族的饮食文化。

老字号"便宜坊"的故事

便宜坊烤鸭店是北京著名的"中华老字号"饭庄，创立于明朝永乐十四年（1416年），距今已有近600年的历史，是中国商务部首批认定并授予牌匾的"中华老字号"。

便宜坊的"焖炉烤鸭"是北京烤鸭两大流派之一，皮酥肉嫩，口味鲜美，享誉京城。又因其烤制过程鸭子不见明火，保证烤鸭表面无杂质，又被现代人称为"绿色烤鸭"，可谓是馈赠之佳品。

很多顾客看了"便宜坊"这个名号，可能会觉得奇怪，说："'便宜坊'三个字让人乍一看是便宜货的意思，不好听呀！"其实，这个"便"是便利的"便"（biàn），这个名号本意是"便利人民，宜室宜家"之意。说起这个名字还是有来历的。

据说，明嘉靖三十年（1552年），兵部员外郎杨继盛在朝堂之上劾奸相严嵩，却反被严嵩诬陷。等下了朝，感觉非常郁闷：奸臣当道，却得不到应有的惩处。便在回去的路上漫无目的地走，以便化解心中的苦闷。当来到菜市口米市胡同时，忽闻一股香气扑鼻而来，见一小店，此时自己也是饥肠辘辘，便推门而入。进入店中，四下一看，店堂虽然不大，却干净优雅，宾客满堂。便找了个比较清静的桌子坐下，点了酒水、烤鸭及其他菜肴，把烦闷与不快抛至九霄云外，大口吃肉，痛饮美酒。

此时，有人认出他是杨继盛，是爱国名臣良将，便告之掌柜。掌柜听说后，非常惊喜，赶紧上前伺候，端菜斟酒，对杨继盛表达钦佩之意。杨继盛也是一个性情耿直的人，两个人聊得非常投机。攀谈的过程中，杨继盛知道这个店的名号是便宜坊，又见店家待客非常周到，于是感叹道："此店真乃方便宜人，物超所值！"于是命人拿文房四宝来，等笔、墨、纸、砚备齐，杨继盛伏案一挥而就三个大字"便宜坊"！众人看了都拍手赞好。此后，杨继盛与众位同僚经常光顾这家店，品尝焖炉烤鸭。便宜坊也由此而名声远播。

如今的便宜坊烤鸭店，以焖炉烤鸭为招牌菜，鲁菜为基础的菜品特色，已经是集团企业。旗下老字号品牌众多，除了以焖炉烤鸭技艺独树一帜的"便宜坊烤鸭店"，还有乾隆皇帝亲赐牌匾的"都一处烧麦馆"、光绪皇帝御驾光临的"壹条龙饭庄"、建于清道光二十三年（1843年）有"北京八大楼之一"称号的"正阳楼饭庄"，店铺多达36家。

如今，便宜坊正秉承"便利人民，宜室宜家"的经营理念，坚定地走在老字号餐饮品牌的传承与创新发展之路上。

只经营半天的饭庄砂锅居是怎么回事儿

砂锅居，始建于清乾隆六年（1741年），距今已有270多年的历史，是目前北京规模最大的主管砂锅菜肴的中华老字号。

砂锅居以烧、燎、白煮的手法，制作砂锅菜。以此独特方法制作的砂锅汤味浓厚，肉质白嫩，蘸上配好的调料食用，滋味绝佳，享有"名震京都三百载，味压华北白肉香"的美誉。

砂锅居最开始的时候被称为"和顺居"。据传，当时清宫廷和各王府中都用全猪祭祖制度，定亲王府把祭祖用过的肉都赏给了更夫们，更夫们把吃不完的肉拿到府外换钱。时间长了，更夫们不满足于现状，便与已退的御厨合伙，从王府里弄来一口明代大锅，开始经营砂锅煮肉，并取名"和顺居"。由于使用的是王府里的烹饪技法，和顺居煮出的肉肥美不腻，味道极佳，生意日益红火，后迁入瓦岗市，仍保留着口直径近1.3米的大砂锅，人们习惯地称小店为"砂锅居"，日子久了，"砂锅居"便取代了"和顺居"。

砂锅居白肉堪称"京都一绝"，有清朝乾隆皇帝曾为砂锅居留下御笔的趣闻。

相传，砂锅居在创建之初，宫中有官员常到此品尝砂锅白肉，并大为赞美，乾隆帝知道后，非常感兴趣，便差人传砂锅居厨师入宫制作这"京都一绝"，乾隆帝吃后对砂锅居白肉赞美有加，于是题笔赐字"此乃珍馐，味之一绝"。从此，砂锅居在京城出了名。嘉庆年间是砂锅居生意最为红火的时候，曾有人专门写诗赞美它，以"缸瓦市里吃白肉，日头才出已云迟"来描述当时砂锅居的生意盛况。

关于砂锅居，北京民间流传着一句歇后语："砂锅居的幌子——过午不候"，意思是说，中午摘幌，半日买卖。砂锅居生意如此兴隆，为什么只经营半天呢？

其实，是因为砂锅居出售的白肉，是头天晚上宰杀一头百十斤重的京东鞭猪，拾掇干净后，连夜放在大铁锅中煮，经过一夜的蒸煮，次日清晨正好熟透，开始营业，由于其名气大，一上午就卖光了，所以只能过午不候了。这一经营习惯一直被延续，直到1937年，日本入侵北京，日本的军官闻知砂锅居白肉风味独特，不管店里的规矩，每天中午和晚上来此吃喝，迫于日本人的淫威，店主不得不改变多年的经营习惯，实行了全天经营，并且增添了晚餐。

中华人民共和国成立后，砂锅居得到很大发展，并增添了用小砂锅炖煮的砂锅白肉、砂锅鸡块、砂锅丸子、砂锅豆腐和什锦砂锅等砂锅菜，深受顾客的欢迎。

砂锅居用两个半世纪的经营史,诠释了老北京吃白肉的食俗文化。

您知道同和居都有哪些美味佳肴吗

同和居饭庄是一家饮食店,主营山东福山帮的菜,是北京最早经营鲁菜的中华老字号,创建于清代道光二年(1822年),店名取"同怀和悦"之意,原址在西四南大街北口,后迁至三里河月坛同和居南街。

小店创建之初,没有多大名气,生意一般,以经营家常菜为主,顾客则多是劳苦大众。直到民国初年,牟文卿接任掌柜后,请来原御膳房的高厨袁祥福,凭借其三不沾(不粘盘、不粘匙、不粘牙)等宫廷名菜,同和居才开始有了名气。

"三不沾"以独特的技法烹饪而成,蛋液加味后,入锅后搅炒四百余下才出勺,成品色橙黄,口感细腻,甜香,有"宴会之王"之称,是名震京城的"三绝"之一(三绝:三不沾、烤馍片、糟溜)。

1939年广和居停业,其大部分厨师被聘到同和居,同和居生意红火,名气越来越大。并成为旧京城著名"八大居"之首。

关于同和居的创办,据有些资料记载,创办人是清朝皇室的一位皇亲,此人当年为能在宫外有个吃喝玩乐的便利之所,便邀来几个友人,开办了同和居。有一天,店里来了一位掌管财政的王爷,店主百般殷勤伺奉,命后厨精心烹制了几道拿手菜,王爷食后大加赞赏,从此小店的生意又渐渐有了名气。店主为招揽更多的生意,还常以客为友,使其有"宾至如归"的感觉,取"同怀和悦"之意,定号为"同和居"。

说过了同和居的历史,我们该品尝一下同和居的佳肴了。

除了有名的"三不沾",以经营山东风味菜肴闻名遐迩的同和居都有哪些招牌菜呢?海鲜有粉皮辣鱼、潘鱼、葱烧海参、余鲫鱼青蛤蜊、烩乌鱼蛋、扒鲍鱼龙须、绣球海参等菜肴。面食有用山东麦糟作引子发面、加糖醒透后蒸成的香糟烤馒头、肉丁馒头、银丝卷，筋道还有果香味，还有颇具特色的三鲜炒面，经多道工序制作而成。其中葱烧海参曾被评为四大名菜之一，菜色泽红而光亮，质地柔滑润，葱香四溢，是高蛋白、低脂肪的上乘佳肴；烩乌鱼蛋更是高级筵席的佳品，清淡爽口，甘甜柔滑，咸鲜酸辣，富含蛋白质。

其中的一道菜，还有一个有趣的典故，那就是"潘鱼"，曾与任菜、江豆腐齐名。相传清时，宣武门外北半截胡同的广和居，以擅烹鱼肴而闻名。同治、光绪年间名流潘炳年一向喜欢美食，常出入于该餐馆。有一天，潘氏突发奇想，认为"鲜"字为"鱼""羊"二字之合，如若用煮羊肉之汤烧鱼，其味道必将特鲜，遂将此意告知餐馆主人，令尝试以羊羹烹鱼之法。结果所烹鱼品不仅滴油不沾，鱼整汤清，而且味道醇厚，吃到嘴里清淡鲜美异常，故而将之命名曰潘鱼。同和居把这道菜引进，经过数年的发展，潘鱼的制作也越来越精美。

至此，您还能忍住口水吗？

有如此多美味佳肴的同和居，自然受到了很多名家的追捧，一些文人墨客常到此吟诗、论画、谈古论今：鲁迅先生曾多次与朋友在此吃饭，并极力赞扬了同和居的菜肴；国画大师齐白石先生也曾光顾过同和居，并留下"墨宝"，但后来不慎丢失，是同和居的一大憾事；日本著名指挥家小泽征尔也曾光临这里品尝"贵妃鸡"等名品菜肴；澳门行政长官何厚铧来京时特地来到同和居，对同和居的菜肴和服务赞赏有加，并与同和居的厨师长及服务人员合影留念；悬于同和居门楣的"同和居"匾额，由溥杰先生亲题……可见，同和居已经在国内外享有很高的知名度和声誉。

"馄饨侯"的由来趣闻

老字号"馄饨侯"在京城家喻户晓,其馄饨名扬京城。经过数年的变革后,"馄饨侯"在经过全面翻修重新开张时,每天顾客盈门,不仅北京人,就连外地人闻讯后也都纷纷赶来。虽说店铺的经营面积多达300多平方米,但还是出现了排长队等座的现象,一时成为京城的一大景。

想吃馄饨,偌大一个京城哪里没有?为何宁愿排队等候,也要吃上"馄饨侯"的馄饨呢?显然,人们就是冲着"馄饨侯"的名声而来的,其他的馄饨没有这个味儿。

"馄饨侯"的馄饨为什么让大家这么着迷?

主要是因为其做的馄饨比较讲究,一碗馄饨,十个皮为一两包一两馅,加在一起为二两,基本上不差分毫,而且馄饨均为手工现场制作,更让人叹为观止的是厨师做馄饨麻利的手法,平均一分钟能推一百多个馄饨(做馄饨也叫推馄饨)。再就是其馄饨本身的特点:其一,是皮薄,有薄如纸之说,透过它能看到报纸上面的字;其二,是馅细,指的是做馅用的菜和肉是严格按照一定的比例搭配,多少菜,多少肉,是非常有讲究的,肉讲究用猪的前臀尖,七分瘦三分肥,打出的馅特别均匀;其三,是汤好,"馄饨侯"的汤堪称一绝,是花六个小时用猪的大棒骨熬制而成的,味道浓厚而不油腻,由于棒骨汤含有钙质,所以许多老人都特别喜欢这口;其四,是佐料全,有紫菜、香菜、冬菜、虾皮、蛋皮儿等,其中冬菜是不可或缺的佐料,据说,"馄饨侯"为了淘换冬菜,东奔西跑去寻找,费了九牛二虎之力,最后在河北的青县才找到了生产厂家。

如此美味的馄饨,真的要品尝一下啊!走进"馄饨侯"的店门,你会马上感到一种老字号的氛围。"馄饨侯"早在20世纪50年代就已经名噪京城,当时的老店在王府井八面槽,距离吉祥戏院和北京人艺较近，一些著名演员演出后，经常光顾"馄饨侯"。

很多人会问，为什么叫"馄饨侯"呢？说"馄饨侯"的名称来历之前，我们先了解一些"馄饨"的相关知识。据一些资料记载，馄饨早在汉代就有，是北京现在比较常见的小吃，每天早晨的早点摊上，都有馄饨出售，广东人叫它"云吞"，四川人叫它"龙抄手"。馄饨有南派北派之分，南派的馄饨呈元宝样式，北方人做的馄饨为手推式，所以北方人说做馄饨为"推馄饨"。

老北京卖馄饨多数用特制的挑儿，走街串巷，碰到想吃的，便给人来一碗。20世纪40年代以后，卖馄饨的人便开始摆馄饨摊儿，一个约2米长的两轮车，一头放火炉和汤锅，另一头放着放杂物的板。到了20世纪50年代初，在王府井附近出现了六七家摆馄饨摊的，公私合营后，由当时的7个摊儿凑到了一块儿，成立了一个合作组，组长叫侯庭杰，他的摊儿在东华门大街，挨着戏园子，生意红火。1959年，这7个馄饨摊儿的摊主觉得老到外头摆摊并非长久经营之道，决定合伙开了一个店铺。有了店铺就得起个字号，由于侯庭杰是组长，便合计叫"馄饨侯"，于是，申请注册，并制作了匾额。

如今的老字号"馄饨侯"在馄饨的做法上有了重大的变化，在保留传统的基础上，按照科学化、标准化的方法做了全面革新，相信会有越来越多的人喜欢上这种美味佳肴的。

您了解元长厚茶庄吗

元长厚茶庄是百年高寿的老字号，创始于1912年，在河北察哈尔特区，原名叫永生元茶庄，经营方式以自拼自卖为主，创始人叫孙焕文。

孙焕文不仅精通制茶技术，而且善于经营管理，并注重服务和茶叶质量，使茶庄在察哈尔有了名气，深受大家喜欢。1930年茶庄由察哈尔迁入北京宣武门内大街。迁来北京后，孙焕文扩大了经营规模，仍旧采用自采、自制、自销的经营方式。为使茶庄生意兴旺，便引喻了"一元复始，源远流长，庄底雄厚"的含义，将"永生元茶庄"改名为"元长厚茶庄"，并请当时著名的书法家题写牌匾。由于"元长厚茶庄"五个字苍劲有力，里圆外方，招来了不少文人墨客来茶庄品茶评字，这一现象为茶庄招揽了不少生意。

当时的老北京城中有众多的茶庄，比如坐落在鼓楼前的吴肇祥茶庄，据说深受当时的太监们喜爱，买卖红极一时，享誉北京四九城。还有福集来茶庄，经过几十年的风雨历程，牌匾依然金光闪闪，久盛不衰。还有以求"买卖兴隆，国泰民安"的隆泰茶庄，位居西四牌楼……在有如此众多的茶庄的京城，为了能让元长厚站住脚，孙焕文潜心研究制茶技术，常常听取顾客的意见，以备提高茶品，还常常派伙计到其他茶庄购买样品，回来后细心品评研究，进而了解北京人喝茶的习惯。最后孙焕文博采福建花茶香味浓、安徽茶鲜美甘醇之长，对原茶实施监制、监测、监报三级管理制度，将上好的原茶经过筛选，按档次精心拼配，制出具有本店特色的外形好、清新甘醇、香气鲜浓的小叶茶，得到了京城人的青睐，很快创出了名声。1956年公私合营后，宣内大街的吴鼎和、吴恒端、吴新长三家茶庄被合到"元长厚"。

1983年，乘着改革开放的春风，"元长厚"得到重生，恢复了"元长厚"的字号，并请十分爱茶的著名书法家萧劳先生题写牌匾，至此，老字号又重新恢复了它应有的光彩。1987年成立北京元长厚茶叶公司，下属有六家老字号茶庄，有西四隆泰茶庄、新街口宏兴茶庄、西外益新茶庄、白塔寺福聚来茶庄、地安门吴肇祥茶庄、西单元长厚茶庄。1993年，"元长厚茶庄"被命名为"中华老字号"，并授予证书。同年成立茶叶加工厂，实现了"元长厚茶庄"的一次创新。

进入新世纪后，"元长厚"依然保持着自采、自制、自销的特色经营方式，以其优良的品质，深受消费者的青睐。喜欢茶叶的朋友可以品尝一下"茉莉白龙珠",此茶外形圆润,毫绒明显,香气醇厚,汤色清澈明亮,是上好的茶叶饮品。

您知道月盛斋的辉煌历史吗

老北京人都说,酱牛肉要"月盛斋"的。月盛斋的酱羊肉颇具特点,有"闻之酱香扑鼻,食之醇香爽口,肥而不腻,瘦而不柴,不膻不腥,入口留香"一说。

月盛斋,全名叫月盛斋马家老铺,位于前门大街路西,是一家专门经营酱牛羊肉的老字号,由马庆瑞于清乾隆四十年(1775年)创办,距今已有230多年的历史。

据史料记载,马庆瑞居住在广安门内牛街,清乾隆二十八年(1763年),他经人介绍去礼部当临时差役,为皇家举办祭典时看管供桌。每次活动之后,他都能分到供品"祭羊",自己吃不完,便到街上变卖成银两,收入不比看管供桌的收入低,最后干脆辞去差使,收购祭祀用过的羊来卖。祭祀活动不是每天都有,不能全靠卖祭祀的羊肉过活,于是他便在繁华的商业区前门外荷包巷子摆摊做起酱羊肉买卖来。马庆瑞在做差役时,闲暇之时常到御膳房去帮忙,曾学到制作酱羊肉的手艺,制作出的酱羊肉味道非常好,人们纷纷争相品尝,其生意便日渐兴旺。

几年下来,马庆瑞有了些许积蓄,觉得摆摊不是长久之计,为图更好的发展,乾隆四十年(1775年),他从一个姓金的满族人手里租赁了三个位于前门里户部衙门旁边的门面房,取"月月兴盛"之意,定店名为"月盛斋",择吉日开张,依旧客满盈门。到了嘉庆年间,马庆瑞的后人在工艺上做了进一步详细的要求,而且还增加了一些酱肉的品种,后来在太医的帮助下,对制作酱羊肉的调料配方进行了改进。主料有丁香、砂仁、肉豆蔻、桂皮等,辅料用酱和盐等来调味。用此配方制出的酱羊肉,不仅味道鲜美,而且有补中益气、安心止惊、开胃健力、温脾胃的作用,由此月盛斋的生意更加兴隆,得到清朝宫廷和王公贵族的青睐。

相传,清朝末年,慈禧太后专门爱吃月盛斋的酱牛羊肉,为了月盛斋能方便及时地把这一美味送进宫中,特意发给月盛斋四块腰牌。后来,慈禧太后退居颐和园,每晚的夜膳,都少不了月盛斋酱肉。关于此事,还有一个故事在民间广为流传,据说,有一年腊月,月盛斋掌柜在后山抽烟时引发山火,按律应判死罪,由于慈禧太后不舍这美味的酱羊肉,便免了掌柜的死罪。酱羊肉在这一刻,成了护身符。当然这只是传说,但足见月盛斋的酱羊肉的美味不一般。

再就是晚清名流秀才王恩熙,是当时比较有名的书法家,在月盛斋用过羊肉后,曾为月盛斋写过横幅,至今月盛斋还保留着这块匾额,内容为:"本斋开自乾隆年间,世传专做五香酱羊肉、夏令烧羊肉,均称纯香适口,与众不同。前清御用上等礼品,外省行匣,各界主顾无不赞美,天下驰名。只此一家,诸君赐顾,详请认明马家字号,庶不致误。"这是月盛斋辉煌历史的见证。

1937年,日本入侵北京,月盛斋的生意勉强维持,直到中华人民共和国成立后,才得以恢复发展。1950年搬迁至现在的地址。经过多年的发展,月盛斋的酱牛羊肉走已进了千家万户。

您了解"南宛"烤肉宛吗

烤肉原是古老的北方游牧民族的传统吃食,做法是用猎刀切肉,再把肉用马粪烤熟。由于难登大雅之堂,遂被人称作"帐篷食品"。后来烤肉的方法经过了改良,烤肉不仅外形美观,而且味道极佳,曾在宫廷中被视为美味,为一些王公贵族所食用。

时下,说到烤肉,可能很多人都会想到韩国烤肉,但在北京有名的还要说到"南宛北季"中的"南宛"——烤肉宛,创建于清康熙二十五年(1686年),迄今已有300多年的历史,是北京经营烤肉最早的字号,现位于西城区宣武门内大街。

烤肉宛的创始人是一位姓宛的人，最初，他在宣武门一带用手推车卖牛羊肉。后来，宛家的第二代在车上安置了烤肉炙子，卖起了烤牛肉。直到其第三代才购置了铺面，从此座店经营，专营烤牛肉和牛、羊肉包子。由于烤肉宛位于京城著名的商业繁华之地，客人自然较多，这些食客吃烤肉时，皆围炉而立，尽享烤肉美味，尤其是在寒冬腊月，客人们围着炉子，吃得大汗淋漓，别有一番风味。

烤肉宛的烤牛肉颇具特点，选料细，制作精，鲜嫩似豆腐，受到了许多文人雅士和社会名流的垂青。烤肉宛第一块匾额为中国末代皇帝溥仪的堂兄溥儒所书。张大千、马连良等艺术大师均为这里的常客。

其中最为感人的要数国画大师齐白石先生。

20世纪40年代末的一天，齐白石先生在一位朋友的再三邀请之下，来到烤肉宛品尝烤肉，由于烤肉风味独特，齐白石先生赞不绝口。烤肉的宛师傅见到齐白石先生后，便趁机请先生为烤肉宛题字，齐白石先生随即答应，写了一个钟鼎"烤"字，并缀了一行小字："钟鼎本无此烤字。此是齐璜（白石老人名）杜撰。"送给了烤肉宛。后来，此"烤"字被装裱之后挂于烤肉宛店堂里。

1946年，齐白石先生再次受邀为烤肉宛题字，已是86岁高寿的齐白石先生赠送题有"步寒松柏同精健，知是无生热血多"的画作《梅花图》给烤肉宛。后来，齐白石先生在其88岁大寿之日，又画寿桃送给烤肉宛，画中题字："仁者多寿。"可见，齐白石先生与烤肉宛之情深。

历经三百年，烤肉宛赢得了良好的口碑。其烤肉间里紫铜打制的烤炉颇为瞩目，是天桥老艺人打制的。炉上的烤炙子系康熙年间的老古董，相传有三百年的历史，称得上是烤肉宛的镇店之宝。2006年，烤肉宛的烤牛肉制作技艺被认定为北京市非物质文化遗产，同年被国家商务部重新认定为"中华老字号"。

天源酱园有着怎么样的故事

天源酱园是百年老字号,创办于清代同治八年(1869年),距今已有140多年的经营历史,坐落在西单十字路口东南角,创始人是刘湛轩。

刘湛轩是当时京城著名"四大当铺"之一,俗称"当刘",原籍为京西八里庄人。当年他用二百两白银买下一家即将倒闭的油盐店,开办了天源酱园,并请酱菜师傅引进清宫御膳房的技术,前店后厂,自产自销,尤以生产甜面酱和各种甜酱菜闻名。

天源酱菜的做工精细,用料考究,"甜、鲜、脆、嫩"是其一大特点,成品甜咸适度,味道鲜美,很受京城百姓的喜爱,亦受南方人的青睐,故有"南菜"之称。一百多年来,天源酱菜在保持优良传统基础上,又逐步吸收南方酱菜特长,形成独特的生产方式和经营品种,一些名人,如周建人、赵朴初、董寿平等都为其题过金字牌匾。

关于天源酱菜,有一个故事,据说有一次慈禧太后在用膳时,吃到"天源"的桂花糖熟芥时大加赞赏。这一消息很快传到酱园店老板那儿,他立即吩咐人把堂内盛放糖熟芥的瓷坛,以红漆木架装饰,并标明"上用糖熟芥"字样,一时间,天源酱园在京城名声大振,不少豪门官员和富绅慕名而来,成为座上宾。精明的老板又借机求当朝翰林陆润庠题写了"天源号京酱园"金字牌匾。清末时,又请状元王垿为天源酱园题写了一首诗:"天高地厚千年业,源远流长万载基。酱佐盐梅调鼎鼐,园临长安胜蓬莱。"这首藏头诗高悬于店堂,天源酱园更驰名京城内外。

天源酱园享誉京城内外,经久不衰,一个重要的原因是它保持了"鲜甜脆嫩,酱香味浓"的传统风味,另一个就是原料质量讲究,天源酱园的历代经营者,在选料加工上坚持"真工实料严格考究"。做酱菜的原料都是专门种植,而规格质量都有严格的要求。

中华人民共和国成立后，政府决定进一步恢复、发展特味食品的生产，除优先供应原料外，还翻建了天源酱园，并投资在南苑建立新工厂。天源的酱菜不仅深受百姓欢迎，而且也受到许多名人的喜爱。

经历百年沧桑的天源，从一个小作坊，成为一个在全国颇有影响的"中华老字号"企业，酱菜还源源不断地销往日本、泰国、加拿大、澳大利亚等国家。

您听说过百年老字号桂馨斋酱园的传奇故事吗

桂馨斋酱园是闻名的百年老字号，始建于清朝乾隆元年（1736年），迄今已有270年的历史，原址在西城区骡马市大街铁门胡同南口，所以很多人都习惯称其为"铁门酱园"，而淡忘了桂馨斋，现在的地址在北京市西城区南横西街。因制作经营南方风味酱腌菜，人称"南酱园"，与六必居、天源酱园齐名。

关于桂馨斋的创始人，据说是南方来京城谋生的一对夫妇，这也是决定桂馨斋酱园南方风味的一个因素。起初他们只是摆摊经营自制小菜，有了一定的积蓄之后，便在铁门胡同租赁门面，采取前店后场的模式，并招收徒工，专门制作和经营各种酱菜。店面虽然不大，但收拾得非常干净，生意也还不错。

后来，夫妇二人由于某些原因不得不回南方，便把酱园转给了曾是"桂馨斋"门徒的沈氏，沈氏做学徒时就聪明好学，不仅学得了一手制作酱菜的手艺，还学习了一些经营之道。沈氏接管桂馨斋后，就在铁门慈康寺附近增设一加工作坊，制作多种南味酱菜，尤以制作冬菜和佛手疙瘩见长，被誉为"冬菜老店"。

因桂馨斋的产品酱香味浓，吸引了不少京城内外的顾客，生意逐渐兴旺发达起来。光绪三十四年（1908年），桂馨斋达到了鼎盛时期，先后开设了南桂馨斋、桂馨栈、桂馨东记3个分号，另外还有一座加工厂，人数达百人之多。

桂馨斋的酱菜不仅受老百姓的青睐，而且得到宫廷的重视，曾被钦赐腰牌一个、白底红穗帽子一顶、黑色马褂一件，凭此进入皇宫送菜。到了光绪年间，也备受慈禧老佛爷的喜爱，几乎每餐必食用，还特别赐予桂馨斋六品顶戴，并令送菜的人送菜时必须穿着朝服。相传，民国时期，那套慈禧赐的六品顶戴还珍藏在掌柜的卧室里，成为与同行竞争时向顾客炫耀的一件利器。

1937年至1949年北平解放，由于连年战乱，桂馨斋濒临破产，门店人员不足二十人。中华人民共和国成立后，桂馨斋才获得了新生，得到国家政府的支持，1956年公私合营，以桂馨斋为首，与兰馨斋、瑞馨斋等多家小酱园合并为北京市宣武酱菜厂，规模不断扩大。到20世纪90年代初，桂馨斋乘着改革的春风，又一次达到了鼎盛时期，并重新恢复了老字号。

您了解中华老字号东来顺饭庄吗

东来顺是北京饮食业中享有盛誉的一个中华老字号，始建于1903年，创始人叫丁德山，字子清，回族，河北沧州人。

早年丁德山在北京出苦力谋生，路经东安市场。东安市场的前身是皇家的马场，清朝时，上朝的大臣来到东华门马石前，文官要下轿，武官要下马，武官的马便存放在这个马场。这个地方逐渐就发展成了一个比较繁华的交易市场，人来车往，热闹非凡。丁德山觉得这个地方是个风水宝地，便用多年的积蓄，在东安市场里摆摊出售羊肉杂面和荞麦面切糕，后来又增添了贴饼子和粥。由于生意日渐兴隆，丁德山便立铺挂牌，取"来自京东，一切顺利"的意思，正式挂起"东来顺粥摊"的招牌。

粥铺规模虽然不是很大，只是一间小木棚，但在丁德山的苦心经营下，生意蒸蒸日上。然而不幸的是，1912年，东安市场失火，粥铺在火灾中被毁。这场灾难并没有使丁德山灰心，市场重建以后，他又筹措资金，在粥铺原地址建了三间瓦房，改招牌为

"东来顺羊肉馆",重新开业,主要经营爆、烤、涮羊肉。

涮羊肉,亦称羊肉火锅,相传已有数百年历史,为宫廷菜肴,明代《宋氏养生部》和清代《清稗类钞》均有相关记载。

丁德山重新兴业之后,勤俭节约,诚实守信,货真价实。并且在涮羊肉经营上细心琢磨,发现涮羊肉要好,必须具备几个条件:第一就是在选料肉上要精,经过不断观察,丁德山选定了内蒙古的大尾巴绵羊。第二就是刀工细,当时,京城中在刀工方面最有名气是正阳楼的一位切肉师傅,切出的肉片薄如纸,齐如线,美如花,放在盘中呈半透明,隐约可见盘上花纹,丁德山不惜重金,把这位师傅从正阳楼挖过来,帮工传艺,使东来顺的肉片成为京城一绝。第三是调料绝,在这方面丁德山也没少下功夫,逐渐形成了东来顺涮肉独特的风味。第四就是涮肉用的食具要讲究,东来顺涮羊肉用特制的铜火锅,碗和盘子均是青花瓷,十分精美。可以说在东来顺吃涮羊肉是一种享受,一些达官贵人、文人墨客经常出入东来顺,品尝涮羊肉的特色风味。从此,东来顺一发不可收,经营规模不断扩大,盖了能容纳几百人的小楼,经营品种也不断增加,形成了集爆、烤、炒、涮于一体的系列菜肴,后更名为东来顺饭庄。

近百年来,东来顺在秉承传统的同时,博采众长,精益求精,创造了独特的色、香、味、形、器的和谐统一,展现了中华美食文化中"盛情""典雅""精美""奇异""华贵"的独特风味和民族风情,国家的众多政府要员和外交官员,都曾对东来顺的美味佳肴给予了极高的评价。

"中华老字号"稻香村的名称由来

北京稻香村始建于清光绪二十一年(1895年),创办人叫郭玉生,始建于前门外观音寺,时称"稻香村南货店程南店",主要生产南味食品,属京城第一家,而且颇具特色,前店后厂,有被称为"连体店"。1926年曾被迫关张，1984年复业，复业后的"稻香村"继承了南味食品的传统工艺，坚持"诚信为本，顾客为先"的服务理念，"以发展传统的民族食品工业，为社会创造价值"为企业历史使命，在北京迅速发展，至今，已经拥有22个直营店和24个加盟店、一个食品配送中心及位于昌平区北七家高科技工业园的加工厂。

而且稻香村经营的产品种类也不再单一，不仅有精细考究的各式糕点，还有新鲜而且香气扑鼻的熟肉及豆制品制成全素宫廷菜、干果之类，稻香村营业部每天门庭若市。

在20世纪20年代左右，除了北京的稻香村，天津也出现了带有"稻香村"字样的糕点店，例如明记稻香村、何记稻香村，石家庄和保定也有了石家庄稻香村、保定稻香村，可以说这些店铺对北京稻香村的生意带来了非常不好的影响，那么为什么大家都喜欢用"稻香村"字样呢？也许背后有经济利益的牵扯，这个我们暂且不论，但其中可见"稻香村"之名的惹人喜爱程度。这里我们就说一下"稻香村"的名称来历。

关于"稻香村"的由来，有一个具有神话色彩的传说。据说，在江苏、浙江有一个小店，经营熟食生意，生意清淡，勉强糊口。突然一天晚上，店里来了一位讨饭的瘸腿汉子，老板心善，见此人残疾，觉得非常可怜，就送了些东西给他吃，并在店内一个角落里铺上稻草，留其住宿。第二天清早，瘸腿汉子却不辞而别，老板便把他睡过的稻草拿去烧火煮肉，谁知煮出的肉竟然香味扑鼻。于是老板便大肆宣扬，说瘸腿汉子不是凡人，而是"八仙"之一的铁拐李下凡，将店名改为"稻香村"。从此，他的生意逐渐兴旺，其字号"稻香村"也被人争相使用。郭玉生知道此事后，1895年，便带着几个熟知南味食品制作工艺的伙计北上京城，开创了生产经营南味食品的"第一家"，店名就叫"稻香村"。

上面这个传说故事流传得最广。其实，除了以上这种说法外，还有其他的说法。有说，"稻香村"之名取自曹雪芹《红楼梦》中大观园的稻香村。也有说"稻香村"之名缘于"一畦春韭熟，十里稻花香""稻花香里说丰年，听取蛙声一片""新城粳稻，五里闻香"等诗词。还有人说稻香村之名来自徐珂的《清稗类钞》，因为书中有云："稻香村所鬻，为糕饵及蜜饯花果盐渍园蔬食物，盛于苏。"……关于稻香村的名字来历，至今未达成统一说法。不管到底哪种说法是真的，仅从这些诗词就可以看出，用"稻香"二字做糕点铺的字号，的确美妙，形色味兼具，这也难怪有那么多的人喜欢用"稻香村"之名了。

您了解老字号"三居"之一柳泉居吗

"柳泉居"属中华老字号，曾是京城有名的黄酒馆，始建于明代隆庆年间，距今已有四百多年的历史，由山东人出资开办，店铺前边是三间门脸的店堂，柳泉居金字招牌后边有一个宽阔的院子。经过上百年的发展，柳泉居已经成为经营北京风味菜肴的特色饭庄，京味菜的鲜、嫩、酥、脆堪称一绝，有不少社会名流常常光顾，其中文学家老舍先生的夫人曾为柳泉居店题写牌匾，使这一老字号文化底蕴更加深厚。

"柳泉居"与"三合居""仙露居"曾并称"京都三居"，三合居始于清光绪年间，位于东华门，初因由三人合伙集资开办，故名"三合居"。仙露居也始于清光绪年间，坐落在崇文门外茶食胡同路北，因其酒被喻为"仙人"洒下的露水酿制而成，取名"仙露居"。那么柳泉居名字又是怎么来的呢？据史料记载："……柳泉居者，酒馆而兼存放。盖起于清初，数百年矣。资本厚而信誉坚……"说的是柳泉居的庭院内有一棵硕大的柳树，树下有一口井，店家主人用甜洌的泉水酿制黄酒，味道醇厚，芳香宜人，黄酒馆蜚誉京都，柳泉居因此而得名。

关于其名称由来，还有一个说法，即据传"柳泉居"三字是明朝奸相严嵩的落魄之作。明世宗的宠臣严嵩，由于吞没军饷，废弛边防，招权纳贿，肆行贪污，晚年被抄家，虽留得了性命，却流落街头，端着银饭碗乞讨。有一次路经柳泉居时，闻得酒香，便上门讨要酒吃，掌柜见其端着的银饭碗，知道此人是人见人恨的严嵩，本不想接济他，但知道其写得一手好字，便取来笔墨纸砚，说道："给你吃酒可以，我有一个条件，你必须为本店题几个字。"严嵩哪禁得住这酒香的诱惑，别说写字，就是提出更苛刻的条件或许他都会答应，于是，他毫不犹豫地提笔写下了"柳泉居"三个大字。

到了20世纪30年代前后，由于政局动荡，内战频仍，经济萧条，北京的黄酒业由盛而衰，至消失的边缘。最后"三居"只剩下了柳泉居"一居"。时光进入21世纪，古老的柳泉居不断改革创新，探索研究北京风味菜肴理念和实践，赋予这古老风味以崭新的内容，深受顾客的青睐。

您了解同仁堂的发展历史吗

提起中药，就会让人想到同仁堂。同仁堂创办于清康熙八年（1669年），历经数代、载誉300余年。自雍正元年（1723年）起，开始向清皇宫御药房供给药材，历经八代皇帝，长达188年，如今已经发展成为跨国经营的大型国有企业——同仁堂集团公司，全国中药行业著名的老字号。

同仁堂的创始人是乐显扬，号尊育，祖籍浙江宁波府慈溪市，今江北区慈城镇。乐显扬祖辈就开始行医，明永乐年间，他的曾祖父举家迁到北京，手摇串铃，奔走在大街小巷，行医卖药，在当时被称为"铃医"，到乐显扬已经是乐家第四代传人。清朝初期，乐显扬出任清皇宫太医院的吏目，期间收集了大量的民间验方、家传秘方及宫廷秘方。康熙八年（1669年），乐显扬辞官回家，在西打磨厂筹备创建了一个药室，由于他认为"同仁二字可以命堂名，吾喜其公而雅，需志之"，便为药室取名为"同仁堂"。

1702年，乐显扬的第三子乐凤鸣将药铺迁至前门大栅栏路南。乐凤鸣恪守祖训，持续祖业，在宫廷秘方、民间验方、家传配方基础之上，总结制药经验，写成《乐世代祖传丸散膏丹下料配方》一书，并提出训条："炮制虽繁必不敢省人工，品味虽贵必不敢减物力。"这使得同仁堂名声大振。1723年，皇帝钦定同仁堂供奉清宫御药房用药，独办官药。1900年，八国联军入侵北京，同仁堂药店被毁，损失巨大，经营状况艰难。

随着解放战争的一个个捷报，乐氏第十三代传人乐松生接任同仁堂经理。1949年，同仁堂获得新生，重新装修店面。1954年，乐氏第十三代传人乐松生带头申请公私合营，并成为同仁堂合营后的首任经理。1957年，同仁堂又一创举，开设中药提炼厂，实行中药西制。

1989年，国家工商行政管理局商标局将全国第一个驰名商标授予同仁堂，同年，"同仁堂"商标申请马德里国际注册的商标。

同仁堂以"弘扬中华医药文化，领导'绿色医药'潮流，提高人类生命与生活质量"为自己的使命。1991年，同仁堂制药厂荣升为国家一级企业，次年七月，中国北京同仁堂集团公司组建成立。

而今，同仁堂已经是规范化制度的责任有限公司，拥有现代制药业、零售商业和医疗服务三大板块，境内、境外两家上市公司，零售门店800余家，海外合资公司（门店）28家。

北京人买药，就认同仁堂，外地人到北京旅游观光，也喜欢到同仁堂看看这百年老店。同仁堂作为中华老字号，似一个中药文化博物馆，她带给人们的不只是一种产品，而是一种文化——重义、爱人、厚生的文化。

老字号鹤年堂的故事

说起北京的老字号，每个人都能举出很多名号，有的甚至还能详解一些老字号的故事，让听者啧啧称赞。这些老字号大都是几十年前乃至百年前出现的，如果按照创建时间先后顺序来算的话，在北京城中，最古老的当属位于菜市口的"鹤年堂"了，可以说是真正的老北京了，距今已经有600多年的历史，比故宫还要早10余年，比地坛要早120余年。在民间素有"丸散膏丹同仁堂，汤剂饮片鹤年堂"的美誉。1999年，被授予"中华老字号"的称号。

鹤年堂成立于永乐三年（1405年），地址在现西城区菜市口大街铁门胡同迤西路北，与牛街相邻，与丞相胡同相对，由著名诗人、医学养生大家丁鹤年创建。

丁鹤年出身医药世家，深得中医药之精髓，养生之真谛。当时，战乱不断，百姓生活在水深火热之中，再加上瘟疫肆虐，疾病横行，百姓生活更是困苦不堪。丁鹤年便立下了一个志向，即成为一名好医者，不再让百姓受疾病的折磨。在行医的过程中，他还积累了许多民间验方，并收集了许多民间中草药。而且，在行医治病的同时，他还与一些名人隐士谈诗论道，切磋易理，探讨养生之法。他以自己的医疗实践经验对中医学核心理论——阴阳学说进行分析研究，并逐步有了自己的一些独到的见解和认识。等天下安定之后，1405年，七十岁高龄的丁鹤年便开始实现自己当年的大志，在牛街附近的菜市口创办药铺，取汉族民俗"松鹤延年"之意，以自己的名字为药铺起名为鹤年堂。

鹤年堂立店以后，以其丰富的养生理论和方法充分发挥了中医药的作用，效果显著，深受历朝历代皇亲国戚、名人嘉士及庶民百姓的推崇。其中有名的，就是抗倭英雄戚继光，为称赞鹤年堂药材品质之精良、药方之经典，写下"撷披赤箭青芝品""制式灵枢玉版篇"。还曾亲笔书写体现鹤年堂养生理念精髓的两个牌匾"调元气"和"养太和"。这两个牌匾中间悬挂的是"鹤年堂"匾额，相传，此匾的三个大字"鹤年堂"是明朝首辅、权倾朝野的严嵩亲笔手书。经过多年的发展，鹤年堂的养生理论和方法更加丰富和完善，逐渐形成了食养、药膳、动调、中医诊疗于一体的中医药养生大家。2005年年底，国家有关部门正式宣布鹤年堂

"京城养生老字号，历史悠久第一家"，并颁发了匾额和证书。

有着600多年历史的鹤年堂，有着许多的历史典故和传说。其中有一个是关于血馒头的故事，说起这个故事就不得不说一下鹤年堂所处的位置——菜市口。菜市口早在唐朝就是个闹市区，到了明清，更是热闹，商铺茶楼林立，终日行人不断。而且好多名人都与其沾点边，严嵩、杨椒山宅邸都在附近；曾国藩、左宗棠、刘光第、蔡元培等曾住在原菜市口胡同；李大钊曾在胡同内创办《晨钟报》。谭嗣同、鲁迅、康有为等故居都在附近，与鹤年堂近在咫尺。鹤年堂就处在这个文人、政坛名流汇集的闹市区的中心地段，招牌非常醒目，据载，一度被作为方位物，有"看见鹤年堂就算进了北京城"之说。

有人问了，这和血馒头、鹤年堂有什么关系呢？

我们知道，在中国历史上，将闹市作为法场历史悠久，那么如此热闹的菜市口也不例外。据说，官府在杀人的前日，会派人告知鹤年堂，让鹤年堂明日不得营业，备足酒菜，并告诫其切勿外传。到了第二天，监斩官、刽子手便先在鹤年堂里大吃大喝，待酒足饭饱后，才放置监斩台。到了午时三刻，监斩官只朱笔一圈，犯人便人头落地。此时，有的刽子手便用一个大馒头塞入死者的脖腔，其实这是一些犯人家属的迷信做法，以防死者人头落地之时鲜血溅出，而阴魂不散，便在事前买通刽子手帮忙这么做的。刽子手一般行刑之后，会向鹤年堂要点安神药，而围观的群众常常是拥到法场中间，争抢绑犯人的绳子，据说拴牛拴马不会惊；有的则抢监斩官的朱笔，说此笔有驱魔避邪的作用；还有的抠取死者口中染着鲜血的馒头，认为对治疗痨病有奇效。我们都读过大家鲁迅的小说《药》，里面就有类似的场景，相传鲁迅创作这篇小说时吸收了这个典故。

可以说，名人和历史典故演绎了鹤年堂六百年的历史传奇，在这数百年的历史长河中，鹤年堂在几代继承人的带领下，对中华传统医药进行了孜孜不倦的追求，传承中医，发展出了独特的养生理论以及治病处方,使鹤年堂以医术精湛、药力独到、养生有方而声名远播,成为历代名家救死扶伤的殿堂。

张一元茶庄是如何发展起来的

说起张一元茶庄,老北京人有一句顺口溜,说:吃点心找"正明斋",买茶叶认"张一元"。可见百姓对张一元茶庄的认可。现在,张一元茶庄现在已经发展成为北京张一元茶叶有限责任公司,仍然深受百姓的喜爱。

张一元是北京著名的老字号,始建于清光绪二十六年(1900年),已有百余年的历史,创始人张昌翼,字文卿,原籍安徽省歙县定潭村。起初,店铺开在花市,起名"张玉元",1906年在前门大栅栏观音寺开设的第二家店,才取名"张一元",店名取自"一元复始,万象更新"之意,寓意开业大吉,不断地发展创新。1908年在前门大栅栏街开设了第三家店,同样取名"张一元",称"张一元文记"茶庄。

开了茶庄后,为了使买卖永远兴旺发达,不会衰落,张昌翼在福建开办茶场,并亲自熏制。他根据京城及北方人的口味,进行窖制、拼配,逐渐形成了具有汤清、味浓、入口芳香、回味无穷特色的茉莉花茶,而且,张一元茶庄茶叶品种齐全,质优而价廉,对待顾客态度和气,这些都深得老百姓认可。自然,茶庄的生意是非常红火,直到张昌翼去世,虽然委托给外人代管经营,但经营状况也毫不逊色。

然而,1937年七七事变后,北京沦陷,各行各业都开始凋敝,张一元茶庄的营业便开始萧条下来,尤其是1947年的一场大火,让茶庄损失惨重。为了生计,店员便到街上去摆摊经营,直到中华人民共和国成立后,1952年,观音寺张一元茶庄与大栅栏的张一元文记茶庄合并,才得以继续发扬老字号的优良经营传统,并在保证茶叶质量情况下,对茶叶品种进行了更新、改造、调整、增加,受到消费者的欢迎。

1992年，以张一元茶庄为主成立了北京市张一元茶叶公司，公司成立后，不断创新经营，把握市场，并逐渐掌握消费结构的发展方向，多方努力，使茶庄的传统风格的品种重新得到恢复和发展，弘扬了张一元老字号传统。

为了让更多的人了解到中国茶文化的博大精深，收获更多的茶文化知识，2006年，公司建立了具有传统特色的书茶馆——张一元天桥茶馆，其内部装饰古香古色，散发着传统文化气息，让人们在品茶的同时，不仅能学到茶文化的知识，还能欣赏到相声、评书、戏曲等老天桥民俗文艺演出。

至今，茶庄还有"金般品质，百年承诺""一元复始，万象更新"老店的遗风，张一元仍然不断的努力，让中国的茶文化发扬光大，与中国的茶人一起，做有品质的茶，有文化内涵的茶，让中国茶的香味飘满世界。

北京内联升鞋业有哪些经营之道

老北京人有句口头禅：头顶马聚源，脚踩内联升，身穿八大祥，腰缠四大恒。这里说的"脚踩内联升"，是说脚穿内联升的鞋子是对身份的象征。北京曾有句老话"爷不爷，先看鞋"，有双好鞋脸上才有面子，那么北京的好鞋在哪里呢？当然是内联升了。

内联升的鞋不只是一件衣饰那么简单，已经是奢侈品了。这与其创业初期的客户定位不能说没有关系。内联升始建于清咸丰三年（1853年），创始人赵廷，天津武清人。他在一家鞋作坊里学得了手工制鞋的技术，并积累了一定的管理经验，在一位大将军的入股下，在东江米巷（今东交民巷）开办鞋店，起名内联升。当时，专门为官员们做鞋子的店铺非常少，赵廷便把客户群定位在了皇亲国戚、朝廷文武百官，为他们制作朝靴，可以说内联升走在了奢侈品行业的前沿。而且其名字也有很好的寓意，

"内"指大内即宫廷,"联升"寓意顾客穿上内联升制作的朝靴,可以在朝廷官运亨通,连升三级。

内联升不仅定位精准,其制作也非常精细,内联升制作的朝靴鞋底厚达32层,每平方寸用麻绳纳八十余针,针码分布均匀美观。还有其服务比较细致,凡是来过店内买鞋的文武官员,内联升都把这些官员靴鞋尺码、式样等逐一记载在档,如果顾客再次买鞋,只要派人告知,便可根据档案按照要求很快做好送去,这些记载都在《履中备载》中。还有其用料比较讲究,所以内联升的朝靴深受这些文武百官的喜爱。

内联升制作的朝靴以其独特的经营理念,加上店名的吉祥寓意,声誉日渐显赫,其生意也是蒸蒸日上,在东江米巷一待就是47年。然而,1900年八国联军入侵,东江米巷被焚,内联升在这次战火中也被毁掉。赵廷为了恢复内联升,四处筹钱,后又在奶子府重新开业。但是不到两年,袁世凯在北京发生兵变,内联升在兵乱中被洗劫一空,赵廷遭到了沉重的打击,不久便去世,其子赵云书继承家业,把内联升搬到了廊坊。此时的内联升身处困境,便把朝靴的制作技艺延伸到普通布鞋中,从专为达官贵人服务变为面向社会大众,但是仍然采用传统的技艺,保留有传统的特色。1956年公私合营时,内联升才又迁址到大栅栏街。

现在的内联升,已经是股份制公司,总店坐落在繁华的前门大栅栏商业街34号,是目前国内规模最大的手工制作布鞋的生产企业,销售形式零售兼批发,被中国商业联合会授予"中国布鞋第一家"称号,2007年被北京市政府列入重点保护《非物质文化遗产名录》。其千层底布鞋制作工艺继承了传统民间的工艺,精选纯棉、纯麻等天然材料,并在此基础上进行了大胆的创新,不仅工艺要求高,而且制作工序也多,纳底的花样多,绱鞋的绱法及样式多。其自产鞋的花色也是多种多样,适合各种人群,深受百姓的青睐。虽然服务于百姓,内联升仍然坚持"以诚相待,童叟无欺"的经营理念。

三联书店的历史故事

三联书店,全名是生活·读书·新知三联书店,是一家有着悠久历史的著名出版社,在各个不同的时期,以其强烈的人文精神发挥着积极的作用。1948年,在香港,由生活书店、新知书店和读书出版社合并而成。1951年与人民出版社合并。1986年恢复独立建制。

所以,说起三联书店的历史,不得不说一下它的这三个前身:生活书店、新知书店、读书出版社。

生活书店,其前身是《生活》周刊社,创刊于1925年。1926年10月,邹韬奋接任《生活》周刊主编,并进行了改革,使《生活》周刊的发行量倍增。1932年7月,与徐伯昕等在上海创办生活书店。新知书店,成立于1935年,创办人是钱俊瑞、薛暮桥等人,它的发展是从《中国农村》月刊开始的。读书出版社的前身是《读书生活》半月刊,原名为读书生活出版社,据说此名是由沈钧儒的叔父,民国年间的老名士沈卫所题,1937年更名为读书出版社,发起人是李公朴、柳湜、艾思奇、黄洛峰等。

可见,这三家书店都是以杂志起家的。

1948年10月,全国即将解放,三家书店在香港合并,成立生活书店·读书出版社·新知书店三联书店,后迁入北京,由曹辛之先生根据生活书店店徽进行了重新设计,三联店徽是一个上下椭圆的图案,椭圆中有三个劳动者挥锄扬镐,在劳动者的斜上方有一颗五角星,小星的喻义是黎明与进步的隐含,在劳作者下方是一条横线,横线下写着"三联书店"。整幅小图构图清新雅致,图案的线条简洁流畅,它作为出版标记一直印在三联书店出版的书刊上。

20世纪80年代以来,出版界面临着巨大的市场诱惑,三联人依然保持三联版图书的品位和特色,并有了改革创新,恢复了

《读书》杂志和《生活周刊》，创立了新的刊物《爱乐》。三联依然保持着其独特的魅力，其图书依然具有鲜明的时代特色、扎实的文学功底、丰富的人文关怀和思想智慧，近几年年均出版新书300余种，深受广大读者的喜爱。

你了解京城老字号荣宝斋吗

荣宝斋是驰名中外的中华老字号，至今已有300多年历史，其前身为"松竹斋"，始建于清朝康熙十一年（1672年），创办者是一位浙江籍姓张的人，在北京做官，他用其在京做官的俸禄开办了一家小型南纸店，坐落在北京市和平门外琉璃厂西街。

创建之初，纸店主要经营纸张、笔、墨、砚台、墨盒等文房用具，喜庆寿屏，书画篆刻家的笔单，生意虽不是特别红火，但是收入还算稳定，在琉璃厂小有名气。当时正值天下太平的时代，朝中的大臣也没有什么事，为了显示自己对国家之事的尽心，在审阅外省官吏的奏折时，多都提出一些问题，比如有字不工楷正韵，款式不符，有涉当今圣上忌讳的等。外省为官的官员大都谨慎上奏，稍有疏忽，如被朝中审阅奏折的大臣发现，轻则降职，重则乌纱难保，便从松竹斋选上上品为奏折。松竹斋深知奏折关系其人前程，对于此事十分留心，对质量严格把关，凡售出者，绝无丝毫毛病，用主买去准可放心。用过松竹斋产品的官员告知其他官吏，因而各省疆吏皆知松竹斋货物可靠，都纷纷从此处购买纸张、笔墨等。因其承办官卷、官折而得名，声名大噪，生意更见发达。

后来，松竹斋的店主对经营之道不精，又不上进，生意日渐败落，尤其是鸦片战争以后，中国的社会经济状况也每况愈下，各行各业都不景气，原来顾客盈门的松竹斋也濒于破落，到了难以维持的境地。店掌柜为了将这个信誉卓著的老店维持下去，下决心改革创新，专门聘请了当时广交京师名士的庄虎臣为经理。

并于清光绪二十年（1894年），将店名松竹斋改为荣宝斋，取"以文会友，荣名为宝"之意，请当时有名书法家陆润庠题写了荣宝斋的大字匾额，悬于门楣。这样，店铺才有了新的起色，生意蒸蒸日上。文人墨客们常聚此地，相互交流。

1896年，荣宝斋又进行了一次大胆的尝试，开创木版水印事业，设"荣宝斋帖套作"机构。我们都知道，木版水印是中国特有的一种古老的手工印刷技术，用这种方法复制出来的画可以达到"乱真"的地步。荣宝斋做的木版水印，已经达到了中国木版水印的最高水平，无论是复制的小幅作品，还是大幅作品，都得到学者的美赞。其中最为著名的要数五代顾闳中的《韩熙载夜宴图》，此图制作历经八年之久，为后世公认的木版水印的巅峰之作。

荣宝斋作为三百年的文化老店，和中国传统文化艺术紧密地连在一起，以其精湛的装裱、装帧和古旧破损字画修复技术为世人称道，从1954年复制第一批古画起，至今已经有近百件古代书画瑰宝陆续复制问世，可称得上是"前无古人"的辉煌业绩。2006年，荣宝斋的木版水印技术，进入第一批国家级非物质文化遗产。

您了解以生产墨汁闻名的"一得阁"吗

"一得阁"由谢崧岱于清朝同治四年（1865年）创建，至今已有140多年的历史，以生产墨汁而闻名。其产品以四川高色素炭黑、骨胶、冰片、麝香、苯酚为原材料，采用传统工艺精制而成，墨迹光亮浓厚，含紫玉之光，书写流利，浓度适中，香味浓厚，写后易干，适宜揭裱，耐水性强，永不褪色，沉淀性小，不激纸，四季适用，有古墨之特点等，实用价值、历史文化价值和科学价值极高，是书画家创作艺术品的首选之品。老画家李苦禅先生曾赞誉："一得阁墨汁浓度适合，墨度以足，不滞不漆，用于书画咸宜，可比美昔年之松烟也。"我国著名书法家启功曾为"一得阁"题词：

砚池旋转万千磨，终朝碗里费几多。

墨汁制从一得阁，书林谁不颂先河。

那么，"一得阁"有着怎样的历史渊源呢？先要从"一得阁"的鼻祖谢崧岱说起。

谢崧岱，字祐生，湖南湘乡人，曾任国子监典籍。清朝咸丰十年（1860年），谢崧岱从湖南前往北京，就读国子监。谢崧岱在国子监饱读圣人之书，却深受研墨之苦，便于朋友认真研究制墨的方法。经过多次试验，他终于选用油烟，再加上其他辅料，制成了可以与墨锭相媲美的墨汁，亲自书写对联赞美墨汁："一艺足供天下用，得法多自古人书。"

墨汁试制成功后，谢崧岱于清同治四年（1865年）开办了墨汁店，并取对联的首字，定店名为"一得阁"，当时的王公贵族、文人雅士无不光顾，使"一得阁"生意日渐兴隆，声誉日臻。其经营规模也进一步扩大，在天津、上海、西安等大城市先后开设分号，买卖更加兴旺。

经历了近百年的风雨后，1956年，"一得阁"实现公私合营，组建了一得阁墨汁厂。2004年，一得阁墨汁厂改制为"北京一得阁墨业有限责任公司"。2006年被商务部授予"中华老字号"称号。

瑞蚨祥绸布店为何能够提供中华人民共和国的第一面红旗的面料

中华人民共和国成立时毛泽东主席在天安门城楼升起的第一面五星红旗的面料就是由瑞蚨祥提供的，为何瑞蚨祥有此资质呢？这不仅仅是其布料质地好这一单方面原因促成的，重要的是瑞蚨祥有着相当深厚的文化底蕴。

瑞蚨祥绸布店是享誉海内外的中华老字号，为旧京城"八大祥"之首，创始人叫孟鸿升，济南府章丘旧军镇人，是孟子的后裔。成立初期，以经营土布为主，后规模逐渐扩大，在上海、天津等地设立好多分店，不仅如此，而且其经营的品种也向多元化方向发展，增加了绫罗绸缎、皮货等高档商品。

清道光元年（1821年），瑞蚨祥在周村大街挂牌。为什么取号"瑞蚨祥"呢？说起它的来历，很多人可能都不知道，相传这是店铺的掌门人经过仔细推敲，引用了"青蚨还钱"这一典故。

这一典故大概是这样的，说南方有一种叫作青蚨的昆虫，捉来以后，用昆虫的母血涂遍81枚钱币，再取子虫的血液涂满另外的81枚钱币，涂完之后，你就把涂了母血的81枚钱币拿去买东西，而将涂了子血的钱币放在家中，不久之后，你会惊奇地发现，你花掉的钱，会很神秘地一个一个地飞回来，反之，结果相同。当年老板取店名瑞蚨祥就是借"祥瑞"的吉祥之寓意，希望瑞蚨祥能够财源滚滚。

瑞蚨祥进入北京，是从它的第二代传人孟洛川开始的。1876年，瑞蚨祥掌门人孟洛川把目光投向了京城最繁华的商业区——大栅栏，在清光绪初年，由孟觐侯在前门外鲜鱼口内抄手胡同租房设庄，批发大捻布。清光绪十九年（1893年）以后，洋布大量涌入中国，孟觐侯向孟洛川建议，开设布店，孟洛川出资八万两银，在大栅栏买到铺面房，成立北京瑞蚨祥绸布店。开业后生意异常红火，发展极快，在京城绸布业中几乎占据垄断地位，一时名声大作。

1900年，瑞蚨祥毁于八国联军的洗劫，店内的货物和账目都化为灰烬，这是对瑞蚨祥致命的打击，然而在困难面前瑞蚨祥没有被击垮，不久重建开业。但是，当时正值连年战火、兵荒马乱，瑞蚨祥生意每况愈下，几乎到了破产的境地。

1949年，历经沧桑的瑞蚨祥和大栅栏的许多老字号一样迎来了民主的曙光。开国大典徐徐升起的第一面五星红旗就是用瑞蚨祥提供的红绸制作的。从此，瑞蚨祥才从困境中挣脱出来，在各级政府的关怀下获得了新生。恢复以后的瑞蚨祥仍继承百年老字号的优良传统，保持老店全、新、优的经营特色，以货品纯正、花色新颖著称，并自行设计花样，派专人、选厂家定产品，绣明"瑞蚨祥鸿记"字样。其优良的布匹、绸缎至今仍为海内外游客所称道。1985年被国内贸易部命名为中华老字号。瑞蚨祥已成为大栅栏街上的一颗璀璨的明珠。

清末京城帽业之首是哪一家

清末民初时，北京就有一句顺口溜："头戴马聚源，身披瑞蚨祥，脚踏内联升，腰缠四大恒。"这头一句中的马聚源，说的是一家自产自销的帽子店，意思是说戴马聚源的帽子最尊贵。

马聚源坐落在北京前门外大栅栏商业街上，是一家久负盛名的中华老字号，始建于清朝嘉庆二十二年（1817年），迄今已有190多年的历史，创始人马聚源。马聚源深谙经营之道，为了满足社会各个阶层的需求，制作了不同档次和花式的帽子，受到上至达官贵族、下至商贾百姓的青睐。清朝末年，马聚源帽店被誉为京城帽业之首，很多人都以能戴上马聚源的帽子为荣。

马聚源是直隶马桥人，清嘉庆十二年（1807年）来到北京，初在崇外花市附近一家小成衣铺当学徒，后由于这家成衣店铺经营不善，一年之后便倒闭了。他便到了一家帽子作坊学徒，帽子作坊的掌柜制帽技艺精湛，对待学徒也还比较和善。马聚源便虚心求教，渐渐地学会了制作各种帽子的手艺。学徒生涯刚一结束，马聚源就购来原料自己加工帽子，在前门大街鲜鱼口摆了个小帽子摊。马聚源一边自制帽子，串打磨厂、花市一带的客店，一边给其他帽店做加工。由于马聚源做的帽子用料讲究，质量好，而且价钱公道，日子久了，马聚源的帽摊出了名，得到了好多顾客的认可。后来，马聚源用多年的积蓄，在鲜鱼口中间路南买下了一间小铺面，用自己的名字，取店名为"马聚源帽店"，择吉日开业。

马聚源帽店铺面不大，但是每天的顾客络绎不断。有一天，帽店里来了一位当朝的张姓大官，他买了一顶帽子，发现帽子做工精细，样式讲究，用料实在。于是，这个张大官便介绍马聚源帽店为清政府做缨帽。这对马聚元是天赐良机，马聚源便应了下来。从此，马聚源从一个普通的小帽店，成了为清政府做缨帽、专为贵族官僚服务的"官帽店"。

由于生意兴隆，年年盈利，清道光二十二年（1842年），马聚源出资又在鲜鱼口开办了天成斋鞋店。由于日夜操劳，掌柜马聚源的身体也是每况愈下，清咸丰八年（1858年），他因病重不治而亡。马聚源去世之后，由于其家人无人经商，由张大官出面，把整个店铺交给了一个叫李建全的人经营，依然沿用马聚源字号。李建全凭借着与张大官的关系，交往了一大批政要官员，使得马聚源帽店里各色人等出入，顾客也增多了，马聚源帽店进入全盛时期，成了闻名京城的帽业之首。

清政府被推翻后，马聚源店不再生产红缨帽子了，改为当时政要富绅戴的瓜皮帽。

1949年，马聚源店走上了服务于人民大众的新路，从根本上改变了服务的方向。1958年，马聚源帽店由鲜鱼口迁至今址。现在当我们有空去逛大栅栏时，还可以看到那块写着马聚源的匾额。

老北京的"四大恒"指的是什么

我们在介绍北京的老字号的时候，多次引用老北京的一句顺口溜，其中有一句是"腰缠四大恒"。由于"四大恒"早已衰败，鲜为人知，不少人根据顺口溜的字面意思，误认为"四大恒"是卖腰带的，其实，正确的解释应该为腰中缠着"四大恒"钱庄的银票，比较富有，有腰缠万贯之意。知道了这句顺口溜的意思，我们就不难知道"四大恒"是什么了。

"四大恒"指的是红极一时的四大钱庄，分别为恒利、恒和、恒兴、恒源，是由祖籍浙江慈溪董姓人氏开办。早在清朝乾隆年间,董姓人氏在东四牌楼摆设钱摊,兑换银两铜钱,后来由于资本积累渐渐丰厚,便在东四牌楼附近开设了上述的四大钱庄。其中,恒和号是主店,位于东四牌楼东大街,服务对象是当时的一些大官富绅,专司他们的存放款业务。恒兴号居于隆福寺胡同东口,其主要业务是服务于各大商号。恒利、恒源两号专放当商款,其中恒利号还有一些产业,清末永安堂药店就是其产业之一,另外恒利号还在天津设有首饰局,后改称为恒利金店。

"四大恒"由于资金雄厚,为了适应市场需求,发行了"银票",极大地方便了消费,很快在市场流通。再加上"四大恒"坚持其诚信兴业的经营理念,借着天时、地利、人和的优势,使"四大恒"享誉北京四九城。到了光绪初年(1875年),"四大恒"发展到了顶峰,在广大民众心目中的地位很高,在北京金融业内具有举足轻重的作用。

清咸丰三年(1853年),太平天国北伐军攻入直隶,京城内人心惶惶,持有银票的人纷纷把银票兑换成银钱,结果造成200多家钱铺倒闭,也有人因钱铺倒闭持票人无法兑换银钱,手中银票成了废纸一张,而"四大恒"却未受到影响。可见四大恒在北京金融业地位的举足轻重。

光绪二十六年(1900年),八国联军入侵北京,沿途烧杀抢掠,京津一带钱庄无一幸存,遭到侵略者的大肆抢劫,"四大恒"被洗劫一空,遭到灭顶之灾,最后仅留下了恒利金店。从此,北京的钱业也一蹶不振,金融中心也从北京移到上海。

1928年董氏家族将北京恒利金店关闭,转移到天津同浙江同乡共同合资经营,由于其制作的金银首饰成色好、重量足、工艺精、货真价实,深受城市中下阶层市民、农民的青睐,因此,在经营上颇有起色,恒利金店也成为董氏家族主要的经济来源。据《天津商会档案全宗》的记载,天津开设最早,而且久盛不衰的金店是恒利金店。中华人民共和国成立后,恒利金店依法结束了营业,所余资金全部用来偿还债务和遣散职工,"四大恒"的历史彻底结束。

第十六章

老北京的交通出行

老北京的交通出行工具的变迁

北京是一座历史名城,在交通运输方面相对于其他地区也非常发达,小轿车、公交车、四通八达的地铁等交通工具,为百姓的出行带来了很大的方便。这是现代化的北京,那么老北京都有哪些交通工具呢?您知道老北京的交通出行经历了怎样的历史变迁吗?

明清时期,北京的路面状况不佳,基本都是土路和石子路。人们出行主要靠人力和畜力。一些官宦贵族、富户一般都乘轿子或坐骡、马车。轿子分为两人小轿、四人小轿和八人以上抬的大轿等。骡车、马车是仿西方的四轮马车,可以乘坐三至四人,用一匹或两匹骡子或马拉着。

而对于当时的普通老百姓来说,他们的交通工具主要是人力,有扛肩、背负、挑担、人力车、手推车等工具,有时候也用到驴和骆驼。

上面说的是在陆地上的交通工具,在河、湖泊中的交通工具都有什么呢?那时主要靠船、冰床等。船我们都不陌生,冰床是以木制成,下面有两根钢条,冬季在冰面由一个人背绳在前面用力拉着滑行,其快如飞。

在清末，各种交通工具逐渐亮相北京，市面上出现了洋车，也就是我们常说的人力车，每辆只乘一人，有死胶皮轮及充气胶轮两种，是当时老北京主要的交通工具。还有自行车和三轮车。三轮车曾是时髦车，由人脚踏而行，可双人并坐。后来，京城街头还有一种新型现代化公共交通工具——有轨电车，又被称为"摩电车"或"铛铛车"。

如今，公共汽车、地铁、城市铁路逐渐成为北京人主要的交通方式。随着人们生活水平的不断提高，私家车也在逐年增加。老北京交通出行的变化发展见证了北京和中国的风云变幻和命运更迭。

旧时的老北京人怎么样出门

旧时的老北京人出门除了靠步行，您知道非常普遍和平常的方式是什么吗？那就是骑驴，说到骑驴，您可能会立刻想到八仙里面倒骑驴的道士张果老。旧时，老北京人骑驴出门是非常流行的。

首先，驴不仅能够载人，还可以驮很多重物，并且还可以做成驴车拉东西，还有比较重要的一点，就是驴的耐力非常好，而且饲养、驯服起来都比较容易。所以旧时有很多北京人为出行方便自家养驴，还有靠养驴做一些营生的，被称为驴主。

用驴来作为代步工具，也非常方便。关于骑驴还有一个典故，据说，有一年春天，慈禧太后春游，乘御舟顺长河去颐和园，沿途看到西郊踏青的仕女，有许多骑着小毛驴，小驴脖子上系着铜串铃，一步一叮当，清脆好听。当她来到颐和园，看到西堤一带景色非常好，桃红柳绿的，便命人找驴，要骑驴去西堤观看春色，跨过了玉带桥，看着美景，慈禧扬扬得意。您说，当时骑驴是不是很流行？

后来，骡车、马车逐渐多了起来，驴车慢慢少了，如今，小毛驴在北京已经不多见，但是在比较偏远的山区农村，毛驴仍然发挥着不可替代的作用。

您知道慈禧太后骑驴跨过玉带桥的故事吗

慈禧太后放着豪华的凤辇和画舫不坐，偏偏喜欢骑驴，并在春游的时候骑驴过了颐和园的玉带桥，下面就给您详细说一下这个故事。

相传慈禧太后在去颐和园的路上，看到城里的仕女骑驴踏青，感觉很新奇，别有一番风味，到了颐和园之后，便下旨要骑驴去观赏西堤美景，体验一下骑驴的滋味。随行的大太监李莲英听到后犯了难，西堤的路弯弯曲曲，高低不平，堤上还建有桥，伺候不好把老佛爷摔着了，那可就吃不了兜着走了，弄不好要掉脑袋。但是，慈禧太后是谁啊？她的话就是金口玉言，谁都不敢说什么。李莲英便为慈禧挑选了一头毛驴，并小心翼翼地把慈禧扶上毛驴。

慈禧太后骑在毛驴上，便去了西堤，玩得非常高兴。一会儿工夫，慈禧以及随行人员便来到了又高又弯的玉带桥，别名"罗锅桥"。慈禧玩儿兴正浓，要骑驴跨过玉带桥。李莲英一听顿时出了一身冷汗，但是又不敢违抗，便与众人急忙过去伺候。毛驴驮着慈禧太后在众人的护卫之下，一步一颤地走到了桥的顶部。可是让人意想不到的事情发生了，或许是毛驴出于害怕，在原地打起转来，怎么都不走。慈禧吓得在驴背上也开始哆嗦起来，众人更是提心吊胆，但是骑驴过玉带桥的话说出去了，只好硬着头皮往前赶驴，毛驴依然不往前走。正在进退两难的时候，李莲英突然有了主意，唱起了《小放牛》的儿歌："……张果老骑驴桥上走，柴王爷推车压了一道沟呷儿呀嗨……"唱完之后对慈禧说："老佛爷，仙人张果老保佑着您，还怕过不了这玉带桥？"说话间，稳住了毛驴，让慈禧像张果老那样倒骑着驴，一步一蹬地走下了这玉带桥。

过了桥的慈禧太后长吁一口气,非常欢喜,重赏太监李莲英及其他的一些随行人员,便又开始观赏西堤的美景了。

后来,这个故事在民间流传了起来。毛驴作为平民百姓的代步工具,被一些皇亲贵族认为登不上大雅之堂,这次也算与贵族有了一次接触。

您了解有"京车"美誉的交通工具吗

现在,老北京人还经常把小型汽车称呼为"小轿车"。其实在清朝,人们就有"轿车"了,只是那时的"轿车"是骡子拉的车,通常被称为"骡车"。在旧时的北京城,骡车可以说是最主要的载人交通工具。皇帝和皇后等皇亲国戚的专用座驾就是骡车,有"京车"之美誉。

骡车很早就出现了,在一些历史典籍中有相关的记载,例如《晋诸公赞》:"刘禅乘骡车诣艾,不具亡国之体。"《北史·贺若弼传》:"令蔡徵为叔宝作降笺,命乘骡车归己,事不果。"明代的诗里曾有"门前一阵骡车过"的记载,但是,骡车具体是怎么演化而来的,已经无从考证,它的鼎盛时期应该在嘉庆、道光以后,直到人力车的出现,才逐渐在京城绝迹了。

说到骡车,先说一下骡子,骡子是马和驴的杂交品种,不仅耐力好,抵抗力强,而且还有灵活性和奔跑的能力,是非常好的畜力代步工具。

关于骡车的出现,则体现了老百姓的创造能力。旧时,富贵发达的人都骑马出行,老百姓就骑骡子出行,还给它套个车,称之为"骡车"。骡车一般有四个组成部分,有车身部分,以木质为机构,前面是车辕,后面是车厢,车厢上还有一些装饰。第二个部分是车轴和车轮,官车的车轮较高,辐条比较细,毂为凸形,轴稍长,而普通的骡车车轮用瓦,俗称"笨脚",毂作平面形,跑车车轮则特别重,以防止翻车,其中最突出的部分是轴承,俗称"车箭"。第三个部分是车围,夏天时挡住烈日,还通风,冬天时,能挡雪保暖,制作得非常美观。第四个部分是套具,就是骡子身上用的鞍、夹板、笼头、缰绳,以及车上用的皮件、金属什件等。

骡车主要用于城里的短途往来,也有走十里八里甚至百里远路的。由于骡子跑起来比较稳当,深受人们的欢迎,也受到了贵族富绅的青睐。有钱财的富人,对拉车的骡子还非常有讲究,不仅要挑选高大健壮的骡子,还对骡子的毛色有要求,还有的人家在骡子脖子上装着铃铛,走起来哗啷作响,十分气派。

如今,在北京城是不可能看到骡车了,或许在郊区能够看到,但已经不值得一提了。

您了解老北京的羊车是什么样的吗

听说过牛车、马车、汽车,您听说过羊车吗?羊车,其实就是用羊拉的车,它有什么作用呢?

羊车,是旧时父母出于对孩子的一种爱护而发明的,专门用来驮载一个或两个小孩子出门游玩时用的。它是一个特制的小型敞车,用一头山羊拉着,舒适轻捷。您别瞧山羊个头小,但百十斤的重量也可以载行。

其实,有关羊车的记载很多,它曾是宫中用羊牵引的小车,装饰精美。比如《晋书》中的相关记载:"(晋武帝)常乘羊车,恣其所之,至便宴寝。宫人乃取竹叶插户,以盐汁洒地,而引帝车。"说的是晋武帝在宫中游览,羊车到哪个后妃的住处停下,便由哪个妃子侍寝。聪明的宫人便在自己房屋前插上竹叶,撒上盐水,引羊过来,后人用羊车形容宫人得宠。

还有《隋书》中的相关记载:"(羊车)其制如辇车,金宝饰……驭童二十人,皆两鬟髻,服青衣,取年十四五者为,谓之羊车小史。驾以果下马,其大如羊。"清代词中也有说到羊车:"游丝不系羊车住,倩何人传语青禽?"

随着历史的发展,羊车从宫廷走向民间,成为一种儿童用具。

有"一轮明月"之称的交通用具是什么

"一轮明月"其实说的是手推车,它是手推车的俗称。旧时,老北京有一句谚语"推小车不用学,只要腰眼活",其中的"小车"就是手推车。

手推车为什么会有这么诗意的名字呢?这可能和它的结构有关系。手推车是一种只有一个轮子的车子,而且轮子在车身的中间,形如月亮,所以人们才形象地称它为"一轮明月"。车的两个把手在后面,把手上还有一根带子,人在推车的时候,把带子搭在脖子上和肩上,这样有利于平衡这种车子。

过去,手推车在山东、河北、河南等省被用来载运货物。北京在没有通自来水之前,各家卖水的给用户送水,都用手推车。送水的手推车左右各有一个大木桶,桶上方有个方口,用以灌水,桶的两旁下端,各有一出水的小洞口,均用木塞堵塞。另外,车上还放有一条带铁钩的扁担,靠车辕的位置放有两个小木桶。至用户家门口时,将小木桶分别放在大木桶的出水口位置,拔下木塞,让两个木桶灌满水,然后再用木塞小洞口堵好,挑水入户。放水的时候非常有技巧,这和手推车的机构有很大的关系,如果两边放的水不一样,最后两边大木桶里的水所剩的不一样,在推车子的时候,很难掌握住平衡,车子会向一边倾斜。旧时,有比较调皮的小孩,乘送水的人去给人家送水的工夫,把一边木桶的木塞拔掉,把水接走,等送水人来了后,在毫不知情的状况下,推车子肯定要翻倒。

除了送水用到这"一轮明月"之外,老北京卖青菜、山货、缸盆以及卖干鲜果品、烫面饺、牛头肉等小商贩,也多用手推车,和水车不同的是,这些车子的上面是平面的,比较方便放置货物。

手推车给人们的生活带来了很多方便。现在的好多建筑工地上也能见到类似的手推车,只是结构都是金属的,轮子也是带有轮胎的,属于现代版的手推车。

您了解老北京的扛肩、背负和挑担吗

旧时,北京的百姓除了借助畜力运输货物,还有几种单靠人力运输货物的方式,扛肩、背负和挑担就是其中的三种方式。这三种运输方式是什么样的呢?

扛肩,也叫"窝脖儿",就是窝着脖子,背着东西疾走,在老北京的马路上,能够经常见到。这一行大多都在民间,有搬家的或者嫁娶的,都要用到扛肩的人。

背负,其实就是背运货物,有时候还背人。在清末,赶上多雨的季节,北京的街道大部分都被水淹没了,行人无法正常通过。这时候,一些贫困的人,为了养家糊口,专门背人过街,挣点辛苦钱,贴补家用。这些人大都光着脚,光着膀子,双手托住客人双脚,蹚着水,小心翼翼地过街。

挑担,类似于扁担,老北京一些走街串巷卖鲜花的、卖菜的等,都是用担子挑着,一走一颤一颤的进行叫卖。

老北京的骆驼是用来做什么的

骆驼以秉性温顺、吃苦耐劳为大家所熟知,有"沙漠之舟"的美名。在汉时通西域,唐时走丝绸之路都立下过汗马功劳。那么,在老北京城里骆驼是用来做什么的呢?

旧时,在北京郊区及山区用骆驼驮运货物,做这一行当的人被叫作"拉骆驼的"。他们把几头骆驼用较细皮绳穿通骆驼的鼻孔，通常是6到8只，形成一串，称为"一把儿"。每只骆驼驮着两个麻袋，里面装些石灰或煤块儿。拉骆驼的平时沿街售卖，除贩运石灰、煤块儿，拉骆驼的还从山区运送一些木材等大宗笨重的货物到京城。所以，每天清晨，成群结队的骆驼就会聚集在老北京城门外。

起初，骆驼只是为官家所养，被用来运货，比如元朝时修建元大都时，就被用来运送一些石料等建筑用材。后来人们发现，骆驼不仅耐渴、耐热，而且体力、耐力也非常好，才被用来运送商品到城里去卖。在北京的石景山和门头沟一带，也就出现了很多专门养骆驼的"驮户"，靠骆驼搞运输拉脚挣钱养家糊口。

民国之后，火车、汽车的出现，对骆驼队造成了非常大的威胁。现如今，北京城再也见不到骆驼的影子，再也看不到繁忙的人流中那叮叮当当的骆驼队不紧不慢地穿行啦，这也说明我们时代进步了。

马在老北京交通中有着怎样的地位

从古到今，人类与马的接触就非常密切。因为马跑起来不仅有速度，而且耐力非常好，跑得非常远，所以，在最初就被作为一种交通工具。

在人力车和电车之前，老北京的畜力代步工具，除了驴、骡之外，那就是马了。马在老北京的交通中扮演者非常重要的角色。

满族在马上得了天下，入关定都北京之后，明文规定，除了年龄大的臣子可以乘轿，其余一切文武大臣都要骑马，以保持尚武的传统。随着清王朝统治的进一步稳固，对骑马的规定也不再那么严格，一些官员为图安逸，渐渐地改乘车轿。

清代的马车从款式上分有两种：一种有顶子，另一种是敞篷的。还有官车和市车之分，官车是官员的代步交通工具，城中有钱的富户也有自备马车的，以显示身份地位，有的还用于出租。

市车有载人的，也有运货用的，运货的马车又称为"大车"。平常百姓家很少有置办马车的，只有在婚丧嫁娶的时候，要用到马车时就租用马车。举行婚礼的时候，马车上装饰有红绿两色的彩绸，并且还在车厢上挂上窗帘，窗帘的颜色一般都是红色的，上面印有花式。举行葬礼的时候，相对比较简单而庄重，马车上就有蓝色和白色的绸缎。所以说，马车还是当时富裕的家庭用得比较多。

随着现代化交通工具的出现，马和马车渐渐地淡出了人们的生活，但是马在老北京的日常生活中的确是非常重要的交通工具。

您了解老北京的水上交通工具吗

老北京的水上交通工具，要分季节来说，那就是夏、春、秋的舟楫，冬天的冰床。舟楫就是在水上行走的大小商船、游船、官船、客船等。冰床就是在冰上跑的冰车，现在大多数人都不是很熟悉。

北京自古以来就是南来北往的必经之地，属于交通要地。那时，水路、陆路都可以进入京城，一派繁华景象。东直门、西直门、德胜门、卢沟桥通着大路，车来人往。其余的就靠水路。出了朝阳门乘船沿通惠河往东一会儿便到了京杭大运河的起点——通县张家湾码头。东西南北四个方向的护城河围绕着北京，在城东南汇合进通惠河，流入大运河。河道上船舶云集，有皇家御用的船，有运送粮食的粮船，还有水军作战用的战船等，各式各样。可见，老北京的水路运输非常方便。

但是，到了寒冬腊月，河水结冰，船已经不再适用，这时就要靠冰床了。冰床外形像床，在两边的木板下面钳上两根钢条，学名叫雪橇，也有人称为爬犁的，有点像大号的冰车，由人背着绳子拉"床"，可以坐几个人，也可以运输货物。

后来，冰床就很少用了，现在成为冬天的一种冰上玩具。什刹海附近在冬天有专门经营出租冰车这一行当的，出租给游人玩乐。

您知道轿子有什么讲究吗

轿子是老北京主要的交通工具之一，大家对它都不陌生，是一种靠人或畜扛、载供人乘坐的交通工具。

轿子有很多种类，有官轿、民轿、喜轿等，有走平道，有走山路的，有木做的，有竹子做的，有人抬的和牲口抬的，人抬的有两人抬的，有四个人抬的四人小轿，八人抬的大轿，牲口抬的有骆驼驮的"驼轿"，还有骡子抬的"骡驮轿"。

在封建社会的等级制度下，轿子的使用有着严格的等级规定。清朝时期，不仅在使用上有等级规定，对制作、售卖、租赁都有着严格的规定，没有允许，在城中是不能随便开轿店和出售轿的。《清史稿》曾有相关的记载："汉官三品以上，京堂舆顶用银，盖帏用皂。在京舆夫四人，出京八人。四品以下文职，舆夫二人，舆顶用锡。直省督、抚，舆夫八人……"所以，轿子普遍应用在官府，皇帝乘的是金顶黄轿，皇后的轿子是凤轿。平民百姓家中不论多有钱，也只能乘坐两人抬的小轿，而且只能是青布的，只有在成亲的时候才能用有图案和颜色的轿子。轿子成了等级和身份的象征。

坐轿子的人舒服，但是抬轿子的却受了罪了，现在，除了一些特定的场合，这种交通工具已经被淘汰了。但是，它在老北京丰富的文化上增添了一笔，见证了老北京人的生活。

清末著名的"窝脖儿"范茂贵

"窝脖儿"是旧北京城里的一种行业,俗称"扛肩",在这个行业中比较有名气的就属范茂贵了。在清末的北京城,一提到"窝脖儿",无人不知,无人不晓。他是一个有30多年从业经验的"老窝脖儿",曾经为慈禧陵墓"窝"运了60斤重的铜狮子,而且仅用了四天时间,可以说无人能比,还曾给清朝的一位贝勒爷用"窝"运的方法运送一个六尺高的古瓷瓶到六国饭店。

"窝脖儿"是要讲究方法和技巧的。具体的"窝"法是先将要运输物品摆在一个长木方板上,木板一般长二尺五寸,宽一尺七八,用绳把物品捆好在长方木板上,然后请两个人抬起,放在"窝脖儿"的肩上。窝脖人事先在脖子上垫好一根板条,板条的下面垫有棉布,以减轻对身体的伤害,蹲身低头将物件"窝"起。起步走的时候,窝脖人眼睛向前平视,用一手扶大木板边,另一只手前后甩动,背着东西健步疾走。到了地方后,下肩时也要有两个人把东西抬下。

干这一行的人,一般都是为人搬家或者是代人送嫁妆,极少数窝脖儿人为皇室扛运贵重陈设或者高大、笨重易碎的物件,可见,范茂贵能为贝勒爷"窝"运瓷瓶,他的"窝"运功底还是不一般的。

这个行业干的时间长了,人会留下残疾,一般从业者的脖子上都会有一个大包,有的还被压成驼背。所以,"窝脖儿"不是一件容易的事,他们挣的都是辛苦钱。

在紫禁城内骑马乘轿是怎么回事

紫禁城是封建帝王的家,是一般百姓不许接近的禁地,即使是朝廷的文武官员,也不可在里面任意行走,更不用说骑马乘轿了。总之，到了紫禁城的地界，无论富贵贫寒，骑马者下马，乘轿者下轿，否则就会受到惩罚。这种"文官下轿，武官下马"的传统，在几千年里一直延承。神武门、东华门外各立有"下马碑"，上面刻有"官员人等至此下马"字样。到了这个地方，无论文官还是武官都必须下轿下马步行去见皇帝。现在，我们还能看到在故宫博物院东华门处的"下马碑"。

禁止官员随意乘轿骑马，在一定程度上维护了皇帝的权威，也维持了皇宫的秩序，但是对于一些年老或者身体不便的官员来说，却增加了很多的麻烦。所以，在一些朝代中，也有经过皇帝特许可骑马或乘轿的官员。

据记载，宋朝庆历初，吕夷简为相的时候，由于身体不好，有疾病，想辞官还乡，宋仁宗想亲自看一下，便特许他可以乘马至殿门。

到了明代，文武百官上朝，无论年龄大小，有无疾病，却"从无赐紫禁城骑马者"。

清初，紫禁城骑马或乘轿，也称为"赏朝马"，成为对宗室王公及文武重臣的一种非常崇高的礼遇。仅有少数近支王公准许骑马进入紫禁城，但是只能进入外城部分，到景运门外必须下马或者下轿，其他大臣只能循明朝旧制，徒步入朝。东华门、西华门旁和午门前的左阙门、右阙门外，各立石碑，用六种文字镌刻为"至此下马"和"官员人等至此下马"，显示出宫廷威严。

正式的明文规定允许大臣们骑马入宫，始于乾隆时期。主要是考虑到大臣们星夜入朝，遇到雨雪天气，特别不方便。此外，立有重大功劳的文武大员，或受到特别恩宠，也会特许"紫禁城骑马"。例如乾隆年间，大将军岳钟琪因为平叛金川之乱有功，特赐"紫禁城骑马"，兆惠以征西北回部军功特许"紫禁城骑马"等，退休的文官钱陈群在给皇太后祝寿时入宫，特命紫禁城骑马。1778年，乾隆帝为庆贺自己的七十大寿，邀请六世班禅进京，特许六世班禅乘轿殿前，给予六世班禅最高的待遇。还有大学士鄂尔泰、张廷玉因"年迈不能乘骑","蒙恩准在紫禁城内乘轿行走"。

到嘉庆时,更特许年过七十的大臣,可以在禁城中乘坐一种小轿,例如大学士王杰进宫时,已过八十的高龄,特旨允许其坐轿入宫,拄拐杖进入内廷,则是极特殊的"恩宠"。

以此来看,清前期骑马、乘轿进入大内是一种很高的礼遇,只有年高德昭的老臣才能享此殊荣。晚清时期,清廷礼制多被打破,而赐紫禁城骑马也变得较为普通了,咸丰、同治以后,得到此种赏赐的人不一定就年老,也不一定有多大的功劳,且得此赏赐的人也很多了,看来已不是什么"殊荣"了,如咸丰间,工部左侍郎杜翰、户部尚书柏葰均加恩"赏紫禁城内骑马"。礼部右侍郎刚毅因护送慈禧西逃,李鸿藻因镇压捻军"有功"等,均可在紫禁城内骑马,慈禧的父亲惠征官仅侍郎,也特赐在紫禁城内骑马。

老北京的洋车知多少

洋车其实是东洋车的简称,因为要用人拉,所有又叫人力车。为什么叫洋车呢?因为这种车是清朝光绪年间从日本传过来的。最初由于它的车轮是硬胶皮的,故又被称为胶轮东洋车。1900年以后,才有了充气轮胎的洋车,充气式轮胎的洋车与硬胶皮的洋车相比,拉起来就轻快多了,坐起来也比较舒服。

西交民巷是最早在北京卖人力车的地方,据说,当时一辆人力车价格不菲,要一百多大洋。在当时来讲,要买一辆人力车,那是平常百姓家难以承受的。或许是有钱人看到了其中的商机,后来,北京出现了出赁人力车的厂子,大厂子有几十辆,略微小点厂子也有四五辆。看过老舍先生《骆驼祥子》的人都知道,这些人力车大都被旧中国的穷苦人租赁。

当时的旧中国,满目疮痍,拉洋车是穷苦百姓被迫无奈的谋生之计。他们拉着洋车走街串巷,只为养家糊口挣点小钱。当时的人力车有座位的地方有车棚,夏天有帆布篷,冬天有棉布篷,晴天晒不着,刮风吹不着,下雨淋不着,但拉人力车的人可就遭罪了,风吹日晒,下雨时淋得浑身湿透,实属不易。

既然是赁来的洋车,少不了要向车主交份子钱,可能忙了一天,最后剩在自己兜里的钱也寥寥无几。尤其是民国警察局对人力车出了一些条例之后,拉洋车挣钱更是难上加难。民国时期,北京的人力车多达几万辆。民国警察局的老总们想了一个生财之道,规定每一辆人力车,都必须有号坎儿,在上面印上号码,不穿号坎儿就不准拉车,并把这些号坎儿以高价卖给车主,车主肯定不做吃亏的生意,以此为由涨车份儿,最后倒霉的是拉洋车的穷苦百姓。

据说,拉洋车有多种形式,有拉白天的、拉夜里的,还有拉包月的。拉白天的人早早地从车厂子拉出洋车,在大街小巷转悠。拉夜里的,主要是拉过夜生活的有钱人。

拉包月洋车的人,他们的服务对象都是比较富有的家庭。这些拉洋车的人的收入相对来说可能比较稳定,家里过的稍宽裕些。只是没有固定的休息时间,要随叫随到,随时准备伺候那些老爷、太太、少爷、小姐们。而且有时候碰到脾气不好的主顾,你的动作稍微迟缓一点,就会招来他们的谩骂。

现在北京后海附近的古巷里,有一些脚蹬的三轮车,有的人叫它黄包车,有的人还叫它洋车。好多游客坐着它,游览北京比较有名的古巷,已经纯是怀旧的旅游项目。

老北京人力车夫的生活状况

老北京的人力车夫多数是贫困的劳动人民,所从事的这一行劳动强度大,收入非常低,能养活一家老小就算不错,和苦力、粪夫差不多,身体上受苦受累。不仅如此,而且精神上也饱受折磨和打击，挨打受气是经常发生在他们身上的事情。

人力车夫能自己置办车子的人很少，大多数都是租车。每天天不亮就到车场去排队，如果去晚了，车子已经出租完了，这样一整天全家人可能就要挨饿了。那么，租到车子的车夫，他们的生活状况又是什么样子呢？

人力车夫为了能找到活，要不停地跑着，不然不仅连家里生活的钱都挣不到，而且还有可能辛苦一天，连车份子钱都挣不回来。如果交不够车份子钱，车场的老板会非常不高兴，会对车夫毒打一顿。

还有就是旧时的警察，车夫们经常遭到他们的罚款和毒打，这一现象我们在一些影视剧的作品中都能看到。在老北京，有规定，热闹拥挤的地方是不准停车的，比如大栅栏、前门等繁华的地方，如果车夫歇脚拉活，这些巡警就会立刻过来对他们拳打脚踢。

再就是一些无赖乘客，为老北京的人力车夫的生活增加了一份压力。碰到好的主顾还好，或许还能多给几个钱，如果碰到那些地痞无赖，不给钱那是小事，有的还会找各种借口对车夫大打出手。

可见，老北京人力车夫的生活是非常不容易的。

乘坐人力车的第一人是谁

我们都知道，人力车被称为"洋车"，在南方被称为黄包车或者东洋车。它最早是在日本出现的，在20世纪初，由日本传入中国，老北京第一辆人力车是日本赠给慈禧的礼物。所以，慈禧就是乘坐人力车的第一人了。至今这辆车还在颐和园存着呢，去过颐和园的朋友都能看到，车身是黄色的，黄龙软缎制成的坐垫、靠垫。

自慈禧坐过人力车以后，民间也开始有了人力车，而且在全国逐渐流行起来。还出现了制造、出租人力车的车场，拉车的车夫也应运而生。据说，袁世凯在中南海的大总统府曾成立了一个洋车队，每辆车配两个人，一个人拉，另一个人推，都穿军服带军帽，也是非常威风，在当年不次于现在的宝马车队。

现在，您可以到北京胡同体验一下坐这种车子的感觉。

老北京的"铛铛车"是什么

铛铛车，其实就是老北京的有轨电车，铛铛车是它的俗称。为什么被称为铛铛车呢？因为开车的司机脚下面有一个铜质铃铛，踩下去会发出"铛铛"的声音，所以才被人们形象地称为铛铛车。

北京不是中国第一个拥有有轨电车的城市。可以说有轨电车入驻北京，经过了许多波折。清朝光绪二十三年（1897年），北京马家堡火车站建成。1899年，德国西门子公司从这里向永定门修建了一段有轨电车线网及轨道，甚至连有轨电车都已经配备到位，下一步就要投入使用。结果，就在第二年，义和团运动爆发，他们把对帝国主义的仇恨转嫁给了这些铺好的轨道，顷刻间，中国的第一批现代化的有轨电车荡然无存。

之后，几经波折，1906年，中国第一批有轨电车的通车运营终于在1906年被天津抢了先，以后几年，上海等城市有轨电车线路也纷纷竣工。直到1924年，绕过商户的闹事，说服了认为有轨电车伤了龙脉的皇室宗亲，北京才驶来了她的第一批有轨电车，并举行了前门隆重的通车典礼。开通之后，有轨电车载客量大，速度相比也比较快。但是，这触及了人力车夫的利益，影响了他们的生意，本来就举步维艰，现在又来了抢生意的这么个东西，所以，人力车夫爆发了大游行，有的对轨道实行破坏，还有的砸机车、在电车两线之间抛铅丝造成短路。

但是不论怎样，有轨电车的出现，让北京公共交通向现代化迈进了一步，大大地方便了百姓的出行，深受百姓的喜欢，有一首打油诗描写了当年乘客等车的情景，打油诗道："站头等车二三时，两眼望穿脖梗直。为省金钱六七角，如似婴儿盼奶吃。"

您了解中国第一辆进口汽车吗

跨进皇家园林颐和园的东门，往前走不多远便到了昔日帝后妃嫔看戏的庭院——德和园。就在院落的一间大殿里，有一辆老态龙钟的汽车格外引人注目。这辆车是中国的第一辆进口汽车，被人们称为"中国头号古董车"。

去颐和园游览的时候，您可以看到。这辆车整体为两轴四轮敞开式，车的前方镶嵌着铜质车灯，黑色车厢将车围了一圈。有点像中国古代的四轮马车。车厢内设两排座位，前排只能坐一人，后排可乘坐两人。在车厢上方还有简易的车篷，四围缀有黄色穗带，显得十分华贵。您知道它的主人是谁吗？它又是怎么来中国的？为什么典藏在颐和园呢？

据了解，这辆汽车是德国奔驰生产的第二代产品——"杜里埃"奔驰小轿车。光绪二十八年（1902年），慈禧太后在太和殿为自己举行隆重的六十七岁大寿庆典。当时，所有的文武大臣为讨好她，绞尽脑汁，费尽心机地为慈禧准备贡礼。慈禧太后一辈子享尽荣华富贵，什么东西没有见过？这些琳琅满目的生日礼物中，唯独刚刚接任直隶总督兼北洋大臣的袁世凯的礼物引起了慈禧的注意，也引来了众人的目光。这是个什么样的礼物呢？就是这一辆从德国进口的第二代奔驰小轿车，是袁世凯花一万两白银购进后专门孝敬慈禧的贡品。

慈禧从没见过这么稀奇古怪的洋玩意儿，听说这辆汽车不用人抬、马拉就能跑，非常高兴，当即命令过来的司机开动汽车演示。看完表演之后，慈禧对这辆汽车产生了非常浓厚的兴趣。有一次，慈禧处理完朝政之后，便要坐这辆汽车去颐和园游览。当汽车驶出紫禁城后,她突然发现原来的马车夫竟成了她现在的司机,不但与她平起平坐,而且还坐在了她的前面,这让她觉得很没面子,便责令司机跪着开车。老佛爷的话谁敢不从?这位车夫只好跪着驾驶车辆,您想想,跪着开车,手不能代替脚去踩油门和刹车,所以在途中险象环生,险些酿成惊天大祸。这不仅吓坏了随行的大臣、太监,也把慈禧吓出了一身冷汗。无奈,慈禧只好在众人的搀扶下,便在中途换上了她的十六抬大轿。还下旨所有人都不能使用这辆汽车。从此这辆老爷车便被弃置一旁。

后来,这辆小汽车被人从紫禁城挪到了颐和园,存放在了德和园里。时至今日,虽然这位在清朝历史上赫赫有名的人物已经远去,但是她的这辆御用"奔驰"却在饱经了中国近代内忧外患和战火纷飞后,奇迹般地保存到了现在。

老北京最早的火车

老北京最早的火车,由于是由蒸汽作为动力源牵引的,所以,被老北京人称为"汽车"。还有称为"火轮车"的,因为烧煤在前面。

如今的北京,有四个大火车站,运送全国各地的游客,可以说是四通八达。但是,在火车刚出现在北京的时候,您知道都发生了什么样的事情吗?

清同治四年(1865年),北京开始有了火车。当时,是洋务派大臣李鸿章偷偷地让英国商人杜兰德在宣武门外,铺设了一条"铁路",上面开着一个小火车头,迅疾如飞。建设这条铁路所用的资金全部由英商出,为的就是让慈禧太后看后能够认同英国的铁路和火车,以便在中国继续发展。但是慈禧却听从了保守派的意见,觉得这个怪物发出的声音太大,有伤北京的风水,便下旨将铁路拆除。其实,不仅是慈禧和一些大臣对这个怪物不感兴趣,当时也遭到了其他人的反对。

可以说李鸿章的这次运动以失败而告终,但是李鸿章并没有放弃发展中国的铁路事业。为了能够得到慈禧的支持,修建铁路,他以进贡的名义,从国外购置了一台机车和六节车厢,特意献给慈禧。由于这组机车制作精良,装饰非常精美,慈禧看后非常喜欢,对火车产生了浓厚的兴趣。最后慈禧终于同意在北京修建铁路。

经过慈禧太后批准,光绪十二年(1886年),在皇城御苑之中开始建筑铁路,这段铁路从中南海紫光阁到北海静心斋,是中国皇家的第一条铁路,也是中国历史上铁路进入园林的唯一一次尝试。到光绪十四年(1888年)这条铁路竣工通车。慈禧太后欣喜若狂,每天都坐着火车往返于静心斋到仪鸾殿之间,行车时,太监们手持幡旗,组成仪仗队。后来,慈禧怕火车的轰鸣声破坏了龙脉,便下了一道荒唐的谕旨,不再用那发出声响的火车头牵引车厢,而是由太监用绳子拉火车。

光绪二十六年(1900年)八国联军入侵北京,北海园林遭到严重破坏。这条铁路也未能幸免,清政府因为无财力维修弃之不用,就这样北京的第一条铁路消失了。这个小火车也在园中存放了几十年,后来在修建十三陵水库的时候,被用来运送土方材料,现在小火车头已经下落不明了。

您了解老北京的"爬山虎"是做什么的吗

此"爬山虎"可不是彼"爬山虎",它是一种老北京的交通工具,主要在登山或者到庙里进香的时候用,其实是一种轿子,由四个人抬,被人们形象地称为"爬山虎"。

说爬山虎是一种轿子,其实它是用椅子做成的,椅子两边绑着长度适中的两根木条,供抬轿子的人使用。椅子四周还有四个立杆,怕坐着的人雨淋日晒,立杆上还有布帐。类似于重庆的滑竿。在影视作品中,我们经常能够看到,一些阔佬儿为了显示自己的威风，坐着爬山虎，轻摇折扇。

　　一般抬爬山虎有四个人，他们的分工不同，最前面的是头儿，勘察路况，遇到情况会通知后面的人。还有两位叫前坑儿、后坑儿。最后一位称为甩椅子，是这一行的高手，经验丰富。他们一般三四里地就要休息一下，喝口水，活动活动腿脚，您想想，一个人空手爬山或者上台阶还累得气喘吁吁，更何况负重爬高，真是不容易啊。

第十七章

老北京的民间工艺

您知道刘墉和捏面人的故事吗

捏面人,也称"面塑",是一种传统的民间艺术。它以糯米面为原料,可以调成不同色彩,用手和简单工具,塑造各种栩栩如生的面人形象。面塑一般体积较小、便于携带,又经久不霉、不裂、不变形、不褪色,因此为很多人喜爱,是馈赠亲朋好友的纪念佳品。外国旅游者在参观面塑制作时,都为制作者那娴熟的技艺、活灵活现的面人形象所倾倒,交口称赞,称北京面塑为"中国的雕塑"。

说起捏面人的来历,据说和刘墉有很大关系。

刘墉是清朝乾隆皇帝的爱臣,山东人。自从刘墉的父亲在京做官后,便把家安在了北京,家里的老小包括仆役也全都被接到了北京。

这里单说在厨房里干活的一个姓刘的伙计。有一年,刘伙计收留了一个老乡。这老乡姓王,山东菏泽人,因家乡遭遇旱灾收成不好,便想到了刘伙计,于是便来投奔了。这刘伙计本就孤身一人住在刘家的下房里,老王便也跟着刘伙计住在了下房里,在厨房帮着干些零工。

一次,老王帮着面工揉馒头,揉着揉着就来了兴致。他照着山东人过年节的习惯,把馒头揉成了各种形状。你还别说,别看老王是个大老爷们,他的手比女人的手都巧,只见一疙瘩面在他手里三揉揉四捏捏,就成了仙桃、梅花、鱼儿、蝴蝶……而且上锅一蒸形状一点儿都不变,往饭桌上一端,引得刘家人爱不释手,人人说好。刘墉见了也非常有兴趣,便问是谁的手艺,并大大赞赏了一番。

这老王听说这事后,干得更起劲了,就想再显示一下其他的本事。于是他向人要了些糯米面,和好蒸熟,捏成了大丫头、小小子、鸡、狗等模样,又找来了胭脂和染料,给这些小玩意儿上了一点色,这么一来这些面品可就更耐看了。完工后,老王便托人将这些面品分送给刘家的内眷们,这更引起了大家的夸赞。

可巧,这次又让刘墉看着了。正好刘墉那天没什么事,就着人叫来老王,问他怎么学的这点技艺。老王说:"俺们菏泽那里很穷,可再穷总得过日子呀,尤其是逢年过节时亲戚朋友要相互走动,这去别人家总不能空手去啊,可又买不起点心,就把面捏成各种玩意儿,蒸熟了当礼品,给小孩子边吃边玩。我也是从别人那里学来的。"

"那你们为什么用要糯米面而不用小麦面做呢?"刘墉问他。

"大人您也知道,糯米面比小麦面放的时间长,给小孩儿吃着玩着的东西就得放的时间长点才好啊!"

"嗯,亏你们还想得比较周全。那你除了花呀草呀动物什么的,还会捏别的吗?"

"还能凑合着捏一些别的花样,就是不知大人您喜欢什么样子的?"

刘墉随手指了指墙上挂的八仙上寿的画说:"你能捏这画上的人儿吗?"

老王看了一会儿画上的人儿,点了点头说:"那我就试着捏捏吧!"

别过刘墉后,老王就开始着手了。他把自己关在房里四五天,终于把画上八个人儿给捏出来了。刘墉一看,喜欢极了。只见那八个面人活灵活现，非常逼真。就高兴地对老王说："老王，我看你是个难得的心灵手巧之人。你不是一直在找营生做吗，我这里给你一个建议，你以后不妨就下心鼓捣这玩意儿吧。做好了拿到大街上、庙会上去卖，也能赚钱啊！"

"这也能卖钱？"老王惊讶地问。

"不试怎么知道呀！"刘墉说，"不过你若想买卖好些，得把东西做得更精细些。这样吧，我给你出点儿主意。你不是想让面人保存得更久吗，这样很容易，你只需在和面时往里加点儿蜂蜜。"他还让老王用冲的各种颜料的水来和面，再分别蒸熟，这样面本身就带色，比捏好了再上色可能要更好一些。

刘墉的话让老王激动万分，他连连感谢。回去后，老王就按照刘墉的法子，狠下了一番功夫琢磨着怎么把人物捏得更精细。他又试着做了几件工具，有了工具，他干活更麻利了。

二十几天后，老王的手艺有了飞速的长进，他将捏好的一套带色的八仙人送给刘墉看。刘墉一看，这次的八仙人比上次可好上了百倍，八个人物面目清晰，神态各异，又加上配上的各种颜色，更显得活灵活现。糯米面蒸熟后本身就发亮，再加上蜂蜜，简直是半透明了，八个仙人好比粉雕玉砌似的。刘墉不自禁地连连夸赞。这时他突然想起，等几天就是乾隆的寿辰了。往年给皇上贺寿，各大臣都争相送礼，动辄花费成千上万两的银子，不仅费力费财，也不一定讨皇上喜欢，刘墉为此不知费了多少脑筋。

"这次我何不用老王捏的面人当作贺礼呢？既省钱又有新意，说不定皇上还喜欢。"刘墉心想。于是他对老王说："你能不能尽力将这八仙人捏大一些，有尺把高就行，我想派个大用场。"老王说我尽力试试吧。三天后，老王还真给捏出来了，而且又别出心裁地捏了个老寿星。这下可好了，九个面人摆满了一张大桌子，看上去别提多好看了。

乾隆的寿辰到了。刘墉命人将九个面人好好装饰了一番，并盖上了一层红绸子，抬到了皇宫里。此刻的皇宫热闹非凡，众大臣正忙着向皇上献礼。这时刘墉信步走进殿来，身后跟着两名家人抬着个大抬盒。刘墉给乾隆行完礼后，就命人将礼物呈上。他亲自将大抬盒打开，然后一件件取出放在桌上。在场的人都惊呆了，连乾隆都瞪大了眼睛，只见九个仙人光彩夺目，压倒了所有礼品的光辉。

众人纷纷议论，都很好奇这物什的由来。乾隆忍不住问："刘爱卿，你这些东西是用多少钱买的啊？"

刘墉笑了笑，伸出五个手指头。乾隆说："噢，五千两！"刘墉摇摇头。"是五万两？"刘墉又摇摇头。"那到底用了多少啊？"刘墉一字一字地说道："白——银——五——两。"

众人听了都呆了，都摇头说不信，乾隆也摇了摇头。刘墉赶紧对乾隆说道："微臣怎敢欺骗皇上啊！这并非什么金呀玉呀的，是用面捏的，的确是五两买来的啊！"

乾隆好奇地打量一番，果真不像玉雕也不像牙雕。忍不住伸手拿起一个，嘿，很轻很柔，的确是面捏的。乾隆哈哈大笑，连声赞扬工艺高，刘墉聪明，大大犒赏了刘墉一番，并说："你的面人不错，我用十两银子买下了！"……

等离开皇宫后，众大臣连忙把刘墉围了个团团转，这个说要出高价买一套八仙面人，那个说要见识一下那个捏面高手……

刘墉回府后，叫过老王说："如今你可火了！现在有人出高价买你捏的八仙人了。我把刚才从万岁爷那儿得的十两银子交给你，你到外面租个地儿，做你的生意去吧！"老王听了喜出望外，赶快给刘墉磕头道谢。从此以后，他真干起了捏面的营生，并且生意络绎不绝。

老王是个勤勉的人，他没有得意忘形，依然勤加钻研、练习，又琢磨出更多的花样儿来，生意越干越好，不久就积攒了不少钱，将全家老小从山东接到了北京。后来，为了不让手艺绝了，老王就把手艺传给了儿子，还收了几个徒弟。捏面人这门手艺也就一代一代地在北京城传了下来。

泥人张的传奇往事

"泥人张"是一种深得百姓厚爱的民间彩塑,在北方流传较广,始于清朝末年,至今已有180年的历史。

"泥人张"的创始人叫张明山,他所捏的泥人历经久远,不燥不裂,形神毕肖,栩栩如生,须眉欲动,深受百姓的喜爱,而且在国际上也享有盛誉。因为他姓张,人们就亲切地称他为"泥人张"。这就是"泥人张"的由来。

张明山因其艺术独具一格而蜚声四海,成为一位著名的彩塑家,并不是偶然,背后他也付出了非常多的心血。张明山于道光六年(1826年)生于天津,当时家境贫寒,私塾辍学后,便跟着父亲以捏泥人为业。张明山心灵手巧,富于想象。他为了提高自己捏制泥人的水平,不仅在集市上观察各行各业的人,在戏院里看多种角色,偷偷地在袖口里捏制,而且还常常研究寺庙里的古代雕像和石刻。

在此期间,还有一个小故事。有一天,他在天庆馆里一边饮酒,一边观察各色的人物。就在这个时候,从饭馆外进来三个人。其中有一位是大脑袋,中等个子,挺着肚子,穿得阔绰,牛气冲天,横冲直撞往里走。这位是谁呢?他叫张锦文,盛京将军海仁的义子,排行老五,人称"海张五",在当时是当地的一霸,靠贩盐为业,赚了不少钱。所以当地人对他很"客气",店小二一看他来了,赶忙着招呼往里请,又是端菜又是斟酒。张明山全然没有把海张五当个人物,只管饮酒,吃菜,西瞧东看。

海张五三人一边饮酒一边议论,议论张明山捏泥人的事情,尽是嘲讽之言,拿张明山找乐子。饭馆里的人全都听见了,都等着看张明山要怎么"回报"海张五。张明山听过他们的议论,没有说话。只见张明山左手伸到桌子下边,从鞋底抠下一块泥巴。右手依然端杯饮酒,眼睛依然瞅着桌上的酒菜,这左手便摆弄起这团泥巴来,几个手指飞快捏弄,非常灵巧。随后一停手,把这泥团往桌上一戳,起身去结账。

海张五一行人还在那里议论。饭馆里的其他客人往桌子上一看,一个活生生的海张五的脑袋泥塑,核桃般大小,小鼓眼,一脸狂气。大家都连声称好。海张五看着自己脑袋的塑像,朝着正走出门的张明山的背影开始挖苦起来。张明山头也不回就走了。

第二天,集市上的几个小杂货摊上,摆出来一排排海张五的这个泥像,还加了个身子,像模像样地坐在那里,足有一二百个。摊上还都贴着个白纸条,上边写着:贱卖海张五。街上来来往往的人,谁看了谁乐。乐完之后,转告朋友过来一起乐。

三天之后,海张五派人把这些泥人全买走。泥人是没了,可"贱卖海张五"这事却广为流传。

说完故事,还是说一下张明山吧。张明山经过长期刻苦的学习,细心揣摩和刻苦实践,练就了一手捏泥人的绝技。他捏制出来的泥人惟妙惟肖,甚至连人物的性格、思想和感情,都能表现出来,一时传为佳话。

就这样,张明山的名气越来越大,好多人都慕名而来,请他捏泥人。据说,光绪年间,慈禧太后听说有这么一位彩塑高手之后,即下旨召他进宫捏泥人。张明山经过一番准备工作,捏出古代人物的形象,栩栩如生。慈禧太后观赏之后,赞不绝口,并经常叫张明山入宫为她捏泥人。

经过数十年的辛勤努力,张明山继承传统的泥塑艺术的同时,又从绘画、戏曲、民间木版年画等艺术中吸收营养,一生中创作了一万多件作品。而且,他的彩塑艺术一代一代地传授下去,到现在已经传到第五代了。其中,第四代传人在1958年创办"泥人张彩塑工作室"把张家的独特技艺,传授给家族以外的人,进一步把泥塑艺术发扬光大,为国家培养了一批批的彩塑人才。

杂耍：老天桥艺人各有绝活儿

提起北京，就要说到天桥。北京天桥位于西城区东部正阳门外，因为是明、清两代皇帝去天坛、先农坛祭天的必经之路，所以称为天桥，后来逐渐形成天桥市场。天桥不仅仅是一个商业场所，在发展过程中，也逐渐形成了一种天桥文化。众多的民间艺人也汇集到这个地方，有胡子拉碴却会学鸟叫的，有能用手指头碾碎石头的，有能让蛤蟆教书的，有训狗熊的，有拉洋片的，有比真驴还惟妙惟肖的赛活驴，还有打拳的、说书的、唱曲的等，各式各样，个个技艺高超。说天桥是老北京民间艺术的发祥地一点儿不为过。

在天桥众多的民间艺术中，杂耍表演是天桥的一大特色，不仅项目繁多，而且技艺超群，让观众连连叫好，有时还为表演者捏一把汗。下面就列举几个例子给您做一下简单的介绍。

拉弓

拉弓用的是硬弓。艺人在表演之前，先请观众中力气大的人试一下弓，说明要拉起来这个弓非常费劲。往往试拉者憋得脸红脖子粗也只能将弓拉开一半。等这之后，艺人开始表演，他能够很轻松地将弓拉开。而且难度也不断增加，开始拉一个弓，然后左右开弓，之后再增加两个甚至四个弓，一边挂在脖子上，另一边用脚蹬。这总共是六个弓，最后艺人同时都能够将弓轻松地拉开，观众看了之后连连称赞。

举刀

它是显示臂力的表演。有双手托刀，还有单手托刀，这两种都是平着托，还能单手将刀竖着举起。最为出彩的就是把一二百斤重的刀舞动起来，舞得如车轮般飞转，其中有名的一位张姓艺人人称"大刀张"，舞动大刀的时候，那是喝彩声不断。

抖空竹

空竹是北京民间的一种玩具,现在好多老年人,甚至一些年轻人都喜欢它,在北京的一些公园中您能经常看到抖空竹的人。据说,最先在天桥抖空竹表演的人叫德子,人称"空竹德子",是光绪年间人。早年,他因为生活困难,就到天桥市场表演空竹挣钱。为了吸引更多的观众,他还研究出了很多新鲜的抖法。后来有个叫常立全的艺人,也是抖空竹的高手,不仅能抖空竹,还抖其他的物件,比如黑陶的长脖、大肚的盛酒容器、壶盖等。

舞叉

它是我国民间的传统节目。北京人把舞叉又称为"开路"。天桥舞叉花样最多的,要算"飞叉谭俊川"。

爬杆

爬杆据说在汉朝时就有,属于民间杂技。爬竿本身难度就比较大,能爬上去就已经不容易,表演的艺人爬上之后,还在竿顶表演复杂的动作,比如"扯顺风旗""倒立""站竿"等,十分精彩,也令观众出了一身冷汗。

耍中幡

耍中幡是比较吸引人眼球的表演。中幡有三丈多高,由竹竿制成,竿顶有红罗伞,伞下挂着一面绣字的标旗。艺人将竿子竖起托在手中,做各种表演,比如,将幡竿竖于一个肘弯处,用力将幡竿颠起,用另一个肘弯接住;或用后脖窝、脑门接住;或用单手托住竿底,反腕将幡竿移到背后,再将竿抛起到前边,或用肘弯或用肩头将竿接住。其中最难的一招是将竿抛起,用下边的牙齿接住幡竿底部一个边,并且让它仍保持直立的姿态。艺人将这一系列动作做的有如行云流水,现场观众惊叫连连。耍中幡的一系动作还有比较好听的名字,例如"霸王举鼎""苏秦背剑""太公钓鱼""封侯挂帅""张飞骗马"等。

硬气功

在天桥表演硬气功的人很多,看得直让人揪心。有"油锤贯顶"，就是一个人头顶一摞砖，五六块，另一人用油锤猛击砖，将它们击碎。还有"睡钉板"，就是将钉尖朝上的木板平放地上，表演者光着上身，仰躺在钉板上，胸前放一块石磨扇，另一人用大锤敲击磨扇，将它打碎，而表演者前胸后背均无恙。您说您看了这样的表演能不揪心吗？

崩、捋、咬铁条

崩铁链，就是用铁链把表演者上身紧紧捆住，然后表演者运气将铁链崩断。捋铁条，就是将一根手指粗的铁条弄弯，放在火上烧红，然后用手将它捋直。咬铁条，就是把一根筷子粗细的铁条烧红，然后把一头放在嘴里一段一段地把它咬断。这些表演如果没有点功夫，是办不到的。在这方面比较有名的艺人叫马元凯。

气功

其中名气比较大的艺人叫张文治。表演的时候，他仰卧地上，身上铺一块大板。他两肘着地，两手向上撑住木板，运气发功，然后汽车或者马车从板子上通过。

"飞飞飞"

"飞飞飞"的表演者叫曹鹏飞，十五岁时便在天桥撂地卖艺，因身怀飞腾于空中的绝技。所以他的表演被人称为"飞飞飞"。

"飞飞飞"的表演场地比较大，方圆达两丈。四根笔直的高秆立于场地的四个角，每根高秆顶端各系一条丈余长的粗绳。场中空旷处，立一根单杠。场地入口处，高悬一块书有"飞飞飞"狭长的黑色木牌儿。表演一开始，表演者顺着高秆攀缘而上，双手抓住绳套，然后以脚蹬踹木杆，向对角木杠处悠荡过去。荡到半空时，表演者突然撒开手中的绳索，全身凌空横起，瞬息间抓住对面的绳索，不待停稳，再次悠荡回去，最后稳稳当当落在悬吊在空中的横木上。顿时，鼓掌声与喝彩声一起爆发，围观的群众无不交口称绝。

还有很多，比如摔跤、滑稽戏、耍猴儿、顶碗等，天桥不仅撂地的民间艺人多，还有一些从这里走向大雅之堂的艺术家。相声大师侯宝林曾在此说相声,评剧名角儿新凤霞来北京第一站就是天桥,这样的大艺术家非常多。

您了解流行于北京的说唱文学"鼓书"吗

"鼓书"是一种说唱文学,它是以鼓伴奏,在北方民间比较流行。在中国曲艺曲种中和"大鼓"属于一个类别,主要曲种有京韵大鼓、西河大鼓、梅花大鼓、乐亭大鼓、东北大鼓、山东大鼓、北京琴书等数十种。

北京的鼓书,历史很长,始创于八旗子弟,当时称为"段儿书",又叫"子弟书",是明代流传下来小型鼓书。清朝没落时,清朝的后裔每天无所事事,就编鼓词,演鼓书。北京的鼓书流派很多,主要包括京韵大鼓、梅花大鼓和单弦。

京韵大鼓由河北省沧州、河间一带流行的木板大鼓发展而来,形成于京津两地,发展至今已有一百多年的历史。它纯以京音为主,题材有才子佳人、英雄侠义两类故事,所以又有"文武大鼓"之称。曲调间有京剧"西皮"或"二黄"的腔调,还被称为"带腔"。

此种大鼓的演唱者很多,民国初年形成了刘、白、张三大流派。"刘派"首推的名家就是在清末就有"鼓界大王"美誉的刘宝全。他把原用河北语音演唱的木板大鼓改用北京语音演唱,吸收石韵书、马头调和京剧的一些唱法,创制新腔,并在原有伴奏乐器之外,增加了四胡和琵琶,形成了一直流传至今的京韵大鼓。"白派"的唱腔对字音的处理十分讲究,注重声音高低的配合,字音强弱的变化,气口轻重的设置,非常善于演唱大段的排比句,而且唱腔不重复。"白派"的代表人物是白云鹏,早年在农村唱竹板书,后改为唱大鼓,他的特点是吐字清晰、行腔柔美、演唱风格朴素自然。"张派"的代表人物是张筱轩,他在演唱时京音纯正,咬字清晰,刚劲浑厚,具有一气呵成的特色。三个人之中，刘宝全的艺术造诣最高，贡献最大，尊为一代宗师。三大流派之后，后来又出现了台风潇洒，表演细腻的"少白派"；嗓音甜美、音域宽阔、韵味醇厚、高低皆宜、独具一格的"骆派"。

梅花大鼓产生于清代末叶，当时叫"清口大鼓"，其特点是在叙事中抒情，唱词为七字句和十字句，有慢板、中板等形式，慢板声腔婉转动听，结尾时稳重又有余音；快板、紧板，活泼有力。最初演唱者多为城北之子弟票友，被称为"北板梅花调"，后来城南的杂耍艺人，把乐调稍有改变，称作"南板梅花调"。伴奏的乐器以三弦为主，四胡为辅，唱起来音韵柔和，娓娓动听。唱此鼓的艺人中也曾有衔灯而歌的，叫作"衔灯大鼓"。

单弦原为一人自弹自唱，清乾隆、嘉庆年间兴起，后来逐渐演变成唱者弹八角鼓，另有三弦伴奏，又称之为八角鼓、单弦八角鼓、牌子曲，简称单弦。一般先唱小段，叫作"岔曲"或"牌子曲"，然后再唱整段大书。主要流派有荣、谢、谭三大派。

中华人民共和国成立以后，鼓书作为一种曲艺形式，得到了长足的发展，不仅内容有所创新，而且形式上也有所变化，听来更加丰富多彩，受到广大听众的青睐。

传统工艺雕漆的兴衰史

雕漆属漆器的一个品种，在工艺上与一般的漆器又有所不同。一般漆器的工艺主要是把漆涂在漆胎上或是在漆器上刻花之后再涂一层漆。而雕漆则以雕刻为主要工序，其工艺是把天然漆料涂在漆胎上，涂一层晾干一层，然后再涂一层，层数少则几十多则三五百，等达到一定厚度后，用刀在堆起的平面漆胎上雕刻精美的花纹。雕漆工艺是北京传统工艺美术的精华之一，是中华民族传统工艺的瑰宝。

在京城，雕漆与景泰蓝、象牙雕刻、玉雕齐名，被誉为京城工艺"四大名旦"之一，其主要特点是造型古朴庄重，纹饰精美考究，色泽光润，形态典雅，防潮，抗热，耐酸碱，不变形，不变质。由于色彩的不同，雕漆又有"剔红""剔黄""剔绿""剔黑""剔彩"和"剔犀"之称，其中"剔红"为雕漆的代表。

雕漆和其他的传统工艺一样，也有其历史，据史料记载，雕漆工艺发源于唐代，兴于宋朝、元朝，盛于明朝、清朝，横跨五个朝代，至今已经有一千多年的历史。

据我国目前仅存的一部历史漆书《髹饰录》里记载，雕漆在唐代就有，当时以"剔红"为主，多是像木刻印版似的、花纹与红色锦地平齐的做法，雕法古朴可赏。此外，在唐代也有"剔黑""剔黄""剔绿"等。

到了宋、元时期，雕漆工艺有了很大的发展，并有了刀法藏锋不露、磨工圆滑的风格。宋代雕漆器有少量传世，据《遵生八笺》里记载："宋人雕红漆器，如宫中用盒，多以金银为胎。"元代出现了两名有名的漆工张成和杨茂，他们的作品是元代雕漆风格的代表，并对后代雕漆艺术有着深刻的影响。至今，故宫博物院及国外都收藏有两位雕漆巨匠的作品。

明、清两代是雕漆艺术极大发展的历史时代。明朝时期，雕漆工艺发展得非常快，是雕漆艺术成熟的时期，以明朝永乐、宣德两个时期为最盛，出现了好多技艺高超的名匠。明朝统治者在永乐年间在北京建立果园厂，集中了全国各地雕漆艺人，专门为宫廷制造雕漆工艺品。不仅生产的数量很大，而且在技艺制作上在宋、元风格的基础上，也有了创新提高。当时的雕漆制品朱红含紫，稳重沉着；制胎则以木胎、锡胎为主；图案方面也多元化起来，有山水人物、花卉鸟兽等题材；刀法流畅，藏锋清楚，雕刻工细，表现形象生动。可以说明朝的雕漆制品，无论是在艺术上还是在工艺上都超过了前朝，为雕漆工艺在北京地区发展奠定了基础。

到了明代末期，雕漆制作开始萎靡，清初，才又开始兴盛起来。清代雕漆制造达到极盛时期是乾隆时期，乾隆皇帝曾亲自为一些雕漆制品策划、审定、题字。当时的雕漆制品品种非常丰富。与明朝的雕漆制品相比，清朝的雕漆图案除了山水人物、花卉鸟兽，还有各种吉祥如意的图案，而且在构图上绵密多层次，有严谨、精致、华丽的特色。到了清朝末期，由于政治动荡，经济衰退，使雕漆制造一度中断，据清宫档案记载：光绪二十年（1894年）为筹办慈禧太后六十岁寿日所需雕漆器已经"无匠造办"。

由于清朝宫廷里还需要雕漆制品，光绪三十年（1904年），几乎失传的雕漆艺术又开始发展起来，北京出现了中国现代商品雕漆的第一个制造作坊——北京"继古斋"。北京"继古斋"的艺术家们经过几年的努力，将清代雕漆的风格继承了下来，并有了一些提高，刀法棱角清晰，题材以花鸟龙凤、山水人物、吉祥图案为多，使雕漆工艺更加丰富起来。

中华人民共和国成立之后，雕漆发展有了更好的环境，在发展和生产的过程中，出现了一大批雕漆艺术家。

北京传统珐琅手工艺品景泰蓝

景泰蓝是金属工艺品中的重要品种，又称"铜胎掐丝珐琅"，是一种将各种颜色的珐琅附在铜胎或是紫铜胎上，烧制而成的瑰丽多彩的工艺美术品，距今已有600多年的历史。她与雕漆、玉器、象牙被称为北京工艺品的"四大名旦"，不仅造型典雅优美、色彩鲜艳夺目、图案华丽多姿，而且还有繁多的品种造型和精美华贵的视觉感受，是北京著名的传统手工艺品。

但说到景泰蓝的起源，众说纷纭，考古界至今没有统一的答案。一种观点认为景泰蓝诞生于唐代，另一种说法景泰蓝工艺是在元代从阿拉伯地区传入我国的。但是有一点是学术界公认的，那就是珐琅制品盛行于明代的宣德年间，并达到了一个顶峰时期，风格浑厚有力，自然豪放，简朴典雅，加上制作出的成品的釉色又多以蓝色调为主，"景泰蓝"一词便诞生了。

景泰蓝在明清时达到了艺术上的高峰。明宣德年间,景泰蓝风格特征已形成。就品种来讲有炉、瓶、盒、碗、盘、鼎、薰等器。在造型方面多仿觚、尊等青铜器或瓷器的造型。胎型上设计的纹样,多为蕉叶、饕餮、狮戏球和番莲等。釉料多呈蓝色,如天蓝、宝蓝等色,另外还有浅绿、深绿、红色或白色等。景泰年间,景泰蓝制品在工艺的质量方面比起宣德有了很大的提高,而且还创造出许多新的色釉,仅蓝釉就有铬蓝、天蓝、宝蓝等,还有桃红、墨绿、粉绿、淡绿等多种颜色。品种上,除了瓶、炉、盒、盘、薰等之外,还有花盆、炭盆和蜡台等器。题材上不仅有了楼台、山水、人物、花鸟等描绘现实物象的题材,还有二龙戏珠、夔、凤等寓意性的题材。到了清朝初期,景泰蓝得到了很大的发展,清廷专门在武英殿附近设的造办处中设"珐琅作",用以制造宫廷专用器皿。到了清代中期,景泰蓝在表现内容上,走上了一个新的纪元。其装饰题材广泛,像勾子莲、龙凤、吉祥花鸟等图案,色彩丰富,造型精美。

　　如此精美的工艺品,自诞生以来就没有出过皇宫,具有纯正皇室血统的帝王级奢侈品,深受皇家贵族的喜爱,是明清两代宫廷中的一种专用物品,象征着当时统治者的地位和权力。据史料记载,乾隆四十四年(1779年),除夕年夜饭时,只有乾隆皇帝的餐具是景泰蓝,底下人全部用瓷器。

　　景泰蓝出身高贵,气质典雅,工艺精美,作为一种宫廷艺术,其制作工艺十分复杂。制作景泰蓝先是制胎,制胎要选择延展性非常好的紫铜,选好料之后用铁锤敲打成各式各样精美的造型。接着工艺师在上面粘图案,把事先做好的柔软、薄而细的并具有韧性的紫铜丝在铜胎上根据所画的粘出图案花纹,这个过程叫"掐丝"。掐丝是景泰蓝制作过程中一个主要的工序,技艺巧妙,全凭操作者的一双巧手和纯熟的技艺,掐饰出妙趣横生、神韵生动的画面。然后就是点蓝,用色彩不同的珐琅釉料镶嵌在图案中,在点蓝之前,还要对胎体进行烧焊、酸洗、平活、正丝等处理,最后再经反复烧结,磨光镀金而成。

从景泰蓝的制作工艺中,我们能够看出它既运用了青铜工艺,又利用了瓷器工艺,同时大量引进了传统绘画和雕刻技艺。可以说景泰蓝是具备了我国传统工艺中造型、色彩、装饰为一体的一种特殊工艺品,造型端庄厚重,色彩对比鲜明,色釉宛如宝石般的晶莹深沉,外表富丽堂皇,彰显出景泰蓝大气祥和、富贵典雅的气质,所以在清末民初,外国人不惜重金收购北京珐琅工艺品。

现今的景泰蓝制作,仍经过制胎、掐丝、烧焊、点蓝、烧蓝、磨光以及镀金等复杂工艺过程。但是有一点发生了变化,就是景泰蓝的使用人群不再是皇亲贵族。中华人民共和国成立以后,一批专家、教授,对景泰蓝的形体、花样、颜色进行改良,为景泰蓝注入了新的艺术活力。这期间,有不少名作,景泰蓝金地"葫芦瓶"一直是这一行业的名牌保留产品,而且生产了许多景泰蓝器皿,壶、瓶、盘、烟具、文具等,老百姓也可以使用了,不再是少数尊贵人士专享的奢华。

小小鼻烟壶,释放大魅力

提到鼻烟壶,不少人就会联想到价值连城的艺术品。那么,鼻烟壶到底是个什么东西呢?简单说,就是盛鼻烟的容器,小可手握,便于携带。明末清初,鼻烟传入中国。现在人们嗜用鼻烟的习惯几近绝迹,但鼻烟壶却作为一种精美艺术品流传下来。鼻烟壶,作为精美的工艺品,集书画、雕刻、镶嵌、琢磨等技艺于一身,采用瓷、象牙、玉石、玛瑙、琥珀等材质,运用青花、五彩、雕瓷等技法,汲取了域内外多种工艺的优点,被雅好者视为珍贵文玩,在海内外享有盛誉,被誉为"集中各国多种工艺之大成的袖珍艺术品"。康熙、乾隆年间闻鼻烟风行一时,朝野上下皆嗜鼻烟,几乎视为第二生命。现在,鼻烟壶的爱好者也有很多，不论是国内的，还是国外的，好多人都在谈论、研究、收藏、玩赏它。小小的鼻烟壶，为何有如此大的魅力呢？

吸鼻烟的习俗，源自印第安人。大约在14世纪，意大利人用精选的烟叶、掺入薄荷、冰片等药材碾成粉，密封入窖陈化多年而生产商业化的鼻烟。汉人吸鼻烟始于明代，当时只有广东一个地方有吸鼻烟的，到了康熙时期，康熙开放海禁，西方传教士携带大量的鼻烟和盛装鼻烟的玻璃瓶。到了乾隆时期，乾隆皇帝常以鼻烟赐赏王公大臣，渐渐地吸鼻烟成为一种社会时尚，西方诸国相率进贡鼻烟和玻璃制的鼻烟瓶。

鼻烟壶，在最初作为盛烟容器进入中国时，并不称为鼻烟壶，只是内壁没有磨砂的透明玻璃瓶，没有图案，而且数量非常少，满足不了人们的需求，聪明的工艺匠便用各式各样的材料来制作精巧的鼻烟壶，并用特制的微小钩形画笔，在透明的壶内绘制图案。最初只是一些简单的画面和图案，比如龙、凤和简笔的山水、人物等，后来，艺人们用铁砂和金刚砂加水在鼻烟壶的内面来回地摇磨，使鼻烟壶的内壁细腻而不光滑，容易附着墨色，制作了很多比较精细精美的鼻烟壶。再后来，内画鼻烟壶发展为诗书画并茂的艺术精品，并通过欧洲商人、罗马教皇的使节、各国的使节和传教士、官员们逐渐流传到国外。

关于内画鼻烟壶的出现，还有一个传说。乾隆末年，一位京外的小官吏进京办事，这个人非常正直，为官清廉，希望通过正常的途径而不是通过贿赂的方式把事情办了。谁知等了很长时间他的事仍一拖再拖。这时，地方小官吏的盘缠已经用尽，没有办法只好寄宿在京城的一所寺庙里。他有好吸鼻烟的习惯，当玻璃鼻烟壶中的鼻烟吸完的时候，他便用烟签去掏挖壶壁上粘有的鼻烟。这样，在鼻烟壶的内壁上就形成许多的划痕。寺院里的一个和尚把这一现象看在了眼里，便用竹签烤弯削出尖头，蘸上墨在透明的鼻烟壶的内壁上画上图画，就此这种奇特的画就诞生了。

那么鼻烟壶作为传统的工艺品，除了欣赏、把玩、收藏，还有其他的什么作用呢？刚才已经说过它里面所装的东西是鼻烟，而鼻烟的成分里有优质的烟草，还有其他一些药材，所以鼻烟壶有提神醒脑的作用。除此之外，在清雍正、乾隆时期嗅闻鼻烟和持有高档鼻烟壶成为炫耀身份和夸耀财富的标志。清代末期，又出现了一种精美的内画，工艺技法变化无穷，各色精品美不胜收，这时，鼻烟壶在社交活动中又可作为互相馈赠的礼品。

当今内画鼻烟壶的大家有四派，这四派均起源于北京，其中京派历史最为悠久，诗书画印并茂是京派的艺术风格。还有能够利用瓷器上用的釉彩在鼻烟盒的内壁上作画的鲁派，还有冀派，其内画的艺术特点是造型准确、风格典雅，还有发展比较晚的粤派，以艳丽的色彩和装饰风格被人所知。

您对"玉雕"艺术的发展史了解多少

北京玉雕历史悠久，造型浑厚、庄重，图纹工艺比较复杂，技艺精湛，以大件和摆件为主，在人物、山子、器皿、花卉等品种上都有独特的风格。在制作上因材施艺，尤以玛瑙俏色见长。材料多样，题材广博，具有宫廷艺术特色和皇家风范。

那么，什么是玉雕呢？玉雕的历史是什么样的呢？

玉雕就是玉石经加工雕琢而成的精美工艺品。古语说"玉不琢不成器"，任何一块优质的玉石，只有经过工艺师精心设计、反复琢磨、雕琢，才具有新的价值和魅力。我国玉雕工艺，源远流长。玉雕品种繁多，有人物、器具、鸟兽、花卉等大件作品，也有别针、戒指、饰物等小件作品。中国的玉雕作品在世界上享有很高的声誉。

玉雕是中国最古老的雕刻品种之一，是我国独有的技艺，具有鲜明的时代特征，不同的时期，玉雕有着不同的造型与特色。

早在新石器时代，人们就开始大量使用玉器。因为玉石比普通石头质地致密，比较坚韧，非常适合制成当时的生产工具。所以，最早的玉器是以生产工具的形式出现的。在这个时期，最有名的是良渚文化玉器和红山文化玉器。良渚文化玉器，可以说是良渚先民所创造的物质、精神文化的精髓。根据出土的玉器发现，当时的玉器雕琢技艺精湛，尤以浅浮雕的装饰手法见长，线刻技艺达到了后世也几乎望尘莫及的地步。玉器品种非常多，有璧、玉镯、玉管、玉珠、玉坠、柱形玉器、锥形玉器、玉带及环等。红山文化玉器与良渚文化玉器相比，就显得比较呆板，器形多数为动物造型的装饰品。

商周时期，玉雕工艺有了进一步的发展，琢磨精细，纹饰优美，并出现了有花、鸟、鱼、虫、兽等形象的玉雕佩饰。纹饰多样化，有夔龙纹、蟠螭纹、云雷纹、窃曲纹、方格纹等，特别是当时玉雕阳文线条的出现，是技法处理上的一大飞跃。这种技法消除了完全使用阴线的单调感，增强了图案花纹线条的立体感。

春秋战国时期，玉雕工艺走向精益求精，出现了浮雕和透雕的技法，品种日益增多。这个时期是玉雕艺术光辉灿烂的时期。春秋时的士大夫，从头到脚，都佩戴一系列的玉器饰品。尤其是腰下的玉佩系列更加复杂化。当时最能体现时代精神的是大量龙、凤、虎形玉佩，造型优美富有动态，具有浓厚的民族特色。

两汉时期出现了心形佩、龙形佩、玉人、动物等玉佩。到了唐代，由于佛教的盛行，玉雕佛非常多，也出现了一些玉带方饰板、梳子背等，图案多为花卉、鸟兽、虫鱼、人物等。到了宋元时期，玉器光泽晶莹，质地精良，纹饰以龙凤呈祥为主，同时还有花卉、鱼水等图案。

至明清时期，我国的玉雕制作工艺发展到了顶峰。明代使用三层透雕法，受文人书画的影响，还发展了雕琢文人诗词和写意山水画的玉器。常见有松、竹、梅、麒麟、人物、鸟兽等纹饰。清代玉雕，在乾隆时期技艺成熟达到空前的高峰，在玉材选料、加工、磨光等工序上非常讲究，雕琢得精细玲珑，令人喜爱。

发展至今，当代玉雕工艺，出现了南北两派，南派则包括长江沿岸及以南地区，玉雕一般采用软玉，色彩柔和，风格粗犷。北派以北京玉雕为代表，具有质地坚硬、晶莹细腻、色彩绚丽、玲珑剔透，雕刻注重造型，是原宫廷玉雕工艺的继承和发扬，所以北京玉雕深受收藏爱好者的喜爱。于是，一大批琢玉工匠齐聚京城，北京就成为中国的玉器中心。

北京牙雕是从什么时候开始流行的

牙雕，是一门古老的传统艺术，也是一门民间工艺美术。象牙质地细腻，硬度适中，表面滑润莹澈如玉，纹理细密规则，很自然是制作高档工艺品的天然好材料。

中国象牙雕刻有着极其悠久的历史，始于新石器时代，有数千年的历史。山东大汶口就曾经出土了距今5000多年的象牙梳子、镂空的象牙筒和象牙琮等艺术品。北京牙雕即北京象牙雕刻，相传已有上千年的历史，其可考的历史要追溯到两千多年以前，在北京黄土坡出土的战国墓中就发现过象牙梳子。

北京牙雕自明朝开始盛行。到了清朝早中期，北京象牙雕才真正兴起。那时的象牙雕刻多是内廷御用作坊生产，牙雕工匠大都来自扬州、广州等地。他们在传统技法的基础上，把圆雕、浮雕和镂空雕等技法结合运用，并把古代绘画、石雕、泥塑等艺术形式运用在象牙雕中，逐渐形成了具有雍容华贵风格的宫廷艺术品格和工艺精湛、富丽堂皇、精致考究的独特风貌的北京牙雕。

到了清末，社会不稳定，经济衰退，北京象牙雕刻的发展受到了非常大的影响，以致停滞不前。以前为宫廷制作牙雕工匠纷纷转向了民间，开办了作坊。到了民初，北京已有十几家这样的象牙作坊。

中华人民共和国成立后，北京牙雕又达到了繁荣期。牙雕艺人在继承传统工艺的基础上，又做了大胆的创新，牙雕作品于细腻之中透着灵秀之气。

北京牙雕品种非常多,以仕女、人物、花卉等见长,发挥了象牙细腻的质感,使人物造型栩栩如生,以高雅、古朴、精细、遒劲的艺术风格闻名于世。制作要经过凿、铲、开脸、磨、彩熏等五道工序,具体点讲就是先开坯成形,然后精细加工和做人物面部细致表情,再就是做精细的抛光,最后是彩熏,根据不同的要求,对作品进行染色处理。

北京宫毯为什么被称为"东方艺术的代表"

北京宫毯,即官坊毯,是富有北京地域特色和宫廷特色的手工艺制品。

编织地毯在我国已有两千多年的历史。编织地毯起源于宁夏,因其织结坚牢,毯面柔软,深得皇家权贵的青睐,自元代起,就成为皇宫的御用品,所以称之宫毯。到明清时期,官营织毯机构织造了一批高质量的宫毯。比如,清雍正元年,清政府在北京织染局设有9名毯匠专门为皇帝编织地毯。至咸丰年间,随着西藏达赖携藏毯进京,也带来了大批艺人在京传艺,京城地毯开始逐渐繁荣起来,并始入民间。民国初年,北京已成为中国地毯的主要产区之一。20世纪70年代到80年代,我国地毯出口达到鼎盛时期,在国际上享有很高声誉。

北京宫毯制作工艺考究,运用多种表现手法,既有皇家气派,又有民间韵味,给人无穷的回味与遐思。纹饰讲究对称而且丰富多彩,融中国绘画、刺绣、织锦、建筑装饰艺术于一体,有京式、古纹式、民族式、锦纹式、花鸟式等,具有浓郁的中国民族文化气息。

北京宫毯品种众多,有地毯、壁毯、卧毯、挂毯等,原材料多以羊毛、丝线为主,织结坚牢,毯面柔软。其以工艺精细,样式美观,图案多彩,色调素雅而驰名中外,被西方人称为"东方艺术的代表"。

北京宫毯的制作工艺大致分为设计、编织、片剪和整理。工艺师先分剪毛、纺纱、染纱,之后绘制出织毯的花纹图样。然后按照图样以经线、纬线交叉的方法将一根根毛线编织成片。由点到线,由线到面,精美的织毯就基本成型了。最后要对宫毯进行平坦、片毯、洗毯、剪活、修剪等美化处理。

北京宫毯除了具有装饰作用之外,还有保暖、隔音的功能。由于其制作技艺精良,图案精美,雍容华贵,也具有较高的艺术欣赏价值和收藏价值。

您听说过"金漆镶嵌"这门工艺吗

金漆镶嵌是一门古老的宫廷工艺,是以木胎成型、髹漆,然后在漆底上运用镶嵌、雕填、彩填、堆古罩漆、刻灰等装饰的一种技法,广泛用于家具、屏风、摆件等的制作,尤其以制品的华美、工艺品种的丰富而著称,是"燕京八绝"之一。

金漆镶嵌是中国传统漆器的重要门类之一,已有上千年的历史,北京金漆镶嵌的历史可以追溯到元代。在元代,曾设有油漆局,开创了软螺钿新工艺。明代设有"果园厂",金漆镶嵌得到了进一步的发展。到了清代,在内务府设立"造办处",产品主要有车、船、轿、仪仗及皇室贵族所用的日用家具和器具及各种装饰摆件。清王朝的灭亡,使漆器这一宫廷艺术快速走向了民间,并逐渐形成了古朴典雅,端庄华贵,富丽堂皇,品类繁多,具有皇家风范的北京金漆镶嵌,在祖国的漆器百花园中独树一帜。

中华人民共和国成立之前,北京漆器行业比较萧条,到了20世纪50年代后期,北京多家漆器作坊以公私合营的方式建立了"北京金漆镶嵌厂"。从此,北京金漆镶嵌的发展揭开了历史的新篇章。主要产品有屏风、牌匾、柜橱、桌椅、盒盘、摆件等,不仅有广泛的实用价值,还具有很高的艺术价值。

"花丝镶嵌"知多少

花丝镶嵌是中华民族历史上的一门古老的艺术,以精致、细腻、华丽为特色。由于其完全由金银丝制成,又被称为"细金工艺"。

花丝镶嵌工艺有着悠久的历史,据史料记载和考古发现,花丝工艺的产品,早在春秋战国时期就已经出现。当时的匠师们把细如发丝的金银丝,嵌到青铜器上,这算是花丝镶嵌工艺的雏形。到了汉代,宫廷匠人创新出金粒焊缀工艺,将细如粟米的小金粒和金丝焊在器物之上组成纹饰。隋唐时期,花丝工艺达到了一个较高的水平,创造出一种五彩斑斓、璀璨夺目的花丝工艺产品。到了宋代,花丝工艺有了新的创新。匠人们运用立体浮雕形凸花工艺和镂雕的装饰工艺将器型与纹饰融为一体,使器物更有立体感。明代,花丝镶嵌工艺达到高超的艺术水平,大量经典传世作品至今被典藏。京城花丝镶嵌工艺已基本形成,堆、垒、织、编、掐、填、嵌、錾等技法样样俱全,尤其是难度较高的编织和堆垒技术运用已十分纯熟。

清代,由于上至帝后的皇冠,下至后妃命妇的礼饰配饰,均大量采用花丝工艺,所以宫廷对花丝工艺的产品需求量越来越大,对花丝工艺产品的要求也越来越高。从此,花丝镶嵌逐步走向专业化生产。

到了民国时期,一直为皇家御用的花丝镶嵌工艺散落民间,并开始兴旺发达起来,当时,贵妇名媛都以佩戴有花丝镶嵌工艺的珠宝首饰为身家品位的象征。

中华人民共和国成立后,成立了北京花丝镶嵌厂,所生产的花丝镶嵌工艺产品颇具宫廷风格,雍容华贵,典雅大方,做工精细,造型新颖优美,多饰以吉祥纹样和传统民族图案,在行业内和国内外都有深远的影响。现在,北京花丝镶嵌已被世界教科文组织列为北京非物质文化遗产。

北京绢人是怎么制作出来的

"北京绢人",也被简称为"绢人",是北京特有的一种民间艺术品,是以丝绢为主制作的人形。北京绢人制作精美,神态各异,色彩绚丽,风格高雅,具有很高的欣赏和收藏价值。它是以铅丝为骨骼,棉花纸絮为血肉,绢纱为肌肤,真丝为秀发,彩绘丝绸为服装,塑制而成的玩偶。多取材于中国民间故事和传说、传统戏剧中的各类人物、古装仕女及舞美造型等内容,经过能工巧匠们雕塑、制模、彩绘、缝纫等十几道工序,最终制作成栩栩如生、呼之欲出的立体玩偶造型。

北京绢人发展至今已经有一千多年可考的历史。起源于北宋时期,据《东京梦华录》记述,北宋时民间艺人能剪绫为人,裁锦为衣,彩结人形。到了明代,民间还有制作绢人的艺人。清代时,绢人多被作为一种祝寿的一种礼品,以绢绫绸纱剪扎成老寿星和麻姑,同寿桃寿面一起。非常可惜的是,这种民间工艺曾在清中期失传,到了20世纪中期,如今的北京绢人才算真正地诞生了。

北京绢人的制作,运用了雕塑、绘画、缝纫、染织、花丝、裱糊等多种技能。"绢人"的头、脸和双手的材料均选用蚕丝制,身体的其他部分,比如服饰、饰物、佩件、道具等也大都选用上等的丝绸、绢纱做成。

制作绢人的时候,制作者要从人物的整体来考虑。既要考虑人物的身份、时代、式样,还要考虑选择材料质地、配色、图绣,然后才开始制作。在制作时,用金属丝做成人体骨架和四肢,造型比例要十分准确。然后,用棉花和纸毛充填,使体形舒展、匀称。既要身材苗条,又要肩背圆润,胸臀丰满。有时,为了艺术美,身材也要适当夸张些,体现体形美。这样一个绢人的基础部分就算做好了。外面给它穿上衣服，戴上帽子，配上鞋，这样绢人就做成了。

说起来比较容易，其实在制作过程中，是非常难的。比如，绢人手里拿的扇子、武器、弹奏的乐器、使用的案几，身边的盆栽、山石等一些小道具，都得要由制作者亲手来制作。这其中又以头部和手的制作最显功力。其中尤为重要的是绢人头部的制作，要配合绢人的前身，使之与身体的其他部位非常搭配。一个绢人作品最具魅力之处便在于人物瞬间神态的展现，无数个灵动的细节成就了传神的瞬间。而头部尤其重要的就是眼睛，不同的人物要画出不同的眼睛，在绢人制作过程中，作者要抓住人的动态中最典型、最美妙和最能表现人物感情、性格的一瞬间。所以说，如果作者没有雕塑、绘画、染织、裁缝、刺绣、金工、木工、油工多种工艺的知识储备，想要把绢人制作得生动、传神也并非易事。

正因为绢人艺术家们在创作实践中体会了塑形是为了传神，传神要靠塑形的辩证关系，才创造出了造型优美、生动传神、绚烂富丽、清馨高雅、京味浓郁、赏心悦目的绢人，深受人们的喜爱。

绢人作为中国一件古老的艺术品，经历了从有到无、从无到有的过程，倾注了无数的民间艺人的才思妙想。小小的绢人如同一个小小的世界，浓缩了中国文化的韵味和深邃，成为中国民间艺术中的瑰宝。

北京宫灯具体分为哪些种类

北京宫灯，是久负盛名的传统工艺品，制作精美。下垂流苏，口饰金边，十分艳丽端庄。既有照明的实用价值，又有装饰的欣赏价值。

宫灯在中国已经有上千年的历史，已经成为中国传统文化的符号，东汉光武帝刘秀统一天下后，宫里张灯结彩，盏盏宫灯，艳丽多彩，以表庆贺。"宫灯"之名，由此而生。隋唐之后，宫灯的制作技艺传到了民间。到了清代，全国宫灯艺人云集北京，灯市遍布整个北京城，形成了以宫纱灯为主的传统特色工艺。

北京宫灯制作选料细致，框架一般用红木、檀木、花梨木等贵重木料精制。可以分为下面几类：

六方宫灯，它是北京宫灯的主要形式，有六个面，分上下两层。再就是花灯，它是在六方宫灯的基础上演变而来的，非常有实用价值。花灯最好的要数皇宫的花灯。我们都知道，老北京最热闹的节日不是春节，而是元宵节，又称为"上元节""春灯节"，宫灯烘托出了节日气氛。每到元宵之夜，皇太后特许文武百官三品以上的进宫观灯。与此同时，民间千家万户张灯结彩，真是"灯市千光照，花焰万枝开"。尤其是盛极一时的灯市——灯市口，街道两旁列市，上至珠宝玉器，下至日用百货，一应俱全，各铺户俱张挂绢纱、烧珠、明角、麦秸、通草制成的各式花灯，供人观赏。

还有动物灯，其所描绘的动物，不仅栩栩如生，而且极富想象力，拥有较高的艺术美感和欣赏价值。造型主要有羊灯、龙灯、马灯、兔灯、青蛙灯等，其中羊灯最具特色。它以竹篾扎羊形骨架，外糊多层白绵纸穗，羊头与其项间相连处有活动关节，烛光燃起时，羊头会不停地摆动，生动形象，特别受孩子的喜爱，故有谚语"羊灯一点头"之说。

还有民间艺人借蒺藜果的谐音命名的吉利灯，燃烧之后，周身透光，像一颗吉星。

北京宫灯不仅富有实用价值和美学价值，还体现了一种文化价值。现在宫灯正处在后继乏人的尴尬境地，技艺面临失传的危险。

吹糖人的祖师爷是谁

吹糖人是旧时北京的一个行业。吹糖人的小贩们肩挑挑子走街串巷，挑子一头是一个带架的长方柜，柜子下面有一个半圆形开口木圆笼，里面有个炭炉，炉上有一个大勺，中间放满了糖稀。小贩用小铲取一点热糖稀，放在沾满滑石粉的手上揉搓，然后用嘴衔一段吹，吹出各种形状，什么小鹿、金鱼、耗子、灯笼等，很受孩子们欢迎。

上述吹糖人的方法，全凭艺人的手艺。还有一种吹糖人的方法，就是用模子吹。小贩用一柄中空的短芦管，一头沾上一团糖稀，然后在空中反复摇晃，待其稍凉，把糖团放在一个开启的模子内，再把芦管含在口中徐徐吹制。不一会儿就成了型。打开模子时，便取出一只腹内中空、活灵活现的立体小动物。再用苇秆一头沾点糖稀贴在糖人上，就大功告成了。

吹糖人的拿手绝活是"猴拉稀"。吹出来的小猴子肚子是透明的，肚子里还有半肚子糖稀水。再另吹一个小糖碗儿，粘在猴儿的屁股上。那股糖稀水会从猴肚子里慢慢地流到碗里。此物最受孩子们的欢迎。

吹糖人这一行始自明朝，已有六百多年的历史。据传，吹糖人的祖师爷是刘伯温。据说，明朝建立初期，朱元璋怕一些有功的大臣在他百年之后篡夺皇位，而不能把自己的皇位一代代传下去，便建造"功臣阁"火烧功臣。刘伯温是当时的一大功臣，侥幸逃脱，被一个挑糖人担的老人救下。从此刘伯温隐姓埋名，以挑糖人担为生。在卖糖的过程中，刘伯温创造性地把糖加热变软后制作各种糖人儿，有各种小动物，非常可爱，路过他摊位的小孩子都不愿意离开，非要这玩意儿。这样，很多人便向刘伯温请教学吹糖人儿，刘伯温教会了他们，于是，这门手艺就一传十、十传百地流传了下来。

吹制糖人的原料是麦芽糖，吹出来的玩意儿，不仅可以玩，也可以吃。在20世纪80年代初，走街串巷吹糖人的为了让生意好做，糖人可以不必用钱来买，而是用牙膏皮来换，这一招颇受儿童欢迎。现在，儿童的玩物种类多了，糖人不再是单纯哄孩子的东西了，"糖人"挑子也早已被人遗忘，在城市的街头巷尾也很难觅其踪迹，只有在一些庙会上才能看得到，要成为濒临消失的记忆了。

传统杂技抖空竹知多少

抖空竹是中国传统杂技，原是一项十分有趣的民间游戏，在中国北方，逢年过节，人们都喜欢抖空竹，并能耍出许多花样，做出"过桥""对扔""串绕""抢高"等动作。抖空竹的技巧很多，有"仙人跳""鸡上架""放捻转""满天飞"等，令人眼花缭乱。其中"蚂蚁上树"最令人惊叹，它是将长绳一端系于树上，一端手持，另有一人抖动一只空竹，迅速将飞转的空竹抛向长绳，持绳者用力拉动长绳，将空竹抖向五六十米高的空中，待空竹落下时，抖空竹者将其稳稳接住。

现在，抖空竹不仅是锻炼身体的手段也是一种优美的艺术表演，很具观赏性。所抖动的空竹也不再只具有娱乐性、健身性、技巧性、灵活性、表演性，还具有一定的收藏价值。

空竹，俗称风葫芦，最初为宫廷玩物，后传至民间并广为流行。它是一种用线绳抖动使其飞速旋转而发出立体声响的玩具。传统空竹为竹木所制，中空，因此而得名。演变至今，已有了其他多种材质的产品。根据空竹轮盘与轮轴的不同组合，大致可分为单轮空竹、双轮空竹、双轴空竹、双轴多轮空竹和双轮多层空竹等，还有经过变异的异型空竹。抖空竹时，多是将两根半米左右的竹竿系于一根绳的两端，以绳绕空竹的轮轴，将空竹抖转，并使空竹的转速不断提高。这时，空竹轮盘上的两种哨口便在高速旋转中发出嗡嗡的声响。

抖空竹在我国有着悠久的历史,近千年的历史渊源。早在三国时期,曹植曾做《空竹赋》。据《中国文化通志》中考证,宋代耍弄杂技"弄斗"即为空竹之雏形,相传宋江曾写过一首诗:"一声低了一声高,嘹亮声音透碧霄,空有许多雄气力,无人提处谩徒劳。"这样,如果从宋代算起,空竹在我国已有900多年的历史。

明代刘侗、于奕正在《帝京景物略》中记述了空钟(空竹)的制作方法及玩法。明代的一首童谣"杨柳儿青,放空钟(空竹)",证明了空竹在北京已有较久的历史。

到了清代,空竹作为杂技节目非常受人们欢迎。杂技艺人们在原有花样的基础上,又创作出许多新的花样和高难技巧。玩空竹的人一种是作为娱乐,老人孩子都能玩;一种是做经营,为了养家糊口,艺人们在庙会上设摊表演。庙会上卖空竹、抖空竹成了特色一景,土地庙的空竹便在京城出了名。坐关老人在《清代野记》中写道:"京师儿童玩具,有所谓空钟者,即外省之地铃。两头以竹筒为之,中贯以柱,以绳拉之作声。唯京师之空钟,其形圆而扁,加一轴,贯两轮,其音较外省所制,清越而长。"可见空竹在清代深受京城百姓的青睐。

由于空竹的不断发展与演变,空竹由几百年一贯的竹木材质,到现在发展出了新材料和新工艺,有胶木的、玻璃钢的、树脂的、纤维的、橡胶的、金属的,还有尼龙陶瓷等材质的空竹。时至今日,京城和国内各地仍有不少空竹爱好者,并创造出不少技巧更全面、形象更优美、文化品位更高的空竹节目。一个小小玩具,折射出了中国民俗的丰富多彩。2006年,抖空竹入选国家级非物质文化遗产名录。

皮影戏的皮影到底是怎么制作的

  皮影戏是中国的一门古老传统艺术,俗称人头戏、影子戏,老北京人都叫它"驴皮影"。最早诞生在两千年前的西汉,发祥于中国陕西,成熟于唐宋时代的秦晋豫,极盛于清代的河北。后再传到京西、北郊农村,然后入城,深受百姓的喜爱。不仅如此,皇宫里的皇亲国戚们也是非常喜欢。康熙年间,礼亲王府设有八位拿五品俸禄的官员就专管这皮影戏。嘉庆时,逢年过节和喜庆日子还要传民间的皮影戏班进宅表演。还有一些历史名人对皮影戏也是有所青睐的,比如著名画家齐白石先生、京剧大师梅兰芳先生都非常爱看北京皮影戏。

  清朝同治年间,北京皮影以中轴线为界分为了东、西两派。一派以滦州影为基础,称之为东派。另一派以兰州影脉系为主,称之为西派。在后来的发展过程中,北京皮影戏逐渐形成了自己的特点,以线刻见长,在造型上借鉴京剧,出现了生、旦、净、丑、末的脸谱。在操纵方面,艺人有人能同时操纵5到7根杆子的技巧,堪称皮影操纵技术当中的一绝。

  说了这么多,皮影戏到底是怎么操作的呢?

  皮影戏借助于灯光,利用影子来呈现完美的演出,特殊的材质使得皮影人物及道具在后背光照耀下投影到布幕上的影子显得瑰丽而晶莹剔透,具有独特的美感。观赏皮影戏,人们赏鉴的重点在于皮影人物在光与影中的变幻之美。恍惚间,人们的灵魂已经远离这喧嚣的唱腔,心灵进入了一个"此时无声胜有声"的绚境之中。皮影戏并不沉默,却用自己的光影之美塑造了一份"此时无声胜有声"的美感。

  这个特殊的材质是什么呢?首先要说一下做"皮影人儿"的材料,旧时的艺人们大多用驴皮做,驴皮的韧性好,白净,雕刻起来不夹刀子,也容易上色,这也是皮影叫作"驴皮影"的缘故。随着驴皮成本的提高,现在的皮影人,大部分都是用牛皮来制作皮影了。可皮影的皮子,要经过一些处理才能使用,以达到演出需要的效果。首先,手艺人们把兽皮沤在水中,若干天后把兽皮钉在木头架上,用刀反复刮下皮上的毛层和肉层后晾干,然后雕刻艺人再用这样加工好的皮子进行皮影人雕刻。这就是这个材质的特殊性,所以我们才能看到清晰透亮、潇洒飘逸的皮影人物。

皮影戏中所用的皮影除了具有观赏性,还可置于窗前或白墙之上,作为室内艺术装饰,还因其造型古朴典雅、民族气味浓厚具有收藏价值。

北京的绢花是怎么发展起来的

北京绢花也称"京花",是我国具有悠久历史和浓厚装饰色彩的手工艺品。它起源于明朝崇文门外的神木厂大街,到了清朝,此地花庄、花局、花作非常多,而且多家从事绒绢花生产,成了"京花"的集散地。《燕京岁时记》里有相关的记载:"崇文门外迤东,自正月起,凡初四、十四、二十四日有市。所谓花市者,乃妇女插戴之纸花,非时花也。花有通草、绫绢、绰枝、摔头之类,颇能混真。"现在的北京崇文门外的花市大街就是因此而得名的。

关于绢花的起源,《资治通鉴》有关于隋朝皇宫中"宫树秋冬凋落,则剪彩为华叶,缀于枝条,色渝则易以新者,常如阳春"的记载。在唐代,绢花是妇女的主要装饰品,还有一个民间传说。据说,唐玄宗时期,备受皇帝宠爱的杨贵妃额角上长了一个疮,愈合后留下小疤,影响了这位妃子的美貌。为了遮盖疤痕,杨贵妃便在头上插了一枝鲜花,竟显得更加俏丽。但是鲜花戴不了几个时辰就蔫了,另外如果到了冬季,鲜花在当地也很难找到。杨贵妃知道插花遮疤并非长久之计,每天心烦意乱。一位心灵手巧的宫女知道了杨贵妃的忧虑之后，用绸子、绫子扎成假花，给贵妃戴在头上，为其增姿不少。从此以后，后宫的妃子、宫女们竞相效仿。唐代画家周昉的《簪花仕女图》，就形象地再现了宫中妇女簪花戴彩的情景。

有什么样的鲜花，就有什么样的"京花儿"，艺人们做出的朵朵绢花，嫣红姹紫，千姿百态，仿佛能使人嗅到阵阵花香。

绢花技艺包含凿、染、捼、粘、攒五道大的工序。北京绢花在技艺上讲究追真仿鲜，造型美观，种类繁多，可与真花媲美，形成了自己的独门技艺。在这一行中，曾出了一些蜚声海内外的人物，有"花儿金""花儿刘""花儿龚"等著名人物。

"花儿金"，其祖上很早就落户南城花市，至今已是五代传承。据说，"花儿金"曾被多次召进宫中，为太后、皇后及格格做大凉板头上的饰花及压鬓花。据《旧都文物略》中记载："光绪间有金姓者制纸质盆花及瓶花精巧无匹，人呼为花儿金，至今此业尚无出金姓右者。"可见，"花儿金"在当时是多么有名。现在说的"花儿金"专指金玉林先生。金玉林自幼从父学习制作绢花，是北京绢花厂老艺人。尤其擅长盆花，其中以菊花最多，达90多种样式。

"花儿刘"指的是刘享元。他的作品，被传得神乎其神，传说可以招蜂引蝶。这说明他制作绢花的水平非常高，所制绢花非常精美，曾经拿过巴拿马国际博览会大奖。

"花儿龚"指的是祥瑞花庄铺的掌柜龚环。清末，她在东安市场开设祥瑞花庄，以高档绸缎、丝绒为原料，求真追鲜，绢花活灵活现。

几经传承，北京绢花技艺被"花儿金""花儿刘"等老艺人传入了北京绢花厂，从此"京花"畅销世界50多个国家和地区，在世界最大的荷兰花市上，北京绢花都享有一定的美誉。

什么是北京刻瓷

刻瓷也被称为瓷刻，就是用特制刀具在瓷器、瓷板表面刻画、凿镌各种形象和图案。"没有金刚钻，莫揽瓷器活"，这句古话像是为刻瓷量身定做的。通常它也指在瓷器、瓷板上刻凿成的雕塑工艺品。

刻瓷，据说早在东晋就有了。史学界认为那是原始的刻瓷，到了明末清初，独具一格的刻瓷艺术才算真正形成。关于刻瓷起源的说法，众说不一，其中有一个说法。说早在宋朝的时候，皇帝喜欢把一些名人的书画作品，勾画在瓷器上。但是又担心时间久了，瓷器上的彩绘会脱离，为了长期保存这些瓷器上的书画，就命令当时的陶瓷工匠用刀子把书画的线条轮廓刻画出来。这样一来，瓷器上的彩绘就不容易脱落了，由此刻瓷开始流行开来。

也有人说，清朝乾隆皇帝常在自己特别喜欢的瓷器上题诗，用以抒发感情，为使御迹能保留长久，就命宫廷艺人想办法，最后陶瓷工匠们想出了将其刻于瓷器上，从而真正产生了刻瓷。

如此说来，刻瓷至今最少已有200年的历史了。但是，目前现存最早的刻瓷是清代道光年间的。

到了清朝末期，清政府为了让八旗子弟有一技之长，在现在的宣武门附近开始了一个学堂，类似于现在的技校，里面有一科就是刻瓷，称为镌瓷科。没过多久，这所学堂便关闭了。但是从这所学堂里却出来了几位后来非常有名的刻瓷大师，其中有一位叫朱友麟。朱友麟师承华法，以工笔山水画为主，以刀代笔，运用自如。早期在清宫任瓷匠，辛亥革命后转入民间，以刻瓷为业。

后来，因为战乱，这门技艺逐渐失传。中华人民共和国成立后，刻瓷技艺已经鲜有人掌握。改革开放使刻瓷获得重生。沉寂了多年的刻瓷艺术，又重新出现在人们的面前。如今，刻瓷不仅在北京得到了发展，在我国的其他省份也得到了发展，并出现了现代化的刻瓷技术，推动了刻瓷艺术的传承和创新。

老北京街头杂耍艺人的生活状态

浪迹街头的艺人在老北京是最底层的群体，终年流浪街巷闹市，以卖艺为生。他们有的是一个人单独卖艺，有的是师徒或者是几个人合伙，在老北京的街头巷尾或耍耗子，或耍猴，或耍狗熊，总之，有很多的表演形式。《燕京岁时记》里有相关的记载："京师谓鼠为耗子。耍耗子者，木箱之上缚以横架，将小鼠调熟，有汲水钻圈之技，均以锣声为起止。耍猴者，木箱之内藏有羽帽乌纱，猴手自启箱，戴而坐之，俨如官之排衙。……跑马者，以羊易马。苟利子即傀儡子，乃一人在布帷之中，头顶小台，演唱打虎、跑马诸杂剧。……凡诸杂技皆京南人为之，正月最多。至农忙时则舍艺而归耕矣。"

下面我们就对其中的几种表演形式做一下简单的介绍，看一下他们当时的生活状态。

耍猴

那时，耍猴的艺人扛着一根毛竹筒，距尖端一米处，绑一根约一米长的横竹竿，竿的两端各系一根粗绳子，一同往上系于毛竹的尖端，自然形成"伞"字形状。另外一个道具是一个箱子，箱上坐一只小猴子，用铁链子拴着。在大街小巷中，一路行来，一路筛锣，以招来观众。

等观众聚集得差不多了，便开始表演。只见小猴身穿一件红色坎肩儿，表演连续后空翻、倒立行走、钻罗圈儿、骑狗奔跑、羊拉车猴坐车等。其中最为出彩的节目，就是猴子戴面具。根据艺人述说不同的故事，猴子好像通了人性似的，自己从箱子里拿出不同的面具，戴在头上，向观众示意。最后一个节目是艺人让猴子爬到竹筒的顶端，并以此收场，表演结束。

耍耗子

见过耍猴的，没有见过耍耗子的。其实，明朝时期，京城中就有耍耗子的。《明清风物百图》中，就有耍耗子的民俗图。和耍猴一样，耍耗子的艺人也有自己的道具，一小木箱和一个特制的木架，架上安装着小宝塔、小吊桶儿、秋千等。为了招揽更多的观众，艺人边走边鸣锣或吹唢呐。表演的时候，艺人先把木架及其他道具安装齐全，最后打开木箱盖儿。随着艺人的锣声，木箱内的数只小白鼠便会依次跑出来，沿着事先搭好的绳梯爬上木架进行各种表演。

耍狗熊

耍狗熊相对前两种表演，是街头比较大型的驯兽表演。表演节目比较简单，有狗熊耍叉、扛叉、倒立、作揖等。因为狗熊体态拙笨，做出的一些动作颇能引人发笑。"打"钱的时候，狗熊还会捧着盘子，绕场向人行礼、作揖，同时发出哼哼的声音，引得人们哄堂大笑。艺人靠它获得微薄的收入，维持生存。

从这些表演中，我们就能看出，当时这些流浪街头的艺人，生活是多么艰辛，但是为了生活，也只能靠这些获得一点收入。

老北京剃头匠是什么时候开始出现的

剃头匠，俗称"待招"。在旧时的北京，走街串巷的剃头匠都挑一副沉重的担子，有火炉、铁锅、竹椅、理发刀具、镜子等工具。现在在北京的一些巷子偶尔能看到剃头匠，工具和以前的差不多，就是没有了火炉和铁锅。

老北京最早的剃头匠应该是军人，出现在清代初期。中国古代没有剃头一说，"身体发肤，受之父母"，不能损伤，只可拢发束冠。清军入关定都北京后，便下令剃发梳辫，并于顺治二年（1645年）发布"剃发令"，限十日内一律剃发，违令者，杀无赦。一时间，大江南北民怨沸腾。在北京，这些军人剃头匠，奉摄政王多尔衮之令，在前门、东四牌楼、西四牌楼和地安门等路口，拉过行人就剃，反抗者一律砍头示众。后来因为人手不够，又从京东宝坻等县强征民夫，充当剃头匠。

  由于最早的剃头匠是当兵的，所以早期的剃头工具都是军队里的物件，比如洗头用的瓢，是士兵的行军水葫芦；烧水的是军用火药罐。当时的剃头匠大概分为两种：一种是把桥头的剃头挑子，也就是蹲点剃头。另一种是走街串巷的剃头挑子，肩负的长扁担上挂着绑人的"法绳"，挑子上绑着旗杆，上面高悬圣旨。百姓听到他们的吆喝声就必须出来剃头，如果有违反者，剃头匠便拿"法绳"捆人杀死，还要挑了人头回到营里去领赏。

  等到全国的人都留起了辫子，社会上也就多了一种剃头的行业。军队的剃头匠不再剃头了，那些强征来做剃头匠的民夫便成了北京城里剃头行业里的第一拨人。有句话说得好，术业有专攻。剃头匠们不仅精通剃头刮脸、梳理发辫，还为顾客掏耳朵、剪鼻毛、清眼睛，有的还会按摩、接骨。

  光绪末年，社会风气渐开，北京的行业公会多起来。1909年，"内廷剃头首领王殿臣等"筹划成立"京师整容行公益会"。规定"京师各剃头棚及担挑之人，每人每月铜圆六枚，名为整容行公益会，所为祭神并同行有病老之人，埋葬置义地……"

  到了民国，北京城里兴起了"剪辫风"。剪掉垂在脑后的封建的大辫子，一些守旧的人不愿意把辫子剪掉。为此，一些有志之士成立"剪发同志会"，在街头宣传剪发。

  现在好了，根据个人的爱好，你可以任意地处理自己的头发，可以是光头，可以留长发，男人也可以。如果不喜欢黑色的，你也可以染成各种颜色，黄的、红的，或者是几种颜色混合的彩色。过去的剃头匠现在也成了美发师。

您了解剪纸的历史吗

剪纸,又叫刻纸,是中国古老的民间艺术之一。它源远流长,经久不衰,是中国民间艺术中的瑰宝。其特点主要表现在空间观念的二维性,刀味纸感,线条与装饰,写意与寓意等许多方面。

剪纸的历史悠久,早在汉、唐时代,民间妇女即有用金银箔和彩帛剪成方胜、花鸟贴在鬓角为饰的风尚,杜甫的诗句"暖水濯我足,剪纸招我魂"说明剪纸在唐代已处于大发展时期。到了宋代,造纸业逐渐成熟,纸品名目繁多,为剪纸的普及提供了条件。南宋著作《志雅堂诗杂钞》曾记载:"旧都天衔,有剪诸色花样者,极精妙。又中原有余承志者,每剪诸家书字,毕专门。其后有少年能于衣袖中剪字及花朵之类,极精工。"其中的"剪花样"就是剪纸。

到了明、清两代,剪纸手工艺术逐渐成熟,并达到了鼎盛时期。民间灯彩上的花饰,扇面上的纹饰,以及刺绣的花样等都有剪纸在里面。故宫坤宁宫中皇帝结婚时贴着的那几张大喜花就是剪纸。

剪纸的内容很多,而且还有一定的寓意,比如娃娃、葫芦、莲花等图案象征多子、多福。作为民间艺术的剪纸遍布于大江南北,除了北京的剪纸之外,还有河北剪纸、陕西剪纸等。而且各有特点。北京民间剪纸简约、朴素,有狮子和凤鸟等造型。河北剪纸秀美艳丽,陕西窗花风格粗朴豪放。

您知道老北京流行的工艺品绒鸟吗

北京绒鸟是以蚕丝绒为原料,以紫铜丝做骨架,经过十几道甚至几十道工序制作成花、鸟、虫、草、走兽、风景等工艺品,比较突出的特点是外表毛茸茸的。北京绒鸟制作始于清初,至今已有三百余年的历史，在发展过程中逐渐形成了自己独特的艺术风格。现被文化和旅游部确定为国家级非物质文化遗产保留项目。

北京绒鸟实际上是一个概念，它主要是以绒花为主。绒花最早主要是在宫廷中使用，现在北京故宫仍藏有皇帝大婚时皇后嫔妃所佩戴的各式绒花，这些绒花多取材于"吉庆有余""龙凤呈祥"等吉祥图案。到了民国时期，没有了宫廷，绒花传入民间，因为绒花和荣华谐音，有荣华富贵的意思，所以佩戴绒花的人特别多。

绒花工艺历史悠久，诞生于隋唐时期，当时工艺简单粗糙。而到了唐代，绒花制作日渐达到较高的技艺。到了清朝，北京绒花最为盛行，当时，在北京有很多做花的，有绒花、绢花、纸花，都集中在北京花市一代，所以这个时候，形成了北京花市一条街。

绒花有各种寓意，各种用途，不同的用途，不同的戴法。比如"聚宝盆""福寿延年"的绒花，多为老年人佩戴。"五毒葫芦"的绒花，是在五月端午的时候给小男孩佩戴的饰物，有驱邪避邪的意思，在端午节，妇女也要戴一种绒花，而且到中午的时候就扔在马路边，称为"扔斋"，也是驱邪的意思。过去戴绒花只是在节日，后来，只要是沾喜气的事情，都可以戴绒花。

中国街头的"土电影"拉洋片知多少

拉洋片是中国的一种传统民间艺术。拉洋片是京城旧时的俗名，亦叫"西洋镜""拉大画"和"拉大片"。表演的时候，艺人将八张以"西湖十景"或历史、民间故事为题材的画面装入特制的大木箱中，箱子外壁设若干圆洞，洞上装一凸镜，观看者通过凸镜往箱内观看。表演者一边拉放画片，一边根据画面内容配以唱词和锣鼓。在电影还未普及的时代，拉洋片是一种代替电影的娱乐方式，堪称中国街头的"土电影"。

拉洋片的历史悠久，清朝同治时期，民间就有"拉洋片"这样的表演形式。清末，来自河北的焦金池（艺名大金牙）落脚天桥，撂地卖艺。初到天桥，拉大画儿用的道具极其简单。表演用的箱子只是用青皮席子四面围起，上面掏几个圆孔，里面放几张画片。表演时，演员在一旁说唱，观众要趴在席子上，由圆孔向里观看。

随着后来的发展，"大金牙"还把演出设备做了改进，带圆孔的席子换成了带有"光子"、可更换画片的木制"片箱子"，而且也增加了锣、鼓、镲三大件。拉洋片的唱段也多了起来，有北京琴书、京韵大鼓、评剧、河北梆子等。他还创造了一种新曲调，音律朴实无华，近似叙述，唱词分上下句，合辙押韵，通俗易懂，幽默诙谐，引人发笑，很有艺术感染力。他的表演嗓音洪亮圆润，素以唱功取胜，其演唱和画片内容，主要取材于历史故事和时政类，比如《义和团》《火烧圆明园》《慈禧西安避难》《张勋复辟》，还有北伐军炮轰武昌城的故事等。

经过多年苦苦经营，拉洋片逐渐在天桥站住了脚，名声也日渐响亮。因为"拉洋片"表演方式的独特，道具新颖，并以历史传奇、社会现实为题，针砭时弊，自编自唱，唱词通俗易懂，寓教于乐，被列为天桥八大怪之一。

您了解老北京的京绣吗

京绣，是较早产生的刺绣派别之一，是"燕京八绝"中的一种工艺，花纹写实，题材有花果、虫草、庭院小景、戏剧人物等。它来自北方民间，在清末民初，又取苏绣、湘绣、粤绣、蜀绣等多家之长，成为众家之首，并以北京为中心，辐射河北、天津等周边省市地区。由于过去专用于宫廷服饰，因而京绣又被称为宫绣。

京绣有着悠久的历史，汉代已经兴旺发达，辽代进入高峰，元朝时将金银线用于刺绣盘金,金碧辉煌。到了清代,清朝的造办处设有绣花局,里面有三五十名御用刺绣工匠,专门制作皇家、百官服饰刺绣纹样。在道光年间,工笔画的风格融入刺绣,使得京绣的工艺水平达到前所未有的高度。到了清末民初,京绣开始走向民间,其典雅精致的宫廷气韵依然一丝不苟地融入其中,一直延续至今。

在京绣工艺中,是从画样儿开始的,老师傅们称之为"出样子"。然后把画样一针一针完整地扎到绣面上。接下来绣工要做的就是"配线"。京绣配线讲求自然和谐,配线的好坏全凭绣工们的自我感觉。所有这些准备工作做好以后,真正意义上的京绣这才开始。以此方法绣出的每一件京绣都显出皇室气派,贵重珍奇。

京绣与南方绣种相比,风格不同,南方绣种细腻写实,色彩淡雅。京绣更强调装饰效果,色彩也更加浓烈,多以夸张的形象渗透着上层建筑的主观意识,这比较符合北方地区的民族特点。

京绣比较注重绣法,其中打籽绣是京绣颇具特色的绣法之一。这种绣法是用丝线结成很多歌非常细小的线疙瘩,铺展在绣面上,这种方法可以使绣品更富于精妙的变化,凸显立体感,现出一种类似浮雕的效果。所以它最适合表现的是花朵的花蕊和鸟兽虫鱼的眼睛。为了能得到比较好的效果,在绣制之前,绣工一定要把打籽绣使用的绒线捻实,否则是不会体现打籽的质感的。另外,还要把色彩的过渡做得和谐自然,这样才能充分体现出打籽绣本身独特的魅力。打籽绣除了有装饰的作用,还有一定的使用价值,它可以使京绣非常耐磨。

还有一种绣法,叫"盘金绣",其用材贵重,工艺复杂,是京绣技法中独有的绣法。盘金绣最早是专为皇家服务的,龙袍的绣制就是用此绣法,这是京绣的荣耀。后来才逐渐进入民间。盘金绣与其他绣法的区别在于绣线的不同。这种绣法真正的主角是金线,绒线只起到辅助的作用。绣制时,绣工首先要将两根金线沿着画样儿小心地放好压平,然后开始下针,用黄色绒线将两根金线牢牢钉在图案上。

中华人民共和国成立后,京绣逐渐形成了自己鲜明的艺术特点与风格,其选料精当贵重,针工巧妙得体,色彩绚丽豪华,格调高雅。

老北京服务业之磨刀人

老北京有很多种服务行业,最贴近老百姓的就是磨刀这一行当。旧时,它与百姓的生活有着密切的联系。

在老北京城的大街小巷里,人们常能见到走街串巷的磨刀人。他们肩上扛着一个长板凳,板凳的一头放着砂轮,另一头挂着一个麻布袋,袋子里装有锤子、戗刀和几块磨刀石,粗砂的磨刀石用来开刃,细砂的用来将刀刃打磨锋利,铁锤则用来将卷刃砸平,戗刀用来把太钝的刀戗薄一些再磨。凳子腿上还拴着个小水桶。

与其他走街串巷的行业一样,磨刀也有吆喝——磨剪子来嗨戗菜刀!清脆婉转。同时,磨刀匠还敲击一个铁皮板,发出"呱嗒呱嗒"的声音。人们听到这些声音,如果家里有需要修理的剪子、刀之类的工具,就会招呼磨刀匠。

在老北京,从事这一行业的人非常少,但是这一行却有着悠久的历史,早在南宋时期就出现了,宋人吴自牧的《梦粱录》书中,就有"修磨刀剪、磨镜,时时有盘街者,便可唤之"的记载。现在在北京更是少见,偶尔能够看到一些老年人还在街头巷尾从事这一行当。

老北京服务业之打草鞋

打草鞋,又叫推草鞋。旧时,老北京打草鞋的都是穷苦人,一到冬天,他们指裂肉绽,鲜血淋漓。当然,穿草鞋的也都是穷人,大都是农夫、桩夫、挑夫、脚夫。他们其他的鞋子穿不起,就买草鞋穿,穿在脚上,翻山越岭,做工赶路,脚底板可以少受一些罪。所以说打草鞋的是挣的穷人的钱,他们生活的艰难是可想而知的。清代的《竹枝词》就有关于打草鞋和穿草鞋人的穷困生活的写照:"柴扒一堆草一束,推得鞋成力用足。一双只卖几文钱,可怜推脱指尖肉。推草鞋人手指痛,着草鞋人脚趾冻。贫民一样父母生,受苦这般堪一恸。"

打草鞋虽是民间手艺,但是非常讲究,工具就有草鞋耙、腰钩、木槌、榨子几种,选料非常关键,要选修长、韧性好的糯稻草秆,先将稻草秆晒干,揸去叶壳,喷上水雾,然后用木槌把草秆、草结打熟,软如布条,来当作制鞋的原材料。一切都准备好了,打草鞋的师傅骑坐在长条木凳上,以麻绳经,以稻草为纬,搓、拧、交织,用拇指推紧挤压,制成厚实的鞋底,然后再把麻绳结股成束,以绳代帮儿,草鞋便制成了。

关于编制草鞋的历史,最早的文字载在《诗经·魏风》中:"纠纠葛屦,可以履霜?"其中"葛"是一种麻类的草,"葛屦"就是草鞋。但是关于打草鞋的发明人,没有记载。草鞋业所认同的祖师爷是赫赫有名的刘备。刘备怎么成了打草鞋的祖师爷了呢?大概是源于罗贯中的《三国演义》,文中写道,刘备家境贫寒,曾以卖草鞋为生。因此,刘备当了打草鞋的祖师爷。

随着社会的发展和人们生活水平的不断提高,现在,手工编织的草鞋已经很少有人穿了,草鞋逐渐变成了一种艺术品。

老北京服务业之缝穷婆

缝穷婆,就是指那些专门为穷人缝补衣裳的贫苦妇人。她们拿一只小板凳,坐在市井道旁,面前放下个筐子,筐里装着针头线脑和各色洗净的旧布。专门兜揽路过的贩夫走卒、单身汉的生意。日本村井兄弟商会社 1904 年出品的烟画《缝穷婆》描绘了缝穷婆在街头为人补衣的情景:缝穷婆坐在一个小板凳上,旁边是一个两头翘起的元宝篮,里面放着针头线脑和各色洗净的旧布。她面前是一个衣衫褴褛的老者,拿着一件破旧的衣服,似在嘱咐缝穷婆仔细给他缝补缝补。

老北京缝穷婆生活十分清苦,一天下来,挣不了一张饼钱,非常可怜。缝穷婆如果是年老者还好,如果是一些有姿色的少妇,市井无赖就会来骚扰她们。俗话说:"缝穷缝穷,越缝越穷。"讲的就是这一行的命运。

当然了,无论什么样的社会,都有坏人和好人,旧时的北京也有一些了解缝穷婆、有良心的文化人,非常同情缝穷婆的生活,还编写了一首歌曲表达对缝穷婆命运的同情,歌曲唱道:"家无隔夜粮,儿女泪汪汪,手提针线篮,缝穷到街坊。缝穷啊,缝穷啊,谁家儿郎破衣衫,拿来替你缝两针;缝穷啊,缝穷啊,公子小姐不光临,我们的主顾是穷人。不分夏与冬,不分热与冷,坐在阶沿旁,缝补破衣裳,一针针,密密缝,安慰着孤儿的心,一块块,补得紧,温暖了穷人的身。缝了一针又一针,补尽了天下的破衣襟,补了一块又一块。补不了,一颗破碎的心。缝穷呀,缝穷呀。"歌词非常形象地刻画了一位游走在社会边缘,为摆脱贫困而自谋生道的缝穷妇女。

缝穷婆是旧时代的产物,在现在这个快速发展的社会里,人们生活安定有保障,缝穷这一行当便逐渐消失了。

老北京服务业之打鼓儿的

在老北京,专门有一种职业,是走街串巷,收买居民各类旧货的。做这一职业的人或挑担竹笼,或手执包袱,或背着上马子(褡裢),左手大指二指执小鼓,似银圆大小,右手拿一根比筷子长些上端包着皮头儿的细藤条或竹棍来敲打,声音不大,但声音清脆可以传到很远。他们专门串胡同,边走边打边吆喝。老北京称之为"打鼓儿的"。

"打鼓儿的"又分"打软鼓儿的""打硬鼓儿的"两种。"打软鼓儿的"一般身穿短衫,肩挑两个大竹筐,收购一般居民的废旧物品,如碎铜烂铁、估衣旧鞋、瓶罐玻璃等,无论好坏都要。因其所持鼓较宽大,敲击时发出"叭、叭、叭"的疲软声,传不太远,所以还得边走边吆喝:"有破烂的我买!""有碎铜烂铁的我买!"

"打硬鼓儿的"就和"打软鼓儿的"不一样了。他们一般是身穿长衫,或腋下挟一个蓝布小包,或者肩上披一提包袱皮,内放戥子和试金石等,专门收买金银首饰、古玩字画、玉器、硬木家具、古旧瓷器和贵重衣物等细软物品。因为他们所收之物都比较贵重,所以多为两人结伴收购,一是为安全考虑,二是两人的眼力比一人要准。

"打硬鼓儿的"着眼的对象,多是富户。有的是卖些东西,以补费用的不足;有的是急需用钱,要把自己不喜欢的东西处理掉,而又顾面子,不愿拿东西出门当卖,于是打鼓儿的上门买货。由于常接触这些富户,所以"打硬鼓儿的"根据卖主的身份性格,能捉摸出他们的心理,称对方为"几爷"或"几奶奶",有的见面还屈左膝,垂右手行礼请安问好。这样,卖主自觉不失身份,非常高兴,打鼓儿的再讨价还价也非常容易了。

"打硬鼓儿的",一般都资本较厚,有一定的眼力,以出身于古玩铺和当铺学徒的为多。虽说资本稍厚,但买来的东西,他们自己都不会久存,都是转卖给当地的古玩铺、珠宝店或外来的客人。如果价格不合适,他们就在天没亮时到晓市上去卖,天亮就收摊,所以叫"晓市",又称"鬼市"。在老北京,有不少晓市。

现在蹬三轮车走街串巷收废品的就类似于旧时北京这些"打鼓儿的",只是现在没有高下粗细之分,基本什么东西都收。有的为了居民的方便,还在各大小区开着大卡车蹲点收购废品。